Antología de crónica latinoamericana actual

Darío Jaramillo
Agudelo, ed.

Antología de crónica
latinoamericana actual

© De esta edición:
2012, Santillana Ediciones Generales, S. L.
Torrelaguna, 60. 28043 Madrid
Teléfono 91 744 90 60
Telefax 91 744 92 24
www.alfaguara.com

Edición y selección a cargo de Darío Jaramillo Agudelo

© Del prólogo, titulado «Collage sobre la crónica latinoamericana
    del siglo veintiuno», Darío Jaramillo Agudelo.
© De los textos: Luis Fernando Afanador, p. 384. Cristian Alarcón, p. 477. Alejandro
Almazán, p 287. Toño Angulo Daneri, p. 470. Marco Avilés, p. 439. Frank Báez , p. 391.
Jaime Bedoya, p. 543. Sabina Berman, p. 275. Martín Caparrós, pp. 65, 138, 607, 613. José
Alejandro Castaño, p. 175. Laura Castellanos , p. 161. Hernán Casciari, p. 405. Sergio
Dahbar, p. 418. Heriberto Fiorillo, p. 411. Juan Forn, p. 555. Leila Guerriero, pp. 78, 119,
616. Leonardo Haberkorn, p. 533. Juan José Hoyos, p. 51. Mario Jursich, p. 187. Laura
Kopouchian, p. 352. Pedro Lemebel, pp. 98, 225. Josefina Licitra, p. 346. Liza López, p. 372.
Carlos López-Aguirre, p. 530. Carlos Martínez D'Aubuisson, p. 212. Óscar Martínez
D'Aubuisson, p. 558. Fabrizio Mejía Madrid, p. 244. Juan Pablo Meneses, p. 494. María
Moreno, pp. 183, 357. Boris Muñoz, p. 627. José Navia, pp. 502, 506. Roberto Navia
Gabriel, p. 363. Diego Enrique Osorno, p. 509. Cristóbal Peña, p. 334. Daniel Riera, p. 267.
Juan Manuel Robles, p. 228. Alberto Salcedo Ramos, pp. 101, 111, 632, 634. Andrés Sanín,
p. 396. Álvaro Sierra, p. 426. Andrés Felipe Solano (c/o Guillermo Shavelzon & Asociados,
Agencia Literaria), p. 307. Daniel Titinger. p. 439. Alejandro Toledo, p. 548. Roberto
Valencia, p. 254. Julio Villanueva Chang, p. 583. Juan Villoro, pp. 152, 577. Gabriela
Wiener, pp. 453, 464. Eugenia Zicavo, p. 367. Alejandro Zambra, p. 483.

ISBN: 978-84-204-0895-8
Depósito legal: 47.099-2011
Impreso en España - Printed in Spain

© Diseño:
    Proyecto de Enric Satué

© Diseño de cubierta:
    Pep Carrió

Índice

PRIMERA PARTE
LOS CRONISTAS ESCRIBEN CRÓNICAS

SEGUNDA PARTE
LOS CRONISTAS ESCRIBEN SOBRE LA CRÓNICA

Collage sobre la crónica latinoamericana del siglo veintiuno
Darío Jaramillo Agudelo

Una advertencia

La crónica periodística es la prosa narrativa de más apasionante lectura y mejor escrita hoy en día en Latinoamérica. Sin negar que se escriben buenas novelas, sin hacer el réquiem de la ficción, un lector que busque materiales que lo entretengan, lo asombren, le hablen de mundos extraños que están enfrente de sus narices, un lector que busque textos escritos por gente que le da importancia a que ese lector no se aburra, ese lector va sobre seguro si lee la crónica latinoamericana actual.

A Mario Jursich, el director de *El Malpensante,* le oí decir que, después del *boom* de la narrativa latinoamericana de los años sesenta y setenta del siglo pasado, se dieron intentos de fabricar un fenómeno parecido a ese *boom* de Onetti y Cortázar, García Márquez y Vargas Llosa, etcétera y etcétera. Para ese reencauche, se utilizaron las clonaciones («el nuevo Julio Cortázar»), se utilizaron los números (los 39 menores de 39), se apeló a las parodias (mac-ondo). Y, a pesar de que existen materiales interesantes y autores valiosos que figuran en esos momentos, el intento de reciclar el *boom* no pasó de la etapa de plan de mercadeo a la de auténtico *boom.*

Acaso para que ese nuevo auge se produjera de nuevo, lo que se necesitaba era que no se pareciera en nada al fenómeno de hace cincuenta años: que cambiara el modelo de lector, que cambiara el arquetipo de la escritura y, por lo tanto, que las técnicas de los escritores fueran diferentes. Tal cosa parece estar ocurriendo con la crónica en nuestro continente. Los cronistas latinoamericanos de hoy encontraron la manera de hacer arte sin necesidad de inventar nada, simplemente contando en primera persona las realidades en las que se sumergen sin la urgencia de producir noticias.

Entrados en el siglo veintiuno, la crónica latinoamericana ha creado su propio universo, una extensa red de revistas que circulan masivamente y que se editan en diferentes ciudades del continente. Hay una abundante producción de crónicas en forma de libros que pasan rápidamente a figurar en las listas de los más vendidos. Hay autores reconocidos en el mundo de la crónica, hay encuentros de cronistas, hay premios de crónica.

Este libro reúne a los autores más notables y algunos de sus trabajos más atractivos, más asombrosos. Si el lector busca entretenerse, informarse o contagiarse de ritmos narrativos diversos, de hechos y personajes extraños, bien puede saltarse este prólogo de presentación del tema, de su historia y de sus características.

Un género con historia

Carlos Monsiváis define la crónica como la «reconstrucción literaria de sucesos o figuras, género donde el empeño formal domina sobre las urgencias informativas». Me gusta comenzar con el nombre de Monsiváis. Es empezar con la invocación de uno de los padres fundadores del periodismo narrativo latinoamericano del siglo veintiuno. De encima, es él uno de los historiadores de un cuento que comienza con las crónicas de los conquistadores españoles, un cuento que tiene sus alzas y sus caídas.

Después de las crónicas de los conquistadores, la siguiente cima de esta historia se encuentra en los cuadros de costumbres que pueblan buena parte del siglo diecinueve. Y enseguida están las crónicas de los modernistas. Anota Daniel Samper Pizano que «la crónica modernista es muy, pero muy distinta a la crónica narrativa. Aquélla está representada por notas de corte poético-filosófico-humorístico-literario, rara vez más extensas que una cuartilla o una cuartilla y media, y ésta corresponde al relato tipo reportaje. La diferencia es la misma que separa a Luis Tejada y Alberto Salcedo, o a Amado Nervo y Villoro».

Después del auge modernista, la crónica permanece casi a escondidas durante una época en que la noticia escueta y la prisa informativa se convierten en dogma excluyente del periodismo. Ni siquiera en los tiempos en que los modernistas escribían, la crónica alcanzó a ocupar el centro de la escena. Y llegaron a ser cuestionados: «El periodismo y las letras parece que van de acuerdo como el diablo y el agua bendita», decía un comentarista de *La Nación* en 1889. Es necesario precisar que este comentario iba contra las crónicas anteriores al modernismo, pues el auge de la crónica modernista, que sí logró mezclar periodismo y letras, fue posterior. Hasta decenios después cuando, eso sí, forzada a encontrar su propio territorio, la crónica, que permanecía larvada, renace a través de libros y de la publicación fragmentada en varias entregas en periódicos y revistas que no consideran posible la publicación de un texto largo de una sola vez.

Es en ese momento cuando aparecen los clásicos modernos de la narrativa periodística latinoamericana de hoy. García Márquez, Tomás Eloy Martínez, Elena Poniatowska, Carlos Monsiváis forman parte de ese parnaso de padres (¡y madres!) fundadores reconocidos en todo el continente, para no hablar de pequeños dioses locales que escribieron excelsas crónicas durante la segunda mitad del siglo veinte, como Homero Alsina Thevenet y Enrique Raab en el Río de la Plata o Germán Castro Caycedo, Daniel Samper Pizano y Alfredo Molano Bravo en Colombia o los simpares Ana Lydia Vega y Luis Rafael Sánchez en Puerto Rico. Esos dioses locales han sido importantes siempre: cada país tiene sus propios autores de cuadros de costumbres durante el siglo diecinueve y sus celebridades locales durante el modernismo.

En algunos países, como Argentina, la crónica es la columna vertebral de toda su historia literaria: así lo plantea Tomás Eloy Martínez en su nota introductoria a *Larga distancia,* un libro de narraciones periodísticas de Martín Caparrós: «La crónica es, tal vez, el género central de la literatura argentina. La tradición literaria parte de una crónica magistral, el *Facundo.* Otros libros capitales como *Una excursión a los indios ranqueles,* de Mansilla; *Martín Fierro,* de Hernández; *En viaje,* de Cané; *La Australia argentina,* de Payró; los *Aguafuertes* de Arlt; *Historia universal de la infamia* y *Otras inquisiciones* de Borges; los dos volúmenes misceláneos de Cortázar (*La vuelta al día...* y *Último round*); y los documentos de Rodolfo Walsh son variaciones de un género que, como el país, es híbrido y fronterizo».

La fundación también ocurre desde fuera del idioma, con los nombres santos del nuevo periodismo norteamericano, como Capote, Mailer, Talese, Thomas Wolfe, desde antes, el padre reconocido de la crónica narrativa en Estados Unidos, John Hersey, con su *Hiroshima,* que aparece en agosto de 1946 en *The New Yorker;* con algunos ejemplares cronistas europeos, como Oriana Fallaci, Günther Walraff y Ryszard Kapuchinski; con una latinoamericana que escribe en inglés, Alma Guillermoprieto. Y, desde siglos antes, la presencia del Daniel Defoe de *Diario del año de la peste.*

No cabe duda que con semejantes antecedentes, de García Márquez a Truman Capote, de Monsiváis a Wolfe, de Elena Poniatowska a Oriana Fallaci, estaba dado el caldo de cultivo para que el periodismo narrativo latinoamericano creara sus territorios para desarrollarse y para adquirir sus propias características. Esos territorios son las revistas. Perogrullo: hoy en día hay muy excelentes cronistas en nuestro continente porque hay muy buenas revistas de crónicas que recogen sus trabajos: *Etiqueta negra* (Perú), *Gatopardo* (que comenzó en Colombia y ahora existe en Argentina y México), *El Malpensante* y *Soho* (Colombia), *lamujerdemivida* y *Orsái* (Argentina), *Pie izquierdo* (Bolivia), *Marcapasos* (Venezuela), *Letras Libres* (México), *The Clinic* y *Paula* (Chile). Y, como sucedió durante el auge editorial de México y Argentina con la notoriedad de los escritores, aquí la localización de las revistas determina la mayor concentración de temas y de autores.

El repaso del índice de las revistas que menciono recoge, con escasísimas excepciones, el universo de los más destacados autores de la crónica latinoamericana actual. Esto significa que ya ese Parnaso tiene una identidad propia y un propio santoral en el que destaco a los argentinos Leila Guerriero y Martín Caparrós, al chileno Pedro Lemebel, al colombiano Alberto Salcedo, al mexicano Juan Villoro y al peruano Julio Villanueva Chang.

¿De qué estoy hablando cuando digo «crónica»?

El debate sobre el nombre de este ornitorrinco —así lo llama Villoro— parece ineludible y es, también, inútil. Mathew

Arnold pedía que no le preguntaran qué es la poesía; pero aclaraba que él podía saber cuáles son los buenos poemas. Aquí es más o menos lo mismo. El tema lo debaten los profesores y es bueno que los profesores hagan esto, pues así no tienen tiempo de meterse en más cosas.

Dice Villoro que la crónica es un ornitorrinco porque..., bueno, mejor que parafrasearlo es citarlo:

> Si Alfonso Reyes juzgó que el ensayo era el centauro de los géneros, la crónica reclama un símbolo más complejo: el ornitorrinco de la prosa. De la novela extrae la condición subjetiva, la capacidad de narrar desde el mundo de los personajes y crear una ilusión de vida para situar al lector en el centro de los hechos; del reportaje, los datos inmodificables; del cuento, el sentido dramático en espacio corto y la sugerencia de que la realidad ocurre para contar un relato deliberado, con un final que lo justifica; de la entrevista, los diálogos; y del teatro moderno, la forma de montarlos; del teatro grecolatino, la polifonía de testigos, los parlamentos entendidos como debate: la «voz de proscenio», como la llama Wolfe, versión narrativa de la opinión pública cuyo antecedente fue el coro griego; del ensayo, la posibilidad de argumentar y conectar saberes dispersos; de la autobiografía, el tono memorioso y la reelaboración en primera persona. El catálogo de influencias puede extenderse y precisarse hasta competir con el infinito. Usado en exceso, cualquiera de esos recursos resulta letal. La crónica es un animal cuyo equilibrio biológico depende de no ser como los siete animales distintos que podría ser.

Novela, reportaje, cuento, entrevista, teatro —moderno y clásico—, ensayo, autobiografía, catálogo: Villoro tiene razón; y se queda corto si se advierte que le faltó el poema y aún más, le faltaron géneros que añade Mark Kramer: «El periodismo literario ha establecido su campamento rodeado de géneros emparentados que se traslapan entre sí, como la literatura de viajes, las memorias, el ensayo histórico y etnográfico, la literatura de ficción que se deriva de sucesos reales, junto con la ambigua literatura de semificción. Todos estos son campos tentadores delimitados por cercas endebles». En fin, el ornitorrinco es mucho más ornitorrinco que lo que le vio Villoro de ornitorrinco.

Además de la impecable definición de Monsiváis arriba citada —«reconstrucción literaria de sucesos o figuras, género donde el empeño formal domina sobre las urgencias informativas»—, existen otras propuestas en la vitrina heterogénea de las definiciones. Gloria Ethel recuerda dos, una de García Márquez: «Una crónica es un cuento que es verdad». La otra se debe al peruano Toño Angulo Danieri: «Esa hija incestuosa de la historia y la literatura, que existe desde mucho antes que el periodismo». Y Villanueva Chang recuerda la de Antonio Cándido: «Literatura a ras del suelo».

Por su parte, Martín Caparrós intercala una definición —que pongo en cursivas— entre su declaración de amor al género y el hallazgo de las ventajas del fracaso. «Me gusta la palabra crónica. Me gusta, para empezar, que en la palabra crónica aceche cronos, el tiempo. Siempre que alguien escribe, escribe sobre el tiempo, pero *la crónica (muy en particular) es un intento siempre fracasado de atrapar el tiempo en que uno vive.* Su fracaso es una garantía: permite intentarlo una y otra vez, y fracasar e intentarlo de nuevo, y otra vez.»

Mario Jursich, el editor de *El Malpensante* que presentó «Reglas quebrantables para los periodistas literarios», la traducción al castellano del prólogo de *Literary Journalism* de Mark Kramer, acertó con la perla que compuso como definición de periodismo literario: «Género que tiene un pie en la ficción y otro en la notaría».

En su completísimo *Literatura y periodismo*, Albert Chillón termina, no, comienza por incluir éste en aquélla. Afirma que «el confinamiento de la literatura al ámbito exclusivo de la ficción es insostenible»; por lo tanto, la literatura «no debe ser restringida a las obras presuntamente alejadas de toda referencialidad». Hasta que llega a una definición de la literatura que abarca la crónica: «La literatura es un modo de conocimiento de naturaleza estética que busca aprehender y expresar lingüísticamente la calidad de la experiencia».

Voy a definir «crónica» y termino transcribiendo una noción de periodismo narrativo y, más allá, una definición de literatura. No es descuido. Creo que estoy definiendo lo mismo. Los límites entre unas y otras distinciones y subdistinciones lexicales son demasiado borrosos. Crónica, reportaje, perfil, periodismo literario, periodismo narrativo, ornitorrinco, el caso es que sí puedo identificar algunas características de lo que aquí se trata. Y puedo contar una historia y una prehistoria. Si de definiciones se trata, la crónica es el material que publican las revistas de crónicas. En cuanto a las maneras de reconocerla, la crónica suele ser una narración extensa de un hecho verídico, escrita en primera persona o con una visible participación del yo narrativo, sobre acontecimientos o personas o grupos insólitos, inesperados, marginales, disidentes, o sobre espectáculos y ritos sociales. Ensayo mi propia definición no para casarme con ella, o para usarla como una armadura. Sólo lo hago para seguir el juego, para contribuir a la confusión general.

Características de la crónica: Wolf, Sims y otros

La crónica ha sido caracterizada desde cuando se llamaba con el viejo nombre de «nuevo periodismo». Albert Chillón —el autor del excelente libro *Literatura y periodismo, una tradición de relaciones promiscuas*— resume así los «cuatro procedimientos de escritura» que los nuevos periodistas norteamericanos descubrieron en la novela realista —Fielding, Smollet, Balzac, Dickens y Gogol:

> El principal, según Wolf, era la *construcción escena por escena,* que consistía en relatar la historia a base de escenas sucesivas —cada una compuesta sobre todo por descripciones y diálogos— y reduciendo al mínimo posible el uso de *sumarios* narrativos (...).
> La segunda técnica, estrechamente relacionada con la anterior, consistía en *registrar totalmente el diálogo,* recurso que permitía caracterizar a personajes y situaciones de forma inmediata, plástica y elocuente. Este procedimiento sustituía la simple cita de declaraciones usada en el periodismo convencional por una recreación fehaciente de diálogos enteros en

la que importaba tanto lo que se decía como la manera de hablar de los interlocutores. (...)

La tercera técnica era el llamado *punto de vista en tercera persona:* cada escena era presentada al lector a través de los ojos de un personaje concreto. (...) Al delegar la facultad de relatar en los personajes, este recurso permitía abandonar el recurso único al punto de vista omnisciente (...) o al punto de vista en primera persona. (...)

La cuarta técnica que los nuevos periodistas tomaron de la novela realista es el *retrato global y detallado de personajes, situaciones y ambientes.* (...) La descripción pormenorizada y exhaustiva permitía a los nuevos periodistas elaborar *cuadros vivos en tres dimensiones,* esto es proporcionar a los reportajes una capacidad de sugestión y de evocación inéditas.

Lo que es interesante, aquí, consiste en que esos cuatro procedimientos, enunciados en 1973, son usados por los cronistas latinoamericanos hoy en día. Igual cabe decir de los ocho puntos con que Mark Kramer caracterizaba al periodista literario en sus «Reglas quebrantables para los periodistas literarios», el prólogo de *Literary Journalism:*

1. Los periodistas literarios se internan en el mundo de sus personajes y en la investigación sobre su contexto; 2. Los periodistas literarios desarrollan compromisos implícitos de fidelidad y franqueza con sus lectores y sus fuentes; 3. Los periodistas literarios escriben principalmente sobre hechos comunes y corrientes; 4. Los periodistas literarios escriben con una «voz intimista», que resulta informal, franca, humana e irónica; 5. El estilo cuenta muchísimo, y tiende a ser sencillo y libre; 6. Los periodistas literarios escriben desde una posición móvil, desde la cual pueden relatar historias y dirigirse a los lectores; 7. La estructura cuenta, como una mezcla de narración primaria con historias y digresiones que amplifican y encuadran los sucesos. Y 8. Los periodistas literarios desarrollan el significado al construir sobre las reacciones del lector.

En el prólogo de *Los periodistas literarios (o el arte del reportaje personal)*, Norman Sims dice que las fuerzas esenciales del periodismo literario residen en la inmersión, la voz, la exactitud y el simbolismo.

Dice Sims:

En su forma más simple; la inmersión significa el tiempo dedicado al trabajo. (...) Los periodistas literarios apuestan con su tiempo. Su impulso de escribir los lleva a la inmersión, a tratar de aprender todo lo que hay que saber sobre un tema. (...) La mayor parte de los periodistas literarios piensan que la inmersión es un lujo que no podría existir sin el apoyo financiero y editorial de una revista. Tracy Kidder pasó ocho meses en una compañía de computadores antes de escribir *The Soul of a New Machine*. Aunque había escrito muchos artículos para *The Atlantic,* como escritor independiente no podía contar con un cheque regular. Un adelanto por el libro lo libró de la constante necesidad de producir artículos durante los dos años que le llevó investigar y escribir. Cuando lo visité por primera vez, la casa de Kidder estaba de fiesta. Tres días antes, el comité del premio Pulitzer había anunciado los ganadores de 1982.

Cuenta Mark Kramer que «poco después de recibir el Premio Pulitzer por *The Soul of a New Machine*, Tracy Kidder enfureció a varios periodistas jóvenes con un comentario hecho al azar. Dijo que los periodistas literarios en general son más fidedignos que los periodistas de noticias. Recuerda que les dijo: "Tiene que ser cierto, pues nuestros informes toman meses, y ustedes tienen tres horas para conseguir una historia y escribirla, y deben hacer dos más antes de terminar el día"».

A la hora del medir el conocimiento del tema, la inmersión de los escritores en los mundos que van a croniquear es determinante para reconocer la comprensión que tienen de su tema. Poseen la información y aspiran, y muchas veces logran, la comprensión más hondamente humana de situaciones, de conductas que tienen una lógica distinta e inesperada. Muchas veces inmiscuidos en mundos marginales, el de un delincuente joven, el de un traficante de mujeres, el de un político, el de una estrella del espectáculo.

Para los periodistas literarios latinoamericanos la inmersión es necesaria y tiene sus obstáculos. Leila Guerriero cita —y acoge— una entrevista en la que Alberto Salcedo Ramos declaró: «Hay que estar en el lugar de nuestra historia tanto tiempo como sea posible para conocer mejor la realidad que vamos a narrar. La realidad es como una dama esquiva que se resiste a entregarse en los primeros encuentros. Por eso suele esconderse ante los ojos de los impacientes. Hay que seducirla, darle argumentos para que nos haga un guiño».

Leila Guerriero describe muy bien la inmersión con su propio testimonio: «Escribir un artículo me lleva de veinte días a un mes y medio, con jornadas de doce, quince o dieciséis horas. Eso, sin contar la etapa de investigación previa. Conozco a otros cronistas que trabajan como yo. Que después de meses de reporteo, bajan las persianas, desconectan el teléfono y se entumecen sobre el teclado de un computador para salir tres días después a comprar pan, sabiendo que el asunto recién comienza».

El tema de los tiempos lleva al de la economía de la crónica, que vista del lado de los lectores significa lo principal del mercado, a saber, que existe demanda. Hay unas revistas que publican crónica y que reconocen los estipendios correspondientes al tiempo de dedicación que requiere una crónica. Y cada vez son más los libros de crónicas, no sólo compilaciones como ésta, sino también libros que han sido planificados como libros, como crónica extensa. Por estos días, cuando corre el final del 2010, las vitrinas y las secciones de novedades de las librerías mexicanas, por ejemplo, están repletas de libros de crónica.

La economía de la crónica se extiende, cada vez más, a secciones o suplementos de los grandes diarios y, como todo territorio en expansión, cada vez son más frecuentes los seminarios, los talleres, las reuniones sobre y de crónica literaria. Existen, además, premios con buenas recompensas y prestigio, como el que otorga la Fundación Nuevo Periodismo con el patrocinio de Cemex; y no es el único.

El segundo signo distintivo del periodismo literario es, en palabras de Sims, la voz. Según Mark Kramer, «la voz que admite el yo puede ser un gran don para los lectores. Permite la calidez, la preocupación, la compasión, la adulación, la imperfección compartida: todas las cosas reales que, al estar ausentes, vuelven frágil y exagerada la escritura. (...). El escritor puede asumir una postura, decir cosas que no se propone decir, implicar cosas no dichas. Cuando encuentro la voz apropiada de un escrito, ésta me permite jugar, y eso es un alivio, un antídoto contra el hecho de que las propias palabras lo vapuleen a uno».

También los cronistas latinoamericanos han reflexionado con lucidez sobre esta extraña dicotomía entre lo objetivo y lo subjetivo, superpuesta a su vez a la disyuntiva de usar la primera persona o fingirse Dios; dice Juan Villoro: «La vida depara misterios insondables: el aguacate ya rebanado que entra con todo y hueso al refrigerador dura más. Algo parecido ocurre con la ética del cronista. Cuando pretende ofrecer los hechos con incontrovertible pureza, es decir, sin el hueso incomible que suele acompañarlos (las sospechas, las vacilaciones, los informes contradictorios), es menos convincente que cuando explicita las limitaciones de su punto de vista narrativo».

La participación del yo es frecuente y variada en intensidad, en todo caso revela lo que es, a la vez, la mayor fortaleza y la mayor debilidad de la crónica como periodismo: el cuento es, en todo caso, subjetivo. Subjetivo en cuanto al punto de vista, subjetivo en cuanto a la participación en el cuento que cuenta —como protagonista o como testigo—. Subjetivo, también, desde un punto de vista filosófico: hay aquí un implícito reconocimiento de la imposibilidad de lo objetivo, de lo neutro. Y, con el color personal, con la primera persona, hay también un intento de entender el mundo, con todo lo insólito, lo paradójico, lo aberrante que sea. Sólo que, como decía Carlos Monsiváis, «o ya no entiendo lo que está pasando o ya no pasa lo que estaba entendiendo».

La pelea del periodismo convencional versus nuevo periodismo se ha convertido, equivocadamente, en la pelea entre la verdad y la irresponsabilidad con la verdad, en una pelea entre la utilidad y la inutilidad... Y creo que las diferencias no pasan por ahí. Se puede ser un reportero seco, objetivo, imparcial, sintético y, encima de todo, embustero. Y se puede ser el más literario, el más imaginativo, el más impresionista escritor y, además, ser fiel a la verdad de los hechos y de las descripciones y de los diálogos.

En cuanto al periodismo convencional, oigamos las críticas de Caparrós:

El lenguaje periodístico habitual está anclado en la simulación de esa famosa «objetividad» que algunos, ahora, para ser menos brutos, empiezan a llamar neutralidad. La prosa informativa (despojada, distante, impersonal) es un intento de eliminar cualquier presencia de la prosa, de crear la ilusión de una mirada sin intermediación: una forma de simular que aquí no hay nadie que te cuenta, que «ésta es la realidad».

El truco ha sido equiparar objetividad con honestidad y subjetividad con manejo, con trampa. Pero la subjetividad es ineludible, siempre está.

Es casi obvio: todo texto (aunque no lo muestre) está en primera persona. Todo texto, digo, está escrito por alguien, es necesariamente una versión subjetiva de un objeto narrado: un enredo, una conversación, un drama. No por elección; por fatalidad: es imposible que un sujeto dé cuenta de una situación sin que su subjetividad juegue en ese relato, sin que elija qué importa o no contar, sin que decida con qué medios contarlo. (...)

Los diarios impusieron esa escritura «transparente» para que no se viera la escritura: para que no se viera su subjetividad y sus subjetividades en esa escritura: para disimular que detrás de la máquina hay decisiones y personas. La máquina necesita convencer a sus lectores de que lo que cuenta es la verdad y no una de las infinitas miradas posibles. Reponer una escritura entre lo relatado y el lector es (en ese contexto) casi una obligación moral: la forma de decir aquí hay, señoras y señores, señoras y señores: sujetos que te cuentan, una mirada y una mente y una mano.

Nos convencieron de que la primera persona es un modo de aminorar lo que se escribe, de quitarle autoridad. Y es lo contrario: frente al truco de la prosa informativa (que pretende que no hay nadie contando, que lo que cuenta es «la verdad»), la primera persona se hace cargo, dice: esto es lo que yo vi, yo supe, yo pensé; y hay muchas otras posibilidades, por supuesto.

Digo: si hay una justificación teórica (y hasta moral) para el hecho de usar todos los recursos que la narrativa ofrece, sería ésa: que con esos recursos se pone en evidencia que no hay máquina, que siempre hay un sujeto que mira y que cuenta. Que hace literatura. Que literaturiza.

Algunos cronistas vienen de la prensa convencional y la ven como una cárcel. José Alejandro Castaño la recuerda como un doctorado sobre el tedio: «Los diarios son nueces duras con casi nada por dentro. Yo viví ese drama de la prisa inútil, del esfuerzo perdido, del vértigo simulado, en fin, del cansancio sin gozo en las salas de redacción de *El Colombiano,* de *El País,* de *El Tiempo,* de *El Heraldo.* Fue como hacer un doctorado sobre el tedio, y casi me gradué con honores». El peruano Marco Avilés escribe:

Trabajé en *El Comercio* durante tres años, al cabo de los cuales me retiré del periodismo diario con las mismas excusas del vegetariano ante la carne: hace daño. Un periódico tiene las exigencias del tiempo que se va y toda demora es un descuento al tiempo personal. Claro que se puede encontrar cierto vértigo delicioso cuando el sonido de las teclas se suma al del reloj. Cuando el editor grita desde una esquina el tamaño del texto que uno debe escribir. Mil palabras. Lanzada la condena, el periodista transpira al coger el teléfono para hacer esa llamada inevitable: Hoy también saldré tarde. La página en blanco asoma entonces como una invitación a la locura. Se ha dicho poco de la manera en que la creatividad aparece en tales circunstancias, cuando el cuchillo del cierre pende sobre la cabeza del cronista. Cualquier cosa que se diga en las universidades sobre la prisa con la que se debe escribir en un diario no tiene comparación con lo que ocurre en la realidad. No se habla tampoco de la incomprensión de los editores que asumen que una crónica es un texto cualquiera pero más extenso. Un ladrillo más dentro de la página a llenar. Porque muchas veces son esos mismos editores los que tienen a su cargo los cursos de crónicas en las escuelas de periodismo. En verdad creo que además de los amigos —hechos en la práctica, por cierto—, los libros suelen ser el mejor antídoto contra la pedagogía establecida. Monsiváis entiende, por ejemplo, que en una crónica la obligación informativa cede el paso a la ambición estética. Al yo del cronista. Orwell lo decía sin más reparos al enumerar las razones que lo llevaban a escribir. La primera de ellas, decía, es el egoísmo agudo, la ambición individual, el deseo de gritar lo que se piensa y de que ese grito sea tan fuerte que pueda matar las ideas que preceden a las nuestras. Para Antonio Cisneros, la poesía es la lucha permanente contra el lugar común. La crónica no tiene otro terreno de batalla. El cronista es un escritor que se enfrenta a un mundo —el periodístico, como primera órbita— donde la palabra ha sido desprestigiada por la ociosidad. Y donde la realidad es usualmente reducida a fórmulas miserables.

Las diferencias entre este periodismo subjetivo y el periodismo de los periódicos de hoy —impersonal, frío, en apariencia objetivo y omnisciente— son explícitas y han sido expuestas por varios cronistas, así como también por los académicos del género, y vuelvo a Albert Chillón, que lee el asunto desde la filosofía y trae a cuento a José María Valverde:

... toda nuestra actividad mental es lenguaje, es decir, ha de estar en palabras o en busca de palabras. Dicho de otro modo: el lenguaje es la realidad y la realización de nuestra vida mental, a la cual estructura según sus formas —sus sustantivos, adjetivos, verbos, etc.; su sintaxis, tan diversa en cada lengua; sus melodías, su fraseo... la realidad, entonces, no es que —como se suele suponer entre muchas personas cultas— haya primero un mundo de conceptos fijos, claros, universales, unívocos, y luego tomemos algunos de ellos para comunicarlos encajándolos en sus correspondientes nombres; por el contrario, obtenemos nuestros conceptos a partir del uso del lenguaje. Ciertamente, casi nadie suele ocuparse de ello, porque solemos dar el lenguaje por supuesto, como si fuera natural, lo mismo que respirar.

Chillón cuenta que la primera intuición de este fenómeno se la debemos a Wilhem von Humbolt, ahondada después por Nietzsche, «quien añadió a la anterior una nueva intuición fundamental: que, además de inseparable del pensamiento, el lenguaje posee una naturaleza esencialmente retórica; que todas y cada una de las palabras, en vez de coincidir con las "cosas" que pretenden designar, son *tropos*, es decir, alusiones figuradas, saltos de sentido que *traducen* en enunciados tangibles las experiencias sensibles de los sujetos». Y, enseguida, para un deleite del que no voy a privarme, cita a Nietzsche:

> Lo que se llama «retórico» como medio de arte consciente estaba activo como medio de arte inconsciente en el lenguaje y su devenir, más aún, que la *retórica es una continuación de los medios artísticos situados en el lenguaje,* a la clara luz del entendimiento. *No hay ninguna naturalidad no-retórica en el lenguaje, a que se pudiera apelar: el propio lenguaje es el resultado de artes retóricas.* (...) El hombre, al formar el lenguaje, no capta cosas o procesos, sino *excitaciones:* no transmite percepciones sino copias de percepciones. (...) No son las cosas las que entran en la conciencia, sino la *manera* como nos relacionamos con ellas, el *phitanón.* La plena esencia de las cosas no se capta nunca. (...) Como medio artístico más importante de la Retórica valen los tropos, las indicaciones impropias. *Todas las palabras, sin embargo, son tropos, en sí y desde el comienzo, en referencia a su significado.* (...) ¿Qué es, pues, la verdad? Un ejército móvil de metáforas, metonimias, antropomorfismos; en resumen, una suma de relaciones humanas, poética y retóricamente elevadas, traspuestas u adornadas, y que, tras largo uso, a un pueblo se le antojan firmes, canónicas y vinculantes; las verdades son ilusiones de las que se ha olvidado que lo son, metáforas que se han desgastado y han quedado sin fuerza sensorial; monedas que han perdido su imagen y ahora se toman en cuenta como metal, ya no como monedas.

Concluye Chillón que «la palabra humana, radicalmente y sin remisión, es a la vez *logos* y *mythos:* aúna concepto abstracto e *imagen* sensorial, razón y representación, denotación precisa y connotación sensible, referencia analítica y alusión sintética, *efectividad* y *afectividad*».

Que la verdad sea un concepto tan deleznable no significa la inexistencia de la mentira. Es cierto que, como decía Octavio Paz, «la palabra es un símbolo que emite símbolos», pero esto no traduce que nos hayamos librado de los embustes.

Lo anterior me lleva a la tercera fuerza esencial del periodismo literario, que es la exactitud. Según Sims, «al contrario de los novelistas, los periodistas literarios deben ser exactos. A los personajes del periodismo literario se les debe dar vida en el papel, exactamente como en las novelas, pero sus sensaciones y momentos dramáticos tienen un poder especial porque sabemos que sus historias son verdaderas. La calidad literaria de estas obras proviene del choque de mundos, de una confrontación con los símbolos de otra cultura real».

La exactitud termina por ser una lista de noes que enunció Mark Kramer:

> Las convenciones que los periodistas literarios dicen seguir para mantener las cosas claras frente a los lectores incluyen: no fabricar escenas; no distorsionar la cronología; no inventar citas; no atribuir ideas a las fuentes, a menos que éstas hayan dicho que tuvieron esas ideas; y no hacer tratos encubiertos que impliquen pagos o control editorial. Los escritores de vez en cuando se comprometen a no usar los nombres reales de sus fuentes o detalles que permitan identificarlas, a cambio del acceso directo, y notifican a los lectores que así lo hicieron. Estas convenciones ayudan a mantener la fe. El género no tendría tanto sentido si no fuera así. Acogerse a estas convenciones lleva a la franqueza.

El cuarto elemento, la cuarta fuerza esencial que predica Sims del periodismo literario es el simbolismo del texto. ¿Qué hay más allá de los hechos?, ¿qué subyace, qué significa la historia que su observación le narra? Al respecto Richard Rhodes, que se pasó dos años investigando las armas atómicas para su libro *Ultimate Powers,* le dijo lo siguiente a Norman Sims:

> Para mí eso ha sido de una importancia tremenda. La revelación de los asuntos trascendentales del universo, el sentido de que detrás de la información hay estructuras profundas, ha sido central en todo lo que he escrito. Ciertamente es algo central cuando se escribe sobre las armas atómicas, y estoy empezando a desenterrar algunas de esas estructuras profundas. No

hablamos tanto sobre las armas nucleares como sobre el hecho de que el siglo veinte ha perfeccionado una máquina total de muerte. Producir cadáveres es nuestra mayor tecnología.

Y Sims comenta:

Eso es lo que quería decir en el prefacio de *Looking for America* cuando escribí que buscaba algo distinto, la bestia en la jungla, las máscaras de los hombres. Quería decir que todo se muestra, que se muestra para todo el mundo. Eso es lo que persigo. No es hacer metáforas fáciles. (...) Es mirar a través, escudriñar la información con la esperanza de ver lo que hay detrás. Más que cualquier otro escritor que haya conocido, Rhodes tiene razón en buscar mediante la prosa las realidades simbólicas que «hay más allá». Las «realidades simbólicas» tienen dos lados: el significado interno que la escritura tiene para el escritor, y las «estructuras profundas» mencionadas por Rhodes y que se encuentran tras el contenido de un escrito.

A la hora de hablar de motivaciones, y sin pretender uniformarlas para todos los casos, valiosos, muy valiosos son los testimonios de Martín Caparrós y de Juan Villoro. Dice Caparrós que

la información (tal como existe) consiste en decirle a muchísima gente qué le pasa a muy poca: la que tiene poder. Decirle, entonces, a muchísima gente que lo que debe importarle es lo que les pasa a ésos. La información postula (impone) una idea del mundo: un modelo de mundo en el que importan esos pocos. Una política del mundo.
La crónica se rebela contra eso cuando intenta mostrar, en sus historias, las vidas de todos, de cualquiera: lo que les pasa a los que también podrían ser sus lectores. La crónica es una forma de pararse frente a la información y su política del mundo: una manera de decir que el mundo también puede ser otro. La crónica es política.

Por su parte, anota Juan Villoro:

El intento de darles voz a los demás —estímulo cardinal de la crónica— es un ejercicio de aproximaciones. Imposible suplantar sin pérdida a quien vivió la experiencia. En *Lo que queda de Auschwitz,* Giorgio Agamben indaga un caso límite del testimonio: ¿quién puede hablar del holocausto? En sentido estricto, los que mejor conocieron el horror fueron los muertos o los musulmanes, como se les decía en los campos de concentración a los sobrevivientes que enmudecían, dejaban de gesticular, perdían el brillo de la mirada, se limitaban a vegetar en una condición prehumana. Sólo los sujetos física o moralmente aniquilados llegaron al fondo del espanto. Ellos tocaron el suelo del que no hay retorno; se convirtieron en cartuchos quemados, únicos «testigos integrales».

La empatía con los informantes es un cuchillo de doble filo. ¿Se está por encima o por debajo de ellos? En muchos casos, el sobreviviente o el testigo padecen o incluso detestan hallarse al otro lado de la desgracia: «Ésta es precisamente la aporía ética de Auschwitz», comenta Agamben: «El lugar en que no es decente seguir siendo decentes, en el que los que creyeron conservar la dignidad y la autoestima sienten vergüenza respecto a quienes las habían perdido de inmediato».

¿Qué espacio puede tener la palabra llegada desde fuera para narrar el horror que sólo se conoce desde dentro? De acuerdo con Agamben, el testimonio que asume estas contradicciones depende de la noción de «resto». La crónica se arriesga a ocupar una frontera, un interregno: «Los testigos no son ni los muertos ni los supervivientes, ni los hundidos ni los salvados, sino lo que queda entre ellos».

Oigamos a Monsiváis:

En lo tocante a la dimensión moral de la crónica la idea fija que se impone por un tiempo largo le adjudica al género el darle voz a los que no la tienen: los pobres, los indígenas, las mujeres discriminadas, los jóvenes desempleados, los trabajadores migratorios, los presos, los burócratas menores, los campesinos. Esto propicia denuncias con resultados de consideración, y se presta también al proteccionismo ideológico y el chantaje sentimental a nombre de los que no están allí para desmentir, precisar, o explicar su voluntad de verse representados.

Aparte de las intenciones, el otro aspecto de los simbolismos consiste en las posibles interpretaciones que se desprenden de los hechos, y aquí hay que poner una alerta en contra de la moralina y de las predicaciones. Ay del cronista que pretenda derivar una moraleja de su historia. Leila Guerriero escribió: «Hay muchas cosas que pueden matar un perfil, pero su peor ponzoña es el lugar común. Cualquier historia sucumbe si se la salpica con polvos como la superación humana, el ejemplo de vida o la tragedia inmarcesible. Decir eso es fácil. Más difícil es entender que el lugar común anida, también, en nuestros corazones biempensantes, políticamente correctos». Más bien cabe cierto honrado y transparente escepticismo: «Si hay algo que el ejercicio de la profesión me ha enseñado es que un periodista debe cuidarse muy bien de buscar una respuesta única y tranquilizadora a la pregunta del por qué», anota la misma Leila Guerriero.

Con respecto al trasfondo de la narración, oigamos a Alberto Salcedo Ramos: «Mi Nirvana no empieza donde hay una noticia sino una historia que me conmueve o me asombra. Una historia que, por ejemplo, me permite narrar lo particular para interpretar lo universal. O que me sirve para mostrar los conflictos del ser humano».

Intermedio

> De una situación sólo veo la apariencia, de ésta sólo un destello,
> y aun de ello un mero contorno.
>
> KARL KRAUSS

13 de octubre de 2010. En esta fecha estoy inmerso en la preparación de esta antología de la crónica latinoamericana del siglo veintiuno. Son las cuatro de la tarde y faltan seis horas para que se

inicie el rescate de los 33 mineros de la mina San José, en Chile, se-
pultados desde hace 69 días. CNN transmite en directo. En este mis-
mo instante no se sabe si volverán todos vivos, pero el optimismo es
universal. Entrevistan a la tía de uno de los «33 héroes» y dice que lo
primero que hará al verlo será abrazarlo, y después confiesa que nun-
ca lo ha abrazado. Cambio a estudios en Atlanta y Daniel Viotto
cuenta que Fénix, la cápsula donde vendrán los mineros a la super-
ficie, fue construida teniendo en cuenta el tamaño del más grande de
los mineros sepultados. Vuelta a la transmisión desde la mina: habla
el presidente Piñera, luego hay una toma en la ceremonia religiosa
multicultos que se está celebrando; contrapunto con un periodista que
cuenta que los mineros pactaron que cada uno hablará a los periodis-
tas de sí mismo, no de los demás, no de los otros 32. Se respira una
atmósfera de acontecimiento histórico. Todos hacemos fuerza porque
este milagro de volver vivos desde casi setecientos metros dentro de la
Tierra se cumpla a plenitud...

... y me miro en el espejo de este texto, CNN al fondo, y des-
cubro algo que está más allá de que el medio sea el mensaje: la reali-
dad comienza a funcionar a manera de crónica. Una escena acá, una
entrevista más acá, allá lejos el suspenso, que estoy viviendo en tiem-
po real, y que en la crónica escrita se convertirá en las expectativas
que el texto genere: ¿cuántas crónicas, en forma de libro, de texto
periodístico, de documental, de blog, nacerán de este drama que ha
transcurrido, por semanas, en tiempo real, de la misma manera que
transcurre una narración periodística? Una forma brutal de la vieja
ley que enunció Wilde —la naturaleza imita al arte—: la fatalidad,
oscura o luminosa, se anticipa a la literatura.

La crónica como arte

Hoy en día, la crónica latinoamericana es un género autónomo, con su propio territorio que tiene tratados de límites —o
de ilímites—, por un lado, con la información neutra del periodismo establecido y, por otro lado, con la literatura.

Julio Villanueva Chang se da —y nos da— gusto citando
al casi infalible, al siempre agudo Walter Benjamin, que acertó
señalando nuestra patética, progresiva e irremediable pérdida de

memoria: «Nos hemos hecho pobres. Hemos ido entregando una porción tras otra de la herencia de la humanidad, con frecuencia teniendo que dejarla en la casa de empeño por cien veces menos de su valor para que nos adelanten la pequeña moneda de lo "actual"». Continúa Villanueva Chang: «Una de las mayores pobrezas de la prensa diaria —sumada a su prosa de boletín, a su retórica de eufemismos y a su frecuente conversión en escándalo y publicidad— continúa pareciendo un asunto metafísico: el tiempo. Lo actual es la moneda corriente, pero tener tiempo sigue siendo la gran fortuna». Tres líneas más abajo dirá:

El trabajo de un reportero de diario suele ser un tour sin tiempo para el azar ni la reflexión: páginas programadas, entrevistados programados, escenarios programados, respuestas programadas, tiempo programado. Se suele ver a un entrevistado en los lugares de siempre: la oficina, un restaurante, la sala de su casa. No hay noticias, sólo comunicados. Y descubrir se ha vuelto escandalizar. Reportear se ha convertido sobre todo en entrevistar. Pero la entrevista como género suele ser un acto teatral, y en la mayoría de ocasiones no llega ser una situación de conocimiento, mucho menos una experiencia: tan sólo una colección de declaraciones más o menos oficiales, y, en el mejor de los casos, la grandilocuencia del verbo confesar. La prensa quiere imitar a la televisión. Desde hace un tiempo los periodistas se empeñan en parecerse cada vez más a los fiscales y a los curas. Si es una virtud consagrada publicar una noticia a tiempo, el problema es que el tiempo justo para publicarla no lo dicta la incontestable autoridad de un reportaje, sino la desesperación de ganar a los telediarios y periódicos de la competencia. «El presente es siempre invisible», recordaba Marshall McLuhan. Sólo queda tiempo para actuar en apresuradas entrevistas de un sólo acto. Pero no queda tiempo para entender en verdad el drama completo. Menos para traducir, por medio de una historia, su significado.

Las diferencias entre este periodismo subjetivo y el de los periódicos de hoy —impersonal, frío, en apariencia objetivo y omnisciente— son explícitas y han sido expuestas por casi todos los cronistas con un punto de vista en el que son unánimes: el periodismo literario, que, como hemos visto, no es ni más ni menos objetivo que el seco periodismo omnisciente, que posiblemente trasmita mejor el mundo que narra gracias a la inmersión, a la voz personal, a la exactitud y a la dimensión simbólica, el periodismo literario, en tanto que literario, en tanto que personal, forma parte del arte.

Que forma parte del arte no lo dudan sus más próximos vecinos, los autores de ficción. Dice Juan Villoro: «El siglo veinte volvió específico el oficio del cronista que no es un narrador arrepentido. Aunque ocasionalmente hayan practicado otros géneros, Egon Erwin Kisch, Bruce Chatwin, Álvaro Cunqueiro, Ryszard Kapuscinski, Josep Pla y Carlos Monsiváis son heraldos que, como los grandes del jazz, improvisan la eternidad». Y añade: «Algo ha cambiado con tantos trajines. El prejuicio que veía al escritor como artista y al periodista como artesano resulta obsoleto. Una crónica lograda es literatura bajo presión».

Tomás Eloy Martínez dice lo mismo con una paradoja: «Antes, los periodistas de alma soñaban con escribir aunque sólo fuera una novela en la vida; ahora, los novelistas de alma sueñan con escribir un reportaje o una crónica tan inolvidables como una bella novela». Leila Guerriero lo dice así: «No creo en crónicas que no tengan fe en lo que son: una forma del arte».

Que sea un arte tan vivo y en plena expansión conjeturo que se debe a dos factores: el primero es el respeto por el lector y el segundo es el papel de lo insólito, mejor, del asombro como ingrediente central de la crónica latinoamericana actual.

En cuanto al respeto por el lector, éste se manifiesta con el horror a ser aburridos que tienen estos escritores. Benditos sean. Ese pánico de ser aburridos permite armar un menú antológico de apasionante lectura, variada y cruel, voraz y veraz, entretenida y entrometida. «La magia de una buena crónica consiste en conseguir que un lector se interese en una cuestión que, en principio, no le interesa en lo más mínimo», ha dicho Martín Caparrós y su enunciado me ha sido muy útil como criterio rector para escoger las crónicas de esta antología de la nueva crónica en español de nuestro continente.

La prevención contra el aburrimiento viene de todos lados (¿y cuál mayor respeto por el lector que evitarle el bostezo?). Kramer es tajante:

A los lectores que se involucran en un texto les suele importar el camino por el cual una situación llegó a un punto determinado, y qué les va a suceder a los personajes más adelante. Los buenos periodistas literarios nunca se olvidan de ser entretenidos. Mientras más serias sean las intenciones del escritor, y más franco y crucial sea el mensaje o el análisis que hay detrás de la historia, es más importante mantener cautivos a los lectores. El estilo y la estructura entretejen la historia y la idea de forma atractiva.

Al enunciar las reglas de oro de la crónica, Alberto Salcedo Ramos dice:

La regla de oro número uno es por cortesía de Woody Allen: «Todos los estilos son buenos, menos el aburrido». Tú puedes hablar de lo que quieras, desde el Teorema de Pitágoras hasta la caspa del mico que acompaña a Tarzán; puedes escribir sobre lo triste, sobre lo folclórico, sobre lo trágico, sobre el frío, sobre el calor, sobre la levadura del pan francés o sobre la máquina de afeitar de Einstein. El lector te permite lo que sea, incluso que le mientes la madre, incluso que seas soberbio, pero no que lo aburras. A mí me parece que un buen prosista es, en esencia, un seductor, una persona que te atrapa irremediablemente con lo que escribe.

Leila Guerriero señala que el aburrimiento es el peor de los pecados: «En todo caso, una cosa sí sé, y es que la universidad no salva a ningún periodista del peor de los pecados: cometer textos aburridos, monótonos, sin climas ni matices, limitarse a ser un periodista preciso y serio, alguien que encuentra respuestas perfectas a todos los porqués, y que jamás se permite la gloriosa lujuria de la duda».

El remedio contra el aburrimiento que la crónica latinoamericana ha aplicado, con éxito, es la búsqueda de lo inesperado, de lo excepcional, de lo sorprendente. Para Salcedo Ramos, «el reto que tenemos no es inventar lo sorprendente sino descubrirlo. Mi nirvana no empieza donde hay una noticia sino donde avisto una historia que me conmueve o me asombra».

Lo dicho por Salcedo Ramos tiene un significado trascendental. Un cambio de esencias. Se ha transformado el arquetipo. El arquetipo ya no es la noticia sino lo asombroso.

Ya no es la noticia sino lo asombroso. No son frases. Ni es sólo una frase la de Tite Curet Alonso, «Tu amor es un periódico de ayer»: así como rápidamente se agota la lectura de una revista de noticias (*Time,* por ejemplo, tres meses después de aparecida es sólo arqueología hecha a fragmentos), por contraste, un ejemplar de *El Malpensante* de hace cinco años, uno de *Etiqueta negra* añejo —como su nombre lo indica— o uno de *Gatopardo* o de *Soho* de hace tiempos se dejan leer deliciosamente de pasta a pasta, de rabo a cabo, de pe a pa. Me consta.

Martín Caparrós identifica con una palabra la base de este fenómeno afortunado: «Así escribieron América los primeros: narraciones que partían de lo que esperaban encontrar y chocaban con lo que se encontraban. Lo mismo que nos sucede cada vez que vamos a un lugar, a una historia, a tratar de contarlos. Ese choque, esa extrañeza, sigue siendo la base de una crónica».

En suma, la crónica como obra de arte es alérgica al aburrimiento, es fruto de la inmersión en el mundo de cronistas con una voluntad de estilo, es una artesanía de la palabra, posee un sentido de la eficacia de las técnicas, de los ritmos, del orden que se le confiere a los hechos. En ella hay una voluntad de estilo.

Esa identidad propia —que aparece en el universo autónomo de excelentes cronistas que hay hoy en América Latina y que se puede fijar mirando las revistas mencionadas— también tiene sus propios comunes denominadores. Dije «excelentes cronistas» y me gusta la expresión porque, sin necesidad de redundancias políticamente correctas, abarca todos los sexos. Excelente cronista puede ser una mujer, y un hombre también puede ser, sin cambiarle ni una letra, excelente cronista. Y en el caso que nos ocupa, vale destacar que, en el periodismo narrativo latinoamericano de hoy, existen cronistas excelentes entre ellas y ellos.

Un género en expansión

La nueva narrativa periodística latinoamericana, con todo y que mantiene su núcleo alrededor de las revistas de crónicas, se ha desbordado en varias direcciones: una, la más obvia, hacia la prensa que no publicaba crónicas, algunos diarios, algunos suplementos semanales de grandes periódicos.

Otra, los libros monotemáticos, frutos de larga investigación que ahora pueblan los estantes de las librerías.

Otra dirección más es el cambio de estilo que el periodismo narrativo está imponiendo en la prensa diaria. Tomás Eloy se refiere así al *New York Times* del 2 de noviembre de 2001:

> Tres de los seis artículos de la primera página compartían un rasgo llamativo: cuando daban una noticia, la contaban a través de la experiencia de un individuo en particular, un personaje paradigmático que reflejaba, por sí solo, todas las facetas de esa noticia, o que era él mismo la noticia. Sucedía lo mismo en tres de los cuatro artículos de portada de la sección *A Nation Challenged,* que se está publicando a diario desde los ataques del 11 de septiembre. Eso no significa que haya menos información: hay más. Sucede que la información no viene digerida para un lector cuya inteligencia se subestima, como en los periódicos convencionales, sino que se establece un diálogo con la inteligencia del lector, se admite de antemano que ha visto la televisión, ha leído acaso algunos sites de Internet y, sobre todo, que tiene una manera personal de ver el mundo, una opinión sobre lo que pasa. La gente ya no compra diarios para informarse. Los compra para entender, para confrontar, para analizar, para revisar el revés y el derecho de la realidad.

Y otra dirección más, la más extensa, acaso la más profunda, casi con seguridad la que tiene más futuro: la red virtual, la nube informática. Algunas revistas que circulan en Internet, algunos blogs, son terreno en donde la crónica comienza a prosperar. Además de un grupo grande de la cofradía de croniqueros de revistas de crónicas, ya hay en este universo creciente una apreciable narrativa periodística; en la presente antología vienen muestras como la del mexicano Carlos López-Aguirre, procedente de su blog —un recuerdo de la infancia localizado en el terremoto de 1986—, y del dominicano Frank Báez, codirector de la revista virtual de poesía *Ping-pong,* el relato de un concierto de Bob Dylan.

La mención de Báez permite conectar con las relaciones entre crónica y poesía. Lo primero: es alta la carga poética de muchos de los textos de la nueva narrativa periodística. Así también los procedimientos de la poesía narrativa y de la crónica, que pueden ser análogos, como el frecuente uso de la enumeración. En fin, hay poemas que son crónicas, como el que sigue, del mismo Frank Báez:

Quita Sueño

Perder una pierna trabajando
De operario en una zona franca
Duele menos que cuando los gringos
Te donan una prótesis de plástico
Que te pondrás para emborracharte en los colmados
Y que apoyarás con fuerza en la acera
Al retornar a casa
Temeroso de que los perros del barrio
Puedan morderla y arrancártela

Con respecto al matrimonio o, mejor, unión libre entre crónica y poesía, el cuento es viejo y hay momentos en la historia del periodismo narrativo durante los cuales la mejor producción ha provenido de los poetas. Baste recordar nombres como Rubén Darío, José Martí, Manuel Gutiérrez Nájera, Julián del Casal, Amado Nervo, Herrera y Ressig y tantos otros poetas modernistas.

Sin embargo, mientras las crónicas de los modernistas alcanzaron a ver su propia declinación sin llegar al cenit, la crónica del siglo veintiuno, en plena expansión, no teme incorporar el instinto poético en sus ingredientes como en *Rock Down,* de Leila Guerriero sobre un grupo de rock dirigido por un chico, un poeta con síndrome de Down, Miguel Tomasín: «Miguel dice que Dios es una cámara oculta. O un pájaro mixto. Y le preguntamos cómo es el pájaro mixto, y Miguel dice que es el Dios de Dios. Y cómo es, Miguel, le preguntamos. "Mitad camuflado y mitad láser", te contesta. O le preguntás qué hay en la Luna. Respuesta de Miguel: un tornillo y un casete de chamamé».

Poesía como lo que ocurre en *Casa blanca,* la prisión mixta de Villavicencio, Colombia: «Allí viven 1.268 hombres y 82 mujeres separados por un muro reforzado con varillas de acero sin resquicios para mirarse, excepto en un tramo de doce metros donde la pared se interrumpe y da paso a una reja metálica de cinco metros de alto. A ese corredor al aire libre, por donde pasan las internas cuando son llevadas a otros sitios de la cárcel, se le conoce como *el paso del amor.* Decenas de presos han logrado conseguir novia en ese breve momento, cuando las mujeres caminan sin permiso para detenerse». Esas visiones bastan para encender el amor entre varias parejas que se han encontrado allí. Lo cuenta José Alejandro Castaño en *La cárcel del amor,* dejando que la poesía brote por sí sola de la historia.

A principios del siglo veinte, Gutiérrez Nájera hacía el réquiem del género: «La crónica, señores y señoritas, es, en los días que corren, un anacronismo. (...) ha muerto a manos del *reporter* (...). La pobre crónica, de tracción animal, no puede competir con esos trenes-relámpago». No obstante, todavía disponiendo de precarios medios de comunicación, autores como Martí o Rubén Darío alcanzaron a publicar sus crónicas en periódicos de ambas orillas del Atlántico y en varias capitales de esta orilla, de Nueva York a Buenos Aires.

Hay ocasiones, también, en que el poema hace suyo un tema típico de la crónica, los terremotos, los desastres naturales. Escribió Frank Báez:

Sábado 23 de enero de 2010, Haití

Vi en la tele un hombre que buscaba
A su familia entre los escombros de un edificio.
Llevaba más de una semana cavando.
(Había perdido las uñas)
Movía de un lado a otro los desechos en vano.

Los vecinos repetían que descansara,
Que comiera, que bebiera agua.
Pero el hombre seguía cavando boca abajo
En la oscuridad como un topo.
Alguien me dijo en un bar que escribiera
Un poema sobre el terremoto en Haití.
¿Para qué? La historia lo ha probado:
La poesía no puede arrebatarle bebés a la muerte.
Ni un hueso. Ni siquiera un zapato.

Periodismo en primera persona

El testimonio resulta, al final, una verdad marcada por una manera de ver o no ver lo que se le presenta. Este relativismo legitima estilos de periodismo que ya tienen un nombre y una historia. Entonces se convierte en periodismo —periodismo gonzo, lo llaman— el testimonio de quien ha vivido situaciones gracias a roles que se impone. Así el cronista cuenta el día en que fue mesero o torero o cuentachistes o minero o policía o vendedor ambulante o etcétera, largo etcétera. Si vamos a ser estrictos, en ese nuevo rol del cronista hay algo que no es rigurosamente cierto. No lo es ¿y qué? La fidelidad con la verdad nace a partir de ahí.

A veces, en su fase investigativa, la crónica impone que el hallazgo de la verdad sea posible gracias a una mentira. Para escribir su libro *Esclavas del poder,* 318 páginas de crónica devastadora sobre «la trata sexual de mujeres y niñas en el mundo», Lydia Cacho cuenta: «En mi viaje desde México hasta el Asia central me disfracé y asumí personalidades falsas. Gracias a ello pude sentarme a beber café con una tratante filipina en Camboya; bailé en un centro nocturno al lado de bailarinas cubanas, brasileñas y colombianas en México; entré en un prostíbulo de jóvenes en Tokio donde todos parecían personajes salidos de un manga; y caminé vestida de novicia por La Merced, uno de los barrios más peligrosos de México, controlado por poderosos tratantes».

Un ejemplo —extremo, como corresponde a la crónica de nuestro tiempo— es el repertorio de yoes de Gabriela Wiener, que le alcanzó para reunir un conjunto de crónicas gonzas con el tema exacto de su título, *Sexografías,* que sus editores presentan así por Internet: «Un viaje kamikaze lleva a la cronista Gabriela Wiener a infiltrarse en cárceles limeñas, exponerse a intercambios sexuales en clubs de swingers, transitar los oscuros senderos del Bois de Boulogne parisino para convivir con travestis y putas, someterse a un complicado proceso de donación de óvulos, participar en un ritual de ingestión de ayahuasca en la selva amazónica o a colarse en las alcobas de superestrellas del porno como Nacho Vidal. Todo con una única finalidad: conseguir la exclusiva más ególatra, el titular más sabroso y la noticia más delirante. Afortunadamente, esta joven heroína del gonzo más extremo sale indemne y puede contarlo, y lo hace con una mordacidad y una clarividencia digna de los mejores maestros de los años dorados del Nuevo Periodismo. Un recorrido temerario y trepidante por el lado más salvaje del periodismo narrativo».

La exposición «a intercambios sexuales en clubes de swingers» es el tema de la crónica de Wiener —«Dame el tuyo, toma el mío»— incluida en la presente antología, texto que tiene un interés adicional: tiempo después de su testimonio gonzo, la autora escribió una crónica de su crónica —«Swingers, el detrás de escena»—, también seleccionada en este libro. Estas inmanencias fueron provocadas por los editores de *Etiqueta negra* y en ellas se nota, precisamente, la manera tan determinante como han influido las grandes revistas de crónica en la conformación del estilo y del universo mental de la narrativa periodística latinoamericana de hoy.

Acerca de los editores o directores de las revistas de crónicas, es evidente que lo han hecho bien; el género ha crecido, ha penetrado, se ha comercializado debidamente, incluyendo los subproductos respectivos: talleres, congresos, cursos, premios, blogs, y ha logrado esto sin perder el nivel, todo lo contrario, creciendo, gracias al surgimiento de nuevos talentos y, más recientemente, de nuevas fuentes de circulación que multiplican la cantidad de excelentes cronistas, como los blogs y las revistas virtuales. Esos editores y directores, además, son buenos cronistas: el capataz sabe pegar ladrillos y esto facilita que logren buenas cosas de los cronistas, los pegaladrillos de mi metáfora. Esta antología incluye crónicas de Toño Angulo Danieri, Marco Avilés, Daniel Titinger (miembros, todos ellos, del equipo de *Etiqueta negra*) y Julio Villanueva Chang (fundador de ésta), de Mario Jursich *(El Malpensante) y* de Liza López *(Marcapasos).*

El párrafo sobre Gabriela Wiener es pertinente para señalar otra característica, menos metafísica, del periodismo narrativo de principios del siglo veintiuno: quiere contar las situaciones extremas, los guetos, las más extravagantes o inesperadas tribus urbanas, los ritos sociales —espectáculos, deportes, ceremonias religiosas—, las guerras, las cárceles, las putas, los más aberrantes delitos, las más fulgurantes estrellas. En el fondo de esto hay algo que parece necesario: hacer explícitas las más inesperadas formas de ser distinto dentro de una sociedad; ser un mago sin un brazo, ser el hombre más pequeño del mundo, ser un travesti viejo y pobre, un excarcelado que sigue diciendo que es inocente, un cantante famoso, un asesino a sueldo, una puta, un puto, las más inimaginables maneras de ser, y —casi siempre— contarlo con la naturalidad de quien supone que todos tienen derecho de ser lo que son.

Trabajo para valientes

Es natural que la posición del cronista se endurezca. Óscar Martínez, el valientísimo autor del libro *Los migrantes que no importan,* dedicado al tráfico humano del sur al norte de México por la franja oriental del país, ha visto y oído de todo: chantajes, secuestros, asesinatos, violaciones, trata de blancas y un repertorio difícilmente alcanzable de atrocidades de variado tipo. Al fin, con la matanza de 72 personas en Tamaulipas a fines de agosto de 2010, la opinión pública y las autoridades parecían darse cuenta de esos migrantes que no importan. Sin embargo, el 26 de agosto del mismo año, Martínez escribió su columna de opinión en *El Faro,* el diario salvadoreño donde colabora con el título de «Nos vemos en la próxima masacre de migrantes»:

No comprendo la algarabía que se ha desatado por los 72 migrantes asesinados en México por Los Zetas. Supongo que se debe a la cantidad de cuerpos apiñados, a lo explícito de la imagen del rancho en el municipio de San Fernando, Tamaulipas, casi en la frontera con Brownsville, Texas. Es un gusano de cadáveres que se enrolla recostado en la pared del galerón descascarado de ese monte en medio de la nada, allá por donde llega el caminito de tierra. Algunos cadáveres estaban atados de manos por la espalda. Otros yacen apiñados, unos sobre otros, en las partes donde el gusano se engorda. No comprendo la algarabía que se ha desatado por la masacre de tantos migrantes.

Los grandes medios de comunicación mexicanos, los salvadoreños, los hondureños, los guatemaltecos, hasta los estadounidenses, españoles y sudamericanos han utilizado sus portadas, sus páginas principales, sus noticiarios estelares para hablar de la masacre de migrantes en México. No comprendo la algarabía de tanto medio tan grande.

Los políticos, los de México, de Centroamérica, de Brasil, de Ecuador, han salido urgidos a sentarse en sus sillas de conferencia de prensa, ante aquellos medios, para luego salir en portada. Eso sí, no cualquier político. Son jefes de departamentos, de institutos, de organismos. Son, incluso, los mismísimos presidentes de esos países los que han dicho, como dijo el de México, que los autores de la masacre de San Fernando son unas «bestias». No comprendo tanta algarabía de tanto político tan importante.

No lo comprendo porque las algarabías suelen explotar tras la sorpresa. No lo comprendo, y si me obligaran a intentarlo diría que fingen. Se están inventando esas caras serias, ese gesto seco. Están haciendo ostento de su tinta, de su tecnología, de su capacidad de contratar un servicio de noticias por cable.

La masacre de San Fernando, Tamaulipas, cerca, muy, muy cerca de Estados Unidos, allá por donde los indocumentados casi han llegado, no es sorprendente. La masacre de San Fernando, allá a donde un migrante centroamericano llega tras más de 20 días de viaje, es sólo un hecho más, uno impactante, pero nada más. La masacre de San Fernando, allá a donde un centroamericano llega tras haber abordado como polizón más de ocho trenes, era previsible. La masacre de los indocumentados en México empezó a principios de 2007.

Lo que empezó esta semana una vez más son las conferencias de prensa de los funcionarios compungidos. Lo que empezó esta semana son los grandes titulares de los medios que ni sabían dónde queda Tamaulipas ni qué diablos hace por aquellos lados un indocumentado centroamericano. Lo que empezó esta semana es el circo. Pero ése se acaba pronto. Ése no dura muchos años, ni muchos meses, ni siquiera muchas semanas.

Es mentira lo que dijo ayer Alejandro Poiré, el secretario del Consejo de Seguridad Nacional de México, el vocero en temas de crimen organizado. Dijo que en los últimos meses han recibido información de que algunas organizaciones de delincuentes participan en secuestros y extorsión de migrantes. Es mentira. Lo sabe hace mucho. Lo dijo el FBI a finales de 2007. Lo dijo la Comisión Nacional de Derechos Humanos de México a mediados del año pasado. Lo dijo bien claro. Su informe se titulaba «Informe Especial Sobre Secuestro de Migrantes en México». Decía que cerca de diez mil indocumentados, principalmente centroamericanos, habían sido secuestrados sólo en los últimos seis meses. Decía también el nombre y apellido de esa «organización de delincuentes». Se llaman Los Zetas, son una banda organizada que existe desde 1997, que fundó el Cártel del Golfo, que nació con militares de élite reclutados para entrenar sicarios. Decía también que las autoridades de municipios y estados mexicanos participaban en esos secuestros. Decía que ocurrían a la luz del día en municipios y estados que también tienen nombre: Tenosique, Tabasco, Coatzacoalcos, Medias Aguas, Tierra Blanca, Veracruz, Ixtepec, Oaxaca, Saltillo, Coahuila, Reynosa, Nuevo Laredo, Tamaulipas. Tamaulipas. Es mentira que Poiré y aquellos de los que él es vocero lo sepan «hace unos meses». Unos pinches meses, diría un mexicano.

Es mentira, como dijo ayer Antonio Díaz, el coordinador de asesores del Instituto Nacional de Migración de México, que en lo que va de 2010 han detectado alrededor de siete secuestros de migrantes por parte de organizaciones criminales. Es mentira, porque compartimos mesa el lunes 5 de julio a las 6 de la tarde en la Comisión de Derechos Humanos de la capital mexicana. En esa mesa dijimos que mientras dábamos esa charla había migrantes secuestrados, y no siete, dijimos cientos. CIENTOS. Y él asintió.

[...]

Si se embarraran, si salieran de sus conferencias, si dejaran de asentir cuando dicen que creen algo para luego no hacer nada. Si dejaran de mentir. Supieran que desde Tamaulipas Los Zetas controlan todo un sistema de secuestro de centroamericanos. Supieran que Los Zetas infiltran a centroamericanos en el tren para detectar a los migrantes que tienen familia en Estados Unidos, a esos a los que le sacan a tablazos los 500, 800, 1.000 o hasta 5.000 dólares en secuestro exprés. Supieran que en cada estaca (y supieran que estaca se le llama a los comandos de Los Zetas) hay un carnicero (y supieran que los carniceros son esos hombres que cortan en trocitos a los migrantes por los que nadie responde y que después los meten en un barril y los queman). Supieran que ranchos como el rancho de San Fernando hay decenas en México y que en muchos hay cadáveres enterrados. Supieran que en San Fernando no hay periodistas que hablen de Los Zetas (ni en Tenosique, ni en Medias Aguas, ni en Orizaba, ni en Tierra Blanca, ni en Saltillo, y supieran también dónde quedan estos lugares) porque los matan. Supieran que desde 2007 Los Zetas controlan desde Tamaulipas la ruta de los coyotes. Supieran que el que no paga muere y que aunque no se vean los cadáveres ahí están.

Ustedes no están sorprendidos, nadie de ustedes. Ustedes han montado esta algarabía para parecer sorprendidos. Ustedes son unos mentirosos. A ustedes ya se les va a volver a olvidar una masacre que empezó en 2007. A ustedes sólo hay una manera de despedirlos: nos vemos en la próxima masacre.

Es el momento de señalar una cualidad necesaria de la narración periodística. El cronista requiere no tener demasiada noción del peligro y requiere, además, presencia de ánimo, sangre fría, en fin —el cronista como héroe, la cronista como heroína—, valor para investigar su tema, para exponerlo, para asumir las consecuencias de lo que dice. Óscar Martínez es un ejemplo de ese arrojo.

A veces el valor no se nota: se necesita entereza moral para que alguien escriba una crónica sobre un asesinato en el que el principal imputado es el tío del cronista. Y que el cronista no aluda a este parentesco y sí mencione el nombre de ese tío como muy posible principal responsable. Estoy hablando de «La tormentosa fuga del juez Atilio», texto que adquiere una formidable dimensión moral y humana —es lo mismo— debido a Carlos Martínez D'Aubuisson, donde «sigue los pasos del juez de su país que tuvo que huir para salvar su vida después de que le asignaran la investigación del célebre asesinato del padre Óscar Arnulfo Romero en 1980. Carlos Martínez D'Aubuisson, sobrino del general al que se le atribuye la autoría intelectual de este crimen, recrea el asesinato y la sucesión de huidas de un juez condenado por querer hacer justicia».

Otro ejemplo: en el prólogo de la segunda edición del libro *Los demonios del Edén, el poder que protege a la pornografía infantil*, Lydia Cacho, la excepcional periodista mexicana, dice: «El viernes 16 de diciembre de 2005, siete meses después de que comenzó a circular la primera edición de este libro, fui aprehendida sorpresivamente por una brigada de judiciales... Los judiciales portaban una orden de aprehensión girada por un juez poblano, como resultado de una demanda por calumnia y difamación presentada por Kamel Nacif. Este poderoso empresario, llamado "Rey de la mezclilla", es mencionado en este libro como uno de los amigos que frecuentaban al pederasta Succar Kuri y que éste solía mencionar como uno de sus protectores...». Éste fue el inicio de un largo viacrucis que incluye persecución armada de cuerpos oficiales y no oficiales, secuestro, atentado a su vida, amenazas, prisión arbitraria y un kafkiano, intrincado y costoso recorrido por cortes, jueces y fiscales de varias ciudades de México en el que resultan implicados hasta un gobernador. El cuento está en la crónica «Código rojo», escrita por Laura Castellanos y muestra bien cómo las zonas más oscuras, más siniestras, más corrompidas, resultan implicadas con los centros de poder, con los más dobles y peligrosos miembros de la sociedad, de la política y del empresariado. Los márgenes más viles se sostienen gracias a los más bienpensantes hijos de puta. De modo que cuando la cronista empieza sus averiguaciones sobre el tráfico de niños y niñas, ignora que se está metiendo con las fachadas más limpias, más poderosas y más respetables del espectro social.

Los temas

Los grandes capítulos de la crónica latinoamericana son la violencia o la extravagancia. Quieres estar por fuera de la moral convencional para poder oír la voz del asesino, de la madama, de la niña utilizada como objeto sexual.

La crónica es la agente del mito popular, de la nueva estética *kisch,* de lo cursi, lo extravagante, lo envidiado. Sus protagonistas pueden ser el ídolo de multitudes, la cantante famosa, el futbolista estrella, el que haga alharaca. La crónica lo acepta como mito y ayuda a la mitificación. Pero también es el altavoz de la víctima. A la crónica le fascina la víctima. Y el espacio prohibido, gueto o secta, cárcel o frontera caliente. El momento del despelote, por terremoto o lluvia, por represión o mera y patética violencia para poder sobrevivir. La crónica suspira y desvive por encontrar las razones del asesino, sea el niño asesino o el presidente asesino, el terrorista asesino o la adolescente pistolera.

Hay, sí, un territorio apacible de la narrativa periodística: las crónicas sobre los padres de la crónica o sobre los héroes literarios. En la presente antología vienen textos sobre Lydia Cacho (por Laura Castellanos), sobre Carlos Monsiváis (debido a Fabrizio Mejía Madrid), sobre Jorge Luis Borges (por Laura Kopouchian), sobre Enrique Raab (escrito por María Moreno), sobre Jaime Sabines (por Alejandro Toledo) y sobre Cesare Pavese (por Alejandro Zambra). Comparadas con las crónicas sobre migración o sobre pandillismo o sobre delincuencia infantil, las crónicas sobre deportes parecen cuentos infantiles —aunque en verdad no lo sean—; las muestras sobre fútbol, lucha libre, ciclismo y boxeo se las debemos a Juan Villoro, a José Navia, a Luis Fernando Afanador, a Alejandro Toledo y a Alberto Salcedo Ramos.

Hay destacadísimas crónicas sobre héroes de la cultura del espectáculo; aquí hay crónicas sobre Gloria Trevi, Lucho Gatica, Carlos Gardel, los Rolling Stones y Bob Dylan. También la gente de poder está diseñada para el espíritu de la crónica: Pablo Escobar visto por Juan José Hoyos, la madre del presidente venezolano perseguida y no encontrada por Liza López, el universo de Pinochet visto a través de dos crónicas, una de Pedro Lemebel y otra de Cristóbal Peña.

Historias de vidas, individuos o grupos, como las de Martín Caparrós y las de Alberto Salcedo que figuran en la primera parte de esta antología. Individuos anónimos o insólitos —o que han vivido situaciones— como el Cromwell de Juan Manuel Robles, el secuestrado de Álvaro Sierra, el actor de Fiorillo, el enano de Andrés Sanín, el vendedor de libros de Toño Angulo Danieri, los uruguayos que se llaman Hitler de Leonardo Haberkorn, el mago manco de Leila Guerriero, la casi niña pistolera de Cristian Alarcón, el mundo de la prostitución infantil en Acapulco, según Alejandro Almazán. Sin contar las inmersiones por la vía gonzo de Andrés Solano en la vida de alguien que se gane sólo el salario mínimo, o las de Gabriela Wiener en el oficio de swinger.

En otras ocasiones, el hilo conductor de la crónica es un lugar, un barrio de San Salvador, tal como lo cuenta Roberto Valencia, *La cárcel del amor* de José Alejandro Castaño, el mercado limeño de Jaime Bedoya, los pueblos, tan distintos entre sí, como el pueblo de gemelos de Juan Pablo Meneses, o el de la frontera de Óscar Martínez D'Aubuisson. El hilo conductor puede ser un rito o un hábito, como el ron —Mario Jursich—, la cocaína —Eugenia Zicavo—, o la Inca Kola —Daniel Titinger y Marco Avilés—.

Uno de los elementos que convierten la crónica en algo más que un género, en un territorio, es la conciencia del oficio y de sí mismos que tienen los cronistas. Existen magníficos materiales sobre el periodismo literario de varios de ellos. Decidí, entonces, dividir el libro en una primera parte, *Los cronistas escriben crónicas,* y una segunda parte, *Los cronistas escriben sobre la crónica,* dedicada a recoger algunos de esos textos, siempre con la misma dificultad a la hora de escoger los materiales seleccionados, que es la calidad que casi todos ostentan. Por ejemplo, fue una difícil decisión cuál de los estupendos textos sobre crónica de Leila Guerriero escogería finalmente.

Esta antología

La aventura de preparar esta selección me ha demostrado que es imposible hacer una antología completa de la crónica latinoamericana del siglo veinte en el formato de un libro cómodo para leer. Se trata de un filón riquísimo. Hay muchas buenas crónicas, hay excelentes cronistas. He procurado abarcar todos los temas, todos los países, todos los cronistas que se lo merecen. Pero es imposible.

Usé el criterio de la calidad literaria. He procurado hacer un libro de lectura apasionante, con historias inolvidables, espléndidamente escritas. Lo he pasado por el criterio de varios lectores, unos del mundo de la crónica, otros simples lectores viciosos. Y, con esas ayudas, creo que logré un libro que puede llevarse a una isla desierta sin temor a aburrirse, un magnífico libro, gracias a los periodistas literarios seleccionados.

Es, también, y contra mi voluntad, un libro injusto. Injusto porque hay muchas crónicas que cabrían aquí perfectamente sin demeritar el nivel de lujo que ahora tiene. Crueldades del formato. No quiero hacer una lista extensa —y debería—, pero tampoco quiero dejar sin mencionar a algunos que deberían estar acá, como Santiago O'Donnell, Ricardo Coler, César Castro Fagoaga y Cicco (de quienes en principio seleccioné crónicas que, por diferentes motivos, no pudieron ser incluidas), y Sergio González Rodríguez, Álex Ayala Ugarte, Roberto Chernin, Margarita García Robayo, Pascual Gaviria, Sinar Alvarado, Ernesto McCausland, Darwin Pinto, Guillermo Osorno, Marcela Turati, Gabriela Granados, Amalia Hernández, Juan Carlos Reyna, Elvio Gandolfo, Juan Miguel Álvarez, Héctor Abad, Antonio García, Antonio Morales, Andrés Grillo, Sergio Álvarez, Cristian Valencia, Antonio García Ángel, Juan David Correa, Briamel González Zambrano, Sandra La Fuente, Amalia Sanz, Carlos Paredes, Marina Abiuso, Andrés Delgado, Sandra Ortega, David Lida... Llegará el día, más pronto que tarde, de disminuir la injusticia preparando otro tomo de crónicas latinoamericanas de tan apasionante lectura como las que vienen a continuación.

PRIMERA PARTE

LOS CRONISTAS ESCRIBEN CRÓNICAS

Un fin de semana con Pablo Escobar
Juan José Hoyos

Era un sábado de enero de 1983 y hacía calor. En el aire se sentía la humedad de la brisa que venía del río Magdalena. Alrededor de la casa, situada en el centro de la hacienda, había muchos árboles cuyas hojas de color verde oscuro se movían con el viento. De pronto, cuando la luz del sol empezó a desvanecerse, centenares de aves blancas comenzaron a llegar volando por el cielo azul, y caminando por la tierra oscura, y una tras otra se fueron posando sobre las ramas de los árboles como obedeciendo a un designio desconocido. En cosa de unos minutos, los árboles estaban atestados de aves de plumas blancas. Por momentos, parecían copos de nieve que habían caído del cielo de forma inverosímil y repentina en aquel paisaje del trópico. Sentado en una mesa, junto a la piscina, mirando el espectáculo de las aves que se recogían a dormir en los árboles, estaba el dueño de la casa y de la hacienda, Pablo Escobar Gaviria, un hombre del que los colombianos jamás habían oído hablar antes de las elecciones de 1982, cuando la aparición de su nombre en las listas de aspirantes al Congreso por el Partido Liberal desató una dura controversia en las filas del Nuevo Liberalismo, movimiento dirigido entonces por Luis Carlos Galán Sarmiento.

—A usted le puede parecer muy fácil —dijo Pablo Escobar, contemplando las aves posadas en silencio sobre las ramas de los árboles.

Luego agregó mirando el paisaje, como si fuera el mismo dios:

—No se imagina lo verraco que fue subir esos animales todos los días hasta los árboles para que se acostumbraran a dormir así. Necesité más de cien trabajadores para hacer eso... Nos demoramos varias semanas.

Pablo Escobar vestía una camisa deportiva muy fina, pero de fabricación nacional según dijo con orgullo mostrando la marquilla. Estaba un poco pasado de kilos pero todavía conservaba su silueta de hombre joven, de pelo negro y manos grandes con las que había manejado docenas de autos cuando junto con su primo, Gustavo Gaviria, competía en las carreras del autódromo de Tocancipá y de la plaza Mayorista de Medellín.

—Todo el mundo piensa que uso camisas de seda extranjera y zapatos italianos pero yo sólo me visto con ropa colombiana —dijo mostrando la marca de los zapatos.

Se tomó un trago de soda para la sed porque la tarde seguía muy calurosa y luego agregó:

—Yo no sé que es lo que tiene la gente conmigo. Esta semana me dijeron que había salido en una revista gringa... Creo que, si no me equivoco, dizque era la revista *People*... o *Forbes*. Decían que yo era uno de los diez multimillonarios más ricos del mundo. Les ofrecí a todos mis trabajadores y también a mis amigos diez millones de pesos por esa revista y ya han pasado dos semanas y hasta ahora nadie me la ha traído... La gente habla mucha mierda.

Pablo Escobar hablaba con seguridad, pero sin arrogancia. La misma seguridad con la que en compañía de su primo se montó en una motocicleta y se fue a comprar tierras por la carretera entre Medellín y Puerto Triunfo, cuando aún estaba en construcción la autopista Medellín-Bogotá. Después de comprar la enorme propiedad, situada entre Doradal y Puerto Triunfo, casi a orillas del río Magdalena, empezó a plantar en sus tierras centenares de árboles, construyó decenas de lagos y pobló el valle del río con miles de conejos comprados en las llanuras de Córdoba y traídos hasta la hacienda en helicópteros. Los campesinos, aterrados, dejaron durante un tiempo de venderle tantos conejos porque a un viejo se le ocurrió poner a correr el rumor de que unos médicos antioqueños habían descubierto que la sangre de estos animales curaba el cáncer. Escobar mandó a un piloto por el viejo y lo trajo hasta la hacienda para mostrarle lo que hacía con los animales: soltarlos para que crecieran en libertad. Ahora había conejos hasta en Puerto Boyacá, al otro lado del Magdalena.

Igual que con los conejos, Pablo Escobar consiguió un ejército de trabajadores para plantar palmas y árboles exóticos por el borde de todas las carreteras de la hacienda. Las carreteras daban vueltas, e iban y venían de un lugar a otro de forma caprichosa porque ya Escobar tenía en mente la construcción de un gran zoológico con animales traídos de todo el mundo.

Él mismo, durante muchos meses, dirigió la tarea de poblar su tierra con canguros de Australia, dromedarios del Sahara, elefantes de la India, jirafas e hipopótamos del África, búfalos de las praderas de Estados Unidos, vacas de las tierras altas de Escocia y llamas y vicuñas del Perú. Los animales alcanzaron a ser más de 200. Cuando el Instituto Colombiano Agropecuario (ICA) se los decomisaba, por no tener licencia sanitaria, Escobar enviaba un amigo a los remates. Allí los compraba de nuevo y los llevaba de regreso a la finca en menos de una semana.

Durante varios años, Pablo Escobar dirigió personalmente las tareas de domesticar todas las aves, obligándolas con sus trabajadores a treparse a los árboles por las tardes cuando caía el sol. Cosas parecidas hizo con los demás animales, tratando de cambiar la naturaleza y hasta sus hábitos. Por ejemplo, a un canguro le enseñó a jugar fútbol y mandó a traer desde Miami, en un avión, a un delfín solitario envuelto en bolsas plásticas llenas de agua y amarrado con sábanas para evitar que se hiciera daño tratando de soltarse. Luego, lo liberó en un lago de una hacienda situada entre Nápoles y el Río Claro.

En esa época, Pablo Escobar era representante a la Cámara y había sido elegido para ese cargo en las listas del Movimiento de Renovación Liberal que lideraba el senador Alberto Santofimio Botero, seguidor a su vez del candidato presidencial del Partido Liberal, Alfonso López Michelsen. La justicia sólo había proferido contra él una vieja orden de captura que reposaba sin ningún efecto jurídico en un oscuro juzgado de Itagüí. Por todo esto era fácil obtener una entrevista con él. Escobar se codeaba de tú a tú con todos los políticos de entonces y hasta había sido invitado a España por el presidente electo de ese país, Felipe González. En ese viaje lo acompañaron varios parlamentarios colombianos de los dos partidos. La policía española recibió informaciones de infiltrados en el mundo de la droga según las cuales el principal capo del narcotráfico colombiano se hallaba hospedado en un hotel de Madrid. Por este motivo, fuerzas especiales allanaron el edificio y detuvieron por un rato a varios asustados congresistas del Partido

Conservador, que se habían acostado temprano. Los senadores, ya vestidos de pijamas, fueron requisados minuciosamente junto con sus equipajes. Mientras tanto Pablo Escobar tomaba champaña con varios amigos y periodistas colombianos en la suite presidencial adonde los había invitado Felipe González.

La entrevista con Pablo Escobar la ordenó Enrique Santos Calderón, columnista del periódico *El Tiempo* y en esa época director de la edición dominical. La conseguí con la ayuda de un locutor de radio de Medellín que tenía un programa muy popular y que había empezado a trabajar con Escobar como jefe de prensa. El locutor organizó un almuerzo en el hotel Amarú, que entonces era propiedad del primo de Escobar, Gustavo Gaviria.

Durante el almuerzo, Pablo Escobar dio unas breves declaraciones desmintiendo al candidato del Nuevo Liberalismo, Luis Carlos Galán, quien lo había expulsado públicamente de las filas del Nuevo Liberalismo durante una manifestación en el parque de Berrío. En su discurso, Galán acusó públicamente a Escobar de tener nexos con el narcotráfico. Todo esto lo refutó Pablo Escobar ante los periodistas. Luego anunció su candidatura a la Cámara de Representantes por las listas del Movimiento de Renovación Liberal que dirigía el parlamentario Jairo Ortega Ramírez, uno de los lugartenientes más respetados de Santofimio en Antioquia y de López Michelsen en el país. Escobar resultó electo después de una singular campaña en la que sembró árboles por todos los barrios populares de Medellín y construyó e iluminó decenas de canchas polideportivas en los barrios pobres. Además, prometió públicamente a la gente que vivía en los tugurios del basurero de Moravia construir más de 200 casas para que en el futuro pudieran tener una vivienda digna. Después del almuerzo, Pablo Escobar me hizo saber a través de su jefe de prensa, Alfonso Gómez Barrios, que me esperaba en la hacienda Nápoles, en Puerto Triunfo, durante el próximo fin de semana. Los guardaespaldas de Escobar me llamaron al día siguiente y me propusieron encontrarnos en la población de San Luis, a donde yo tenía que viajar para acompañar al entonces gobernador de Antioquia, Nicanor Restrepo Santamaría, a la inauguración de la escuela Juan José Hoyos, que lleva ese nombre en memoria de mi abuelo, un maestro de escuela del oriente de Antioquia.

—¿Cómo hago para encontrarlos si yo no los conozco? —les pregunté a los guardaespaldas de Escobar.

—Tranquilo que nosotros lo encontramos a usted...

Yo, por supuesto, no estaba tranquilo. Había tenido noticias sobre la amabilidad con que Escobar atendía a los periodistas, pero también sabía que todos sus empleados temblaban de miedo cuando él les daba una orden.

Llegué a San Luis poco después del mediodía del sábado. Mientras el gobernador pronunciaba su discurso inaugurando la escuela me di cuenta, muy asustado, de que mi hijo Juan Sebastián, de apenas dos años de edad, había desaparecido. Abandoné el acto y en uno de los corredores de la escuela encontré a un hombre moreno y de apariencia dura cargando a mi hijo. El hombre me miró con una sonrisa. Tenía cara de asesino. Nadie tuvo que explicarme que era uno de los guardaespaldas de Pablo Escobar. De inmediato fui a buscar a Martha, mi esposa, y le dije que ya habían llegado por nosotros. En menos de un minuto abordamos mi carro, un pequeño Fiat 147 que los hombres de Escobar miraron con desprecio. Ellos subieron a una camioneta Toyota de cuatro puertas, con excepción del hombre con la cara de asesino. Él nos dijo que quería acompañarnos en mi carro para que no nos fuéramos a envolatar. Cuando encendí el motor del auto y vi por el espejo retrovisor la camioneta Toyota con esos tres hombres, todos armados, me di cuenta de que estaba temblando. El hombre con cara de asesino trató de serenarme.

—Tranquilo, hermano, que usted va con gente bien...

En seguida abrió un morral que llevaba sobre sus piernas y sacó un teléfono satelital... ¡Un teléfono satelital en esos tiempos en los que en Colombia ni siquiera se conocían los teléfonos celulares!

—Aló, patrón. Aquí vamos con el hombre. Todo Ok. Estamos llegando en media hora.

Cuando cruzamos el alto de La Josefina y empezamos a descender hacia el valle del Río Claro me fui tranquilizando poco a poco viendo por el espejo retrovisor cómo mi hijo jugaba con su madre. Sin embargo, para controlar mejor los nervios le propuse al hombre de la cara de asesino que paráramos en algún lado y nos tomáramos una copa de aguardiente.

—Hágale usted tranquilo, hermano, que yo no puedo. Si le huelo a aguardiente al Patrón, me manda a matar.

Nos detuvimos un par de minutos en una fonda junto al Río Claro. Yo bajé solo del carro y me tomé dos tragos. Martha, Juan Sebastián y el guardaespaldas me esperaron sin decir ni una palabra. Lo mismo hicieron los guardaespaldas que venían detrás, en la camioneta Toyota. Llegamos a la hacienda Nápoles cuando ya iban a ser las cuatro de la tarde. La primera cosa que me impresionó fue la avioneta que estaba empotrada en un muro de concreto, en lo alto de la entrada. La gente, que siempre habla, decía que ésa era la avioneta del primer kilo de cocaína que Escobar había logrado meter a los Estados Unidos.

Después me impresionaron los árboles alineados en perfecto orden a lado y lado de una carretera pavimentada y sin un solo hueco. Empezamos a ver los hipopótamos, los elefantes, los canguros y los caballos que corrían libres por el campo verde. Mi hijo le dio de comer a una jirafa a través de la ventanilla del auto, con la ayuda del guardaespaldas. A medida que nos adentrábamos en la hacienda íbamos cruzando puertas custodiadas por guardianes. En cada puerta, el guardaespaldas mostraba una tarjeta escrita de su puño y letra por el patrón. Con la tarjeta, las puertas se abrían de inmediato como obedeciendo a un conjuro mágico. Junto a una de las últimas había un carro viejo montado en un pedestal. Era un Ford o un Dodge de los años treinta y estaba completamente perforado por las balas.

—¿De quién es ese carro? —le pregunté al hombre con cara de asesino.

—Lo compró el Patrón... Era el carro de Bonnie and Clyde.

Después de atravesar la última puerta cruzamos un bosque húmedo lleno de cacatúas negras traídas del África y otros pájaros exóticos cazados en todos los continentes. Al final estaba la entrada a la casa principal de la hacienda. Bajé del carro, otra vez asustado, y alcé a mi hijo en brazos. Martha abrió la maleta del Fiat y bajó el equipaje. Pensábamos quedarnos dos días de acuerdo con la invitación de Escobar. Lo primero que encontré caminando hacia la casa fue una ametralladora montada sobre un trípode. Me dijeron que era un arma antiaérea. Más adelante había un toro mecánico que un técnico traído desde Bogotá estaba reparando. En la piscina, dos hombres se bañaban. Uno de ellos era un poco entrado en años. Por los uniformes y las insignias que habían dejado al borde de la piscina me di cuenta de que eran dos coroneles del ejército. En ese momento apareció Pablo Escobar. Me saludó con una amabilidad fría, pero llena de respeto por mi oficio y por el periódico para el cual trabajaba. Estaba recién motilado y lucía un bigote corto. En su cara, en su cuerpo y en su voz aparentaba tener aproximadamente unos treinta y tres años. Me invitó a sentarme en una de las sillas que bordeaban la piscina donde los coroneles seguían disfrutando de su baño. Junto a la mesa donde empezamos a hablar había un traganíquel marca Wurlitzer, lleno de baladas de Roberto Carlos. La que más le gustaba a Escobar era «Cama y mesa». Desde que eran novios, él se la dedicaba a su esposa, María Victoria Henao. Ella estaba sentada en otra mesa, a dos metros de la nuestra, acompañada sólo por mujeres. Entonces me di cuenta de que todos los hombres y las mujeres estábamos sentados aparte los unos de los otros. Por los corredores de la casa, un niño de gafas pedaleaba a toda velocidad en su triciclo. Era Juan Pablo, el hijo de Escobar. De vez en cuando, una que otra garza blanca llegaba sin miedo hasta el borde de la piscina a tomar agua con su largo pico. En la mitad de la piscina había una Venus de mármol. En un estadero cubierto que podía verse desde la piscina, había 3 o 4 mesas de billar cubiertas con paños verdes. Varios pavos chillaban junto a la puerta del bar donde un mesero joven vestido de blanco preparaba los primeros cocteles de la noche.

Desde donde estábamos también se divisaba un comedor enorme de unos 20 o 25 puestos. Los pájaros saltaban sobre la mesa comiéndose las migajas de pan que la gente había dejado sobre los manteles. Mirando desde la piscina, las únicas partes visibles de la casa eran el comedor, los corredores y los salones de juego. A un costado del comedor había un gran cuarto de refrigeración donde se guardaban las provisiones para los habitantes de la hacienda. El resto estaba detrás: dos pisos aislados del área social de la piscina, donde se hallaban las habitaciones. El cuarto de Escobar, totalmente separado del resto de la casa, estaba en el segundo piso, en el ala derecha. Los demás cuartos estaban en el ala izquierda. La casa no era excesivamente lujosa. Parecía expresamente construida para las necesidades de Escobar: afuera, alrededor de la piscina, espacios generosos para atender a los invitados. Adentro, silencio e intimidad para su familia y para la gente que quisiera recogerse a descansar.

De pronto se hizo el milagro del que ya hablé: las aves empezaron a subir a los árboles y un resplandor blanco iluminó la casa y sus alrededores.

El primer tema que tratamos esa tarde tenía que ver con política y me reveló de inmediato la agudeza de la mente de Pablo Escobar:

—Ese güevón de Carlos Lehder la está cagando con el tal Movimiento Latino... Cree que se puede hacer política con arrogancia.

Mientras hablábamos, Pablo Escobar no fumaba ni bebía ningún licor. Como yo insistí que la entrevista no era para hablar de política pasamos a otro tema, el de la hacienda.

—Las haciendas —me corrigió— porque son como cuatro...

De ellas, por supuesto la niña mimada era Nápoles. Allí tenía el zoológico, el ganado, los aviones, el helicóptero y una impresionante colección de carros antiguos que había ido comprando a lo largo de su vida. Cuando visitamos el garaje donde los guardaba vi también varios autos deportivos cubiertos con lonas y unas cincuenta o sesenta motos nuevas.

Aproveché el tema de los autos para preguntarle por el carro de Bonnie and Clyde.

—Eso es pura mierda que habla la gente. Ése es un carro viejo que me conseguí en una chatarrería en Medellín. Otros dicen que era de Al Capone...

—¿Y los tiros?

—Yo mismo se los pegué con una subametralladora.

Cuando cayó la noche, Pablo Escobar me dio un paseo por toda la finca manejando un campero Nissan descubierto. Me dijo que su lugar preferido era un bosque nativo que él no había dejado tocar de ningún trabajador. Me contó cómo había arborizado planta por planta toda la hacienda. Me mostró unas esculturas enormes, de concreto, en las que trabajaba un artista amigo. Pensaban hacer dos enormes dinosaurios cerca de uno de los lagos. Me llevó también al lago de los hipopótamos y me mostró un letrero lleno de humor negro que él mismo había mandado a pintar. Ya no recuerdo la frase pero hablaba de la pasividad y de la peligrosidad de estos animales. También me mostró desde afuera una plaza de toros recién terminada. Ya muy entrada la noche, Pablo Escobar me invitó a conocer un proyecto hotelero que según él iba a transformar la región de Puerto Triunfo. Era un pequeño pueblo blanco, de estilo californiano, y estaba situado cerca de la hacienda, junto al poblado de Doradal. Para abandonar la hacienda, Escobar llamó a uno de sus guardaespaldas y le pidió que nos acompañara. Volví a sentir miedo: el elegido había sido el hombre con la cara de asesino.

Llegamos a la aldea de Doradal cuando iban a ser las nueve de la noche. Nos sentamos en el bar y pedimos una botella de aguardiente. El guardaespaldas con la cara de asesino miró a su patrón con asombro. Él nos sirvió el primer trago. En ese momento descubrí que a unos metros había una mesa en la que dos viejos amigos míos conversaban con un par de mujeres hermosas. Uno de ellos me descubrió mirándolas y entonces gritó:

—¿Qué estás haciendo por aquí?

Yo fui a saludarlos. Los dos vivían en Bogotá y por la alegría que reflejaban en sus caras pensé enseguida que andaban volados de sus mujeres. Cuando regresé a la mesa, Pablo Escobar me preguntó quiénes eran mis amigos. Yo le dije:

—Son periodistas.

Él propuso que juntáramos las mesas. Quería hacer política. Tenía que hablar con los periodistas. Entonces empezó una de las conversaciones más memorables que yo he tenido en la vida.

Pablo Escobar habló de su proyecto de erradicar los tugurios del basurero de Moravia, en Medellín, y construir un barrio sencillo, pero decente, para los tugurianos. Después se enfrascó en un montón de recuerdos personales: su paso por el Liceo de la Universidad de Antioquia, donde se robaba las calificaciones de los escritorios de los profesores para que ninguno de sus amigos perdiera las materias. Habló de su primer discurso durante una huelga. Fue en el teatro al aire libre de la Universidad de Antioquia.

El guardaespaldas con la cara de asesino se animó a recordar la misma época, cuando los dos eran estudiantes revoluciona-

rios, antiimperialistas, antigobiernistas, etc., etc. Más adelante
Pablo Escobar volvió a hablar de política. Dijo que estaba tratando de conformar un movimiento popular y ecológico que iba a
cambiar la forma de hacer las campañas electorales en Antioquia
y en el país. Cuando la botella iba por la mitad yo me atreví a
poner sobre el tapete el tema vedado: el asunto de las drogas. Pablo
Escobar ni siquiera se inmutó y empezó a contarnos en forma
animada cómo hacía su gente para contrabandear cocaína hacia
los Estados Unidos de América.

En esa parte de la conversación donde, por supuesto, no
hubo grabadoras ni libretas de apuntes, Pablo Escobar se puso a
dibujar sobre un papel el radio de acción del radar de un avión
Awac de los que empleaba la DEA para detectar los vuelos ilegales
que entraban a la Florida procedentes de Colombia.

—Las rutas de esos aviones —dijo, refiriéndose a los
Awac— también tienen precio... Ya hemos comprado varias. Pero
lo mejor es entrar a la Florida un domingo o un día de fiesta, cuando el cielo está repleto de aviones. Así no lo puede detectar a uno
ni el hijueputa...

El tema de la conversación nos emocionó a todos. Entonces le dije a Pablo Escobar que yo quería escribir esa historia y
también escribir la historia de cómo había empezado el problema
del narcotráfico en Colombia.

—Pero hay que escribirla como hacen los periodistas gringos, contando las cosas con pelos y señales —dijo él con tono
enérgico—, porque si usted la va a contar como la cuentan los
periodistas colombianos, no vale la pena. Aquí los periodistas no
son sino lagartos y lambones. Lo que hace que estoy en el Congreso, los redactores políticos no se me arriman sino a preguntarme pendejadas con una grabadora en la mano y a pedirme plata...

Yo insistí en el tema. Le dije que quería escribir un libro
como *Honrarás a tu Padre,* de Gay Talese, un bello reportaje sobre
una familia de la mafia italiana en Estados Unidos. Insistí en que
quería contar cómo había empezado la historia de la mafia en
Medellín.

—Entonces vas a tener que contar la historia de Ramón
Cachaco y de todos esos asaltantes de bancos de los años sesenta.
Ellos fueron los primeros pistoleros. Muchos de ellos trabajaron

para don Alfredo Gómez López, el hombre del Marlboro. A don Alfredo también tenés que entrevistarlo antes de que se te muera. Él vive ahora en Cartagena. Yo te doy una carta de recomendación para él. La mujer de Ramón Cachaco todavía vive en Medellín. Pero para hablar de Ramón Cachaco hay que contar que asaltaba bancos él solo, a punta de pistola, y que siempre usaba vestidos de paño verde y zapatos blancos, y que le gustaba montar en carros Ford y Chrysler de rines cromados.

Cuando evocó al bandido, Escobar recordó un asalto en el que se escapó de la policía armando un bochinche espectacular, tirando billetes a diestra y siniestra por las calles. A partir de ese momento la conversación se volvió mucho más abierta y más animada y en la medida en que Pablo Escobar veía que no estábamos tomando notas, se sentía cada vez más tranquilo. Por eso contó muchas cosas más que todavía no se pueden publicar en ningún periódico. Mientras tanto, el guardaespaldas con la cara de asesino daba cuenta de la botella de alcohol. Nosotros lo secundábamos a un ritmo un poco más lento. A las dos de la mañana ya todos estábamos borrachos y entusiasmados, pero el más borracho de todos era el guardaespaldas, que se había dormido encima de una mesa. Pablo Escobar y yo lo cogimos de los brazos y lo montamos al carro. Afortunadamente, el hombre era delgado.

Escobar encendió el campero y el tipo se derrumbó sobre la banca de atrás. Cuando íbamos por el camino, Pablo Escobar dijo algo que me dejó helado:

—Escribí el libro. Salite del periódico. Yo te doy una beca.

Llegamos a la hacienda Nápoles casi a las tres de la madrugada. La casa estaba en silencio. Había ranas por todos los rincones. Juan Sebastián, mi hijo, todavía estaba levantado y trataba de capturar una viva. Casi no logro convencerlo de que se fuera a dormir. Escobar y yo llevamos al guardaespaldas hasta la cama. Antes de cerrar la puerta le quité los zapatos.

Al día siguiente, muy temprano, la casa volvió a animarse. En el aeropuerto de la hacienda se oían aterrizar y despegar los aviones. Por los preparativos en la cocina parecía que los invitados de ese día eran muchos y muy importantes. Yo me senté junto a la piscina y me puse a mirar cómo el técnico traído de Bogotá acababa de reparar el toro mecánico. Sabía por la esposa de Pablo Escobar que él no se iba a levantar antes de la una o las dos de la tarde.

—Él siempre se acuesta tarde y se levanta tarde.

El primero que llegó a Nápoles ese día fue el senador Alberto Santofimio Botero. Media hora después llegaron en su orden los congresistas Ernesto Lucena Quevedo, Jorge Tadeo Lozano y Jairo Ortega Ramírez. A ninguno de los otros los reconocí, pero había visto sus fotos en la prensa. Todos se sentaron a tomar whisky bajo unos parasoles en los alrededores de la piscina.

Pablo Escobar no salió a recibirlos sino hasta las dos de la tarde. Cuando se acercó a la mesa donde los congresistas conversaban y bebían en forma animada, todos sin excepción se levantaron como si fuera el 20 de julio y el presidente de la República acabara de hacer su entrada al Salón Elíptico del Capitolio Nacional.

Una hora después, una caravana de carros partía de Nápoles hacia una de las fincas de Escobar situada cerca del Río Claro. La casa era una cabaña de troncos construida alrededor de un lago donde el delfín que él había mandado traer desde Miami lloraba y daba vueltas asomándose de vez en cuando a mirar la concurrencia que lo observaba como si fuera un animal del otro mundo.

Después de una corta visita a la finca del delfín, la caravana de carros se dirigió hacia otra finca situada sobre la margen izquierda del Río Claro. Era otra cabaña de madera escondida en medio de un bosque tupido. Los trabajadores de Pablo Escobar iban y venían por la casa y sus alrededores preparando un fogón donde se iba a asar media res para todos los invitados. De pronto, uno de los guardaespaldas de Escobar bajó por el río manejando un extraño bote que parecía un caballo de agua dulce. El aparato tenía casco de acero y estaba impulsado por una hélice de avión Twin Otter instalada en la cola. El aire que desplazaba la hélice impulsaba el bote por el agua, por los pantanos, por la tierra, como si no existiera para él ningún obstáculo que lograra detenerlo.

—Esto es para atravesar los Everglades y todos esos otros putos pantanos de la Florida —me dijo en voz baja uno de los trabajadores de Escobar cuando notó mi curiosidad por el aparato.

Pablo Escobar ordenó que el bote se arrimara a la orilla y se montó en él como un jinete avezado. Uno de sus hombres le cubrió las orejas con unos tapones de corcho para que el ruido del motor de la hélice no lo ensordeciera. Los congresistas fueron invitados a abordar el aparato. Ellos lo hicieron en orden: primero Santofimio, después Lucena y por último Jairo Ortega. Tadeo Lozano se quedó en la orilla. Apenas me vio observándolos desde la orilla, Escobar me hizo señas con la mano para que les tomara una foto. Yo disparé mi cámara, entre sumiso y regocijado. Los congresistas se asustaron cuando vieron la cámara.

Pablo Escobar les dio un paseo por el río. Cuando regresaron, llamó aparte a Alberto Santofimio Botero y le dijo:

—Venga, doctor, le presento a un amigo. Él es periodista de *El Tiempo*.

Santofimio me dio la mano a regañadientes, tragando saliva y sin mirarme a la cara.

—¿Y usted qué está haciendo por aquí, hombre? —me preguntó con un gesto de disgusto.

Yo le contesté:

—Lo mismo que usted, doctor...

A renglón seguido Pablo Escobar tomó en sus brazos a mi hijo Juan Sebastián e insistió en que les tomara una foto. El asado terminó poco después de las cinco de la tarde. Me despedí de Escobar y de su guardaespaldas con cara de asesino y regresé directamente a Medellín sin volver a la hacienda Nápoles, donde los aviones iban a recoger a los congresistas y al resto de los invitados.

Al día siguiente fui a la oficina del periódico y llamé por teléfono a Enrique Santos Calderón.

—¿Cómo le fue? —me preguntó.

—Muy bien —le contesté entusiasmado.

En forma breve le conté algunos episodios de la historia. Él se rió cuando escuchó ciertos pasajes. Después me dijo:

—Yo creo que podríamos publicar el reportaje el próximo domingo.

Esa misma tarde la revista *Semana* empezó a circular con un reportaje sobre Pablo Escobar titulado «Un Robin Hood paisa». La nota era producto de la ofensiva de relaciones públicas que habían comenzado a desplegar los hombres de Escobar y destacaba las cualidades humanas y filantrópicas del nuevo congresista antioqueño elegido en las listas del Movimiento de Renovación

Liberal. El escritor del texto decía, poco más o poco menos, que los pobres de Medellín por fin habían encontrado su redentor.

Al día siguiente toda la prensa del país se vino en contra de *Semana*. Un día después, en su editorial, Hernando Santos, en el periódico *El Tiempo,* recriminó a *Semana* en términos muy duros y dijo que reportajes como ése sólo contribuían a glorificar a los capos del narcotráfico.

Al mediodía recibí una llamada urgente de Enrique Santos Calderón.

—Olvídate del reportaje con Pablo Escobar... ¡Y te pido por favor que jamás le vayas a mencionar este asunto a mi papá!

Mi reportaje nunca fue publicado y quedó convertido en unas cuantas notas apuntadas en una libreta que luego perdí. Las fotos de los congresistas quedaron muy bien. Yo las guardé celosamente durante varios años. Mientras tanto en el país las cosas de la política se volvieron cada vez más sórdidas debido al dinero que entraba a montones a las arcas de los partidos por cuenta de los traficantes de drogas. Durante el gobierno de Belisario Betancur, la situación se tornó más tensa cuando el ministro de Justicia Rodrigo Lara Bonilla decidió enfrentarse públicamente con Escobar, luego de ser acusado de recibir dinero de la mafia. Un tiempo después, Lara Bonilla fue asesinado y un juez de la República dictó auto de detención contra Pablo Escobar y otros capos del narcotráfico por su posible participación en el asesinato del ministro.

Desde entonces, Escobar desapareció de la vida pública. Aunque lo intenté varias veces, con la idea de que me contara unas cuantas historias más, no pude volver a verlo. Luego vinieron la pelea con el cártel de Cali, las bombas, los asesinatos de policías y toda esa larga historia de terror que rodeó a Escobar por el resto de su vida, hasta el día en que fue acribillado a balazos por un comando del Cuerpo Élite de la Policía Nacional, el 2 de diciembre de 1993, un día después de su cumpleaños.

Texto publicado en *El Malpensante,* núm. 44,
1 de febrero-15 de marzo de 2003.

Muxes de Juchitán
Martín Caparrós

Amaranta tenía siete años cuando terminó de entender las razones de su malestar: estaba cansada de hacer lo que no quería hacer. Amaranta, entonces, se llamaba Jorge y sus padres la vestían de niño, sus compañeros de escuela le jugaban a pistolas, sus hermanos le hacían goles. Amaranta se escapaba cada vez que podía, jugaba a cocinar y a las muñecas, y pensaba que los niños eran una panda de animales. De a poco, Amaranta fue descubriendo que no era uno de ellos, pero todos la seguían llamando Jorge. Su cuerpo tampoco correspondía a sus sensaciones, a sus sentimientos: Amaranta lloraba, algunas veces, o hacía llorar a sus muñecas, y todavía no conocía su nombre.

Son las cinco del alba y el sol apenas quiere, pero las calles del mercado ya están llenas de señoras imponentes: ochenta, cien kilos de carne en cuerpos breves. Las señoras son rotundas como mundos, las piernas zambas, piel cobriza, los ojos grandes negros, sus caras achatadas. Vienen de enaguas anchas y chalecos bordados; detrás van hombrecitos que empujan carretillas repletas de frutas y verduras. Las señoras les gritan órdenes en un idioma que no entiendo: los van arreando hacia sus puestos. Los hombrecitos sudan bajo el peso de los productos y los gritos.

—Güero, cómprame unos huevos de tortuga, un tamalito.

El mercado se arma: con el sol aparecen pirámides de piñas como sandías, mucho mango, plátanos ignotos, tomates, aguacates, hierbas brujas, guayabas y papayas, chiles en montaña, relojes de tres dólares, tortillas, más tortillas, pollos muertos, vivos, huevos, la cabeza de una vaca que ya no la precisa, perros muy flacos, ratas como perros, iguanas retorciéndose, trozos de venado, flores interminables, camisetas con la cara de Guevara, toneladas de cedés piratas, pulpos ensortijados, lisas, bagres, cangrejos moribundos, muy poco pez espada y las nubes de moscas. Músicas varias se mezclan en el aire, y las cotorras.

—¿Qué va a llevar, blanco?

—A usted, señora.

Y la desdentada empieza a gritar el güero me lleva, el güero me lleva, y arrecian las carcajadas. El mercado de Juchitán tiene más de dos mil puestos y en casi todos hay mujeres: tienen que ser capaces de espantar bichos, charlar en zapoteco, ofrecer sus productos, abanicarse y carcajearse al mismo tiempo todo el tiempo. El mercado es el centro de la vida económica de Juchitán y por eso, entre otras cosas, muchos dijeron que aquí regía el matriarcado.

—¿Por qué decimos que hay matriarcado acá? Porque las mujeres predominan, siempre tienen la última palabra. Acá la que manda es la mamá, mi amigo. Y después la señora.

Me dirá después un sesentón, cerveza en la cantina. En la economía tradicional de Juchitán los hombres salen a laborar los campos o a pescar, y las mujeres transforman esos productos y los venden. Las mujeres manejan el dinero, la casa, la organización de las fiestas y la educación de los hijos, pero la política, la cultura y las decisiones básicas son privilegio de los hombres.

—Eso del matriarcado es un invento de los investigadores que vienen unos días y se quedan con la primera imagen. Aquí, dicen, el hombre es un huevón y su mujer lo mantiene...

Dice el padre Francisco Herrero o cura Paco, párroco de la iglesia de San Vicente Ferrer, patrono de Juchitán.

—Pero el hombre se levanta muy temprano porque a las doce del día ya está el sol incandescente y no se puede. Entonces, cuando llegan los antropólogos ven al hombre dormido y dicen ah, es una sociedad matriarcal. No, ésta es una sociedad muy comercial y la mujer es la que vende, todo el día; pero el hombre ha trabajado la noche, la madrugada.

—Pero entonces no se cruzan nunca...

—Sí, para eso no se necesita horario, pues. Yo conozco la vida íntima, secreta, de las familias y te puedo decir que allí tampoco existe el matriarcado.

No existe, pero el papel de las mujeres es mucho más lucido que en el resto de México.

—Aquí somos valoradas por todo lo que hacemos. Aquí es valioso tener hijos, manejar un hogar, ganar nuestro dinero: sentimos el apoyo de la comunidad y eso nos permite vivir con mucha felicidad y con mucha seguridad.

Dirá Marta, mujer juchiteca. Y se les nota, incluso, en su manera de llevar el cuerpo: orgullosas, potentes, el mentón bien alzado, el hombre —si hay hombre— un paso atrás.

JUCHITÁN ES UN LUGAR SECO, difícil. Cuentan que cuando Dios le ordenó a San Vicente que hiciera un pueblo para los zapotecos, el santo bajó a la tierra y encontró un paraje encantador, con agua, verde, tierra fértil. Pero dijo que no: aquí los hombres van a ser perezosos. Entonces siguió buscando y encontró el sitio donde está Juchitán: éste es el lugar que hará a sus hijos valientes, trabajadores, bravos, dijo San Vicente, y lo fundó.

Ahora Juchitán es una ciudad ni grande ni chica, ni rica ni pobre, ni linda ni fea, en el Istmo de Tehuantepec, al sur de México: el sitio donde el continente se estrecha y deja, entre Pacífico y Atlántico, sólo doscientos kilómetros de tierra. El Istmo siempre ha sido tierra de paso y de comercio: un espacio abierto donde muy variados forasteros se fueron asentando sobre la base de la cultura zapoteca. Y su tradición económica de siglos le permitió mantener una economía tradicional: en Juchitán la mayoría de la población vive de su producción o su comercio, no del sueldo en una fábrica: la penetración de las grandes empresas y del mercado globalizado es mucho menor que en el resto del país.

—Acá no vivimos para trabajar. Acá trabajamos para vivir, no más.

Me dice una señorona en el mercado. Alrededor, Juchitán es un pueblo de siglos que no ha guardado rastros de su historia, que ha crecido de golpe. En menos de veinte años, Juchitán pasó de pueblo polvoriento campesino a ciudad de trópico caótico, y ahora son cien mil habitantes en un damero de calles asfaltadas, casas bajas, flamboyanes naranjas, buganvillas moradas; hay colores pastel en las paredes, jeeps brutales y carros de caballos. Hay pobreza pero no miseria, y cierto saber vivir de la tierra caliente. Algunos negocios tienen guardias armados con winchester «pajera»; muchos no.

Juchitán es un pueblo bravío: aquí se levantaron pronto contra los españoles, aquí desafiaron a las tropas francesas de Maximiliano y a los soldados mexicanos de Porfirio Díaz. Aquí, en 1981, la Coalición Obrero Campesino Estudiantil del Istmo —la COCEI— ganó unas elecciones municipales y la convirtió en la primera ciudad de México gobernada por la izquierda indigenista y campesina. Juchitán se hizo famosa en esos días.

AMARANTA SIGUIÓ JUGANDO con muñecas, vestidos, comiditas, hasta que descubrió unos juegos que le gustaban más. Tenía ocho o nueve años cuando las escondidas se convirtieron en su momento favorito: a los chicos vecinos les gustaba eclipsarse con ella y allí, detrás de una tapia o una mata, se toqueteaban, se frotaban. Amaranta tenía un poco de miedo pero apostaba a esos placeres nuevos:

—Así crecí hasta los once, doce años, y a los trece ya tomé mi decisión, que por suerte tuvo el apoyo de mi papá y de mi mamá.

Dirá mucho después. Aquel día su madre cumplía años y Amaranta se presentó en la fiesta con pendientes y un vestido floreado, tan de señorita. Algunos fingieron una sorpresa inverosímil. Su mamá la abrazó; su padre, profesor de escuela, le dijo que respetaba su decisión pero que lo único que le pedía era que no terminara borracha en las cantinas:

—Jorge, hijo, por favor piensa en tus hermanos, en la familia. Sólo te pido que respetes nuestros valores. Y el resto, vive como debes.

Amaranta se había convertido, por fin, abiertamente, en un «muxe». Pero seguía sin saber su nombre.

MUXE ES UNA PALABRA ZAPOTECA que quiere decir homosexual pero quiere decir mucho más que homosexual. Los muxes de Juchitán disfrutan desde siempre de una aceptación social que viene de la cultura indígena. Y se «visten» —de mujeres— y circulan por las calles como las demás señoras, sin que nadie los señale con el dedo. Pero, sobre todo: según la tradición, los muxes travestidos son chicas de su casa. Si los travestis occidentales suelen transformarse en hipermujeres hipersexuales, los muxes son hiperhogareñas:

—Los muxes de Juchitán nos caracterizamos por ser gente muy trabajadora, muy unidos a la familia, sobre todo a la mamá. Muy con la idea de trabajar para el bienestar de los padres. Nosotros somos los últimos que nos quedamos en la casa con los papás cuando ya están viejitos, porque los hermanos y hermanas se casan, hacen su vida aparte... pero nosotros, como no nos casamos, siempre nos quedamos. Por eso a las mamás no les disgusta tener un hijo muxe. Y siempre hemos hecho esos trabajos de coser, bordar, cocinar, limpiar, hacer adornos para fiestas: todos los trabajos de mujer.

Dice Felina, que alguna vez se llamó Ángel. Felina tiene treita y tres años y una tienda —«Estética y creaciones Felina»— donde corta el pelo y vende ropa. La tienda tiene paredes verdes, maniquíes desnudos, sillones para esperar, una mesita con revistas de cotilleo, la tele con culebrón constante y un ordenador conectado a Internet; Felina tiene una falda corta con su larga raja, sus piernas afeitadas más o menos, las uñas carmesí. Su historia es parecida a las demás: un descubrimiento temprano, un período ambiguo y, hacia los doce o trece, la asunción de que su cuerpo estaba equivocado. La tradición juchiteca insiste en que un muxe no se hace —nace— y que no hay forma de ir en contra del destino.

—Los muxes sólo nos juntamos con hombres, no con otra persona igual. En otros lugares ves que la pareja son dos homosexuales. Acá en cambio los muxes buscan hombres para ser su pareja.

—¿Se ven más como mujeres?

—Sí, nos sentimos más mujeres. Pero yo no quiero ocupar el lugar de la mujer ni el del hombre. Yo me siento bien como soy, diferente: en el medio, ni acá ni allá, y asumir la responsabilidad que me corresponde como ser diferente.

CUANDO CUMPLIÓ CATORCE, Amaranta se llamaba Nayeli —«te quiero» en zapoteca— y consiguió que sus padres la mandaran a estudiar inglés y teatro a Veracruz. Allí leyó su primer libro «de literatura»: se llamaba *Cien años de soledad* y un personaje la impactó: era, por supuesto, Amaranta Buendía.

—A partir de ahí decidí que ése sería mi nombre, y empecé a pensar cómo construir su identidad, cómo podía ser su vida, mi vida. Tradicionalmente los muxes en Juchitán trabajamos en los quehaceres de la casa. Yo, sin menospreciar todo esto, me pregunté por qué tenía que cumplir esos roles.

Amaranta mueve su mano derecha sin parar y conversa con soltura de torrente, eligiendo palabras:

—Entonces pensé que quería estar en la boca de la gente, del público, y empecé a trabajar en un show travesti que se llamaba *New Les Femmes.*

Durante un par de años las cuatro «New Les Femmes» recorrieron el país imitando a actrices y cantantes. Amaranta se lo tomó en serio: estudiaba cada gesto, cada movimiento, y era muy buena haciendo a Paloma San Basilio y Rocío Dúrcal. Era una vida y le gustaba —y podría haberle durado muchos años.

En Juchitán no se ven extranjeros: no hay turismo ni razones para que lo haya. Suele hacer un calor imposible, pero estos días sopla un viento sin mengua: aire corriendo entre los dos océanos. El viento refresca pero pega a los cuerpos los vestidos, levanta arena, provoca más chillidos de los pájaros. Los juchitecas se desasosiegan con el viento.

—¿Qué está buscando por acá?

En una calle del centro hay un local con su cartel: Neuróticos Anónimos. Adentro, reunidos, seis hombres y mujeres se cuentan sus historias; más tarde ese señor me explicará que lo hacen para dejar de sufrir, «porque el ser humano sufre mucho los celos, la ira, la cólera, la soberbia, la lujuria». Después ese señor —cuarenta años, modelo Pedro Infante— me contará la historia de uno que vino durante muchos meses para olvidar a un muxe:

—El pobre hombre ya estaba casado, quería formar una familia, pero extrañaba al muxe, lo veía, la esposa se enteraba y le daba coraje. Y si no, igual a él le resultaba muy doloroso no poder dejarlo. Sabía que tenía que dejarlo pero no podía, lo tenía como embrujado.

De pronto me pareció evidente que ese hombre era él.

—¿Y se curó?

Le pregunté, manteniendo la ficción del otro.

—No, yo no creo que se cure nunca. Es que tienen algo, mi amigo, tienen algo.

Me dijo, con la sonrisa triste. Felina me había contado que una de las «funciones sociales» tradicionales de los muxes era la iniciación sexual de los jóvenes juchitecas. Aquí la virginidad de las novias era un valor fundamental y los jóvenes juchitecas siguen respetando más a las novias que no se acuestan con ellos, y entonces los servicios de un muxe son el mejor recurso disponible.

Las New Les Femmes habían quedado en encontrarse, tras tres meses de vacaciones, en un pueblo de Chiapas donde habían cerrado un buen contrato. Amaranta llegó un día antes de la cita y esperó y esperó. Al otro día empezó a hacer llamadas: así se enteró de que dos de sus amigas habían muerto de sida y la tercera estaba postrada por la enfermedad. Hasta ese momento Amaranta no le había hecho mucho caso al VIH, y ni siquiera se cuidaba.

—¿Cómo era posible que las cosas pudieran cambiar tan drásticamente, tan de pronto? Ellas estaban tan vivas, tenían tanto camino por delante... No te voy a decir que me sentía culpable, pero sí con un compromiso moral enorme de hacer algo.

Fue su camino de Damasco. Muerta de miedo, Amaranta se hizo los análisis. Cuando le dijeron que se había salvado, se contactó con un grupo que llevaba dos años trabajando sobre el sida en el Istmo: Gunaxhii Guendanabani-Ama la Vida era una pequeña organización de mujeres juchitecas que la aceptaron como una más. Entonces Amaranta organizó a sus amigas para hacer campañas de prevención. Los muxes fueron muy importantes para convencer a los más jóvenes de la necesidad del sexo protegido.

—El tema del VIH viene a abrir la caja de Pandora y ahí aparece todo: las elecciones sexuales, la autoestima, el contexto cultural, la inserción social, la salud, la economía, los derechos humanos, la política incluso.

Amaranta se especializó en el tema, consiguió becas, trabajó en Juchitán, en el resto de México y en países centroamericanos, dio cursos, talleres, estudió, organizó charlas, marchas, obras de teatro. Después Amaranta se incorporó a un partido político nuevo, México Posible, que venía de la confluencia de grupos feministas, ecologistas, indigenistas y de derechos humanos. Era una verdadera militante.

En la cantina suena un fandango tehuano y sólo hay hombres. Afuera el calor es criminal; aquí adentro, cervezas. En las paredes hay papagayos pintados que beben coronitas y en un rincón la tele grande como el otro mundo repite un gol horrible. Bajo el techo de palma hay un ventilador que vuela lento.

—Venga, güero, tómese una cerveza.

Una mesa con cinco cuarentones está repleta de botellas vacías y me siento con ellos. Al cabo de un rato les pregunto por los muxes y hay varias carcajadas:

—No, para qué, si acá cada cual tiene su mujercita.

—Sus mujercitas, buey.

Corrige otro. Un tercero los mira con ojitos achinados de cerveza:

—A ver quién de ustedes no se ha chingado nunca un muxe. A ver quién es el maricón que nunca se ha chingado un muxe.

Desafía, y hay sonrisas cómplices.

—¡Por los muxes!

Grita uno, y todos brindan —brindamos.

La invitación estaba impresa en una hoja de papel común: «Los señores Antonio Sánchez Aquino y Gimena Gómez Castillo tienen el honor de invitar a usted y a su apreciable familia al 25 aniversario de la señorita María Rosa Mística que se llevará a cabo en...». La fiesta fue la semana pasada; ayer, cuando me la encontré en la calle vendiendo quesos que prepara con su madre, la señorita María Rosa Mística parecía, dicho sea con todos los respetos, un hombre feo retacón y muy ancho metido adentro de una falda interminable que me dijo que ahorita no podía charlar pero quizás mañana.

—A las doce en el bar Jardín, ¿te parece?

Dijo, pero me dio el número de su celular «por si no llego». Y ahora la estoy llamando porque ya lleva una hora de retraso; no, sí, ahorita voy. Supuse que se estaba dando aires —un supuesto truco femenino—. Al rato, Mística llega con Pilar —«una vecina»— y me cuenta que vienen del velorio de un primo que se murió de sida anoche:

—Pobre Raúl, le daba tanta pena, no quería decirle a nadie qué tenía, no quería que su madre se enterara. Si acá todos la queríamos... Pero creía que la iban a rechazar y decía que era un virus de perro, un dolor de cabeza, escondía los análisis. Y se dejó morir de vergüenza.

Dice Mística, triste, transfigurada: ahora es una reina zapoteca altiva, inmensa. El cura Paco me había dicho que aquí todavía no ha penetrado el modelo griego de belleza: que las mujeres para ser bellas tienen que ser frondosas, carnosas, bebedoras, bailonas. «Moza, moza, la mujer entre más gorda más hermosa», me dijo que se dice. Así que Mística debe ser una especie de Angelina Jolie: un cuerpo desmedido, tacos, enaguas anchas y un huipil rojo fuego con bordados de oro. El lápiz le ha dibujado labios muy improbables, un corazón en llamas.

—Yo también estoy enferma. Pero no por eso voy a dejarme morir, ¿no? Yo estoy peleando, a puritos vergazos. Ahorita me cuido mucho y cuido a las personas con las que tengo relaciones: la gente no tiene la culpa de que yo me haya enfermado. Yo no soy así, vengativa. Ahorita ando con un muchacho de 16 años; a mí me gustan mucho los niños y, la verdad, pues me siento bien con él pero también me siento mal porque es muy niño para mí.

Declara su vecina. Pilar es un muxe pasado por la aculturación moderna: hace unos años se fue a vivir a la ciudad de México y consiguió trabajo en la cocina de un restorán chino.

—Y también trabajo a la noche, cuando salgo y no me siento cansada, si necesito unos pesos voy por Insurgentes, por la Zona Rosa y me busco unos hombres. A mí me gusta eso, me siento muy mujer, más que mujer. A mí lo único que me falta es ésta.

Dice y se aprieta con la mano la entrepierna. Pilar va de pantalones ajustados y una blusa escotada que deja ver el nacimiento de sus tetas de saldo.

—Te sobra, se diría.

Le dice Mística, zumbona.

—Sí, me falta, me sobra. Pensé en operarme pero no puedo, son como cuarenta mil pesos, es mucho dinero.

Cuarenta mil pesos son cuatro mil dólares y Pilar cobra doscientos o trescientos pesos por servicio. Mística transpira y se seca con cuidado de no correrse el maquillaje. A Mística no le gusta la idea de trabajar de prostituta:

—No, le temo mucho. Me da miedo enamorarme perdidamente de alguien, me da miedo la violencia de los hombres. Yo me divierto en las fiestas y en la conga, cuando ando tomada ligo mucho.

Tradicionalmente los muxes juchitecas no se prostituyen: no lo necesitan porque no existe la marginación que les impide otra salida. Pero algunas han empezado a hacerlo.

—Ni tampoco quiero operarme. Yo soy feliz así. Tengo más libertad que una mujer, puedo hacer lo que quiero. Y también tengo mi marido que me quiere y me busca...

Dice Mística. Su novio tiene 18 años y es estudiante: ya llevan, dice, orgullosa, más de seis meses juntos.

En septiembre del 2002, Amaranta había encontrado un hombre que por fin consiguió cautivarla: era un técnico en refrigeración que atendía grandes hoteles en Huatulco, un pueblo turístico sobre el Pacífico, a tres horas al norte de aquí.

—Era un chavo muy lindo y me pidió que me quedara con él, que estaba solo, que me necesitaba, y nos instalamos juntos. Era una relación de equidad, pagábamos todo a la par, estábamos haciendo algo juntos.

Amaranta se sentía enamorada y decidió que quería bajar su participación política para apostar a «crear una familia». Pero una noche de octubre se tomó un autobús hacia Oaxaca para asistir a un acto; el autobús volcó y el brazo izquierdo de Amaranta quedó demasiado roto como para poder reconstruirlo: se lo amputaron a la altura del hombro.

—Yo no sé si creer en el destino o no, pero sí creo en las circunstancias, que las cosas se dan cuando tienen que darse. Era un momento de definición y con el accidente tuve que preguntarme: Amaranta, dónde estás parada, adónde va tu vida.

Su novio no estuvo a la altura, y Amaranta se dio cuenta de que lo que más le importaba era su familia, sus compañeros y compañeras, su partido. Entonces trató de no dejarse abatir por ese brazo ausente, retomó su militancia con más ganas y, cuando le ofrecieron una candidatura a diputada federal —el segundo puesto de la lista nacional—, la aceptó sin dudar. Empezó a recorrer el país buscando apoyos, hablando en público, agitando, organizando:

su figura se estaba haciendo popular y tenía buenas chances de aprovechar el descrédito de los políticos tradicionales y su propia novedad para convertirse en la primera diputada travestida del país y —muy probablemente— del mundo.

El padre Paco lleva bigotes y no está de acuerdo. El cura quiere ser tolerante y a veces le sale: dice que la homosexualidad no es natural pero que en las sociedades indígenas, como son más maduras, cada quien es aceptado como es. Pero que ahora, en Juchitán, hay gente que deja de aceptar a algunos homosexuales porque se están «occidentalizando».

—¿Qué significa occidentalizarse en este caso?

—Pues, por ejemplo meterse en la vida política, como se ha metido ahora Amaranta. A mí me preocupa, veo otros intereses que están jugando con ella... o con él... no, con ella, pues. Porque el homosexual de aquí es el que vive normalmente, no le interesa trascender, ser figura, sino que vive en la mentalidad indígena del mundo. Mientras no rompan el modo de vida local, siguen siendo aceptados...

—¿Tú has roto con esa tradición de los muxes?

Le preguntaré otro día a Amaranta.

—La apuesta no es dejar de hacer pasteles o de bordar o de hacer fiestas, para nada; la apuesta es fortalecer desde estos espacios públicos eso que siempre hemos hecho.

Amaranta Gómez Regalado es muy mujer. Más de una vez, charlando con ella, me olvido de que su documento dice Jorge.

HAY ESTRUENDO DE CUERVOS y bocinas y no se sabe quién imita a quién. En el medio del Zócalo —la plaza central de Juchitán—, junto al quiosco donde a veces toca la banda o la marimba, una panda de skaters hace sus morisquetas sobre ruedas. Las piruetas les fallan casi siempre. Una mujer montaña con faldas de colores, enaguas y rebozo se cruza en el camino y casi provoca el accidente. Llevan pantalones raperos y gorras de los Gigantes de San Francisco o los Yankees de Nueva York, y uno me dirá que lo que más quiere en la vida es pasar la frontera, pero que ahora con la guerra quién sabe:

—No vaya a ser que te metan en su army y te manden al frente.

Entonces le pregunto por los muxes y le brillan los ojos: no sé si es sorna, orgullo o sólo un buen recuerdo.

—¿Tú has venido por eso?

No puedo decirle que no; tampoco vale la pena explicarle que no es lo que él supone. Se huele el mango, los plátanos maduros, pescado seco, la harina de maíz y las gardenias. Más allá, una sábana pintada y colgada de dos árboles anuncia que «la Secretaría de la Defensa Nacional te invita a ingresar a sus filas en el arma de Infantería. Te ofrecemos alojamiento, alimentación, seguro médico, seguro de vida...»; dos soldaditos magros esperan candidatos. Los lustrabotas se aburren y transpiran. Por la calle pasa el coche con altavoz que lee las noticias: «Siete días tuvieron encerradas a parturienta y sus gemelas por no pagar la cuenta...». Dos mujeronas van agarradas de la mano y una le tienta a otra con la mano una pequeña parte de la grupa:

—¡Mira lo que te pierdes!

Le grita a un hombre flaco que las mira. A un costado, bajo toldo para el sol espantoso, se desarrolla el «Maratón microfónico y de estilistas» organizado por Gunaxhii Guendanabani: una docena de peluqueras muxes y mujeres tijeretean cabezas por la causa mientras una señora lee consejos «para vivir una sexualidad plena, responsable y placentera». Una chica de quince embarazada, vestidito de frutas, se acerca de la mano de su mamá imponente. Colegialas distribuyen cintas rojas y Amaranta saluda, da aliento, contesta a unas mujeres que se interesan por su candidatura o por su brazo ausente. Lleva un colgante de obsidianas sobre la blusa de batik violeta y la pollera larga muy floreada, la cara firme, la frente despejada y los ojos, sobre todo los ojos. Se la ve tan a gusto, tan llena de energía:

—¿Y cómo te resulta esto de haberte transformado en un personaje público?

—Pues mira, no he tenido tiempo de preguntármelo todavía. Por un lado era lo que yo quería, lo había soñado, imaginado.

—Pero si ganas te va a resultar mucho más difícil conseguir un novio.

Amaranta se retira el pelo de la cara, coqueta, con mohínes:

—Sí, se vuelve más complicado, pero el problema es más de fondo: si a los hombres les cuesta mucho trabajo estar con una mujer más inteligente que ellos, ¡pues imagínate lo que les puede costar estar con un muxe mucho más inteligente que ellos! ¡Ay, mamacita, qué difícil va a ser!

Dice, y nos da la carcajada.

AMARANTA GÓMEZ REGALADO y su partido, México Posible, fueron derrotados. El resultado de las elecciones fue una sorpresa incluso para los analistas, que les auguraban mucho más que los 244.000 votos que consiguieron en todo el país. Según dijeron, el principal problema fue el crecimiento de la abstención electoral y las enormes sumas que gastaron en propaganda los tres partidos principales. Amaranta se deprimió un poco, trató de disimularlo y ahora dice que va a seguir adelante pese a todo.

Texto publicado en *Surcos en América Latina*,
núm. 11, año I, abril de 2006.

Un artista del mundo inmóvil
Leila Guerriero

Hay una habitación de hotel, hay una ventana, hay un edredón tiñéndose de rojo con la luz del atardecer. Hay una ciudad llamada Columbus, en el estado americano de Ohio, y hay, en la habitación, un hombre que escribe: un hombre joven que escribe una de las cartas que, durante esos días, intercambia con la experta en arte contemporáneo Lynne Cooke y que, tiempo después, formarán parte de un texto llamado *Letters (Cartas, 15/7/1994-10/10/1994)*. El hombre escribe —en esa carta— que está sentado frente a una ventana en una habitación de hotel y que, por la ventana, ve la ciudad de Columbus, en el estado americano de Ohio: «A lo largo de los años he coleccionado metáforas sobre el arte basadas en fragmentos de canciones, películas o poemas, en anécdotas o situaciones de la vida cotidiana. Pero estoy lejos de casa y tu pregunta me sorprende en este hotel de Columbus, Ohio. Tengo la cabeza vacía. Estoy sentado frente a esta enorme ventana, por la que se ve toda la ciudad. Todo ahí afuera parece pedir: "Desciframe"; exigir: "Haceme mejor, más oscuro, más simple, más osado... haceme lo que sea, pero haceme algo que sea tuyo". Ahora, yo sólo ruego: llevame de regreso a casa».

Y cuando Guillermo Kuitca —pintor, argentino— escribe la palabra casa piensa en una casona de tres pisos en el barrio porteño de Belgrano donde viven él y un perro. Y eso, para Guillermo Kuitca, es el hogar: un sitio vertical habitado por un perro, por un hombre solo.

* * *

El estilo señorial está contrariado por un frontis plano y dos puertas de madera cruda, altas. La casa, en el corazón elegante del barrio de Belgrano, Buenos Aires, tiene rejas y, sobre las rejas, grafitis y, detrás de las rejas, un jardín. Es una mañana de fines de junio de 2008. Cuando las puertas se abren aparece Daniela, la mujer uruguaya que junto a su marido, Sergio, se ocupa, desde que Kuitca vive aquí —1994—, de que la casa funcione: pague sus impuestos, degluta sus mensajes telefónicos, alimente a su dueño.

—Pase. Ya le aviso a Guillermo que llegó.

El recibidor es así: un espacio con paredes verdes donde hay un baúl con la inscripción White Chappel Art Gallery y, sobre el baúl, un teléfono, un cuaderno en el que Daniela anota mensajes («Llamó su papá. Pregunta si recibió el mail»; «Llamó el señor Javier. Está en México. Lo va a volver a llamar») y la foto de un perro. Hay un cuadro —un Kuitca— y, por lo demás, no hay adornos ni muebles ni objetos caros, nada que indique que aquí vive un hombre de 47 años cuya obra es la más cotizada entre la de los pintores argentinos vivos y que ha sido exhibida en el MoMA, en el Reina Sofía.

El taller está junto al recibidor y es un espacio grande lleno de cuadros y lienzos y estanterías y libros y brochas y pintura —seca y no tanto— y pinceles —secos y no tanto— y pilas de cedés y un equipo de música y un piano de cola y, sobre el piano, más libros y más pinceles y ejemplares del *New Yorker*.

Cuando Guillermo Kuitca aparece —bajando las escaleras que llevan a los pisos superiores— no tiene el aspecto de ser alguien que fue desaforado. Usa un suéter claro, pantalón amplio, el pelo corto, la voz suavísima y lejana cuando dice miren quién llegó.

—Miren quién llegó.

Y entonces se agacha y sonríe y tiene el gesto de franca alegría cuando acaricia a Don Chicho, el otro habitante de esta casa donde viven el hombre solo, el perro.

* * *

Hijo de Jaime, contador, y de María —Mary—, psicoanalista especializada en niños, hermano menor de una hermana llamada Rut —Ruty— nació Guillermo David en el año 1961 y se crió en un departamento —en este departamento— de la Recoleta, el barrio elegantísimo de Buenos Aires.

—Íbamos a la playa —dice Mary Kuitca, que cumplirá ochenta en unos meses— y Guillermo tenía dos años y alisaba la arena y dibujaba casitas con puertas y ventanas y chimeneas. Yo veía ese nivel de dibujo, que era de un chico de unos siete años, y decía bueno, hay que prepararse, acá hay una personita.

Por sugerencia de alguna maestra del kínder sus padres lo inscribieron en un taller de dibujo, pero el pequeño Kuitca era un dibujante limitado: alguien incapaz de copiar un jarrón o el rostro de un héroe de historietas. De modo que le fue mal y peor, en ese y otros talleres, hasta que, a los nueve años, dio con quien sería su maestra: Ahúva Slimowicz, una mujer que —al ver los arañazos, los dedos mutilados, los rostros en torsión que el niño era capaz de arrancar a su mundo sumergido— lo puso a compartir clase con señoras y señores de cuarenta. Después de una infancia que no recuerda tortuosa —en la que odiaba, sobre todo, ir al analista— el alumno precoz decidió exhibir su obra, de modo que salieron —él y su padre— a buscar galería. No fue fácil: en todas aducían que, a edad temprana, una muestra podía aniquilar cualquier carrera promisoria. Pero Kuitca insistió hasta que una galería llamada Lirolay dijo que sí y, el 16 de septiembre de 1974 —regordete, rulos, ropa negra—, el artista cachorro inauguró la muestra propia. Vendió seis cuadros, fue invitado a un programa de televisión (al que se negó a ir) y un diario publicó una reseña: elogiosa. A los trece años era eso que no volvería a ser en mucho tiempo: un éxito.

* * *

Sentado a una mesa redonda, junto a una de las ventanas del taller, Kuitca dibuja —garabatea mientras habla— no sobre un papel sino sobre la mesa: sobre el lienzo que la cubre. Este y otros lienzos forman una serie de cuadros llamada *Diarios,* que se construye precisamente así: con las cosas que Kuitca garabatea mientras habla.

—Yo recuerdo que cuando era chico me encantaba el colegio. Lo que no me gustaba era ir al analista. Pero en esa época, estornudabas y en vez de mandarte al clínico te mandaban al analista. Hace años, a la inauguración de una muestra, llegó un hombre y me dijo «Yo fui tu primer analista». Y me dijo que a mí no me gustaba dibujar, que lo que me gustaba era verlo dibujar a él. Fue una revelación. Porque el mito familiar dice que a mí siempre me gustó dibujar. Y pensé que es probable que todos armemos nuestra historia en torno a un origen que en verdad nunca es tan puro como se supone. Yo creo que era un chico muy tímido y que pintando no lo era tanto. Y que mis viejos me mandaron a los talleres por eso: porque les habrán dicho que me iba a hacer bien.

En el centro del taller hay una columna y, en la columna, papeles adheridos y, en los papeles, palabras sueltas, frases, posibles títulos de cuadros y de muestras: Mi soledad es una grieta, Deshielo, Desenlace, Farsa, Evasión fiscal, Desesperación y aislamiento.

—Pero la gente no tiene sentido del humor. Desesperación y aislamiento a todo el mundo le pareció fatal.

Y, cuando levanta la cabeza —los ojos claros—, tiene una mirada que tendrá otras veces: compungida, enteramente triste. Pero se ríe: como quien dice —como quien quiere decir— no me hagan caso.

* * *

En el último piso de la casa hay un pequeño estudio. Una biblioteca armada con estantes de los que se compran en el supermercado recorre las paredes y en los estantes hay objetos abandonados por una marea distraída: catálogos de Christie's, una bufanda, una cámara de fotos, cables. Desde un placard, mal cerrado, asoman bolsos y valijas. Por estos días Kuitca pasa, aquí, más horas que en su taller. Revisa las propuestas para la tapa del catálogo de *Plates Nº 01-24,* la muestra que su galería europea, Hauser & Wirth, organiza en sus dos sedes de Londres; trabaja en el diseño del telón para la Winspear Opera House de Dallas, un edificio que lleva la firma de Foster & Partners y que abrirá en otoño de 2009; corrige su biografía y elige fotos de infancia para el catálogo de la muestra itinerante que comienza el 9 de octubre de 2009 y continúa hasta el 30 de enero de 2011 con el título *Everything: Guillermo Kuitca, Paintings and Works on Paper, 1980-2008,* que pasará por el Miami Art Museum, la Albright-Knox Art Gallery de Buffalo, el Hirshhorn Museum and Sculpture Garden de Washington, y terminará en The Walker Art Center, Minneapolis.

—Mirá, encontré esta foto para el catálogo de *Everything,* mi hermana y yo de chiquitos.

En el original su hermana aparecía con los ojos cerrados, de modo que Kuitca le aplicó ojos abiertos y el resultado es pavoroso: el rostro agradable de Rut parece el de alguien con un terrible padecimiento psíquico y un lejano parecido a un axolotl: los ojos anormalmente separados, no ensoñados sino arrasados por alucinaciones.

—Me parece que le puse dos ojos izquierdos. ¿Se nota mucho?

Se ríe. Después, es igual: su risa se retira, como un mar reservado y discreto, no se sabe si triste.

—Es la una. ¿Vamos a comer?

Cada día, a la una de la tarde, Kuitca y sus dos asistentes, Jorge Miño y Mariana Slimowicz (hija de Ahúva, ya fallecida), se reúnen en la cocina de la planta alta (un lugar angosto, una isla de mármol rodeada de bancos altos: un sitio para un hombre solo, un perro), disponen la comida que Daniela deja preparada, y almuerzan. Y así fue, y así es, y así será mientras se pueda.

—No estoy seguro de cuál es la ventaja de cambiar —dice, sorteando el cuerpo dormido de Don Chicho, bajando las escaleras hacia la cocina—. A mí la falta de rutina me inquieta.

* * *

Tenía dieciséis años cuando sus padres le alquilaron un taller, un pequeño departamento donde empezó a dar clases mientras intentaba lo que parecía natural: volver a exponer. Pero no pudo: ahora, extrañamente, su obra parecía no interesar a nadie. Y, si infancia no fue del todo mala, adolescencia fue feroz: a los diecisiete descubrió que todos sus amigos, menos él, tenían un plan. Ingresó a la Escuela de Bellas Artes, asistió a una clase —de filosofía— y la abandonó para siempre. Era 1979 (y plena dictadura militar en la Argentina) cuando, un día de tantos, vio una obra de Pina Bausch en el teatro. El ascetismo lacerante de la puesta, los gestos severos y económicos, cayeron sobre él como una revelación y supo que eso quería para sus cuadros: esa peligrosa austeridad. «El teatro de Pina Bausch —diría en una entrevista con Hans—,

Michael Herzog en el libro *Das lied von der Erde* (Daros Latinoamérica) me pareció lleno de violencia y de enorme verdad. Pina Bausch había dicho (...) que en la danza con caminar era suficiente. (...) Y eso hizo que me preguntara cómo hacer mi obra desde esa perspectiva. (...) en mi pintura yo no había hecho nunca eso. Me había pasado todo el tiempo dando saltos». Pero, por entonces, era un pintor joven y un joven frustrado, y no pudo hacer, con la centella de ese deslumbramiento, nada. Lo creía todo perdido cuando, en 1980, Jorge Helft —coleccionista y flamante dueño de un espacio llamado Fundación San Telmo— llegó a su taller y vio su obra. Poco después, Kuitca y sus cuadros desembarcaron en la Fundación San Telmo con una muestra llamada *Cómo hacer ruido* en la que vendió tres dibujos, una pintura y ganó cinco mil dólares. Con ese dinero se fue a Europa: a seguir los pasos de Pina Bausch. En Wuppertal, donde la coreógrafa tenía la base de su compañía, se quedó dos semanas. Y lo que vio allí —una obra llamada *Bandoneón*— lo dejó peor: paralizado. Cuando regresó a la Argentina era 1981, tenía veinte años y estaba arrasado por la fuerza del despojo: no tenía qué ni cómo pintar.

Es viernes. En la casa no hay ruidos ni música: apenas el teléfono que suena cada tanto, la respiración leve de Don Chicho, la voz suave de Kuitca que, sentado frente a la mesa del taller, dice:

—Tenía la sensación de que mi obra no iba ni para atrás ni para adelante. No tenía idea de lo que podía o quería hacer. Estaba paralizado. Un día dije «Voy a trabajar con lo que tenga a mano, no voy a comprar materiales». Había un pote rojo de témpera seca que disolví con agua y que apenas podía mover. Tenía pinceles muy secos. Y había un par de puertas viejas, un mueble que yo había desmontado. Me puse a pintar sobre esas cosas: puertas, pedazos de muebles. Y la primera imagen que apareció fue la mujer de espaldas.

La mujer de espaldas es una figura de pocos trazos, siniestra en su agobio, que apareció por primera vez en 1982 y trajo consigo la serie *Nadie olvida nada*, un puñado de cuadros con los que Kuitca comenzó a ser Kuitca y en los que, en medio de espacios abrumadores, hay figuras humanas pequeñas (la mujer de espaldas es una de ellas) que parecen sorprendidas en el minuto exangüe y tenso de una tragedia que acaba de empezar y que podría no terminar nunca.

—Cada vez que hacía a la mujer, el cuadro me devolvía una imagen muy potente. Y siempre tenía la sensación de que estaba desmembrada o tenía una enorme carga psicológica. Estaba tan conectado. Yo creo que es un momento que te pasa una vez en la vida.

Kuitca empezó por esos cuadros, y ya no se detuvo. A esa serie siguieron otras: *Si yo fuera el invierno mismo, Siete últimas canciones, El mar dulce.* En todas hay camas vacías, cochecitos de bebés rodando por escaleras tremebundas en claras citas al *Acorazado Potemkin,* camas en las que duermen niños a punto de ser aplastados por un garrotazo de madre, sillas tumbadas, figuras humanas diminutas rodeadas por paredes del tamaño de olas de tsunami, parejas enredadas en cópulas estériles. «Esos cuadros producen el mismo pavor que producen las cercanías en la oscuridad —escribe el crítico de arte Jerry Saltz en *Un libro sobre Guillermo Kuitca,* editado por la Fundación de Arte Contemporáneo de Ámsterdam y el IVAM, de Valencia—: hay en ellos algo ciego, algo que tantea, algo visto sólo a medias».

En 1984, Kuitca mostró esos cuadros en la galería del Retiro, de Julia Lublin. Dos años más tarde la misma galería organizó la muestra *Siete últimas canciones.* Después de eso, la crítica empezó a llamarlo «el joven Kuitca» y a aplicar, a lo que hacía, el adjetivo de prodigio.

Él, mientras tanto, vivía en casa de sus padres, estaba en el centro exacto de un vórtice oscuro y, aunque no podía saberlo, *Siete últimas canciones* sería la última muestra que haría en su país durante los próximos diecisiete años.

* * *

—Se especuló mucho con eso de que yo no exponía acá y no fue nada pensado. Empezó a pasar el tiempo y cada vez tenía más compromisos afuera, y de pronto pasaron cinco, diez años. Yo no especulé hasta que en un momento pensé «Esto no está tan mal, esto interesa». Me gustó la idea de que el artista esté en un lugar y su obra afuera.

Afuera la mañana es azul, impávida. En el taller, semana tras semana, pocas cosas cambian: los dibujos siguen allí; las pilas de cedés siguen allí; el piano de cola sigue allí, cubierto de todas las cosas que siguen allí. El cambio, en el taller, es apenas.

—¿Te molesta si pinto mientras hablamos?

Se sienta frente a un lienzo. Fondo blanco, recorrido por una pérfida corona de espinas. El pincel hace un ruido seco sobre la tela: raspa. Después de aquellos cuadros de los años ochenta, las figuras humanas desaparecieron de su obra y los temas fueron, de pronto, otros: una planta de departamento (la misma enloquecedora planta de departamento cuyo perímetro está formado por huesos o jeringas o la frase *gimme shelter*, entre otras cosas), planos de ciudades, mapas, mapas pintados sobre colchones de camas liliputienses («La cama y el mapa —dice en *Guillermo Kuitca, conversaciones con Graciela Speranza*, Grupo Editorial Norma— eran para mí imágenes de dos espacios extremos —la cama como el espacio más privado y el mapa como el espacio más público posible— y pienso que, cuando pinté los mapas sobre colchones, esos extremos, la cama y el mapa, se reunían»), cintas transportadoras de equipajes, plantas de prisiones, plantas de cementerios, plantas de teatro, coronas de espinas.

—Empecé a trabajar en una planta de departamento y entonces pensé en una suerte de zoom en el que la cama está en una habitación, y luego la habitación está en una casa, y después la casa en una ciudad. El primer mapa fue un mapa de Praga que hice en 1987. Y fue tan fascinante la idea del mapa que no la abandoné más. Fue como si lo hubiera encontrado en la naturaleza: como si hubiera excavado y lo hubiera descubierto: «Oh, un mapa».

Desde 1985 y hasta fines de los ochenta expuso en Bélgica, São Paulo, Río de Janeiro. En 1991 hizo una muestra individual en la serie *Projects* del MoMA e implementó la beca Kuitca (que implica su asesoramiento personal, espacio de trabajo y dinero para materiales). En 1992 fue el único artista latinoamericano en la IX Documenta Kassel. En 1993 su muestra antológica —*Guillermo Kuitca, Obras, 1982-1992*— se exhibió en el IVAM de Valencia y en el Museo Rufino Tamayo de México. En 1994 *Burning Beds,* otra muestra antológica, se exhibió en el Wexner Center for the Arts en Columbus, Ohio, y viajó el año siguiente al Miami Art Museum y a la Whitechapel Art Gallery de Londres.

En 1995 uno de sus cuadros de la serie *El mar dulce* se vendió en un remate por 156.000 dólares: un récord para un artista local contemporáneo.

Kuitca se pone de pie, se aleja un par de pasos, mira lo que pinta, vuelve a sentarse.

—¿Sabés tocar el piano?

—No. Era de un *dealer* que yo tenía, y que también arreglaba pianos. Me lo dejó acá porque no tenía dónde ponerlo. Cada tanto venía él y tocaba. Y un día se murió. Se llamaba El Colo.

Empezó a tomar cocaína en 1983, un año después de haber iniciado la serie *Nadie olvida nada,* y siguió tomando, en forma sostenida y creciente, hasta 1987. Cuatro años de consumo impiadoso, entre los 22 y los 26: los años en los que Kuitca se hizo Kuitca.

—Estar en el taller, tomar, pintar, tenía algo que no pasaba de otro modo. La serie de *Siete últimas canciones* la hice completamente drogado. Había algo en la cocaína que no era lo que te dejaba hacer, sino lo que no te dejaba. Los estados de bajón eran horribles y te daban una sensibilidad tremenda. Ahora veo esos cuadros y están llenos de un desgarramiento enorme. Y detrás de ese desgarramiento está el bajón de merca. La cocaína no servía para nada, excepto cuando no estaba. Me iba a una casa en las afueras, a pintar, y le pedía a tal que me mandara un libro y adentro del libro venía la merca. O si no tomaba anfetaminas. Picaba anfetaminas en el mate. Me estaba empezando a ocupar de eso: compraba cápsulas, ponía la anfetamina ahí. La muestra de *Siete últimas canciones* fue un hit total. Después de eso me tenía que ir a España. Llegué, hice dos o tres intentos de probar heroína y vomité como una bestia. Y largué todo. No volví a tomar nunca. Creo que la cocaína tenía esa especificidad: pintar. Me hacía una raya, ponía a los Rollings, corría y pintaba, eufórico, y lo que quedaba en el cuadro era una imagen depresiva y bajoneada. Los cuadros de *Tres días* y *Tres noches* fueron pintados en ese estado.

Los cuadros de *Tres días* y *Tres noches*: parejas unidas en cópulas secas, una bruma lechosa sobre todo. El rastro violento de la felicidad cuando se acaba.

—Seguramente era lo que duraban esos días. Tres días y tres noches.

Afirmado en el respaldo de la silla, el rostro de quien dice esto también pasó: yo fui también el hombre que hizo eso.

—Aguantaba hasta que me caía.

* * *

Sonia Becce conoció a Guillermo Kuitca cuando Guillermo Kuitca era ya un artista formado, conocedor autodidacta de la pintura y del cine. Eso quiere decir que Guillermo Kuitca tenía catorce años. Desde entonces, Sonia es su mano derecha, su amiga, su asistente, la curadora de algunas de sus muestras.

—Era tan joven y sabía tanto y todo lo había aprendido por su cuenta. Un día lo estaba viendo pintar. Hizo así, un solo trazo, un zapato rojo de taco rojo. Y ya estaba. Y tuvo una elegancia para hacer eso. Todo tan precioso, tan precioso. Y quedó tan bien y era lo que le faltaba. Cuando se hizo el homenaje a la muerte de Van Gogh él fue a Holanda, a participar, y me acuerdo que bajé en el aeropuerto y estaba la postal que había hecho él, en medio de los artistas más famosos del mundo. Y cuando vi eso lloré mucho. Él es una persona encantadora, generosa. Claro que de recatado y de santo, nada. Hubo una época, sobre todo en los ochenta, que íbamos a bailar cuatro veces por semana. Caíamos en lugares complicados. Recorrimos todo Río buscando un disfraz de cura para él, y uno de monja para mí, para ir disfrazados a la inauguración de una muestra suya. Eran años... desaforados.

—Fui un desaforado —dirá Kuitca después—. Puedo serlo todavía. Pero ahora la temeridad está puesta en los cuadros. No en la vida cotidiana. Creo que es el lugar donde ser valiente tiene sentido.

* * *

Rut Kuitca tiene tres hijos, un marido, es licenciada en Educación. Aquí, en el living de su casa, tiene un par de cuadros de su hermano, un enorme mueble repleto de retratos de familia, gran televisor.

—Jugábamos a recortar del diario los avisos de ventas de departamentos, donde salían las plantas dibujadas. Las recortábamos, las pegábamos en hojas y jugábamos a la inmobiliaria. Él siempre estaba dibujando, mamarracheando. Siempre fue generoso con nosotros. Cada vez que necesitamos, estuvo. Yo casi no voy a la casa. Es muy reservado. Me imagino que debe llevar una vida social muy activa. Una sola vez le pregunté si no tenía ganas de tener una pareja, de casarse. Y me dijo que para él sería un caos. Muchas veces mi mamá me toca el tema a mí: «¿Por qué será que no tiene pareja?». Y le digo «Tendrá otros intereses».

* * *

Una vez a la semana o cada veinte días, Guillermo Kuitca cena con un grupo de amigos: cinco o seis cineastas, artistas, galeristas a los que conoce desde hace muchos años. A esas cenas las llaman Copas y el grupo de las Copas es un grupo ritual: se reúne regularmente, nadie puede irse antes de la una de la mañana y, hacia el final, Kuitca y un amigo cantan a dúo la misma canción —«Voyage, voyage»— imitando uno a Mercedes Sosa, el otro a una mujer llamada Nacha Guevara. Y así fue y así es y así será mientras se pueda.

Porque Kuitca es puntual. Kuitca no se toma vacaciones excepto una semana de tiempo compartido en Punta del Este en baja temporada. Kuitca no tiene caprichos culinarios: Kuitca come lo que le ponen delante. Kuitca alquiló, durante quince años, el mismo departamento en Nueva York, y tiene los mismos asistentes —Jorge, Mariana— desde 1989. Kuitca no tiene electrodomésticos caros ni muebles de estilo ni auto lujoso: Kuitca tiene un Peugeot que compró después de dos años de pensarlo mucho y los únicos objetos caros de su casa son sus propios cuadros. Kuitca almuerza todos los sábados con sus padres y le gusta mirar televisión (y eso incluye *realities* y programas de chimentos), no va a fiestas ni a muestras y come, siempre, a la una de la tarde.

Kuitca pintó cuadros de ambientes ominosos, y después pintó plantas de departamentos y después planos de ciudades y después mapas y después cintas transportadoras de equipaje y coronas de espinas y plantas de teatro y —ahora— abstracciones.

En su pintura, Kuitca hizo, del cambio, una extraña forma de fe.

Pero, en todo lo demás, Kuitca no cambia.

En todo lo demás, Kuitca permanece.

* * *

Horacio Dabbah es empresario textil, dueño de una galería de arte —Dabbah-Torrejón— y amigo de Kuitca desde hace veinticinco años.

—Yo lo adoro. Tiene como una melancolía, una especie de tristeza alegre. ¿Te contó que fue a Disney cuando tenía treinta años? Es como un chico. Cuando se mudó a la casa de Belgrano no tenía idea de dónde comprar sábanas, toallas. Él no tiene una vida burguesa, no tiene idea de esas cosas. Con los objetos tiene una relación muy distante, como con el dinero. En las Copas paga muchas veces él. Es muy generoso con sus amigos. Cuando uno conoce mucho a alguien, ve su obra y ya sabe qué le pasa. Y yo vi su retrospectiva en Miami y vi toda la serie de *Nadie olvida nada* junta y... me aterra esa serie. Me produjo mucho dolor.

* * *

En febrero de 2003, cuando un cuadro suyo (*La consagración de la primavera*, 1983) compartía espacio en el Museo Nacional de Bellas Artes junto a los de los pintores más importantes del siglo XX en la Argentina y cuando su obra de los mapas pintados sobre pequeñas camas había sido comprada por la Tate de Londres, el Museo Reina Sofía, en Madrid, organizó una muestra retrospectiva: *Guillermo Kuitca, Obras, 1982-2002*. Un video muestra aquellos días: Kuitca en las salas todavía desnudas, parado frente a enormes cajas de madera, viendo cómo su obra, dispersa por el mundo, llegaba hasta él. Pocos meses más tarde la misma muestra desembarcaba en el Museo de Arte Latinoamericano de Buenos Aires (MALBA) y miles de personas se amontonaban para ver el regreso del pródigo. Así, después de diecisiete años de ausencia sin haberse ido, Kuitca volvió a exponer en su país y supo —por primera vez— cómo era aquello de salir de una muestra propia y no irse a dormir a un hotel.

* * *

—La muestra del MALBA fue maravillosa, pero me quedé sin lo que más me gusta, que es el contacto con artistas locales. Por algún motivo la muestra llegó como una especie de ovni, y yo no pude estar rodeado de colegas que me dijeran lo que les parecía mi trabajo. Me gustaría hacer una muestra acá, alguna vez, que no llegue como si llegara el circo de Moscú.

En el primer piso de la casa, en una biblioteca enorme, mezclados con libros de Sebald, Carver, Deleuze, Stevenson, Salinger, hay objetos, algunos identificables: entradas a recitales, fotos de Don Chicho, casetes despanzurrados. Abajo suena el teléfono, una y otra, y otra vez. La voz de Daniela pregunta de parte de quién, y dice no, no está. Kuitca, sentado en el primer piso, se ríe. Con esa risa —un poco amarga— que —quizás— quiere decir no me hagan caso.

—Esta casa parece la KGB. Viene poca gente. A mis viejos les digo que salgo mucho. Sería cruel decirles que me quedé mirando televisión y hacerles entender, además, que lo pasé bien. Acá mis viejos vienen poco. Y cuando vienen, son una máquina de decir boludeces. Mi viejo dice siempre lo mismo: «Uh, qué trabajo». O «A mí me gustaban las camitas». No entienden nada, y la verdad no puedo creer que no entiendan nada.

A metros, algunas de las pequeñas camas sobre las que pintó mapas y, bajo una ventana, sobre un zócalo, un cuadro ínfimo: la camita amarilla. En los años ochenta, durante las muestras en la galería de Julia Lublin, uno de los cuadros de la serie *Nadie olvida nada* —este cuadro— desapareció.

—Un día me llama un tipo y me dice «Yo tengo la camita amarilla. Si querés te lo devuelvo porque me dijeron que sos un buen tipo». Vino con la camita amarilla envuelta en papel de diario. Cuando lo desenvolví vi que tenía una mancha de tuco. Y le dije «Che, comiste arriba del cuadro». Y me puteó. Era un arquitecto que estaba muy loco. Se llevó el cuadro porque se había enojado con las dueñas de la galería.

—¿Y cuánto vale ese cuadro?

—Un montón de plata. Pero ya ves dónde está. Mi obra está más protegida en las manos de otro que en mis manos. En mi casa no son objetos de culto. Son cuadros, nada más.

Un día de tantos la casa quedará sola. En el estudio, en el taller, en las habitaciones: nadie. En los baños, en el pequeño cuarto donde se amontonan cuadros, en la cocina y en la biblioteca: nadie. La camita amarilla estará arriba. Sola.

Arriba y sola, y la puerta de la calle con la llave puesta.

* * *

Jaime Kuitca tiene ochenta años y está sentado frente al escritorio de su estudio, en la casa de la Recoleta.

—Siempre supo que quería ser pintor. Y nosotros pensamos que si él hubiera querido ser abogado o médico le hubiéramos financiado la carrera, así que había que hacer lo mismo con esto. Pero una vez tuve que ir a retirar un cheque en el Bank of America. Cuando vi un cheque de 5.000 dólares a nombre de mi hijo quedé impresionado. Empezaba a ver resultados económicos mucho más rápido de lo que pensábamos. Y esas cifras empezaron a transformarse en rutina y a crecer, a ser muy diferentes. Yo le llevo la contabilidad, y un día no sé qué comentario hizo mi señora, acerca de cuidar el dinero. Y yo le dije «Mary, él hizo en un año lo que nosotros no hicimos en toda la vida. Así que callémonos». Lo que a uno le gustaría es verlo en una estructura familiar. Yo me imagino que su vida debe ser socialmente muy activa, que debe salir bastante. Porque es feo comer solo. Pero no sé. Se habrá casado con la pintura. Pero cuando pienso que... bueno, que va a estar en los museos del mundo, y por ahí uno no va a poder ver...

Jaime Kuitca titubea. Se humedece.

—Perdonemé. Es un gran hijo.

* * *

Desde 2003, Kuitca hizo muestras en Cartagena, Nueva York, Zúrich, París. En 2003, además, montó en el Teatro Colón la escenografía de *El holandés errante*. En 2007 su muestra *Stage Fright* se vio en la Gallery Met, del MET de Nueva York. Ese mismo año fue invitado a la 52 Bienal de Venecia donde compartió espacio en el pabellón central con Sophie Calle, Sol Lewitt, Félix González Torres y, en vez de llevar su obra de siempre, llevó cuatro enormes pinturas abstractas. «No hace falta decir que fue un momento alto en su carrera —dice desde Nueva York Angela Westwater, de Sperone Westwater, su galería desde hace 15 años que también maneja a artistas como Bruce Nauman y Richard Tuttle y vende obra de Andy Warhol y De Chirico—. Y, en vez de ir a lo seguro, Guillermo decidió presentar cuatro pinturas muy dramáticas, de gran escala, de estilo cubista».

En las subastas de arte contemporáneo la obra de Kuitca aparece, hoy, junto a la de Basquiat o la de Félix González Torres y puede alcanzar —dicen quienes saben— precios de 400.000 dólares.

* * *

En un cuarto rojo, en la última planta de la casa, hay un sofá, un proyector, películas, una heladera para vinos tintos desenchufada que guarda geles descongestivos. En la habitación de Kuitca, contigua al cuarto rojo, hay zapatos amontonados junto al colchón que está en el piso. Entre el colchón y el vestidor hay una cinta de correr sobre la que se acumulan bolsas vacías, pilas, toallas. La cinta tiene ropa colgada en las manijas. Es viernes, de mañana. Hay sol, las ventanas están abiertas y la casa parece la casa de alguien que acaba de mudarse o la casa de alguien que está a punto de irse de allí.

—Nunca me imaginé casado, ni viviendo con nadie. Creo que probablemente nunca tenga una pareja estable y viva rodeado de la gente con la que trabajo, mis amigos, los perros. Y creo que acepto eso con cierta... resignación. Me gusta mucho estar solo y soy muy inestable. Tuve novias cuando era más joven. Tuve una novia por un tiempo más largo con quien pensé que en algún momento iba a tener una vida en común, pero me parecía que no era muy honesto seguir una relación con una mujer cuando yo tenía más bien otra inclinación sexual. A veces pienso que no encontré a la persona. Y a veces pienso que no quiero algo muy distinto a lo que tengo.

Un día, cuando sea de noche, cuando llegue a la cocina y abra la heladera y encuentre la tarta de pollo que le gusta y descubra que tiene el crucigrama del diario todavía sin hacer. Un día, cuando se siente solo en la isla negra de la cocina y cene solo haciendo el crucigrama, sentirá crecer dentro del cuerpo un brote de felicidad. Un brote de felicidad perfecta. Y se preguntará si es bueno: que la felicidad sea así. Que la felicidad pueda ser eso.

* * *

Formas de recorrer un museo. Encontrarse con Guillermo Kuitca una noche lluviosa en el MALBA. Dejar los abrigos en el guardarropas. Subir una escalera mecánica hasta la planta alta. Caminar. Detenerse, aquí y allá. Escucharlo hablar con cariño de Frida Kahlo. Con horror de Pettoruti. Sentarse frente a una pantalla y ver un video en el que un hombre altísimo y varias ovejas giran en torno a un mástil. Deliberar acerca de si la oveja es la misma o si son varias. Quedarse mucho rato. Volver a caminar. Hablar de televisión: de realities de televisión, de programas que venden objetos absurdos a altas horas de la madrugada por televisión. Caminar. Detenerse. Escucharlo decir, frente al cuadro de alguien que no suele hacer cosas horribles, «Esto es horrible». Escucharlo, después, decir «Una vez el *New York Times* dijo que en una muestra mía en Nueva York había cosas really awful. Y yo pensé que mi carrera se había terminado ahí». Bajar las escaleras mecánicas. Entrar al bar del museo. Elegir una mesa junto a la pared de vidrio porque llueve: para que no deje de llover. Sentarse. Pedir un té. Hablar de psicoanálisis. Hablar de la posibilidad de abandonar el psicoanálisis. Hablar de la posibilidad de conseguir un psicoanalista que haya estudiado por correspondencia o que haga terapias de vidas pasadas o que trabaje como panelista de programas de televisión. Escucharlo decir «Entregarle la mente a un tránsfuga. Qué lindo».

Dejar correr el tiempo. Después reír. Después pagar. Y después irse.

Y verlo irse, también, bajo la lluvia.

Un hombre sin hogar, tratando desesperadamente de volver a alguna parte.

Texto publicado en 2009 por la revista española *Vanity Fair*.

El sabor de la muerte
Juan Villoro

El terremoto de magnitud 8,8 que devastó a Chile el 27 de febrero fue tan potente que modificó el eje de rotación de la Tierra. El día se redujo en 1,26 microsegundos. Desde la Estación Espacial Internacional, el astronauta japonés Soichi Noguchi fotografió la tragedia y mandó un mensaje: «Rezamos por ustedes».

Los mexicanos tenemos un sismógrafo en el alma, al menos los que sobrevivimos al terremoto de 1985 en el DF. Si una lámpara se mueve, nos refugiamos en el quicio de una puerta. Esta intuición sirvió de poco el 27 de febrero. A las 3.34 de la madrugada, una sacudida me despertó en Santiago. Dormía en un séptimo piso; traté de ponerme en pie y caí al suelo. Fue ahí donde desperté. Hasta ese momento creía que me encontraba en mi casa y quería ir al cuarto de mi hija. Sentí alivio al recordar que ella estaba lejos.

Durante dos minutos eternos el temblor tiró botellas, libros y la televisión. El edificio se cimbró y pude oír las grietas en las paredes. Pensé que nos desplomaríamos. Alguien gritó el nombre de su pareja ausente y buscó una mano invisible en los pliegues de la sábana. Otros hablaron a sus casas para contar segundo a segundo lo que estaba pasando. Imaginé el dolor que causaría esa noticia, pero también que mi familia dormía, con felicidad merecida. Me iba del mundo en una cama que no era la mía, pero ellos estaban a salvo. La angustia y la calma me parecieron lo mismo. Algo cayó del techo y sentí en la boca un regusto acre. Era polvo, el sabor de la muerte.

Mientras más duraba el temblor, menos oportunidades tendríamos de salir de ahí. Los muebles se cubrieron de yeso. Una naranja rodó como animada por energía propia.

Cuando el movimiento cesó, sobrevino una sensación de irrealidad. Me puse de pie, con el mareo de un marinero en tierra. No era normal estar vivo. El alma no regresaba al cuerpo. Los gritos que el edificio había sofocado con sus crujidos se volvieron audibles. Abrí la puerta y vi una nube espesa. Pensé que se trataba de humo y que el edificio se incendiaba. Era polvo. Sentí un ardor en la garganta. Volví al cuarto, abrí la caja fuerte donde estaban mis documentos, tomé mi computadora y perdí un tiempo precioso atándome los zapatos con doble nudo. Los obsesivos morimos así.

En la escalera se compartían exclamaciones de asombro y espanto. Ya abajo, una conducta tribal nos hizo reunirnos por países. Los mexicanos repasamos cataclismos y supusimos que la ciudad estaría devastada. La acera de enfrente era un bloque de sombras, escuchamos ladridos distantes, los coches de los trasnochadores tocaban la bocina, había cristales en el suelo, pero la fachada de nuestro edificio permanecía intacta.

En la explanada frente al hotel se alzaba la réplica de una estatua de la Isla de Pascua. Es la efigie de un Moai, jerarca que durante su mandato habrá visto maremotos. Se convirtió en nuestra figura tutelar. Supimos esto cuando se fue la luz y dejamos de verlo. Por suerte, el apagón duró poco. La piedra donde los ojos parecen hechos por el tiempo regresó de las sombras. No estábamos solos.

Otra señal de tranquilidad vino del reino animal. Un perro se echó a dormir en medio de nosotros. Mientras no despertara, todo estaría bien.

Alguien quiso regresar al edificio por sus «pantalones de la suerte». La superstición era la ciencia del momento. Nuestras ideas, si se las puede llamar así, no seguían un curso común. El editor Daniel Goldin, que estaba en muletas por un accidente previo, me propuso recorrer el edificio para ver si había daños estructurales. «¡Tú estás cojo y yo soy tonto!», exclamé. De nada servía que buscáramos lo que no podíamos encontrar, como un ciego y un sordo dibujados por Goya.

Poco a poco, la realidad recuperó nitidez. Me sorprendió que tanta gente usara pijama. Pensaba que se trataba de una prenda en desuso. Un grupo de voluntarios volvimos al hotel por pantuflas. No podíamos revisar la estructura, pero podíamos evitar que se enfriaran los pies.

La arquitectura chilena es una forma del milagro. Sólo esto explica que en Santiago los daños hayan sido menores. Aunque algunos edificios fueron desalojados y otros tendrán que ser demolidos (inmuebles posteriores a 1990, cuando las leyes de supervisión se hicieron menos estrictas), lo cierto es que la resistencia del paisaje urbano fue asombrosa. Un terremoto es una radiografía de la honestidad arquitectónica. En 1985, el terremoto de la Ciudad de México demostró que la especulación inmobiliaria y la amañada construcción de edificios eran más dañinas que los grados de Richter. «Con usura no hay casa de buena piedra», escribió Ezra Pound.

Llama la atención que en un país con tanta sapiencia antisísmica el aeropuerto padeciera graves lastimaduras. El cierre de vuelos contribuyó al *aftershock*. Nuestra vida se había detenido y no sabíamos cuándo comenzaría nuestra sobrevida. Estábamos en el limbo o en un episodio de la serie *Lost*.

Pillaje y rating

El discurso de los noticieros se caracterizó por el tremendismo y la dispersión: desgracias aisladas, sin articulación de conjunto. Las imágenes de derrumbes eran relevadas por escenas de pillaje. No había evaluaciones ni sentido de la consecuencia. Unos tipos fueron sorprendidos robando un televisor de pantalla plana extragrande. Obviamente no se trataba de un objeto de primera necesidad. ¿Era un caso solitario? ¿El crimen organizado se apoderaba de electrodomésticos? Los rumores sustituyeron a las noticias. Se mencionó a un pueblo que temía ser invadido por otro. El relato fragmentario de los medios mostraba rencillas de tribus y repetía las declaraciones de una gobernadora que pedía que el ejército usara sus armas.

Algunos amigos chilenos creen que además de la morbosa búsqueda de *rating,* los noticieros pretenden crear un clima de confrontación antes de que Michelle Bachelet abandone el poder. El sismo llegó como un último desafío para la presidenta que tiene el 80 por ciento de aprobación y como una amarga encomienda para su sucesor, el empresario Sebastián Piñera, que había prometido expansión y desarrollo al estilo Disney World y ahora tendrá que proceder con el cuidado de los restauradores y anticuarios. Si el ejército comete un error en los días de toque de queda, o si se produce una confrontación, la sucesión presidencial sería menos tersa, se podrían hacer acusaciones sobre el origen de la violencia y se regresaría al divisionismo y la crispación que durante años dominaron la sociedad chilena. Las réplicas más fuertes del sismo ocurrirán en la política chilena.

En Santiago, la suspensión de vuelos y la ocasional falta de teléfonos, Internet, suministro de electricidad y agua fueron las señas visibles de la catástrofe. Esto nos dejó la sensación de estar en un *reality show* al revés. Nuestra vida parecía transcurrir en la realidad controlada de un estudio de televisión, mientras las cámaras retrataban una realidad salvaje al sur de Chile. Los supermercados asaltados eran el rostro dramático de un país donde la gente tenía hambre y las filas para cargar gasolina en los barrios ricos de Santiago eran su rostro hipocondríaco.

El terremoto ha sido el segundo más fuerte en la historia de Chile. La isla Robinson Crusoe naufragó como el personaje que le dio su nombre. El tsunami dejó miles de desaparecidos y sepultados en el lodo. Los rescatistas chilenos que estuvieron en Haití comentan que será mucho más difícil sacar cuerpos de construcciones de concreto, encapsulados en el lodo endurecido después del tsunami.

Aún hay mucha gente atrapada en la zona de Concepción. Como tantas veces, los periodistas han llegado al desastre antes que las personas que deben aliviarlo, y como siempre, los más afectados son los que habían padecido antes el cataclismo de la pobreza.

Dos días después del terremoto fui a una casa en las afueras de Santiago, con piscina y jardines, uno de esos espacios latinoamericanos que muestran que Miami puede estar donde sea. Había que hacer un esfuerzo para recordar que el escenario pertenecía al país arrasado por el terremoto.

En su duplicidad, la cifra 8,8 adquiere carga simbólica: los gemelos del miedo, el diablo ante el espejo o, sencillamente, lo que somos y lo que podemos dejar de ser. Una falla invisible decide el juego, nuestra residencia en la Tierra.

Texto publicado por *La Nación* de Argentina el 6 de marzo de 2010.

Las joyas del golpe
Pedro Lemebel

Y ocurrió en un sencillo país colgado de la cordillera con vista al ancho mar. Un país dibujado como una hilacha en el mapa; una aletargada culebra de sal que despertó un día con una metraca en la frente escuchando bandos gangosos que repetían: «Todos los ciudadanos deben guardarse temprano al toque de queda, y no exponerse a la mansalva terrorista». Sucedió los primeros meses después del once, en los jolgorios victoriosos del aletazo golpista, cuando los vencidos andaban huyendo y ocultando gente y llevando gente y salvando gente. A alguna cabeza uniformada se le ocurrió organizar una campaña de donativos para ayudar al gobierno. La idea, seguramente copiada de *Lo que el viento se llevó* o de algún panfleto nazi, convocaba al pueblo a recuperar las arcas fiscales colaborando con joyas para reconstruir el patrimonio nacional arrasado por la farra upelienta, decían las damas rubias en sus tés-canastas, organizando rifas y kermeses para ayudar a Augusto, y sacarlo adelante en su heroica gestión. Demostrarle al mundo entero que el golpe sólo había sido una palmada eléctrica en la nalga de un niño mañoso. El resto eran calumnias del marxismo internacional, que envidian a Augusto y a los miembros de la junta, porque supieron ponerse los pantalones y terminar de un guaracazo con esa orgía de rotos. Por eso que, si usted apoyó el pronunciamiento militar, pues vaya pronunciándose con algo, vaya poniéndose con un anillito, un collar, lo que sea. Vaya donando un prendedor o la alhaja de su abuela, decía la Mimí Barrenechea, la emperifollada esposa de un almirante, la promotora más entusiasta con la campaña de regalos en oro y platino que recibía en la gala organizada por las damas de celeste, verde y rosa que corrían como gallinas cluecas recibiendo los obsequios.

A cambio, el gobierno militar entregaba una piocha de lata por la histórica cooperación. Porque con el gasto de tropas y balas para recuperar la libertad, el país se quedó en la ruina, agregaba la Mimí para convencer a las mujeres ricachas que entregaban sus argollas matrimoniales a cambio de un anillo de cobre, que en poco tiempo les dejaba el dedo verde como un mohoso recuerdo a su patriota generosidad.

En aquella gala estaba toda la prensa, más bien sólo bastaba con *El Mercurio* y Televisión Nacional mostrando a los famosos haciendo cola para entregar el collar de brillantes que la familia había guardado por generaciones como cáliz sagrado; la herencia patrimonial que la Mimí Barrenechea recibía emocionada, diciéndole a sus amigas aristócratas: Esto es hacer patria, chiquillas, les gritaba eufórica a las mismas veterrugas de pelo ceniza que la habían acompañado a tocar cacerolas frente a los regimientos, las mismas que la ayudaban en los cócteles de la Escuela Militar, el Club de la Unión o en la misma casa de la Mimí, juntando la millonaria limosna de ayuda al ejército. Por eso, por aquí Consuelo, por acá Pía Ignacia, repiqueteaba la señora Barrenechea llenando las canastillas timbradas con el escudo nacional, y a su paso simpático y paltón, caían las zarandajas de oro, platino, rubíes y esmeraldas. Con su conocido humor encopetado, imitaba a Eva Perón arrancando las joyas de los cuellos de aquellas amigas que no las querían soltar. Ay, Pochy, ¿no te gustó tanto el pronunciamiento? ¿No aplaudías tomando champán el once? Entonces venga para acá ese anillito que a ti se te ve como una verruga en el dedo artrítico. Venga ese collar de perlas, querida, ese mismo que escondes bajo la blusa. Pelusa Larraín, entrégalo a la causa.

Entonces, la Pelusa Larraín picada, tocándose el desnudo cuello que había perdido ese collar finísimo que le gustaba tanto, le contestó a la Mimí: Y tú linda, ¿con qué te vas a poner? La Mimí la miró descolocada, viendo que todos los ojos estaban fijos en ella. Ay Pelu, es que en el apuro por sacar adelante esta campaña, ¿me vas a creer que se me había olvidado? Entonces da el ejemplo con este valioso prendedor de zafiro, le dijo la Pelusa arrancándoselo del escote. Recuerda que la caridad empieza por casa. Y la Mimí Barrenechea vio con horror chispear su enorme zafiro azul, regalo de su abuelita porque hacía juego con sus ojos. Lo vio caer en la canasta de donativos y hasta ahí le duró el ánimo de su voluntarioso nacionalismo. Cayó en depresión viendo alejarse la cesta con las alhajas, preguntándose, por primera vez, ¿qué harían con tantas joyas? ¿A nombre de quién estaba la cuenta en el banco? ¿Cuándo y dónde sería el remate para rescatar su zafiro? Pero ni siquiera su marido almirante pudo responderle, y la miró con dureza, preguntándole si acaso tenía dudas del honor del ejército. El caso fue que la Mimí se quedó con sus dudas, porque nunca hubo cuenta ni cuánto se recaudó en aquella enjoyada colecta de la Reconstrucción Nacional.

Años más tarde, cuando su marido la llevó a EE.UU. por razones de trabajo y fueron invitados a la recepción en la embajada chilena por la recién nombrada embajadora del gobierno militar ante las Naciones Unidas, la Mimí, de traje largo y guantes, entró del brazo de su almirante al gran salón lleno de uniformes que relampagueaban con medallas, flecos dorados y condecoraciones tintineando como árboles de pascua. Entre todo ese brillo de galones y perchas de oro, lo único que vio fue un relámpago azul en el cogote de la embajadora. Y se quedó tiesa en la escalera de mármol tironeada por su marido que le decía entre dientes, sonriendo, en voz baja: Qué te pasa, tonta, camina que todos nos están mirando. Mi-zá, mi-zafí, mi-zafí-fi, decía la Mimí tartamuda mirando el cuello de la embajadora que se acercaba sonriente a darles la bienvenida. Reacciona, estúpida. Qué te pasa, le murmuraba su marido pellizcándola para que saludara a esa mujer que se veía gloriosa vestida de raso azulino con la diadema temblándole al pescuezo. Mi-zá, mi-zafí, mizafífi, repetía la Mimí a punto de desmayarse. ¿Qué cosa?, preguntó la embajadora sin entender el balbuceo de la Mimí hipnotizada por el brillo de la joya. Es su prendedor, que a mi mujer le ha gustado mucho, le contestó el almirante sacando a la Mimí del apuro. Ah sí, es precioso. Es un obsequio del Comandante en Jefe que tiene tan buen gusto y me lo regaló con el dolor de su alma porque es un recuerdo de familia, dijo emocionada la diplomática antes de seguir saludando a los invitados.

La Mimí Barrenechea nunca pudo reponerse de ese shock, y esa noche se lo tomó todo, hasta los conchos de las copas que recogían los mozos. Y su marido, avergonzado, se la tuvo que llevar a la rastra, porque para la Mimí era necesario embriagarse para resistir el dolor. Era urgente curarse como una rota para morderse la lengua y no decir ni una palabra, no hacer ningún comentario, mientras veía nublada por el alcohol los resplandores de su perdida joya multiplicando los fulgores del golpe.

Texto publicado en el libro *De perlas y cicatrices,* LOM, 1998.

El pueblo que sobrevivió a una masacre amenizada con gaitas
Alberto Salcedo Ramos

Sucede que los asesinos —advierto de pronto, mientras camino frente al árbol donde fue colgada una de las sesenta y seis víctimas— nos enseñan a punta de plomo el país que no conocemos ni en los libros de texto ni en los catálogos de turismo. Porque, dígame usted, y perdone que sea tan crudo, si no fuera por esa masacre, ¿cuántos bogotanos o pastusos sabrían siquiera que en el departamento de Bolívar, en la costa Caribe de Colombia, hay un pueblo llamado El Salado? Los habitantes de estos sitios pobres y apartados sólo son visibles cuando padecen una tragedia. Mueren, luego existen.

José Manuel Montes, mi guía, un campesino rollizo y taciturno que se ha pasado la vida sembrando tabaco, asiente con la cabeza. Cae la tarde del sábado, empieza la sonata de las cigarras. El sol ya se ocultó pero su fogaje permanece concentrado en el aire. Mi acompañante cuenta entonces que en este punto en el que estamos ahora, más o menos aquí, en mitad de la cancha de fútbol, los paramilitares torturaron a Eduardo Novoa Alvis, la primera de sus víctimas. Le arrancaron las orejas con un cuchillo de carnicería y después le embutieron la cabeza en un costal. Lo apuñalaron en el vientre, le descerrajaron un tiro de fusil en la nuca. Al final, para celebrar su muerte, hicieron sonar los tambores y gaitas que habían sustraído de la Casa de la Cultura. En los alrededores desolados de este campo de microfútbol apenas hay un par de burros lánguidos que se rascan entre sí las pulgas del espinazo. Sin embargo, es posible imaginar cómo se veían esos espacios aquella mañana del viernes 18 de febrero del año 2000, cuando los indefensos habitantes de El Salado se encontraban apostados allí por orden de los verdugos.

—Casi toda la gente estaba sentada en ese costado —dice Montes, mientras señala un montículo de arena parda que se encuentra perpendicular a la iglesia, a unos veinte metros de distancia.

Hoy por la mañana, al despuntar el día, Édita Garrido me había mostrado esa misma lomita de tierra. Ella, una aldeana enjuta de tez cetrina, también sobrevivió para echar el cuento. Los paramilitares, dijo, llegaron al pueblo un poco antes de las nueve, disparando en ráfagas y profiriendo insultos. Debajo de su cama, en el piso, donde se hallaba escondida, Édita oyó la algarabía de los bárbaros:

—¡Partida de malparidos: párense firmes, que somos los paracos y vamos a acabar con este pueblo de mierda!

—¡Eso les pasa por ser sapos de la guerrilla!

En seguida arrancaron a los pobladores de sus casas y los condujeron como borregos de sacrificio hacia la cancha. Allí —aquí— los obligaron a sentarse en el suelo. En el centro del rectángulo donde normalmente es situado el balón cuando va a empezar el partido se plantaron tres de los criminales. Uno de ellos blandió un papel en el que estaban anotados los nombres de los lugareños a quienes acusaban de colaborarle a la guerrilla. En la lista, después de Novoa Alvis, seguía Nayibis Osorio. La arrastraron prendida por el pelo desde su casa hasta el templo, acusada de ser amante de un comandante guerrillero. La sometieron al escarnio público, la fusilaron. Y a continuación, en el colmo de la sevicia, le clavaron en la vagina una de esas estacas filosas que utilizan los campesinos para ensartar las hojas de tabaco antes de extenderlas al sol.

—¿A quién le toca el turno? —preguntó en tono burlón uno de los asesinos, mientras miraba a los aterrados espectadores.

El compañero que manejaba la lista le entregó el dato solicitado: Rosmira Torres Gamarra. Separaron a la señora del grupo, le amarraron al cuello una soga y comenzaron a jalarla de un lado al otro, al tiempo que imitaban los gritos de monte característicos de la arriería de ganado en la región. La ahorcaron en medio de un nuevo estrépito de tambores y gaitas. Luego ametrallaron, sucesivamente, a Pedro Torres Montes, a Marcos Caro Torres, a José Urueta Guzmán y a un burro vagabundo que tuvo la desgracia de asomar su hocico por aquel inesperado recodo del infierno.

Uno de los paramilitares amenazó a la muchedumbre: al que llore lo desfiguramos a tiros. Otro levantó su arma por el aire como una bandera y prometió que no se iría de El Salado sin volarle los sesos a alguien.

—Díganme cuál es el que me toca a mí, díganme cuál es el que me toca a mí —repetía, mientras caminaba por entre el gentío con las ínfulas de un guapetón de cine.

Hubo más muertes, más humillaciones, más redobles de tambores. Hacia el medio día, varios tramos de la cancha se encontraban alfombrados por el reguero de cadáveres y órganos tronchados que había dejado la carnicería. Entonces, como al parecer no quedaban más nombres pendientes en la lista, los paramilitares se inventaron un juego de azar perverso para prolongar la pesadilla: pusieron a los habitantes en fila para contarlos en voz alta. La persona a la cual le correspondiera el número treinta —advirtió uno de los verdugos— estiraría la pata. Así mataron a Hermides Cohen Redondo y a Enrique Medina Rico. Después llevaron su crueldad, convertida ya en un divertimento, hasta el extremo más delirante: de una casa sacaron un loro y de otra, un gallo de riña, y los echaron a pelear en medio de un círculo frenético. Cuando finalmente el gallo descuartizó al loro a punta de picotazos, estalló una tremenda ovación.

Ahora, José Manuel Montes me explica que la mortandad de la cancha era apenas una parte del desastre. El país ha conocido después —gracias a los familiares de las víctimas, a las confesiones de los verdugos y al copioso archivo de la prensa— los pormenores de la masacre. Fue consumada por trescientos hombres armados que portaban brazaletes de las Autodefensas Unidas de Colombia (AUC). Los paramilitares comenzaron a acordonar el área desde el miércoles 16 de febrero de 2000. Mientras estrechaban el cerco sobre El Salado, asesinaban a los campesinos que transitaban inermes por las veredas. No los mataban a bala sino a golpes de martillo en la cabeza, para evitar ruidos que alertaran a los desprevenidos habitantes que se encontraban aún en el pueblo.

El viernes 18, ya durante la invasión, forzaron las casas que permanecían cerradas y ametrallaron a sus ocupantes. Cometieron abusos sexuales contra varias adolescentes, obligaron a algunas mujeres adultas a bailar desnudas una cumbiamba. Por la noche les ordenaron a los sobrevivientes regresar a sus moradas. Pero eso sí: les exigieron que durmieran con las puertas abiertas si no querían amanecer con la piel agujereada. Entre tanto, ellos, los bárbaros, se quedaron montando guardia por las calles: bebieron licor, cantaron, aporrearon otra vez los tambores, hicieron aullar las gaitas. Se marcharon el sábado 19 de febrero casi a las cinco de la tarde. A esa hora los lugareños corrieron en busca de sus muertos. El panorama con el cual se toparon era lo más horrendo que hubiesen visto jamás: la cancha que con tanto esfuerzo le habían construido a sus hijos cinco años atrás estaba convertida en una cloaca de matadero público: manchones de sangre seca, enjambres de moscas, atmósfera pestilente. Y, para rematar, los cerdos callejeros le caían a dentelladas a los cadáveres, corrompidos ya por el sol.

—Mi marido —me dijo Édita Garrido esta mañana— ayudó a cargar uno de esos cadáveres, y cuando terminó tenía las manos llenas de pellejo podrido.

Le reitero a José Manuel Montes que mi visita se debe a la matazón cometida por los paramilitares. Si no se hubiese presentado ese hecho infame, seguramente yo andaría ahora perdiendo el tiempo frente a las vitrinas de un centro comercial en Bogotá, o extraviado en una siesta indolente. El terrorismo, fíjese usted, hace que algunos de quienes todavía seguimos vivos pongamos los ojos más allá del mundillo que nos tocó en suerte. Por eso nos conocemos usted y yo. Y aquí vamos juntos, recorriendo a pie los ciento cincuenta metros que separan la cancha del panteón donde reposan los mártires. Mientras avanzamos digo que acaso lo peor de estos atropellos es que dejan una marca indeleble en la memoria colectiva. Así, la relación que la psiquis establece entre el lugar afectado y la tragedia es tan indisoluble como la que existe entre la herida y la cicatriz. No nos engañemos: El Salado es «el pueblo de la masacre», así como San Jacinto es el de las hamacas, Tuchín el de los sombreros *vueltiaos* y Soledad el de las butifarras.

Hemos llegado por fin al monumento erigido en honor a las personas acribilladas. En el centro del redondel donde yacen las osamentas se levanta una enorme cruz de cemento. La pusieron allí como el típico símbolo de la misericordia cristiana, pero en la práctica, como no hay a la entrada de El Salado ningún cartel de bienvenida, esta cruz es la señal que le indica al forastero dónde se encuentra, el mojón que demarca el territorio del pueblo. Porque en muchas regiones olvidadas de Colombia, fíjese usted, los límites geográficos no son trazados por la cartografía sino por la barbarie.

Al distinguir los nombres labrados en las lápidas con caligrafía primorosa, soy consciente de que camino por entre las tumbas de compatriotas con quienes ya no podré conversar. Habitantes de un país terriblemente injusto que sólo reconoce a su gente humilde cuando está enterrada en una fosa.

* * *

Domingo de rutina en El Salado: Nubia Urueta hierve el café en una hornilla de barro. Vitaliano Cárdenas les echa maíz a las gallinas. Eneida Narváez amasa las arepas del desayuno. Miguel Torres hiende la leña con un hacha. Juan Arias se apresta a sacrificar una novilla. Juan Antonio Ramírez cuelga la angarilla de su burro en una horqueta. Hugo Montes viaja hacia su parcela con un talego de semillas de tabaco. Édita Garrido pela yucas con un cuchillo de punta roma. Eusebia Castro machaca panela con un martillo. Jámilton Cárdenas compra aceite al menudeo en la tienda de David Montes. Y Oswaldo Torres, quien me acompaña en este recorrido matinal, fuma su tercer cigarrillo del día. Los demás lugareños seguramente están dentro de sus moradas haciendo oficios domésticos, o en sus cultivos agrandando los surcos de la tierra. A las ocho de la mañana el sol flamea sobre los techos de las casas. Cualquier visitante desprevenido pensaría que se encuentra en un pueblo donde la gente vive su vida cotidiana de manera normal. Y hasta cierto punto es así. Sin embargo —me advierte Oswaldo Torres—, tanto él como sus paisanos saben que después de la masacre nada ha vuelto a ser como en el pasado. Antes había más de seis mil habitantes. Ahora, menos de novecientos. Los que se negaron a regresar, por tristeza o por miedo, dejaron un vacío que todavía duele.

Le digo a Oswaldo Torres que el sobreviviente de una masacre carga su tragedia a cuestas como el camello su joroba, la lleva consigo adondequiera que va. Lo que se encorva bajo el pesado bulto, en este caso, no es el lomo sino el alma, usted lo sabe mejor que yo. Torres expulsa una bocanada de humo larga y parsimoniosa. Luego admite que, en efecto, hay traumas que perduran. Algunos de ellos atacan a la víctima a través de los sentidos: un olor que permite evocar la desgracia, una imagen que renueva la humillación. Durante mucho tiempo los habitantes de El Salado esquivaron la música como quien se aparta de un garrotazo. Como vieron agonizar a sus paisanos entre ramalazos de cumbiamba improvisados por los verdugos, sentían, quizá, que oír música equivalía a disparar otra vez los fusiles asesinos. Por eso evitaban cualquier actividad que pudiese derivar en fiesta: nada de reuniones sociales en los patios, nada de carreras de caballo. Pero en cierta ocasión un psicólogo social que escuchó sus testimonios en una terapia de grupo, les aconsejó exorcizar el demonio. Resultaba injusto que los tambores y gaitas de los ancestros, símbolos de emancipación y deleite, permanecieran encadenados al terror. Así que esa misma noche bailaron un fandango apoteósico en la cancha de la matanza. Fue como renacer bajo aquel firmamento tachonado de velas prendidas que anunciaban un sol resplandeciente.

En este momento, paradójicamente, el sol se ha escondido. El cielo encapotado amenaza con desgajarse en un aguacero. Torres recuerda que cuando ocurrió la masacre, en febrero de 2000, todos los habitantes se marcharon de El Salado. No se quedaron ni los perros, dice. Pues, bien: él, Torres, fue una de las ciento veinte personas —cien hombres y veinte mujeres— que encabezaron el retorno a su tierra en noviembre del año 2002. Cuando llegaron —cuenta— El Salado se hallaba extraviado bajo un boscaje de más de dos metros de alto. Uno de los paisanos se encaramó en el tanque elevado del acueducto para precisar dónde quedaba la casa de cada quien. En seguida se entregaron a la causa de rescatar al pueblo de las garras del caos. Un día, tres días, una semana enfrascados en una lucha primitiva contra el entorno agresivo, como en los tiempos de las cavernas: corte un bejuco por aquí, queme un panal de avispas furiosas por allá, mate una serpiente cascabel por el otro lado. La proliferación de bichos era desesperante.

—Si uno bostezaba —dice Torres— se tragaba un puñado de mosquitos.

Para defenderse de las oleadas de insectos, todos, inclusive los no fumadores, mantenían un tabaco encendido entre los labios. Además, fumigaban el suelo con querosene, armaban fogatas al anochecer.

Dormían apretujados en cinco casas contiguas del Barrio Arriba, pues temían que los bárbaros regresaran. Reunidos —decían— serían menos vulnerables. Su consigna era que quien quisiera matarlos, tendría que matarlos juntos. Tan grande era el miedo en aquellos primeros días del retorno, que algunos dormían con los zapatos puestos, listos para correr de madrugada en caso de que fuera necesario. Al principio subsistieron gracias a la caridad de los pueblos vecinos —Canutal, Canutalito, El Carmen de Bolívar y Guaimaral—, cuyos moradores les regalaban víveres, frazadas y pesticidas. Cuando terminaron de segar la maraña, cuando quemaron el último montón de ramas secas, se dedicaron a poner en su sitio, otra vez, los elementos perdidos del universo: el caney del patio, el establo, la burra baya, el garabato, la alacena de las hojas de tabaco, el canto del gallo, el ladrido de los perros, los juegos de los niños, los amores furtivos en los callejones oscuros, la ollita tiznada del café, la visita del compadre. Entonces volvieron los sobresaltos: la guerrilla de las FARC (Fuerzas Armadas Revolucionarias de Colombia) los acusó de ser colaboradores clandestinos de los paramilitares. ¿Habrase visto ironía más grande? ¡Si los masacraron, precisamente, porque se les consideraba compinches de los guerrilleros!

Mientras chupa su eterno cigarrillo Oswaldo Torres advierte que los problemas de orden público en El Salado se debían al simple hecho de pertenecer geográficamente a los Montes de María, una región agrícola y ganadera disputada durante años por guerrilleros y paramilitares. En los períodos más críticos de la confrontación los habitantes vivían atrapados entre el fuego cruzado, hicieran lo que hicieran. Y siempre parecían sospechosos aunque no movieran ni un dedo. Ciertamente, algunos paisanos —bajo intimidación o por voluntad propia— le cooperaron a un bando o al otro. Tal circunstancia resultaba inevitable dentro de un conflicto corrompido en el cual los combatientes tomaban como escudo a la población civil. Hugo Montes, un campesino que ni siquiera terminó la educación primaria, me explicó el asunto, anoche, con un brochazo del sentido común que les heredó a sus antepasados indígenas.

—Es que donde hay tanta gente, nunca falta el que mete la pata.

En seguida encogió los hombros, me miró a los ojos y me retó con una pregunta:

—¿Y qué podíamos hacer los demás, compa, qué podíamos hacer?

—Lo único que podíamos hacer —responde Torres ahora— era pagar los platos rotos.

Su respiración es afanosa porque vamos subiendo una senda empinada. De pronto, mira hacia el cielo como si suplicara clemencia, pero en realidad —según me dice, jadeante— está inquieto por un nubarrón que parece a punto de romperse encima de nuestras cabezas. Torres retoma una idea que planteamos al principio de nuestra caminata: en este momento cualquier visitante desprevenido pensaría que los pobladores de El Salado viven otra vez, venturosamente, su vida diaria. Y hasta cierto punto es así —repite—, porque ellos han retornado al terruño que aman. Mal que bien, hoy cuentan con la opción de disfrutar en forma tranquila los actos más entrañables de la cotidianidad, como se percibe en esta calle por la cual avanzamos: una niña escruta el horizonte con su monóculo de juguete, un niño retoza en el piso con sus bolitas de cristal, una muchacha peina a un anciano plácido. Sin embargo, ya nada será tan bueno como en la época de los abuelos, cuando ningún hombre levantaba la mano contra el prójimo, y los seres humanos se morían de puro viejos, acostados en sus camas. La violencia les produjo muchos daños irreparables. Espantó, a punta de bombazos y extorsiones, a las dos grandes empresas que compraban las cosechas de tabaco en la región. Enraizó el pánico, la muerte y la destrucción. Provocó un éxodo pavoroso que dejó el pueblo vaciado, para que lo desmantelaran las alimañas de toda índole. Cuando los habitantes regresaron, casi dos años después de la masacre, descubrieron con sorpresa que la mayor parte de la tierra en la que antes sembraban tenía otros dueños. Ya no había ni maestros ni médicos de planta, y ni siquiera un sacerdote dispuesto a abrir la iglesia cada domingo.

El nubarrón suelta por fin una catarata de lluvia que rebota enardecida contra el suelo arenoso.

* * *

Los dos únicos centros educativos que quedan en el pueblo funcionan en una casa esquinera de paredes descoloridas. Uno es la Escuela Mixta de El Salado, dueña de este inmueble, y otro, el Colegio de Bachillerato Alfredo Vega. Varios chiquillos contentos corretean por el patio esta mañana de lunes. En el primer salón que uno encuentra tras el portón los niños se aplican a la tarea de elaborar un cuadro sinóptico sobre las bacterias y otro sobre las algas. El número de alumnos ni siquiera sobrepasa el centenar, pero el problema mayor es otro: el bachillerato apenas está aprobado hasta noveno grado. Los estudiantes interesados en cursar los dos grados restantes deben mudarse para El Carmen de Bolívar, lo que demanda unos gastos que no se compadecen con la pobreza de casi todos pobladores. En consecuencia, muchos jóvenes renuncian a concluir su educación y se convierten en jornaleros, como sus padres.

Tal es el caso de María Magdalena Padilla, veinte años, quien a esta hora hierve leche en una olla descascarada. En 2002, cuando retornaron los habitantes tras la masacre, María Magdalena fue noticia nacional de primera página. En cierta ocasión, una mujer que debía ausentarse de El Salado dejó a su hija de cinco años bajo la custodia de María Magdalena. Para matar el tiempo, las dos criaturas se pusieron a jugar a las clases: María Magdalena era la maestra, y la niña más pequeña, la alumna. Una vecina que vio la escena también envió a su hijo chiquito, y luego otra señora le siguió los pasos, y así se alargó la cadena hasta llegar a treinta y ocho niños. Como no había escuelas, el divertimento se fue tornando cada vez más serio. En ésas apareció una periodista que quedó maravillada con la historia, una periodista que, folclóricamente, le estampilló a la protagonista el mote de «Seño Mayito», dizque porque María Magdalena sonaba demasiado formal. El novelón caló en el alma de los colombianos. A María Magdalena la retrataron al lado del presidente de la república, la ensalzaron en la radio y en la televisión, la pasearon por las playas de Cartagena y por los cerros de Bogotá. Le concedieron —vaya, vaya— el Premio Portafolio Empresarial, un trofeo que hoy es un trasto inútil arrinconado en su habitación paupérrima. Los industriales le mandaron telegramas, los gobernadores exaltaron su ejemplo. Pero en este momento, María Magdalena se encuentra triste porque, después de todo, no ha podido estudiar para ser profesora, como lo soñó desde la infancia. «No tenemos dinero», dice con resignación. Lejos de los reflectores y las cámaras no resulta atractiva para los falsos mecenas que la saturaron de promesas en el pasado. Pienso —pero no me atrevo a decírselo a la muchacha— que ahí está pintado nuestro país: nos distraemos con el símbolo para sacarle el cuerpo al problema real, que es la falta de oportunidades para la gente pobre. Le damos alas a los personajes ilusorios como «la Seño Mayito», para después arrancárselas a los seres humanos de carne y hueso como María Magdalena. En el fondo, creamos a estos héroes efímeros, simplemente, porque necesitamos montar una parodia de solidaridad que alivie nuestras conciencias.

Eso sí: los problemas persisten, se agrandan. La vecina de María Magdalena se llama Mayolis Mena Palencia y tiene veintitrés años. Está sentada, adolorida, en un taburete de cuero. Ayer, después del tremendo aguacero que cayó en El Salado, resbaló en el patio fangoso de la casa y cayó de bruces contra un peñasco. Perdió el bebé de tres meses que tenía en el vientre. Y ahora dice que todavía sangra, pero que en el pueblo, desde los tiempos de la masacre, no hay ni puesto de salud ni médico permanente. Yo la miro en silencio, cierro mi libreta de notas, me despido de ella y me alejo, procurando pisar con cuidado para no patinar en la bajada de la cuesta. Veo las calles barrosas, veo un perro sarnoso, veo una casucha con agujeros de bala en las paredes. Y me digo que los paramilitares y guerrilleros, pese a que son un par de manadas de asesinos, no son los únicos que han atropellado a esta pobre gente.

Texto publicado en la revista *SoHo* en febrero de 2007, edición 82.

Retrato de un perdedor
Alberto Salcedo Ramos

A Víctor Regino no le preocupa que esta noche, cuando regrese al ring después de un retiro de trece años, el público le grite anciano o el rival le desencaje la mandíbula: a él sólo le interesan los cien mil pesos de la paga, con los cuales podrá restablecer mañana su pequeño taller de traperos.

Son las cinco de la tarde y nos encontramos en un restaurante del centro de Montería. Regino cena temprano porque quiere evitar sentirse aletargado durante la pelea, que comenzará dentro de tres horas. Por cierto, hoy le ha tocado adelantar el horario de todas sus comidas: desayunó a las cinco de la madrugada y almorzó a las once de la mañana. Mientras retira la remolacha del plato con un gesto de repulsión, advierte que no le gustaría que su hija Yoeris, de quince años, asistiera esta noche al coliseo. Luego sorbe su jugo de toronja, mira de soslayo hacia el televisor. Regino agarra el cuchillo con la mano izquierda y el tenedor, con la derecha. Corta la carne en rodajas toscas, que engulle despacio.

De pronto, saca del bolsillo de su camisa un trozo de papel en el que tiene anotados los elementos que comprará con el dinero del combate: treinta libras de pabilo de algodón, quince yardas de lycra y veinte palos de cedro macho. Su idea es reanudar la producción mañana mismo, antes del mediodía. El resultado de la contienda le tiene sin cuidado, porque él ya decidió que, al final de esta misma noche, volverá a colgar los guantes. A los treinta y siete años sería absurdo que le apostara su futuro al boxeo, admite con un gesto de resignación.

Hace cuarenta y cinco días se tropezó en la ribera del río Sinú con el empresario Hernán Gómez, quien le anunció que montaría una cartelera boxística en homenaje al ex campeón mundial Miguel «Happy» Lora. A Regino se le abrieron las agallas en seguida. Sabía que si participaba en la velada podría reabrir el negocio que clausuró a mediados de 2006, por falta de capital para costear la materia prima. El problema era su prolongado destierro de los cuadriláteros: ningún promotor se animaría a programarlo en esas condiciones, a menos que necesitara un relleno de emergencia. Así que se le anticipó al escollo con una mentira: dijo que llevaba ocho meses entrenando diariamente en el gimnasio. A continuación, cuando Gómez le preguntó la edad, Regino redondeó su artimaña quitándose seis años de un solo envión.

—Ya casi voy a cumplir treinta y uno, *docto.*

Mientras lo veo masticar su bistec con parsimonia, supongo que hay que ser despistado de remate para tragarse tamaño embuchado. Porque lo cierto es que Regino aparenta más de cuarenta años. Su piel cobriza, normalmente templada como un tambor, acusa los trastornos causados por la dieta estricta del último mes: se ve marchita, vaciada. Tiene una catadura de huérfano que quizá se debe a sus ojeras profundas. Uno pensaría que consiguió su ropa entre los restos de un naufragio: la camisa demasiado ancha, los zapatos con las puntas dobladas hacia arriba. Hasta su bigote largo y desgreñado, que contrasta con sus mejillas escurridas, parece heredado de un difunto mucho más grande que él.

En aquel encuentro casual, Gómez le propuso a Regino sustituir a un púgil que se le había escabullido dos horas antes, cuando se enteró de que su rival sería el invicto «Miche» Arango, un muchacho de veinticuatro años que, según los locutores deportivos de la ciudad, tiene morfina en los puños. Regino aceptó sin vacilar, porque sabía que no le quedaba otra alternativa. Desde entonces empezó a escuchar los pronósticos más sombríos. Un reconocido profeta local opinó que esta sería la clásica pelea desigual de tigre con burro amarrado. Otro invocó la viejísima analogía entre el ring y el patíbulo. Y el de más allá dejó en claro que no arriesgaría un céntimo por él.

Regino sorbe su jugo de toronja, ensarta un aro de cebolla con el tenedor, encoge los hombros. A él no lo desvelan esos malos augurios, dice. Aunque sabe que la derrota es posible, se niega tajantemente a regalar su cabeza. Piensa que si sobrevive a los cuatro primeros asaltos, podría ganar, pues su adversario seguramente estará cansado a esas alturas. En todo caso —repite después de limpiarse la boca con la servilleta— lo verdaderamente importante no es el resultado de la contienda sino el hecho de que mañana amanecerá con dinero para reactivar su microempresa de traperos.

* * *

Visto por la espalda desde su esquina, mientras recibe las instrucciones del árbitro en el centro del ring, Víctor Regino parece medir menos de los ciento sesenta centímetros que le atribuye su cédula de ciudadanía, tal vez porque tiene el lomo encorvado. Para pelear en el peso gallo —ciento dieciocho libras— debió perder ocho kilos en los últimos treinta días. Pese a su aspecto magro, conserva un par de rollitos de grasa a ambos lados de la cintura. Sus piernas pasarían inadvertidas de no ser por los músculos gemelos tan tensos y abultados. Regino brinca en la punta de los pies, lanza una combinación de golpes en el aire. Ahora, por fin, está de frente. Noto que ha adquirido el típico pecho de gorila viejo de los boxeadores cuarentones: lampiño, esponjoso.

Miguel Arango, el contrincante, tampoco es el prototipo del atleta musculoso. Pero es joven, aventaja a Regino en doce centímetros de estatura y jamás ha estado inactivo. Su piel lechosa lo delata a leguas como un hombre procedente del interior del país, de esos a los que por acá, en el Caribe, se les llama «cachacos». En los coliseos de la región impera la otra cara del racismo: el público, conformado en su gran mayoría por negros y mulatos, manifiesta sin ningún pudor el deseo de ver al boxeador blanco tendido en la lona con la boca llena de espuma. Tal actitud refleja, acaso, la ambición de cobrarle una amarga revancha a la historia. Los espectadores de hoy son especialmente hostiles contra Arango, a quien no le perdonan que haya reventado a cuanto monteriano le han puesto en frente.

La última vez que Regino se calzó los guantes fue el 15 de marzo de 1993. En ese momento registraba diez derrotas y apenas tres triunfos. El récord de «Miche» Arango, en cambio, no podría ser más imponente: ha ganado en fila india los diecisiete combates que ha disputado hasta ahora, todos antes del tercer asalto. El sentido común indica que hoy se apuntará el nocaut número dieciocho sin necesidad de despeinarse. Al final de la jornada cobrará un botín de novecientos mil pesos, es decir, nueve veces la cantidad que recibirá Regino. Las diferencias entre los dos, a propósito, son abismales. Arango llegó al coliseo escoltado por una comitiva ruidosa: ayudantes, primos, fanáticos, la fauna característica de los vencedores. A Regino, quien se vino de pie en un destartalado autobús hediondo a vegetales rancios, no lo acompañaba nadie: ningún vecino del barrio, ningún pariente en primero o en cuarto grado, ningún compadre. Ni siquiera sabía quién lo iba a dirigir en su esquina, pues a los púgiles del montón, como él, se les consigue a última hora cualquier instructor desocupado que esté dispuesto a sudar la gota gorda por veinte mil pesos. Estos entrenadores provisionales, a semejanza de los abogados de oficio, no están allí para salvar el alma de sus clientes desahuciados sino para legitimar la función. Para transmitir una idea de justicia que deje a todo el mundo con la conciencia tranquila. Porque lo cierto es que un boxeador sin asistente desluciría el espectáculo, lo haría ver como un linchamiento vulgar.

Hace pocos minutos, mientras Hernán Gómez y uno de sus colaboradores discutían sobre quién podría ser el entrenador de Víctor Regino, escuché el gracejo más cruel que se haya pronunciado jamás en un coliseo. Su autor fue «Tutico» Zabala, el importante empresario boxístico puertorriqueño, invitado especial a la velada. De pronto, mirando su reloj con ansiedad, Gómez soltó la pregunta clave.

—Y entonces, ¿quién subirá a Regino en el ring?

Tutico sonrió con malicia antes de meter la cuchara con su chispa demoledora.

—A mí no me preocupa quién *va a subirlo,* sino quién *va a bajarlo.*

El entrenador elegido, finalmente, fue José Manuel Álvarez, quien ahora vigila a su pupilo desde la esquina. Mientras el anunciador oficial lee por altavoz la ficha técnica del combate, Regino comienza a calentar los músculos. Una finta lateral hacia la izquierda, otra hacia la derecha. Un golpe largo y otro corto, uno abajo y otro arriba, one, two, one, two, one, two, como enseñan los manuales. Nada de gracia, pienso. Hilando demasiado fino, uno supondría que sus movimientos burdos se deben en parte a los sobresaltos que ha padecido. Cuando lo urgente es tapar las goteras del techo, la danza se vuelve *pecata minuta,* oficio insignificante. Por eso los boxeadores menesterosos, los que en su vida diaria reciben tantos porrazos como si estuvieran en el ring, son casi siempre muy bruscos. Saben cómo evadir un cuchillo pero se sienten extraviados cuando suena la mazurca.

Y bien: ahí tenemos a Regino, en el centro del cuadrilátero, debajo de una lámpara que lo ilumina a chorros como para dejarlo en evidencia. Está allí para recordarnos que, a pesar de nuestras ropas, seguimos desnudos. Somos a menudo muy pretenciosos en nuestro confort, pero deberíamos ir coligiendo que si nos niegan el perfume, como a Regino, lo que nos queda es el sudor. El hombre se llena la boca hablando de la civilización y piensa que sus antepasados primitivos, aquellos que debían luchar cuerpo a cuerpo contra las demás especies de la creación, son criaturas anacrónicas. Y, sin embargo, todavía a estas alturas le toca arriesgar el pellejo por un trozo de pan. O por unos traperos.

* * *

A las nueve de la mañana el calor en Montería es insoportable. Radio Panzenú acaba de reportar una temperatura de treinta y cuatro grados centígrados a la sombra. Dentro de once horas, exactamente, Víctor Regino subirá al ring para enfrentarse a Miche Arango. Cualquiera en su situación estaría en este momento pegándole al saco de arena o haciendo ejercicios abdominales. Él madrugó a tajar pescados en una fonda del Mercadito del Sur, para ganarse el desayuno. Después fue al barrio El Recreo a podar un jardín. Y ahora se encuentra aquí, en el Colegio Buenavista, reclamando las calificaciones de su hija Yoeris.

Regino luce pensativo con el boletín de notas en la mano. Triste, quizá. Dice entonces que lamenta no haber estudiado y confiesa que, en sus tiempos de boxeador activo, jamás revisó un contrato delante de los empresarios, porque le daba vergüenza revelar su analfabetismo. Siempre pedía que le dejaran llevar el documento para su casa, con el pretexto de que debía analizarlo con mucho cuidado. Después, por supuesto, acudía a alguien que supiera leer.

Mientras emprendemos el camino de vuelta hacia su casa, Regino dice que su hija Yoeris ya está lo suficientemente advertida acerca de los problemas que genera la falta de educación.

—Yo le digo que no se quede bruta como yo, porque los brutos se mueren muy rápido.

En principio, la sentencia de Regino se me antoja exagerada. Cuando se lo manifiesto se encoge de hombros, calla, y sigue avanzando con su tranco corto a través de la trocha llena de guijarros. De repente se detiene en seco. En 1982 —dice, cabizbajo— su padre era mayordomo de una finca en Antioquia. En cierta ocasión, desesperado por una tos persistente que no lo dejaba dormir, se bebió a pico de botella medio frasco de pesticida, porque lo confundió con el expectorante de su patrón. Antes del amanecer, murió. Si su padre hubiera sabido leer —agrega Regino con la voz quebrada— a lo mejor estaría vivo todavía.

—¿No le digo que los brutos se mueren rápido? —me pregunta con una expresión que parece a medio camino entre el sarcasmo y el abatimiento.

Luego agacha el rostro. Noto que el pecho se le sacude de manera entrecortada. Llora sin darme la cara, acelera el paso. Recorremos cerca de cien metros en absoluto silencio. Al rato empezamos a ver las primeras chozas de Brisas del Sinú, el arrabal donde vive. En la vía principal, por donde vamos avanzando, corretean montones de niños en cueros, muchos de los cuales exhiben ya los cañones iniciales de su vello púbico. Una mujer rolliza le grita a su vecina, a través de la cerca, que le regale una pastilla de Buscapina para aliviar su cólico menstrual. Levanto los ojos y lo que veo no es el cielo sino una enmarañada red de cuerdas que salen de todas las casuchas y se entrecruzan en el aire: son los cables eléctricos que la gente utiliza para encadenarse al servicio de energía sin pagar un solo centavo. Tales cables funcionan, también, como tendederos de ropa. En uno de ellos hay un calcetín de bebé que flamea a merced del viento. Lo que más me asombra es descubrir en cada calle fogones improvisados sobre el suelo desnudo, en los cuales se cocina desde un pastel envuelto en hojas de bijao hasta un sancocho de huesos. Deduzco entonces que estoy frente a un contrasentido: en un sitio donde la gente carece de dinero para comer, abunda la comida, y además la venden los mismos que tienen hambre. Poco después me informan que aquí, con tres mil pesos, almuerzan dos personas. Quizá no consuman el manjar más exquisito, me advierten, pero quedan con las panzas repletas. O sea que nadie pasa hambre, como yo había creído. En todo caso sigo pensando que estas fondas lánguidas son tan sólo una forma de consuelo. Su razón de ser, más que el lucro, es el instinto de supervivencia. Al repartir la miseria, la conjuran. Así se permiten convertir la escasez en motivo de sorna. Esa capacidad de burla se evidencia, por ejemplo, en los nombres que les ponen a algunos de sus platos más pobres: a la montaña de arroz atravesada en la cima por un banano triste, se le llama «arroz al puente». También existe el «arroz al nevado», que es un cerro igual al anterior pero está coronado por un huevo frito.

Como si leyera mi pensamiento, Regino aclara que su problema no es la falta de comida sino el temor de que Yoeris «se quede bruta» o «coja marido antes de tiempo». Su reto —reitera, mirando otra vez el boletín de calificaciones— es educarla para que se defienda de tales peligros. Y por eso volverá al ring esta noche. Él calcula que necesitará dos semanas de producción en el taller de traperos para pagar los tres meses de pensión que debe en el colegio de su hija.

Ahora, mientras lo veo doblar por la esquina, tengo la impresión de que no salta para evadir el charco que está frente a su casa, sino para subir al cuadrilátero a comenzar su pelea. O, más bien, a continuarla.

* * *

Regino ganó los dos primeros rounds. Al plantear el combate en corto maniató los brazos largos de su rival y logró conectar varios golpes que hicieron poner de pie al público. Parecía que ganaría por nocaut, especialmente cuando metió ese gancho de izquierda en el estómago de Miche Arango. Un espectador lo celebró a grito herido:

—Dale duro, carajo, que es cachaco y no es familia mía.

Regino no pudo rematar la faena porque sonó la campana. En el tercero, alocado por el respaldo de la gente, arremetió contra Arango de manera insensata, ya que lo hizo con la guardia muy abajo. Entonces se encontró de frente con un mortero que le explotó en la barbilla. Cuando cayó a la lona con las piernas tiesas, la mirada extraviada y el protector bucal bailoteando entre los labios, todo el mundo comprendió que estaba liquidado.

Ahora, mientras se baja del ring sin ayuda de nadie, noto que Regino no tiene el semblante postrado de los perdedores. Es más, luce radiante a pesar de la sangre que se le asoma por las fosas nasales. Sonríe, saluda a un aficionado. Y además le sobran agallas para levantar la mano derecha con la V de la victoria. El público, seguramente, ignora cuál es el motivo secreto que lo lleva a comportarse como si hubiera ganado. Pero le prodiga un aplauso monumental que retumba en todo el coliseo y parece estremecer el resto de la Tierra.

Texto publicado en la revista *SoHo* en julio de 2009, edición 111.

El mago de una mano sola
Leila Guerriero

Al acto de cortar y separar del cuerpo humano un miembro o una porción del mismo se lo conoce como acto de amputar, y sólo se realiza en casos extremos, cuando la vida del paciente corre peligro.

Las lesiones producidas por aplastamiento, sin embargo, generan traumatismos tan graves que la amputación resulta inevitable, ya que el tejido necrosado penetra en el torrente sanguíneo, deviene altamente tóxico y, si no se actúa con rapidez, el sujeto puede morir como consecuencia de una falla renal.

Pero, sean las amputaciones urgentes o programadas, lo más importante es decidir la altura del corte: saber hasta dónde amputar. Para evitar que queden resquicios de tejido enfermo pero, sobre todo, para que el muñón sea funcional a la prótesis futura. Amputar es, sobre todo, fabricar un muñón: traer un muñón al mundo.

La operación no es una operación compleja: se cortan primero la piel y los músculos, se ligan los vasos y los nervios por detrás del tajo para evitar la formación de un neuroma —un tumor nervioso que provoca dolores extremos— y, con una sierra oscilante, se secciona el hueso. Una vez separado el miembro del cuerpo, se liman las partes óseas y se las recubre con tejido blando muscular para obtener un muñón acolchado. Lo que sigue —esculpir el muñón— es un trabajo quinésico que dura meses.

El síndrome del miembro fantasma —una figura mental que puede ser dolorosa o no y provocar picazón o sensibilidad en una extremidad que ya no existe— ocurre sólo cuando la amputación se produce en miembros inferiores. La amputación de miembros superiores, en cambio, presenta otras dificultades. La principal, la resistencia de los pacientes. Puesto que las manos tienen un efecto gestual y son transmisoras de emociones, perderlas equivale a sufrir la amputación del rostro: a tener que vivir con una máscara. En cualquier caso, y como se trata de una operación de carácter mutilante, en la Argentina la ley nacional de ejercicio profesional número 17.132 exige el consentimiento explícito y firmado del paciente.

No se sabe si alguien pidió el consentimiento del niño cuando, a los nueve años, fue amputado de su mano derecha y equipado con un muñón de once centímetros a partir del codo.

No se sabe, tampoco, cómo empieza una vocación pero es probable que haya sido así: el día de sus nueve años en que el niño levantó la toalla con que su madre le impedía ver las curaciones ardientes y miró y, allí donde recordaba una mano, el niño no vio nada.

Nada por aquí. Nada por allá.

Ahora la ves. Ahora no la ves.

* * *

La casa es así. Pero primero hay que llegar a la casa. Pero primero hay que llegar a la ciudad de Tandil, trescientos setenta y cinco kilómetros al sur de Buenos Aires, y atravesarla, salir de ella, recorrer caminos de tierra, doblar, doblar otra vez, doblar otra vez más y ver, a mano derecha, una cabaña en medio de un parque, un cartel que reza Milagro Verde, un tinglado de enredaderas bajo el cual hay un Audi nuevo impecable, árboles, árboles, los árboles, un hombre sentado frente a una mesa frente a la cabaña bajo el tirante sol de la mañana, un hombre que bebe vino tinto, viste camisa clara, usa corbatín, pantalones beige, zapatos blancos y enormes ojos acuosos —uno de párpado caído—, cejas profusas y un bigote. La mano derecha —la mano— dentro del bolsillo del pantalón.

La casa es así: una cabaña de troncos con una puerta estrecha a la que se accede por dos, tres, cuatro escalones. Adentro, el sitio donde podría vivir un niño o alguien con ciertas ideas acerca del romanticismo: el piso de madera, una mesa larga con candelabro de una sola vela, sillas, sillón, televisor, un panel fijo de vidrio, una ventana que deja ver el parque. A la izquierda, una cocina ínfima, una bodega repleta de botellas. Por una escalera se trepa al dormitorio: un entrepiso apretado, la cama de dos plazas, la hamaca tejida, la cómoda, espejos. Abajo, una puerta divide el comedor de la sala. En la puerta, dos carteles: «El mundo de los niños es inmenso, la cabaña es chica» y «Niños ajenos sólo disecados». Después, la sala, un espacio rectangular abierto al parque por otro enorme panel de vidrio fijo: otra ventana. Sillones, una biblioteca con *Los verdes años,* de A. J. Cronin, con *Noticia de un secuestro,* de Gabriel García Márquez, con *Almas gemelas,* de Deepak Chopra y con *Hacia una mejor calidad de la educación rural.* La casa termina en un espacio rectangular con dos ventanas altas y angostas, un paragüero con decenas de bastones, en la pared sombreros —boinas, texanos, gorras de cuero—, en el piso compactos —Beethoven, Mozart, Vivaldi, Bach—, una mesa redonda cubierta por un tapete verde y, sobre la mesa, una lámpara, mazos de cartas. En las paredes, sobre los muebles, en todas partes, dibujos y fotos de una mano izquierda y del hombre que, sentado frente a una mesa frente a la cabaña bajo el tirante sol del mediodía, bebe vino tinto, viste camisa clara, usa corbatín, pantalones beige, zapatos blancos y enormes ojos acuosos. A sus espaldas, sobre la puerta de entrada a la cabaña, otro cartel: «Podría vivir en una cáscara de nuez y sentirme rey del universo infinito».

—Shakespeare —dice el hombre.

Pero la frase de Shakespeare es así: «Podría vivir en una cáscara de nuez y sentirme rey del universo infinito, si no fuera por mis malos sueños». Claro que el hombre conoce las ventajas: una pequeña mutilación puede transformar algo en otra cosa. Puede transformar, por ejemplo, a un niño común en un hombre extraordinario. A Héctor René Lavandera, nacido en septiembre de 1928 en Buenos Aires, en René Lavand, habitante de Tandil, experto en *close up* —magia de cerca: magia hecha con naipes y objetos pequeños—, uno de los mejores del mundo en la especialidad de ilusiones con cartas y, si no el mejor, al menos único. Porque, para hacer lo que hace, René Lavand tiene una sola mano. La mano izquierda.

—Venga. Vamos a conversar a mi laboratorio.

El hombre se pone de pie. Es alto y lleva la mano derecha en el bolsillo: la mano.

* * *

Hijo único de Antonio Lavandera y de Sara Fernández, viajante de comercio él, maestra ella, el niño Héctor René Lavandera vivió con su familia en diversas direcciones de la capital argentina: Otamendi 82, Hortiguera 420, Córdoba 3945. En alguna de todas su padre montó zapatería. En el año 1935, cuando el niño tenía siete, llegó a Buenos Aires un mago llamado Chang y allá fue él, de la mano de su tía Juana. Cuando apareció Chang sobre el escenario —un metro ochenta, kimono de seda bordado de dragones— el niño quedó mudo y deseó que su padre fuera Chang, que Chang fuera su padre, para aprender de él todos los trucos. Durante semanas, durante meses, no se habló en esa casa de otra cosa: durante el desayuno, Chang; durante el almuerzo, Chang; en la merienda y en la cena: Chang. Un amigo de la familia se apiadó y le enseñó un juego de cartas que el niño obseso empezó a practicar con unción. Poco después, la zapatería del padre se fundió y la pequeña familia se mudó a Coronel Suárez, un pueblo de la provincia de Buenos Aires donde esperaba, al padre, otro trabajo. El niño, allí, hizo vida de niño. No padecía los vaivenes económicos porque, si tenía su bicicleta, si podía jugar, era feliz.

En febrero de 1937 tenía nueve años. Era carnaval, hacía calor, jugaba a media cuadra de su casa cuando sus amigos dijeron: «Vamos a cruzar la calle». Era un desafío menor: no era un río, no era un abismo, no era subir una montaña: eran cinco metros de asfalto. A él, al niño, le tenían prohibido cruzar la calle solo. Pero sus amigos cruzaron y él pensó: «También voy a cruzar». Y cruzó. Y entre él y el resto de su vida se interpuso un varón rampante (diecisiete años a bordo del auto de su padre), un adolescente que no pudo esquivar al niño de nueve cruzando sin mirar (porque el niño de nueve nunca había cruzado una calle solo: porque el niño de nueve no sabía cómo hacerlo). Hubo maniobra brusca, niño caído, neumático aplastando —aplastando: lesión gravísima— el antebrazo derecho contra el cordón de la vereda.

Sara, la madre, escuchó el golpe y pensó esto: pensó «Héctor cruzó la calle». Llegó corriendo. Cuando lo vio —niño caído— los vecinos la ayudaron a no gritar, a llevarlo a la clínica que estaba justo enfrente. El médico de guardia quiso amputarlo ya

—lesión gravísima— a la altura del hombro. Una mujer, una vecina, protestó: «Hay que esperar al doctor Patané». De modo que esperaron.

El doctor Patané llegó y le salvó el brazo: cortó la mano y dejó, a partir del codo, un muñón de once centímetros.

El niño era diestro. La mano perdida: la mano derecha.

* * *

El parque es así: senderos que se bifurcan, árboles, setos en el punto justo entre la naturaleza y el diseño. Al fondo, una casa de huéspedes llamada El Burladero. En uno de los laterales, un vagón de tren, antiguo, llamado Pata de Fierro, con baño, cama, colchón, su mesa. La cabaña principal, de troncos, también tiene su nombre: La Strega. Allí un cartel —otro cartel— declama «La Strega: soñada, concebida y diseñada por Nora y René». Sobre el vano de la puerta hay una herradura de la suerte.

El hombre de ojos acuosos está, ahora, sentado en el interior de esa cabaña, en el espacio rectangular con paragüero y decenas de bastones y la mesa redonda cubierta por tapete verde.

—Éste es mi laboratorio. Aquí paso horas mirando el parque, escuchando música.

El codo izquierdo sobre la mesa, la mano erguida, un anillo rufián en el meñique: la representación de un truhán, de un timador que quiere parecer un timador.

—A veces repaso mis composiciones, veo cómo puedo mejorarlas. Yo he logrado, y discúlpeme el *yo,* aquello de que, aun si se ha escuchado la Séptima Sinfonía de Beethoven mil veces, cada vez que se la escucha es la misma apoteosis. Cada día tengo más habilidad para ubicar la frase en el show, para sacar lo que sobra.

Se pone de pie, camina hasta la ventana. Dice algo acerca de esos árboles: que son árboles viejos, que todos estaban cuando compró este terreno, años atrás.

—Antes vivíamos en el centro de la ciudad, pero hace años que nos mudamos aquí con Nora. Nora. Ella fue la que marcó el camino a la felicidad. Por ella fui a trabajar a Europa, en 1982. Ella dijo: «René, tenés que ir», vendió su auto y fuimos, y desde entonces no he parado de viajar por España, por Italia, por Alemania, haciendo presentaciones. Con ella llevamos ya veinticinco años de luna de miel.

En el parque, un auto se detiene sobre el colchón de hojas. Alguien camina, sube las escaleras, entra en la cabaña, atraviesa el comedor, la sala.

—Hola.

Una mujer alta, rubia, camisa blanca, anteojos de sol: Nora.

—Querida, llegaste.

—Hola, querido.

—Querida, ella se va a quedar a comer con nosotros.

—Sí, ya me dijiste, querido. Cuántas veces me lo vas a decir.

—Qué carácter tenés, no se te puede repetir nada.

La mesa se pone afuera, bajo los árboles. Una botella de vino, una fuente de pescado cubierto de ajo. Lavand come con un implemento que es, a la vez, tenedor y cuchillo. Sólo se escuchan los cubiertos, las masticaciones. Alguien dirá algo sobre el polen —sobre el exceso de polen— y eso será todo. Acabarán, entre los dos, una botella. Ella se irá a su trabajo como inspectora de colegios rurales. Él, a dormir la siesta, dos horas, por reloj.

* * *

La rehabilitación del niño duró un año. No hay precisiones al respecto, pero se sabe que la baraja lo entretuvo. Primero, las cartas se caían en tropel de aquella mano torpe, tan izquierda. Insistió con tesón, se impuso disciplinas arduas: jugar ping pong, pelota paleta. Pero lo de las cartas le costaba sangre. Aferrar, evadir, dar, levantar, ocultar, esconder, escanciar: sangre. Creció. Tenía catorce cuando su madre consiguió un puesto de maestra lejos de Coronel Suárez y se mudaron, entonces, a Tandil. No hay recuerdos tristes de aquella adolescencia. Colegio, amigos; un padre que le dijo: «Al primero que le diga manco de mierda le rompe la cara que yo lo saco de la comisaría»; un hombre llamado Leonardi, aficionado a la magia, que le enseñó algunos trucos y le regaló el libro *Cartomagia*, de Joan Bernat y Fábregas, en el que confirmó lo que sabía: las técnicas, todas, eran para magos de dos manos: nadie había pensado en que podía haber, alguna vez, un mago de una mano sola. Pero insistió: desarrolló su propia técnica y, para cuando terminó el colegio, su mano respondía más o menos dócil y obediente, y solía asombrar a los amigos en fiestas informales. En 1955, cuando tenía 18, su padre murió de cáncer y el peso de las deudas, de la casa y de la madre cayeron sobre él. Salió a buscar empleo y consiguió uno en el Banco Nación. Pasó allí los siguientes diez años de su vida esperando, todos y cada uno, irse. En algún momento conoció a una mujer llamada Sara Dellaqua y se casaron. Tuvieron dos hijas: Graciela, Julia. En 1960 ganó una competencia de ilusionismo y le ofrecieron debutar en Buenos Aires. Dos teatros —Tabarís, El Nacional— lo incluyeron en sus espectáculos de varieté, y eran teatros importantes. Se rebautizó René Lavand, con una sofisticación un tanto demodé que por entonces tenía sentido: lo francés era, de lo elegante, lo mejor. Se calzó el frac, el moño al cuello, bigote fino y, reclinado sobre su lado izquierdo, de pie frente a una mesa baja, con el aire provocador y displicente que le daba la mano derecha siempre en el bolsillo, hizo furor. En 1961 viajó a Estados Unidos y se presentó en el *Ed Sullivan Show* y en el programa de Johnny Carson. En 1965 ya era imparable: hizo una larguísima temporada en Ciudad de México y sus giras latinoamericanas empezaron a ser frecuentes. El público se rendía ante esa mano que acometía los lomos de los naipes como si fueran vértebras, que arrancaba ases de las honduras de los mazos, que transformaba sietes de piques en reinas de corazones, que reinaba sobre aquellos bordes y dominaba las cartas difíciles, las profundas cartas, mientras una voz magnética en la que tremolaban el coraje, la violencia o la emoción ahogada contaba la historia de un viejo tramposo del sur de Estados Unidos, de un mago oriental encerrado en una mazmorra, de un tahúr obligado por su mujer a ganar una fortuna antes de la medianoche.

Su fama creció en el círculo áulico, siempre para pocos, de ilusionistas del mundo. Dai Vernon, mago canadiense, uno de los mejores (Houdini no pudo descubrirle un truco de cartas), lo llamó «La leyenda». Y Channing Pollok, ilusionista americano y exquisito, le regaló una foto dedicada que decía «Dios debe quererte mucho, por eso te hizo hermoso».

* * *

—Yo no digo que no exista dios. Digo que, si existe, es un jodido.

Son las cinco de la tarde y René Lavand repasa sin ganas un álbum de fotos: se lo ve de frac, galera, joven y erguido, mezcla de David Niven y Mandrake, sosteniendo barajas, un cigarro. Se lo ve, después, mayor, mirando con malicia, ni un rastro de inocencia en esa cara, corbatín de gángster, el traje blanco, tramposo elegantísimo.

—Yo no me creo talentoso. Creo que soy un hombre que transpira mucho. Uno tiene que trabajar para mecanizar la cosa, y asegurarla de tal manera que no pueda fallar. Y cuando falla, tener el temple para solucionarlo. Yo actúo sin red. El riesgo es tremendo. Cuando hay que contar diecisiete cartas con la yema del pulgar, ni una más ni una menos, y mientras hay que narrar una historia, y de pronto... cinco... diez, ¿diez?, doce... ¿doce? Todas las técnicas que uso son técnicas de tahúr. Mezclas falsas, enfiles, dadas de segunda, de tercera, de cuarta. Voy a dar la primera carta pero en realidad doy la segunda, manteniendo la primera para mí. Yo con eso hago milagros. Yo jugué, por plata, entre mis 18 y mis 21, 22 años, bastante viciosamente. Pero cuando empecé a aprender técnicas de jugador de ventaja, dejé. Porque una cosa es burlarse de la gente y otra la bella y sutil mentira del arte.

El álbum pasa: fotos de Lavand en Japón, en Alemania, en el río Mississippi, en México, en España, en Nueva York, en Venecia.

—Yo podría vivir en cualquier lugar del mundo, pero todo hombre debe tener un lugar al que volver. Y Tandil es mi vértice. Y Nora. Nora es la labradora de mi alma, como decía Ortega y Gasset. La conocí cuando yo tenía cincuenta y cinco y ella treinta y cinco. La invité a cenar y, como en la guerra del amor cada uno se defiende con las armas que tiene, me llevé un juego de navajas y de postre le hice ese juego. Las navajas aparecían y desaparecían y cambiaban de color y de tamaño en la mano de ella. Nunca más volví a hacer ese juego porque consideré que ya me lo había dado todo: me la había dado a ella. ¿Vamos a caminar al parque? Para mí los árboles son más importantes que la baraja, aunque la baraja me ha dado todo esto.

Cuando camina —cuando se sienta, cuando conduce— lleva la mano en el bolsillo.

Cuando camina —cuando se sienta, cuando conduce— por causa de esa mano en el bolsillo parece estar en otra parte, pensar en otra cosa.

—A mí no me gusta estar solo. He pasado algunos momentos de soledad, entre una mujer y la siguiente. Fueron momentos terribles, pero los he olvidado. El olvido es la mejor condición del ser humano.

Se detiene, levanta algo del suelo. Un diente de león que se deshace. El parque está, como siempre, tranquilo.

* * *

Graciela Lavandera es la hija mayor de Lavand. Tiene 51 años, es psicóloga. Está tendida en una reposera, en el parque, lejos de la casa principal.

—A los 17 años me fui de casa a estudiar a Bahía Blanca. La carrera me la pagué sola. No hubo ayuda de él en ese sentido. Él y mamá se llevaban pésimo. Mamá era muy difícil. Y papá fue una presencia importantísima. Él fue el héroe de mi infancia. Fue la demostración de que se puede. Es un hombre de una valentía enorme. Nunca lo oí quejarse del accidente. Quizás porque por la pérdida de la mano devino René Lavand y entonces quejarse de la mano sería como quejarse de su vida.

René y Sara se divorciaron después de dieciocho años de matrimonio. Para entonces, él ya había renunciado al banco, vendía seguros en los ratos libres y era un ilusionista de porte. Meses después de aquel divorcio conoció a Norma, una modista con la que estuvo cuatro años, y tuvo, con ella, dos hijos más: Lauro, Lorena. Norma ya no vive en Tandil.

Sara, su primera mujer, nunca se fue de allí y, seis años atrás, se suicidó.

* * *

Cuando José Fosco era chico —tiene 27— solía pasar en bicicleta por la puerta de Milagro Verde, fascinado por aquel hombre. A veces lograba verlo entre los árboles: la figura altísima, la ropa clara, la mano en el bolsillo. Tímido y sin vocación aparente, este chico de modos antiguos, piel blanca, dedos lánguidos, encontró hace once años la excusa para acercarse a él.

—Vine a hacerle una nota para una revista local. Y nunca dejé de venir. Él me llama su discípulo, pero a mí no se me ocurriría nunca mostrar nada mío en un show. Me gusta pensar cosas para él, estar con él en el laboratorio viendo cómo se puede resolver tal o cual cosa, cómo mejorar una composición, un juego. Nos sentamos en el parque y nos quedamos escuchando la cascada. Llega el ocaso y el canto de los pájaros se transforma en el de las ranas. Una copa de vino, el agua que cae. Él dice que la baraja es como un pájaro frágil, que si lo aprieta demasiado lo mata y si lo suelta se le puede ir. Yo siento que lo que hace es un concierto, aunque sea algo que hace con naipes.

Durante años, entre sus 19 y sus 23, René Lavand practicó esgrima y llegó a ser un talento del florete. Suele decir que aquello le dio piernas, elegancia para moverse sobre el escenario. José Fosco prefiere pensar que fue lo que lo hizo implacable.

—Es el mejor del mundo con un mazo de cartas. Un esgrimista. Puede dudar, pero cuando da una estocada, mata. Es un escorpión. Infalible.

* * *

—Yo tengo un recuerdo tierno de mi infancia por el lado de papá. Con mi mamá la relación no era óptima, pero conmigo papá era tierno. Y quizás por eso me costó crecer. Él me pintaba un mundo ideal donde todo era maravilloso, y cuando crecí me di cuenta de que mamá estaba re loca, que papá llegaba del banco y la abrazaba para que pareciera que estaba todo bien, pero que la vida era otra cosa. De su accidente no hablaba, pero el hecho de que no tuviera la mano era algo natural. Se limaba las uñas y yo le preguntaba por qué no se las cortaba. «Porque no tengo la otra mano», me decía. Yo veía el brazo ortopédico y no entendía, pero él no le da bolilla a la prótesis. La tiene para no llevar la manga de la camisa suelta, nada más.

Julia Lavandera, segunda hija del matrimonio de René y de Sara, pasó un tiempo en Buenos Aires pero ahora vive, otra vez, en Tandil. Lavand la llama Juli, y se preocupa. La siente frágil. Dice que ha tenido algunos episodios. Perturbaciones que vienen de muy lejos.

* * *

Lavand va y viene del comedor a la cocina, enciende una vela, pone los platos sobre la mesa. Todos los días, a la hora del almuerzo y de la cena, enciende una vela. Todos los días, a la hora del almuerzo y de la cena, pone la mesa y descorcha un vino. Como si la perfección no pudiera ser algo privado. Como si la perfección, para ser tal, tuviera que ser exhibida: profusamente declamada.

—Discípulos he tenido pocos. Lo primero que hago, cuando viene alguien a verme para que le enseñe, es escucharlo, ver cómo camina, cómo se sienta, cómo saluda, cómo mira. Pero yo no puedo enseñarle nada. Sólo mostrarle. Si él capta, aprovecha, sigue, trabaja y transpira, será artista. Si no, habrá entrado en el ludismo. Andrés Segovia estaba tres meses para sacar un acorde. Esto es lo mismo.

Le gusta citar nombres como ésos: Segovia, Beethoven, Rubinstein, Pavarotti. Y como éstos: Borges, Lovecraft, Unamuno, Ortega y Gasset, José Ingenieros: autores de los que no ha leído nada, nombres que están ahí, intercalados en sus historias, para crear la ilusión de que es un gran lector, hombre cultísimo.

—La verdad es que yo leo muy poco. Poquísimo.

Pero si toda percepción es verdadera, y si la clave de todo ilusionista consiste en sacar provecho de esa frase, Lavand —su corbatín, su casa de madera, su candelabro de una sola vela, su ropa clara, sus zapatos blancos— es el ilusionista perfecto: el que deviene, él mismo, la ilusión.

* * *

Son las dos de la mañana de un lunes, Buenos Aires. En un cabaret de la calle Corrientes un hombre se levanta la camiseta hasta el cuello, muestra la espalda y dice:

—Mirá.

Es un hombre joven, contundente, y lo que se ve es un tatuaje que ocupa buena parte de su lateral izquierdo.

—Un día le avisé a René que iba a Tandil y que le llevaba un cuadro. Llegué y me dijo «¿Y el cuadro?». «Acá está», le dije, y le mostré esto.

Esto: el rostro de René Lavand tatuado sobre su espalda.

—Me lo hice en 2005. Para mí él siempre fue el mejor.

Diego Santos es ilusionista, y uno de los pocos discípulos que Lavand aceptó en todos estos años.

—Fui a estudiar a Tandil, con él. Me hospedé en el vagón. Arrancábamos a las ocho de la mañana, y seguíamos hasta la medianoche. Él elige mucho a sus discípulos. Es caro en serio. Miles de dólares. Pero se aprende estando. No es una baraja o un movimiento. Con una charla de él aprendés mucho más. Técnicamente es limpio. No se ve nada turbio en el juego. Y su técnica de lento es increíble. Bajando el ritmo al mínimo, hace que el movimiento siga siendo indetectable.

Hace años, René Lavand modificó un clásico juego de *close up* llamado «Agua y aceite»: tres cartas rojas y tres cartas negras que, dispuestas una y otra vez de forma alternada, terminan siempre juntas, enfiladas: rojas por un lado, negras por el otro. Si el lugar común que sostiene a la magia dice que es posible que sucedan cosas como ésas porque la mano es más rápida que la vista, Lavand metió el dedo en esa llaga e hizo lo contrario: exacerbó la lentitud de esa composición de apariencia sencilla, llamó a esa técnica *lentidigitación* y logró algo que los ilusionistas consideran una obra de arte: su versión de «Agua y aceite», llamada «No se puede hacer más lento», en la que, con una sola mano y lentitud de iglesia y de incensario, hace que las tres cartas negras y las tres cartas rojas terminen magnéticamente unidas entre sí, una y otra vez, y cada vez más lento. Por dentro, mientras lo hace, Lavand es una máquina certera, un engranaje, un centurión sudando por su vida. Pero lo que se ve es esto: su mano líquida, reptante. La infinita gracia.

* * *

—René hizo de la magia el sentido de su vida. Para él la magia no es la forma en la que se gana unos pesos. Es como una religión —dice Rolando Chirico.

Chirico es abogado y enseña epistemología de la ciencia en la Universidad de Buenos Aires. Conoció a Lavand hace treinta y nueve años y desde entonces ha sido el escribiente oficial de las historias que el hombre desgrana en sus *shows*.

—Es un hombre de un coraje impresionante. La segunda mujer, Norma, se fugó con un chofer de ómnibus, y se llevó al nene, a Lauro. Lo vi furioso a René ese día y daba miedo. Andaba como loco buscando al nene. Al final, los encontramos en las afueras de Buenos Aires, en El Tigre. Yo me adelanté para avisarle a Norma que venía René, porque era capaz de cualquier cosa. Lo he visto romperle la prótesis en la cabeza a un tipo por tratar mal a una vieja. Una vez lo acompañé a tramitar una excención de impuestos de un auto para discapacitados y le dijeron que para considerarlo discapacitado el muñón tenía que medir diez centímetros, no once. René le dijo al tipo: «Mirá, el muñón no lo uso mucho, así que me serrucho un centímetro y vuelvo. Eso sí: metete el auto en el culo». Aquella vez, en El Tigre, el chofer de ómnibus se fue por los techos y así salvo su vida. La relación con Norma fue corta pero muy apasionada y le dejó una asignatura de malhumor y depresión. Pero apareció Nora y le cambió la vida. No debe ser fácil convivir con él porque sólo se puede hablar de él y de nadie más. Es un gran narciso, pero también es la perfección. Es un aparato de relojería.

* * *

—La belleza de lo simple. Tic, tac. Y si podemos hacer tic, mejor. Hay quien dijo que cuanto más suave la caricia, más penetra. Debe haber sido un sabio. Yo digo que cuanto más lento el movimiento, más impacta.

Sobre la mesa con tapete verde, Lavand despliega un maletín con lo que necesita para viajar por el mundo: treinta gramos de barajas, poco más.

—En este maletín está toda la composición de «No se puede hacer más lento». El talco, la glicerina para cuando se seca la mano. Y la baraja española. Eso es todo. Las barajas me duran mucho porque me gusta dominar, domar el instrumento. Cuando el instrumento está domado, está afinado. Y cuando tengo una baraja nueva tengo que domarla.

En su libro *René Lavand, la belleza del asombro* (editorial Páginas) escribe respecto a sus cartas dadas (aquellas que, como dice la palabra, se dan): «No sé si yo hubiera podido aprender esta técnica leyéndola en un libro. Tampoco sé si hubiera llegado a creer en el autor respecto a la posibilidad de su realización. Brindo por tu voluntad y, si lo logras con una sola mano, llegarás a prescindir de la otra. Tu cerebro ordenará sólo a un brazo. En su momento todos los días volteaba mi baraja veinte, treinta veces, empleando mis dadas. Ahora no me resulta indispensable. Es evidente que el conocimiento ha llegado al inconsciente».

—Las cartas dadas son más difíciles que nada. La mezcla y las dadas mías no las hace nadie en el mundo. Para hacerlas, hay que perder una mano primero.

Se ríe, y la risa suena ensayada. Como si fuera una risa que ha reído, de lo mismo, tantas veces. De pronto, un ruido, y la cabaña se estremece. Lavand camina hasta la sala, como quien sabe qué va a encontrar.

—Una paloma. Pobrecita.

Parado frente al enorme panel de vidrio dice que les pasa siempre.

—Les pasa siempre. No lo ven, y es tan grande que se lo chocan.

El vidrio tiene ahora un rastro licuefacto, una baba de sangre.

* * *

Foto de René Lavand a los siete años: sentado sobre un banco, una pierna graciosamente recogida, mirada fuera del plano. Lleva shorts, una camisa, la mano izquierda apoyada sobre la rodilla ídem, la derecha sobre un libro abierto.

Imágenes de la página web de René Lavand: del lado izquierdo de la pantalla, la foto de René Lavand adulto, la mano izquierda sosteniendo cartas; del lado derecho, la foto de René

Lavand, el niño, sentado sobre el banco, la pierna graciosamente recogida. Entre ambas —un arco voltaico— la frase: «La belleza de lo simple». Simple. Un tajo: simple.

* * *

Atardece en el parque. Las primeras luciérnagas, un perro, los ruidos de las cosas cuando las cosas se retiran. En un rato, René Lavand llorará dos veces pero antes contará esto:

—En 1992 me contrataron unos clientes que no conocía, a través de un representante que tampoco, para ir a Cali. Cuando estábamos ahí descubrimos que los clientes eran narcos y que nos habían contratado, a mí, un cómico y una vedette, para una fiesta privada. En un momento me llevaron a un cuarto. Entré y ahí estaba el hombre, el hombre fuerte. Se pusieron todos a tener sexo con varias mujeres. Me preguntaron si quería cocaína. Había pilas, por todas partes. Les dije que no. Entonces empecé a hacer mis juegos y, para ganarme al hombre, le pregunté si quería que le enseñara cómo se hacía un truco. Y me dijo: «No, no quiero saber cómo se hace».

Cuando el sol evapore la cima de los árboles, cuando el parque sumerja sus copas en las trompas tumefactas del final de la tarde, Lavand hablará de París en invierno, de una función privada en Madrid para una duquesa, de los magos españoles Juan Tamariz y Arturo de Ascanio, que lo ayudaron tanto. De Arturo de Ascanio muerto y de los ilusionistas madrileños que, para despedirlo, arrojaron sobre su tumba mazos de cartas: docientos mazos de cartas. De los amigos, que casi ya no quedan. De su madre, que antes de morir pidió los aros.

—Los aros.

Después, llorará dos veces. Breve, casi seco: el pañuelo, del bolsillo a sus ojos, una medusa incandescente en la tarde que apenas ilumina. Llorará, primero, recordando a su padre: el modo en que su padre temía un destino cruel para ese hijo empeñado en lo imposible: en ser el mago de una mano sola. Llorará, después, recordando a una mujer que no eligió. Que dejó ir.

—Bueno, así son las cosas. Mire, yo no tengo nada de macho.

La voz cae: cae sobre el césped encendido, bajo el polen profuso.

—Pero creo que soy un hombre. Un hombre fuerte.

Bajo el polen fecundo: la voz cae.

* * *

—Vine a Buenos Aires a los 17 años a estudiar teología, y además tengo una empresa de aromatizaciones. Creo que mi papá esperaba que yo estudiara arquitectura o ingeniería, pero se portó bien, me dijo que si era lo que quería, que lo hiciera.

Lauro Lavandera es el primer hijo del segundo matrimonio de Lavand y evangelista profundo. Vive en un suburbio cercano a Buenos Aires. Cuando su padre, ateo y blasfemo, supo que su único hijo varón iba a estudiar teología, la conmoción fue grande: recurrió a un cura y le preguntó si esto era castigo por todos sus pecados.

—Él tiene una personalidad más obsesiva que inflexible. Tiene una gran capacidad para disfrutar de pequeñeces de una manera extrema, pero una tontera lo puede arrojar a un enojo tremendo. Puede quedarse una noche pensando que no pagó un impuesto. Tiene un lugar donde apoyar los naipes y donde poner la máquina de escribir y su lapicera, es su mundo, su espacio, su lugar y no hay lugar ahí para otra mano. Pero esa misma obsesión es la que lo ha llevado a ser tan exitoso. Creo que para él está fuera de discusión: es el mejor y punto. Lo da por sentado. Y la generosidad no es uno de sus fuertes. Todo le ha costado mucho y no ve por qué para otro tiene que ser más fácil. Eso incluye a sus hijos. No tiene problemas en explicarle a un grupo de aficionados un juego que le ha costado veinte años, pero a nosotros nos dice: «Yo lo que tengo lo hice solo, sin ayuda y con una mano. Ustedes tienen muchas más posibilidades».

Lauro tiene un hijo, un niño de cinco años que se llama Kevin.

—Kevin es sordo. Le hicieron un implante cloquear y escucha. Mi papá le tiene una estima especial. Siente que el destino los ha unido. Pero lo curioso es esto: nos llamó el profesor de música del kínder y nos dijo: «Tienen que mandar a Kevin a estudiar música, porque tiene un talento enorme». Yo le contesté: «No, usted debe estar equivocado. Mi hijo es sordo». Y me dijo: «No hay equivocación. Yo nunca tuve un chico que siguiera el ritmo de ese modo».

Ahora, Kevin estudia música: guitarra, percusión. El músico que no escucha, nieto del mago de una mano sola.

* * *

Son las seis de la tarde de un día de fines de verano. René Lavand, Nora y José Fosco están sentados en el parque en torno a una mesa baja, de piedra, junto a una fuente de agua que fluye. Sobre la mesa hay una botella de champagne rosado. José Fosco tiene la vista perdida en el agua. Nora acaricia a un gato y bebe. Lavand no dice nada. Del bolsillo de su pantalón asoma una materia rígida, de plástico o madera, algo anticuado y marrón, la prótesis que podría ser, también, un palo: algo sin importancia.

* * *

En torno a la cabaña hay pequeñas estatuas de gnomos. Hay, también, dos mandíbulas de ballena, un sector de pasto impecable, un banco. Nora se sienta en ese banco y dice:

—Hablemos.

Son las siete de la tarde.

—¿Qué me querés preguntar?

Ojos entrecerrados, la camisa blanca. Sobre su falda, un gato.

—No, no me grabes. Tomá notas.

Dice, apenas, esto:

—Él era un manco que hacía trucos y me sedujo. Mi vida estaba centrada en mi hija cuando lo conocí y tomar decisiones de a dos fue difícil. Pero nos tenemos mucho respeto. Creo que cualquier mujer que lo respetara sería para él lo mismo que yo. Él es un hombre demandante, pero se arregla solo. Ni te acordás que no tiene una mano.

José Fosco decía, bajo el sol de siesta: «Nora es la patria de René». Alguien, que permanecerá en las sombras, decía esto: «Yo creo que se quieren mucho: cada uno a sí mismo. El fabuloso y la magnífica».

Ojos entrecerrados, la camisa blanca, sobre su falda el gato: adormilado por la caricias lentas.

—¿Algo más?

Eso es todo.

* * *

Lavand conduce el Audi rumbo al centro. Para poner los cambios cruza el brazo por delante del cuerpo. El gesto es rápido, preciso.

—Soy muy blasfemo. Estoy todo el día: «Me cago en la virgen, me cago en dios».

Es una mañana de sábado y el centro de Tandil arde: gente, autos.

—Ahora hace dos meses que no blasfemo. No sé cuánto me durará.

Durante la espera en un semáforo saca un papel del bolsillo, su lista de tareas: fotocopias, un kiosco, farmacia. Orden estricto, obseso, inconmovible.

—Primero, vamos a hacer unas fotocopias. Después vamos al bar, después al kiosco que tengo que comprar una revista y después a la farmacia, a comprar el remedio para Julita. Ah, y pollo. Pollo para el mediodía.

Fotocopias, bar, farmacia, pollo: la lista no toma mucho tiempo, media hora por el centro y una breve blasfemia —breve— a la hora de sacar el auto del estacionamiento porque ha quedado difícil: encajonado.

—¿Vio? Ya soné. La verdad es que yo soy un cascarrabias. Y a veces por estupideces.

Hace una pausa, dobla, dobla otra vez. A veinte metros, la entrada a su cabaña. Entra por el camino estrecho, estaciona debajo del tinglado de enredaderas.

—Soy un hombre de reacciones, un paranoide, no lo olvide. Yo soy un hombre que ha tenido un accidente duro, que ha tenido una castración a los nueve años, y reacciona en consecuencia.

El parque está, como siempre, tranquilo. Inclinado sobre el volante Lavand mira todo eso: los árboles, los setos, los caminos. Todo eso: las flores, las plantas, los senderos. Todo eso: lo que podría no haber tenido nunca.

—Colecciono sombreros, también.

—¿Como consecuencia de la paranoia?

—No. Para cambiar de tema, porque el tema del accidente me agota.

La risa llena el auto como una cosa diáfana.

Después, el último almuerzo de todos estos días.

Texto publicado en 2009 por la revista colombiana *SoHo*.

El imperio de los sentidos
Martín Caparrós

YA NO CONSIGO OÍR NI LO QUE PIENSO. El mundo se ha vuelto resbaloso, y la música es una ola gigante de jalea de fresas que arrasa y pegotea. Es de noche, de Río, de calor, de baile sin remedio. En medio de cuerpos y más cuerpos una mujer blanca de 60 y rollos majestuosos se aprieta un negro de 35, dos mulatos en musculosas lila pelo corto se toquetean con ganas, una madre de 15 baila con su hijita de meses en los brazos, tres chicos y una chica de 20, negros y preciosos, se abrazan con más piel que ropa. Más allá, un indio flacucho le pinta los labios a una negra inmensa con la dedicación de un hijo agradecido. Un mulato cuarentón acaricia amorosamente el pelo de una mulatita de 6: me emociono con la tierna escena paternal, hasta que aparece el padre de la nena. Alrededor, cuarenta o cincuenta mil personas bailan, saltan, se agitan. Algunos bailan displicentes, con aplicación conyugal; otros, como si fuera una forma mongui del suicidio. Algunos bailan para demostrar lo bien que bailan, otros para encantar a su próxima presa, otros porque la música los lleva, otros para mostrarles a sus hijos cómo se hace, y la mayoría porque es carnaval, y en carnaval se baila baila baila. Jugos de sexo mojan todo.

—¿Querés cerveza?

Me dice, sonriente, una morena.

—No, muchas gracias.

Le digo yo, Chicoff perfecto.

—¡Andate al carajo!

No es fácil aprender los códigos. En el Terreiro hay sudor y sudor y cuerpos y miradas; olor a gente, baba entre cuatro labios. En un escenario, músicos se suceden tenaces como perros. Abajo hay puestos de comida, una pista inmensa, riadas de cerveza. Hay abrazos de borrachos prometiéndose lealtad infinita, miradas asesinas de borrachos que acaban de descubrir al culpable de todo, trastabilleos de borrachos derrumbándose. Sentados en dos sillas, lejos del mundanal ruido, cuatro piernas mezcladas, un mulato y una rubia de 15 se empeñan en una escena familiar y recíproca: ella le aprieta los granitos y él el clítoris, o lo que sea que ella tenga ahí. En el Terreiro do Samba, viernes de carnaval, casi todos son pobres, oscuros y entusiastas: son muchos miles, y nadie lleva anteojos.

—SEGURAMENTE ESTÁ BIEN, pero no sé. Bueno, los jefes lo eligieron, debe estar bien.

Dice la negra, tan negra que parece disfrazada de negra, cuando le pregunto por el tema del desfile de su escola de samba, ecologista. La negra tiene cuatro o cinco lentejuelas, una sonrisa, dos sandalias y todo el resto es carne. La negra salta y baila al frente de la Coronados de Jacapareguá, que ahora espera para empezar su desfile en la avenida Río Branco, donde marchan las escolas de tercera. Alrededor pululan negros vestidos de legionarios romanos derrotados; en el medio gimotea un negrito flaco y descalzo con una camiseta vieja que dice quien tiene a Jesús tiene todo.

—¿Qué pasó?

—Yo quería subirme a la carroza.

—¿Y no te dejaron?

—Mi papá no tiene plata para comprarme las plumas. El papá de ése sí tiene, porque es policía.

La Coronados es una escola de samba de un barrio pobre, y hace en pobre lo mismo que las grandes hacen en riquísimo: los carros con tortugas amenazadas por unos barriles de petróleo, unas plumas gastadas, carteles, la batería de tamboriles, la canción del año: «¿Hasta cuándo, madre Naturaleza?». Encima del carro hay una bailarina con una pollera hawaiana y un embarazo de seis o siete meses, que baila incontenible. Estos días, el mundo está lleno de panzas que se mueven. Ninguna carioca que se precie sale a la calle sin su panza, un poco rellenita, provocadora, en contra. Es un problema metafísico: para sacar tanto el culo para atrás es preciso sacar al mismo tiempo la panza hacia adelante. Entonces, supongo, hicieron de necesidad virtud: sin una buena panza no hay mujer.

—Sí, debe estar bien: ayudar a la naturaleza siempre está bien, ¿no?

Me dice la negra lentejuela sin dejar de lanzar la pelvis contra un enemigo imaginario. El enemigo es envidiable. Siempre lo es, pero esta negra lanza la pelvis como nadie, y lo sabe.

—¿Y no te molesta que te miren así?

—Al revés, me encanta. Siempre todos me miran. Pero acá me ven como yo quiero. Para eso está el carnaval, meu bem.

QUIZÁS ÉSA ES LA IDEA: que, cada año, los brasileños tienen tres días para ser lujosos, divertidos, sensuales, admirados, sarcásticos, todo lo que se les ocurra y, sobre todo, tan distintos de sí. Aunque el carnaval ya no moleste a nadie:

—En su origen, el carnaval subvertía el orden para ponerlo en ridículo, provocar la risa crítica. Hoy, con la estetización del cuerpo y la banalización del sexo, la fiesta perdió ese sentido y se empobreció.

Dice la historiadora paulista Zelia Lopes. A principios de siglo, un hombre vestido de mujer era un discurso fuerte; ahora, una pareja desnuda en el sambódromo es un punto más de rating. Pero, en Río, el carnaval también es muchas otras cosas: una cantidad indefinible de bailes, fiestas, desfiles, concursos. Finalmente, Río es una ciudad provincial, que vive de glorias pasadas, que ya no es ni la capital ni la potencia económica, y que una vez por año, durante tres días, se consigue un lugar en las pantallas del universo mundo: gracias al carnaval.

—LO BUENO DEL CARNAVAL es que trae a Río a mucha gente importante.

Me dice en la puerta del Copacabana Palace una señora blanca con chancletas. En la puerta del Copa varios cientos se amontonan para ver entrar a los famosos que van al baile más pretencioso de la ciudad. Por la vereda pasa un germano gordo, tremenda panza de cerveza, con una mulata de 18 perfecta, resplandeciente. Después un italiano bajito y retaco con una que parece de 12 pero debe tener 9. Se llama Guglielmo, tiene más de 60 y es un especialista: uno puede suponerlo por su camiseta de Varadero o confirmarlo porque él lo dice.

—Sí, estoy viajando bastante, la estoy pasando bien. Yo trabajé toda la vida como una bestia. Ahora que me jubilé tengo un poco de plata y puedo darme algunos gustos.

En estos días, diarios y gentes se indignan por el descubrimiento de un monitor de una colonia de vacaciones de San Pablo que filmaba a sus alumnos en pelotas y les hacía lo que podía. La historia es indignante, pero alguien sospecha que el problema es que en este caso la pedofilia amenaza a los hijos de los biempensantes, que se preocupan mucho menos cuando vienen los europeos a cogerse a los chicos de la calle.

—No, no se vaya a creer: acá a este baile viene lo mejor de lo mejor.

Insiste la señora con chancletas cuando le pregunto si esa morena que está entrando será muy cara. Hay ovaciones para varios actores de la televisión y una rubia pulposa travestida en sirena, pero nadie reconoce a un escritor peruano, Mario Vargas Llosa, cuando entra disfrazado de congolés con un chaleco de seda de colores y un turbantito muy coqueto:

—Desde que llegué he visto todo tan bello y lleno de fantasía que parece como si en este país no hubiera crisis económica.

Dijo después el escritor a los periodistas.

—¿La crisis? Mañana, eso empieza mañana. Ahora es carnaval.

Me había dicho una mujer en un colectivo, pero algunos números son aterradores: el consumo de cerveza, por ejemplo, cayó un 12 por ciento el mes pasado, y eso debe ser grave. Y un amigo arquitecto me contó que la empresa donde trabaja su mujer la mandó a un curso de economía familiar y ahora alquilan menos cintas de video, no comen afuera, no llevan a los chicos al supermercado, compran menos comidas preparadas, juntan mucha ropa antes de poner la lavadora, se cuidan con las luces y le dijeron a la mujer de la limpieza que viniera menos. Ellos no están contentos, pero el problema grave lo tiene Ermezinha, la señora que ahora trabaja una vez por semana en vez de tres.

—Mientras dure el carnaval estoy vendiendo cervezas en la calle. Después va a ser difícil.

Me dijo Ermezinha.

—No, no hay problema. Después viene el comienzo de las clases y vendemos cuadernos, y después la Pascua y vendemos huevos.

Me dijo después, en la calle, un vendedor de cerveza. La ciudad está repleta de vendedores de cerveza.

—¿Y después?

—Y después... Dios dará.

—¿A VOS TE GUSTA ESTE TRABAJO?

Le pregunto a Wilmar, un morocho flaco y fibroso que empuja un carro de la escola de samba Beija-Flor, una de las principales. El nombre escola de samba viene, como casi todo en Río, de un chiste. Hacia 1930, el bloco del barrio de Estacio, uno de los que solían salir en carnaval a desfilar con su samba-enredo, se bautizó a sí mismo «Dejalos hablar». El bloco estaba cerca de la Escuela Normal: «Que los demás digan los que quieran; nosotros somos de la Escuela, de donde salen los profesores», decían, y apareció ese nombre. Wilmar escucha mi pregunta como si no entendiera; después me mira con su mejor desprecio:

—Es un trabajo, algo hay que hacer.

Wilmar tiene pocos dientes y una camiseta en la cabeza, a modo de turbante. Wilmar debe andar por los 40: ya no va a tener muchas chances en la vida, y lo sabe.

—¿Es mejor que otras cosas?

—Y, cuando entrás al sambódromo es una emoción. Pero bueno, nosotros trabajamos todo el carnaval y los otros se divierten.

—¿Cuánto les pagan?

—No, nosotros trabajamos para la escola todo el año, tenemos un sueldo.

—¿Cuánto?

—Casi 200 reales por mes.

Dice Wilmar, bajito, como para que no lo oigan. Wilmar vive en una favela, y le pregunto cómo es el carnaval allá arriba.

—Y, más o menos, porque muchos estamos acá abajo trabajando.

Mis amigos cariocas me dijeron que ni loco fuera a subir a una favela. Yo pensaba hacerles caso, pero me terminó de convencer el que me dijo que no valía la pena, que no pasaba nada. Varias veces miré los morros desde aquí, y casi no había luces. Muchos estarán abajo, trabajando; otros, arriba, mirando los desfiles por la tele. Y otros, seguramente, abajo también, tratando de aprovechar la confusión para quedarse con lo que sea. Los servicios y la amenaza se parecen mucho. Ése siempre fue un problema grave de los ricos: que para mantener a los que deben servirlos, tienen que soportar su amenaza siempreviva.

LAS MÚSICAS SE MEZCLAN: Julio Iglesias, Martinho da Vila, Roberto Carlos, Os Paralamas. Y los olores y los gritos y gritos y más gritos, la romería de emperadores con sus mantos de púrpura, indios con plumas verdes y naranjas, arcángeles de alas blancas radiantes, negros que sólo tienen el slip que llevan puesto, carritos de pororó que avanzan desafiantes, diosas desvestidas con sedas de ocasión, bahianas de cien kilos con sus turbantes y polleras de volados, damas antiguas relucientes que hacen cola para entrar a un baño de plástico, reyes con coronas de medio metro de oro falso que se bañan con una latita de cerveza, Para quien llega a pie, el camino al sambódromo es un paseo de cientos de metros de una calle de trópico pobre con puestos de cerveza, parrillitas de chorizo, humos y olor a meo y, en el medio, las hordas de señores y señoras con disfraces carísimos, plumas descacharrantes, brillos y más brillos, que se preparan para desfilar: esa mezcla debe ser el carnaval. Sentado junto a un charco, un soldado holandés de la Colonia habla por su celular:

—¡Allo, mamae! ¡Tu hijo está por desfilar en el sambódromo, mamae! ¡Sí, de verdad, de verdad!

EN LOS ÚLTIMOS VEINTE AÑOS, el desfile de las escolas de samba ha llegado a unos niveles de lujo kitsch alucinante.

—La pobreza sólo les gusta a los intelectuales. El pueblo lo que quiere es ver todo el lujo posible.

Dijo famosamente, hace unos años, Joaozinho Trinta, el más respetado director de escola. Por eso, el «mayor espectáculo de la tierra» ya no es posible sin sponsors, y la mayoría de ellos son «bicheiros», los capos del juego ilegal carioca. Su negocio es redondo:

lavan dinero, consiguen agradecimiento y prestigio social, y una cobertura perfecta. El jueves pasado, el bicheiro Luizinho Drummond, patrón de Imperatriz y presidente de la Liga Independiente de Escuelas de Samba, cayó preso por el asesinato de otro bicheiro. Salió en un día y, el domingo, el sambódromo lo ovacionó. Si un mafioso fuera preso por matar a alguien a nadie le importaría, pero si el que va preso es el presidente de la Liga de Escolas el carnaval —y toda su estructura económica— tiembla.

—Fue una maniobra brillante de estos señores: por ahora, con eso se consiguieron diez o veinte años más de vida.

Me dice un periodista brasileño que prefiere que no diga su nombre. El problema es que los bicheiros están en baja y que, ahora, las escolas ya no saben cómo organizarse sin ese flujo de dinero: les crearon necesidades que ya no cubren, y los aires de crisis amenazan el próximo desfile.

TENÍA RAZÓN MI AMIGO EL PERIODISTA cuando me dijo que los desfiles, en vivo, no se parecían nada a lo que se ve por la tele:

—Es que la televisión no se banca la épica. Y esto es épica pura.

Quizás no sea para tanto, pero impresiona. El sambódromo son dos filas de tribunas para 60.000 personas alineadas a lo largo de una avenida: por el medio, las 14 escolas del Grupo Especial desfilan domingo y lunes para pelear el campeonato. Cada escola lleva unas 3.000 personas, 300 percusionistas, 8 carros.

—Este carnaval, Río no habla portugués. Eso se explica por la desvalorización del real. De todos esos, ni la mitad sabe lo que está viendo.

Me dijo el periodista mostrándome las tribunas. Se calcula que este año hay 50 por ciento más turistas que el pasado, unos 200.000.

—El carnaval genera empleo y además es un bálsamo para el país, porque las bolsas de valores están cerradas.

Dijo el ministro de Turismo, Rafael Grecca. Abajo, en la pista, olas de colores de los miles de plumas intentaban un océano imposible.

—¡Mirá, mirá ésa, no te la pierdas!

Me dice ahora, en la tribuna, una negra gorda que me presta sus prismáticos cada vez que pasa una mujer apetitosa. En la pista, una rubia y dos señores posan para los fotógrafos y todos aplauden mucho; la negra me explica que es fulana de tal, su novio y su ex novio, que se habían peleado muchísimo pero que ahora el carnaval los reconcilió:

—¡Eso es el carnaval, belleza!

Debe ser. Poco después, cuando un hombre y una mujer vestidos de Versace portugués del siglo XVII dieron rápidas vueltas sobre la pista y toda la tribuna gritó como si Maradona hubiera vuelto a meter aquel gol, entendí que no entendía nada de nada, y me bajé.

Es TURBIO RÍO DE LAVA. Al final, cada desfile se va deshaciendo en besos y tristezas. Son más y más fulanos llenos de plumas y de brillos y de ruidos que desembocan de pronto en un espacio chico. Es difícil imaginar más movimientos, más colores y ruidos. Pero, poco a poco, los pelotones se deshilachan y cada uno se va resignando a que lo más importante de su carnaval ya terminó. Hay encuentros, abrazos, miradas que negocian lo que queda de noche. Dos negros en slip con las caras muy pintadas se besan con las lenguas al aire; un gordo con pinta de hijo de papá rico le ofrece porsche y cama a una rubia escéptica. Un periodista empieza a hacerle preguntas y la rubia se le escapa: cuando termina el reportaje, el gordo ha entendido algo sobre los peligros de la prensa. Las más de las miradas están hechas de agotamiento o de espanto: son caras de gente que acaba de hacer algo que está por encima de sus posibilidades. De vez en cuando se llevan a alguien desmayado. Una rubia me dice que se prepara todo el año.

—¿Cómo?

—Viviendo bien, comiendo bien, haciendo ejercicios.

Los disfrazados van saliendo despacio, arrastrando sus plumas por el suelo encharcado, y los vendedores de bebidas los asaltan a gritos. Varias señoritas semidesnudas les reparten dos forros a cada uno: parece que la potencia sexual del brasileño medio embebido en cerveza está mejorando; o quizás la calidad de los forros está disminuyendo.

—¿Valió la pena tanto esfuerzo, tanta expectativa?

—Valió, valió.

Me dice un viejo con anteojos y una pelada llena de sudor.

—¿Por qué?

—Porque soy brasilero.

—¿Por qué?

—¡Porque soy brasilero, porra!

Jose Siqueira, el secretario de Seguridad Pública de Río, acaba de decir que puso 12.000 policías en la calle y que no hay que exagerar con eso de la inseguridad, que la ciudad es mucho menos violenta que el Paraíso.

—Nosotros tenemos 6 millones de habitantes y el año pasado hubo 6.000 homicidios. En el Paraíso había 4 habitantes; cuando Caín mató a Abel, la criminalidad alcanzó al 25 por ciento de la población.

Pero el club Scala, de todas formas, está justo enfrente de la Brigada Antisecuestro de la policía de Río, y en la puerta dice que está expresamente prohibida la entrada de personas armadas. El Scala es el reducto de Chico Recarey, el «dueño de la noche» carioca, y tiene fama de fiestas muy salvajes. El Scala es una masa compacta de gentes y globos divirtiéndose mucho: los globos, sobre todo, aunque hay más gente pisando globos que globos pisando gente. Es una suerte. En la tapa del inodoro de este baño hay merca suficiente como para que Pablo Escobar retome su carrera en su mejor momento, pero no hay gente cogiendo a la vista: todo mito tiene sus exageraciones.

—Éstos creen que porque se dan vuelta tres días por año son unos transgresores bárbaros.

El tipo se llama Clarice y tiene los labios más carnosos al sur del Amazonas, un slip hecho con casi tanta tela como mi pañuelo y medio kilo de siliconas en cada mama, que revolea con orgullo y denuedo:

—Yo no, yo soy así. Yo estoy disfrazado todo el año, estoy del otro lado todo el año, y no tengo vuelta atrás. ¿Éstos qué son? ¿Turistas del reviente?

Clarice ha revoleado sus carnes durante horas y ahora me dice que es un buen trabajo, que se divierte, que le pagan bien y que la gente que va al baile del Scala es gente fina, así que puede conocer algún novio, o por lo menos un par de clientes.

—Pero siempre gente seria, bien, no un mulato roñoso.

Es probable que no haya otro lugar donde se revolee tanta carne como en el carnaval carioca. Si el carnaval consiste en revolear carne —despojarse de cualquier idea, volverse impulso, quedar en puro cuerpo—, el Scala sería su templo berretón. Así debían ser las bacanales de los romanos: mujeres desnudas, ingleses desaforados, levantadores de pesas vestidos de odaliscas, japoneses con casi una sonrisa, brasileros pulando, y dos docenas de Tiazinhas. La Tiazinha es el personaje del año, la presentadora de un programa de televisión que aparece con antifaz, bikini, un orto inenarrable y el látigo para asentar su autoridad. Ahora, en el Scala, los muchachos manotean una nalga, una teta de cualquier Tiazinha para que ellas les peguen con el látigo y ellos suelten gritos de placer con los ojos en blanco.

—La Tiazinha es el símbolo de la política brasilera consagrada en la última elección: el pueblo, cuando eligió a Fernando Henrique, parece haber dicho eso, pegame que me gusta.

Escribió hace poco un sociólogo local. La banda son seis percusionistas, tres trompetas y tres cantores: entre los doce juntan poco menos de mil años y hacen más ruido que el Apocalipsis en versión Ringling Brothers. En un rincón un inglés blanco como una novia, no mucho más que piel y hueso, cierra trato para toda la noche con un travesti de casi dos metros. Cada una de las cachas del travesti mide lo que el pecho del británico. Le pregunto a un alemán desaforado si se está divirtiendo.

—No sé, cuando vuelva te digo.

No está muy claro de qué vuelta habla.

—Ahora no puedo saber nada, nada, nada.

A la salida del Scala, un moreno en tremendo beeme y novia alemanota tiene que parar porque una vieja linyera se precipita bajo su rueda delantera. El moreno toca la bocina; la vieja le muestra que quería levantar una lata de cerveza para agregar a su bolsa llena de latas de cerveza. Las latas vacías son el principal sustento de los linyeras de Río, y estos días hay superproducción. El morocho se va con el beeme, la vieja con su lata. Junto al cordón de la vereda, alguien rompió hace rato una botella y nadie se ocupó de levantar los vidrios. La vieja de las latas los agarra uno por uno, metódica, y los lleva hasta un tacho de basura. Adentro, la fiesta sigue, porque es carnaval.

—¡Está todo bien, la vamos a pasar genial, pero no se olviden del forro!

Grita el gordo que anima el baile de Cinelandia, en el centro de Río. La campaña proforros es abrumadora: ya me han regalado varios, he visto cantidad de carteles, he escuchado docenas de consejos. Dicen que ya repartieron siete millones. El ministro de Salud, José Serra, ha declarado que todo depende de las mujeres:

—Soy muy escéptico de lo que pueden hacer los hombres con respecto a eso.

Dijo, sin pudor.

—Esas campañas multiplican las nocivas relaciones hetero u homosexuales. Porque la gente cree que usando preservativos su sexo es seguro, y eso es falso.

Escribió el cardenal Sales, arzobispo de Río de Janeiro:

—A veces la ciencia produce efectos contrapuestos: por un lado consigue prolongar la vida de los infectados, pero eso los transforma en el medio más eficaz para propagar la enfermedad y la muerte.

Remató el cardenal, humanitario. Mientras, aquí, en el baile de Cinelandia, decenas de gays disfrazados de Carmen Miranda bailan y aplauden al cantor, un gay que canta como Camen Miranda. Alrededor familias, vendedores de chorizos, viejos cariocas, algún ladrón perdido, una especie de Woody Allen aburrido:

—A mí el carnaval no me gusta, pero es difícil no bajar a la calle. Vos sabés que a dos cuadras de tu casa está pasando algo que algunos preparan todo el año, que otros vienen a ver desde miles de kilómetros. Yo no me divierto, pero es muy difícil no bajar.

Dice el Woody y, de pronto, el revoltijo. Media docena de policías le está pegando a un chico que se retuerce como renacuajo. Sandstede va a hacerle fotos y un par de policías se le tiran al humo. Yo me acerco.

—Estamos haciendo nuestro trabajo.

Me dice uno de los policías.

—Nosotros también. Cuando vimos que le pegaban...

—Pero es un tipo que no vale nada. Ustedes ni siquiera saben qué hizo.

—¿Y qué hizo?

—Estaba robando.

Me dice el policía, y una gorda descalza salta a los aullidos que no, que es todo mentira, que lo tenían marcado, que se lo llevan porque son unos hijos de puta: ahora la pelea es entre ellos. Un poco más allá, los Carmen han descubierto una rejilla de subte y se divierten con el efecto Marilyn: polleras en el aire sobre slips abultados. Es una fiesta familiar: muchas nenas van de Tiazinha con su antifaz negro y su pequeño látigo, y azotan a quien se lo pida.

—Más, más fuerte, más fuerte.

Es un alivio: a esta altura ya empezaba a hartarme de ver a tanta gente besarse, toquetearse.

QUE MERDA É ESSA? avanza por la rambla de Ipanema. Ipanema es la playa más californiana de Río. O quizás sea al revés: alguien me decía que Hollywood y compañía son como Río con música melosa y demasiadas rubias como para que cada una valga algo. *Que merda...?* es una especie de bloco de protesta: sus miembros son 400 o 500 vecinos de sólida clase media del sur de Río respaldados por 30 morochos dándole a los tambores. Esto de los blocos empezó hace 150 años, cuando un grupo de pobres de Río, un poco hartos de que su carnaval consistiera en ver pasar a los ricos en carrozas, se juntó para hacer los blocos de calle: esos grupos de gentes y tambores que dieron origen, 80 años después, a la escola de samba. Es curioso: éste es el espíritu de los carnavales populares de Río, pero ahora sobrevive más que nada entre la clase media alta. Como los blocos no tienen ningún apoyo público, a los pobres les resulta difícil pagar una batería o el camión de sonido.

—Si no aprovechamos que es carnaval para salir a gritar, ¿cuándo vamos a salir?

Me dice una mujer que debe haber sido muy bella hace 20 o 30 años y que todavía se mueve como si lo fuera, y casi me convence.

—... ¿Qué mierda es ésa? / Impuestos, tasas, yo no pago más. / La moratoria / voy a decretar...

Diez o doce policías los miran aburridos y un camión de basura los persigue tenaz; los joggers pasan indiferentes. Hace falta mucho más que esto para conmover a un jogger. Dos jóvenes argentinos se mezclan con el bloco en la esperanza de intercambiar jugos con las naturales del país. Siguen a tres de ellas, intachables. Los argentinos suputan la morbidez de sus carnes bajo pieles cobrizas, la tornura preterperfecta de sus nalgas, la fineza de un tobillo opuesto a la solidez circunvoluta de una teta. Al final uno se decide:

—Hola, garotas, somos argentinos.

Las chicas los miran con una versión beta, nueva nueva, del desdén infinito.

—Bah, la verdad que eran unas negras de mierda.

Dice el argentino antes de salir con el rabo entre las patas. Por el costado pasa veloz un triciclo de panadería cargado de hielo; el conductor grita que está sin frenos. *Que merda...?* avanza, pero ya viene llegando por la avenida Simpatia é quase amor. Ésos no tienen ningún problema: son miles y miles, saltan, gritan y son blancos sanitos. Una señora con varias cirugías se pasea con un perro-ratón en pollera bahiana:

—Es carnaval. Todos tienen derecho a divertirse, ¿no?

Dos horas antes, cuando los Simpatia empezaron a juntarse en la plaza de Ipanema, el animador los saludó:

—¡Hola, burguesía de Ipanema!

Desde entonces, no han parado de cantar la misma canción:

—Tirá una sonrisa para acá / dejá la tristeza por allá...

En el cruce, *Que merda...?* queda hundido en la derrota. En la rambla de Ipanema el carnaval es amable, bien educado y huele a Kenzo y Dolce Vita. Un entusiasta de Simpatia lo celebra:

—¡Estos tipos no entienden nada! Para amargarnos ya tenemos todos los días del año... ¡Esto es carnaval, porra!

Su alegría es de verdad contagiosa, y el paseo termina en la playa, en medio del atardecer: el sol se pone tras un morro, el mar se tiñe de grises sonrosados, la alegría no para: nada puede ser más perfecto. Hay momentos en que Brasil resulta francamente ofensivo: ante tanto despliegue, ¿cuánto tardaríamos en matarnos, nosotros argentinos, si no pensáramos que son un poco nabos?

—¿SABÉS QUÉ PASA? Que Dios primero hizo el mundo, y recién después Río, cuando ya tenía práctica.

Me dijo, entusiasmado, un bailarín en una calle del centro. A veces me parece que Río es la rubia tarada: tan bonita, coqueta, tan alegre, llena de cuerpos cuidándose y meneándose y mostrándose y mirándose. Después me arrepiento de haber pensado tal pavada. La fiesta sigue, en tantas calles, plazas, clubes. Cerca de la playa de Botafogo, en la funeraria Último Adiós, el dueño cincuentón y su mujer esperan, sentados en sillas en la puerta. Detrás hay una docena de ataúdes para todos los gustos y presupuestos.

—¿Le parece, pasarse esta noche acá?

—Esta noche no es mala, no se vaya a creer. Siempre hay dos o tres que quieren disfrazarse de muertos.

—¿Y les sale bien?

—Óptimo. Llegan con una cuchillada en el costado, más fríos que un vampiro. No hay más que maquillarlos y al cajón.

El carnaval no siempre es una fiesta. O, mejor dicho: es una fiesta para algunos. Yo tendría que haberme enterado antes, pero ya me estaba yendo cuando leí la encuesta de la red Globo. Las cifras eran claras: este carnaval, el 80 por ciento de los brasileros pensaba descansar, y sólo el 20 por ciento iba a participar de los festejos del mais grande do mundo.

Texto publicado en el semanario *Veintiuno* en 1999.

El aprendizaje del vértigo
Juan Villoro

Los superclásicos son la Navidad del fútbol. El anhelo casi siempre supera al resultado. Durante meses, los hinchas imaginan goles con la desmesura de los niños que piden una PlaySyation a Santa Claus a cambio de galletas para los renos que llegarán cansados.

El Boca-River del 4 de mayo de 2008 comenzó para mí con años de anticipación. En 1974 estuve en el Monumental para ver un River-Boca, pero no había ido la Bombonera, la excepción que Canetti no estudió en *Masa y poder*.

La espera cargó a la cita de tanta emoción que casi parecía una vulgaridad que se cumpliera. Amigos de México y España estaban atentos al 4 de mayo. El derby argentino interesa no sólo a quienes duermen con una camiseta que promueve la cerveza Quilmes, sino a la tribu planetaria interesada en las leyendas.

Como el Everest o la Gioconda, el campo de Boca tiene la fama de lo que es insuperable en su género: el espacio único donde se retratan japoneses. ¿En verdad representa el pináculo de la pasión futbolística?

«Nosotros nos odiamos más», me dijo el chofer que me recogió en el aeropuerto de Ezeiza. Se refería al encono entre Newells y Rosario. En el trayecto, habló de la capacidad de ira de los suyos y la desgracia de la tía Teresita, apóstata de la familia que se negaba a apoyar al equipo canalla. El eje de su discurso era el rencor: en los grandes días el fútbol es asunto de desprecio y nadie odia como un canalla. Por desgracia, los medios inflan repudios menores, como Boca-River. El piloto remató su argumento en plan teológico: «Dios está en todas partes pero despacha en Buenos Aires».

No te preocupes: lo que tiembla es el mundo

El 16 de abril, Daniel Samper Pizano organizó en Madrid una cena para preparar el clásico. Ese día se jugaba la final de la Copa del Rey, entre Valencia y Getafe, pero no quisimos verla. Preferimos hablar de fútbol futuro, es decir, del 4 de mayo. El otro invitado justificaba que la palabra interesara más que el balón. Jorge Valdano contó su debut como visitante en la cancha de Boca. Mientras se ataba los botines, sintió que todo se movía. Uno de los veteranos se acercó a decirle: «No sos vos, pibe, es la cancha». Jugar en la Bombonera significa sobreponerse a un estadio a punto de venirse abajo por méritos pasionales. Ningún otro campo impone de ese modo en el ánimo del visitante.

En su estupendo libro *Boquita,* Martín Caparrós recuerda que fue en Argentina donde se bautizó al público como «jugador número 12».

Acostumbrados a la adversidad, los mexicanos consideramos que el marcador es una sugerencia que podemos ignorar. En cambio, el hincha argentino desea mejorar el resultado con tres recursos básicos: contener la respiración, putear a los contrarios y entonar canciones de amor lírico. No es casual que una de las barras más conspicuas se llame «la 12». Sus integrantes no están ahí para ver un partido, sino para jugarlo con sus gritos.

El realismo mágico desapareció de la literatura para refugiarse en la aviación. Volar por América Latina es una saga de rodeos, posposiciones y horarios raros, que te hacen sentir en una realidad paralela. Tal vez los satélites se alquilan más barato en las madrugadas y eso determina las rutas del continente. El caso es que recibí el 4 de mayo en algún lugar del cielo entre Bogotá y Buenos Aires. Quien tenga los poderes de meditación de un yogui puede aprovechar esa noche de cuatro horas. Los demás llegamos como zombis. La asociación de fútbol y aviación no es ociosa: la Copa Libertadores sólo será competitiva cuando se modifiquen los calendarios de juego y las rutas aéreas del continente. Los remedios de mi infancia solían decir: «Ágítese antes de usarse». La exigua noche en el avión me hizo llegar agitado al clásico.

Entrar al estadio fue otro deporte extremo. Tuve la suerte de ir en compañía de mi amigo Leo, hincha de River que había jurado no pisar la Bombonera.

Leo está convencido de que el argentino vive para el antagonismo, se separa con facilidad de la regla, impugna en forma mecánica y sólo se justifica a sí mismo por negatividad, discrepando de lo que no acepta. Después de exponer esta teoría, la puso en práctica. Cuando encomié los cantos de Boca, comentó: «En el fondo, esa alegría es amarga».

Estar con Leo era lo contrario a estar con un escudo humano.

Caminamos por un yermo donde se alzaban los tonificantes humos del choripán. El baldío se convirtió poco a poco en un embudo. Había verjas a los lados, respaldadas por policías. Seguimos de frente hasta que alguien —el invisible líder que iba en punta— cometió una torpeza. Fuimos repelidos por balas de salva. Retrocedimos hasta una patrulla, donde preguntamos por la tribuna de prensa. Un teniente hizo un ademán similar a un pase hipnótico.

«Entendimos» que debíamos ir al otro extremo de un círculo. Preferimos tomar el primer callejón a nuestro alcance. De nuevo nos hundimos en la multitud y de nuevo fuimos repelidos por tiros de salva. Corrimos en tropel hasta una barda donde la policía montada permitía el acceso a un pasillo improvisado con rejas. Aquello no parecía una ruta de entrada sino de detención. Supongo que para los habituales del estadio, los dilemas de ingreso generan una deliciosa adrenalina común. Nosotros no estábamos en condiciones de pasar por ese hacinamiento. Sobre todo, no estábamos en condiciones de que Leo expusiera ahí su teoría del antagonismo.

Caminamos por un baldío donde alguien me entregó un volante de propaganda que leí como un texto sagrado:

«Hinchas lesionados...! Tenés derechos y muchos $$$ que reclamar. Cualquier lesión que sufriste dentro de un estadio de fútbol, o cerca de él, podés reclamarla.»

La propaganda estaba firmada por el Estudio Posca, ubicado en Uruguay 385, Of. 902. Su lema de 2008 era: «¡¡¡32 años junto al hincha!!!». El despacho se presentaba como especialista en «accidentes de tránsito y en estadios de fútbol». Me llamó la atención que las canchas hubieran generado una subespecialidad jurídica. También me sorprendió que el perímetro de las reclamaciones incluyera las afueras del estadio. Leo y yo ya estábamos en la zona en la que convenía tener el teléfono del Estudio Posca. Entre otras cosas alarmantes, la publicidad decía:

«No aceptes Personas que dicen ser Abogados, y que se presentan en tu domicilio, en el Hospital o en la comisaría.»

¿Tenía caso asistir a un espectáculo para acabar en un camastro donde me buscaría una Persona que decía ser Abogado? Aunque tuviera «muchos $$$» que reclamar, era poco halagüeño pasar por los requisitos para conseguirlo. El volante era explícito al respecto:

«Avalanchas; balas de goma y plomo; fracturas; esguinces; bengalas; peleas; piedras, etc.»

En caso de padecer algunas de estas situaciones futbolísticas, se aconsejaban tres acciones:

«Conservá tu entrada. Hacete atender en la enfermería del club en el Hospital más cercano al estadio. Llamanos.»

Guardé la publicidad como un salvoconducto para la supervivencia. Lo más alarmante era su tono a fin de cuentas neutro, la naturalidad con que asumía que en ese territorio los huesos se quiebran. Hay gente que no visita al médico porque teme que la enfermedad, que hasta entonces no tenía, se produzca en su presencia. El Estudio Posca procedía al revés: ya estábamos heridos pero aún no descubríamos nuestra sangre.

La diversidad de los temperamentos es tan grande que tal vez algunos se excitaban ante esa prueba jurídica de que se encontraban en territorio de agresiones. Tal vez otros calculaban qué tan bueno sería el negocio de esa tarde: ¿cuántos «$$$» se podrían reclamar por un peroné fracturado? ¿Valdría la pena sacrificar también una costilla? Si hay gente que sobrevive vendiendo su sangre o su semen, ¿habrá víctimas profesionales con un largo historial de fracturas en su haber?

Recorrimos calles que parecían conducir al estadio pero llevaban a una desviación. Ante la desconfianza de mi amigo por cualquier informante de Boca, pedimos señas a los policías. En todos los países, quienes custodian los estadios vienen de lejos, detestan estar ahí e ignoran cómo se llega a los asientos. «No vamos a entrar», dijo Leo, con rara satisfacción.

Me distraje con las banderas que colgaban de los balcones, los graffitis, las mujeres que se habían puesto delantales auriazules para vender empanadas. Pocos equipos conservan el temple urbano de Boca, la capacidad de que el fútbol sea un barrio. El equipo de Maradona no ha perdido el contacto con las calles, el problema es saber cuál lleva a tu entrada.

El rodeo nos alejó hacia una calle donde todo mundo se asomaba a las ventanas. El ambiente festivo fue relevado por un grito: «Puuuuuuuuuutos!».

Una motocicleta rugió a lo lejos. Vimos la bestia blanca: el autobús de River. Habíamos llegado al corredor del ultraje, donde los que no asisten al estadio hacen su juego. Al día siguiente escuché al Beto Alonso, emblemático jugador de River, hablar por la radio de los objetos que había sentido caer en el techo del autobús. Hay quienes congelan hielos para la ocasión y quienes sacrifican ahí sus más sólidos candados. El autobús avanzaba, lento, escupido, injuriado.

Desconfío de los cantantes que visitan un país, se vuelven hinchas instantáneos de un equipo y ofrecen un encore enfundados en su camiseta. Sin embargo, en el callejón del oprobio estuve a punto de volverme hincha de River. No lo hice para no estimular a Leo.

Cuando no quiere hallar culpables, la policía mexicana habla de «suicidio asistido». Mi repentina simpatía por los ultrajados y las teorías de mi amigo podían convertirnos en suicidas en busca de asistencia.

Mi percepción era forzosamente extraterritorial. En 1974, cuando fui al estadio de River, un señor oyó mi acento y me preguntó si era cierto que en México el hincha de un equipo como River podía sentarse al lado de un hincha equivalente a un bostero. Le dije que sí. «¿Y no se matan?», preguntó con interés. Le expliqué que, al menos para eso, éramos pacíficos. Su respuesta fue fulminante: «¡Pero qué degenerados!».

Nunca olvidaré a mi padre en el estadio de Ciudad Universitaria, levantando a una fila aficionados para que aplaudieran a los visitantes: «¡Son nuestros invitados!». Formado en una escuela donde la derrota es una variante de la hospitalidad, el hincha mexicano pasa trabajos para entender el ánimo de la barra brava, que parece forjado en la batalla de las Termópilas, o al menos en la película 300.

En un diálogo sobre fútbol y literatura que sostuvimos en la Feria del Libro de Buenos Aires, Caparrós advirtió que el mexicano dice «le voy al Guadalajara» mientras el argentino dice «soy de Boca». El grado de pertenencia es muy distinto. Nuestra pasión es algo que seguimos, un horizonte inalcanzable, no un ingrediente del ADN.

En la calle donde el autobús de River se sometía al vendaval de los insultos, la identidad no podía ser más precisa. El que no lanzaba una piedra, no era de ahí.

Un efecto secundario: el partido

Sobrevino uno de esos momentos en que los mexicanos mostramos grandeza en la frustración. Me resigné a no entrar al estadio y comer el choripán de los seres pacíficos. En eso, avistamos a un policía de pelo blanco que daba órdenes con firmeza de director de orquesta. Él y sólo él podía saber dónde estaba nuestra entrada. «Es muy sencillo», habló con voz profética: «Sigan las vías del tren».

Avanzamos entre los rieles oxidados de una vía muerta. Por ahí se iba al estadio en los tiempos en que se jugaba con gorra. Recorrimos ese trecho oloroso a pasado hasta llegar a otra confluencia de peligro. A nuestra derecha había un muro azul, metálico, con pequeños orificios. Por ahí entraban los hinchas de River. No podíamos verlos, pero percibimos su avance, como un rebaño de sombras. Sólo había una prueba de que eran ellos: los insultos que recibían. Estuve tentado a darles una muda seña de solidaridad: deslizar bajo el muro metálico el volante del Estudio Posca.

La intensidad de este rincón contrastaba con una escena en la acera de enfrente. Tres chicas en leotardos amarillos y azules posaban a favor de un candidato a la dirigencia de Boca.

Al fin subimos la torre elegida. Arriba, comprobé el efecto óptico descrito por el cronista colombiano David Leonardo

Quitán en *Fútbol sin barrera:* el de Boca es el único estadio en el que no te alejas de la cancha a medida que asciendes. La verticalidad de la construcción crea una mareante cercanía. «Hay que tomar lecciones de abismo», dicen los protagonistas de *Viaje al centro de la Tierra.* Buen consejo para la Bombonera.

Cuando Hugo Orlando Gatti, el portero más querido y extravagante de la historia boquense dijo «voy al encuentro del abismo», se refería a su capacidad para complicar las jugadas y quizá también al público a punto de desplomarse en la cancha.

La Bombonera es un estadio impar, y lo es de forma fanática: en sus gradas caben 57.395 espectadores. Ni un solo número de la cifra mágica es par.

Para el público, no hay mejor entrenamiento que la anticipación.

Potenciada por la espera, «la Popular» definió el superclásico. Quien deseara ver un derby con encomiables argentinos podía sintonizar ese mismo día el Inter-Milan. El partido en Italia fue un oleaje de ida y vuelta; nada que ver con el marasmo en la Bombonera. El equipo local ganó desde la defensa y administró las pausas con lentitud de teatro kabuki. A River le faltó la contundencia que le sobraba a su técnico, el Cholo Simeone, y sólo trianguló cuando eso importaba poco. Pero el sol bañaba las gradas como un regalo y la gente gritaba con la felicidad elemental de quien tiene muchos huevos para matar muchas gallinas.

Difícilmente, quienes estábamos ahí hubiéramos cambiado ese partido por la eminencia del Inter-Milan. El superclásico era lo que debía ser: un pretexto eficaz, un trámite menos decisivo que las pasiones de la gente. No se va ahí a descubrir el fútbol sino a confirmar una constancia emocional.

Hay una defraudación implícita en la gesta: nunca sucederá el enfrentamiento ideal que condense la tradición, el choque de ídolos de distintas eras, donde Labruna, Pedernera y Sívori jueguen contra Rattín, Pernía y Batistuta. Esa imposibilidad —la suma fantasmal de lo que ahí se ha disputado— otorga atractivo a cada nueva cita de los enemigos íntimos. Un lance de cuchilleros donde las heridas nunca son tan profundas como el rencor que las anima.

Hay, por supuesto, días de excepción en que un derby asemeja una propaganda de la pasión: en el minuto 90 llega el empate a 3 y en los segundos de prórroga hay una voltereta. Pero el domingo señalado el desconcierto en la hierba fue superclásico. El esplendor estaba en las tribunas.

Si los héroes del cómic suelen ser criaturas bipolares, que alternan la deprimente existencia de Clark Kent con los brotes maniacos de Superman, los fanáticos del fútbol van de la invectiva al cariño sin nada en medio. La entrega de una hinchada se mide por su bipolaridad y la de Boca califica muy alto: «No me importan lo que digan / lo que digan los demás / yo te sigo a todas partes / cada día te quiero más» cantan los románticos varones que minutos antes invitaban a asesinar hinchas de River.

Cuando Battaglia anotó el golazo de cabeza que definiría el 1-0, el edificio se cimbró conforme a su leyenda. Como vengo de un país de terremotos, durante varios días hablé de ese entusiasmo, medible en la escala de Richter. Un escritor, un mesero y un policía me corrigieron con la misma frase, surgida del ventrículo más azucarado del bipolar corazón bostero: «El estadio de Boca no tiembla: late».

La pasión también se define por la forma en que convoca a los ausentes. La barra auriazul recordó a la Raulito, hincha de fuste a quien la muerte no impedía estar ahí, y a los grandes que alguna vez jugaron en ese sitio en el que se dura poco. Muy lejos quedan las gestas de caballería de Ernesto Lizzati, que pasó por el fútbol sin ser expulsado una sola vez y vistió los colores de Boca sin pensar que hacía antesala para viajar a Europa. Hoy los argentinos son los grandes nómadas del fútbol. «Si fueran buenos no jugarían aquí: Verón regresó porque es viejo y Riquelme porque es raro», me comentó un taxista. Recordé una escena de Alemania 2006. Coincidí con Carlos Bianchi como comentarista en las transmisiones de la televisión mexicana. Durante una pausa, el entrenador que logró todo para Boca recibió una llamada. Dijo más o menos lo siguiente: «No puedo hacer más, vos ya tenés otro padre». Luego comentó «era Riquelme» con la satisfacción con que Homero hubiese dicho «llamó Aquiles». El 10 argentino necesita sentirse querido para rendir. Durante las concentraciones de Alemania 2006 buscaba el apoyo emocional que Bianchi le supo dar en Boca. Ante la Bombonera en pleno hervor, se entiende que Riquelme no haya triunfado en el Camp Nou de Barcelona, donde hay un ambiente de conocedores de ópera. Por virtud, es el último de los sedentarios. Palermo lo es por déficit. Fallar dos pénaltis en un juego es mala suerte. Fallar dos pénaltis, pedir la pelota para tirar un tercero y volver a errar es literatura. Fue lo que el trágico Martín logró en la Copa América ante Colombia. Su altura depende de reconvertir tanta torpeza en motivos para ganar. No destacará nunca en el firmamento del fútbol, pero los balones rebotan en su cara generosa para que anote Boca.

Salvo excepciones, los cracks argentinos tramitan con sus lances el boarding pass que los llevará lejos.

Lo único sedentario es la hinchada. Tal vez su entrega tenga que ver con ese desacuerdo insalvable. La pasión futbolística se alimenta de dolor; cada público encuentra la forma de superar males específicos. En Argentina los milagros son posibles pero duran poco; en México se posponen para siempre y la gloria debe imaginarse. El cronista del Estadio Azteca narra jugadas que necesitan adjetivos para valer la pena. El cronista de la Bombonera no está ante algo que deba ser validado por las palabras («lo único que quiero es que gane Boca», me dijo en la tribuna de prensa Juan José Becerra, el imprescindible autor de *Grasa,* que narraba la temporada de su equipo para el diario *Crítica*).

¿Qué encuentra un profesional de la posposición en el territorio de los impacientes? En la Bombonera, el hincha mexicano pasa de la ficción (la zona de los golazos imposibles) a una realidad acrecentada. El estadio vibra como una naturaleza radical: no reclama interpretaciones sino métodos de supervivencia.

Hundido en la marea, el cronista que viene de lejos tiene 90 minutos para adquirir un hábito que no asociaba con el fútbol: el vértigo.

Texto publicado en *La Nación* de Argentina el 21 de junio de 2008.

Código rojo
Laura Castellanos

Conocí a la periodista Lydia Cacho tres días después de que el albergue que fundó para víctimas de violencia sexual doméstica y trata de personas en Cancún —el Centro Integral de Atención a las Mujeres (CIAM)— fue atacado por un comando armado, al mismo tiempo que ella, que estaba fuera de sus oficinas, recibió una alerta telefónica de no ir por ayuda a la policía local, porque planeaban «levantarla» y matarla. La autora del libro *Los demonios del Edén. El poder que protege a la pornografía infantil* había encontrado días antes una amenaza de muerte en su blog. Una más en siete años.

Nos encontramos para la entrevista en medio de un clima de zozobra. El CIAM, que en la actualidad alberga a 30 mujeres e infantes, estaba en Código Rojo, cerrado a visitas y periodistas, sin que los gobiernos municipal, estatal o federal asumieran la responsabilidad de salvaguardarlo. Y el encuentro con Lydia Cacho, que originalmente se haría en Cancún, se movió de forma inesperada a la ciudad de México por razones de seguridad. No era para menos. El año pasado la Comisión Interamericana de Derechos Humanos (CIDH), instancia autónoma de la Organización de los Estados Americanos (OEA), pidió medidas de protección en favor suyo y de las integrantes del CIAM al gobierno de Felipe Calderón. Está por cumplirse el año de tal petición, y el Estado no ha cumplido. La vida e integridad de una de las periodistas mexicanas más reconocidas en el mundo, está en peligro.

Lydia y yo nos vimos un jueves por la tarde, en la víspera de su partida a Madrid con motivo del lanzamiento de su sexto libro, *Esclavas del poder,* sobre las redes internacionales de tráfico sexual. Durante su gira ella recibiría dos distinciones que, aunadas a otras más, reconocen su ejercicio periodístico y activismo en pro de los derechos humanos: la ONU la designó embajadora «Corazón azul» por su campaña contra la trata de personas, y el Instituto Internacional de Prensa (IPI), con sede en Viena, la nombró «Heroína de la libertad de prensa». Pese a lo que implicaba su viaje, éste no era el momento más feliz para Lydia Cacho.

La cita fue a las dos de la tarde en una casa de la colonia Condesa de tres pisos, estilo minimalista, amplia y luminosa. Ahí vive su pareja, el periodista Jorge Zepeda Patterson. Llegué en compañía de los abogados de Artículo 19, Cynthia Cárdenas y Mario Patrón, que llevan su caso ante la CIDH. El fotógrafo Zony Maya estaba presente, listo para iniciar la sesión de fotos. Todos esperábamos sentados en la sala blanca de la estancia, cuando una pisada firme sonó en la escalera de madera. Lydia Cacho apareció. Pensé que era más alta, por la fuerza que proyecta en sus fotografías. Es una mujer guapa, cuerpo torneado, ojos y melena azabaches, piel ligeramente tostada. Lucía *jeans* y camiseta negros, ajustados al cuerpo, y zapatos altos del mismo color. Su rostro tenía la expresión grave que le he visto en algunas imágenes, y su mirada guardaba la vigilia de los últimos días. Más bien de los últimos años. Una sonrisa cansada asomó en el saludo.

Lydia Cacho fue amenazada de muerte por primera vez en 2003, cuando a partir del testimonio de una víctima, con seudónimo Emma, escribió que el empresario libanés Jean Succar Kuri encabezaba una mafia de tráfico sexual infantil en Cancún. Más información fue difundida en medios locales, y el hombre se fugó a Estados Unidos. Meses después fue detenido y extraditado a México bajo acusaciones de pornografía infantil, corrupción de menores y violación equiparada. La periodista continuó con la investigación y en 2005 publicó *Los demonios del Edén,* en el que exhibió los nexos del libanés con políticos poderosos en redes de pornografía y explotación sexual infantil. La obra cimbró a la clase política. Los testimonios de víctimas involucraron a Miguel Ángel Yunes, entonces subsecretario de Seguridad Pública, ahora candidato a gobernador de Veracruz por el Partido Acción Nacional (PAN), al ex legislador Emilio Gamboa Patrón del Partido Revolucionario Institucional (PRI), así como al influyente empresario libanés Kamel Nacif Borge, entre otros. Ellos negaron las acusaciones.

Cuando el libro se difundió, comenzó la escalada de violencia en contra de la periodista. A los siete meses de su publicación, Kamel Nacif, amigo de Jean Succar Kuri, la demandó por difamación y calumnia sin que ella fuera notificada. El libanés radicaba en Puebla, y pidió ayuda a su amigo, el gobernador poblano Mario Marín. En secrecía, el gobernador movilizó su aparato policiaco y de procuración de justicia para que la periodista fuera trasladada por la fuerza de Cancún a Puebla, en un viaje de horror de veinte horas. Mientras el traslado estaba en curso, la llamada telefónica intervenida entre el empresario y el gobernador evidenció la maquinación. «Mi góber precioso», le dijo el libanés al poblano en agradecimiento. Según las evidencias penales del caso, se planeaba encarcelar y violar a Lydia Cacho. No obstante, cuando se la ingresó a la cárcel, sus familiares y amistades lograron rescatarla.

La periodista interpuso tres demandas penales contra quienes resulten responsables. La primera, por lo que Lydia Cacho llama «secuestro legal» de 2005. La segunda, por tentativa de homicidio en 2008, cuando, a pesar del resguardo de una escolta federal, los birlos de las llantas de su camioneta fueron limados. La tercera integra todas las amenazas y los hostigamientos en su contra durante 2009. Su infierno la convirtió en la figura más emblemática en la lucha por la libertad de expresión en México y encarna la creciente vulnerabilidad del gremio en el país, pues según la Federación Internacional de Periodistas (FIP), éste ocupa el segundo lugar de asesinatos de comunicadores en el planeta.

El caso del mencionado «secuestro legal» llegó hasta la Suprema Corte de Justicia de la Nación en 2006, pero fue desechado por una mayoría de ministros que desestimó el concierto de complicidades para silenciarla. Peor aún. A la fecha, ninguna de las tres denuncias ha llegado a los tribunales. «Y no hay responsable alguno detenido», dijo su abogada Cynthia Cárdenas, de Artículo 19. La justicia también se detuvo para Jean Succar Kuri, pues a siete años de su captura no recibe sentencia. En marzo pasado el libanés fue trasladado de un penal de máxima seguridad a la cárcel municipal de Cancún, fácilmente corruptible. Un centenar de presos se fugó de ahí hace cuatro años. La vulnerabilidad de la mujer reconocida con el premio Ginetta Sagan de Amnistía

Internacional se acrecentó potencialmente. Vive sola, y tras el incidente de la camioneta, rechazó continuar con escolta. Lydia Cacho vive en Código Rojo permanente.

* * *

La maquillista preparaba a Lydia Cacho para la sesión de fotos en el pasillo que conecta a la estancia con la cocina, por ahí entra la luz exterior de la terraza. Zony Maya y yo esperábamos en la sala. La veíamos de espalda, sentada en una silla. Me dio sed. Caminé hacia la cocina y pedí de favor un vaso con agua. Me acerqué a las dos mujeres. «Te ves cansada», le dije a Lydia, mientras mantenía la cabeza erguida y el maquillaje cubría sus ojeras. «Con lo que pasó no he dormido bien, y acabo de llegar del aeropuerto.»

La sesión fotográfica comenzó y fue un pequeño tormento para Lydia. Fueron dos horas y media de fotos en la escalera, la terraza de la azotea y el patio inferior. La luz natural se alteraba en segundos por las nubes caprichosas. La periodista, en actitud estoica, hacía inspiraciones profundas, propias del yoga que ejercita, antes de voltear a la cámara. Zony Maya era el único divertido. «¡Así es!, ¡me gusta!, ¡me gusta!»

Al terminar la sesión, Lydia Cacho me pidió posponer la entrevista para después de la comida. Así lo hicimos. La encontré más relajada, calzada con mocasines. Nos sentamos en la sala. Le pregunté de su infancia. Luego, la plática fluyó hacia su adolescencia, su incursión periodística, y cómo no ve conflicto entre ser periodista y ser militante: «Ser activista es ser ciudadana, y ser periodista es mi profesión». Subió los pies al sillón, se veía cómoda. Así transcurrió más de hora y media. Las tazas de té quedaron vacías. Quise hacer un alto, propio al entrar a temas delicados.

—Lydia, ¿podemos parar un momento y seguir con la historia del secuestro? —deslicé.

—Ahora no quiero hablar de eso, viene en mi libro —tomó las tazas y se las llevó para servirlas de nuevo. No insistí.

Lydia Cacho nació en la ciudad de México en un hogar de clase media alta formado por una pareja de contrastes: un ingeniero con formación rígida, «hijo de un militar solitario», y una psicóloga y sexóloga francesa, liberal y feminista, hija de madre francesa y padre portugués. Los padres de Lydia Cacho procrearon a tres hombres y tres mujeres. Ella fue la cuarta. Creció en el barrio de Mixcoac y estudió en el Colegio Madrid, fundado por exiliados españoles. La niña fue permeada por el liberalismo del colegio y el feminismo de la madre. Su padre le reprochaba a ésta: «Estás criando a unas hijas que ningún hombre va a querer en este país». La madre también acercó a su prole al dolor ajeno, pues estableció vínculos con niños de la calle, escuchaba sus historias. Esa experiencia la marcó. La niña ganó un concurso de poesía en la secundaria. Tomó un taller literario, pero su maestro rápidamente le presagió: «Tú no sirves para poeta porque estás demasiado preocupada con la realidad, tú sirves para periodista». Con los años el presagio se cumplió.

Lydia Cacho pronto dio muestras de independencia y aplomo. Primero, a los 17 años, trabajó en la preproducción de la película *Dune* (1984) de Dino de Laurentiis. Después vivió un tiempo con familiares en París para estudiar Historia del Arte. Decidió ser periodista. Pero a su regreso, un conocido le sugirió no estudiar la carrera, sino aprender por su lado historia, sociología, y técnicas de periodismo. Así lo hizo. Un día agarró sus cosas y se fue a vivir a Cancún. Ella está enamorada del mar. Tiempo después se casó. Su matrimonio duró 13 años.

La joven rápidamente se adentró en los medios locales, como en la revista *Cancunísimo,* y contactó a la generación de periodistas feministas más importantes en los ochenta, como Sara Lovera, fundadora del suplemento *Doble Jornada* de *La Jornada,* y Esperanza Brito, de la revista *Fem.* Luego conoció a otras feministas renombradas: Marcela Lagarde, Marta Lamas, Mirta Rodríguez. La joven fundó la primera revista feminista del estado, *Esta boca es mía: apuntes de equidad de género,* de la cual también hizo una edición televisiva. Luego se integró a la red nacional y latinoamericana de periodistas impulsada por Sara Lovera por medio de la agencia de noticias Comunicación e Información de la Mujer A.C. (CIMAC).

Lucía Lagunes, actual directora de CIMAC, conoció en esa época a Lydia Cacho, la vio desenvolverse en las reuniones de comunicadoras feministas. Me dijo: «Es amorosa, muestra entusiasmo y liderazgo sin tener que aplastar a nadie más ni ser la estrella, sabe avanzar y cobijar». A principios de los noventa Lydia Cacho y un grupo de amigas abrieron un espacio radiofónico llamado *Estas mujeres*. Con llamadas de las radioescuchas constató la multitud de casos de violencia intrafamiliar. De ahí nació su idea de crear el CIAM, fundado formalmente en el año 2000. Tres años después conoció a la primera víctima del pederasta Jean Succar Kuri. Y el edén en el que ella vivía se pobló de demonios.

* * *

La primera vez que Lydia Cacho se adentró al caso de Jean Succar Kuri, en noviembre de 2003, fue a días de que el pederasta se fugara a Estados Unidos por la denuncia penal que una de sus víctimas, Emma, interpuso en su contra. La joven buscó a la periodista para que recogiera su historia. Así lo hizo. Su investigación la llevó a otros casos en los que más nombres de niñas y niños surgieron. «Entre todos los nombres conté 200 de criaturas de entre 6 y 13 años de edad.» Salía a la luz una red internacional de trata sexual infantil. Una buena parte de las víctimas eran hijas de madres solteras y empobrecidas, aunque también había otras de familias pudientes. En *Los demonios del Edén* la autora señaló que el libanés sesentón, conocido como el Johnny, de estatura baja, de personalidad hosca y seductora a la vez, públicamente era un empresario inmobiliario. Pero en realidad, era el protegido y prestanombres de Kamel Nacif, también de baja estatura, trato prepotente y dueño de un emporio textilero mundial por el que es conocido como «El rey de la mezclilla».

Lydia Cacho grabó el testimonio de Emma que daba cuenta de cómo el Johnny rondaba escuelas en busca de víctimas. También la chica le contó de las fiestas que el libanés organizaba, y en las que niñas y niños eran «intercambiados» por sus invitados para ser vejados sexualmente. Según Emma, a las fiestas del Johnny acudía su paisano Kamel Nacif, así como políticos renombrados, como Miguel Ángel Yunes, que meses antes renunció al PRI para irse al PAN y fue nombrado subsecretario de Seguridad Pública. La periodista escribió del tema en la prensa y asegura que el Johnny, desde su clandestinidad, la llamó para amenazarla de muerte. Ella no se amedrentó, denunció a todos en la Subprocuraduría de Investigación Especializada en Delincuencia Organizada (SIEDO). Después vino el soborno. A Lydia Cacho le ofrecieron un millón de dólares para el CIAM. «El tipo que me buscó dijo ir de parte del legislador Emilio Gamboa, lo mandé a volar y me insultó. Me dijo: "¡Eres una pendeja! ¡No entiendes dónde te estás metiendo!".»

Finalmente, *Los demonios del Edén* fue publicado por Random House Mondadori. La presentación de la obra se programó para el 19 de mayo de 2005, pero en la víspera, mencionó la feminista, Miguel Ángel Yunes llamó al editor Faustino Linares para exigirle que la cancelara. El político había publicado desmentidos de las acusaciones en su contra en los diarios. Lydia se comunicó con José Luis Santiago Vasconcelos, subprocurador de la SIEDO, y le comentó la situación. Para su sorpresa, éste envió agentes federales a resguardar la Casa de Cultura Jaime Sabines, sitio de la presentación. «¿El zar antidrogas me mandaba cuidar del subsecretario de Seguridad Pública? ¿Qué era eso?», se pregunta.

Un mes después del lanzamiento del libro, Kamel Nacif denunció a la periodista por difamación y calumnia ante las autoridades de Puebla, ubicada a 1.500 kilómetros de distancia de Cancún. Lo que parecía un disparate era la confabulación entre los gobiernos de Puebla y Quintana Roo contra la periodista. El golpe se materializó seis meses después. El 16 de diciembre al mediodía, en la víspera de las vacaciones decembrinas, Lydia Cacho llegó a las instalaciones del CIAM, fue abordada por tres policías judiciales que evadieron a su escolta federal y la obligaron a subir a un automóvil. Se la llevaron. Las evidencias del caso probaron que detrás, en una camioneta, iba Kamel Nacif. Primero condujeron a la periodista a la Procuraduría General de Justicia del estado de Quintana Roo. Integrantes del CIAM fueron infructuosamente en su búsqueda. Luego, para evitar que la vieran, la sacaron por la puerta trasera de la dependencia con destino a Puebla.

En *Memorias de una infamia* Lydia Cacho detalló la serie de ultrajes a los que los policías José Montaño Quiroz y Jesús Pérez Vargas la sometieron en 22 horas de camino: le negaron medicinas, a pesar de que aún no se recuperaba de una neumonía por la que estuvo hospitalizada; impidieron que llevara abrigo; en la noche simularon una tentativa de ejecución en la playa; uno de ellos introdujo su pistola en la boca de la activista de forma lasciva, luego la recorrió por su cuerpo, al que también manoseó; la intimidaron verbalmente; le dieron sólo un alimento y algo de bebida, le negaron hacer llamadas telefónicas.

El equipo del CIAM llamó con urgencia a la red de contactos de su directora. Periodistas, feministas, familiares, diplomáticos, funcionarias, se movilizaron. Una de las primeras llamadas fue al periodista Jorge Zepeda Patterson, que ya era pareja sentimental de Lydia Cacho. «Recibí la llamada con mucha preocupación», dijo en entrevista en su oficina de *El Universal* en el centro de la capital mexicana. El periodista contactó a otros colegas, la información se difundió y, desconociendo la conspiración, buscó por distintos medios que el gobernador poblano fuera notificado del asunto.

En *Memorias de una infamia* la autora explicó cómo a su llegada a Puebla todo estaba planeado para ingresarla de inmediato a prisión, donde sería violada. Sin embargo, la senadora Lucero Saldaña, Alicia Pérez Duarte, entonces fiscal especial para la Atención de Delitos Relacionados con Actos de Violencia contra las Mujeres de la PGR, y sus seres queridos, hicieron presencia y lograron excarcelarla. «Lydia iba en estado de *shock*», dijo la ex fiscal en entrevista en un restaurante de la Plaza San Jacinto en la capital mexicana.

La historia no paró ahí. Empezó un tormentoso proceso jurídico en su contra, plagado de atropellos. No obstante, dos meses después, el 14 de febrero de 2006, fueron difundidas 12 conversaciones telefónicas intervenidas que mostraron el concierto de complicidades de Kamel Nacif con el gobernador Mario Marín, entre otros personajes. Las grabaciones, hechas del 16 al 24 de diciembre de 2005, fueron filtradas a las periodistas Blanche Petrich de *La Jornada* y Carmen Aristegui, entonces conductora del noticiario de *W Radio*. Fue un escándalo mayúsculo. En una de las grabaciones, se escuchó la charla entre Kamel Nacif y el gobernador Mario Marín:

KN: «Mi góber precioso».
MM: «Mi héroe, chingao».
KN: «No, tú eres el héroe de esta película, papá».
MM: «Pues ya le acabé de dar un pinche coscorrón a esa vieja cabrona [...]».

Días después, 40.000 personas marchaban en Puebla exigiendo la renuncia de Mario Marín. Apenas comenzaba marzo cuando la fiscal, recién encargada formalmente del caso de Lydia Cacho, hizo revelaciones que merecieron los titulares de *La Jornada:* Jean Succar Kuri era sólo una pieza en una red de redes de pederastia, turismo sexual y trata de personas en la capital mexicana, Estado de México, Baja California, Puebla, Chiapas, Veracruz y Quintana Roo, con nexos internacionales. También confirmó que Miguel Ángel Yunes era mencionado por las víctimas. La ex fiscal refirió que a partir de entonces su línea telefónica fue intervenida y «vino la obstaculización» a su investigación por instancias internas de la Procuraduría General de la República (PGR).

La resonancia del caso hizo que en abril el Congreso de la Unión solicitara a la Suprema Corte de Justicia de la Nación (SCJN) investigar si había elementos para hacer juicio político al gobernador poblano. Poco después la periodista fue contactada por José Nemesio Lugo Félix, secretario técnico de la Comisión Interinstitucional para Prevenir y Sancionar la Trata de Personas del gobierno federal. En su libro *Esclavas del poder,* la autora narró que en un encuentro anterior el funcionario le dijo que investigaba a funcionarios y a algunos familiares de los gobiernos de Nuevo León y Baja California Norte por el tráfico sexual de personas. Quedaron de verse más adelante. Ya no fue posible. El 8 de mayo la periodista sufrió el atentado de su camioneta. Una semana después, el funcionario «fue asesinado de ocho tiros a escasos metros de su oficina».

En septiembre, la SCJN amplió la indagatoria hacia la violación de derechos humanos contra la periodista. La comisión especial de la SCJN, a cargo del ministro Juan N. Silva Meza, resolvió finalmente, en noviembre de 2007, casi dos años después de los hechos en Puebla, que sí hubo acciones concertadas de Mario Marín que vulneraron las garantías individuales de Lydia Cacho. No obstante, en la votación, una mayoría de seis ministros contra cuatro, se negó la acreditación de los supuestos. «Si a miles de personas las torturan en este país, ¿de qué se queja la señora? ¿Qué la hace diferente o más importante para distraer a la Corte en un caso individual?», reprochó el ministro Salvador Aguirre Anguiano. Sobre la resolución de la Corte, Jorge Zepeda Patterson concluyó: «Mario Marín se sostuvo porque el PRI juzgó que si caía, se irían sobre Emilio Gamboa Patrón, el operador del partido en la Cámara».

Tras la resolución de la Corte, la fiscal Alicia Pérez Duarte dejó su cargo. «Renuncié por vergüenza de pertenecer a un sistema de procuración de justicia tan inútil y corrupto como el que constaté desde dentro», precisó. Ella volvió a la academia. Pero el hostigamiento prosiguió. Hace un año fue víctima de vigilancia y, al igual que Lydia Cacho, sufrió un atentado en su automóvil que casi le cuesta un accidente. «Los cuatro birlos de las cuatro llantas fueron aflojados.» No denunció. «¿Para qué?» Por su lado, los ministros disidentes, Genaro Góngora Pimentel, José Ramón Cossío Díaz, José de Jesús Gudiño Pelayo y Juan N. Silva Meza, publicaron en 2009 sus posiciones en el libro *Las costumbres del poder: el caso Lydia Cacho*. Al respecto, Góngora escribió: «¿Cuántos periodistas se abstendrán de publicar libros por temor a una represalia como la que sufrió la citada periodista, máxime al observar que a más de dos años de los sucesos los responsables siguen impunes? Es algo que nunca sabremos, y por eso es una tragedia para la libertad de expresión».

* * *

El CIAM en Cancún es como una pequeña fortaleza. La casa de tres pisos, color amarillo pálido, está erigida en una colonia popular, lejos de las playas de la zona hotelera. Ahí todo es cemento. La casa tiene videocámaras de vigilancia, alambrado eléctrico, portón y herrería con ventanas reducidas. Todo para hacer frente a las reacciones de agresores de las víctimas albergadas. Me costó mucho trabajo conseguir la entrevista con su directora, la psicóloga Lourdes Castro. Es que a una semana del incidente de seguridad, el CIAM proseguía en Código Rojo, sin recibir a nadie. Lydia Cacho me advirtió durante nuestro encuentro que ahora la psicóloga estaba al frente y ella no podía forzarla a recibirme. Lourdes Castro asumió como directora hace nueve meses y Lydia Cacho quedó como presidenta del consejo del CIAM. Hice varias llamadas a la psicóloga solicitando la charla. Me decía que lo consultaría con la periodista por Internet, pues seguía en

Madrid. Que no. Que quizá. Que me avisaba. Nada. Finalmente, llegué a un acuerdo: no cámaras, no grabadora, sólo una hora de charla, y ella decidía qué respondía.

La cita fue un lunes a las dos de la tarde. Hacía calor, pero no abrasante. Toqué el interfón y respondió una voz femenina que me abrió el portón. En la cochera conversaban dos mujeres, sentadas en sillas de plástico. La recepcionista salió y me hizo firmar un libro de registro. «En un momento la atienden», dijo. Luego regresó y me pidió una identificación oficial. Se la llevó.

Al esperar releí el boletín que Lydia Cacho subió a su blog con motivo del ataque del 31 de mayo. Informaba cómo el marido de una de las víctimas asiladas, un motopatrullero violento, llegó al mediodía del lunes 31 de mayo acompañado de seis patrulleros, todos vestidos de negro, con armas largas. Patearon la puerta para exigir a gritos la entrega de la mujer. La víctima, una joven de veintinueve años, buscó auxilio en el CIAM luego de que el hombre, en la última golpiza, le fracturara la nariz con una plancha metálica, e intentara ahorcarla. Ella tenía cinco días de haber parido a una niña. De hecho, la cargaba en brazos al momento de la agresión, mientras sus otras dos niñas, de uno y tres años, atestiguaban la escena. Los hombres profirieron amenazas de muerte contra el equipo del CIAM. El centro llamó a las policías municipal y estatal, que no acudieron en su auxilio. Lo que no decía el boletín, y que Lydia Cacho mencionó en una entrevista televisiva con Carmen Aristegui en CNN, es que uno de los policías gritó que iban por ella. Tampoco que cuando se dirigía veloz a las oficinas locales de Seguridad Pública en busca de ayuda, un policía la llamó y alertó: «No se venga para acá, la quieren atraer para "levantarla" y matarla».

La recepcionista regresó. Lourdes Castro me recibió en su oficina. Es una mujer de mediana estatura, rasgos y cuerpo recios, cabello lacio y castaño. Vestía blusa azul cielo y pantalón de mezclilla. Hablamos del CIAM, que es una institución modelo y gratuita en México. Lydia Cacho viajó a Nueva York y a España para desarrollar el proyecto: no sólo es un hogar temporal para víctimas de violencia extrema y trata sexual, también ofrece defensa jurídica, atención psicológica y capacitación laboral. El albergue temporal tiene cupo para 60 personas. No todas las víctimas piden refugio, y quienes dejan el lugar tienen consultas de seguimiento. El equipo del CIAM lo integran 33 personas. En el transcurso del año llevan cerca de siete mil atenciones diversas a mujeres e infantes. Sin embargo, en una década de servicio, cambió el perfil de las víctimas. «Hace 10 años, los casos eran de violencia conyugal, y ahora afloran los del crimen organizado», dijo la psicóloga.

Lourdes Castro conoció hace cinco años a Lydia Cacho. Prácticamente desde el lanzamiento de *Los demonios del Edén*. Ella, como el resto del equipo, recibe atención terapéutica por estar en alerta constante ante posibles ataques de parejas agresoras: llamadas telefónicas, gritos, amenazas, intentos de incursión a las instalaciones. Eso sucede en cualquier refugio de este tipo. No obstante, Lourdes Castro sabe que para el CIAM el peligro se incrementa por el caso de Jean Succar Kuri. Sobre todo cuando se les informó del reciente traslado del libanés a la cárcel municipal de Cancún. «Por eso hemos hecho mucho trabajo de sanación al interior del equipo», dijo. Sin embargo, la psicóloga considera que, aunque el CIAM no está libre de riesgos, las agresiones del pederasta están focalizadas en la periodista. La psicóloga no se atrevió a asegurar que el motociclista agresor tuviera relación con el libanés.

Lourdes Castro está consciente de que la vida de Lydia Cacho está en riesgo. Pero piensa que nadie tiene la vida asegurada. Admira de la periodista su «fuerza espiritual» para enfrentar su tensión cotidiana. «Lydia es la congruencia entre lo que piensa, dice, siente y hace», así la definió. Le comento que algunas feministas en privado critican a Lydia Cacho de lucrar y hacerse fama del amedrentamiento en su contra. La psicóloga sonrió y recargó su cabeza en su mano. Niega que el motor de la periodista sea el económico. El compromiso de la comunicadora para con su oficio periodístico y el CIAM es visible, dijo. Puntualizó: «Hay mucha gente que se hace de fama y dinero sin trascender. Lydia ya trascendió».

* * *

Lydia Cacho regresó con las segundas tazas de té humeante. Oscurecía en la casa de la Condesa. El tiempo apremiaba, y el agotamiento la vencía. Ahora le preguntaría sobre el lanzamiento de su nuevo libro, *Esclavas del poder*. Antes de hacerlo, me saltó una duda. Le pregunté por qué si su integridad estaba en vilo, ella seguía escribiendo del tema.

—Una vez que, como periodista, conoces a las víctimas, no puedes decir: «Ya las entrevisté, que las maten». Claro que no. Uno establece un vínculo, y el contenido de mis libros es real.

En *Esclavas del poder,* documentó el funcionamiento de redes de prostitución y trata de personas en diversos países como Turquía, Israel y Palestina, Camboya, Japón, Myanmar y México, entre otros. Para hacerlo, la periodista recurrió a las técnicas de Günter Wallraff, maestro alemán del disfraz en el periodismo de investigación. Así pudo compartir mesa con una tratante filipina en Camboya, ingresar a los centros de prostitución japoneses, platicar con bailarinas exóticas sudamericanas, o introducirse, vestida de novicia, a las zonas sórdidas del barrio de la Merced en la capital mexicana.

La obra señala que la trata de personas existe en 175 países, en los que cada año 1,39 millones de personas, la mayoría infantes y mujeres, son sometidas a esclavitud sexual. Lydia Cacho enfatiza que el comercio sexual de infantes no se limita a un asunto de hombres solitarios y perversos, sino que es un fenómeno globalizado de mafias vinculadas al narcotráfico e incrustadas en círculos de poder político y económico. Así puede entenderse, escribió, que en esa larga cadena del crimen organizado participen «mafiosos, políticos, empresarios, industriales, líderes religiosos, banqueros, policías, jueces, sicarios y hombres comunes».

En su libro Lydia Cacho sugiere la abolición de la prostitución en su conjunto, aun de los grupos de trabajadoras sexuales organizadas, por considerar que facilita la esclavitud sexual. Ella piensa que las mafias de prostitución, pornografía y trata de personas están vinculadas, y que entre éstas coexisten con más frecuencia mujeres y niñas de edades cada vez más pequeñas. En el feminismo se le conoce a su posición como «abolicionista», lo que difiere de otra posición que defiende el trabajo organizado de trabajadoras sexuales independientes. Marta Lamas, en entrevista vía telefónica, por ejemplo, opina que el trabajo sexual ha existido siempre y no desaparecerá sólo con impedirlo, por lo que es mejor reglamentarlo para otorgar mayores garantías a quienes lo hacen por razones económicas. «Yo me resisto a hacer una condena, así en bloque, a todo el comercio sexual, ni creo que entrar al comercio sexual abra la puerta a todos los males.» En referencia a esa tesis, Lydia Cacho escribió: «La gran pregunta ante esa postura de defensa del trabajo sexual es si los tratantes, las mafias y los clientes, con su perspectiva sexista y misógina, están dispuestos a respetar las reglas de las mujeres».

Lydia Cacho me escribió un mail desde Madrid, cuando hacía su gira de promoción de *Esclavas del poder*. «Estoy en friega, muy cansada, estuve en Madrid y Sevilla, sin embargo estoy emocionada y un poco sorprendida del recibimiento de mi libro.» Me dio mucho gusto por ella. Y deseé de corazón que ese estado de ánimo permanezca a su regreso. Sin embargo, no pude evitar recordar las últimas líneas de su libro *Memorias de una infamia*: «Borrarme de los medios sí pueden, eliminarme físicamente también. Lo que no podrán es negar la existencia de esta historia, arrebatarme la voz y la palabra. Mientras viva seguiré escribiendo, y con lo escrito, seguiré viviendo».

Texto publicado en la revista *Gatopardo,* edición 113,
julio-agosto de 2010.

La cárcel del amor
José Alejandro Castaño

Algunas llaman a este pabellón *El infierno* porque el calor adentro de las celdas sube hasta los cuarenta grados centígrados. Es un cobertizo de hormigón con cielo raso de tablas. Las camas son literas de cemento que cada prisionera adorna con lo que tiene: paisajes recortados de revistas, guirnaldas de papel, flores de plástico y fotos de hijos que hace años dejaron de ver, de hermanos muertos, de nietos que todavía no conocen, de madres que esperan. Al fondo de *El infierno* hay un patio al aire libre. Es una plazoleta cuadrada con arcos de fútbol que las reclusas usan para extender los bordados que les hacen a sus enamorados del patio contiguo, todos hombres condenados —igual que ellas— por asesinato, robo, secuestro, tráfico de cocaína, lesiones personales, intento de homicidio. Ésta es una prisión mixta.

Yolima, una mujer de ojos achinados y nariz redonda, teje un mantel con un corazón dentro. Ella entrecierra los ojos, saca la lengua, levanta las cejas, y la aguja se hace invisible en esas manos expertas que van y vienen. Una vez estuvo casada, pero su marido murió de repente, dice. Una interna dirá después que en realidad Yolima lo mató y que enterró su cuerpo en el patio de la casa. Al parecer sólo la descubrieron porque el hambriento perro de una vecina escarbó en el piso y se robó un dedo acusador. «Pero aquí me di otra oportunidad para conocer el amor», dice la mujer mientras clava la aguja una y otra vez en el corazón que borda. La cárcel se llama Casa Blanca.

Está en Villavicencio, a ochenta kilómetros de Bogotá, una ciudad de los Llanos Orientales rica en pozos petroleros y cultivos de cocaína. Casa Blanca es un lugar singular. La construyeron en un extremo de la ciudad, en el barrio 20 de Julio, la fecha nacional en la que el país celebra su libertad. Allí viven 1.268 hombres y 82 mujeres separados por un muro reforzado con varillas de acero sin resquicios para mirarse, excepto en un tramo de doce metros donde la pared se interrumpe y da paso a una reja metálica de cinco metros de alto. A ese corredor al aire libre, por donde pasan las internas cuando son llevadas a otros sitios de la cárcel, se le conoce como *el paso del amor*. Decenas de presos han logrado conseguir novia en ese breve momento, cuando las mujeres caminan sin permiso para detenerse. Los hombres les gritan, les dicen cosas, intentan seducirlas con frases aprendidas por ahí, en revistas, en librejos de poesía, en las novelas de la televisión: «¡Soy tierno!». «¡Te quiero conocer, dame tu nombre!» «¡No soy mentiroso, te daré todo lo que tengo!» «¡Estoy solo pero te espero!» «¡Yo sí creo en el amor!» «¿Cómo te llamas?, ¡yo soy Darío!, ¡Darío tuyo!» Las voces de los pretendientes se confunden, sus bocas se pegan o la malla por orificios que parecen las celdas de una colmena. La competencia es atroz.

Los hombres tienen contados los pasos que dan las reclusas: «Dieciocho si pasan corriendo, veinticinco si pasan lento... En Casa Blanca hay que moverse porque el amor pasa muy rápido», dice un hombre condenado a quince años. La muchedumbre de los pretendientes se oye como un zumbido, entonces ocurre el prodigio: sin detenerse, apresuradas por los guardianes que siempre las escoltan cuando salen del pabellón, las mujeres, de pronto, se giran en dirección de alguno y dicen cómo se llaman. Para los hombres, el cobertizo de las reclusas no es el infierno. Ellos prefieren llamarlo *El cielo* y cada uno tiene una razón distinta, a veces la misma.

* * *

A fuerza de esa proximidad de hombres y de mujeres, la dirección de la cárcel se ha ido convirtiendo en una especie de agencia de parejas. Los mayores líos para su jefe, un hombre robusto con bigote de charro mexicano y oficina climatizada, no son las fugas ni los motines ni las riñas ni los intentos de suicidio, nada de eso. Son las solicitudes de los internos enamorados que piden verse. La ley colombiana, sin importar el delito de los presos o sus condenas, permite que todos gocen de visitas conyugales una vez cada mes, basta que los internos las pidan. A veces, ocurre que las parejas de unos y de otros también están encarceladas, entonces, cada cuarenta y cinco días, el Gobierno debe trasladar a uno de los dos hasta donde está su compañero y les autoriza encuentros de noventa minutos, el mismo tiempo de un partido de fútbol. En total, Colombia tiene 63.500 presos. Apenas 5.000 son mujeres. En la prisión mixta de Casa Blanca, con las parejas a cada lado del muro, todo es más fácil, o más difícil.

Permitir los encuentros es un asunto problemático porque, aunque los presos tienen derecho a verse cuando se hacen novios, el director debe asegurarse de que las mujeres no tengan otros noviazgos en la prisión antes de otorgarles el permiso. De la vigilancia de esa delicada cuestión depende que no haya motines ni peleas. «Si me equivoco, con tanto amor suelto por ahí, puede haber una tragedia», admite risueño el jefe de Casa Blanca y parece como si quisiera mascarse los pelos del bigote que le caen abajo del labio.

El regulador de aire mantiene la temperatura de su oficina en diecisiete grados centígrados. Ahora el hombre revisa cinco nuevas solicitudes de internos que piden verse. Afuera el sol se extiende como una bofetada y pueden observarse dos guardianes armados con rifles automáticos que buscan refugio en las salientes de los tejados. Por regla general, cuando consiguen los permisos para verse, las mujeres son las que pasan al pabellón de los hombres, nunca al revés. «¿Pero esta interna no estaba visitando a otro recluso?», le pregunta el director a una psicóloga, que es la encargada de vigilar que una misma mujer no tenga dos novios a la vez. «Sí, pero ellos ya terminaron», responde la psicóloga. El director niega la autorización. Aún es muy pronto para dejar que la interna vaya con otro preso. Los novios, sentencia, deberán esperar otro mes y demostrar que sí son pareja. Esa demostración consiste en comprobar la correspondencia que se envían. La norma es ésta:

Cuando un preso descubre el nombre de una interna que cruza *el paso del amor* le escribe una carta de presentación, que es como un acta oficial en la que le dice su nombre, el delito por el que está preso, los años a los que fue condenado, el color de sus ojos, algunos rasgos de su personalidad, si alguna vez se casó, si tiene hijos, la fecha en que saldrá libre. Resulta clave, admiten los mismos internos, que en el encabezado de esa primera carta escriban el número de su expediente para que, si la mujer lo desea, pueda verificar la información del crimen en la oficina jurídica de la prisión. Al parecer, el amor encarcelado cobra caro cualquier mentira. Si la interna se interesa, responde. Ése es el comienzo de los noviazgos en Casa Blanca. Los hombres mandan sus cartas los martes, las mujeres las contestan los jueves.

* * *

Wilson Bejarano es un payaso sentenciado a cinco años. Es el locutor de *Ecos de libertad,* la emisora de la cárcel. Los enamorados le mandan papelitos para que los lea en el programa de las dedicatorias. Él admite que nunca antes, vestido con zapatos rojos y peluca de colores, fue capaz de producir tanta alegría. «Un beso a Cindy que lleva en ella algo que es mío, que es nuestro», lee el payaso y su voz se riega como lluvia por los altavoces de los patios incendiados de sol, poco después se oyen aplausos. En *El infierno* una mujer ríe feliz. Se llama Cindy Caterine Díaz, tiene dieciocho años y dos meses de embarazo. Wilson lleva bigote, un estorbo de pelos que antes nunca se permitió porque le habría impedido maquillarse. Cuando la policía lo buscó para capturarlo pensaron que quizá intentaría escapar vestido de payaso, pero ahora es el payaso el que permanece disfrazado de recluso, y nadie que lo viera de pantalón azul y camisa a cuadros sospecharía que es malabarista, y equilibrista, y mago, y domador. Él no cuenta por qué lo capturaron. A las cárceles, entra el hombre y no el delito. «Lo que hice se quedó afuera», y ensaya una risa sin pintura. En la calle le decían *Crispín* y animaba fiestas infantiles y primeras comuniones y celebraciones de cumpleaños. Su nariz es redonda y bastaría un poco de color rojo para hacerla pasar por una de goma. Un día se enamoró de una reclusa. *Crispín* cuenta que la vio por *el paso del amor* y que le robó el corazón. Ese lugar común, dicho en la voz del payaso, suena como una broma.

Ella se llama Ana Rubiela, está presa por hurto y también por homicidio. Se casaron el año pasado en *El infierno*. El director de la cárcel no dejó que les tomaran fotos, dijo que por seguridad. La esposa del payaso es mucho menor que él. *Crispín* intenta una descripción de ella: «Es una mujer de armas tomar», y vuelve a reírse. Con suerte, él saldrá de la cárcel en cinco años, su mujer en veintitrés. Si casarse casi siempre supone formar una familia, ¿cuál es la idea del hogar para dos personas que saben que no podrán estar juntas? La promesa que deben cumplir estos hombres y mujeres no es hasta que la muerte los separe, quizás sea hasta que la libertad lo haga.

«Te quiero, María... espero que podamos estar juntos en poco tiempo. Gracias por el corazón de chocolate que me enviaste con el correo. Ya me lo comí», lee el payaso. Poco después pone una canción de José Luis Perales, una que habla de un barco llamado libertad y del viaje que una muchacha hace en él. A mediodía, cuando el sol pega más duro y casi derrite los parches de brea en los techos, Wilson cambia la música de la emisora y hombres y mujeres escuchan melodías de Richard Clayderman, entonces todos caen en un sopor silencioso, en parte producido por el calor, en parte por la música. Algunos duermen, todos sudan. Es la hora en que muchos leen la correspondencia tumbados en sus literas de cemento. «Sí, ya sé por qué estás presa por robo agravado: eres una ladrona. Me robaste el corazón», lee Rosario, una interna condenada a cinco años. La carta tiene un corazón que sangra y un arco iris pintados con lápices de colores. A veces, una misma condenada recibe correspondencia de tres y cuatro pretendientes, todo porque algunas sucumben a ese encanto de verse codiciadas y deciden no entregarse a nadie. Incluso, sólo para mantener el encanto, se niegan a dejarse ver. Tras años de encierro, esas mujeres, casi siempre las de mayor edad, saben que la imposibilidad estimula el amor, y en todo caso el ingenio. «Quiero verte. Saber cómo eres. Me imagino tus ojos verdes. Es lo primero que pienso al despertar, lo último en lo que pienso al dormirme. Dime que al fin podremos vernos.»

Debajo de los colchones, arriba en zarzos improvisados, en fundas convertidas en cofres, los condenados, hombres y mujeres, guardan las cartas recibidas, algunas con formas de barquitos, de aviones, de flechas que vuelan, todas metáforas de la libertad hechas en hojas de cuaderno. «Nos veremos este sábado. La espera es muy larga pero el corazón aguanta. Quiero que te vengas bien linda. Yo me voy a afeitar.» Hay cartas que no tienen la caligrafía de quienes las mandan. Se sabe por qué: «Perdona, Laura, yo no sé escribir, pero mi amigo me escribe todo lo que yo le dicto. Él es Jairo, y también me lee tus cartas. Él lee muy bien y yo te quiero mucho».

En el patio de los hombres, un preso huele un pañuelo con marcas de besos rojos y olor a perfume, uno dulce, describe él, y luego dice que ese olor le recuerda las toras de cumpleaños. Le llegó con el correo el día anterior. Se lo mandó su novia, una mujer de veinte años condenada al doble de su edad por matar a su hermano y a su padrastro. El pañuelo en realidad es un trozo de toalla blanca con los bordes deshilachados. Las marcas rojas de los labios parecen rastros de sangre de alguien que se cortó. El hombre hurga la tela con la nariz. El sudor le corre por la espalda desnuda. En el antebrazo derecho tiene tatuado un corazón con el nombre Gloria en letras azules. Su novia de la cárcel se llama Inés. «Los amores viejos dejan marcas y uno ya no puede borrárselas. La otra semana voy a tatuarme otro corazón y el nombre de Inés», explica, sin quitar la cara del trozo de tela. Él se llama Mauricio, está preso por degollar a tres campesinos. Tiene los dientes cariados y un rostro cuadrado, de orejas pequeñas. «Uno se enamora y se vuelve un pedazo de carne», jura.

* * *

No todos los amores de Casa Blanca son entre hombres y mujeres presos de la pasión. A veces la cárcel del amor expresa relaciones impensables: las de madres e hijos condenados que también se mandan cartas y se espían por la reja que los separa. Josefa Muñoz cumplió setenta y cinco años. Es la presa más anciana de Colombia. Su apodo no es original, apenas literal. Le dicen *La abuela*. Su hijo, al otro lado del muro, se llama Luis Alberto Muñoz, todos lo llaman *Peligro,* incluso Josefa.

Ella es pequeña, de metro y medio, calza treinta y cuatro y lleva el pelo recogido. Su vestido es anaranjado, sus ojos cafés. Está presa por vender droga, igual que su hijo. Él es delgado, de huesos que se adivinan bajo la piel. Sonríe y es amable, casi tímido. El apodo no le va, lo mismo que los zapatos que lleva puestos, dos tallas más grandes. Cuando ambos fueron capturados, los ladrones a los que les vendían droga se metieron a su casa y se llevaron los muebles, la ropa, los trastos de la cocina. Después comenzaron a desbaratarla para ofrecerla por pedazos. Primero quitaron las tejas del techo, después las ventanas y las puertas y luego, ladrillo por ladrillo, los muros. No dejaron nada. Una vecina que visita a *La abuela* y a *Peligro* les contó que la casa quedó como un montón de polvo y que lo último que se llevaron fue el sanitario del baño y la palmera sembrada en el patio. Con ese botín de desperdicios, los ladrones le fueron pagando sus raciones de droga al nuevo vendedor que se tomó el barrio. Ahora madre e hijo tienen permiso para verse en la reja. Abrazarse es imposible. *Peligro* acerca la mejilla por los orificios, Josefa estira los labios. Ambos hablan en voz baja. Ella está preocupada porque pronto saldrá libre y no sabe adónde irá. Quiere quedarse, pero sabe que la obligarán a marcharse. Como las otras parejas de enamorados, madre e hijo pueden encontrarse cada mes. Su caso no es único. Otra mujer, Flor Santiago, se pega a la malla para besar a su hijo Pablo Enrique, encarcelado igual que ella por apuñalar a una vecina.

Ellos dicen que son inocentes, y que saldrán rápido. Se miran, alargan los dedos para tocarse. Su encuentro es breve. En un descuido de los guardias, un hombre aprovecha para entregarle un cuaderno a Flor Santiago por una rendija de la malla. Le pide que por favor se lo lleve a su novia, una con la que todavía no se encuentra. Es una *carta-cuaderno,* una suerte de diario que algunos enamorados se las ingenian para llevar y traer y que se turnan una vez por semana. Allí se escriben casi sin parar y se hacen dibujos y se preguntan y se responden cosas con una curiosidad de adolescentes: la comida favorita, el recuerdo más feliz, la tristeza más honda, el programa de televisión que no quisieran perderse, cómo es su familia, y si pudieran fugarse a dónde irían, y con quién, y por qué. En las *cartas-cuaderno* los enamorados se dedican poemas y letras de canciones. La carátula del cuaderno que el hombre le entrega a Flor Santiago es de un patinador extremo con un casco en la cabeza que salta sobre un muro. Lo firma Orlando, un hombre que sólo exige a cambio «toda la sinceridad del mundo». Él tiene 32 años y está preso por estafa y falsedad en documento público. Adentro de *El infierno,* la mujer que recibe la *carta-cuaderno* llora acostada en su litera de cemento. Hace tanto calor que el sudor y las lágrimas parecen la misma cosa líquida. «Está enamorada», dice una compañera, y luego explica lo que ocurre: «Es que descubrió que su novio también le escribe a otra reclusa».

Texto publicado en el libro en *Zoológico Colombia. Crónicas sorprendentes de nuestro país,* publicado por Norma en 2008.

Crónica raabiosa
Por María Moreno

¿Por qué no se reeditan las crónicas de Enrique Raab? ¿Qué somnoliento conformismo hace que se siga recitando Carlos Monsiváis-Juan Villoro-Pedro Lemebel-Martín Caparrós-Cristian Alarcón como si se intentara formar un canon con una muestra gratis? Es cierto que Enrique Raab no cultivó la novela —ese género fálico que permite pisar los *papers*—. Que su condición de homosexual (él usaba ese término) no favorecía el mito revolucionario para una izquierda que aún trata de asimilar a Néstor Perlongher, que no advirtió o dejó para más tarde la articulación entre política y política sexual, entonces tampoco da para ícono GLTTB. ¿Pero quién puede dudar de su prosa de prensa? Él la afinó en *Confirmado, Primera Plana, Análisis, Siete Días, La Razón...* y siguen los medios hasta llegar a los de la militancia revolucionaria *Nuevo Hombre*, desde 1974 en manos del PRT, *Informaciones* de Montoneros y el proyecto de *El Ciudadano,* también del PRT, en el que trabajó hasta que fue secuestrado. *Cuba: vida cotidiana y revolución* y un trabajo sobre Luchino Visconti editado por Gente de Cine son sus únicos libros. También hizo un cortometraje, *José,* sobre texto de Ricardo Halac, que en 1962 ganó el primer premio del Concurso Anual de Cinematografía.

Nacido en Viena en 1932, Enrique Raab fue un periodista «todero» como se dice en algún lugar de Sudamérica, al igual que José Martí o Amado Nervo. Si la especialidad que más frecuentaba era la de crítico de arte y espectáculos, podía ser anfibio e ir de cubrir la revolución de los claveles en Lisboa a las ofertas del verano en la costa atlántica, pasando por una entrevista a Bertrand Russell o una a Juan José Camero. En sus tres crónicas de Plaza de Mayo entre 1973 y 1975 puede leerse toda la historia del peronismo y un efecto de objetividad —sus lectores eran los de *La Opinión* pero también sus compañeros adversarios en la militancia revolucionaria (Montoneros) y los del propio grupo de pertenencia (PRT)— que no excluye la ironía: señalar la pancarta «Perfumistas con hambre», leer en el bombo del Tula un golpe rítmico que «queda punteado con otros ritmos, binarios y ternarios, producidos por bombos más pequeños accionados alrededor del bombo gigante». Quien quiera palpitar ese estilo tal vez consiga *Crónicas ejemplares: Diez años de periodismo antes del horror, 1965-1975*, una recopilación de sus notas con prólogo de Ana Basualdo, a través de Mercado Libre y en librerías, *Enrique Raab, claves de una biografía crítica. Periodismo, cultura y militancia antes del golpe* de Máximo Eseverri, con amplias citas.

Si la crónica es un laboratorio de escritura, Raab hizo lo más difícil: crear dentro de la más estricta convención periodística. Era un pedagogo al paso con la misma fuerza con que era antipopulista, pero lo que escribía como plus de información no exigía un código en común con el lector: era clarísimo: las fans de Palito Ortega le evocaban a las mujeres que se desmayaban ante el piano de Franz Liszt, y el gordo Porcel, una suprarrealidad digna de André Breton. La comparación de Mirtha Legrand, en su papel protagónico de *Constancia* de W. Somerset Maugham con las mujeres del clan japonés de los Taira y su teatro gestual, es una ironía pero también sitúa a la diva, en brillante síntesis, como maestra en un arte «sin más sentido racional que el mero ejercicio de la grafía física».

Mediante la comparación, el cronista «traduce» el primer mundo al tercero, o busca del modelo la versión local. José Martí escribía que la torre de Gable era tres veces más grande que la de La Habana, Mansilla que el sistema parlamentario alemán se parece al de los ranqueles. Raab sitúa a Mirtha Legrand en una tradición que ella sólo puede ignorar. Pero él vio de antemano esa manera de no estar presente a su propia mesa —Mirtha escucha con una atención flotante, hasta sus almuerzos en público sólo utilizada por los psicoanalistas, como si fuera mersa escuchar con atención, por eso puede oponer a la enfática demostración de Valeria Lynch del uso de alcohol en gel con «es algo muy interesante», hablar de sí misma en tercera persona («estás vestida como Chiquita Legrand») o situarse más allá de las suspicacias sobre cualquier singularidad en el gusto erótico («mirá qué piernas que tiene esta chica»).

En «Borges y la Galería del Este», Raab negocia entre su admiración al maestro —de quien tiene un legado notable: el enciclopedismo en solfa— y su juicio crítico de marxista militante del PRT, buscando la metáfora del conflicto en una suerte de guerra de gustos musicales en donde Borges replica de manera desplazada, como un caballero, y repite un gesto de fastidio ante un retoño de milico.

En una época en que los intelectuales veían a la televisión y al teatro de la calle Corrientes y de Mar del Plata malos en bloque, Raab no era una excepción. Pero también se cargaba a la cultura de izquierda: si Mirtha Legrand le resultaba burlable, más burlable era para Alejandra Boero que la compararan con una «Mirtha Legrand para públicos seudocultos»; su papel en *Madre Coraje* le valió el siguiente párrafo raabioso: «Boero tiene un gesto fijo, estratificado, endurecido, o sea su propio mohín. Hay un tono de voz para la mujer bromista, otro para la mujer sufriente, otro para la tabernera pendenciera, otro para la pobre víctima. Al final —y eso es una delicia— casca su voz y encorva su osamenta porque el público debe saber que los años no han pasado en vano, que Madre Coraje está vieja y vencida, que los infortunios no han terminado por quebrarla. La visualización del director Hacker y la de Boero no pretenden mayores complicaciones: una mujer vencida y quebrada es, simplemente, una mujer con el lomo encorvado y la voz inaudible».

Cabe preguntarse, más allá de la gracia estilística, qué garantizaba esa saña crítica, ese uso calificador de un saber que no había pasado por una formación formal (Raab debía Historia del secundario): parece que pertenecer a los medios fundados o sellados por Jacobo Timerman bastaba; entonces hoy sorprende que a muchos que difícilmente hubieran sido aceptados en sus redacciones, el mercado los califique de «cronistas» para adjudicarles el sello de lo narrativo literario cuando en realidad ejercen un realismo ramplón en donde se trataría de representar el objeto en sí, con el estilo del inventario, o retuercen la lengua para ver si cae una metáfora, hasta el ripio o el *kitsch* inconsciente. Porque Raab no redactaba: escribía.

Hay compañeros que lo recuerdan participando de un paro gremial —formaba parte de la agrupación de prensa Emilio

Jáuregui— vestido como para ir a un estreno, entrando a la redacción de *La Opinión* por la puerta prohibida, la del taller, o mostrando con orgullo un mensaje de amenaza de las Tres A en donde se le decía «Judío, rusito, estás muerto». Si bien se lo llamaba «Radio Varsovia» —radio clandestina durante la Segunda Guerra Mundial— por su gusto por las versiones jugosas, su ánimo no era especialmente expansivo en épocas en donde el silencio, sobre todo si se militaba en el PRT, era el hábito más recomendable para la seguridad personal: tenía ese fervor de todos los periodistas por la nota de tapa calibrada en un rumor, la iluminación súbita al relacionar un dato con otro, cierta épica de la primicia.

Enrique Raab fue secuestrado el 16 de abril de 1977 y está desaparecido.

Texto publicado el 28 de enero de 2010
en el suplemento verano12 del diario *Página/12*.

En qué semejante rasca
(Memoria feliz de un bebedor de ron)
Mario Jursich Durán

Para Héctor Abad Faciolince

1

Yo estaba con paperas. No me dejaban levantar de la cama y tenía que pasar esos días infinitos acompañado de las pocas revistas y libros que había en nuestra casa de Pereira. Una tarde apareció de improviso uno de los grandes amigos de mi padre, un suizo altísimo que mis hermanos y yo adorábamos. En su maletín nos traía como cuatro tomos de *Las aventuras de Tintín*. Yo nunca había oído hablar del personaje; ni siquiera estaba al tanto de que era una de las historietas europeas más famosas del siglo xx. Con curiosidad, empecé a hojear *El cetro de Ottokar*, la primera de ellas, y entonces comenzaron un placer y una pasión que me han acompañado a lo largo de los años. Leí en un soplo *El cangrejo de las pinzas de oro* y lo que más tarde sabría que fue una de las obras más ambiciosas de Hergé: el díptico compuesto por *El secreto del Unicornio* y *El tesoro de Rackham el Rojo*.

En esa aventura, Tintín y el capitán Haddock parten hacia un lugar del Caribe que nunca está del todo claro. Podría ser en cercanías de Antigua o Santa Lucía, quién sabe. En todo caso, es una isla en el océano Atlántico sumamente parecida a la descrita por Stevenson en *La isla del tesoro*. Lo que persiguen Tintín y su fiel compañero es un cofre oculto desde el siglo XVIII en las entrañas de un galeón de la armada inglesa. Para encontrarlo, contratan un buque y empiezan una larga serie de pesquisas submarinas. En una de ellas, el cascarrabias capitán Haddock, que está explorando las profundidades, tira nerviosamente de la cuerda de seguridad. Lo suben a toda prisa, pensando que tal vez lo haya atacado un tiburón. Pero no; al salir a la superficie, se quita presuroso la escafandra y exclama:

«¡Miren lo que me encontré!».

Y muestra, jubiloso, una botella de ron.

«¡Es ron de Jamaica! ¡Añejo! ¡Tiene doscientos cincuenta años! ¡Me dirán lo que les parece!».

Sin embargo, antes de que alguien pueda pedirle siquiera un sorbo, Haddock se toma de un golpe la botella y acto seguido se arroja al mar, completamente borracho, en busca de más ejemplares de ese líquido preciado.

Siempre que hablo del ron, me gusta contar esta historia. Me complace insinuar, sobre todo en compañía de gente abstemia, que unos libros para niños despertaron mi gusto por el alcohol en general y por el ron en particular. ¿Cómo hubiera podido ser de otro modo? A juzgar por el rostro del Capitán Haddock, ese caldo sólo podía ser maravilloso.

2

La verdad, menos mitológica, es que mis primeros recuerdos del ron están asociados con mi padre. A finales de la década del 50, mi papá llegó a España contratado por la compañía suiza Nestlé. Instalado en Santander, pasó el primer año perfeccionando el idioma y tomando cubatas, que desde entonces fueron su trago favorito. En México, años más tarde, se aficionó al Bacardí servido a la manera de Campeche y luego, cuando volvimos a Colombia después de una década de ausencia, le cogió un gusto extraordinario al Ron Viejo de Caldas. En mi memoria todavía lo veo llegar en las bochornosas tardes de Pereira, buscar un vaso corto, mezclar el ron, la Coca-Cola y el hielo y sentarse a leer el periódico. Un ritual que repitió casi hasta el final de su vida.

Estoy seguro de que en algún momento de esa época probé un cubalibre. Pudo haber sido en alguno de los asados que hacía mi familia y en los que abundaban los licores. Pudo haber sido en la casa de los De León, amigos nuestros, en la celebración de un grado. Y aunque no recuerdo el instante, sí conservo muy vívida la sensación en mi paladar: esa mezcla picante y cosquillosa de las burbujas acompañando un tenue sabor a frutas. Muchos psicólogos han observado que los hábitos se transmiten, por lo general, de tíos a sobrinos y que suele ser común que los hijos rechacen los gustos de los padres. A lo mejor en mi caso es cierto: si bien me gustó instantáneamente el sabor del cubalibre, habría de pasar un tiempo antes no sólo de que el ron se convirtiera en mi bebida predilecta sino de que aceptara el «mentiritas» como una extensión casi natural de mi mano.

En mi rechazo tuvo que ver el hecho de que el cubalibre fuese un trago de quinceañeras. Yo apenas era un adolescente, pero estaba pasando por una etapa de pronunciado machismo alcohólico y ni muerto hubiese permitido que me asociaran con algo distinto a un bebedor de grueso calibre. Por consiguiente, aunque me costó acostumbrarme al sabor del anís, prefería tomar aguardiente o, en su defecto, si no había otra cosa, whisky, para no sufrir el estigma social de los que bebían «traguitos de niña».

3

En 1982 empecé a estudiar Filosofía y Letras en la Universidad Javeriana. En esa época, salía prácticamente todas las noches y muy pronto, por amigos de la Facultad, conocí bares como La Teja Corrida o El Goce Pagano, donde era muy popular el ron blanco, sobre todo en forma de mojito. La marca líder entonces era Tres Esquinas, pero yo nunca pude llevarme bien con ella. No sólo porque mi gusto siempre ha escorado hacia el ron oscuro, sino porque, en mi opinión, el Tres Esquinas te deja un aliento imposible cuando lo bebes.

De modo que me empacaba cautelosamente mis rones blancos, pero también probaba una multitud adicional de licores. En esos años de experimentación pasé por una breve (y todavía incomprensible para mí) afición por el brandy; me volví asiduo de la cerveza (un amor que ya no tengo), le di una cuarta oportunidad al whisky y le cogí un serio gusto al vino blanco chileno, en particular al 120 servido extremadamente frío. Sin embargo, tengo la impresión de que con bastante rapidez me fui decantando «por la trinchera del cubalibre, por las refriegas que ocurren sobre las camas y por los combates que se libran con el tenedor y la cuchara». La frase es de Yoani Sánchez, la bloguera, y se refiere a un torpe guerrillero cubano, pero yo siempre he pensado que puede aplicarse a lo que me estaba pasando en aquellos años.

A finales de los ochenta, César Pagano, un extraordinario coleccionista de música, abrió un local de salsa en la naciente Zona Rosa de Bogotá. Fue allí donde probé por primera vez rones Havana Club. Yo no tengo la menor idea de cómo los conseguían, pero a mí me encantaron desde el primer sorbo. El Havana Club es un ron ligero y sustancial (como quien dice, «llena la boca» al beberlo), su aroma y sabor resultan inconfundibles. Lo dicho vale tanto para las versiones que se venden en Colombia como para las que sólo pueden conseguirse en la isla y por las cuales más de un cantinero se volvería loco: el San Cristóbal y el 15 Años. A partir de ese punto casi no volví a beber nada distinto. Si existiera una foto mía de esa época (y seguro existe), se me vería con un invariable *old fashioned* en la mano, tomando Havana en las rocas o añadiéndole sendos chorritos de limón y Coca-Cola. Era tan común esa imagen que un amigo se burlaba de mí diciendo:

«Coño, parece que tuvieras una prótesis mecánica».

4

El origen del ron es un auténtico enigma. Por convención, la paternidad se atribuye a la isla inglesa de Barbados, pero lo cierto es que ron pudo haberse fabricado por primera vez en cualquiera de las islas caribeñas o en cualquier lugar de Tierra Firme donde existían colonos emprendedores y feraces plantaciones de caña: en Cuba o en La Española, donde fue bautizado como *aguardiente*; en Brasil, donde más tarde sería llamado *cachaça*, o en Martinica, donde se conoció en sus primeras etapas como *tafia*. Si la paternidad se atribuye a los colonos ingleses, en detrimento de los españoles, portugueses o franceses, es porque hasta la fecha sólo en Barbados ha podido hallarse documentación escrita que pruebe la existencia del ron por aquel tiempo. Una carta del capitán John Josselyn, escrita en septiembre de 1639, y el largo testimonio de Richard Ligon, *A True and Exact History of the Island of Barbados*, de 1657, son los primeros documentos en que se habla de ese inédito licor de las colonias (curiosamente, en ambos casos sirviendo de tórrida compañía a comidas tan fastuosas como un banquete de Gargantúa).

El origen del nombre no es menos enigmático. En inglés la palabra inicial para referirse al ron fue *kill-devil*, término que sugiere tanto la opinión que la bebida le merecía a sus consumidores como el rango social de quienes la tomaban. Con el paso del tiempo migró al danés, en donde se cambió la grafía a *kiel-dyvel*, y al francés, lengua en la cual se pronuncia *guildive*, tal como lo hacen los habitantes de Haití hoy en día.

Los orígenes de la palabra misma no son menos misteriosos. Samuel Morewood, el autor de *A Philosophical and Statistical History of The Inventions and Customs of Ancient and Modern Nations in the Manufacture and Use of Inebriating Liquors*, acuñó la patraña de que ron era una contracción del latín *saccharum officinarum* (caña de azúcar), fantasía que todavía puede leerse incluso en autores muy respetables. Más convincente parece suponer que el término fue adoptado del slang británico del siglo XVII, en el cual había palabras como *rumbullion* o *rumbustion*, ambas con el significado de «tumulto» o «escándalo».

En castellano nadie parece saber en qué momento fue sustituida la denominación clásica de «aguardiente». Todo lo que puede decirse al respecto es que el vocablo ron apareció en 1803 en el Diccionario de la Real Academia de la Lengua. También existe abundante evidencia empírica de que en los siglos XVIII y XIX se le daba como nombre *romo*, término todavía muy común en República Dominicana y un poco menos en Venezuela.

Ahora bien: a despecho de estos misterios lexicográficos, tanto en inglés como en castellano la palabra ron, aunque sigue designando a un tipo específico de espirituoso, ha terminado por transformarse en un genérico. Ambroce Bierce ya lo había advertido en su *Diccionario del diablo* (1911) cuando dijo que el ron era una «palabra que utilizan los abstemios para referirse a todas las bebidas, salvo el agua y el té», pero no es el único ejemplo que pueda aducirse. En *Bacardí and the Long Fight for Cuba*, Tom Gjelten explica que la popularidad de esa marca alcanzó tal magnitud en los años treinta que acabó designando a cualquier combinado con ron oscuro, de igual modo que la palabra *klínex* engloba hoy en día a todos los papeles de limpieza facial. Cuando Juan

Piña canta «retírate, retírate del ron» no está exhortando a ese amigo de la canción a que deje de beber Tres Esquinas; lo está conminando a que se abstenga definitivamente de cualquier trago.

5

A mí siempre me cautivó la música. Todavía recuerdo con absoluta nitidez la primera canción que me aprendí de memoria: «Ay, la negra, yo sé que ya no me quiere», de Beto Murgas, a los cinco años, en una breve estancia en Barranquilla. A mi mamá le gustaba comprar discos; por eso, desde muy temprano, genios como Lucho Bermúdez o Pacho Galán fueron parte de la banda sonora de mi infancia.

En Pereira, en la fábrica de Nestlé donde vivíamos, varios de los empleados eran negros chocoanos. Venían de Quibdó o de Istmina, principalmente, y se distinguían por su buen humor y alegría de vivir. Uno pasaba por los talleres y los veía bailando al son de radios en que la voz de Papaíto se mezclaba con los sandungueos de la Orquesta Mulenze. Los sábados yo iba al club de la empresa y allí conversaba con muchos de ellos; aprendía, absolutamente maravillado, que había unos ritmos electrizantes llamados son montuno, pachanga o bugalú. Me prestaban discos. Me mostraban pasos de baile. A veces me invitaban a unos destartalados galpones que algunos paisanos suyos habían instalado en el centro de Pereira.

La salsa era entonces como un planeta rojo en mi vida. Mi primo Alcíber solía pasar algunos fines de semana en nuestra casa de Pereira. Era un bailarín extraordinario, de mucha fantasía y elegancia en los pasos. Cada vez que llegaba de Popayán, donde estudiaba ingeniería, yo literalmente le arrebataba la tula en que traía montones de casetes grabados con paciencia infinita en discotecas de amigos o en programas especializados de la radio. Escuchaba a Nelson y sus Estrellas, a la Charanga de la 4, al Apolo Sound de Roberto Roena o a Paul Ortiz y la Orquesta Son con su contagioso cantante Papo Félix.

Seguramente entonces ya empezaba a maliciar que la música y el trago eran como las dos mitades de una naranja. Sin embargo, fue en Bogotá, en sitios como El Goce Pagano y posteriormente en Salomé o Saint-Amour, en lugares frecuentados por gente bohemia, a menudo con inclinaciones de izquierda, donde hice el vínculo que habría de darle sentido a mis pasiones. Me di cuenta, como si hubiera descubierto un Nuevo Mundo, de que había una equivalencia fonética entre la música y el ron. O, para ser más específico, que el ron (con r) estaba a una letra de distancia del son (con s), lo cual creaba entre ellos una contigüidad tanto de alfabeto como de sustancia. De modo que si yo estaba en Salomé, y César Pagano ponía «Suavecito» de Ignacio Piñeiro, me sentía autorizado a convertir esa línea que dice «el son es lo más sublime para el alma divertir» en una igualmente emocionante «el ron es lo más sublime para el alma divertir».

La teoría, por supuesto, es caprichosa y no pretende cosa distinta a explicar una sensación que para mí jamás ha perdido su encanto. En mis cánones, tomar ron es como beberme la música. Y a la inversa: oír música es como dar de beber a mis oídos, siempre sedientos. Yo pongo, por ejemplo, la fabulosa versión de «Rompe saragüey» de los Hombres Calientes y me sirvo un Climent Cuvée Homère. En seguida, al primer sorbo, advierto que los sonidos pasan a mi boca y se vuelven líquido, cobran cuerpo e iluminan mi garganta al mismo tiempo que mis oídos. «Sinestesia» llaman al fenómeno los tratadistas.

6

Al ron, además de kill-devil, tafia o cachaça, se le han dado muchos otros nombres: Barbados Water, Splice the Main Brace, Grog Demon Water, The Pirates Drink, Navy Neaters, Nelson Blood's, Rum Bastion, Comfortable Waters. Con seguridad, uno de los más enigmáticos es el de «sangre de Nelson», apodo que exige una explicación. Cuando murió en la batalla de Trafalgar, el cuerpo del almirante Nelson (1758-1805) fue amortajado a la manera antigua y sumergido en un ataúd lleno de ron, según algunos, o de brandy, según otros, para preservarlo hasta el regreso de la flota inglesa a Inglaterra. Varios libros insisten en que una expresión muy común de los marinos ingleses («beber en la bodega del almirante»), esto es, tomar una copa de manera clandestina, tiene su origen en que, cuando el ataúd relleno de alcohol llegó a Inglaterra, se encontró que el nivel del líquido había descendido notablemente, en apariencia debido a que los marineros, a escondidas, se lo habían ido bebiendo durante la travesía.

La credibilidad que uno puede concederle a una historia como ésta es más bien poca; pero, a despecho de su elocuente exageración, cabe decir que calza muy bien con las chuscas y extravagantes historias que rodean al ron. Por lo demás, ese latiguillo de «beber en la bodega del almirante» bien pudiera traducirse como «beber encapillao», el espléndido dicho venezolano cuyo origen también se explica por la práctica de beber a hurtadillas. «La Capilla» era el nombre que los peones de la hacienda Santa Teresa —la primera que puso a funcionar una destilería de jugo de caña en Venezuela— daban a la casa en la que funcionaba el alambique. Así, «beber encapillao» fue el término que le otorgó el uso a la práctica de los negros de beber escondidos en el edificio, sin el consentimiento del amo.

7

Cada vez que yo ponía de manifiesto mi pasión por el ron, cada vez que intentaba explicar por qué «es lo más sublime para el alma divertir», la gente me miraba extrañada. Para la mayoría el ron es un trago barato, de mala calidad y de peores efectos en la cabeza y el comportamiento. ¿Qué hacía un señorito burgués como yo tomando un espirituoso que sólo les gusta a los pobres, las prostitutas y los ladrones? Álvaro Castaño Castillo me contó una vez que ese prejuicio no es de ahora; en los años cuarenta, cuando él y un grupo de otros intelectuales frecuentaban El Café del Rhin, un local situado en la Calle 14 de Bogotá, el signo inequívoco de que alguien era pobre (o estudiante, que para el caso venía a ser lo mismo) era que tomaba ron.

Los menos recalcitrantes se limitan a decir que el ron no es un trago serio. Eduardo Chamorro, en su *Galería de borrachos*, acota que «Ningún caballero de talante sosegado y espíritu reflexivo acostumbra a beber ron, por ejemplo, que es un alcohol de carácter turbulento. De igual manera que ningún pirata, filibustero, corsario o bucanero trasegará vodka, que es bebida de gente sentimental, con pocas horas de sol y mucho afecto por los caballos». No deduciría de allí que Chamorro desprecie el ron, pero está claro que para él, como para tanta otra gente, es una bebida únicamente apropiada para beber en las fiestas estudiantiles o en la playa durante el verano. De resto sólo sirve en caso de que uno quiera darle un sabor extra a las tortas de primera comunión o marinar las hojas del tabaco.

Incluso cuando la gente se da cuenta de que el ron es de primera categoría, le hace elogios vicarios que tienden automáticamente a rebajarlo: «es casi un coñac», «pero si parece un brandy», dicen, como si la comparación enalteciera al líquido que tienen frente a ellos.

A principios de los noventa era muy común que en los restaurantes de Bogotá las cartas de licores no tuvieran ron y, si lo tenían, que hubiera tan sólo una o dos marcas. Yo peleaba amigablemente con los meseros y de vez en cuando con algún propietario a causa de ello. «Pero cómo es posible que ustedes...», les decía, falsamente escandalizado. «Lo que pasa es que no se vende», me contestaban, o «a casi nadie le gusta». Rara vez tenían la franqueza del administrador del bar Chispas en el Hotel Tequendama: «Mijo, es que el ron sólo funciona bien en los puteaderos».

8

Estos prejuicios, como dije, no son de ahora y tienen una larga, dilatada historia. Cuando empezó a fabricarse en Barbados, hacia 1630, el ron era un subproducto del azúcar, algo que le permitía a los dueños de las plantaciones obtener ingresos adicionales a costa de un mínimo esfuerzo extra. No importaba la calidad; importaba que fuera barato y potente. Richard Ligon, el plantador inglés a quien debemos las primeras noticias sobre el ron, dejó escrito que era un «licor caliente e infernal», cuyo olor nauseabundo sólo se mitigaba diluyéndolo con agua, fruta, jugo de limón y diferentes especias. Estos primeros rones también eran extremadamente explosivos y tenían mucha tendencia a encenderse cuando estaban cerca de una llama. Por eso se les utilizaba como sustituto de la pólvora o en combinación con ella.

Al ser un subproducto del azúcar y al dispensársele un mínimo cuidado en su hechura, muy pronto el ron estuvo al alcance de todo el mundo. En las colonias de Nueva Inglaterra era tan barato que en algunos casos el jornal de un día podía mantener a un trabajador completamente borracho durante una semana. Las riñas, los altercados, las alteraciones del orden público se volvieron cosa de todos los días.

Una de las razones por las cuales el ron causaba estragos en la conducta de los bebedores era que no había forma de medir su contenido alcohólico. Apenas en 1826, casi doscientos años después de que los colonos criollos empezaran a tomarlo, se dispuso de un instrumento confiable para establecer esa medida con la invención del hidrómetro de Sykes. Antes era inevitable recurrir a un método que, si bien ingenioso, no dejaba de ser bastante aproximativo. Se ponía pólvora encima del ron y con una lupa se concentraban los rayos del sol. Si la pólvora se encendía y el ron no, se asumía que el contenido alcohólico era el adecuado. Si la pólvora y el ron se prendían, se consideraba que tenía demasiado alcohol. Y si el ron y la pólvora no se prendían, entonces eran de ínfima calidad.

Todavía hoy los rones malos campean por todas partes, si bien ahora los cobija un aura de humor e irreverencia. En Cuba los llaman «Chispa e tren», «Uña e tigre», «El hombre y la tierra», «Espérame en el piso», «Duérmete mi niña» o «Kalule» (por el boxeador ugandés Ayub Kalule, que noqueaba a todos sus oponentes). Los amantes de los deportes extremos, aquellos a quienes les gusta el destilamiento casero, beben ron Walfarina, en homenaje a la Warfarina, que es un veneno para ratas muy conocido en la isla. En República Dominicana apodan al ron de ínfima calidad «lavagallo», pues los galleros tienen la costumbre de frotar a sus animales con la bebida antes de lanzarlos al combate. En Puerto Rico existe la «caña pichipén», por referencia a un árbol de madera tosca y quebradiza. En Medellín está el ron Jamaica, popularmente conocido como «Jumanji», y aquí en Bogotá, sobre todo en licoreras del centro, es posible conseguir el Bretón, tan barato y tan dulce que sus malquerientes lo apodan el «Po-bretón». Esta zumbonería llega hasta el punto de hacer chistes con las supuestas diferencias de categoría social entre un licor y otro. En algunas regiones de la costa colombiana es común que las botellas de whisky se usen para envasar rones de alambiques domésticos. Su nombre es maravilloso: «En cuerpo ajeno». Y en Barranquilla, en lo que pudiéramos calificar como una de las propagandas más inverosímiles de la historia, se anuncia al Hattfield como «el ron para los que saben de whisky».

9

Hace años, en Villanueva (Guajira), unos cuantos de mis primos y yo tomábamos trago. En un momento se nos acabó el Chivas. Me levanté para comprar otra botella y pregunté si alguien quería ron oscuro. Nadie dijo nada, pero advertí que todos me miraban con espantada lástima.

«¿Qué?», pregunté sorprendido. «¿No les gusta?».

Hubo un silencio relativamente corto hasta que uno de ellos sentenció:

«Primo, eso tumba el palo».

Digamos que me sorprendí. A lo largo de los siglos el ron ha servido para muchos propósitos y se ha utilizado en muy variados contextos. Fue un curalotodo que podía desde combatir la calvicie hasta mitigar los efectos de una gripa. Hoy en día, por supuesto, nadie cree que el ron tenga virtudes medicinales, pero jamás ha decaído la convicción de que es un excelente afrodisíaco. Entre roneros nada es más eficaz a la hora de seducir a una mujer que «ablandarla» con un par de jaiboles. Por eso, en Cartagena al ron oscuro le dicen «aflojayoyo», en Cuba «bájateelblumer» (la ropa interior) y en Antioquia al Ron Medellín se le apoda «el quitayín».

En esta lista no puede faltar la mamajuana de los dominicanos. A esa popular bebida también se le atribuyen poderosos e inmediatos efectos en las libidos tristes. Normalmente se prepara de dos maneras. O se llena una botella de ron con diferentes mariscos como pulpo, camarones y ostras, o (en la también llamada mamajuana de palos, que es la más común) se llena la botella con diversas raíces, esto es, «palos» como la canela, el clavo dulce o las pasas. Luego se deja curar por una semana, se vacía el líquido y se llena nuevamente con ron (normalmente Brugal) y ya: lista para que el tipo «coja cualquier canal de la parabólica».

Todas las bebidas, con independencia de su origen y color, nos desinhiben y producen diferentes grados de arrechera. Pero es curioso que el ron oscuro concentre esa reputación de destructor de virilidades. El whisky no la tiene, el coñac tampoco y el vino mucho menos. Yo no sabría exactamente qué pensar del temor que mis primos manifestaron aquella noche en Villanueva; sé que esa prevención frente al ron oscuro es rara en el mundo del Caribe y también que resulta cuando menos peculiar que no funcione para el ron blanco. Pero, sobre todo, me parece que allí estriba otra más de las causas que hacen rechazar socialmente a los rones. La gente no sólo piensa que son baratos, malos e incitan a la violencia, sino que, por si fuera poco, te tumban el palo o te abren las piernas.

10

El ron y el comercio de esclavos tuvieron un largo pasado en común. La historia es diferente según hablemos de las colonias de España, Portugal, Francia o Inglaterra, pero se puede sintetizar en un párrafo más o menos modélico. Para los ingleses, el llamado «triángulo esclavista» empezaba en sus posesiones del Caribe. Allí se obtenía la melaza en las plantaciones de caña; ésta era enviada a Nueva Inglaterra, donde se destilaba el ron y a menudo se fabricaba una variedad especial, de mayor contenido alcohólico, para los barcos negreros. De Nueva Inglaterra los convoyes viajaban hasta Guinea o Dahomey, en la costa occidental de África; allá el ron y otras mercancías eran cambiadas por esclavos. En las plantaciones, una vez llegaba el nuevo contingente de africanos, se les destinaba a producir más azúcar, con lo cual se volvía al punto de partida.

El ron de todos modos no fue la única bebida involucrada en el comercio de esclavos. De hecho, en las primeras etapas ese trueque tuvo lugar por vino y posteriormente por brandy. El ron pronto demostró que, a causa de su alto contenido alcohólico, se echaba a perder mucho menos que el vino y permitía almacenar, en el mismo espacio, una cantidad superior de volumen, lo cual resultaba fundamental para los propósitos del comercio. Un historiador inglés, basado en la bitácora del balandro Adventure, concluyó que por un esclavo se pagaban entre 909 y 931 litros de ron cuando se trataba de mujeres, y 1.023 cuando se trataba de hombres.

En las travesías de África hacia el Caribe se les daba a los esclavos una pinta diaria de ron. Una vez en las plantaciones, se fomentaba que bebieran. Esa práctica, a todas luces un acondicionamiento, permitía apartar a los débiles, someter a los rebeldes y apaciguar el miedo de la mayoría. Los registros de algunas plantaciones sugieren que los esclavos recibían por lo general entre 8 y 15 litros de ron al año, aunque en algunos casos se llegaba hasta los 50, cantidad que podían beberse ellos mismos o intercambiar por comida. Dosis de ron extra también fueron otorgadas a quienes cazaban ratas (abundantes hasta el delirio en los cultivos) o a quienes realizaban tareas especialmente complicadas. Como resultado, el ron se volvió una poderosa herramienta de control social y acabó transformándose con los años en otra poderosa marca de identidad caribe. No se pudiera decir que la gente desprecia el ron por el pasado infame que tiene a sus espaldas, pero sí que esa marca se ve como a trasluz de las botellas.

11

En 1997 asistí a un encuentro de Colombianistas Norteamericanos en Penn State. Al final de las sesiones, varios amigos salíamos del campus y nos íbamos a dar una vuelta por la ciudad. Una tarde, después de haber buscado infructuosamente una librería de viejo, el historiador inglés Malcolm Deas y yo desembocamos por azar en un mercado amish. Estuvimos curioseando un rato entre los puestos de mermelada y la venta de artículos de cuero. De pronto, Malcolm extrajo de un balde una pequeña postal en blanco y negro.

«Vaya», dijo, «hace un millón de años que no veía esto».

En la imagen un grupo de marineros hacía fila india para que les sirvieran líquido de una gran barrica de madera.

«¿Qué es?», le pregunté curioso.

Fue así, de esa manera tan azarosa, como acabé enterándome de los peculiares vínculos del ron con la marina inglesa. Digamos que esa relación empezó de manera informal en el siglo XVII. Los convoyes ingleses en viaje hacia Jamaica llevaban en sus bodegas grandes cantidades de cerveza, la cual se utilizaba como parte de pago para la tripulación. En Jamaica, con los toneles vacíos, los barcos de la marina se reaprovisionaban con ron y volvían a surcar el océano. La nueva bebida se fue popularizando a tal punto que en 1667 se adoptó como sustituto de la tradicional cerveza. Ya para 1680 era el trago favorito en las travesías interoceánicas. Sin embargo, el cambio de una cerveza aguada, de mal sabor y fácilmente corruptible a un licor de mucha más fuerza alcohólica, y mucho menos perecedero, tuvo las consecuencias previsibles en la disciplina y el ánimo de los navegantes. Para conjurar el problema, el almirante Vernon ordenó que el ron se diluyera con dos pintas de agua y que se añadiera a la mezcla un poco de azúcar y jugo de limón para hacerla más apetecible. Muy pronto este primitivo combinado adquirió el nombre de *grog*, en homenaje a su inventor. (El apodo de Vernon era «Old Grogram», pues iba a todas partes con una capa tejida en un material tosco e impermeable llamado *grogram*.)

La feliz invención de Vernon tuvo consecuencias más allá de su popularidad como coctel. En el siglo XVII una de las principales causas de mortandad entre los marineros era el escorbuto. Esta enfermedad, que fundamentalmente se origina en una deficiencia de vitamina C en el organismo, parecía atacar menos a las tripulaciones inglesas. Este solo hecho animó multitud de leyendas sobre la superioridad racial de los anglosajones. Lo cierto es que las dosis de jugo de limón del grog aportaban los nutrientes básicos para impedir la temida enfermedad.

La costumbre acabó el 31 julio de 1970. Ese día, conocido en los círculos navales de Inglaterra como el Black Tot Day, se sirvió por última vez una ración de la bebida a los marineros. La tradición había durado 325 años.

12

En 1698, Inglaterra importó de sus colonias tan sólo 941 litros de ron. Un siglo más tarde la situación era completamente distinta: ya los ingleses estaban bebiéndose más de nueve millones de litros al año. En las islas que producían ron, éste había dejado de ser un licor de esclavos y contrabandistas y era tomado por los terratenientes incluso cuando podían contar con brandy o vino madeira. La calidad también había mejorado. Ajustes en la destilación, la invención del hidrómetro y una más adecuada comprensión del proceso elevaron el nivel de los aguardientes.

En Nueva Inglaterra el ron acompañaba no pocas actividades de la vida cotidiana. Se tomaba ron cuando se redactaba un contrato, cuando se vendía una finca, cuando se lanzaba un barco, cuando se firmaban unas escrituras o cuando se le ponía punto final a un pleito. Podemos decir incluso que una de las causas que detonó la independencia norteamericana fue la promulgación del «Acta de la melaza», que imponía un brutal tributo a las importaciones hechas desde las islas francesas del Caribe.

La popularidad del ron llegó a su clímax con la moda del ponche en Inglaterra. Nadie sabe muy bien por qué o cuándo se inició, pero a comienzos del siglo XVIII no sólo en Londres sino en Bristol, Liverpool y otros puertos la gente de clase media bebía como poseída en esos grandes cuencos de ron, jugo y frutas, de los cuales viene la palabra ponchera. La moda llegó hasta el continente y durante varios años fue una forma de emular las costumbres de los plantadores ricos del Caribe.

A partir de allí el ron se esfuma de la escena mundial durante un siglo y reaparece, inesperadamente, en los años de la Prohibición. Se suele pensar que la Prohibición y el whisky van de la mano, pero se olvida que el licor más contrabandeado en Estados Unidos, al menos entre 1919 y 1921, fue el ron. Personajes como Bill McCoy se apertrechaban de Bacardí en La Habana o de Captain Morgan en las Indias Occidentales y lo transportaban hasta la «Rum Row», un límite marino a 19 kilómetros de la costa gringa y, por lo tanto, fuera de su jurisdicción. Los mexicanos no eran menos recursivos. Valiéndose de sus ponchos, de marranos disecados o de ingeniosas caletas en los vehículos, intentaban pasar clandestinamente sus alijos al otro lado de la frontera. El gran traductor de Hemingway al castellano, Lino Novás Calvo, participó en esas actividades y dejó un magnífico retrato del tráfico en su cuento «Long Island». Por cierto: una película de 1971 en que actúa Brigitte Bardot cuenta esta olvidada historia de los *rum runners*. Su título es *Boulevard du rhum* y de vez en cuando la pasan por el cable.

En los años cuarenta la industria del ron estaba pasando por una de sus peores crisis, pero casi de un día para otro el ron se puso de moda. La causa, como también sucedió durante la Prohibición, no estaba en el cambio de gusto del público sino en la escasez de otras bebidas, en particular el whisky. Hacia 1942 el gobierno norteamericano decidió que la casi totalidad de las destilerías se destinaran a producir alcohol de uso militar. Esta coyuntura fue aprovechada de inmediato por los productores de Puerto Rico, que desde entonces han hecho presencia en el mercado norteamericano, con independencia de las altas y bajas del negocio.

Sin embargo, el verdadero auge del ron en el siglo xx empezó con la Revolución Cubana. Después del triunfo de Castro en 1959, centenares de intelectuales y simpatizantes de la Revolución llegaron a La Habana para participar en lo que se suponía era el amanecer de una nueva época. Allí entraron en contacto con el ron. Poupée Blanchard, la segunda esposa del escritor argentino Rodolfo Walsh, cuenta que era tan ubicua la presencia de la bebida que todos los apartamentos tenían «living ron».

Tiempo después, muchos de esos militantes regresarían a sus países de origen y montarían, quién más quién menos, establecimientos que eran en muchos sentidos parques temáticos de la Revolución Cubana. Eso al menos fue lo que me pareció a mí cuando empecé a visitar los sitios de salsa en Bogotá en 1982. Por todas partes uno veía gente en guayabera, mulatas bravas, tipos con barba, afiches de Fidel o del Che en las paredes (no siempre: a veces los reemplazaban fotos del Benny), profusión de tabacos y en todas las manos, por todo el bar, el ubicuo ron del que hablaba Poupée Blanchard.

13

Varias veces, hablando con amigos, me han preguntado si en efecto el ron del capitán Haddock sería un prodigio de los bebestibles. A despecho de mi propia mitología, me ha tocado responder que no. Los rones anteriores al siglo XVIII eran sumamente ásperos; olían mal, sabían mal y, como escribió Richard Ligon, «sólo aspirarlos podía turbar los sentidos». Así pues, no hay ninguna razón para sospechar que 250 años en el fondo del mar hayan alterado esas características.

El añejamiento es uno de los aspectos más controvertidos en la producción de ron. No todo el mundo coincide en que almacenar los caldos durante un tiempo prolongado mejore su calidad; algunos críticos sostienen incluso que el añejamiento sólo genera impurezas y que si alguna utilidad tiene es servir de abono para pintorescas leyendas industriales, como la famosa «porción del ángel» o «Duppy's Share» («duppy» es un término jamaiquino del siglo XVIII para espíritu maligno. Ya que el añejamiento implica que una parte del ron se evapore, los empleados lo justificaban diciendo que la pérdida era causada por las sombras malhechoras del ingenio, aunque es fácil suponer que se trataba de robos clandestinos).

Otros autores se distancian del añejamiento por los equívocos a que induce. Cuando en una etiqueta leemos que un ron tiene, por ejemplo, quince años, no puede concluirse entonces que *todo* el líquido en la botella ha pasado por ese tiempo de añejamiento. En la mayoría de los casos, lo normal es que un ron de esa edad sea más una mezcla de caldos: una parte tendrá sin duda quince años, pero la otra, o las otras, pueden ser rones de seis, cuatro o diferentes añadas. Lo que un maestro ronero busca es sobre todo aroma y sabor; tal combinación sólo se obtiene mezclando licores con diferente tiempo en la barrica. Por eso, desde tiempo atrás, los destiladores de Barbados insisten en que debe utilizarse, en vez del término «edad» *(age, aging)*, la palabra «madurez» *(maturity)*. Así, según ellos, se evitan los equívocos relacionados de vender la parte como si fuera el todo.

Los rones más añejos que yo he bebido son un Santa Teresa venezolano de 53 años; un XO (Extra Old) de Zacapa de 25 y un

Zacapa de 23. No exagero si le digo al lector que son caldos extraordinarios, absolutamente por encima de los estándares convencionales. Sin embargo, también debería añadir que son licores pensados en función de las catas profesionales o los concursos y que eso tiene algunas implicaciones para el bebedor común. La principal es que son en extremo dulces; por consiguiente, acaban empachando si uno los toma repetidamente en una noche de fiesta. Así las cosas, si usted es bebedor de tanda larga, resulta mucho mejor que busque licores de entre quince y veinte años. Mi experiencia personal es que en esa franja los rones adquieren un equilibrio insuperable: aunque son maravillosamente sápidos, no empalagan nunca.

14

Mención aparte dentro de esta historia merece la Casa Bacardí. Durante años las etiquetas del ron Bacardí han anunciado, debajo del logotipo del murciélago, que son un producto de Puerto Rico, donde la compañía opera una destilería desde 1937. Pero Bacardí fue fundada hace 146 años en un destartalado caserón de Santiago de Cuba por Facundo Bacardí Massó, catalán de nacimiento e hijo de padres analfabetos.

Facundo logró crear un ron suave, muy sabroso y ligero, que se apartaba de los estilos en boga en el siglo XIX. Pero fueron sus tres hijos, especialmente el mayor, Emilio, quienes transformaron esa creación en la gigantesca empresa que es hoy en día. En el proceso, Bacardí entrelazó su historia de una manera tan estrecha con Cuba que hasta ahora no es fácil separarla.

En el primer hilo de esa trenza figura Emilio Bacardí, un personaje absolutamente extraordinario, se le mire por donde se le mire. Fue encarcelado en dos ocasiones por el gobierno español por su actividad revolucionaria. Aun así, dándose maña, logró mantener la empresa a flote y ser el alcalde de Santiago durante los convulsos años de la ocupación norteamericana. Creó el Grupo de Librepensadores Victor Hugo para practicar teosofía en un país de mayoría católica y para localizar una momia en un viaje a Egipto, que acabó por comprar y hoy es la pieza principal de un museo que fundó en su pueblo natal.

Otros hilos de la madeja incluyen a personajes tan conocidos como Hemingway, que dedicó su premio Nobel al santo patrono de Cuba durante una fiesta en su honor que le organizó la compañía, pero también a gente que pocas veces ha ocupado los titulares de la prensa. Uno de los más viejos jefes de producción en la planta de Santiago era hermano de Miguel Matamoros, el célebre compositor y pionero del son montuno. Asimismo, uno de los altos ejecutivos de la empresa era el padre de Vilma Espín, la joven guerrillera que andando el tiempo se convertiría en la esposa de Raúl Castro, el hermano de Fidel.

En un principio, las relaciones de la Casa Barcardí con la Revolución fueron cercanas. La compañía permitió que algunos de sus empleados se vincularan a la milicia castrista, y cuando la Revolución triunfó desplegaron en sus oficinas de La Habana una gigantesca pancarta que decía: «Gracias, Fidel». José «Pepín» Bosch, el director general de Bacardí, acompañó a Fidel como consejero de negocios en el primer viaje que hizo a Estados Unidos, pero fue un idilio fugaz. Menos de un año más tarde el régimen castrista nacionalizó las instalaciones de la compañía, y casi toda la familia Bacardí y muchos de los ejecutivos abandonaron Cuba, para convertirse en beligerantes opositores de la Revolución en Miami y fraguar planes tan siniestros como cómicos. Según parece, tras el fracaso de bahía de Cochinos, Bosch compró un Douglas B-26 y planeó en secreto bombardear las refinerías petroleras cubanas para desestabilizar al gobierno de Castro. El plan fue abortado sólo porque Bosch no encontró ningún piloto dispuesto a comandarlo.

A la compañía también le ha gustado divulgar durante años una historia bastante pueril que involucra al Che Guevara. De acuerdo con ella, el Che le exigió a un viejo empleado de Bacardí que permaneció en la isla que le revelara la fórmula secreta para fabricar el ron. El empleado se resistió, aguantó las torturas, pero finalmente confesó todo lo que sabía. Se rumora, sin embargo, que el propio Che extravió el papel con los datos esa misma noche en una fiesta.

Y después está la contienda de Bacardí con Havana Club, el largo y penoso litigio que ya cumple diez años. Pero ésa es otra historia y no la voy a contar aquí.

15

Siempre me sorprendió que la historia del ron haya llegado hasta nuestros días como un tema virgen, porque (tal como se ha visto en los acápites anteriores) es una bebida entrelazada con el desarrollo económico del Caribe, con el comercio esclavista entre América y África, con la marina británica, con la independencia de las trece colonias que después se transformaron en Estados Unidos y hasta con los principales íconos de la Revolución Cubana. Tal vez por eso pocas personas pueden asociar el ron con personajes concretos o con hechos históricos significativos, más allá de referencias generales a cosas como «era el trago favorito de los piratas». Eso no pasa con otras bebidas. Hasta el más despistado sabe que James Bond adora el martini «agitado, no batido», según reza la fórmula patentada en los libros de Ian Fleming, o que el negroni es el coctel por excelencia de las terrazas, el sol y los periódicos en las películas del neorrealismo italiano.

Quizá la única persona universalmente famosa por beber ron sea Ernest Hemingway. En su novela póstuma *Islas en el golfo*, el viejo Papa dejó escrita su devoción por el daiquirí y dos bares míticos de La Habana, el Floridita y la Bodeguita del Medio. Otras referencias aparecen en *Tener y no tener* o en el inagotable y colorido anecdotario de sus noches de cogorza. En una de ellas se encerró a beber tan desaforadamente en el Ambos Mundos que ahora el episodio recibe el título de «los diez días que estremecieron a Bacardí». En este recuento no voy a insistir con ese rosario de anécdotas, por más sabrosas que sean, ni a subrayar el vínculo de Hemingway con el daiquirí, cuyos pormenores conocen lectores incluso no muy dados a leer sobre cocteles. En su lugar, prefiero abrir un álbum de bebedores (o una galería de borrachos, como la de Eduardo Chamorro) cuyo vínculo con el «hijo alegre de la caña de azúcar» no resulte tan obvio.

Esa lista, por derecho propio, la encabeza el monje dominico Jean-Baptiste Labat (1663-1738), mejor conocido en la historia como Père Labat. A los 30 años, este sacerdote parisino se ofreció para ir en misión de catequesis a la isla de Martinica. Muy pronto puso patas arriba la parroquia de Macouba, construyó edificios y se hizo plantador de caña. En 1696 fue nombrado síndico de las islas francesas del Caribe, motivo por el cual estuvo en muchos lugares, desde Granada hasta La Española. En su monumental obra de seis tomos, *Nouveau voyage aux isles françoises de l'Amérique*, publicada en 1722, cuando ya estaba de regreso en París, Labat se ocupa minuciosamente de todo lo relacionado con la producción de azúcar. De hecho, una leyenda sostiene que fue el inventor de un «brandy de caña» para curar las fiebres que posteriormente daría origen a lo que ahora conocemos como ron. Tuvo esclavos y defendió la esclavitud; sin embargo, a diferencia de casi todos los plantadores, se sintió fascinado por sus costumbres, en particular la del baile, y dejó amplia constancia de ello en su monumental libro. Por todo lo anterior, un ron de la isla Marie-Galante lleva su nombre.

A Robert Louis Stevenson (1850-1894), no obstante su mala salud, le gustaban los licores. Y aunque no sabía gran cosa de marinería, se encargó de que nuestra percepción de los piratas fuera definida para siempre por *La isla del tesoro*. Es gracias a ese libro que la mayoría de los lectores piensa (¡pensamos!) que los bucaneros eran fanáticos del ron, usaban parche en el ojo, llevaban un mapa consigo, capitaneaban goletas, tenían pata de palo y los coronaba un loro encima de los hombros. *La isla del tesoro* abunda en subyugantes historias de licor y locura (por ejemplo, las que cuenta Billy Bones en la Posada del Almirante Benbow), pero nada ha hecho tanto por el ron como la pegajosa melodía de «Yo ho ho and a Bottle of Rum». En la banda sonora de *Piratas del Caribe* puede oírse una versión contemporánea, pero la más arrebatadora sin duda sigue siendo la del coro de Robert Shaw (que el melómano encontrará en YouTube).

El azar quiso que Henri de Toulouse-Lautrec (1864-1901) se volviera devoto de los rones del Caribe. Un año antes de su nacimiento una mortífera plaga, la filoxera, invadió los viñedos de Francia y afectó de manera dramática la producción de vino en los siguientes 25 años. En vista de la escasez, el gobierno se vio obligado a levantar las cuotas que pesaban sobre el ron para proteger la industria nacional del brandy, y permitir el ingreso de espirituosos de Marie Galante, Martinica o Cuba. Un amigo de Hemingway,

Fernando G. Campoamor, logró establecer que una destilería de Cienfuegos proveía de rones al Moulin Rouge, donde muy seguramente los conoció y los paladeó Toulouse-Lautrec.

En alguna parte de sus *Obras completas* José Martí (1853-1895) habla como al pasar de los «rones rojos de Jamaica»; aparte de ésa, no es fácil encontrar otras referencias al ron en sus escritos. Con todo, Martí sí les prestó atención a los *mascavidrios*, que es como les decían en su Cuba natal a los roneros de tanda larga que, en su ansiedad etílica, mordían los vasos con los dientes.

No se sabe con exactitud en qué año nació Constante Ribalaigua. Sólo se tiene certeza de la fecha de su muerte, 1952, en La Habana. Los lectores de Hemingway lo identifican de inmediato, pues se supone que Constante (en realidad, Constantino) fue el inventor del daiquirí en el Floridita. Lo cierto es que este genial cantinero catalán parece haberle dado el toque final a un combinado que ya existía desde el siglo XIX en Cuba, la canchánchara. Sea como sea, el daiquirí es un trago que figura en todos los manuales del oficio, y Ribalaigua conserva el honor de ser uno de los míticos bartenders que hicieron de La Habana el sitio ideal para tomarse unas copas en los años treinta.

«Rum and Coca-Cola» es el título de un popular calipso. Fue compuesto por Lord Invader (1915-1961) y Lionel Belasco (1881-1967), dos grandes músicos de Trinidad, pero se convirtió en éxito gracias a las Andrews Sisters, que en 1945 estuvieron diez semanas en el número uno de los listados de *Billboard* con esta controvertida canción que habla del jineterismo de las muchachas triniteñas. En español se conoce el cover de Julio Iglesias que, como de costumbre, masacró el tema en su álbum *Hey!*

(A propósito del cubalibre, H. L. Mencken (1880-1956) en su libro *The American Language*, de 1921, escribía con su tradicional acritud sobre una variación temprana del combinado: «Los trogloditas de Carolina del Norte acuñaron el término *jump stiddy* para designar una mezcla de Coca-Cola con alcohol desnaturalizado, por lo general obtenido de radiadores de automóviles; los conocedores, se dice, prefieren el sabor del que se añeja en los Ford Modelos T».

En *El guardián entre el centeno*, Holden Caulfield proclama orgullosamente que el daiquirí es su bebida favorita. Sin embargo, en toda la historia sólo se atraganta de whisky escocés con soda.

Pocas personas recuerdan que el poeta piedracielista Jorge Rojas fue el distribuidor exclusivo para Colombia del ron Bacardí. En su casa tuvo durante años la réplica de una barrica con el logo del murciélago, melancólico souvenir que hoy en día custodia el librero Álvaro Castillo. También rueda por ahí una foto en la que Rojas y Pablo Neruda juegan con ese tonel.

Manuel Mejía Vallejo (1923-1998), como pueden testificarlo numerosas personas, tomaba de preferencia cubalibre y siempre, sin excepción, añadía en la mezcla ron Medellín Añejo. Era tan riguroso en la aplicación de los ingredientes que sus amigos hablan del ron *Medellín Vallejo*.

Y hablando de fotos: una de las mejores que le hicieron a Álvaro Cepeda Samudio (1926-1972) tuvo lugar en La Cueva, el mítico bar donde García Márquez pasaba las noches de melopea en Barranquilla. En esa foto el Nene tiene la cara pintada con óleo y detrás de él puede verse un cuadro de Juan Antonio Roda. Si uno mira a la derecha se ve, nítida, una botella de ron marca La Cueva. ¿Cómo es posible que a nadie se le haya ocurrido robarse la idea y fabricarlo en serie?

Alejandro Obregón (1920-1992) bebía como un condenado ron Tres Esquinas, pero también lo usaba para hacer sancocho y de vez en cuando, como me lo dijo una vez, seguramente mamando gallo, para lograr un específico tono de azul en sus cuadros.

En esta lista también deberían figurar Hunter S. Thompson y su *Diario del ron*, Elmore Leonard con *Rum punch* y *Cuba Libre* y algunas crónicas de Paul Theroux. Debería estar muchos poemas de Luis Palés Matos o Virgilio Piñera; debería figurar el maravilloso *Bembé en casa de Pinki* de Richie Rey y Bobby Cruz porque esa canción fue durante años como un himno para mí:

> *Mientras nos quede ron*
> *no tomaremos agua*
> *porque el agua*
> *sólo sirve para irse a bañar.*

Sí, deberían figurar pero esta lista no es y nunca pretendió ser exhaustiva.

16

Llegados a este punto, debo decir que el ron, hoy en día, es un producto diferente. Se ha separado de las grandes plantaciones de azúcar y ya no es, salvo el caso de una que otra destilería, un subproducto que permite añadir unos pesos al negocio principal de los ingenios. Atrás, en su turbulenta historia, han quedado el infame comercio de esclavos, el olor nauseabundo, la destilación precaria, los efectos deletéreos en el organismo. Hoy en día el ron es, en casi todas partes, un espirituoso de primera calidad. Por eso carece de sentido insistir en que es un trago de pobres, al cual sólo se acude cuando no queda más remedio. Quienes piensan así ignoran que la destilación del ron ha adquirido tanta versatilidad y refinamiento como las del brandy y el whisky. Despreciar el ron es una muestra de incultura alcohólica.

Cuando se habla de ron, hablamos de una bebida que tiene tantos matices y estilos como puede tenerlos el vino. Un ron fuerte y corpulento de Jamaica, con su inconfundible aroma a laca de uñas y plátanos maduros, no es lo mismo que los exuberantes rones agrícolas de Martinica o Guadalupe, en los cuales podemos toparnos con ingredientes tan sorpresivos como la pimienta blanca. Un Santa Teresa 1796, suave y sedoso al paladar, con ese toque final de frutas caramelizadas, difiere por completo de un El Dorado guayanés, cuyos aromas nos recuerdan de inmediato a un beneficiadero de café. Esa diversidad se mantiene incluso en los cocteles, porque un daiquirí con Bacardí Blanco es muy diferente a uno con Varadero Silver Dry, o un Honolulu Cooler sabe distinto si en la mezcla va un San Miguel ecuatoriano o un Appleton White.

No es extraño, entonces, que el consumo de ron esté aumentando en todas partes. Havana Club, después de su *joint venture* con Pernod Ricard, es la compañía de licores que más ha crecido en el mundo. Rones de primerísima calidad, cuyos precios alcanzan los 90 dólares, están invadiendo los supermercados. Ahí están, para quienes quieran probarlo, el Zacapa de Guatemala o el Carúpano de Venezuela. (Dicho sea de paso, ¡qué sápidos y arrebatadores los rones venezolanos!) Paralelamente, varias compañías como Riedel trabajan en el diseño de una copa que permita degustar el ron como se debe.

Aun así el panorama no es idílico, pues casi todos los productores se enfrentan al mismo dilema. Por un lado, cuentan con un sólido negocio de gran volumen del que se resisten a prescindir. Por el otro, saben que para prosperar deben actuar como empresas pequeñas, atender la calidad y diferenciarse de la competencia.

17

Las razones para beber (suponiendo que debamos darnos razones para beber) son muy diferentes y varían de persona a persona. A mí me gusta el ron porque, de todos los tragos que existen, es el que más notoriamente me despierta las ganas de vivir. No pudiera enumerar, de tantos que son, aquellos momentos en que el ron me lanzó al puro disfrute de la vida. No pudiera, salvo si cometo una injusticia con mi memoria, hacer un catálogo de aquellos instantes en que el ron fue risa, baile, pasión, grupo de amigos. Pero ahí están, tercos como una incandescencia, los sábados con Darío en que componíamos y descomponíamos el mundo, las noches con Marcela en que un hálito de ron era el perfume de nuestros cuerpos que se amaban, tantos días y tantas tardes con Héctor, al amparo bienhechor de un ron que hacía de imán y convocaba en nosotros los duendes de la conversación y el espíritu de fiesta. Ahí está, sí, mi largo amor con Pilar que ya cumple diez años. Sólo por eso, me digo en silencio, habrá valido tantos tragos.

Texto publicado en *El Malpensante*, núm. 93, enero de 2009.

La tormentosa fuga del juez Atilio
Carlos Martínez D'Aubuisson

Hacía ya meses que al juez Atilio Ramírez Amaya le entraba aquella fiebre nocturna. Todos los días, aún con los últimos destellos solares, la frente se le llenaba de sudor y empezaban los temblores. Años después, en el exilio, un psiquiatra le ofrecería la certeza del diagnóstico que él mismo había intuido: miedo. Miedo a la noche y sus muertos. No era el único enfermo de miedo. Corría marzo de 1980 y la guerra civil asomaba ya su cabeza desangrada a la vuelta de la esquina. Dos meses antes, el procurador general de la República, Mario Zamora, había sido asesinado por encapuchados que penetraron hasta su casa y le dispararon a sangre fría ante la presencia impotente de sus familiares. Sólo en ese año morirían 11.903 civiles de los cerca de 4,5 millones de salvadoreños que habitaban el país en la década de 1980.

El signo trágico de la guerra fría apenas anunciaba la barbarie que esperaba agazapada en la historia. Desde el 15 de octubre de 1979, El Salvador estaba gobernado por una junta militar, que llegó al poder luego de dar un golpe de estado al general Carlos Humberto Romero, quien a su vez había asumido la presidencia por obra y gracia de un descarado fraude electoral el 20 de febrero de 1977.

Era tiempo de ver, oír y callar; y en medio de todo aquel silencio había una sola voz, una que incendiaba el país cada domingo. Se trataba de un cura de pueblo que había escalado vertiginosamente en la jerarquía eclesiástica. Su nombre era Óscar Arnulfo Romero Galdámez y había sido nombrado arzobispo el 22 de febrero de 1977, en medio de un ambiente de fraude y golpe. Monseñor Romero hizo de la homilía dominical un oasis donde no llegaba la censura del Estado, una cartelera con voz donde colgar los nombres de los asesinados y desaparecidos.

El incipiente movimiento guerrillero comenzaba a cobrar fuerza y, como respuesta de la extrema derecha, aparecieron «Los

Escuadrones de la Muerte», liderados por el mayor Roberto D'Aubuisson, un militar formado en la Escuela de Las Américas. El país entero era un territorio de «caza de brujas», brujas comunistas y brujas burguesas. El nuevo arzobispo tuvo que aprender a vivir en el vértice del conflicto. Apenas 18 días después de su nombramiento como arzobispo, cuerpos paramilitares acribillaron a un íntimo amigo suyo: el padre Rutilio Grande. Casi tres meses después, un grupo guerrillero secuestró y asesinó al canciller de la república, Mauricio Borgonovo. Como respuesta, «Los Escuadrones» le dedicaron una ráfaga de metralleta al sacerdote Alfonso Navarro Oviedo. Romero celebró las misas fúnebres de todos ellos.

En aquella hora de sospecha general, de desconfianza como norma de Estado, el arzobispo era visto por los sectores de derecha como un obispo «rojo». El mismo D'Aubuisson lo acusó públicamente de ser «manipulado» por la izquierda y las amenazas le acompañaron hasta el día de su muerte. Sin embargo, para muchos, la gota que derramó el vaso fue la homilía del domingo 23 de marzo *de 1980, cuando desde el púlpito de la catedral metropolitana exhor*tó a los efectivos de los cuerpos de seguridad a desobedecer las órdenes de sus oficiales.

«Yo quisiera hacer un llamamiento de manera especial a los hombres del ejército, y en concreto a las bases de la guardia nacional, de la policía, de los cuarteles: Hermanos, son de nuestro mismo pueblo, matan a sus mismos hermanos campesinos y ante una orden de matar que dé un hombre, debe prevalecer la ley de Dios que dice: No Matar. Ningún soldado está obligado a obedecer una orden contra la ley de Dios... Una ley inmoral, nadie tiene que cumplirla... En nombre de Dios, pues, y en nombre de este sufrido pueblo cuyos lamentos suben hasta el cielo cada día más tumultuosos, les suplico, les ruego, ¡les ordeno en nombre de Dios: Cese la represión!». Esas palabras, pronunciadas con ritmo pausado y timbre agudo, quedarían grabadas para siempre en la memoria de El Salvador.

Al día siguiente, en las páginas de los dos principales periódicos del país se publicaba, en gran tamaño, una esquela en la que se anunciaba que el arzobispo Romero tendría la deferencia de celebrar una misa en honor del primer aniversario de la muerte de Sara Meardi de Pinto, madre de uno de los periodistas «rebeldes» de la época, en la capilla del hospital La Divina Providencia. El aviso fue clave en la ubicación del «blanco».

Aquel lunes 24, cuando pasaban veinte minutos de las seis de la tarde, el juez Atilio Ramírez Amaya impartía su cátedra de criminología. Justo en ese momento, no muy lejos de la Universidad Nacional, un Volkswagen rojo entraba en el hospital La Divina Providencia y se estacionaba en la entrada de la capilla, a 31 metros del altar donde el arzobispo consagraba el pan. «Que este cuerpo inmolado y esta sangre sacrificada por los hombres nos alimente también para dar nuestro cuerpo y nuestra sangre al sufrimiento y al dolor...» Casi inmediatamente después de terminar la frase, de la ventanilla trasera del Volkswagen asomó la punta de un rifle de alta precisión. En cuestión de segundos, el arzobispo de San Salvador, Óscar Arnulfo Romero, caía al piso con la aorta rota por una bala fragmentaria calibre 22. Desde que ese proyectil alcanzó su objetivo, la suerte de El Salvador estaba echada. El país se precipitaba hacia el horror, irremediablemente.

Diez minutos después del disparo, Atilio Ramírez, juez cuarto de lo penal, ya estaba enterado del asesinato y la Universidad Nacional era un hormiguero, en parte también por el baño de balas que el campus acababa de recibir desde un carro en movimiento. Las «fumigadas», como las llamaban los estudiantes, se habían convertido en un hecho casi cotidiano.

Fue en realidad el azar el que puso a Atilio en el camino del asesinato más importante de toda la guerra fría en El Salvador. Los jueces trabajaban por turnos y justo ese 24 de marzo él estaba en servicio. Como buen conocedor de los procedimientos, sabía que no había manera de librarse del caso, tarde o temprano, luego de rebotar en un par de juzgados, llegaría a sus manos. Así que decidió aligerar las cosas asumiendo desde el principio la conducción de las investigaciones.

Fue él quien, junto con el equipo de médicos, guardó en una bolsa plástica los fragmentos del proyectil extraídos del cuerpo de monseñor Romero y fue él el único que examinó palmo a palmo la escena en busca de casquillos. No hubo un solo agente para custodiar la escena del crimen, no se recogió una sola evidencia ni se custodió la autopsia. De hecho, no hubo un reporte policial el día del homicidio.

El martes, mientras el resto de los salvadoreños apenas terminaban de salir del asombro, para el juez fue un día de trámites legales, de «ordenar papeles», como él lo describe. Un día largo y encendido. Por la noche la fiebre atacaba de nuevo y Atilio Ramírez sudaba a chorros mientras miraba la televisión con su mujer, cuando escuchó su sentencia de muerte a las ocho de la noche. El coronel Adolfo Majano, presidente de la Junta de Gobierno, se pronunció en cadena nacional sobre el asesinato del arzobispo. El militar aseguró que la Interpol le había comunicado tener los nombres de los sospechosos del crimen y que éstos le serían entregados al juez para que girara las órdenes de captura.

«Ya me jodieron», le dijo a su mujer, mientras la fiebre lo hacía temblar. La supuesta lista de la Interpol nunca llegó a sus manos; lo único que no tardó en aparecer fueron las llamadas a su casa. La primera fue el miércoles en la mañana y la recibió su hija de 12 años. «¿Cuál es tu color favorito?», preguntaba la voz detrás del auricular. «Es que de ese color le vamos a mandar el ataúd a tu papá cuando lo matemos», explicaba luego. Las llamadas se repitieron durante todo el día, al menos cinco veces. Del dicho al hecho hubo sólo 24 horas.

El jueves 27, antes de regresar a su casa, el juez telefoneó a su secretaria para que ésta le comunicara al asistente del tribunal que era urgente que se entrevistaran en persona, que lo esperaría en su casa. A las diez y quince minutos, dos hombres jóvenes llamaban a la puerta, identificándose como delegados del asistente.

Pero las amenazas habían afilado la desconfianza de Atilio Ramírez. «Mejor sentate por si pasa algo», le dijo a su mujer antes de calzarse al cinto el revólver Colt y cargar su vieja escopeta Mosberg. Se asomó desde su cuarto para ver cómo la empleada abría la puerta y dejaba entrar a los dos hombres. Vestían traje completo y uno de ellos llevaba un portafolio negro.

«Siéntense que ahorita los atiendo», dijo, con la escopeta oculta tras la puerta. Pero antes de terminar la frase, uno de los visitantes abrió el maletín y extrajo un arma de lujo, de uso militar. Se trataba de una de las nuevas mini subametralladoras Ingram, de fabricación israelí. Seguramente el matador no contaba con la Mosberg ni con el temple del juez. En unos segundos la casa se había convertido en un campo de batalla. «Mierda, nos van a matar como mataron a Mario Zamora», pensaba. Luego del primer intercambio de disparos, los dos hombres de traje salieron apresurados de la casa y dispararon desde afuera. En medio de las balas se escucharon otros pasos en el techo. Los dos visitantes no estaban solos. Ramírez apenas alcanzó a tirar un colchón sobre su hija y a alargar el revólver a su esposa. «¡Tirá a las ventanas, estos hijos de puta se nos quieren meter en la casa!». De pronto, los pasos cesaron y el fuego también. En los siguientes diez minutos, en medio del más profundo silencio, lo único que se movía era el cuerpo de María, la empleada doméstica, que yacía en el piso con tres impactos de bala 9 mm en las caderas.

Fuera, dos patrullas de la Policía Nacional encendían los motores y se retiraban a toda marcha. En la casa quedaban los agujeros de bala, la sangre de María, un insoportable olor a miedo y un hombre que tiritaba de la fiebre.

Esa noche, la familia Ramírez se trasladó a la casa de un amigo. Nadie indagó sobre este caso nunca, no hubo investigadores en la casa, no se le dio protección especial al juez, no hubo levantamiento de evidencia y, de nuevo, no existió ningún reporte policial que documentara el hecho. Al día siguiente, cuando Atilio Ramírez le pidió protección especial al presidente de la Corte Suprema de Justicia, éste lo miró con sarcasmo. «No invente fantasmas, Atilio». Para el domingo 29, el juez se había exiliado en Costa Rica. Todo había ocurrido en menos de una semana. Nadie nunca retomó el caso en El Salvador.

Atilio dejaba tras de sí un El Salvador donde ya todo era posible y esto quedó trágicamente claro justo un día después de su partida. Durante el sepelio de monseñor Romero, unas 50.000 personas se agolparon en la plaza central para darle un último adiós al arzobispo que había sido voz de los sin voz. Apenas había terminado la homilía cuando, a través de una de las ventanas superiores del Palacio Nacional, una mano misteriosa dejó caer una bomba de humo sobre la multitud y tras el humo, los disparos. De entre los dolientes no tardaron en aparecer elementos de los comandos urbanos guerrilleros que respondieron al fuego. El sepelio de quien había denunciado la violencia fue, pues, una lluvia de balas que dejó como saldo 35 personas muertas y 185 heridos de gravedad. Más tarde, el obispo irlandés Eamon Casey, quien había ayudado a cargar el féretro de Romero, declaraba a la prensa internacional: «Hay algo vil en este país, vil, pero muy vil».

* * *

La juventud de Atilio Ramírez había sido dispersa y sus noches fueron largas y bohemias. Los recorridos nocturnos se sucedían entre carcajadas y la parranda se alargaba desde la Plaza del Trovador hasta la 5ª Avenida, calles obligatorias para el ejército de alegres que preferían pasar la madrugada entre copas y putas. Eran tiempos de mariachi y tríos, de mujeres y alcohol, mucho alcohol. «En esos tiempos —recuerda Atilio— se podía amanecer hasta con tres mujeres en la cama y uno no tenía que preocuparse por nada». Entre los frecuentes compañeros de juerga estuvo alguna vez uno de los reyes de la madrugada salvadoreña, el poeta Roque Dalton, y Atilio se hizo muy popular entre todos los trovadores nocturnos de la zona. Eran buenos tiempos.

Una vez en Costa Rica, se descubrió solo, el sistema de justicia salvadoreño no le brindó protección legal y sólo accedió a concederle dos meses de permiso con goce de sueldo. Con la universidad fue lo mismo, pese a ser miembro del Consejo Superior Universitario el único respaldo fue, también, un permiso de dos meses. Entre los dos salarios juntaba 240 dólares mensuales que le ayudaron a comprar un microbús.

Los primeros dos meses pasaron rápido, entre infructuosas solicitudes de trabajo y el creciente rechazo de sus amigos. «Los amigos que hubieran podido darme trabajo en Costa Rica se me comenzaban a esconder y llegué un día al Ilanud (Instituto Latinoamericano de las Naciones Unidas para la Prevención del Delito y el Tratamiento del Delincuente) y les dije: "No me hagan más desgraciado de lo que ya soy. Vengo por verlos a ustedes no a pedirles nada"», relata. La solución a su desempleo llegó más bien de otro grupo de amigos.

Atilio no era el único exiliado salvadoreño en Costa Rica. Una vez terminada la guerra, la Comisión de la Verdad describió el año de 1980 así: «La instauración de la violencia de manera sistemática, el terror y la desconfianza en la población civil fueron los rasgos esenciales de este período». Ya no eran buenos tiempos para los trovadores ni para las prostitutas; el estado de sitio nocturno les había echado a perder el negocio y muchos se regaron por toda Centroamérica, Costa Rica incluido. Fue en la Plaza de La Esmeralda, lugar de marcha nocturna en pleno San José, donde Atilio reencontró amigos dispuestos a recibirlo. Allí estaban, como en los viejos tiempos, «el Avispón», «el Sepulcro», «la Ardilla», «la Hormiga», «Tachuela», cantantes y músicos de los tríos que una vez amenizaron sus noches de juerga. El juez necesitaba amigos y ellos necesitaban de los servicios del juez, es decir, de un taxista con un vehículo lo suficientemente grande como para transportar arpas y guitarrones. Así se hizo la vida, desde junio hasta octubre de aquel año oscuro de 1980. Uno de los juristas más preparados de la época había pasado, en pocos meses, de Juez Cuarto de lo Penal a conductor de un taxi pirata. «No viví esos días como un desdichado, trabajo es trabajo», recuerda.

Todo ese tiempo su mujer siguió viviendo en El Salvador, amparada en la escasa seguridad que le proporcionaba su pasaporte europeo. No fue sino hasta el final de su exilio en Costa Rica cuando Atilio decidió compartir con ella su nueva profesión. «Es que me daba pena», confiesa.

Cuando Félix Ulloa, rector de la Universidad Nacional de El Salvador, se enteró de que Atilio vivía como taxista decidió mover sus influencias para abrirle una plaza de maestro en la universidad de Nicaragua. Era principios de octubre de 1980 y ya no había nada que perder, así que un día Atilio tomó su microbús, sus escasos ahorros y enfiló para Nicaragua. «Al llegar a Managua yo sabía que tenía trabajo, pero no sabía dónde vivir, entonces lo que hice fue preguntar dónde quedaba el punto en el que se reúnen los tríos y los mariachis. Y me dijeron que en la Plaza Justo Santos. La cosa es que llegué a la plaza esa y me bajé. Al ratito me gritaron "¡Atilio!". Era "Tripa", un cantante.»

La cátedra que le esperaba en la universidad de Managua no era precisamente el tipo de magisterio que se imaginaba. Lejos de los libros de jurisprudencia lo esperaba una cátedra de español, que luego de un año se transformó en curso de literatura latinoamericana. La revolución sandinista acababa, hacía apenas un año, de destronar el régimen de los Somoza y necesitaba de todas las manos que fueran posibles. En Atilio, los sandinistas encontraron a un voluntario infaltable. Fue miembro activo del Comité de la Defensa del Sandinismo (CDS) de su cuadra, el primero en apuntarse a las jornadas de alfabetización en las zonas rurales e incluso se le llegó a comisionar un «estudio sociológico» de algunas comunidades de la selva nicaragüense. Finalmente, a mediados de 1982, obtuvo una cátedra de derecho.

Fueron cinco años los que vivió en Nicaragua, cinco años que recuerda con ternura, casi con añoranza. Partió hacia México en 1985 para estudiar una maestría en criminología. Todo ese tiempo vivió en casa de la única persona que le ofreció techo desde su llegada, un mariachi salvadoreño.

* * *

«Bueno, puedo intentar, aunque de entrada le digo que a Atilio no le gusta la prensa, lo más probable es que diga que no.» Ése fue el pronóstico más optimista que encontré en la búsqueda de la entrevista con Atilio Ramírez Amaya y venía de María Julia Hernández, la actual directora de la oficina de tutela legal del arzobispado de San Salvador, una mujer que, durante 25 años, ha tocado todas las puertas legales para reabrir el caso Romero en El Salvador. Salí de su oficina con un sabor a fracaso. A la mañana siguiente, María Julia llamaba a mi celular: «Dice Atilio que puede atenderte mañana en la tarde». Las oficinas donde funciona actualmente el bufete del ex juez tienen una dirección casi imposible, en medio de la maraña de calles de la capital salvadoreña: «Siga recto en la Avenida Juan Pablo II, pase la Asamblea Legislativa y donde vea una reparación de llantas cruza a la derecha». Comparte oficinas con un colega, y «modesto» sería un calificativo un tanto pobre para definir su despacho. Su secretaria me confunde con un cliente y cuando Atilio nota el error endurece el rostro. «Aaah, vos sos. Pasá adelante.»

Es principios de marzo y el calor hace que el local parezca más chico. Su oficina es un maremoto de papeles superpuestos y en el escritorio no hay un solo lugar vacío donde el interlocutor pueda apoyar los codos.

El juez es ahora un hombre viejo y a primera vista parece mimetizarse con su actual despacho de abogado y notario. Sus maneras deambulan entre la más elocuente cortesía y la puteada sincera, que suele aparecer sobre todo cuando habla de los detractores de Romero. «Los hijos de puta ahora mejor se quedan callados, o hasta le hacen homenajes, pero antes lo atacaban cada vez que podían», grita a través de un rostro fruncido. De hecho, decidió concederme la entrevista porque yo no representaba a ninguno de los medios tradicionales del país, a los que mira con una mezcla de resentimiento y desconfianza.

Asegura que no es amigo de dar declaraciones a la prensa, pero, cuando al fin se decide, la memoria abre las compuertas de par en par y las anécdotas salen apresuradas, una tras otra, y los años se suceden y los días aparecen. Días que nunca se perdieron, días que nunca ha dejado de recordar. Por ejemplo, la noche en la que, mientras servía al sandinismo en un pueblo perdido de la selva nicaragüense, vio miles de loras y guaras comiendo naranjas. Se ríe ahora del día que lo hizo sentir «desdichado», cuando, estando aún en Costa Rica, decidió agregar algunos centavos extras a su trabajo de taxista, trabajando de jornalero en la temporada de corta de café. Arrancó granos durante más de dos horas, hasta que el caporal notó su acento salvadoreño y lo sacó sin pagarle lo cortado. «Es que no nos querían en ningún lado», recuerda entre risas.

Recuerda también que un día ya olvidado de 1983 recibió en Managua la llamada de un familiar exiliado en Costa Rica. Le decía que había un «gringo» al que le urgía entrevistarse con él. Al llegar al encuentro, el hombre se identificó como agente de la CIA, asegura Atilio, y tenía una petición especial: que a través de una declaración jurada implicara al ex capitán Eduardo Ávila en el asesinato de monseñor Romero. Ávila era uno de los lugartenientes del mayor Roberto D'Aubuisson. «¡A mí no me gusta que me agarren de pendejo, ustedes bien saben quiénes fueron!», fue lo único que obtuvo el estadounidense como respuesta, según recuerda Atilio.

Su última anécdota en el exilio también está relacionada con un hombre del círculo íntimo de D'Aubuisson. Era 1989 y había dejado Nicaragua hacía cuatro años para estudiar una maestría en criminología en la UNAM, México, cuando un viejo amigo se acordó de él: Roberto Angulo. Para ese año, ARENA, el partido fundado por Roberto D'Aubuisson, había ganado su primera elección presidencial y Angulo era presidente de la Asamblea Legislativa, miembro de la cúpula del partido ARENA y cuñado de D'Aubuisson.

En la versión de Atilio, el «amigo» le llamó a México para ir directo al grano: «Quiero que regresés al país como magistrado de la Corte Suprema de Justicia». En la versión de Angulo todo ocurrió más lento. Simplemente en una de sus visitas diplomáticas al Distrito Federal se encontró con un antiguo compañero de la Asociación de Alcohólicos Anónimos, al que recordaba con cariño y pensó en la posibilidad de «ayudarlo».

La noticia de que uno de los candidatos de ARENA para la Suprema Corte era el juez que había sido exiliado por llevar el caso de Romero, pronto encendió la polémica. Los jesuitas, a través de su universidad en El Salvador, aseguraron que era una maniobra para «lavar la cara de ARENA». Angulo lo descarta: «Yo ni siquiera tuve en cuenta que él había llevado el caso de monseñor Romero. Simplemente varias personas lo consideramos idóneo», explica. El hecho es que Atilio fue electo como magistrado de la máxima corte en 1989 y permaneció en el puesto durante cinco años. Había salido como un perseguido y regresaba por la puerta ancha, la más ancha. Tres años después, gobierno y guerrilla firmaban la paz y el FMLN pasó de ejército insurgente a partido político.

El asesinato de monseñor Romero nunca volvió a encontrar, en El Salvador, un juez que lo juzgara. El caso siguió creciendo en el archivo de los tribunales, engordando, sumando folios y polvo, declaraciones inútiles y desidia. En la actualidad, el expediente suma 11 carpetas gruesas y más de 2.000 páginas que no han arrojado ninguna conclusión.

En 1993, la Asamblea Legislativa, con el mayor número de escaños ocupados por diputados de ARENA, aprobó la Ley de Amnistía General que perdona, sin más, todos los crímenes que se cometieron antes de la firma de la paz. De nada han valido las protestas de grupos pro derechos humanos que piden derogar la ley. Más aún, la Comisión Interamericana de Derechos Humanos pidió al ex presidente Francisco Flores que derogara la amnistía. Nada.

Y es que la Ley de Amnistía en El Salvador parece no ser negociable. El FMLN y algunos otros grupos de izquierda mencionan el tema con timidez, quizá recordando que, en varias curules de la Asamblea Legislativa, están sentados algunos de sus diputados señalados por la Comisión de la Verdad como violadores de derechos humanos.

Desde 1989 hasta la fecha, el país está gobernado por el partido fundado por Roberto D'Aubuisson. Cuando se les ha planteado a los presidentes reabrir el caso de Romero, uno tras otro han hablado de «perdón y olvido» y de «no reabrir heridas del pasado». El actual presidente, Antonio Saca, ha recordado incluso que en su infancia fue monaguillo de Romero, pero asegura que fue electo «para gobernar hacia el futuro, no hacia el pasado». De hecho, el recién pasado martes 12 de abril, algunos partidos de oposición presentaron una petición oficial en la Asamblea Legislativa para que se derogara la Ley de Amnistía General. La respuesta de Saca fue contundente: «Derogar la Amnistía es como abrir una herida, ponerle limón y sal a la herida y (por lo tanto) no es el mejor camino para reconciliar a la sociedad». Pese a que D'Aubuisson murió de cáncer en 1992, antes de que se firmara la paz, el asunto de su participación en el asesinato aún sigue siendo uno de los temas más espinosos del país.

La Comisión de la Verdad, resultado de los acuerdos de paz, se formó para esclarecer «graves hechos de violencia ocurridos desde 1980» y fue presidida por el ex mandatario colombiano Belisario Betancur. En su informe final, titulado «De la Locura a la Esperanza», la comisión determinó: «El mayor D'Aubuisson dio la orden de matar al arzobispo». Más adelante menciona: «El fallido intento de asesinato contra Atilio Ramírez Amaya fue una acción deliberada para desestimular el esclarecimiento de los hechos». Al no tener facultades vinculantes, el informe quedó en eso. Un simple informe.

Días después de publicado el texto, ARENA respondió con un comunicado oficial: «Lamentamos las acusaciones temerarias vertidas en contra de nuestro fundador y máximo líder, basadas en injurias...». El tema ha sido material de los más encendidos debates, entre quienes insisten en señalar a D'Aubuisson como asesino y quienes ven en la figura de Romero a un «promotor del odio de clases».

Desde su regreso a El Salvador, Atilio Ramírez Amaya había preferido mantenerse al margen de este debate y había escuchado en silencio. Hasta que llegó el año 2004, en el que dos eventos pusieron a Romero, de nuevo, en el centro del debate. Ese año, en Ciudad del Vaticano, el cardenal Joseph Ratzinger desentrampó el proceso de beatificación del arzobispo asesinado, luego de estudiar, durante cinco años, cada una de sus palabras y decidir que su mensaje no contrariaba ninguno de los preceptos de la Comisión para la Doctrina de la Fe, oficina heredera del Santo Oficio. Lejos del Vaticano, en Fresno, California, ocurría otro hecho, quizá más trascendente, al menos para Atilio.

Segundos después del asesinato de monseñor Romero, el Volkswagen rojo que conducía al tirador salió despacio del hospital La Divina Providencia, según ha relatado el mismo chofer, Amado Garay, quien recuerda que luego de algunas vueltas por la capital condujo al francotirador hacia uno de los barrios más exclusivos del país, donde aguardaba un ex militar y mano derecha de D'Aubuisson: el capitán Álvaro Saravia.

Saravia había vivido en Estados Unidos al menos desde 1987 y se había dedicado a la venta de autos usados hasta que una ley del siglo XVIII lo tomó por sorpresa. En 2003, el Centro para la Justicia y la Responsabilidad y la prestigiosa firma de abogados Heller Ehrman White & McAuliffe, decidieron representar, de forma gratuita, a un familiar de Óscar Romero y demandaron al capitán vende-autos. Para ello desenterraron la Ley Federal de Demandas Civiles para Extranjeros, aprobada en 1789. Esta disposición fue descubierta en los archivos legales de Estados Unidos por los abogados de una familia paraguaya, cuyo hijo había sido asesinado por la policía. Fue en 1976, cuando los familiares de este joven se encontraron al ex jefe de la policía uruguaya, mientras paseaba en Manhattan, y lo demandaron. Este caso abrió un precedente para otros como el del arzobispo salvadoreño.

* * *

A mediados de 2004, Atilio Ramírez Amaya fue invitado a participar del caso en calidad de testigo. Cuando se le pregunta la razón por la que decidió enfrentar a sus fantasmas en aquella corte ajena, no vacila ni un segundo: «Es que después de todo, esto yo se lo debía a monseñor». Así, se preparó todo para que el 25 de agosto rindiera declaración.

La fiebre nocturna, que había desaparecido en el exilio, lo estaba esperando en Fresno, regresó la noche antes del juicio, acompañada de sombras que se movían sospechosamente en cada rincón del hotel. «Es que el miedo no se olvida», dice Atilio.

Ese día Atilio Ramírez Amaya subió al estrado e hizo lo que había estado esperando durante 24 años: se presentó en una corte para cerrar su último juicio como Juez Cuarto de lo Penal. Atilio contó su historia a pausas, ante el juez estadounidense Oliver Wanger, y días después el capitán Álvaro Saravia fue condenado a pagar 10 millones de dólares a los familiares de Romero. Las fiebres del juez no han vuelto desde que, 25 años más tarde, pudo al fin proceder con el caso más importante de su carrera. Lo hizo en otra corte, en otro país y con otro juez.

Texto publicado en *El Faro* de El Salvador en 2005.

Lucho Gatica
(Maquillaje para la cuerda floja de la voz)
Pedro Lemebel

Alguna vez le gritaron «canta como hombre», y Lucho tuvo que tomarse un Aliviol para pasar el mal rato. Y aunque trataba de enronquecer la felpa de su garganta, el *Quizás sería mejor que no volvieras* igual le salía amariconado, aunque intentaba ensuciar el raso opaco de su laringe, el *Quizás sería mejor que me olvidaras* provocaba molestias entre los machos tangómanos que por esos años imponían el acento marcial del ritmo porteño. Y era que el Lucho o Pitico, como le decían, era demasiado romántico y su corazón se había inclinado por el bolero, que contrastaba con el tan tan de la virilidad argentina.

Decían que el Pitico era medio raro, con ese terciopelo de voz que arrebataba el alma a las mujeres peinadas a lo Rita Hayworth, las niñas que no dejaban de suspirar cuando él les susurraba: «Sólo una vez platicamos tú y yo y enamorados quedamos».

Era un bálsamo terso para suavizar las desgracias y el hambre de sus admiradoras populares, que encontraban en la concha acústica de su canto una razón para vivir. Por eso compraban los discos y las revistas *Ecran* y *Mi Vida* donde aparecían noticias suyas. Juntaban tapitas de Papaya Brodways o envolturas de cigarrillos Ideal para canjear su foto.

Pero en realidad, Lucho nunca fue imagen, porque era un chileno de pelo liso con cara de escolar de escuela pública. Solamente su voz lo reconstruía para las mujeres y colizas que lo soñaban a media luz, en la penumbra de sus piezas de conventillo, en ese Santiago provinciano que dormía siesta con la radio prendida.

Lucho había llegado de Rancagua, y arrastraba la provincia en la demanda asmática de su acento. Como si en la *Enorme distancia* alargara las vocales en un aliento de carretera que no llegaba nunca a la capital. Pero llegó un día a esa urbe de los cincuenta. Un Santiago cruzado por el carro 36, que corría sobre esos rieles que aún quedan en el asfalto como partituras oxidadas de la ciudad.

Trazos metálicos que fugan un pasado Bilz, acostumbrado a tomar té en los bajos del café Waldorf. Ahí la batería, el piano y el Lucho aflautado en su terno y corbata de humita, dándole a ese *Cómo me falta tu querer*. Mientras, el dúo Sonia y Miriam esperaban nerviosas en el camarín que la gente se aburriera de su asfixia melódica para salir a cantar ellas. Pero los aplausos seguían y el maestro Roberto Inglés renovaba los compases del bolero, y al final toda la gente se iba con el *Sabor a mí* en la garganta.

Ya en los cincuenta arrasaba en los shows de radios que precedieron a los recitales televisivos. El locutor Ricardo García calmaba a las fans, que se arremolinaban en el auditorio esperando la aparición de Lucho. Y entre el revoltijo de plisados y faldas a media pierna, más de alguna loca, parada al fondo de la platea de Radio Minería, se hacía la lesa apoyándose en algo duro que la mecía bolereada, «como si fuera esta noche la última vez». Y en verdad ésa era una última vez, porque Lucho se fue susurrando esas frases cargadas de pasión. Se marchó de Chile a México para no regresar. Allá se radicó y contrajo matrimonio con Mapita Cortez, una belleza de ojos tapatíos que le dio varios hijos. Así pudo contentar a muchos que en Chile aún dudaban de su sedosa masculinidad.

Decían que el Pitico estaba feliz en el país azteca, que tanto sabe de «esas cosas del corazón». Y fue México quien le abrió las puertas al mercado internacional. Se hizo tan famoso, que hasta la mirada turquesa de Ava Gardner pidió silencio al público, porque quería escuchar al señor Gatica en un lujoso club de Acapulco, donde las *stars* de Hollywood iban a dorar sus esplendores. Por años representó a Chile con su plática silabeante. Era un embajador que hizo creer a todo el mundo que los chilenos hablamos así. Y no estaban muy equivocados al pensar que acá se hablaba en esa media voz, en ese tonito achicado por la timidez, que algunos le atribuyen al bastión cordillerano.

Así, Lucho se fue por el mundo, y por mucho tiempo lo único que sabíamos de él eran sus triunfos como cantante melódico que había logrado atravesar la frontera, llevando nuestra frágil conversa por los escenarios internacionales.

Después, llegó la avalancha de motos y casacas de cuero de los sesenta, y las fans de Lucho engordaron, se hicieron tías, mamás y abuelas de las nuevas generaciones rockeras que odiaron los ecos del *Sabor a mí.* Los discos se fueron quebrando, y Pitico desapareció tragado por los sones vibrantes de la tecnología electrónica. Su melódica queja sucumbió con el alto voltaje, que por contraste apagó el susurro de Lucho. Al parecer, el canto se estranguló a sí mismo, y mientras más intentaba sacar el sonido, las cuerdas vocales se negaban a vibrar con el pétalo dulce que carraspeaba «Tanto tiempo disfrutamos nuestro amor», y sólo le salía un ahogado ronquido que se apagó definitivamente junto a la nostalgia.

Alguna vez que volvió a Chile fue un desastre, la decepción de la memoria. Invitado al Festival de la Canción de Viña del Mar, Lucho ya había perdido el guante de su voz. Y fue desesperante verlo por televisión, como una Dama de las Camelias agónica, tratando de impostar la seda de sus notas musicales. La gente tuvo mucho respeto y aplaudió más el recuerdo que la interpretación del *Bésame mucho.* Y él se fue, llevándose una gaviota lastimera como homenaje bajo el brazo.

Cuando llegaron a Chile las películas del director Pedro Almodóvar, que sacudieron el ambiente con su filmografía homosexual, la voz de Lucho venía coloreando las violentas escenas sexuales de *La ley del deseo.* El bolero *Lo dudo* ponía punto final al feroz coito efectuado por un director de cine y un chico que lo amaba y «le hizo comprender todo el bien y todo el mal».

También en la película *Entre tinieblas,* donde la madre superiora de un convento se enamora de una prostituta, la voz de Lucho es doblada por la monja que, al estilo travesti, le canta muda a su amada: «Cariño como el nuestro es un castigo». Pero esto nada dice, es sólo un pretexto para recortar el perfume de su flauta en las imágenes de Almodóvar que lo traen de contrabando a Chile. Algo de este cine sucio emparenta el deseo suplicante de Lucho por hacerse oír, cuando el *remake* lo retorna amplificado en la banda de sonido. Un maquillaje para la cuerda floja de su voz, como alarido náufrago que rebota en el pasado, llamándolo: «Pero no tardes, Lucho, por favor, que la vida es de minutos nada más, y la esperanza de los dos es la sinceridad...».

Texto publicado originariamente en la revista *Página Abierta,* en 1991.

Cromwell, el cajero generoso
Juan Manuel Robles

El protagonista de esta historia me jodió la tarde. Él no lo recuerda, fue hace tiempo. La única vez que lo visité en la céntrica prisión en la que lo encerraron, Cromwell Gálvez huyó de mí y se apresuró a decir que no hablaba con la prensa. Le habían quitado la libertad pero la fama insistía en quedársele, no podía sacársela de encima ni dentro de los cuatro muros de una celda. Cromwell, el hombre que había robado un banco durante años sólo para poder acostarse con las vedettes más deseables de Lima, estaba finalmente preso y las carátulas de los diarios populares seguían poniendo su fotografía junto a letras grandes multicolores. Yo había dado su nombre en la entrada del penal diciendo que era su amigo, arriesgándome a lo que a veces nos arriesgamos los reporteros: a que la persona que buscas te reciba mal.

Había guardado la esperanza de que adentro podría manejar la situación portándome cortés, pero Cromwell Gálvez se mostró nerviosamente hostil y me dijo que sólo recibía a familiares. No fue lo único que hizo. Se quejó ante los guardias del penal y ellos le hicieron caso: me detuvieron y me castigaron dejándome cuatro horas encerrado por gracioso. No hay nada que moleste más a un uniformado que un periodista que se hace pasar por otra cosa. Mientras un efectivo de traje plomo tomaba mis declaraciones en la comisaría del penal, pude ver, a través de la abertura de la puerta, la imagen del interno Cromwell Gálvez hablándole a otro oficial. Asomaban sus ademanes de queja, los ojos molestos, cierta indignación bajo el pelo grasiento. ¿Es que cualquier periodista entra aquí como si nada? El oficial hacía gesto de mea culpa. Era fácil entender que el interno tenía cierta clase de cercanía con él, cierta llegada o conexión que atenuaba la frontera típica que hay entre un preso y su celador. Años más tarde entendería que el motivo de tanta amabilidad era inocente: esos oficiales eran los mismos que, un día, le habían pedido al nuevo y simpático recluso Cromwell Gálvez que les contara eso. Eso de las vedettes.

Y Cromwell, sonriente, les había empezado a contar la historia que lo ha hecho famoso. La de las chicas. De cómo robar un banco durante cinco años sin que nadie se dé cuenta con el único móvil de inaugurar una nueva modalidad criminal: robo por fantasía. Disparar billetes como ráfagas y así preparar orgías suculentas. Un día eres un correcto empleado bancario y al día siguiente una sorpresa electrónica de cinco cifras en la pantalla de la computadora cambia tu vida. Luego tienes dinero. Lo gastas, lo prestas, ayudas a la gente, eres bueno, te quieren. Te acuestas con ellas, con todas las que imaginaste. Te diviertes como un chancho. Luego te descubren, todo se va a la mierda y sales en la prensa. En primera plana. Una historia suficientemente poderosa como para tener de qué hablar de por vida, o, al menos, para hacer nuevos amigos en cualquier parte, incluso en la cárcel donde te encierran y donde un periodista faltoso te busca en pleno domingo familiar. Cromwell le dio la mano al uniformado y subió a su celda. Los oficiales me dejaron salir del centro penitenciario recién a las nueve de la noche, dándome la cariñosa recomendación de no regresar por allí. Un fuerte ruido, el ruido universal del portón de hierro de una prisión cerrándose, fue la señal de que ya estaba en la calle. Anoté en la libreta una frase que entonces se me hizo urgente: «Mientras escribo esta historia, Cromwell Gálvez se acostumbra a la cárcel». Pasarían años antes de volver a verlo.

* * *

Sobre la mesa, dos manos hacen la mímica de contar con los dedos un fajo imaginario de billetes. Los dedos anular y medio de cada mano se mueven como acariciando el aire, tan rápido que parecen las alas de un colibrí: la carne no es carne sino un holograma traslúcido. ¿Cuántos billetes por segundo puede contar un cajero? Cromwell Gálvez descansa las manos para pensar un momento. No está seguro de la respuesta, pero me dice que todo es cuestión de práctica. También dice que los dedos índices se usan para verificar al vuelo que cada billete sea genuino. Vuelve a hacer el movimiento otra vez y me indica la forma correcta de conseguirlo. El ex funcionario del banco lleva una camisa blanca. Luce flaco y, si el lector levanta la mirada —y deja que las manos sigan jugando a contar billetes invisibles—, verá que en sus ojos se adivina cierta paz, la paz nostálgica usual en los que empiezan de nuevo tras una catástrofe. Cromwell Gálvez está libre. Cumplió su reclusión por hurto agravado y apropiación ilícita. Ahora lo visito en el estudio de su abogado defensor, el lugar donde le han dado un trabajo temporal digitando escritos en una pantalla. Pasé todo el día pensando en la posibilidad de que él tuviera algún resentimiento contra mí por violar su privacidad, hace tres años. Pero ya no me recuerda. Al menos, no con nitidez.

—No sé de dónde te he visto antes, flaco —me dijo al entrar en la sala, tratando de hacer memoria achicando sus intrigados ojos como quien enfoca algo. Salí al paso:

—¿A mí?, lo dudo. Bueno, pero yo sí sé de dónde te he visto.

Para él es difícil hacer memoria. Para mí no. He visto a este hombre desnudo y él lo sabe. El 29 de julio de 2003, un día después de las Fiestas Patrias peruanas, el ex funcionario bancario Cromwell Gálvez llegó al clímax de la popularidad mediática. Esa noche, un programa de televisión difundió en vivo y en directo un video casero en el que Cromwell aparecía en la cama con Eva María Abad, una pulposa vedette de moda a quien él había beneficiado con diez mil dólares en una cuenta bancaria. El hombre se había quitado la ropa y ahora desnudaba a la mujer. Un tercer sujeto, apodado Coyote, completaba el trío. Todos la pasaban bien. El material fílmico probaba lo que ya era un secreto a voces: que las mujeres que habían recibido abonos ilícitos en sus cuentas bancarias correspondieron la generosidad de Cromwell con sexo. Semanas más tarde, el ex cajero se entregó finalmente a la policía y engrosó aún más la larga lista de portadas que los tabloides habían publicado en su honor.

Cromwell Gálvez no es un hombre guapo. Sus ojos caídos evidencian cierta inseguridad antigua y el hecho de que su labio superior sobresalga cuando cierra la boca —como el personaje de Ungenio de *Condorito*— contribuye a darle un aspecto carente de audacia y seguridad, acentuado por esa raya al costado que usó desde tiempos inmemoriales. De ahí que la prensa haya vendido fácilmente la imagen del feo sin talento que desfalcó un banco para resolver con plata sus problemas de seducción. Pero la cosa es más compleja. Hay algo sinceramente atractivo en la forma de ser de Cromwell: un tipo campechano, ameno, transparente, sin poses ni ínfulas, que ama a las mujeres como quien ama el mar, o sea, de forma natural y embelesada, sin detenerse a pensar en los riesgos de los oleajes tormentosos. Se trata de un hombre que irradia vibraciones positivas, de esos con los que te dan ganas de ir pronto a beber alcohol o a jugar un partido de fútbol. No es broma. Bastan pocos días para darte cuenta de que Cromwell Gálvez se lleva bien con todo el mundo, que nunca dejó de ser el punto medio entre el *nerd* y el vivo de un salón de clases. El perfil del hombre generoso con la casi extinta cualidad de lograr que cada favor parezca desinteresado y sincero, inofensivo. El amigo perfecto.

Pero volvamos a la oficina donde ha decidido mostrarme la minuciosa artesanía de contar billetes. Cromwell confiesa tener mucho tiempo libre. La calle es dura cuando dejas la prisión, así que se ha propuesto capitalizar la experiencia vivida. Negocia con una productora los derechos de una serie de televisión sobre su vida. Está en conversaciones con un director de cine para llevar a la pantalla ese cúmulo de noches locas y excesos que ha sido la fracción de su existencia que nos compete. Evalúa propuestas de editores para la publicación su libro biográfico. Recién salido de prisión, un amigo suyo sacó un diario tabloide llamado *El Mañanero de Cromwell*. En cada edición, el ex presidiario contaba los detalles de sus relaciones íntimas con vedettes: historias edificantes para el hombre de a pie. A estas alturas, él conoce bien los atractivos de su historia, siempre sabe cómo endulzar el relato y es consciente también de la regla de todo narrador de cuentos: guardarse un capítulo para después. No importa todo lo que escuches, él siempre habrá callado algo. Al ex funcionario le gustan los relatos. En la cárcel, acostumbraba ver películas en DVD. Recuerda con especial afecto *Una mente brillante,* la del matemático que se vuelve esquizofrénico y ve apariciones. Le pregunto qué libros leyó en tanto tiempo de encierro.

—No, la verdad no soy mucho de libros. Siempre me gustaron más los números.

* * *

El juego se llamaba TODI y al funcionario del Banco Continental le encantaba encerrarse con los amigos y las chicas a jugarlo. Siempre tuvo una afición por los dados, esos cubitos-ruleta que ofrecían las mismas probabilidades que el tambor de un revólver. Toma, obliga, derecha, izquierda: TODI. El juego consistía en lanzar el dado y, según la correspondencia numérica, hacer que los otros tomaran. Si te salía °, tomabas tú; si te salía ° °, obligabas a tomar a quien quisieras. Si te tocaba el ° ° °, el que estaba a tu derecha debía coger el vaso. Cromwell debía estar bien abastecido de cerveza en tales ocasiones. Y para eso estaba Jorge Córdova, su leal sirviente, a quien había apodado Coyote por la afanosa celeridad con la que recorría hasta la punta de cualquier cerro para cumplir una encomienda. Jugar TODI sólo tenía gracia cuando había chicas ahí. Era un entremés, una distracción antes del momento de rendirse a los instintos. Él y sus amigos se reunían en un departamento cercano a la agencia bancaria, un piso que él le pagaba a Jorge con la condición de poder convertirlo, cuando le diera la gana, en su cuchitril orgiástico. Había un dormitorio, y en el dormitorio una cama, y en la cama una frazada de leopardos tejidos. En ese cuarto —recuerda nuestro hombre— se vivieron sesiones inolvidables con las vedettes. Cuando saltó el escándalo, todas negaron haber estado allí. Pero Eva María Abad tuvo mala suerte: un video casero la desmintió a nivel nacional.

Las chicas que Cromwell recuerda en esa habitación eran populares. Podías encontrar fotografías de sus traseros en cualquier kiosco, dando una ilusión de volumen y 3D a las planas portadas de los tabloides. Estaban de moda, salían en la tele. En la página web de Eva María Abad aparecía, luminosa, una promesa feliz: «En cuestión de minutos transformo toda la noche en una bomba de gran diversión».

* * *

Al estudiante de ingeniería Cromwell Gálvez siempre le gustaron los números. Ingresó a trabajar en el Banco Continental de Lima el lunes 27 de junio de 1988. Tenía veintiún años. Había sorteado satisfactoriamente un riguroso proceso de selección: de cien postulantes quedaron cuarenta; de cuarenta, veinte; de veinte, tres. Dos afuera, él adentro. No fue una sorpresa. Cromwell no era un chico disperso en clases ni trajo nunca mayores complicaciones a casa. Estuvo entre los seis mejores alumnos de su promoción de colegio, y siempre dedicó su tiempo libre a los deportes: preselección de fútbol, selección de básquet. Dice que sólo abordaba a una chica si tenía la seguridad de que ella iba a corresponderle: la coartada típica de los tímidos. El banco buscaba un tipo de ese perfil, y encontró en Cromwell un chico empeñoso y con ambición, vocación de trabajo y disposición a aprender. Las cosas le fueron bien desde el comienzo. Los tejedores de imágenes suelen hacernos ver la función de un empleado bancario como una de las cosas más aburridas y mecánicas que existen. Pero Cromwell dice que nunca hizo nada que lo divirtiera tanto.

—Para mí era un juego trabajar en caja. Trataba de pasarla bien. Era el cajero que más encargos hacía dentro de la oficina.

—¿Encargos?

—Me refiero a tareas adicionales a atender la ventanilla. No todos tienen la capacidad de hacer encargos. Cualquiera se raya. O cierran la ventanilla para recién atender un encargo. Yo no.

Cromwell Gálvez describe su cerebro como una máquina compleja capaz de concentrarse en tres cosas al mismo tiempo. Mueve los dedos de la mano derecha y recuerda el tablero numérico en el que acostumbraba a hacer sumas y restas mientras su cabeza miraba a otro lado. No tiene ninguna duda de que sus destrezas lo iban a llevar lejos en el banco. Su carrera iba en ascenso. En 1993, fue transferido a la oficina del aeropuerto. Empezar a trabajar allí era visto en el banco como una promoción, un privilegio reservado a los mejores empleados. En 1996, fue ascendido a Cajero Back. Un año más tarde, pasa a ser Jefe de Atención al Cliente y en 1998 asume como Jefe de Gestión Operativa. Todo iba bien, hasta el día en que Cromwell recuerda haber recibido una sorpresa de cinco dígitos destinada a embarrar para siempre el herrumbroso túnel de su biografía.

Fue una tarde de verano. Al cerrar las cuentas de la agencia, aparecieron treinta mil dólares de más en la pantalla. Cromwell se extraña. Hace llamadas, le dicen que eso es imposible, que todo ha sido cuadrado normalmente. Duda. Deja pasar los días. Vuelve a dudar. Y entonces ocurre: decide coger los treinta mil dólares y para camuflarlos hace un abono en una cuenta bancaria de su madre, doña Rebeca Florián. Piensa que tomará sólo mil dólares. Pero pensar eso es como cuando le dices a un amigo que sólo tomarán un par de cervezas. En cuestión de meses, Cromwell se ha gastado todo el dinero. Un año después de que la extraña cifra llegase para perturbarle la vida, le informan lo que se temía, que hay un saldo negativo de treinta mil dólares en la central. Ooops. Para evitarse problemas, el funcionario extrae treinta mil dólares de la caja y los envía a la persona que lo está molestando. ¿Listo? No, ahora hay un forado virtual de treinta mil dólares en caja. Cromwell trata de calmarse. Ha trabajado diez años en el banco, es jefe de Gestión Operativa, y es experto en resolver problemas con números que no encajan. Así que decide actuar. Se pone a jugar con los casilleros virtuales. En todo banco hay una cuenta virtual llamada Caja, pero además hay otros casilleros virtuales internos. Uno se llama Teleproceso y el otro, Remesas Interoficinas. Estas dos últimas cuentas suelen estar en movimiento permanente, pues corresponden a transacciones diversas y constantes de montos virtuales. Cromwell Gálvez pensó: «¿Qué pasa si saco treinta mil dólares de Teleproceso y los abono en Caja?». Así lo hizo. Como por arte de magia, la caja estaba nuevamente en orden: los treinta mil dólares habían vuelto. Ahora el hueco estaba en Teleproceso. No podía dejar pasar demasiado tiempo. Decidió entonces sacar treinta mil dólares de Remesas Interoficinas para cubrir el forado de Teleproceso. ¿Qué hacía ahora con el hueco de Remesas Interoficinas?, ¿es que iba a buscar otra cuenta interna de donde sacar treinta mil dólares y luego otra y otra y así hasta el infinito? No.

—Lo que pasa es que Teleprocesos es una cuenta «bachera».

—...

—Es decir, una cuenta que se refleja al día siguiente, a diferencia de Remesas Interoficinas.

—¿O sea?

O sea que cuando vinieran a hacer el control verían la información del día anterior de Teleprocesos. No importaba lo que hiciese, la cuenta aparentaría estar saldada. ¿Y Remesas Interoficinas? ¿No había quedado un hueco allí? Sí, pero Cromwell Gálvez

se levantaría muy temprano, y llenaría el hueco de Remesas Interoficinas dejando un forado en Teleproceso. Y no importaba hacer
un forado en Teleprocesos, porque el reporte que se veía en pantalla correspondería al día anterior: era una cuenta «bachera». En
cambio, Remesas Interoficina mostraba su reporte en línea. Esta
diferencia de un día en el reporte de ambas fue fundamental. El
resultado: Caja, Remesas Interoficinas y Teleprocesos aparecían
sin irregularidades. Naturalmente, por la noche Cromwell debía
volver a cubrir el hueco que había dejado en Teleproceso por la
mañana, para que el reporte del día siguiente muestre la cuenta
en orden. Y la mañana siguiente tendría, otra vez, que hacer un
forado en Teleproceso para cubrir Remesas Interoficinas. Y así
sucesivamente. Cromwell debió pensar más que nunca que trabajar en un banco era un juego.

La explicación del modus operandi es complicada, así que
aquí va la versión preescolar. Tienes dos casilleros. En cada uno
guardas un fajo de mil dólares que no es tuyo. Cada día, viene un
inspector a abrir los casilleros y verificar que el dinero esté allí.
Dos mil dólares en total. ¿Pero qué pasa si el inspector decide un
día que ya no revisará los casilleros al mismo tiempo sino que a
las 10 a.m. revisará uno y las 6 p.m. el otro? Si eres honesto, no
pasa nada. Pero también puedes hacer esto: coges mil dólares, te
los tiras, y luego rotas el fajo de mil dólares de uno a otro casillero, todos los días, religiosamente, sin falta. ¿Es posible pasar mucho
tiempo así? Cromwell Gálvez vivió en ese plan cinco años de su
vida. En todo ese lapso, sus vacaciones eran raras: los compañeros
lo veían visitar la oficina, brevemente, por la mañana y por la
noche.

El descubrimiento fue maravilloso para él. Si podía camuflar electrónicamente un hueco de treinta mil dólares, nada le impedía hacer lo mismo con una cifra más elevada. Lo único que
había que hacer era teclear los números que se le antojasen. Tenía
el método, de ahí en adelante, el cielo era el límite.

* * *

El hombre que traga un sándwich de chorizo delante de
mí sustrajo unos dos millones de dólares del banco en el que traba-

jaba. Lo hizo durante cinco años, sin que nadie se diera cuenta, mediante transferencias ilícitas ejecutadas con destreza y precisión. El dinero le servía para gustos mundanos: nigth clubs costosos, un equipo de fútbol amateur propio, una orquesta, karaokes, ternos, pero sobre todas las cosas, para llevar a la cama a las vedettes más cotizadas, jugar a disfrutarlas, hacer que bailaran y movieran los tacos al sudoroso ritmo de un buen fajo de billetes, ensayar con ellas muchas posiciones y grabarlas con una cámara de video, por si algún día, de viejo, en esa ciénaga temblorosa que —lo intuía— iba a ser el futuro, le daban ganas de recordarlas.

—El banco me preparó muy bien, eso no lo puedo negar. Hay gente que no aprovecha los momentos que el banco te da para que aprendas. Yo sí lo hice.

Eso dice Cromwell con la boca llena, y con una mirada parsimoniosa recorre en dos segundos los casi siete años que han pasado desde la fecha en que el expediente policial registra su primera transacción ilícita, la primera de 376. Es la tercera vez que me encuentro con él y mi libreta de apuntes se ha llenado de dibujitos para entender bien sus transacciones. Hemos decidido venir al Prince Pub Karaoke, un lugar que le trae muchos recuerdos de sus días de gloria. Él no había vuelto aquí desde antes de entrar a la cárcel, a pesar de que el local se halla a pocas cuadras de su domicilio. Este barrio no queda muy lejos del aeropuerto. Es aquí donde Gálvez creció, un sitio de clase media que, visto desde el cielo, es dominado por la presencia elefantiásica de los campos verdes de una universidad y del parque zoológico. A comienzos de los años noventa, la caótica liberalización económica y el shock de inversiones comenzaron a verse, quizá más que en ningún otro lugar de Lima, en esta zona. La avenida principal, La Marina, empezó a poblarse de centros comerciales, KFC, McDonald's, pollos a la brasa, casinos luminosos, discotecas, y karaokes, night clubs y los consiguientes hostales de paso. Todo un culto al goce efímero, a la paz recobrada, al libre mercado, porque el libre mercado en América Latina siempre viene en forma de neón.

—Esto está gigantesco. ¿No quieres la mitad?

Cromwell es un hombre solidario, desprendido, servicial. Una vez que supo cómo sacar dinero, comenzó a prestarlo. Transfirió su generosidad natural al ámbito de la actividad delictiva.

Durante los primeros dos años, creyó con sinceridad que todo estaba bajo control. Su idea era utilizar sus nuevas facultades para hacer préstamos y cobrar comisiones por ello. Algún día —pensaba— iría saldando el monto debido y podría olvidarse de todo, voltear la página y seguir su carrera ascendente, pues incluso hoy, mientras come la mitad de un sándwich, está convencido de que él iba a llegar lejos. Muy lejos.

El empleado bancario no era bueno. Era magnífico. ¿Tenías un problema?, ¿necesitabas ayuda? Cromwell Gálvez hacía un depósito en tu cuenta en menos de 24 horas, sin firmar papeles ni atar tu preciado cuello a las fauces de ese monstruo que es el sistema bancario. No te preocupes, yo te voy a poner la plata. Págame cuando puedas, hermano. Para eso estamos. Si eras chica, mucho mejor. Su fama fue creciendo. Su atractivo con las mujeres llegó a niveles inéditos. Un coreógrafo del mundo de las vedettes dice que hubo quienes ofrecían dinero sólo por que les presentaran al misterioso Cholo Cromwell, ángel benefactor en mangas de camisa. Tuvo poder. Cumplió sus deseos de diversión. Las mujeres no eran mujeres, eran moscas atraídas por los dólares-azúcar. Él era el rey. El Romeo de Chollywood. Podían ser las tres de la mañana, pero si él las llamaba por el celular, las chicas tenían que ir. «Cuando tú tienes un poder y te rodeas de gente guapa, te sientes el rey del mundo», dice. Todas llegaban: sabían que si no le hacían caso, perdían sus privilegios y quedaban fuera. Y era en el mismo karaoke donde ahora tomamos una cerveza —el sándwich de chorizo procesándose en nuestros estómagos— donde solían reunirse todos para cantar y ponerse alegres. Ellas hacían la vida más ligera. Ellas eran el mejor deporte, el único capaz de acabar con la afición de jugar futbol los fines de semana.

Pero ellas también fueron su perdición.

* * *

El banco en el que trabajaba Cromwell Gálvez trajo a Lima a Claudia Schiffer. Fue para promocionar la tarjeta de crédito Visa Oro. Poner a una top model como la imagen de la campaña publicitaria de un dispositivo creado para el consumo hiperbólico es un tanto irresponsable. Científicos de la Universidad de Windsor hicieron el siguiente experimento. Mostraron a un grupo de hombres fotografías de mujeres. Al otro grupo, no. Luego les ofrecieron a ambos grupos elegir entre recibir inmediatamente 50 dólares o recibir una cantidad mayor en el futuro. Los hombres que habían sido expuestos a las fotografías de chicas eligieron los 50 dólares inmediatos en abrumadora mayoría. O sea, los hombres adoptamos conductas irracionales cuando nos vemos expuestos a la imagen de una mujer. Qué novedad. No pensamos en el futuro. Cromwell Gálvez no recuerda la llegada de la modelo alemana, pero sí recuerda el anuncio publicitario en que la Schiffer promocionaba la tarjeta. Lo recuerda muy bien porque un día, de la nada, le ofreció la tarjeta dorada a Martha Chuquipiondo, una amiga a quien había conocido poco tiempo atrás: una mujer menuda, la frente ancha, de pelo largo y negro, que en el ambiente era conocida como La Mujer Boa: una bailarina que se subía al escenario con el cuerpo semidesnudo y una culebra rodeándola. Era muy liberal y ambiciosa. Al parecer, tenía muchas ganas de una tarjeta de crédito.

—Ella se emocionó mucho. Me dijo que si le conseguía la tarjeta, se acostaba conmigo. Así de simple, imagínate. Pensé que estaba bromeando. Para mí no era difícil darle una, por ser empleado del banco. Pero ella hizo la oferta.

Cromwell dice que La Mujer Boa siempre le pareció una chica extremadamente abierta, y que por eso no le sorprendió el ofrecimiento. Decidió aprovechar. Su versión: le dio la tarjeta un martes y a los dos días ya estaban en un hotel. Se hicieron amigos cariñosos, y se acercaron más cuando Martha sobrevivió a un accidente de avión que le dejó cicatrices que luego serían descritas en el expediente policial. Cuando Cromwell empezó a hacer movidas para el desfalco, Martha comenzó a pedirle préstamos. Fue la que más dinero recibió: doscientos veinticuatro mil dólares. Construyó una casa en una zona campestre, compró una camioneta nueva y se hizo una operación de aumento de busto. Hubo un factor determinante en que la amistad con Martha haya sido tan sólida y fructífera: las amigas que ella tenía. La Mujer Boa estaba en el ambiente, conocía a muchas vedettes. Se convirtió en el contacto de Cromwell con esas mujeres, es decir, se hizo indispensable. Ella sabía bien cuál era la debilidad de aquel hombre de billetera gorda. Y un día le presentó a una atractiva y delgada vedette llamada Maribel Velarde.

Maribel decidió darme la entrevista en un parque solitario. Llevaba gafas oscuras, un jean que le sentaba maravillosamente bien, tacos aguja y un polo que dejaba ver su espalda descubierta. Tenía expresión inofensiva, una mirada infantil que contrastaba con el cuerpo, un cuerpo trabajosamente contenido en el breve espacio de su vestimenta. Una imagen que era fácil revestir con la otra imagen del mismo cuerpo, semidesnudo en ciertas galerías de Internet. Cuando nos encontramos, Cromwell estaba a punto de entregarse, pero aún permanecía prófugo. Maribel negó haber tenido encuentros sexuales con el ex cajero, sólo admitió que Cromwell y ella eran amigos.

—¿Coqueteaba contigo?

—Como cualquier hombre. Todos tenemos algo de co-quetos. Hombres y mujeres. Yo tengo algo de coqueta. Tú tienes algo de coqueto...

Traté de no perder la compostura. Años después Cromwell me diría: «Estas chicas saben hacer sus cosas, son muy hábiles». A Maribel, la tarde soleada le sentaba bien. Las líneas negras de dos pegasos en celestial cabalgata definían sus trazos oscuros en la piel clara de la espalda. En el expediente policial me enteraría de que ése era sólo uno de los siete tatuajes. Le molestaba hablar de Crom-well. Apenas alcanzó a decir que el ex empleado bancario parecía un poco tímido, pero eso era sólo hasta que entraba en confianza. Se encontraron treinta y dos mil dólares en su cuenta bancaria. Ella dijo que eran por presentaciones privadas, y que no tenía los recibos correspondientes.

—¿En qué consistían las presentaciones?

—Hago jugar al público, coreografías, juegos.

Maribel Velarde nunca pudo justificar el dinero de su cuenta bancaria. Durante el tiempo en que había recibido los abo-nos, ella se compró un auto y un terreno de 200 metros cuadrados en una zona exclusiva de Lima. Después de haber negado a los cuatro vientos algún contacto físico con Cromwell, en el juicio se vio obligada a decir que sí había tenido encuentros sexuales con el ex empleado. Tuvo que admitirlo pues era lo que más convenía para justificar el dinero recibido. Al fin y al cabo, no es delito recibir abonos a cambio de servicios íntimos. No es delito vender tu cuerpo. Aun así, Maribel fue encontrada culpable, pero su pena fue demasiado leve como para ir a la cárcel.

* * *

El futuro llegó sin avisar, como un tsunami que se camufla en la borrosa quietud del horizonte: parpadeas y mueres. Cromwell podía olerlo. Objetivamente, no había ningún contratiempo: las transferencias seguían su silenciosa rutina, dos empleados habían detectado las irregularidades pero prefirieron ser cómplices: permanecían con la boca callada a cambio de obtener sus propios beneficios. Cromwell dice con orgullo que ellos jamás se enteraron de cómo hacía él para llevar a cabo su jugarreta electrónica. Sólo sabían que sacaba dinero, pero no la forma. Todo parecía en calma. Pero fue en la segunda mitad de 2002 cuando el funcionario se dio cuenta de que había prestado demasiado dinero. Según Jorge Córdova, La Mujer Boa lo presionaba para que él le hiciera depósitos. Había perdido el control: ya no era él quien ponía las condiciones. Eran ellas. Sus reuniones con las chicas ya no eran tanto de placer: eran más bien un escape, una forma de olvidar la gigantesca bomba que cada mañana tenía que desactivar, como un súbito MacGyver latino. No importaba que se quedara bebiendo hasta las cuatro de la mañana, al día siguiente debía levantarse a las seis y hacer girar la máquina invisible. En las reuniones, Cromwell se deprimía con las chicas y les decía que todo iba a acabarse. Una vez —cuenta— estuvo con Maribel hablando de eso.

—Chola, creo que mi reinado se va al diablo.

—¿Qué dices?, ¿por qué hablas así?

—Porque ustedes no me van a devolver la plata. Y vas a ver cómo mañana más tarde me voy a quedar solo.

—Mentira. Vas a ver cómo tus amigos van a estar ahí. Yo voy a estar ahí.

Pero nadie estuvo, naturalmente. En febrero de 2003, un error de rutina comienza a desmoronar el castillo de naipes. Cromwell Gálvez recibe un cheque de Telefónica, traído por quien supuestamente era un empleado de la empresa. Siguiendo una práctica común, deja cobrar el cheque sin pedir los requisitos reglamentarios. Es uno de los tantos favores que se hacen en la agencia para no complicarse la vida. Pero el hombre es un estafador. Desaparece del mapa y Telefónica acusa al banco de negligente. Cromwell Gálvez pierde su trabajo por la falta cometida. Pero sabe que se viene lo peor.

Y así, al cabo de cinco años, el banco detectó el desfalco sistemáticamente perpetrado en su agencia bancaria del aeropuerto. Antes de iniciar acciones penales, llaman a Cromwell Gálvez y le dan la oportunidad de devolver el dinero robado. Cromwell Gálvez toma su celular y empieza a hacer llamadas. Es hora de que sus amigas y amigos respondan por la deuda adquirida, por el dinero que él no dudó en obsequiarles.

Nadie le contestó.

* * *

El ex empleado bancario se lamenta del mal que hizo mientras bebe un sorbo de cerveza. La vanidad con la que ha estado hablando de sus habilidades bancarias se ha ido apagando poco a poco, como un fluorescente antiguo que comienza a parpadear por el uso. Ahora recuerda la cárcel. Fueron tres años que le enseñaron a controlarse y estar tranquilo. Una vez que llegó al penal, todos lo respetaron de inmediato, no sólo debido a su imagen mediática y a la fama de la que venía precedido, sino también a su habilidad para jugar pelota.

También era rápido con las manos. Ganó un campeonato de futbolín de mesa. La cárcel tenía una organización política interna y a Cromwell le tocó estar en la cima. Fue Delegado de Fiscalización, Delegado de Economía y Delegado General de su pabellón. Prohibió las apuestas en los deportes, porque eso desvirtuaba el espíritu de competencia sana. «La gente se quería matar por una moneda.» Conoció a peces gordos del Grupo Colina —los asesinos paramilitares de la época de Fujimori—, a los hombres de Montesinos y a timadores, y se refiere a todos como gente de la que guarda el mejor recuerdo. Conoció también a un colombiano que estafaba a incautos haciendo depósitos de mentira en cuentas bancarias: eran préstamos artificiales que aparecían en una pantalla pero que nunca llegaban físicamente. El hombre cobraba su comisión y se hacía humo. Cromwell habla de él con un inocultable respeto, aunque apunta que una cosa es trabajar con el respaldo de una mafia internacional y otra muy distinta es hacer las cosas solo. En la cárcel donde un día fui a verlo arriesgándome a que me recibiera mal, Cromwell soportó el adiós de su novia, recibió la noticia de la muerte de su abuelo, obtuvo su sentencia y recibió la visita de Maribel para la celebración del día del padre. Ella lo sacó a bailar y le quitó la camisa mientras los otros presos alentaban el número preparado por la vedette.

A Cromwell Gálvez siempre le gustaron los números.

En el Prince Pub Karaoke, una mujer prueba el micrófono y canta muy mal. Cromwell Gálvez dice que el lugar está igualito, aunque la última vez que yo vine, hace tres años, alguien había escrito en el baño algo muy feo sobre La Mujer Boa, y eso ya no está. Una nueva bebida energizante va a entrar al mercado y le han ofrecido un trabajo de promoción en ventas. Ningún banco le permite abrir una cuenta de ahorros, aunque Cromwell cree que los bancos no deberían cerrarle las puertas pues él podría serles útil para detectar las cochinadas internas de sus empleados. Tiene mucho tiempo libre. Por las tardes entra a Internet para conocer gente. Su página de Hi5 dice: «SOY UNA PERSONA ALEGRE, EMPRENDEDORA, A LA QUE SIEMPRE LE GUSTA LLEGAR A SUS METAS, ME GUSTA LA MÚSICA, EL CINE, PRACTICO EL DEPORTE, FUTBOL, BÁSQUETBOL, NO ME GUSTA LA NEGATIVIDAD... ME ENCANTAN LAS MUJERES». Suele conectarse al MSN con el nick «El trabajo dignifica al hombre». Aunque ahora es eso precisamente lo que anda buscando, porque lo que ha hecho hasta ahora es confeccionar joyas y eso no da para comer: collares, pulseras, aretes. Son joyas de fantasía.

Las cosas han cambiado en estos años. Eva María Abad está prófuga y vive en Estados Unidos. Maribel Velarde fue condenada a libertad condicional, y ha debutado como actriz en el teatro, mostrando más que tatuajes en la obra *Baño de damas*. Después de haber pasado casi tres años huyendo de la justicia, Martha Chuquipiondo se entregó y está en la cárcel de mujeres del distrito costeño de Chorrillos. Su salud no es buena. Pesa 47 kilos y vomita lo que come. Desde la prisión, ha llamado por teléfono a su ex amante Cromwell Gálvez. Quería decirle «Feliz Navidad».

Ahora pido la cuenta. Pago con dólares y me entregan un billete de 20 de vuelto. El local está oscuro, no veo bien, y en esta ciudad hay que ser desconfiado con los dólares. Sobre todo en esta zona de casinos y neón. Le doy el billete a Cromwell. «¿Está bueno?» Cromwell hace una caricia fugaz con las yemas de los dedos. Sonríe.

—Está perfecto.

Texto publicado en *Gatopardo,* núm. 77, febrero de 2007.

¿Está el señor Monsiváis?
Fabrizio Mejía Madrid

El barrio de Portales de la ciudad de México siempre me trae malos recuerdos: en un segundo piso de la calle de Odesa me pescó el terremoto de 1985. El edificio justo en la esquina se vino abajo. Ahora un territorio de talleres mecánicos, secundarias técnicas, zapaterías y expendios de alcohol, a la colonia Portales sólo se va a dos cosas: a comprar en el mercado de segunda mano o a ver a Carlos Monsiváis. Aquí es fácil extraviarse entre la discontinuidad de la numeración y los pocos letreros en las calles, pero basta preguntarles a los transeúntes por el escritor y todo mundo señala la puerta negra.

La medida del hombre más público desde hace décadas en México, y a la vez el más esquivo, es el buzón en la puerta: una enorme rendija por la que cabe un tomo de una enciclopedia. Hacerse visible e invisible es uno de los juegos favoritos de su dueño: el gato de Cheshire está al tanto de todo y, al mismo tiempo, a sus anchas en la desaparición voluntaria. Por eso el buzón por el que pasan libros, periódicos, revistas, manuscritos, invitaciones de estudiantes o de obreros en huelga, pero también de canales de televisión, galeristas, políticos, funcionarios culturales, universidades extranjeras. Y, dentro de la casa, el teléfono suena de mañana, tarde y noche. A Monsiváis se le caza por teléfono hasta un día en que no está ante algún público, en México o en cualquier parte del mundo, contesta, finge ser su propia secretaria, si está indispuesto, o hace una cita. Pero ello no es garantía de verlo.

Estoy parado frente a su puerta negra con el buzón descomunal y es posible que nadie me abra o que no esté siquiera en el país. Adentro, sus ayudantes no sabrán más que el día en que ha quedado de volver. Sé de unos jóvenes que esperaron a Monsiváis en la calle durante una hora. Habían concertado ir por él para llevarlo a hablar sobre contracultura juvenil en el oriente de la ciudad. Pero no les abrió. Cuando creyó que los jóvenes se habían dado por vencidos, Monsiváis salió. Y fue atrapado. Sin más alternativa, se dejó llevar hasta el coche y, cuando se distrajeron, Monsiváis se echó a correr.

¿Por qué todo mundo quiere ver y escuchar a Carlos Monsiváis, tanto que él mismo tiene que escapar de citas simultáneas? Para el gran público —el que no lo lee— Monsiváis es el escritor por antonomasia. Es el nombre que brotó de la boca de una actriz de telenovelas cuando hace unos años fue presionada por la prensa para que dijera su libro favorito: «Los poemas de Carlos Monsiváis», dijo. Y, aunque equivocó el género literario, atinó al autor. Hasta para ella no cabía duda: Monsiváis es un escritor. Para el público que lo escucha en entrevistas grabadas, en directo, o por teléfono —en su última visita a México el director de la editorial Anagrama se quejó así de la ausencia del escritor en la mesa en el Palacio de Bellas Artes: «México está en una crisis de abasto. Se han quedado sin clones de Monsiváis»—, en presentaciones de libros, conmemoraciones y hasta en aniversarios de escuelas públicas, Carlos Monsiváis es la voz autorizada, por solitaria, creíble y siempre ocurrente: sus dichos y textos casi siempre están envueltos en un humor seductor. La distancia, física o irónica, es un juego de seducción. Ante el acontecimiento cultural o la tragedia persistente siempre tendrá un aforismo profundo y desparpajado a la vez: «El subdesarrollo es no poder mirarse en el espejo por miedo a no reflejar»; «Entre nosotros y la moda se interponen los harapos»; «Hasta los más apartados rincones de México han acudido el PRI, la Coca-Cola, y la noción del complejo de Edipo»; «Somos tantos en la ciudad de México que el pensamiento más excéntrico es compartido por millones»; «Sólo una Revolución obra la saña de anticiparse al cine»; «He visto a las mejores mentes de mi generación destruidas por la falta de locura», por citar, al azar, algunos.

Fue una frase la que me atrapó hacia finales de los años setenta cuando lo vi por primera vez, por supuesto, en un canal de televisión. Era un homenaje a Agustín Lara y, entre pianistas y cantantes, el cronista y teórico súbito fue compelido por el conductor a definir lo cursi. Monsiváis dijo: «Lo fallidamente bello». La sensación —la recuerdo— fue que, de pronto, lo que se decía tenía relación con lo existente o, por ponerlo en una definición súbita, «Monsiváis dice lo que tú ibas a pensar». Desde ese instante testifico la capacidad descomunal de un hombre que nos dice qué somos y hemos sido, qué leer y ver, a qué poner atención ante lo fugitivo del presente y lo abrumador de la tradición y, que, en fin, tiene como obra la construcción de la vida nacional como la réplica exacta de su propia cultura. Desde la aparición de *Aires de familia* (2000) este efecto se amplía hacia América Latina —lo que incluye a la franja sur de Estados Unidos— en esa doble vía de su pensamiento: recordarnos e interpretarnos.

Y parado en esta calle de la Portales recuerdo los terribles días que sucedieron a los sismos de 1985. Fue él quien, mirando a la ciudad en ruinas, apurada por rescatar sobrevivientes debajo de los escombros, afanada en la entrega de comida, agua y medicinas, frenética en el restablecimiento del tránsito, aseguró que lo que estaba sucediendo era, en realidad, una insurrección civil. Y, en efecto, los habitantes de la ciudad se habían olvidado de notar que las autoridades seguían pasmadas, en el mejor de los casos, o que, de plano, obstaculizaban el rescate. Si eso no era una rebelión que hizo de lado a la autoridad, se convirtió en una cuando Monsiváis la describió como «la toma del poder» (*Entrada libre*, 1987). Pero Monsiváis se autocritica desde su perplejidad y murmura, cada vez que parece tener razón: «Cuando entendía lo que estaba pasando, ya había pasado lo que estaba entendiendo».

Por fin alguien contesta el interfón y la puerta cede con el sonido de la bienvenida. Lo que sigue es un garaje largo con macetas y, al fondo, los restos de algo como una silla de ruedas. La casa es un vagón de tren a tu derecha y el estudio es la punta más baja de una «ele». Éste es el patio de casi toda su vida, un lugar al que se mudó de niño y que recuerda en su *Autobiografía* (1966) como el destino del éxodo de la familia Joad en *The Grapes of Wrath*, de John Steinbeck, pero a la mexicana y en un barrio popular. La niñez del escritor es la de los libros, la memorización poética. En los años cuarenta fue parte del programa radiofónico conocido como *Los niños catedráticos*, que respondían con erudición a las preguntas del público. Casi 60 años después, sentado en un escritorio repleto de papeles, libros, informes, periódicos, libros antiguos, cuadros, Carlos Monsiváis extiende la mano izquierda para que me siente frente a él; en la otra mano tiene el teléfono.

Los gatos circulan con libertad del librero a tu cabello al teléfono que contestan y cuelgan a placer. Y constato cómo Monsiváis es también un icono invariable: el pelo cano revuelto, los anteojos pesados, las cejas desgreñadas, el mentón rotundo, los atuendos de mezclilla, la camiseta debajo de la ropa. Es un hombre esencialmente del 68, cuando la ropa era una declaración de que la ropa no importa tanto como para no preocuparse por ponerse algo que contenga una declaración. O algo así.

Justo en la pared lateral dos dibujos cuentan una historia clave de la cultura nacional: uno es la primera página manuscrita de *El llano en llamas,* de Juan Rulfo, autografiada y con el trazo preciso de un coyote aullando. El otro es el dibujo hecho por José Luis Cuevas del rostro de Monsiváis con adornos muy pop en los lentes. Se da cuenta así de la construcción de un ambiente literario en los años cincuenta y sesenta que iba desde Salvador Novo, Rulfo, Juan José Arreola hasta José Emilio Pacheco y Monsiváis, pasando por Carlos Fuentes y Gabriel García Márquez. Pero también registran las relaciones que esa misma comunidad tenía con los pintores que rompieron con la escuela de los muralistas mexicanos y que ayudó a crear el efímero Soho mexicano, la Zona Rosa de la ciudad de México que murió con el movimiento estudiantil de 1968 (*Días de guardar,* 1970). De esa etapa le queda al escritor el gusto del coleccionista de obra plástica. Cuando termine de recopilarla en estanquillos de todo el país, Monsiváis donará todo a un museo en la calle de Isabel la Católica, en el centro histórico de la ciudad. Su otra colección, la de películas clásicas, servirá para fundar una cineteca en el barrio de Portales.

—¿Cuántas películas tienes ya? —lo atizo.

—Como cinco mil —responde esbozando una sonrisa triunfal.

Como en el caso de Borges con los relatos fantásticos, Monsiváis ha visto más películas de las que realmente existen.

Ahora vamos dentro de un taxi hacia cualquier lugar. Puede ser el Museo de la Ciudad de México o la Biblioteca México, el escritor invitado no lo tiene del todo claro. El taxista lo reconoce de inmediato:

—Usted es Carlos Monsiváis, el que habla de Cantinflas y María Félix en la tele. ¿Qué opina de lo que está pasando ahora?

Monsiváis es una figura de autoridad que se ha opuesto con consistencia a las figuras de autoridad. En muchos sentidos, él es el intelectual comprometido que emerge del sangriento 68 mexicano, una era en que el momento político era cultural porque el PRI había cerrado cualquier otro flanco. Desde la cultura da la batalla por la verdad histórica que llevo al PRI a masacrar estudiantes en la plaza de Tlatelolco, el 2 de octubre de 1968 (*Parte de guerra,* 1999) o a eliminar el único periódico opositor en 1976 (*Tiempo de saber,* 2003). Junto con otros, notablemente con el periodista Julio Scherer, Monsiváis fue uno de los principales arquitectos de la opinión pública que se creó enfrentada crecientemente al PRI, erigiéndose como un consenso de lo que era razonable, admisible y valorable, y lo que no; justo a la mitad entre el autoritarismo y la violencia política. No fue nunca un experto, sino un estratega cultural. En una estancia en la Universidad de Essex, le escribe a Elena Poniatowska (1971): «Yo me sigo preparando para un acaso imposible trabajo periodístico. Todo lo que veo, leo y escucho lo refiero a una especie de archivo de experiencias utilizables. Leo un libro diario, veo de dos a tres películas y me inundo de revistas». Así, la estrategia del cronista es registrarlo todo para cernirlo después sobre el público lector. Si es bien conocida su táctica de darle valor a la cultura popular (*Amor perdido,* 1977; *Escenas de pudor y liviandad,* 1981; *Los rituales del caos,* 1995), la otra ventana, popularizar lo elitista, está desde los inicios en su intención. De nuevo, como en el mapa que, según Borges, manda hacer el emperador chino con tanta exactitud que el plano acaba por tener la extensión del mismo imperio, cubriéndolo, la abrumadora obra de Monsiváis de registrar lo importante y lo revelador, la permanencia de lo fugitivo y lo brumoso de nuestras certezas, acabó por abarcarlo todo. Aun los temas que no son de su interés, como los campeonatos del futbol, son analizados en su conexión con el nacionalismo o la era de la televisión total. Pero sobre todo a últimas fechas, es una referencia obligada en temas del día al día de la política, porque las batallas culturales que ha peleado siempre se dieron, nunca desde el poder o la militancia de izquierda sino desde el lenguaje. Un código de sospechas, burlas, y llamadas de atención que minó al discurso priista y que, en 30 años, lo hizo perder el poder (su columna satírica que, por décadas, fustigó a los políticos con sus propias declaraciones bochornosas, «Por mi madre, bohemios»). Del otro lado del espectro, Monsiváis también ha sido distante: al Subcomandante Marcos le ha reprochado el discurso de la muerte y el sacrificio. Y de ambas batallas, el escritor ha salido más o menos airoso reivindicando lo mejor de la sociedad mexicana: el relajo, el caos creador, el desmadre sin más. Desde ese terreno creado desde el lenguaje, es que Monsiváis habla.

Pero ahora que el taxista continúa con su interrogatorio eufórico el escritor no parece muy dispuesto a responder la pregunta.

—¿Qué le parece la telenovela de las nueve? —pregunta el taxista.

El cronista murmura para sí, pero lo suficientemente claro para que yo lo escuche:

—No tengo idea de lo que habla. No veo televisión.

Y otra paradoja nos azota: el escritor mediático es un escéptico de la televisión.

Llegamos a la Biblioteca México y, aunque están muy orgullosos de que haya asistido a ese recinto, la mesa no es ahí. Cambiamos de taxi a petición del cansado entrevistado. Cuando por fin traspasamos la puerta del Museo de la Ciudad, todo está a punto de terminar. Pero no es demasiado tarde. El público lo ovaciona y él se disculpa con un chiste:

—Llego tarde porque pensé que ustedes eran impuntuales.

Carcajadas. Lo ha hecho otra vez.

Como estratega cultural, Carlos Monsiváis ha sido un escritor de batallas. Si bien en 1961 participa con los escritores José Emilio Pacheco y José Revueltas en una huelga de hambre convocada por la feminista Benita Galeana en contra del encarcelamiento del líder ferrocarrilero Demetrio Vallejo, él mismo minimiza la posible heroicidad de las 62 horas de ayuno: «Una de las hermanas Galeana me dio un chocolate». En 1965 durante un seminario en Harvard, Monsiváis entra en contacto con organizaciones de derechos civiles y activistas de la entonces «Nueva Izquierda». Pero no es un activista. De hecho, tanto su participación en el Comité de Artistas y Escritores en el 68 mexicano como el texto que ciñe esos meses de rebelión (*Días de guardar*, 1970) dialogan con Norman Mailer y *Los ejércitos de la noche,* un texto que pone en tensión la labor del escritor y el entorno de la rebelión de los años sesenta. Parece que es en ese instante que Monsiváis decide que es sólo desde el lenguaje que puede hacer algo para cambiar el estado de cosas en los años más duros del autoritarismo del PRI. Quizá su principal batalla sea la de haber desvirtuado, a base de persistentes artículos periodísticos y libros, la versión que el entonces presidente Gustavo Díaz Ordaz dio de la masacre de estudiantes en Tlatelolco: una «conjura comunista contra el Presidente para sabotear los Juegos Olímpicos de México 68» o la idea de que los estudiantes, al igual que el ejército y los paramilitares vestidos de civiles, estaban armados. A lo largo de 30 años, Monsiváis se dedicó a clarificar, junto con otros periodistas, la verdad sobre el 68 mexicano: el gobierno creó a un enemigo con base en entrar en las escuelas y universidades públicas a detener estudiantes. Lo único que los estudiantes pudieron hacer fue salir a protestar en las calles por esa arbitrariedad y, una vez que las principales universidades del país estallaron la huelga, el gobierno los masacró en Tlatelolco. Esta simple verdad —que no había «conjura comunista» y que no había armas en Tlatelolco de parte de los jóvenes— costó 30 años de batalla desde la cultura. Pero se ganó.

Monsiváis, como personaje público, ha presentado otras batallas de igual importancia para la cultura mexicana: por una nueva moral del cuerpo (que va del elogio de la desnudez en el cine mexicano, la vida nocturna descabellada, hasta la educación sexual y la elección privada de las preferencias sexuales, pasando por el feminismo y la reproducción elegida); contra el racismo hacia los indígenas y por la derogación del término «naco»; contra la idea de que la religión oficial es la católica y no el laicismo; por un canon cultura que ponga en el centro a lo popular y no a los «hombres ilustres» que el PRI enterraba en un solo cementerio asediado por la gloria del orador vagamente encendido; contra la derecha radical que pretende despojar a los ciudadanos de derechos que ahora son vistos como «privilegios»; y contra la izquierda acartonada y solemne que sigue defendiendo a Fidel Castro y su maltrato a los disidentes o ETA y las supuestas buenas razones para volar civiles. De esta permanente atención a los lenguajes públicos y a los debates agitados, Monsiváis ha dicho: «Creo que el problema de mantener una actitud crítica, disidente, es un problema de lucha contra la locura». A diferencia de los intelectuales vinculados al PRI o a sus facciones en la oposición, Monsiváis, en el fondo, piensa que el delirio baja desde el poder y que es la sociedad la que enarbola, vez tras vez, la cordura. Tiene una confianza casi absoluta en la ciudadanía informada y sus poderes saludables.

La oficina de fin de semana de Monsiváis es una mesa de un viejo café de la Zona Rosa a la que son convocados personajes siempre extraños, interesados en que escriba, asista, hable, recomiende. Por ahí he visto pasar a periodistas, funcionarios culturales, asesores de gobernantes, pintores, una peruana que se puso a cantar con él, tras hablar de Montesinos, una argentina que insistía en que debería escribir para su revista de cocina, estudiantes en busca de apoyo moral, cobradores de los estanquillos que siguen esperando el pago a plazos de unas acuarelas de Diego Rivera en Acapulco, y los infaltables: dos de los mejores caricaturistas del país que, muy serios, advierten de los problemas del nuevo orden del capitalismo global. Monsiváis va recibiendo a todos mezclándolos en el relajo absoluto filtrando chistes, rumores que siempre resultan ciertos o, al menos, creíbles, y anécdotas, decenas de anécdotas: el encuentro de los mariachis del mundo en Guadalajara, la entrega del «hijo predilecto» del estado de Durango a José Revueltas, o la última ida de una defensora de derechos humanos a la selva de Chiapas.

Cuando me invita, salgo de esa oficina improvisada con una o dos frases memorables. Por la tarde, siempre alguien me pregunta, al momento de soltar una carcajada fuera de lugar:

—¿De qué te ríes?

—De nada. Es que hoy vi a Monsiváis y dice que...

—¿A poco vas a entrar? —me dice Monsiváis en la puerta del Auditorio y asiento con la nariz—. No vayas a publicar luego algo que dije o que dices que dije —advierte sonriendo.

—A eso vengo —le respondo y nos metemos.

Es una de las tantas apariciones del cronista ante el público esta semana, pero es el tema el que me atrajo: «Los cinco libros que más me impactaron». Es un ciclo al que han concurrido otros escritores, pero a mí me interesaba saber si el lector ávido que es Monsiváis podía haber llegado a una lista de cinco, sólo cinco. Y lo hizo, al menos por un rato.

El primer libro es, por supuesto, la Biblia:

—No creo en lo que dice —advierte—, pero la fuerza del lenguaje, la poesía, por ejemplo, en los Salmos, me resulta todavía extraordinaria.

Rezo y poesía están vinculados en el pensamiento de Monsiváis.

El siguiente es una obra de teatro, *La importancia de llamarse Ernesto,* de Oscar Wilde:

—Cada línea contiene un aforismo brillante.

El tercero es *La sombra del caudillo,* de Martín Luis Guzmán:

—Es la gran novela de la conspiración política, de la intriga, y la barbarie institucional.

El penúltimo es *Noticia Bomba,* de Evelyn Waugh:

—No comparto las posturas políticas del autor —vuelve a advertir—, pero es la novela que mejor parodia el trabajo periodístico.

El último es *Adiós a Berlín,* de Christopher Isherwood:

—El retrato de lo prohibido y la fiesta clandestina, los lugares escondidos de una ciudad.

Pero cuando llegan las preguntas del público el asunto deviene en listas bibliográficas, en algún momento, Monsiváis comienza a recitar poesía, y ya no son cinco, sino 60 libros los recomendables: ciencia ficción, policiaca, Dickens, Shakespeare y más.

Del acto me escabullo con un aforismo que creó al ser interrogado por la ausencia de Sófocles en su lista:

—A la tragedia griega me la ahorro en forma de telenovela mexicana.

A pesar de que Monsiváis aparezca en varias películas —un Santaclós borracho y un jugador de dominó— o que haya tenido con el escritor José Agustín un grupo de rock humorístico llamado Los Tepetates, o que haya sido personaje de cómics mexicanos o, incluso, que aparezca de sí mismo en alguna telenovela, lo suyo ha sido la crónica. En este 2004 se cumplen 50 años de su primera incursión en el género que él ayudó a valorar y a enriquecer (*A ustedes les consta,* 1980). Nunca he leído esa crónica pero sé que describe una manifestación política en la que participaron Diego Rivera y Frida Kahlo. Monsiváis tendría apenas 16 y Frida moriría ese mismo año. Entusiasmado por el hallazgo, le telefoneo para preguntarle si puedo entrevistarlo para cosas sobre su vida que siempre mantiene alejadas de la publicidad.

—No es mucha la autobiografía —responde comiendo algo—. Un día nací y otro me moriré —y se tira una carcajada.

Asumo que se ha imaginado en el carnaval de los vivos justo como hace años se lo dijo a Elena Poniatowska: sus cenizas esparcidas por el piso del California Dancing Club, mientras la concurrencia se revienta un conmovido danzón.

Me río de lo que no ha dicho. Monsiváis guarda silencio del otro lado de la línea. Y se despide con esa cordial invitación que siempre hace pero que puede resultar en que no esté, no conteste el teléfono, que yo no me levante para llamarle, o que en efecto, terminemos hablando delante de un capuchino y una empanada de atún en el café:

—Háblame el sábado.

Texto publicado en *Gatopardo,* núm. 113, julio-agosto de 2010.

Vivir en La Campanera
Roberto Valencia

Hay quien cree que los asesinados sienten. El alma, dicen, se aferra al cuerpo hasta que lo entierran, y en esas horas desde la muerte hasta la sepultura, la presencia cercana de amigos y familiares sirve para que Satanás no se lleve el espíritu. Pero sólo funciona si no ha transcurrido mucho tiempo. Si el cadáver estuvo pudriéndose varios días en una zanja o en un cafetal, el demonio hizo lo suyo, y en el velorio ya no queda nada que resguardar. Esos casos son los menos. Lo habitual es que alma y cuerpo estén todavía juntos dentro del ataúd. Por eso a veces los sobresaltos. Cuando el asesino está en el velorio, dicen, el asesinado lo siente, y el cuerpo comienza a sangrar por algún orificio —nariz, orejas, boca— un líquido a veces rojo, a veces amarillento.

La joven Marta es de las que creen. Lo escuchó desde siempre en su hogar, y lo vivió cuando le asesinaron a un pretendiente llamado Édgar un día después de haberle negado un beso. Marta no fue al velorio, pero sí al entierro. Antes de sepultarlo, abrieron la caja, y cuando se asomó, vio cómo Édgar le agradeció su presencia relajando su ceño fruncido y esbozando una leve sonrisa. Aquel asesinato transformó en verdad inamovible lo que hasta entonces era nomás creencia. Hubo antes y después más muerte en la vida de Marta, pero fue aquella tarde cuando se convenció de que los asesinados sienten.

Y triste pero convencida regresó a su pequeña casa, en el reparto La Campanera.

* * *

Aquí se rodó *La vida loca*, el documental sobre pandilleros que le costó la vida a su director: el fotoperiodista franco-español Christian Poveda. Es cierto que el reparto La Campanera tenía mala prensa desde antes y que su elección no fue casual, pero el estreno de la película —y el efecto amplificador del asesinato— resultó como echar sal sobre una llaga. La Campanera está hoy asociada a las maras como Roswell a los ovnis o Cannes al cine. En el imaginario colectivo salvadoreño decir La Campanera es decir violencia. Sin matices. Y esto ocurre en El Salvador, un país del que el Departamento de Estado gringo dice que tiene una de las tasas de homicidios más elevadas del mundo, un país en el que el Gobierno español aconseja no subirse a los buses. Seguramente haya ciudades finlandesas, sudafricanas o argentinas que tengan barrios con aura de conflictivos, siempre los hay, pero La Campanera tiene esa etiqueta en El Salvador. No pocos salvadoreños cuestionaron mi cordura al saber de mis visitas para escribir este relato.

Con unos 250.000 habitantes, Soyapango es la tercera ciudad más poblada del país. Está anexada a la capital, San Salvador, al punto que cuesta saber cuándo se sale de una y se ingresa en la otra. En la zona norte del municipio está el cantón El Limón, y dentro de ese cantón, La Campanera. Es una colonia joven, aún no cumple los 20 años, y casi desde su fundación tuvo presencia de la pandilla Barrio 18. En La Campanera vivió Ernesto Mojica Lechuga, «el Viejo Lin», al que la policía llegó a considerar como el dieciochero que llevaba la palabra para todo el país.

Extorsión, asesinato, miedo, granadas o desmembramientos son palabras que han acompañado la cobertura mediática sobre esta colonia durante la última década. Pero cuando uno cierra los ojos, en La Campanera se escuchan los mismos sonidos que en cualquier otro lugar: la campanilla del vendedor de paletas, el crujido metálico de los tambos de gas al chocar, autobuses en ralentí, el chirrido de un columpio sin engrasar...

La Campanera son más de 2.100 casas, y su población ronda los 10.000 habitantes. La mitad de los alcaldes de El Salvador gobiernan municipios con menos gente. La estructura de la colonia es simple: una carretera recta y amplia de 600 metros de longitud, y decenas de pasajes peatonales, largos y estrechos que salen a un lado y otro de la calle principal hasta los confines. Vista desde el aire parece una gigantesca espina de pescado a la que le han arrancado la cola y la cabeza. Al fondo están la escuela y el punto de buses de las rutas 49 y 41-D. Más al fondo, la cancha de fútbol. Después, cerros, la nada.

La primera vez que entré fue el 13 de septiembre de 2009, apenas cuatro días después de haber despedido a Christian Poveda en su misa-funeral. Aún no estaba militarizada. Cuando la atravesé, lo hice con la grabadora encendida, para registrar primeras impresiones: «Bueno, ya estamos en La Campanera. Hay iglesias evangélicas. Tienditas. Gente sentada en bancas rojas, todo se ve rojo, parece que el FMLN está fuerte. Tiendas. La bajada es pronunciada. Un camión de agua Cristal. Imágenes del Che y de Martí. Casitas de bloque. Grandes túmulos. Otra pinta, esta vez del Che Guevara con Monseñor Romero. Otra iglesia evangélica. Tiendas con rejas. Grandes pintadas del Barrio 18. Pares de tenis colgados». La verdad es que no se ve tan fea, resumí en mi libreta.

Apenas ha cambiado nada desde entonces.

La mayoría de las casas son de bloque y tejas, con agua potable, luz y teléfono. Dignas si se tiene en cuenta lo que se ve en otros rincones de este país. Hay servicio de recolección de basura, e incluso cuenta con una destartalada planta de tratamiento de aguas negras. Quien se lo puede permitir dispone de televisión por cable o Internet. En La Campanera hay pobres y muy pobres, pero lo que la singulariza es el estigma, la exclusión. Siempre ha estado en boca de todos, y casi nunca por razones positivas.

—Ni siquiera los salvadoreños quieren entrar en esta colonia —me dirá un día de éstos Alba Dinora Flores, una maestra de la escuela.

* * *

Tarde del 19 de mayo, miércoles

Pregunto a Alba Dinora por los robos en la escuela, se toma unos segundos para escarbar en su memoria, pero nada. Nunca han entrado a robar en los siete años que lleva asignada al centro, a pesar de que nadie cuida en la noche, y de que adentro hay abundante comida —frijol, leche en polvo, arroz, bebidas fortificadas— y hasta un lote de computadoras donadas que no se utilizan porque no hay dónde.

—Los muchachos no es que sean santos —la madre de un pandillero me dará su versión de la paradoja otro día—, pero ellos cuidan, cuidan su gente, su casa, su colonia, todo eso. Acuérdese que todos somos humanos. Si uno se mete con una persona, sabe que se lo van a sonar, pero si uno no se mete con nadie, nadie se mete con uno.

La falta de espacio es el mayor problema en el Centro Escolar La Campanera. El edificio es una galera larga y estrecha, con techo de lámina, pintado de azul y blanco, y situado junto a un diminuto patio sin asfalto. En la entrada ondea con timidez una bandera de El Salvador, y en los muros hay letreros que dicen *Deporte sí, violencia no,* o *Por una sociedad diferente.* Nadie los mira. Al fondo están los baños, compartidos por alumnos, alumnas y docentes, con sus paredes llenas de recordatorios entre los turnos de la mañana y de la tarde. Sólo se enseña hasta octavo grado porque no hay más aulas. Después toca elegir entre dejar los estudios o jugarse la vida.

—A los jóvenes los matan si salen fuera de La Campanera —me dice Alba Dinora como quien da la hora. Me suena exagerado, pero otro día lo entenderé.

Alba Dinora es la profesora de séptimo y octavo, los grados que cursan la mayoría de los pandilleros.

—¿Usted no preferiría enseñar en otro lugar?

—Pues... no. Violencia hay en todas las escuelas, y aquí los pandilleros al menos respetan mi autoridad. A no ser que se tenga un problema con ellos, para los que vivimos o trabajamos aquí es tranquilo.

Esta noche los pandilleros de La Campanera asesinarán a sangre fría a la propietaria de una tienda en el pasaje J, por no pagarles la *renta.* Por lo visto, es de las que tenían un problema con ellos.

Casi una decena de los alumnos que iniciaron curso con Alba Dinora están detenidos o han huido. Entre los que quedan sigue habiendo pandilleros, pero son más los jóvenes cuya única relación con la pandilla es haber crecido junto a ellos, en las mismas aulas, en los mismos juegos, en los mismos pasajes. Sin embargo, todos —mareros y no mareros— pagan un caro peaje por ser jóvenes en La Campanera: adentro de la colonia, represión; y afuera, los que se atreven a salir se exponen a que otras maras los asesinen por el simple hecho de ser de *La Campa.*

Alejandro Gutman lo sabe. Él es argentino y vive en Estados Unidos, pero conoce de pandillas más que la mayoría de los tomadores de decisión. Gutman preside la oenegé Fútbol Forever, una de las pocas que se han atrevido a trabajar en La Campanera. La escuela es su base. Hace exactamente una semana me llamó por teléfono para, sin pretenderlo, radiografiarme la colonia: «Son comunidades que tienen en sus entrañas pandilleros, que son en muchos casos hijos, primos, conocidos o amigos de la gente que vive allá. Pero esto no significa que estén apañados o que se lucren de las fechorías, sino es lo que es, es lo que tenemos, y con lo que hay que aprender a trabajar».

La escuela sintetiza la complejidad del fenómeno de las pandillas. Es un punto de encuentro que a veces también funciona como casa comunal y hasta ha servido para acoger velorios. Lo que ahí ocurre bota por tierra la recurrente y mediática teoría que dibuja La Campanera como un lugar en el que 10.000 personas viven sometidas por 20, 50 o 100 pandilleros; y que, extirpado este grupo, se resolverá el problema.

* * *

Mañana del 5 de junio, sábado

—¡¡¡Huevonazos!!! —grita el cabo.

Hoy hay más movimiento del habitual en La Campanera. Los soldados están en campaña de fumigación contra el zancudo transmisor del dengue, y las bombas termonebulizadoras zumban. Los policías no fumigan, pero un grupo de ellos lleva un buen rato calle arriba, calle abajo en el *pick up* Mazda de la corporación. Ahí suben otra vez y, al pasar sobre el primer túmulo, suenan la sirena una fracción de segundo, pero suficiente para irritar al cabo fornido que está parado sobre la acera.

—¡¡¡Huevonazos!!!

Es evidente que quería que yo lo escuchara. Ve que le sonrío la gracia y se anima.

—Ya quisiera ver a uno con nosotros...

—¿Un *pick up*? —pregunto, un tanto desconcertado.

—No, a una de esas niñas. ¡Pa'que sepan lo que es trabajar!

La Fuerza Armada y la Policía Nacional Civil conviven en La Campanera desde noviembre, pero rara vez patrullan juntos. Los que más se mueven son los soldados; chacuatetes, los llaman. Se les ve pasar a cada rato en grupos de tres o cuatro y armados con fusiles de asalto M-16 o Galil. En su afán por diferenciarse de *las niñas*, se aplican con mayor dureza. «Los soldados pegan más a lo loco», me dirá otro día Whisper, un pandillero. Irónicamente, hombría y violencia también son valores asociados dentro de una mara.

Delmy Chávez es una madre que ronda los cuarenta, de carácter fuerte, y que pertenece a la directiva comunal. No esconde sus críticas a la labor desarrollada por la Fuerza Armada y la policía.

—Nosotros no queremos, y ahí quiero que lo ponga usted, no queremos represión. Lo que queremos son oportunidades, talleres de formación para los jóvenes. La violencia hay que erradicarla venga de donde venga.

En mis días en La Campanera se sucedieron los testimonios de golpizas, tratos vejatorios, pequeñas extorsiones, registros bajo lluvia intensa y manoseo a jovencitas, protagonizados todos por policías y soldados. En la colonia se aplica de facto la presunción de culpabilidad, sobre todo con varones de entre catorce y dieciocho años. La presión es tal que algunas iglesias evangélicas han tenido que extender documentos sellados, algo así como un salvoconducto, para que sus jóvenes colaboradores puedan salir de sus casas.

Y si esto ocurre con cualquier joven, con los que se sabe que son pandilleros la presión es mucho mayor. Hace cuatro días, el 1 de junio, hubo operativo. Una docena de pandilleros se habían reunido en una casa, alguien dio el soplo, y las autoridades cayeron con todo en torno a las 9 y media de la mañana. Hubo macanazos, gases, puntapiés, culatazos. «Las patadas en la espinilla duelen más con las botas militares», me dirá uno de los detenidos. Rompieron vidrios, puertas, un televisor y la PlayStation en la que jugaban fútbol. Los descamisaron, los tumbaron, más patadas, llegaron vecinas, madres, hermanas a hacer bulla, un bebé de once meses cargado por su abuela recibió en la cabeza un culatazo con un Galil, los cargaron en *pick up* y se los llevaron a la delegación de Ilopango. Los retuvieron tres días. Más patadas. A Whisper lo

golpearon con unas esposas, y todavía hoy tiene la marca sangui-
nolenta en su omoplato derecho. Después de tres días retenidos,
todos recuperaron la libertad sin cargos.

Es mediodía y la campaña de fumigación ha terminado.
«Nosotros estamos aquí para apoyar», me dice satisfecho el coronel
Carlos Benning Rivas, el responsable de los cuatrocientos soldados
con los que el Gobierno militarizó el área.

Nada es blanco o negro en La Campanera. La labor del
Ejército aquí es aplaudida por muchos y censurada por otros. En
medio, una paleta de matices en función de la cercanía hacia los
pandilleros o del respeto que uno sienta por los derechos humanos.
La mayor presencia del Estado aquí ha servido, en el mejor de los
casos, para sustituir una violencia por otra y para reafirmar la idea
de que todo joven es culpable hasta que demuestre lo contrario.

Entrada la tarde, cuando ya me retiro, una pareja de policías me ordena detener el carro. Un agente joven, chele y rapado,
al que los pandilleros apodan *Metralleta* se acerca y me pide que
salga del auto.

—Salga del auto, las manos a la vista.

Obedezco y entrego mis documentos.

—¿Dónde vive usted?

—En San Salvador.

—¿No vive en la Santísima Trinidad?

La tarjeta de circulación del carro conserva mi vieja dirección. Es obvio que han estado averiguando. Les explico. *Metralleta* me ordena abrir el maletero, revuelve todo, desmonta y saca la
llanta de repuesto. Como el asunto se torna serio, termino por
entregar la credencial de prensa al otro agente, que ha permanecido callado y con la mano sobre la pistola. Se apartan un poco, me
hacen esperar 12 minutos más y luego me dejan ir.

Presunción de culpabilidad, pienso.

* * *

Mañana del 23 de mayo, domingo

Johana al fin apareció. Me cuentan que la enterraron hace
dos días.

Supe de ella el miércoles, pero entonces ni sabía siquiera que se llamaba Johana. Entonces era sólo una fotografía en la parte de atrás del autobús de la ruta 41-D que me subió hasta La Campanera. Una imagen en blanco y negro de una jovencita de pelo largo y liso y con una mirada alegre. Había desaparecido en la tarde del 7 de mayo al salir del Liceo Cristiano Reverendo Juan Bueno La Coruña, siempre en Soyapango. Me acaban de decir que su cuerpo apareció el jueves después de estar varios días pudriéndose en un cafetal situado no muy lejos del colegio.

Otro día sabré que su nombre completo era Stefany Johana León Vides. Tenía dieciséis años y estudiaba primer año de bachillerato. Quería ser doctora. La familia era cristiana, se congregaban en la Iglesia de Cristo Elim. Desde hacía más de una década vivían en el pasaje J de La Campanera. No debían nada a nadie, la suya era una vida apegada a principios cristianos, alejada de cualquier vinculación siquiera afectiva con las pandillas. Creyeron que eso era suficiente para enviar a estudiar a su hija a un colegio del que tenían buenas referencias. Pero el reparto La Coruña es territorio de la Mara Salvatrucha. Unos mareros se la llevaron y, antes de asesinarla, la interrogaron para que les dijera algo que no sabía: quién era el palabrero del Barrio 18 en La Campanera. Dicen que le cosieron la boca y le desfiguraron el rostro.

A Johana la asesinaron sólo por ser de *La Campa*.

Como ocurre casi siempre en estos casos, la familia de Johana —padre, madre y dos hermanos pequeños— se fue la colonia.

* * *

Noche del 25 de mayo, martes

Cae la noche, hora de cultos. También en el Tabernáculo Bíblico Bautista Amigos de Israel La Campanera. Óscar Mauricio Escobar, el pastor, camina sobre la tarima de relucientes baldosas, un oasis de pulcritud en un edificio que más parece diseñado para albergar un taller. Enfrente, cabizbajos, una veintena de mujeres y niños cantan —susurran— una canción que habla de manos limpias y corazones puros. Cuando termina, el fondo musical se mantiene, y el pastor Escobar se acerca el micrófono a la boca. Llueve recio, como si hubiera una carrera de caballos en el tejado, pero los parlantes son más poderosos.

—Queremos ocupar un momento, Señor, para orar por nuestro país. Queremos orar, Señor, también por el sector donde tú nos has permitido vivir...

El pastor Escobar es joven, 30 años, y lleva más de dos aquí, tiempo en el que ha podido comprobar que la mayoría de los pandilleros son, dice, jóvenes que han crecido en el evangelio, hijos de hermanos en Cristo.

—... queremos orar por la juventud, queremos orar, Señor, por la niñez. Queremos pedirte que seas tú, Señor, quien guarde a nuestros niños y a nuestros jóvenes, Señor, de la delincuencia, de las pandillas, Señor. Padre, ayúdanos. Nuestros hijos constantemente, Señor, están en riesgo, Señor, tienen dificultades. Bendice las escuelas, Señor, bendice a los maestros, bendice cada centro de estudios, Señor. Bendice a nuestros gobernantes. Y bendice nuestra iglesia, Señor. Ayúdanos a ser agentes de cambio propositivos, a dar algo mejor a este mundo, cuanto más sabiendo que tu venida está cerca, Señor.

Pero parece como si el Señor no escuchara el torrente de plegarias que sale de esta colonia: ni la violencia cesa ni las consecuencias del estigma se atenúan. Hablé con dos pastores distintos, y ninguno sabía la cifra exacta, pero calcularon que en La Campanera hay alrededor de diez iglesias de distintas denominaciones, sin contar la práctica habitual de los cultos en viviendas. Todo Soyapango es un hervidero de fe. Hay más iglesias que centros escolares o campos para jugar fútbol. Algunas se anuncian con pintadas en paredes y en pasos a desnivel, como si fueran un taller o un detergente.

—¿Por qué tantas iglesias? —le pregunto al pastor Escobar cuando termina el culto.

—Por la necesidad que hay, las iglesias ven oportunidades, creo yo. No estamos hablando de oportunidades económicas, usted ve las condiciones aquí, pero sí quizá en el tema de ganar personas para Cristo. La gente, en general, vive bajo un cierto temor, vive bajo incertidumbre, y a eso súmele los problemas laborales, los problemas económicos.

—¿Cree que una iglesia es más necesaria aquí que en la Escalón?

—Sí, definitivamente.

La sede central del Tabernáculo está en la exclusiva colonia Escalón, en San Salvador. El pastor Escobar ha sentido el estigma de La Campanera allí también. Cuando llegan como comunidad y los anuncian por megafonía, siente el peso de las miradas, el escrutinio, el temor mal disimulado de los acomodadores y del resto de los *hermanos*. Y luego están las bromas de otros pastores.

—A mí me han dicho *el de La vida loca,* me han dicho *Poveda junior.* Cuando llevaba rapado el pelo me decían *el Viejo Lin.*

El estigma es como una mancha de óxido en una camisa blanca; una vez que se tiene resulta casi imposible que desaparezca. Hay ciudades y países que tienen fama de tacaños o de haraganes o de altaneros, pero los residentes en La Campanera se quedaron con el estigma de ser delincuentes y violentos. Por eso se ven obligados a escribir otra dirección en los currículum vitae. Y quizá por eso también son tan pocos los apoyos en materia de prevención.

—Una de las cosas que a mí me han llamado la atención —me dice el pastor Escobar— es que todo mundo habla de La Campanera, pero casi nadie hace nada por ayudar acá. Veamos la empresa privada o las fundaciones, todas dicen que ayudan, pero aquí, donde más se necesita, uno no ve nada.

* * *

Tarde del 13 de junio, domingo

A esta hora la selección de Alemania se enfrenta a Australia en Sudáfrica, pero en La Campanera hay quien prefiere ver el Colo-colo contra el Sureños. El partido se juega sobre una cancha que es más cuadrada que rectangular, que tiene grama sólo en las esquinas, y que está delimitada por líneas negras hechas con el aceite quemado de los buses. Sin embargo, en los últimos doce meses pasaron por aquí tres mundialistas: el francés Christian Karembeu, el argentino Marcelo Bielsa y el colombiano Carlos Valderrama. Los trajo la oenegé Fútbol Forever.

Bielsa estuvo en diciembre y dijo algo que también hoy aplica.

—Tengo una crítica a todo lo que vi aquí: que no están los viejos. Los viejos son los que cuentan la historia, los que dan sentido de pertenencia. Está bien que uno quiera crecer, pero éste es el origen, ésta es la esencia, y nunca hay que olvidarlo.

Domingos como el de hoy, con jóvenes y no tan jóvenes, pero sin viejos, se repiten desde hace un mes. Son resultado de un esfuerzo de la directiva comunal y del involucramiento de los motoristas de la Ruta 49. Hay dos ligas —una de jóvenes y otra de papi-fútbol—, con seis equipos cada una, que canalizan el entusiasmo futbolero de la colonia. Los jugadores pagan por jugar, para reunir el dinero para el arbitraje, pero esto no es obstáculo.

Se trata de uno de los escasos esfuerzos de integración surgidos en los últimos meses, y se gestó dentro de la colonia. El Sureños, que ahora juega de rojo, acoge a un buen número de pandilleros. Para disputar los partidos, la directiva tuvo que pedir a la policía y al Ejército que relajaran su presión.

—Poco saldrás tú de La Campanera, ¿no? —pregunto a Whisper, el pandillero. Tiene 16 años y juega en este equipo.

—¿Salir yo? Sólo cuando me llevan preso.

El partido termina 10 a 2, derrota de Sureños. Y todos tan contentos.

Son casi imperceptibles ante los rugidos que creen que las pandillas sólo se deben combatir con mano dura o militarización, pero hay voces que cuestionan los modelos represivos y creen en soluciones más incluyentes. El alcalde de Soyapango, Carlos Ruiz, un día vino acá a decir sin matices que hay que trabajar con los mareros, y el discurso de la oenegé Fútbol Forever va en la misma línea. Todo pasa, dicen, por saber que hay pandilleros y pandilleros. Están los irrecuperables, pero también hay otros que tienen inquietudes y aspiraciones más allá de la pandilla.

—Y si los militares molestan a los cipotes —me dice la madre de uno en la plática después del partido—, ¿en qué vienen a terminar? En hacerse mejor de la calle.

—¿Y sabe por qué? Porque no tienen otra salida —agrega Delmy Chávez—. Si el muchacho no está en nada, lo friegan; y si está, también.

—Entonces, mejor estar, ¿no? —se pregunta en voz alta la madre, a la espera quizá de una respuesta que la convenza.

* * *

La idea inicial que vendí a mi editor era vivir en La Campanera: alquilar casa y pasar una semana para registrar la cotidianidad. Fue paradójicamente Gutman, el argentino que desde Fútbol Forever más trabaja por rehacer el nombre de la colonia, quien me sugirió que no, que llegara los días que fuera necesario, pero que evitara las noches.

—No es tu ámbito, vos sabés. Sos ajeno, y en la noche hay muchos que se pasan de rosca. Y... ¿para qué? —me dijo.

La Campanera aún es una colonia en la que hay que pedir permiso a los pandilleros para que pueda llegar un periodista, donde la autoridad golpea y ultraja con impunidad, en la que calzar unas Nike Cortez es buscarse problemas con los unos y con los otros, en la que hay gente que critica las pechadas que dan los soldados pero calla ante los asesinatos y las violaciones de los pandilleros, en la que los reportajes deben terminar con una advertencia de que se han modificado los nombres de los entrevistados.

—El estigma —me dijo Gutman— lo hacen más el periodismo y la sociedad entera cuando presenta a toda una comunidad como si fuera Vietnam, y la realidad es que el 99 por ciento de las personas es gente maravillosa.

Quizá exagera el porcentaje, pero Gutman acierta en que el grueso de las historias de vida en La Campanera son, a pesar de la convivencia tan estrecha con la muerte, historias de dignidad. Como la de Sherman, un pastor que desde la religión trata de despertar conciencias entre los jóvenes; o la de Grecia, una guapa joven que baila en un grupo y quiere convertirse en modelo; o la de José, motorista de la ruta 49 y motor de la liga de papi-fútbol que cada domingo insufla vida a la colonia; o la de Kenia, que con prudencia e ingenio estudia computación en un sector de Soyapango controlado por otra mara. Todos ellos fueron y son víctimas de la violencia y del consecuente estigma. Ellos cargan la pesada cruz que supone vivir en La Campanera.

—Pero ¿dónde hay más dignidad? —se pregunta Gutman—. ¿En los que vivimos fuera con comodidades o en aquellos que están acá y se las arreglan todos los días para salir a trabajar y mantener a su gente?

(Los nombres de algunos personajes y lugares de este relato se han modificado por razones de seguridad.)

Texto publicado en *El Faro* de El Salvador el 21 de junio de 2010.

Persiguiendo a los Rolling Stones,
Daniel Riera

18/2/2006, 22:50, Río de Janeiro

Parece románticamente gracioso o graciosamente romántico que Keith Richards tome su guitarra y se ponga a cantar un tema que se llama *This Place is Empty* delante de más de un millón de personas, en el concierto más grande de toda la historia de la música, sobre un escenario de 22 metros de alto, 28 metros de ancho y 60 metros de profundidad montado frente a la playa de Copacabana, en Río de Janeiro. Y ahí estoy yo ahora: en el centro del universo, frente al escenario, delante de todo, y ahí están ellos, tocando gratis para la gente y los veo en tamaño natural, como si estuviera en un teatro, y no lo puedo creer.

18/2/2006, 19:07, Río de Janeiro

Me fundo frente al escenario en un abrazo de seis brazos con mis amigos Diego Perri y Marcelo Sonaglioni. Diego y Marcelo son coleccionistas y fans y entienden de qué se trata lo que vamos a vivir dentro de menos de tres horas. Hay gente en los balcones de todos los edificios de la Avenida Atlántica, hay gente sobre la avenida y gente sobre la playa y gente en los yates sobre la costa. Hay lenguas que caminan por todas partes. Hay un dirigible sobrevolando la zona y hay un dirigible, de pronto, en la pantalla gigante (bien gigante), un dirigible con una lengua, una lengua que sobrevuela una gran metrópoli, una lengua que se apresta a aterrizar sobre nosotros, y ahí está Keith, señores, *Jumping Jack Flash*, nada menos, y en seguida Jagger dice Hola, Río, hola, Brasil y empieza *It's Only Rock'n'Roll*, y no sé a quién mirar, porque si lo miro a Mick me lo pierdo a Keith y si lo miro a Ronnie me lo pierdo a Charlie. Es increíble: los vi en el 94, los vi en el 95, los vi en el

98, y este show es mejor que todos los anteriores. Me parece que hay un par de pifies en *Wild Horses*. ¿Por qué, entonces, estoy llorando?

17/2/2006, 12:30, Río de Janeiro

Estoy frente al hotel Copacabana Palace junto a cientos de fans que esperan desde la vereda que alguno de ellos se asome por la ventana y salude, sonría, haga un gesto, una señal, cualquier cosa, lo que sea, mientras en frente, sobre la playa, terminan de montar el escenario donde mañana veré a la banda. Me topo con un paraguayo que los vio 41 veces. Me dice que van a tocar sólo media hora, que por eso aceptaron reducir su cachet.

—¿De dónde sacaste eso?

—Es un hecho. Ya lo sabe todo el mundo —dice el paraguayo, imperturbable.

—¿Y por qué sólo media hora?

—Porque el cachet que les pagaron alcanza sólo para eso.

—No puede ser, sería una catástrofe.

—Es lo que yo digo. Va a ser una catástrofe.

Lo que sabe «todo el mundo» es que el show tiene que terminar antes de la medianoche, porque en caso contrario, la empresa promotora deberá abonar una multa de 125.000 dólares. Lo que no queda claro es antes de cuál medianoche debe terminar el show, porque el 18 de febrero en el Brasil hay dos medianoches: a las 12:00 de la noche hay que atrasar el reloj una hora y vuelven a ser las 23:00. No deja de ser maravilloso que la noche de las dos medianoches sea justo la noche que tocan los Rolling Stones. En el lugar donde los Stones brindan el concierto más grande de la historia de la música, el día tiene 25 horas.

17/2/2006, 16:30, Río de Janeiro

Desde uno de los balcones del Copacabana Palace, Ron Wood saluda a la multitud, agita los brazos, payasea. Se agradece.

Están ahí. Estoy acá. Somos vecinos. Durante dos días, ellos y yo viviremos sobre la misma avenida. El 19 de febrero, ellos y yo nos iremos a Buenos Aires.

18/2/06, 22:30, Río de Janeiro

La versión de *Midnight Rambler* es uno de los grandes momentos de un show pródigo en grandes momentos, un show que en sí mismo es un gran momento.

17/2/2006, 14:30, Río de Janeiro

Me cuelgo, orgulloso, mi credencial en el cuello e ingreso sin problemas en el Copacabana Palace. En eso baja Bobby Keys con la esposa. Bobby es el saxofonista de los Stones desde antes de que yo naciera. El saxo de *Brown Sugar,* por ejemplo, lo toca él. Pero está con la mujer y están saliendo de paseo... ¿Qué puedo hacer antes de que se vayan? Bueno, grito *Ey, Bobby,* y Bobby se da vuelta y sonríe, y sonrío. Le digo *Nice to meet you* y le extiendo la mano. Me la estrecha, como un caballero. A ver si nos entendemos: los dedos que tocan el saxo en *Brown Sugar* o en *Can't You Hear Me Knocking* se estrechan contra los míos. Los mismos dedos con que Bobby toma por la cintura a su esposa hasta que salen del hotel y se pierden con rumbo desconocido.

21/2/2006, 18:30, Buenos Aires

Llego al estadio tres horas antes del concierto, pero la gente que tiene tickets para el campo forma una fila de siete cuadras. Me topo con una pareja amiga que llegó a las 5:00 de la tarde. Me ayudan a ahorrar una cuadra y media. Logramos entrar recién a las 9:30 de la noche. Quince minutos después se apagan las luces. Afuera hay cuadras y cuadras de gente que compró su ticket y no logró entrar. Afuera hay un descontrol que puedo imaginar pero no ver, porque felizmente quedé del lado de adentro. Suena el teléfono celular de mi amiga. Su madre quiere saber si está bien. La televisión está mostrando en directo una batalla entre policías y espectadores. Los Stones arrancan con *Jumping Jack Flash*.

18/2/2006, 23:50, Río de Janeiro

Termina el concierto y caminamos detrás del escenario, hacia el sector de prensa. Nos permiten cruzar por el mismo puente gigante que va desde el escenario hasta el Copacabana Palace, el mismo puente por el cual vino y se fue la banda. Desembocamos frente a la piscina del hotel, en una fiesta de puta madre con baile, tragos, mujeres hermosas. Subimos al entrepiso: el corista Bernard Fowler besuquea a una menina, el tecladista Chuck Leavell se sirve un plato de fideos; la sexy Lisa Fischer come solita, sentada en el suelo, recostada contra una columna.

El salón está decorado con fotos en blanco y negro, autografiadas, de los visitantes ilustres. Por lo que veo, aquí estuvieron todos: Carmen Miranda, Sartre y Simone de Beauvoir, John Wayne y, entre muchos otros, claro, Mick Jagger. ¿Y si me robo el cuadro firmado por él? No puedo descolgarlo sin que nadie me vea, por menos luz que haya en este salón. Existen grandes, enormes posibilidades de que me caguen a trompadas, me metan preso, me deporten, quiero decir, robar es un delito y si uno, para colmo, está en un país que no es el suyo, el problema se agrava, sería el fin de mi carrera profesional, tal vez, y aún así evalúo el robo con seriedad, porque no deja de ser una foto autografiada de Mick Jagger. Y además está enmarcada.

Ey, esa que está ahí es Jo, la mujer de Ronnie. Ey, ése es Ronnie. ¡Ronnie! Está tomando una cerveza. Parece contento. Ese que está ahí es Keith. ¡Keith! Está con Patti, su mujer.

—Está hermoso —dice Marcelo, muy seriamente. Asiento.

Y ese que está ahí es Jagger. ¡Guau! Los tres están sentados en unos sillones en una especie de Vip improvisado, separados del resto de la fiesta por un corredor de sogas rojas y una

mesa de madera repleta de manjares. Nos asomamos al borde de
la soga, al borde de la mesa. Nos gratifica el solo hecho de saber
que están tan cerca. Entre la mesa con los manjares y la pared
hay un espacio delgadísimo. Una chica que debe medir 1,75 y
debe pesar 45 kilos lo advierte y pasa por allí sin inconvenientes.
Mis proporciones son diferentes a las de ella. Quiero decir, yo
mido 1,79 y peso 95 kilos, no creo que pueda... Me atasco entre
la mesa y la pared, y un security de proporciones parecidas a las
mías, pero de masa muscular más sólida, me viene a echar con
los mejores modales. *Come on, man, enjoy the party, you can't stay
here.* Jagger se pierde por una puerta por la cual no podemos
seguirlo. Keith sale del megavip con Patti rumbo a un ascensor.
Diego lo persigue con su pocket. Cuando lo alcanza, tiene la
delicadeza de pedirle permiso para retratarlo. Keith le hace un
gesto que quiere decir No, por favor, estoy cansado. Diego respeta la voluntad de Keith. Nos hemos jurado no robarles una
foto jamás: los amamos demasiado para eso. La puerta del ascensor se cierra. Ronnie se queda un rato más, por suerte. En cuanto Ronnie decide irse, la fiesta ha perdido su razón de ser: las
mujeres hermosas se nos antojan feas, los manjares se vuelven
insípidos, las cervezas se calientan y nos vamos. En Buenos Aires
habrá otra oportunidad.

21/2/2006, 22:25, Buenos Aires

Los vasos de Coca-Cola vacíos no son buenos para derribar a las chicas que están subidas al hombro de sus novios. Lo
mejor son las botellas de agua mineral de medio litro. Cuando
sienten el impacto, las chicas comprenden que deben bajarse para
que puedan observar el show quienes están detrás. Mi puntería es
buena. Por eso puedo ver sin interferencias cuando Jagger se sienta al piano para cantar *Worried About You.*
En el medio de *Midnight Rambler,* Keith se apoya sobre el
hombro de Mick. La pantalla gigante registra la escena y el mundo
se paraliza.

23/2/2006, 18:00, Buenos Aires

Diego me dio un pase que me permite acceder al lugar más *cool* de todo el estadio: el Rattlesnake Inn, un lounge al lado del camarín de la banda. Estoy presente en el momento en que entran al estadio. Keith y Ronnie están despatarrados en uno de los carritos que se utilizan para sacar fuera de la cancha a los jugadores lesionados en los partidos de fútbol. En el carrito de atrás van Charlie Watts y el bajista Darryl Jones. No sé por dónde habrá entrado Jagger: tal vez, simplemente haya llegado antes que nosotros. A las 7:00 de la tarde abren las puertas del Rattlesnake Inn. Diego me cuenta que Charlie se pasó aquí buena parte de la previa al show del 21, que Ronnie y Keith se hicieron ver un poco (no demasiado) y que Mick se mantuvo escondido. Adelanto la cena. Me sirvo ojo de bife, pastel de carne, kebab, un poco de tarta de frambuesa. Luego empiezo a caminar. Todos menos Charlie salen del camarín al Rattlesnake Inn y del Rattlesnake Inn a los pasillos del Monumental: Mick está de negro, Ronnie y Keith, de azul... Lo bueno de que hayan salido es que volverán, y cuando vuelvan, los veré de nuevo.

Vuelven, sí, los veo de nuevo. Pasan directamente al camarín. Si tan sólo se quedaran aquí unos minutos... No está permitido tomar fotos, pero me han dicho que el 21, Ronnie accedió a retratarse con un par de fans que se lo pidieron educadamente. Marcelo y Diego están muertos de pena: sencillamente, no aceptan que no suceda nada. De pronto, Jane Rose, la mánager personal de Richards, los ve con cara de pollos mojados y les dice *Come on*. Muerto de envidia, los veo perderse por la puerta negra. Emergen con una foto con Keith y la satisfacción del deber cumplido.

Ey, ese que está ahí no es... Qué pregunta estúpida, claro que es Charlie Watts. Si lloro antes de pedirle la foto lo voy a asustar, tengo que calmarme. Lo saludo, *Hello, Charlie, nice to meet U* (nadie me echa, qué bueno), *with all respect* (no me huye... ¡genial!), *You know, the emotion*. Tartamudeo. *I don't wanna bother you* (¡me sonrió!). *Would you let me take me a picture with you?* Me contesta *Yes, Ok, no problem*. Viene Santiago, amigo, ex mánager de Charly García, con su camarita. Le atravieso la espalda con el brazo a Charlie (Watts), nos sacamos la foto. Ya está. *Thank you very much, Charlie.* Podría hablar una hora y media sobre él, pero me quedo sin palabras. Ahora sí, me largo a llorar como un niño. Ahora estoy hecho. A las 20:50, una hora exacta antes del *show,* desalojan el Rattlesnake Inn. Los Stones se quedan solos, concentrados, y yo me voy a mi platea a esperarlos.

23/2/2006, 21:50, Buenos Aires

Uno de los tipos que está tocando sobre el escenario es mi amigo, el baterista, el que se saca fotos conmigo. Este show es mejor que el del 21, que era, a su vez, mejor que el del Río. Este show es, por lo tanto, el mejor que vi en mi vida. Llueve mucho, mucho, y ellos salen con sombreros y con pilotos, y, con la excepción de Charlie, tocan con esos sombreros maravillosos. La pantalla altera su rutina cuando tocan *Rain Fall Down* y, por supuesto, muestra imágenes del diluvio que se cierne sobre Buenos Aires.

Hoy se les da por tocar *Angie* —y ahí es tanto lo que lloro que una chica se acerca a consolarme—, hoy se les da por tocar *Gimmie Shelter,* hoy vuelven a tocar *Get Off Of My Cloud...* De un concierto al otro hay nada menos que seis temas diferentes. Cuando, en la mitad del show se mudan al centro del campo, descubro que mi ubicación en la platea General Belgrano es la más adecuada para el escenario «B». Jagger está desaforado devolviendo las remeras sudadas, empapadas, que le arroja el público. Afuera, la policía está desaforada reprimiendo a los miles de muchachos que trataron de pasar sin su entrada.

Después de la secuencia de superclásicos que termina en *Satisfaction,* los saludos a la gente y algún tibio amago de fuegos artificiales opacado por la lluvia, la lengua roja que lame la pantalla gigante anuncia que, ahora sí, todo terminó, que quién sabe cuándo volveré a ver a los Rolling Stones.

Al día siguiente, lo llamo a Santiago para que me mande mi foto con Charlie Watts. Santiago me dice qué lástima que nos desencontramos ayer, te llevaba a la fiesta.

—¿Qué fiesta? —le digo.

—La del Four Seasons. Fuimos a las 3:00 de la mañana con Charly (García). Después apareció Maradona.

—No me digas nada, no sigas —le digo, y cuelgo el teléfono.

Texto publicado en *SoHo* en abril de 2006.

Armar la historia de Gloria
Sabina Berman

Cronológicamente

Tal vez ésta es una historia para ser contada cronológicamente, porque trazada contra el tiempo adquiere una forma simple. El ascenso de una chavita impetuosa a la cima de la gloria del pop-rock latino; su caída en vertical en medio del escándalo, hasta muy hondo en la oscura cárcel, y por fin su nuevo ascenso, empeñoso, otra vez rumbo a la cima más alta.

Una versión así podría empezar con Gloria a sus tiernos 17 años sentada en una sala de espera de la academia del ex cantante, arreglista y compositor Sergio Andrade. Otras 30 chavitas esperan también sentadas. A sus mamás se les dijo: «Bye, bye», hace un rato, Sergio no audiciona nuevos talentos en la presencia de las madres, que las inhiben.

Es 1984. Son las dos de la tarde en la Ciudad de México. Por una puerta entra otra joven, muy pálida ella, con ojos muy grandes, con los labios voluptuosos pintados de rojo bandera. Mary Boquitas, la llaman. Mary lee de un cuaderno escolar el nombre de la chavita a la que toca el turno de pasar con el maestro Andrade.

El maestro Andrade, el Rey Midas le llaman en el ambiente del espectáculo. Creador de Lucerito, de Cristal, de Yuri, entre otras estrellas.

Dan las cuatro y dan las seis, y sólo han pasado la mitad de las chavitas, el foco del techo se enciende y dan las ocho y las diez y las doce, y Gloria se ha quedado sola, la última, rezando para que el milagroso señor Andrade sí la reciba por fin.

¿Qué trae en la cabeza esa chava norteña de greñas largas? Se lo pregunto a Gloria, ahora que tiene 41 años.

«Traigo a Jim Morrison en la cabeza. A Mick Jagger y los Rolling Stones. Traigo en la cabeza rock pesado y un estadio atiborrado de raza que con cada guitarrazo y cada lírica se cimbra y aúlla.»

Mary Boquitas, ojerosa, abre la puerta y lee de su cuaderno escolar: «Gloria de los Ángeles Treviño».

Gloria baja la vista al piso, tímida, y va tras Mary que la conduce por un pasillo y le abre una puerta, y le franquea el paso al salón donde el mítico Sergio Andrade toca en las teclas de un Steinway de cola abierto. Por su prestigio uno supondría que es un viejo maestro, pero no, tiene apenas 30 años, y sin embargo la seriedad de un hombre torturado por la conciencia de su propia importancia. Delgado, en un traje negro impecable, la camisa blanca con el primer botón desabotonado, la quijada cuadrada y ojos negros bajo cejas espesas. Sigue tocando en las teclas una melodía suave y Gloria petrificada espera que la note.

La mira por fin, y sin dejar de tocar le dice: «Acércate, a ver, ¿qué tienes para enseñarme?».

Gloria toma aire. Le canta a capella *Amor cavernícola,* un rock monótono, primitivo: cavernícola en efecto, pero cantado con muchas agallas y saltitos rockeros.

Sergio no está impresionado. Pero pregunta si la composición es de ella. «Es mía», asegura Gloria. Agrega: «Tengo como unas... 52 canciones compuestas por mí».

Sergio tampoco está impresionado, se pone en pie y la rodea. «Eres demasiado alta —dice—. Estoy buscando chavas para un nuevo grupo de rock, pero tú eres, sí, demasiado alta. A ver, quítate los zapatos».

Gloria se descalza ante el señor Andrade.

Musicalmente

Boquitas Pintadas es un grupo que no trasciende. Le sirve a Gloria sin embargo para quedarse a vivir en la academia de Andrade, toma clases de la mañana a la noche, de teclado y composición y de baile, y de paso se hace novia del maestro, aunque el maestro es pareja de Mary Boquitas, incluso es civilmente su esposo.

«¿Lo sabías tú o él te engañó?», le pregunto.

Gloria niega con la cabeza y dice: «No, no». Pero se refiere a que no quiere hablar conmigo de eso. Ni conmigo ni con nadie. Ésa es la prehistoria de su vida. «Mejor hablemos de la música», dice.

Me río. «¿Crees que puede contarse tu vida sin mencionar a Sergio Andrade?», le pregunto.

«Puede contarse sin mencionarlo», me asegura.

Y es que odia que su historia siga enredada con la de Sergio, odia responder por asuntos de su adolescencia, ahora que es una mujer distinta, que tiene dos hijos y un marido y ha pagado de sobra cualquier imprudencia de su ayer. Caray, quiere hablar de música. Mejor aún, hacerla.

Así que por lo pronto hablamos de cómo aprendió a armonizar. Cómo aprendió a reconocer su voz y fue construyéndose su estilo. Cómo fue juntando las canciones de su primer álbum.

Estamos en casa de su suegra en Tampico, donde vive con su marido Armando Gómez, en un estudio con un tapete de pelo tan alto que parece un césped salvaje de estambre, y Gloria, sobria, va en vaqueros y suéter negros, botas, el pelo recogido, cero maquillaje. Es muy apuesta, aun sin maquillaje. Se parece a Gina Lollobrigida en su mejor época, la de su cuarentena, aunque es más esbelta y más fría.

Es decir, más fría hasta que canta. Me tararea *Pelo suelto*. La canta a media voz, ella misma imitando la instrumentación de los puentes musicales. Me canta *Doctor psiquiatra,* riéndose de pronto del candor adolescente de la letra. Me canta en voz queda *Con los ojos cerrados.* Estamos entrando a sus canciones románticas, las dolorosamente dulces. Le pido *El recuento de los daños,* una de mis preferidas. A media canción me dice: ¿Escuchas las letras?, yo le canté al público mi vida personal, yo era un libro abierto. Y vuelve a la melodía de *El recuento de los daños...*

En este concierto privado, a media voz, no le sucede ninguna nota desentonada. Ni un fuera de ritmo. Me acuerdo de una sesión en que entrevisté a las Flans en el estudio de grabación, hace 20, 25 años. Los ingenieros de sonido laboraban como relojeros inclinados sobre las consolas para ajustar las notas erradas, para jalar las sílabas demasiado cortas hasta llenar el compás. Nada de eso pasa con Gloria. Canta, así en frío, sin un solo yerro.

Así fue su primera grabación. Sin un solo yerro. Estando en Los Ángeles, recientemente, un ingeniero de sonido me relató que en los Miracle Sound Studios, donde él trabajaba hacía dos décadas, sólo dos cantantes habían grabado un disco de forma impecable; es decir, cantando cada canción en una toma, sin un solo yerro. Tina Turner y Gloria Trevi.

«Te digo qué es la fama, según Sigmund Freud», le digo a Gloria. «Dime», dice. «Ser amado por millones de desconocidos.»

Gloria asiente: «Es una emoción maravillosa —dice— saber que tus canciones entran al corazón de millones». Me dirá otro día: «Muchas veces en mi carrera, cuando vivía con Sergio, quería que nunca terminara el concierto; no quería tener que dejar de cantar y volver a mi vida personal, llena de... —titubea, se le humedecen los ojos—... de malos tratos», termina. Las lágrimas se le resbalan y comienza otra frase: «El público no tenía que rogarme, yo estaba lista para seguir cantando otra canción extra, y otra y otra».

Sí, el hilo principal de la historia de Gloria, si ha de ser contada sensiblemente, tendría que ser la música; su música, por la que Gloria se partió el corazón, por la que vivió lo que todavía le resulta casi indecible; la música que también le dio los orgasmos del tamaño de los estadios retacados de raza cantando con ella y la dicha inmensa de la fama; su música que es ahora la fuerza que la impulsa contra las apuestas de sus detractores para llegar otra vez al estudio de grabación, otra vez al ruedo del escenario, otra vez a la felicidad de cantar para millones.

Me dijo una tarde Jesús Ochoa, el actor: «Yo soy feliz sólo en escena, con un personaje que interpretar. Sólo ahí sé quién soy. Lo demás es pura espera».

Esa impresión me da también Gloria. Todo es espera, hasta que canta.

Ese día en Tampico, prende el aparatote de sonido que tapiza una pared y me canta a todo volumen *Cinco minutos,* canción de su último disco. Se tuerce a la manera Trevi, un hombro en alto, un zapatazo al aire. Marcha por el tapete salvaje las piernas muy altas, sube a un sofá, todo sin perder un compás, una sílaba, una nota. Gloria por fin completamente libre, cantando a todo pulmón.

Éstos son los compositores que han marcado los últimos 50 años de nuestra música popular en México: por orden de aparición: Armando Manzanero, Juan Grabriel, Gloria Trevi. Esta afirmación debiera bastar para contar la historia de Gloria, si sólo siguiendo las melodías de sus sucesivas canciones fuese suficiente para cualquiera, pero. Pero. Pero no lo es.

Es imposible contar la historia de la música de Gloria evadiendo la historia paralela de los hechos de su vida personal, porque precisamente es esa historia personal la que la destronó de la cima de la fama y cerró sus labios durante cuatro años y hace un rato le humedeció los ojos: su sinuosa vida personal alejada de las buenas maneras sociales es la que también le hace tan difícil al público tomarla, de forma simple, como una cantante y compositora espectacular.

Me susurra mi sobrina Francine, de 11 años, alumna de la escuela de niñas bien, el Regina: «Gloria Trevi me vuela los sesos». Repito que me lo susurra al oído, y es para que no la oiga su mamá, que ya le advirtió que está mal ser fan de esa señora, la Trevi.

El lado oscuro

No hay opción, si se cuenta completa la historia de esa señora, la Trevi, hay que contar igual sus indignidades. Y esta historia debe tener más o menos al centro un dormitorio de un departamento modesto, estrecho, en Río de Janeiro, Brasil, 15 años después de que Gloria conoce a Sergio Andrade y un año después de que Gloria, en el clímax de su éxito, se retira de los escenarios.

Sergio entra de la calle sobresaltado y le pide a Mary Boquitas que prepare los pasaportes. Tiene 46 años, ha aumentado 15 kilos de peso, está sin rasurar y usa lentes. Irrumpe en el dormitorio donde Gloria duerme, sedada. Le palmea las mejillas.

—Tenemos que irnos —dice—. Vístete, Gloria.

—Quiero ver a Ana Dalai —susurra adormilada Gloria.

—Vístete y vamos a ver la tumba de nuestra hija en el cementerio —le asegura Sergio.

La bebé de ambos ha muerto hace unas semanas, y la vida diurna le es insoportable. Los tres bajan a la calle, vestidos en vaqueros baratos, ellas con camisas de hombre anudadas al frente, dejando ver sus ombligos. Así serán retratados por la Interpol, que los sigue. Así serán retratados en el momento de la captura. Las fotos recorrerán el mundo donde se habla español. Han estado prófugos, escondidos en una zona proletaria, viviendo una vida paranoica de parias.

Ante la cárcel de la Papuda, enclavada en la entraña verde de la jungla, ya los esperan las cámaras de las televisoras del mundo en español. Los reporteros hablan ante los sucesivos lentes de cómo el trío fue detenido, «debido a las órdenes que pesan sobre ellos por los delitos de corrupción de menores, rapto y violación en perjuicio de la joven Karina Yapor de 14 años».

Pero cuando la camioneta donde viajan los presos llega a las rejas y las rejas se abren, todo lo que las cámaras pueden captar es un beso que Gloria, tras la ventanilla sucia de la camioneta, pone en su palma y les sopla. Luego la camioneta entra a las fauces de la cárcel y las rejas se cierran con un estruendo metálico.

Gloria y los supermedios

Personas de 50 años, de 40, de 30, me dicen que recuerdan esa emisión de *Siempre en domingo* donde esa chavita llamada Gloria fue presentada por primera vez al público masivo mexicano. Corrijo, más bien hizo explosión en la conciencia del público mexicano.

Yo lo recuerdo así. En pantalla había un acto circense de perritos amaestrados. Saltaba un perrito de un trampolín por un aro. Otro caminaba en dos patitas con un parasol rojo amarrado al hombro. Creo que me equivoco y es que mi mente me ofrece una metáfora que engloba el valor de la mayoría de los actos de ese programa interminable, ocho horas de «freséz», de artistas producidos en serie por la fábrica de estrellas de latón de aquella Televisa que era el PRI del espectáculo. Salvo unas cuantas excepciones muy notables, claro, eso era *Siempre en domingo,* la institucionalización del arte, ese contrasentido estéril.

Entonces el maestro de ceremonias, el señor de la sonrisa eterna, Raúl Velasco, pide un sentido aplauso para los perritos amaestrados y luego promete que presentará a una nueva artista que resultará inolvidable. Y sale a la luz de la escena esa cosa rara, una chava en faldita corta («para enseñar pierna», me dice riendo Gloria de 41 años), con mallones negros («para ocultar mis muslos demasiado anchos»), con zapatos viejos («son los que tenía») y la matota de pelo («la que todavía tengo»).

Micrófono en mano grita la primera frase de *Doctor psiquiatra* («de puro nervio la grito», cuenta Gloria): «Creo que ya es tiempo... de ir con el psiquiatraaaa...».

—¿Tenías preparada la coreografía que bailaste?

—Cuál coreografía ni qué ocho cuartos. Ya estando ahí, hice lo que se me ocurrió, lo que pude. Saltar, patear el aire. Tirarme al piso.

Sube los escalones de la butaquería y se mete con el público, toma una maceta y la deja caer y estrellarse en el piso. Es perfecto para la letra de la canción («No, no, no, noooo, no estoy loca, estoy desesperada...»), baja las escaleras y bota y rebota en el piso y se tira al piso otra vez y patalea el aire y la gente se ríe, aplaude, se divierte, grita, ¡se despierta!

¡Le cree!

Lo más difícil para cualquiera en aquel México de finales de los ochenta: ser creíble. Ese México de los artistas controlados por Televisa, los periodistas acotados por el poder, los políticos de rodillas ante el Presidente, aunque estuviesen parados. El México de la simulación, ese que todavía no se nos acaba mientras otro, verídico, forcejea por salir a la luz.

Cuenta la leyenda que don Emilio Azcárraga Milmo, presidente imperial de Televisa, ve la transmisión en su casa y llama alarmado a la cabina de control de cámaras, ordena que esa locura acabe pronto y que las cámaras se ciñan al *close up* hasta el acorde final.

En todo caso Raúl Velasco despide a Gloria con su sonrisa eterna. Le dice: «¿Así que estás loca?». Gloria replica: «No, nada más estoy desesperada». Él pregunta juguetón: «¿Desesperada por qué?». Gloria dice: «Estoy desesperada por ser feliz, por cantar, por ganarme el corazón de la gente... y por quitarte los anteojos», y se los quita, y Raúl con los ojos en ranuras dice a cámara: «No se vayan, porque aún hay más», y manda a comerciales de pastelitos recubiertos de falso chocolate.

En dos semanas, tres canciones del primer álbum de Gloria llegan al top ten de las ventas en Latinoamérica. Arranca la trevimanía. Siguen los álbumes de éxito. Los conciertos en estadios hasta el tope. Se forman los clubs de fans. Andrade convoca a un concurso de imitadoras de la Trevi y cada niña mexicana quiere tener el pelo largo y enredado, usar mallones rasgados, usar zapatos viejos, estar desesperada por estar feliz.

Es algo más que una moda. En ese México de simulaciones, Gloria es alguien auténtico que se ha colado al espacio público dominado por las mentiras, para decir verdades que entre tanta falsedad suenan a explosiones de dinamita. Las mujeres estamos hasta el queque del machismo, queremos libertad y satisfacción. La Iglesia se equivoca al ser un poder represivo. Los gays tienen derechos porque pagan impuestos.

Gloria se vuelve un espejo: todos estamos desesperados como ella por cantar y ser felices y llegar al corazón de nuestros congéneres.

Gloria, y Andrade tras bambalinas, preparan entonces actos más insolentes. Un calendario de desnudos de Gloria. Al otro año, otro calendario más prendido, con burlas a los anquilosados símbolos patrios, y en los márgenes esas extrañas niñitas desnudas, ésas como clones de Gloria. Al otro año, otro calendario, otro álbum de canciones mejores.

Claro, Andrade es un genio para extremar la ganancia económica, pero también posee la adicción del transgresor, la de transgredir cualquier límite. La raza sólo mira a Gloria, la ama porque ella sí ha logrado desnudarse y ser rebelde a un tiempo, y eso en la dictablanda del PRI donde todos viven doblados ante el poder, disfrazados de corderos. Los intelectuales empiezan a amarla por lo mismo, amén de porque ella los conecta con la raza. En Gloria coinciden el amor de los chavos proletarios y los chavos bien, y el de Elenita Poniatowska y de Carlos Monsiváis, los jefes de la tribu de los intelectuales de izquierda de entonces. El suplemento cultural del periódico *unomásuno* le dedica un número a Gloria lleno de fotos de ella desnuda y versos dizque de alta poesía.

Por eso es tremendo el desengaño. Primero el absurdo retiro de Gloria de los escenarios, que según me cuenta es todavía más absurdo de lo que pareció: «Un día, estando en pleno concierto ante diez mil personas en el Auditorio (el Auditorio Nacional de la Ciudad de México), sin aviso alguno Sergio me dice anúnciale a la gente que éste es tu último concierto. Me lo pide como una prueba de amor... Para que le demuestre que para mí, él es más importante que mi carrera...».

Después, lo peor. El libro de una ex corista de Gloria y la denuncia de los padres de otra chava del cortejo de Andrade, más las indagaciones de la prensa del espectáculo, van revelando que Andrade nunca le devolvió tanta fidelidad a Gloria, ha sido el pashá de un harén de jovencitas émulas de Gloria.

Los hechos morbosos fascinan al público, pero lo que les duele es el engaño, el fraude. Otro fraude más en Latinoamérica de los fraudes, esa de los finales del siglo xx.

«¿Qué fue lo que más te preocupó?», le pregunto a Gloria. Me dice: «Que iban a decir que yo no era tan rebelde como me suponían. Pero te digo algo, yo nunca me fingí más rebelde de lo que yo soy, sólo que había mucha gente que no ponía atención a mis canciones, como *El recuento de los daños, Con los ojos cerrados*».

Ni siquiera cuando las rejas de la cárcel se cierran tras ella con un estruendo metálico cesa el acoso de la prensa. La fotografían con teleobjetivos. La siguen a las sucesivas cárceles adonde es trasladada. La prensa cubre las historias de las niñas clones del «clan sexual» de Sergio. Laura Suárez, corresponsal del programa de Paty Chapoy, el de mayor audiencia en el periodismo del espectáculo en español, destapa más y más hechos penosos que encuentra en Brasil, en España, en Argentina. Una presa liberada escribe su propio libro sobre cómo era Gloria en la intimidad de una celda. Dos chavitas más del «clan» escriben sus propios libros confesionales. Un ex fan escribe un largo reportaje periodístico. El escándalo es una vaca con leche amarga sin fin.

Paty Chapoy me lo cifra así: «Cuando Gloria (en sus inicios) venía a mi programa, el rating subía 18 puntos». Más tarde, a pregunta expresa, Paty Chapoy me confirma que cuando tenía noticias frescas del escándalo, el rating también subía. Me precisa Laura Suárez: «Pero nosotros no inventamos los hechos, nada más los reporteamos».

Igual otros periodistas del espectáculo han dicho públicamente que la desgracia de Gloria fue un boom de rating impresionante para sus programas. Así de simple, las noticias sobre Gloria, fueran buenas o atroces, vendieron igual de bien. Hay que agregar asimismo: fueran producto del buen periodismo, ese de las verificaciones estrictas, o mentiras oportunistas o irresponsables fabulaciones.

Gloria me cuenta de un estudio realizado en la UNAM que calcula que ella ingresó en taquillas, hasta antes de su apresamiento, 80 millones de dólares. «¿De esos 80 millones, cuántos fueron para ti?», le pregunto. Palidece al confesar: «Nunca tuve dinero propio. A mí lo único que me interesaba...». Titubea y yo le completo la frase: «... era cantar».

De cierto, nada más una vez en su vida Gloria no ha deseado cantar. Sucedió, previsiblemente, en la cárcel de Brasil. Marcelo Borelli, asaltante de leyenda, se frustró tanto de ya no escucharla cantar que le ofreció cincuenta mil dólares para que lo hiciera. Gloria le respondió tocándose el corazón: Borelli, es que ya no tengo con qué...

Otra vez cuesta arriba

Nuestro primer encuentro, en el Hotel Meliá de la Ciudad de México, en 2007, sucede a las horas en que Gloria debió estar cantando en el Salón 21, pero el concierto se canceló.

En Tampico, en 2008, todavía podemos ir a un restaurante a platicar, la reconocen, le piden un autógrafo, ahí para.

Ese mismo año en Monterrey, fuera del palenque ya hay reventa con empujones e histeria mientras adentro Gloria ensaya con sus músicos y bailarines, dirigiendo desde la coreografía hasta los coros, hasta los niveles de la consola. Una artista en plenitud del control de su talento.

En la noche, diez mil almas llenan la butaquería. Cada canción de Gloria, cada sílaba, la canta el público y la cantan los tramoyas y las canta, y no exagero, el despachador de cervezas. Todos los presentes nos sabemos cada sílaba de las canciones de Gloria. *De Pelo suelto* de los años ochenta hasta *Cinco minutos,* recién salida en el último CD.

El público no puede ser más diverso. Chavos pero también cuarentones, como Gloria, y cincuentones. Raza pero también niños bien. Gays y transexuales, pero también machines de bota y sombrero. Gloria de nuevo es un eje social. Y Gloria es perfectamente feliz y natural siéndolo, cantando domina el escenario y tiene conciencia hasta de la última fila.

Cuando Gloria canta *Una rosa blu,* una mujer en las últimas hileras grita: «¡Gloria!, ¡Gloria!», el seguidor de luz la enfoca, es una mujer de 40 años con una pañoleta en la cabeza rapada, una mujer con cáncer, probablemente. Gloria gira el torso para cantarle directamente a ella y la mujer en pie canta con Gloria, el resto del público calla y atestigua. Es magia pura, diez mil personas presenciando el íntimo amor entre Gloria y una fan herida por la desgracia. Vale precisarlo: así se cantan una a la otra la canción entera.

Al inicio de 2009, nos encontramos en el hotel Camino Real de Santa Fe, para lo que yo llamo la «sesión de precisiones». Ahí se hospedan Gloria y Armando porque a unas cuadras está el set de *El show de los sueños,* programa de Televisa en el que Gloria sale cada domingo en red nacional. Ya todo debe ocurrir con sigilo, encontrarnos en un apartado, los guardaespaldas y Armando vigilando afuera, la diva ha vuelto a ser reconocible para cualquier ciudadano de a pie, hay que tener cuidado con los paparazzi y sus informantes, que pueden ser el mesero o la recamarera o aquel señor calvo que se ve tan decente leyendo un periódico. *Cinco minutos* es la canción que domina el año entero en las discotecas, Gloria está bookeada para conciertos hasta el año siguiente.

Hace apenas dos meses, en marzo de 2009, nos citamos por última vez en un restaurante del aeropuerto de la Ciudad de México a las nueve de la mañana. Su representante llega tres minutos antes, sus dos guardaespaldas grandotes y en chamarrotas de piel negra llegan dos minutos antes a otear el lugar, Gloria y Armando entran con lentes negros a las nueve y un minuto. Nos felicitamos unos a otros, somos tan efectivos como James Bond.

Gloria quiere saber cómo voy, luego de 15 horas de grabaciones con ella. «Ya sé cómo contar tu historia», le contesto. Me dice algo que me ha repetido: «Lo único que yo quiero es darle por fin la vuelta a la hoja de mi pasado». «La mejor manera es contando tu pasado», le vuelvo a replicar, como otras veces. «Sí, que se sepa toda la verdad y ya», dice, pero lo dice sufriéndolo.

Me suelta a rajatabla: «Sé que has hablado con Paty Chapoy».

Le digo: «Así es, y la encontré muy profesional a ella y a Laura Suárez. Les pedí cifras, fechas, me narraron hechos que he verificado. Además debo hablar todavía con Mengana y con Zutano, y la investigadora Rocío Bolaños está calificando la verdad de cada dato de lo que va reunido».

«Qué bueno», dice Gloria. Yo le suelto a rajatabla: «¿Y tú ya me investigaste a mí?». Dice que sí, y sonríe. No se lo digo pero me parece que es ésa la segunda inocencia que la vida nos regala: creer con los ojos muy abiertos.

Me acuerdo entonces de Francine, mi sobrina de 11 años, que tiene que susurrarme al oído que Gloria Trevi le vuela los sesos, para que su mamá no la regañe. Pienso que para Francine, Gloria es una compositora y cantante espectacular, pero es algo más: es un aviso tentador de una realidad más grande que la de su mundo sobreprotegido de niña bien. Una realidad más grande que la de las estrellitas bien portadas de la tele. Una realidad con cimas sublimes y simas oscuras y sucias: como son las historias de Jim Morrison y Tina Turner y Edith Piaf, músicos peligrosos como la pólvora, la pasión, la complejidad, la perversión, la locura; o la poesía.

En todo caso, hasta acá mis apuntes para armar el guión de una película sobre Gloria Trevi. Una película que ahora pienso debe contar su primer ascenso meteórico, su caída en vertical al infierno y su nuevo ascenso a la gloria; y también, entremezclados, los episodios claves de su vida personal y de su relación de amor y odio y nuevo amor con los fans y con los supermedios de comunicación; y todas esas piedras brillantes y opacas, preciosas y brutas, unidas por el hilo de su música.

Su música: la melodía interna de Gloria que nada, nada, nada ha podido callar.

Texto publicado en *Gatopardo,* núm. 103, julio-agosto de 2009.

Los Acapulco Kids
Alejandro Almazán

La primera vez que Jarocho me ofreció a una niña por 300 pesos le dije que sí, que a eso había ido al Zócalo aquella noche. El tipo, que cuidaba autos frente al Malecón, se echó la franela al hombro y sonrió de tal manera que los dientes le brillaron en el oscuro rostro, reventado por el acné. Luego, cuando se dispuso a traerla de un callejón, dije que no, que mejor volvería más tarde.

—De una vez, brother, el yate llega a la una de la mañana y ahí vienen gringos ya rucos que se llevan a las más morritas. Orita hasta te puedo conseguir una de nueve o diez años —dijo con cara de «tú me entiendes, no te cuento nada nuevo», y sentí tremendo retortijón en el estómago.

—Regreso antes de esa hora, nada más no vayas a fallar.

—¿Qué pasó, brother? Los hombres sabemos hacer negocios. Y como me caíste a toda madre, te la voy apalabrar pa que te dé un servicio chingón. Ái tú te arreglas con ella si quieres cosas más perversonas.

Volví después de que el yate *Aca Rey* había tocado tierra firme. Entonces supe que Jarocho sólo era un mero cazador de clientes, que trabajaba para un proxeneta y que la niña que llevaría esa noche se llamaba Allison. Era adicta a la piedra —esa droga barata que embrutece más que otras— y no pasaba de los 12 años.

* * *

Un día Acapulco se cubrió de verde y de cerdos salvajes que desafiaban los caminos de tierra. Las gargantas de los pescadores toltecas cantaban a los dioses, los bambúes crepitaban con el viento y los mangos petacones engordaban. Mil años después, los aztecas traerían la plaga hasta que Hernán Cortés y su gente la aplastaron a su vez con la gonorrea y la virgen de La Soledad.

Luego de quinientos años de ensangrentar destinos, llegaron los grandes edificios a la bahía y dividieron la ciudad en dos: la cara bonita y el patio trasero. Agustín Lara le cantó a María Félix, Pedro Infante compró casa y Tintán amó al puerto por siempre. Entonces cayó el nuevo milenio y bajo el brazo trajo un racimo de pedófilos estadounidenses y canadienses que se hartaron de que en Cancún los señalaran. Ellos fueron los que corrieron la voz y, al poco tiempo, Acapulco se transformó en el paraíso de la carne más joven.

Desde entonces, los pederastas acarrearon consigo padrotes intocables, madrotas disfrazadas de mujeres abnegadas, nuevas estadísticas del VIH, tendejones para emborrachar a las niñas, revólveres, pobreza de la que unos se enriquecen, vientres abiertos, noches para velar a los chicos, *home pages* para ver el mapa y saber dónde encontrar niños; hoteleros y taxistas para el trabajo sucio. Rencor y noches y días de ajetreo.

Han traído hordas de niños al Malecón, al Zócalo, al canal que lleva las aguas negras a Hornos, al Oxxo que está rumbo a Telecable, a la Soriana de la Costera, a las canchas de la crom, al asta bandera, a Caleta y Caletilla, a la barda del restaurante Condesa, a la vuelta del salón de belleza Xóchitl, a la calle La Paz, al hotel Real Hacienda, al puente de la Vía Rápida, al semáforo de Aurrerá, a La Redonda que todos conocen como Las Piedras de la Condesa, a la playa que Cortés bautizó como Puerto Marqués, y a los puteros del centro.

Y es por ello que UNICEF califica ya a Acapulco como la ciudad mexicana número uno en lo que a prostitución infantil se refiere. Ha desbancado a Cancún y a Tijuana.

En estos 1.882 kilómetros cuadrados se concentra casi todo lo que necesita un pederasta: playas increíbles, droga barata y en cantidades pasmosas, ojos que nunca ven y bocas que nunca hablan, hoteles 50% off, un bando municipal que estipula que en Acapulco no se multa a los turistas, prostíbulos donde la mayoría de edad se alcanza desde chicos, padres que piensan que los hijos son moneda de cambio, y niños, muchos niños, que por un bote de PVC o un poco de mariguana están dispuestos a encarar la vida y despistar la muerte con sus cuerpos.

**

En las callejuelas del centro, esas que suben dolorosamente hacia el cielo, está el bar Venus. Es una construcción vieja de dos pisos, pintada de mala gana. Es de un naranja parecido con el que Van Gogh pintó el melancólico cuadro *The Old Tower in the Fields*. La desvencijada puerta es azul, como si quien la cruzara fuera directo al paraíso. Pero no: los ventiladores giran sin énfasis, hay mesitas de lámina extenuada y los clientes son una bola de infelices a los que sólo les queda emborracharse para combatir el calor y la tristeza. Quizá lo más deprimente sea la pista donde bailan las mujeres de vientres poderosos: es una enorme ostra de concreto que arroja luces rojas y verdes. Todo aquello parece sacado de las películas o de los cómics de Alejandro Jodorowsky.

Mía bailaba en el tubo como una boa adormecida mientras de la rocola salía la voz de Noelia con eso de «tú, mi locura, tú, me atas a tu cuerpo, no me dejas ir».

Mía, que en realidad se llamaba Ariadna, había cumplido los 14 años el 3 de septiembre pasado y estaba orgullosa de su edad porque eso le ayudaba a que los clientes se pelearan por ella.

Intentó sentarse en mis piernas y la mandé a la silla.

—¿Qué, eres joto? —preguntó con un hablar pastoso. Ya estaba algo ebria.

—No, pero tienes la edad de mi sobrina —y Mía miró como si me hubiera vuelto loco. Luego, ordenó una cerveza mientras enumeró sus reglas:

—Me tienes que dar 40 pesos por estar aquí contigo; con eso ya pagas mi cerveza. Si quieres algo más, allá atrás hay cuartos. Cuestan 100 pesos y yo te cobro 200. Si quieres que te la chupe, son 100 más.

—A mí sólo me gusta platicar, soy reportero.

—Bueno, dame los 40 y platicamos.

Al sacar el dinero la miré bien: los ojos, de negro intenso, casi se perdían en la cara; estaba maquillada como los muertos, tenía papada, los pechos apenas le estaban creciendo y su cuerpo rechoncho era de un irreparable color cobrizo.

Pagué. Entonces Mía me contó que ese nombre se lo puso ahí un viejo, amigo de la patrona. A ella se le hacía muy estúpido, pero debía aguantarse. «Yo hubiera escogido un nombre como Esmeralda o algo así.» Era de Tierra Caliente, pero había llegado a Acapulco hacía medio año para trabajar en un Oxxo, pero cuando le dijeron que en el Venus podía ganar 800 pesos al día mandó al diablo la idea de ser una cajera vestida con uniforme rojo con amarillo. «Ahí en el Oxxo iba a ganar como 50 pesos y a mí me gusta comprarme ropa.» Su mamá no sabe a qué se dedica y, si lo supiera, no le preocupa: «Porque yo la mantengo a ella, a mi abuelita y a dos sobrinos; como mi papá se fue a California y nunca regresó, necesitamos el dinero».

Prostituirse no le quita el sueño. «En mi pueblo venden a las mujeres desde chiquillas, con eso pagan la tele que compran o las cervezas que no pagaron.» También dijo que le gustaría probar las drogas y que un día quiere ser actriz de telenovelas.

No habló más porque un gordo, al que le faltaban varios dientes y andaba todo andrajoso, la llamó con la mano en la cartera para que se sentara con él. Se bebieron una caguama como si ambos desfallecieran de sed. Luego, cuando en la ostra gigante bailaba una mujer que parecía haber ido con un carnicero a que le hiciese la cesárea, el tipo se llevó a Mía. Fueron a los cuartos.

* * *

—Mañana tendré dos chicos; acá nos vemos y te paso a uno.

Andrew tendrá unos sesenta años y sus tres hijos ya le han dado cuatro nietos. Su segunda esposa, según contó, es diez años menor que él y jura quererla igual que el día en que se conocieron. Puede que sea cierto. Andrew tiene cabello blanco, su piel está lo bastante bronceada como para parecer un trozo de marlin ahumado, y sus ojos son de un gris encendido. Su español es mordisqueado, pero da para platicar.

Supuestamente vive en Boston y trabajó en un pub donde los hombres le confiaron nostalgias y proezas de machos. Yo hice eso para acercarme a él mientras comíamos un cóctel de camarones en la playa Caleta. Andrew fue el único gringo que creyó que los niños también eran mi debilidad. Los otros con los que intenté conversar fueron displicentes y no sirvieron de mucho. Desde hace unos cinco años, cuando Jean Succar Kuri calentó Cancún, Andrew entró a las páginas de los pedófilos en Internet y supo adónde emigrar: Acapulco. Y, sobre todo, a la playa Caleta.

—Me dijeron que en Caleta uno consigue niños, pero no sé cómo —le solté cuando Andrew combinaba los camarones con una Coca-Cola de dieta.

—Es fácil —dijo con el tono de quien no miente—. Hay que tratar con aquellas mujeres —y señaló a las indígenas que aquella mañana vendían artesanías mal hechas y otras baratijas.

—¿Y qué les tengo que decir? —pregunté a Andrew y él me miró como quien le tiene lástima a un pordiosero.

—Cómprales algo de lo que venden o dales para que vayan a comer; el chico ya va en el precio.

—Como el desayuno...

—Sí, como la barra libre.

Para ser honestos, no supe si hablar más o propinarle ahí mismo un puñetazo. Nos quedamos callados porque no se nos ocurrió otra cosa y miramos el mar y sus virutas. Por ahí pasó un par de viajeros con mochilas al hombro, un tipo que vendía raspados, una costeña que hacía trencitas, un viejo que alquilaba cámaras de llanta para usarlas como flotadores, un par de pescadores que mostraban mojarras de diez kilos, un matrimonio con su hijo en brazos, y unos niños que, como si fuesen cachorros, se revolcaban en las olas. A ellos, Andrew los escudriñó como hacen los críticos de arte.

—No les digas a las mujeres que eres mexicano, mejor háblales en inglés —Andrew rellenó el silencio.

—No me lo creerían. Creo que ya me jodí.

—Mañana tendré dos chicos; acá nos vemos y te paso a uno. Son tan inocentes...

—¿Y hoy no se puede?

—No, anoche fue de locos —replicó y ordenó media docena de ostiones con unas gotas de salsa Tabasco.

Cuando me despedí para no verlo nunca más, fui con algunas indígenas y, aunque hablaron en su lengua, entendí que me fuera al carajo.

Con la misma importancia me trató el salvavidas de la playa. Usó una lógica absurda y cínica para responder por qué no hace nada contra tipos como Andrew: «Yo nomás cuido que nadie se ahogue».

PD: En el DIF municipal, Rosa Muller, una mujer con un corazón enorme, había contado que las indígenas tienen el hábito de vender a sus hijos a los extranjeros. A mexicanos no. Quién sabe por qué. Otro dato: Adriana Gándara, funcionaria del Centro de Atención a Víctimas de Delito de la PGR, ha dicho que al menos la mitad de los más de dos mil niños que se prostituyen en Acapulco son indígenas.

* * *

Agenda Amarilla del Novedades, El diario de la familia guerrerense. Viernes 21 de noviembre. Dos anuncios:

¡Chavita de secundaria! Tiernita, bebita hermosa y sexy. ¿Qué esperas?

Chiquilla bonita. Soy estudiante de secundaria. Delgadita. Bustona. Llámame.

Llamé de un teléfono público. En el primer anuncio contestó un tipo que sabía su negocio. No recuerdo el nombre de la niña que ofrecía, pero la describió con tal labia que no dejaba resquicio alguno para creer que no existía cintura más delgada ni trasero más redondo y levantado que el de ella.

—Me hablas de una mujer de calendario, compa. ¿Estás seguro de que va en la secundaria?

—Te lo juro por Dios, carnal. La chamaca está garantizada, por eso te la estoy dejando en 1.500 pesos. Ira: ella va a tu hotel y después de dos horas me la regresas.

—Deja hospedarme y te llamo otra vez.

—Pásame tu celular.

Le di un número viejo que dejé de usar.

En el segundo anuncio clasificación XXX respondió una mujer con voz de niña. Suponiendo que sí era una estudiante de secundaria, dijo llamarse Lulú, se jactó de tener experiencia y reiteró que estaba dispuesta casi a todo. Cobraba 2.000 pesos y 500 más por tener sexo anal. Nada de fotos, nada de video.

—Estoy hospedado en el Mayan Palace —mentí—. ¿Y si no te dejan entrar?

—Ya he ido ahí. No te preocupes, me gusta su alberca, está bien grandota.

—Pues deja pensarlo y te busco.

—Anímate ya, más tarde voy a estar ocupada.

—¿Y no te da miedo que sea un asesino o algo así? No me conoces.

—Tú tampoco.

—¿Y si te dijera que soy reportero y ando contando historias de niñas como tú?

Colgó.

* * *

Tú ponle ahí que me llamo Manuel. Tengo 16 años, pero me prostituyo desde hace 10, cuando me salí de la casa porque mi mamá nomás quería a mi padrastro, un viejo cabrón que sabe que si se mete conmigo mi banda de Ecatepec le pone en su madre. He andado por el DF, Hidalgo, Puebla, Veracruz, Cuernavaca y Chilpancingo. Aquí, a Acapulco, ya tiene que llegué como desde 2004. Y está chido.

[Estamos en el albergue del DIF municipal llamado Plutarca Maganda de Gómez, una religiosa a la que nadie recuerda. Aquí llegan los niños prostitutos que la directora del lugar, Rosa Muller, busca en las calles de Acapulco para darles comida, ropa, dejarlos que se duchen y, si quieren, vivir hasta que cumplan los 18. Ningún chico es obligado a quedarse.

Manuel es uno de esos niños que entran y salen del albergue dependiendo de las ganas que tengan de drogarse. Para comprar piedra y mariguana, con lo que le fascina dinamitarse el cerebro, sabe que debe cumplir con el círculo vicioso de escapar, prostituirse, comprar su cóctel letal y ropa nueva que le ayuda a alardear entre la banda de que él ha triunfado; luego vuelve al albergue.

Cuando está afuera, gana unos seis mil pesos a la semana. A él se le hace una fortuna.]

En esto siempre hay clientes. La mayoría son viejos, pero hay de todo: gabachos, de Canadá, franceses y mucho mexicano. No es cierto que nomás los turistas de otros países nos busquen.

Hay batos más dañados. Checa: está el payaso del Zócalo, el Chapatín; ese nomás quiere que uno le dé y nos regala drogas. Está el del Tsuru gris; es de Cuernavaca, le cae una vez al mes y levanta a dos o tres; paga bien. Está otro cabrón de la taquería Los Tarascos. Está un güey del hotel Real Hacienda que nos deja dormir y él tiene mucha piedra y PVC. Otro güey es uno que anda en una moto roja; también es padrote. La que también le entra duro es una doña que luego vende burbujas de jabón en el centro; a ella le gustan las niñas y es madrota de mayates. Y está Fátima, una gringa ya señora que vive por el Fiesta Inn.

[Manuel no tendría por qué mentir, así que es mejor seguir escuchándolo.]

El precio que manejamos casi todos es de 200 pesos, más 100 por quedarnos a dormir. Los gabachos y las gabachas dan más: 400. Y lo chido también de ellos es que te llevan al parque Papagayo, a Recórcholis o se hospedan en hoteles bien chingones. Yo he ido al Avalón, al Hyatt, al Presidente, al Emporio y al Princess. Son muy bonitos. Pero no creas que me apantallan los gabachos. Sé inglés. Bueno, me defiendo. Sé decir cómo me llamo, mi teléfono, de dónde soy y todas las groserías. Así conquisté a una gringa. Tenía como cincuenta años. Es la gabacha más vieja con la que he estado. ¿La más chica? Una de treinta, cuando yo tenía como ocho años.

[Manuel trae el cabello teñido de las puntas. Es un chico pura fibra con una mirada zigzagueante. Presume sus jeans Fubu o algo así, como si fuesen unos Versace. Lleva dos días sin drogarse.]

Eso es lo que no puedo dejar: las drogas. Los chochos no me gustan porque me amensan. Los hongos me ponen tonto y la coca me quita el sueño. Por eso prefiero la mariguana y la piedra. Unos se paniquean con la piedra, creen que los andan siguiendo, se les entume el cuerpo; a mí no. Ni siquiera me ha dejado loco. Ah, porque la piedra es cabrona. Muchos de la banda se han quedado idos, bien babosos. Con ésos ya ni puedes platicar. Ni les entiendes lo que dicen. Pero te decía, con la mota y la piedra la hago. A veces también al PVC, pero poco porque se me mete el diablo. A ése le hago porque la lata cuesta cincuenta pesos y a mí, el de la ferretería, me lo da a 35. Es que hay noches que me quedo con él y me lo da más barato.

[Mientras habla, Manuel bosteza y parpadea como si lo hubieran sacado a patadas del sueño. Se despertó hace cosa de media hora. Por ahí de la una de la tarde.]

¿Qué más te puedo decir? Pues que aquí me ha tocado ver muchas muertes. A un jotito con el que me juntaba lo treparon a un carro y lo apuñalaron. No sé si eran sus clientes, pero yo vi caer al bato. Otro se murió de cáncer y una morrita de sobredosis. Ángel, el gordo, murió de sida. Yo hasta eso soy negativo. Aquí en el albergue nos hacen la prueba a cada rato. No le tengo miedo al sida. Soy un cabrón con suerte.

* * *

Allan García, uno de los editores de *La Jornada Guerrero*, tiene una memoria implacable para los datos duros y escalofriantes:

• Hay paquetes exclusivos para pederastas que incluyen hotel y niño. Costos: de doscientos a dos mil dólares, según el grado de pubertad. El chico sólo recibe veinte dólares.
• Desde los cinco años se prostituyen. A los dieciocho ya no sirven.
• Los que controlan la prostitución infantil en Acapulco son, sobre todo, tailandeses.
• Después del turismo y la venta de droga, la prostitución infantil es la actividad que deja más ingresos en Acapulco.

Allan recuerda bien esas cifras porque hace menos de un mes, durante la semana que el DIF Acapulco organizó para hablar del tema, los funcionarios locales de la PGR abrieron sus bases de datos.

En esas reuniones también se contó la historia del autobús con un azteca grabado en el parabrisas. Circula por todos lados, menos en su ruta. No levanta pasaje. Suben niñas que se van con hombres decrépitos cada vez que el camión se detiene. De hecho, a la hora de lavar el bus, en el río El Camarón, las chicas se pelean por hacer la limpieza porque el chofer no paga con dinero. Paga con droga y clientela que gasta a puño suelto.

* * *

Eric Miralrío, un acapulqueño que me sirvió de guía, sugirió que buscáramos a Nayeli en el Malecón. La conocía porque apenas este año le había tomado algunas fotografías durante la realización de un documental. Por lo que le escuché decir, la chavita no pasaba de los dieciséis años, a los trece fue mamá y su padrote le pegaba para imponer respeto. Parecía un gran personaje.

La segunda noche en que la buscamos, otro niño de la calle llamado Chucho nos dijo con su lengua drogada que a Nayeli la habían asesinado de veinticinco puñaladas. Ya no dijo más porque el PVC lo traía hecho un zombi.

Un día después, Rosa Muller, la directora del albergue del DIF municipal, contaría la historia de una Nayeli que resultó ser la misma que Eric conocía.

Y esto es lo que viene en la libreta de apuntes: Nayeli era una costeña que desde que nació fue linda. Antes de cumplir los siete años ya era parte del catálogo que un padrote mostraba a los clientes. A los trece, el proxeneta la hizo madre y le quitó el bebé porque le dijo que una adicta como ella lo terminaría matando. Nayeli se la pasó en las calles hasta que un chico de la banda se enamoró de ella y juntos lograron rentar un cuartucho allá por las fábricas. A principios de mayo pasado, salió drogada de su casa y se la tragó la tierra. Los reporteros de la nota roja la encontraron tirada en las calles, con veinticinco puñaladas. También la degollaron. Muller se enteró del asesinato por las páginas de *El Sol de Acapulco,* el diario que contabiliza a los muertos.

Lo que las autoridades llegaron a saber es que, por unos cuantos pesos, Nayeli delató un quemadero (lugar donde se consume droga). Y los traficantes no perdonan esas cosas. Cuando el DIF quiso recoger el cadáver en el forense para entregárselo a la familia, ya había desaparecido. Nadie quiso saber más del asunto. Muy pocos le lloraron.

* * *

Esa mañana la radio dijo que Acapulco estaría fresco, a no más de 33 grados. A Samy, sin embargo, el sol le caía como un piano en la cabeza: traía una tremenda resaca. Lo conocí en la playa Condesa porque un pescador con un ojo de vidrio llegó a ofrecer de todo: ostiones, el paseo en el paracaídas, hasta que aterrizó en el asunto de la mariguana y los niños.

—Conozco a los jotitos de Las Piedras, le puedo decir a uno que venga acá contigo o, si quieres, te lo puedes coger ahí mismo, no hay pedo. Todo el mundo lo hace ahí.

Samy traía un pantaloncillo rojo, la playera en el hombro y una sed endemoniada. Le dije que era reportero desde el arranque. Quién sabe si pudieron más las ganas de beberse una Yoli, pero se quedó un rato.

Primero dijo que nada más había ido a Las Piedras porque le urgía dinero. Pero ya en el tren de confesiones, presumió que su mejor experiencia fue con una pareja de cubanos, hace un año: mientras él recorrió el cuerpo de la mujer, el hombre lo grabó. Le dieron cien dólares y con eso se fue a nadar al parque de diversiones Cici, comió en una taquería del centro, se compró dos camisetas y lo demás se lo inhaló. Dejó en claro que no era homosexual: «Yo nomás doy y tengo novia», remarcó con la pose del Valiente de la lotería.

—¿Y usas preservativos? ¿Te cuidas?

—No me quedan.

Se fue hundiendo sus pies en la arena.

No lo he mencionado, pero Samy tiene nueve años.

* * *

Si Rosa Muller se lo propusiera, probablemente sería capaz de contar un millar de historias.

Por ella me enteré cómo Yahaira, una niña de Pachuca, llegó un día hasta la casa de Muller con un pastel de cumpleaños, una pierna gangrenada, una tuberculosis invencible y un VIH que le arrojaba dardos a las últimas defensas de su organismo. Murió hace un par de meses.

Otra historia que le duele a Muller es la de Oliver, de doce años. Hasta hace unas semanas, además de prostituirse, se dedicaba a vender drogas. Se le hizo fácil consumir y no pagar al dueño del negocio. Para que escarmentara, para que entendiera que eso no se hace, lo amarraron con cinta canela a un árbol. En quince días, sólo le dieron agua, sopa de pasta y un centenar de golpes. Así llegó al albergue. A los médicos les llevó varios días salvarle las manos y a él cinco minutos volverse a escapar. Muller, que sabe por qué dice las cosas, jura que a estas alturas Oliver debe estar muerto.

La historia más atractiva, sin embargo, es la de la propia Muller. Es decir, la de Mamá Rosy, como todos los chicos la llaman.

Resulta que su hijo, hoy de trece años, solía ir a un Internet ubicado atrás del hotel Oviedo, en pleno centro de Acapulco. Iba ahí porque le prestaban la PlayStation sólo por dejarse tomar fotografías. Además, como el dueño del lugar le decía que en la casa de Mamá Rosy había fantasmas, al chico no le interesaba volver a su recámara si su madre no se encontraba.

Un día, a Mamá Rosy le llamó la atención que, súbitamente, su hijo fuese huraño, sudara por las noches y hablara de espíritus malignos a los que nadie podía derrotar. La curiosidad la llevó a indagar y a saber que en el café Internet siempre había muchos extranjeros que a simple vista no resultaban nada confiables. Con el tiempo, contactó a la policía cibernética de la PFP y en pocas semanas se descubrió que aquel café Internet era el centro de operaciones de una banda de pederastas.

En abril de 2003, las autoridades arrestaron a dieciocho pedófilos, doce de ellos extranjeros, y rescataron a diez niños. Entre los detenidos iba Enrique Meza Montaño, hijo del entonces regidor por Convergencia, Óscar Meza Celis. Enrique fue el único que obtuvo su libertad a las pocas horas. No importó que él, de veintinueve años, fuese el dueño del Internet llamado Ikernet ni que fuese arrestado cuando estaba en compañía de dos menores.

A los otros, la PFP los presentó como parte de una banda que operaba en Europa, Estados Unidos, Canadá y México, además de vincularlos con dos artistas de la pedofilia: Robert Decker y Timothy Julian, ambos sentenciados en cárceles californianas. La edad promedio de los detenidos era de sesenta y cinco años. Un par de ellos tenían VIH y se «suicidarían» después en las mazmorras acapulqueñas.

Ese hecho marcó a Mamá Rosy y fundó una ONG para proteger a los niños. De la gasolinera de su familia sacó los recursos y los chicos la fueron queriendo.

Pronto su nombre empezó a circular en el puerto y en 2005, cuando llegó Félix Salgado Macedonio a la alcaldía, éste la nombró directora del albergue Plutarca.

El próximo 31 de diciembre terminan los tres años de Mamá Rosy. Los chicos están tristes, dicen que volverán a las calles porque nadie los ha cuidado como ella. Muller, de ascendencia alemana, tiene pensado rentar una casona vieja para llevarse a los niños. «Ya veré cómo le hago, pero no quiero dejarlos, son presa fácil», dice mientras se acomoda sus anteojos para la miopía. Lo que sí es un hecho es que su hijo poco a poco ha ido saliendo. Ya no ve fantasmas.

PD: El pasado miércoles 26 de noviembre, la estadounidense Patricia Katheryn O'Donovan denunció que el neozelandés Murray Wilfred Burney, también conocido como Mario Burney, estaba reclutando a menores de edad para reorganizar la red de pederastas que Meza Montaño y otros dejaron a la deriva.

* * *

Yo era de esas que andaba vendiendo droga. El buenero (narco) hasta me dio una pistola para defenderme. Era una 22, bien perrona. Le entré porque a mí no me gustó eso de acostarme con los gringos. Bueno, lo que pasa es que un día uno me pegó y ya no quise. De ahí les tiré la onda a las mujeres, pero hubo una, creo que era de Italia porque hablaba bien chistoso, que se puso bien loca en el cuarto, como que quería matarme. Era flaquita y yo, ya ves, pues estoy llenita, así que le puse unos madrazos y me fui. Por eso me metí de *dealer*. Bueno, me metieron.

¿Cómo te explico? Aquí hay mucho buenero que nos agarra para vender porque a nosotros no nos meten a la cárcel, nomás nos quitan la droga y nos dan unos zapes. Y le entras porque le entras. Si no quieres, te pegan. Dicen que a uno hasta lo mataron. Ya luego me harté y mejor me vine al albergue. No sé qué haré ahora que Mamá Rosy se vaya. Es todo lo que puedo contar. Tengo una vida aburrida.

[Silvia, se llama Silvia. Para tener su edad, catorce años, es lo bastante fuerte como para destrozar un piso entero en un arrebato. Le gustaría tener una muñeca.]

* * *

Yo soy Norma. Crecí en Tepito, ahí en la calle de Jesús Carranza. Me fui de ahí porque mi mamá se murió. Tenía sida. Yo digo que mi papá la contagió; siempre fue muy mujeriego, pero quién sabe, mi mamá también tuvo sus novios y cuando andaba drogada no se fijaba.

[Otra vez en el albergue Plutarco. Otra historia. Otra niña invisible. Otro cigarro para aguantar.]

De lo otro, de cómo empecé a prostituirme, no me gusta hablar. Me da ansiedad. Pero ya estoy aquí, ya qué. Me voy a abrir. Mamá Rosy nos ha dicho que lo hablemos, que eso que trae uno es como una piedra en el zapato o como un anillo que se nos atoró en el dedo. A ver, ahí te va.

[A Norma, de dieciséis años, le han estado sudando las manos desde que sentó. Se la ha pasado secándolas sobre el short de basquetbolista que viste. Trae el cabello mal cortado, como si alguien le hubiese mordido la cabeza. Huele a jabón barato. Hace bombas con el chicle y tiene una sonrisa exacta.]

Tendría que empezar a contar que a los seis años me violó un primo. Luego, como a los ocho, me violó un tío, hermano de mi papá. Ya tenía como once años cuando mi papá llegó drogado y quiso hacérmelo. Sólo Dios sabe por qué no pudo. Si me lo hubiera hecho, seguro yo también tuviera sida. Desde ahí ya no me gustaron los hombres. Me dan asco. Pero hace como cuatro años, cuando llegué a Acapulco, me dijeron que había señores que se acostaban con la chamacada. Yo, al principio, no quise. Luego ves que les regalan cosas y que la banda trae dinero. Entonces dije «chingue a su madre, le entro». Eso sí: siempre lo he hecho bien drogada. Como que en mi juicio no se me da, hasta me dan ganas de vomitar. La bronca es que luego ni te acuerdas de lo que te hicieron. Yo luego he despertado con dolores en todo el cuerpo y con moretones. Con quienes sí me ha gustado, la verdad, es con las gringas. A ellas sí se los hago como con amor. Había una que me buscaba mucho. Ella me regaló un celular y ropa. Me dijo que quería llevarme a Estados Unidos para que viviera con ella, pero ya nunca volvió.

[Norma se levanta, dice que va al baño. Se ve rara, ansiosa, sin saber por qué. Todo empezó porque le pregunté si ese tatuaje mal rayado que dice Faby era en honor a la gringa y ella dijo que no, que Fabiola es una historia que ahora que vuelva va a contar. Regresa y cumple con su palabra.]

Fabiola fue mi novia, pero me hizo como trapeador. Era una cabrona. Decía que me quería y andaba con hombres. Yo le lloré, le dije que mi hijo, ¡ah!, porque tengo un hijo de cuatro años que no he visto hace mucho, necesitaba una mamá como ella. Le valió madre. Nomás me engañó. Hasta los papás de ella me querían, decían que algo como yo era lo que Fabiola necesitaba. Ahora la odio y amo a Diana, la chava que hace rato vino acá con su bebé. Diana sabe que ahora que termine de estudiar enfermería voy a cuidar de ella y el bebé. Lo malo de Diana es que todavía actúa como una niña y luego no sé ni lo que quiere.

[Intempestivamente, Norma me pregunta que si ya se puede ir. No puedo obligarla. Al poco rato, la psicóloga llega como un ventarrón con la mala noticia de que Norma se ha enterrado las uñas en la cara y que se la ha pasado quemando las cartas que le escribió a Fabiola. Me siento un imbécil.

Mamá Rosy irá a tranquilizarla y Norma volverá con el rostro sangrante. «No hay bronca, luego me pongo locochona», dice con el tono de quien asume toda la culpa sin tenerla. «Ahorita me curo yo, ya me enseñaron en la escuela cómo hacerlo.» Lleva medio curso para auxiliar de enfermera. Se lo paga Mamá Rosy. Me dice que ahora que se reciba vaya a su graduación.]

* * *

Frente al bar Barbaroja, en la playa Condesa, abordé un taxi en la Costera Miguel Alemán.

—¿Tú sabes dónde puedo conseguir morritas?

—Ahorita, por la hora, nomás en el Tavares, el Sombrero o en las casas de cita. Ya son las cinco de la mañana.

—Pero tengo gustos raros: quiero niñas, o niños —dije mirándole los ojos por el espejo retrovisor. El conductor, como si le hubiera dicho que necesitaba comprar un perro, buscó entre su celular ciertos números de contactos.

—Conozco a un cabrón que tiene pura chamaquita.

Ya he trabajado con él, es seguro, no te roban y todo es muy discreto. Deja llamarle.

Habló con tal desenvoltura que bien podría renegociar el TLC.

—Dice que las tiene ocupadas. Es que ya es tarde, el bisne hay que hacerlo a media noche.

Aliviado, me bajé en un hotel que no era el mío. La cara del taxista, en la duermevela, no me dejó en paz.

* * *

Es viernes por la tarde y en el Zócalo de Acapulco hay una cacofonía sostenida. Cuando mis padres me traían yo sólo veía boleros libidinosos, indígenas que se la pasaban expulgando a sus hijos, jóvenes que llevaban en sus cabezas cubetas en equilibrios imposibles, perros comiendo basura, al vendedor de globos, una catedral cuya entrada olía a excremento, basura y tamarindo; un puesto de periódicos que sólo vendía malas noticias, la nevería, policías que se la pasaban rascándose la cabeza, un quiosco donde los gringos se tomaban fotografías con las indígenas, como si las mujeres fuesen unos macacos, y una acera de restaurantes donde uno terminaba con diarreas interminables.

Hubiese visto ese mismo zócalo si no fuera porque Mamá Rosy me hizo un croquis de lo que uno nunca ve.

Entonces vi que, en efecto, la banca que está frente al Oxxo es para que se sienten las mujeres que buscan niño. Unos metros adelante, a la derecha de sur a norte, hay otra banca que rodea un árbol. Ésa es para las niñas. Los pederastas lo saben muy bien. Quien busca acción con manos infantiles tiene que sentarse donde trabajan los boleros; la mercancía llega sola. En la noche, con sacar el celular y mantenerlo encendido, basta para que los chamacos se ofrezcan. Ahí está la gorda que vende burbujas, metida en unas mallas de lycra, al lado de un tipo cuya cara parece retrato hablado de la PGR. Es la misma a la que tanto las autoridades del DIF municipal como los chicos ubican como madrota. Vi la lonchería Chilacatazo atestada de indígenas, pero no vi a gringos. Supuestamente, ahí las indígenas ofrecen a sus hijos a cambio de comida. Vi al viejo en *short* y zapatos que se la pasa ejercitándose mientras escoge a qué chico llevarse. Los extranjeros, sobre todo estadounidenses, comen en El Kiosco. Se la pasan analizando a los chicos como si fuesen catadores expertos.

Ni el mosquerío sabía de qué color ponerse por la pena.

* * *

Alexa, Chucho y El Quemado hunden sus rostros en los platos donde les han servido un vomitivo alambre de carne al pastor. Estamos en una taquería por los rumbos del Malecón.

Y como hablarán hasta que terminen de comer, sólo queda verlos. Sobre todo a Alexa.

Es muy delgada. Dicen que no estaba así. Que de un tiempo para acá trae diarreas. Su cabello tiene un color pariente muy lejano del rubio. Es casi negra. Trae una mochilita rosa donde guarda la lata de PVC. Ella es la menor de los tres: tiene 17 años y una década en la calle. El Quemado y Chucho, que ya rebasan los 20, contarán luego que la niña es huérfana y que qué bueno, porque sus padres le pegaban.

—¿Entonces qué quieres saber? —la voz de El Quemado repta por las paredes.

—Todo lo que quieran contar.

Alexa y Chucho, ya con el estómago medio lleno, se rehúsan a hablar. Pero El Quemado, quien ha perdido todo escrúpulo, resume la vida de ambos:

—A Alexa todo mundo se la ha cogido. Y el Chucho ha sido mayate.

—Cálmate, güey —reprocha Chucho, un tipo bajito que se cree luchador.

—Es la neta, ¿no? ¿Para qué nos hacemos pendejos?

Hay que decir las cosas como son.

—Pero ya no lo hago con hombres —se defiende Chucho.

—¿Pero le hiciste, qué no?

—Nomás un tiempo, de los 8 a los 14 años.

Alexa se mantiene callada. Nada la hará cambiar de opinión: dejará que El Quemado cuente lo que quiera.

No le importa.

—Aquí todos hemos sido mayates —dice El Quemado.

Uno necesita el dinero. Neta que si nos dieran trabajo dejamos esto, pero como que le valemos madre al gobierno. Ve a la Alexa, toda puteada. Ve tú a saber si está enferma.

La plática se interrumpe porque el mesero nos ha corrido de la taquería. La gente que comía en la otra mesa exigió que se largaran los tres pordioseros y el cliente con más dinero manda.

Camino a las canchas de la CROC, donde los tres duermen, El Quemado irá contando que ya no tienen tanta ropa desde que un canadiense al que familiarmente llamó Cris dejó de ir a Acapulco.

—¿Él se la regalaba? ¿Era religioso o algo así?

—No mames, compa, ese cabrón era un pinche cogelón de morritos. Venía muy seguido al Malecón porque tenía un velero. Ese bato nos daba un chingo de ropa y las drogas que quisiéramos por acostón.

—¿Y qué fue de él?

—Pues mira: el Cris tenía la maña de pegarles a los morros. Un día, un cuate al que le decimos El Querétaro no se dejó y le puso sus madrazos. Lo mandó al hospital. Ya tiene como un año que el Cris no se para por aquí.

—¿Y qué hay de Alexa? Se ve muy mal.

—Simón. Es el sida, esa morra ya tiene sida. Pero uno no le dice para que no se agüite.

—¿Y qué hay de tu vida? ¿Por qué te dicen El Quemado?

—Porque cuando era morrito me quemé en la casa del Padre Chinchachoma. Se me prendió el suéter por andar de cabrón. Tengo toda la espalda como chicharrón.

—¿Y tus padres? ¿Tienes hermanos? ¿De dónde eres?

—No, no, no. De mí no vamos a hablar. Además ya te conté mucho y ni un pinche refresco quisiste comprarme.

El Quemado se fue. Chucho se despidió con una pirueta de luchador. Y Alexa dijo que odiaba a los reporteros.

* * *

Jarocho, con sus pies descalzos y su hedor agrio, llevó a Allison hasta el auto. La niña traía un perfume grosero, el cabello lacio, estaba bronceada, apenas le estaban saliendo los pechos, y usaba sandalias y una pulsera de Hello Kitty.

—Bueno, yo los dejo —dijo Jarocho con sus cien pesos en la mano por haber sido el intermediario y a mí me dio la desesperación.

Allison iba triste o asustada. No avancé mucho. Me estacioné por la Playa Tamarindos. Estaba por decirle que sólo platicaríamos, y nada más, cuando una camioneta me echó las luces. Pensé que era la policía. Me imaginé en la cárcel y en la contraportada de *La Prensa*. Pero no, era algo peor: una Lobo blanca doble cabina con vidrios polarizados.

—Es el que nos cuida —dijo Allison y volví a experimentar uno de esos momentos cuando el mundo parece detenerse.

—¿Y por qué nos sigue?

—Porque quiere ver en qué hotel voy a entrar.

Empecé a sudar y me sentí pegajoso. Lo único que se me ocurrió fue acelerar. Tan preocupado iba que pasé los semáforos en rojo. Entonces ahí sí me detuvo la policía. Bajé del auto y, entre murmullos, les tuve que decir que era reportero y que la niña era parte de la historia. Uno de ellos, el de mandíbulas potentes, le echó la luz a Allison y ella sonrió de tal manera que en ese momento hubiese podido venderle cocaína a cualquier cártel. «Pues si ya le pagaste, cógetela», dijo el oficial y yo quise romperle la cara. «Sale, te vamos a dar el servicio», dijo el otro con su diente de oro como Pedro Navajas. Ahí reparé que la Lobo blanca doble cabina no estaba. Llegamos al estacionamiento del hotel.

Cuando Allison, que en realidad se llamaba Gregoria, intentó bajarse del auto para entrar al local, la paré:

—Sólo me interesa que me cuenten historias.

Allison arrojó un gesto de incredulidad.

—Primero págame los trescientos pesos y pon una canción de Belanova.

—No tengo ninguna de ella. ¿No te gusta U2?

—Pon lo que quieras, pero menos en inglés. Es que me gusta cantar, eso quiero ser de grande: cantante.

Caifanes se escuchó en las bocinas y ella echó a perder la canción.

Entonces Allison tomó la palabra:

—Vengo de por allá de Zihuatanejo, allá tengo un novio europeo que luego viene a visitarme acá. Me trata bien. Me compra lo que yo quiera. Él me regaló un celular rosita. Nada más que el que nos cuida me lo quitó, dijo que eso no es para mujeres de mi edad. ¿Esto quieres que te cuente o algo más cachondo?

—Así está bien.

—Eres bien raro —y le dio una bocanada violenta al cigarro—. Bueno: pues a mi papá lo mataron y mi mamá está en la cárcel. Creo que se robó algo, no sé bien. Y como allá mis tíos me pegaban, pues mejor me vine para acá. Nomás terminé la primaria. Me gusta el color rojo y casi a diario el que nos cuida nos regala piedra. Ésa soy yo.

—¿Y vives en una casa, rentas un cuarto de hotel?

—Ahora me quedo en la casa del que nos cuida. Somos como siete y dos chamacos que se la pasan fregando.

—¿Y pueden salir solas?

—Depende.

—¿De?

—Depende.

—¿Y a quién prefieres: gringos, canadienses o mexicanos?

—Depende. Me gustan los que tienen dinero. Una vez un gringo me llevó a Cancún como un mes. Allá está muy bonito, no sé si conozcas. Aquí, una pareja me llevó una semana a su casa, nomás para estar con ellos, dormirme en medio de los dos y nadar sin ropa. No sé si lo sepas, pero cada cliente es distinto —lo dijo como si hubiese descubierto la rueda.

—¿Qué es lo mejor y lo peor que te ha pasado en este negocio?

—Lo mejor es conocer gente de todos lados y que además de pagarte te regalan ropa o piedra. ¿Lo peor? Cuando nos pega el que nos cuida.

—¿Les pega mucho?

—Nomás cuando anda drogado. En su juicio es muy bueno. ¿Cómo te diré? Es cariñoso.

Jarocho me había dicho que no me excediera de la hora para no tener problemas y que dejara a Allison a un lado del bar Barbaroja, que ahí alguien la recogería. El plazo estaba por cumplirse. Allison se fue cuando Los Caifanes decían algo así como que «no dejáramos que nos comiera el diablo». Cuando amaneció me largué de Acapulco, odiándolo.

Texto publicado en *Emeequis*, núm. 148,
1 de diciembre de 2008.

Seis meses con el salario mínimo
Andrés Felipe Solano

Capítulo 1

1. Al partir en este viaje, mis votos son los de un monje: pobreza y castidad. He decidido vivir seis meses en Medellín con el salario mínimo y no sé cuál será mi casa, si tendré amigos, si un día me acostaré con una mujer. Mis únicas certezas son un número de teléfono y un puesto como bodeguero, que he conseguido a través de un conocido en una empresa de confección infantil llamada Tutto Colore. Repito el nombre en voz alta y con un falso acento italiano: Tu-tto Co-lo-re, una ironía si pienso en la monocromática vida que me espera como operario de una fábrica. Además de mi ropa, en la maleta llevo varios tubos de crema dental y pastillas de jabón, tres desodorantes y dos cepillos de dientes. Es la única trampa que voy a hacer. Los artículos de aseo son lo más costoso de la canasta familiar: en ellos me he gastado unos setenta mil pesos, casi una sexta parte de lo que voy a ganar al mes. En la billetera tengo un calendario de bolsillo para tachar los días en que viviré como un honesto impostor: serán seis meses de ser lo que no soy y de saber lo que puedo llegar a ser.

Ya llevo un día en Medellín. Sentado en un bar del centro de la ciudad, recorro los clasificados del diario *El Colombiano* para buscar una pieza donde dormir. He encerrado en un círculo unas cuantas habitaciones en lugares que reconozco por libros y guías que leí antes de venir aquí. El clima primaveral que anuncian los folletos es mentira: un termómetro en la pared marca 32 grados, pero estoy contento de no tener que llevar puesta una chaqueta. Podrá sonar ingenuo, pero elegí Medellín porque creo que pasar necesidades en un clima más amable será menos complicado. Siempre he querido vivir en Buenos Aires y quizás ahora mi sueño por fin se cumpla: hay algunas pensiones para hombres solteros situadas en el barrio que lleva por nombre la capital de Argentina. Elijo otro par en Aranjuez y Manrique, unos barrios obreros fundados en la primera mitad del siglo pasado, esa etapa de esplendor de la industria textil. Es como si tirara los dados sobre el periódico.

No sé qué resultará de mi elección. Pero el dinero manda y mi criterio es simple: ganaré 484.500 pesos, incluido el subsidio de transporte, así que según mis cuentas no puedo gastar más de 150.000 por mes en el arriendo. El resto de mi sueldo lo destinaré para los buses y la comida. ¿Me sobrará dinero? ¿Unos 120.000 pesos para darme gustos los fines de semana? Algún helado, las cervezas, una película, una discoteca, la vida. El lujo de ser un soltero sin hijos que gana el sueldo mínimo y no tiene la obligación de enviarle dinero a su madre.

No sobran posibilidades para elegir un cuarto barato en Medellín. Estuve muy cerca de mudarme a una habitación de siete metros cuadrados y paredes descascaradas en el barrio Manrique Central. Tenía una cocineta a medio terminar y un baño sin cortina. El antiguo inquilino se había llevado los bombillos, pero en retribución dejó una revista pornográfica y una olla ahumada. Al frente del cuarto, en un patio interior, quedaba un lavadero de cemento donde los habitantes de la pensión, hombres solos, refregaban su ropa sucia y la colgaban en un alambre retorcido. Sobre el patio daba sombra un bonito samán, muy viejo, a juzgar por las enredaderas que lo cubrían. El árbol fue lo único que no encontré amenazador. El hombre que me mostró el cuarto, un tipo flaco que me recibió en chancletas y sin camisa, me dijo que el teléfono público del pasillo no servía porque lo dañaron al querer sacarle las monedas: «Es que la gente no respeta. No vaya a dejar la ropa colgada durante la noche. De pronto no la encuentra al otro día», insistió.

No me ilusionaba tener que golpear puerta por puerta preguntando por mis calzoncillos. Su sinceridad bastó para que me decidiera a usar el número telefónico que tenía anotado en un papel. Me lo había dado un periodista al que le había contado sobre esta mudanza. Llamé y así fue como apareció en mi vida una mujer que trabajaba en la alcaldía de Envigado. En menos de dos horas me consiguió una habitación en la casa de su mejor amiga, en el barrio Santa Inés, al nororiente de la ciudad. Hasta el 2000, la comuna tres, donde me quedaría, había concentrado la mayoría de bandas de Medellín en su etapa más sangrienta, entre ellas La Terraza, que llegó a dar empleo a unos 3.000 sicarios. No sé muy bien por qué, pero algo me decía que ahí, en ese barrio popular que fue campo de guerra, encontraría lo que estaba buscando. Sin pensarlo dos veces, al día siguiente me mudé a ese lugar.

2. He empezado a vivir con tres desconocidos en una casa donde las habitaciones no tienen puerta. Un velo de tela separa mi cuarto del comedor y de una cocina que me tiene deslumbrado: es de metal, vidrio y madera y parece que la hubieran arrancado de un apartamento de estrato seis para empotrarla en un lugar, que, según un recibo de servicios públicos que vi sobre la nevera, es del estrato dos. Pregunté cuánto había costado y uno de los aún desconocidos, una mujer de un metro cincuenta y hablar dulce, me dijo que dos millones de pesos. Los cuartos de la casa no tienen puertas, pero los Carrasquilla, mis anfitriones, poseen una de las cocinas más caras de este barrio que lleva el nombre de una santa.

Hay que reparar en los nombres, a veces el secreto está en ellos. ¿Quien bautizó el barrio sabía acaso que la santa había sido mártir? Dicen que Inés fue juzgada por rechazar un pretendiente noble y sentenciada a vivir en un prostíbulo, donde permaneció virgen gracias a varios milagros. De acuerdo con las Actas de su martirio, aunque fue expuesta desnuda, los cabellos le crecían de manera que tapaban su cuerpo. El único hombre que intentó desvirgarla quedó ciego. Pero Santa Inés lo curó a través de sus plegarias. Luego fue condenada a muerte y decapitada.

La primera noche pegué un mapa de Medellín en una de las paredes de mi cuarto. Antes había revisado allí cómo funcionaba un televisor de perilla y verificado la dureza de mi cama. Ambas cosas iban a ser definitivas en mi nueva vida. Lugares comunes como un televisor y una cama entrañan verdades más profundas de las que uno sólo se entera por el paso del tiempo y la experiencia. Lo confirmaría días después cuando sintiera qué significaba trabajar diez horas al día en una fábrica de ropa. Quién sabe si, cuando vuelva a esa casa, mi único deseo será desparramarme en el colchón para ver un programa de televisión sobre casas de campo en Gales.

Don Guillermo Carrasquilla, el dueño de casa, había fabricado el clóset de madera donde colgué las cuatro camisas y los tres pantalones que había traído desde Bogotá. Esa primera noche acomodé en un rincón mis dos pares de zapatos y unas chanclas y me senté por unos minutos en la cama a ver el punto exacto del mapa donde estaba mi nueva casa. Lo había señalado con una estrella mientras doña Lucero Carrasquilla, esa mujer de hablar dulce que es la esposa de don Guillermo, me preguntaba si tenía algún gusto culinario especial. «Fríjoles, me gustan los fríjoles», le respondí sonriente. No esperaba que alguien se preocupara a tal punto por mi comida.

De un modo extraño, mi cuarto se ha vuelto una mala clase de geografía. El mapa sobre la pared muestra los casi 250 barrios urbanos oficiales que tiene la ciudad. Por sus nombres puedo decir que me agradan Moscú No 2, La Frontera, La Avanzada, Caribe, La Pilarica, La Mansión, Ferrini, Castropol y El Corazón. Según los cartógrafos, la ciudad se acaba unas veinte cuadras al oriente de donde estoy. Más allá aparece una gran superficie verde, el pico de la montaña sobre la que fue construida Santa Inés durante los años setenta, justo cuando un código de construcción decretó la discriminación social en la ciudad. Así, El Poblado, el barrio donde terminaron asentándose los adinerados de Medellín, sería una zona residencial de baja densidad, con lotes por vivienda de 1.200 metros cuadrados; mientras que aquí, en el nororiente, las casas tendrían sólo 90 metros. He subido a la terraza de esta casa que alguna vez tuvo las paredes de ladrillo desnudo y el piso de cemento —la de enfrente todavía los tiene— para comprobar si el verde del mapa existe a la vista, pero desde allí no se ve. O está muy lejos. Antes se divisa una hilera de ranchos fabricados en madera y zinc, como los quince que este año fueron sepultados por un alud de tierra a causa del invierno. En realidad pudieron haber sido 30.000 las viviendas destruidas, que es el número de casas ubicadas en zonas de alto riesgo de deslizamiento en Medellín y que, por supuesto, no aparecen en mi mapa.

Al regresar de la terraza, decepcionado de las discrepancias entre los cartógrafos y la realidad, paso a la lección de matemáticas. Hago cuentas en la calculadora de mi teléfono, un celular prepago que traje para que me pueda encontrar mi familia. Estoy acostado sobre mi nueva cama, en la que mis pies sobresalen unos cinco centímetros. Por la pieza acordé pagar 250.000 pesos, unos 100 más de lo presupuestado en un principio. Pero este precio incluye tres comidas diarias y la lavada y planchada de la ropa. En verdad es una ganga. Debo tomar cuatro buses al día para ir y volver del trabajo, a 1.100 pesos cada uno, lo que significa que me gastaré 88.000 pesos en transporte. Tendría que vivir más cerca de la fábrica para tomar sólo un bus, pero ya es muy tarde para esta clase de contemplaciones. Los descuentos de mi salario por salud serán de 8.674 pesos y por pensión 8.414. Dios, los números me desesperan. Siempre he preferido las letras. Empiezo a pulsar las diminutas teclas de mi teléfono con temblor. Si quito todo eso de los 484.500 que tengo derecho por trabajar casi cincuenta horas a la semana, me sobran 129.412 pesos. Mi cálculo inicial no estaba tan lejano. Y ahora, la gran división, el conejo que sale del sombrero: al día tendría libres 4.313 pesos. Pienso entonces en la templanza, en los espartanos, en los estoicos.

Los Carrasquilla, esos tres desconocidos a quienes he invadido en su casa, se corresponden como las piezas de un rompecabezas. Son una pareja de esposos, él de cincuenta y pocos; ella de cuarenta y tantos, más su segunda hija, una veinteañera pelirroja y de andar huracanado. En la sala de su casa hay una mesita con fotos de la familia. En uno de los retratos, ya descolorido, don Guillermo Carrasquilla lleva una melena y unos pantalones de bota ancha que nunca habría adivinado en él. Un domingo, cuando lo saludé por primera vez, me intimidó su pinta de cantante de boleros: ese bigote recortado, su corte de pelo y peinado perfectos, el aplomo de quien va a recitar una copla o a dar un discurso fúnebre, y esas manos endurecidas de maestro albañil. A su lado, en aquella fotografía, Lucero Carrasquilla llevaba un vestido de flores y tacones altos. Aun así le llegaba al hombro a su marido. En otra foto, aparecen sus tres nietos en la piscina que les infla el abuelo durante los días de sol para jugar en la terraza. Ese altar familiar lo acaban de componer unos retratos en blanco y negro de familiares muertos y, en el centro, en un marco dorado, varias veces más grande que los demás, sonríe Astrid Carrasquilla el día en que cumplió los quince años. De Farley y Lili, sus otros dos hijos, no hay ningún recuerdo sobre esa mesa de centro.

Tres noches después de mi mudanza, doña Lucero Carrasquilla dejó de ser una extraña para mí. Antes de irse a dormir descorrió el velo de mi cuarto y se despidió con una frase que me acompañaría el resto de mis días en esta casa. «Mi niño, que la virgen me lo bendiga». De su hija menor me hice amigo desde el primer fin de semana. Sentados sobre la cama de su cuarto, ante su diploma de la Universidad de Antioquia y una colección de collares que alimentan su vanidad, Astrid me invitó a beber una botella de tequila. Se había graduado de comunicadora social gracias a una beca. Siete tragos después, hizo sonar en el computador una veintena de canciones de salsa que jamás había oído. Mi nueva amiga cantó una a una las canciones, paladeando un despecho amoroso que la envolvía por esos días y yo la acompañé en los coros. Fue ella quien me hizo adicto a Latina Stereo, esa emisora de salsa de Medellín que transmite las 24 horas y que me acompañaría en mi cuarto cada domingo. A don Guillermo Carrasquilla me tomó más tiempo conocerlo. El señor con pinta de cantante de boleros se ausentaba con frecuencia de la casa. A menudo, le encargaban remodelar fincas en pueblos de las afueras de Medellín, como Santa Fe de Antioquia, La Ceja y Guatapé. A veces, el maestro de obra estaba hasta una semana fuera. Pero estoy seguro de que fue él quien puso una foto mía en la mesita de la sala al mes de haberme recibido en su hogar.

3. Dos meses después, ya no me siento más un intruso en el barrio ni un incómodo forastero. Lo supe cuando el Tigrillo, un hombre joven en el que no riñen unas gafas de varias dioptrías y unos tenis de jugador de básquet profesional, y que cada día empieza su jornada con un tinto y un cigarrito de marihuana, me apretó la mano con firmeza un lunes a las 6:05 de la mañana. A esa hora, a dos cuadras de mi casa, tomo el taxi colectivo que me llevará al centro de Medellín. Todos los días me bajo en el parque San Antonio y hago fila en un paradero para subir al bus que me conducirá a Guayabal, la zona donde queda mi fábrica. Suelo marcar mi tarjeta a las 6:45 a.m. Recién cuando había cumplido dos meses con la misma rutina de irme a trabajar, me saludó con un firme apretón de manos un personaje del barrio famoso por

repartir orden y justicia: cada mañana, el Tigrillo organiza con disciplina marcial la fila para tomar un taxi colectivo que está prohibido por el código de tránsito de la ciudad. En él se suben cuatro personas por turno. Es más rápido que el bus pero vale doscientos pesos más que él y, a esa hora, corro el riesgo de llegar tarde y que me descuenten.

Debo cuidar cada peso de mi quincena. No había calculado en mis cuentas del principio esos doscientos pesos extras. Son cuatro mil pesos con los que ya no cuento. Cuatro mil pesos = tres cervezas y un paquete de cigarrillos menos. En las noches, después de que doña Lucero Carrasquilla me sirve la comida, suelo subir a la terraza a fumar. Fumo a solas mis Soberanos, a manera de oración. Son unos cigarrillos nacionales con olor a vainilla que se consiguen en una cigarrería del parque Bolívar, en pleno centro de Medellín. En diagonal a la cigarrería está La Góndola, el restaurante más barato de la ciudad. Un almuerzo con sopa, un plato de fríjoles con carne, pollo o cerdo y mazamorra vale allí 2.600 pesos, lo que cuesta un pastel de pollo y una gaseosa en cualquier otra parte. Si no me hubiera mudado a casa de los Carrasquilla, los fines de semana los pasaría en La Góndola, llenándome la panza con sopa de pasta y arroz.

Luego de esa bienvenida oficial del Tigrillo, sentí más confianza y empecé a caminar con soltura por las calles de Santa Inés, un barrio en el que a mediados de la década de los noventa las bandas habían decretado un toque de queda a las seis de la tarde. Quien se decidía a violarlo era porque no estaba contento con su vida. Una década después, no tengo que temer por la mía. Puedo ir en paz a comprar una bolsa de crispetas con caramelo en la tienda de la esquina o bajar tres cuadras hasta la cancha de fútbol del barrio a ver la clase de aeróbicos de los miércoles. Ésa es una de mis nuevas alegrías. Ver a las vecinas hacer complicadas coreografías al ritmo de Madonna.

4. Una mañana, tres meses después de mi llegada, doña Lucero Carrasquilla me pide que la acompañe a buscar el chicharrón para el almuerzo. Hoy no es un día cualquiera: es un domingo de clásico futbolero entre el Atlético Nacional y el Deportivo

Independiente de Medellín. Desde las escaleras de la casa alcanzo a ver una camioneta con vidrios oscuros y una bandera del Independiente amarrada al techo. El auto pasa muy despacio, casi desafiante, frente a cuatro jóvenes recostados sobre un muro que tiene una imagen de Andrés Escobar, el sitio de reunión de los hinchas de la camiseta verde antes de los partidos. El conductor baja la ventanilla y les dice algo. La escena es un cruce de insultos. Uno de los jóvenes le da un manotazo a la puerta del conductor. Por un segundo, siento que va a estallar una pelea, pero la camioneta se despide con un chillar de llantas y todo queda en groserías destempladas. Aunque matar parece haber dejado de ser la manera de resolver los problemas en Medellín, la tensión de épocas anteriores sobrevive cuando los equipos de fútbol de la ciudad se vuelven a ver las caras. Por fortuna llevo puesta una camiseta amarilla. Soy neutral.

Volteamos a la altura del rosal de la esquina, uno de los pocos jardines del barrio, y mi madre putativa retrocede para esconderse detrás de mí. Me toma la mano con firmeza, como si estuviera agarrando por el borde la estampita de San Judas, el responsable de protegerla de todo mal y peligro. «Miralo, yo creo que es el diablo», me dice señalando a un hombre canoso. Está sentado en una silla de metal, mirando cómo un perro callejero roe un hueso todavía sangriento que robó de la carnicería adonde vamos. Era don Roberto Correa. Me hablaba de él como del diablo y uno esperaba voltear y ver a un tipo ceñudo y de ojos rojos, tal vez con un revólver al cinto, listo para matarte con una sola mirada. Pero allí sólo estaba un viejo sin nada que hacer. Correa fue el general de la pandilla que diez años atrás había desafiado a la banda La Terraza. Había sido el Padrino de mi cuadra, el maligno de dos manzanas a la redonda, el señor de las tinieblas local.

En un instante, La Terraza tuvo el poder de alzarse contra Diego Murillo Bejarano, alias Don Berna, el hombre que había recogido los hilos de Pablo Escobar. La banda, hoy desarticulada, tenía su cuartel a tres cuadras de la que ahora es mi casa. En uno de los enfrentamientos con Los Chiches —la banda de Correa e hijos— uno de los pandilleros heridos trató de buscar refugio en la panadería que por esa época tenía don Guillermo Carrasquilla. «No lo dejé entrar. Suena cruel pero si lo hubiera hecho me habría ganado a la otra pandilla en contra. Así le pasó a un primo, a quien le pusieron un petardo en la licorera», me dijo un día frente a un plato de morcilla, en medio de una borrachera en ascenso. Era el cumpleaños de su esposa y Astrid le trajo una serenata de mariachis de regalo. Su hija tiene bien merecido su podio entre las fotos familiares. Un año antes le había regalado la cocina a su madre y la semana pasada pagó para que alguien le cantara *Un mundo raro* y otra docena de rancheras. El trabajo de Astrid en la Universidad de Antioquia parecía haber conjurado para siempre la pobreza de los Carrasquilla.

La noche en que su padre me contaba esa historia, la festejada, cubierta de confeti en el pelo, terció en la conversación: «Negrito, ¿y se acuerda cuando se nos metió ese muchacho con una esquirla en el cuello?». Ese muchacho, al parecer, había llegado hasta la ventana donde estábamos parados. «No decía nada. Le brotaba sangre a chorros, estaba pálido el pobrecito, dio vueltas y después salió como si nada.» Lucero Carrasquilla lo contaba horrorizada, como si tuviera que trapear de nuevo el charco rojo que dejó ese hombre. Un pedazo de guerra que había parido el narcotráfico y continuado las milicias, los paramilitares y las bandas también tuvo lugar en la sala de esta casa y en la del frente. La casa en diagonal a la nuestra sirvió de trinchera en varios tiroteos. Pero esta mañana de domingo, luego de ver a Roberto Correa, el ex jefe de una de las bandas de Medellín, casi siento lástima por él: arrastró a sus hijos a la guerra y al final ni siquiera supo quién los mató. Si eran paras, guerrilleros o narcos, quién sabe. Hoy Correa vive sus días en un exilio interior del que, en este instante, lo rescata un perro al que ahora amenaza con un puntapié. Mientras, en busca del chicharrón y ya en la cola de la carnicería, Lucero Carrasquilla hace valer su lugar. El mismo dueño le entrega su pedido: lo viene haciendo desde hace treinta años. Su familia y la de los Carrasquilla llegaron a Santa Inés con semanas de diferencia. La de ella venía de Barbosa y la de él de Sopetrán, un pueblo frutero del que cada fin de semana salían hasta quince camiones con naranjas y mangos antes de que, a finales de los años ochenta, las fincas de la región se convirtieran en casas de recreo de narcotraficantes. Había que dejar atrás esos recuerdos y volver a casa con dos libras de tocino.

Media hora más tarde, parada en la cocina, con un cuchillo en la mano, Lucero Carrasquilla se queja de sus dolencias. Tiene lupus, enfermedad que la ha obligado a transitar por los laberintos del Sisbén, el sistema que en Colombia clasifica a la población en niveles según su poder adquisitivo para que puedan acceder a subsidios médicos. Si no le aprueban la droga que debe tomarse para mantener a raya el lupus, tendrá que poner una tutela ante el Ministerio de Salud. Sólo las pastillas le valen 400.000 pesos, casi tres veces lo que los Carrasquilla pagan por agua, luz, teléfono y alcantarillado. En todos ellos se gastan cerca de 150.000 pesos, que incluye el servicio de Internet que usa Astrid. «La banda ultradelgada», la llama ella. Por suerte esta casa les pertenece y no tienen que buscar más dinero para el arriendo. En el barrio una casa como la de ellos puede costar casi 300.000 pesos al mes, pero las disponibles se cuentan con los dedos. Santa Inés tiene reputación de ser un buen vividero.

El almuerzo de este domingo, tan abundante como el de todos los días, me ha tumbado en la cama. Decido tomar una siesta y esta vez, por el calor, bendigo no tener puerta. Antes de quedarme dormido me visitan Sofía y Sara, las hijas de Farley, el hijo mayor de la familia, muy querido en el barrio por la habilidad y rapidez con la que enchapa baños y terrazas, y a quien veo muy de vez en cuando a pesar de que vive a media cuadra. Entre sueños las oigo hablar. Se cuentan unos chismes con voz de señora:

—Los policías pasaron y dijeron que iban a matar a los que encontraran fumando.

—No, fueron los muchachos —corrige una de ellas, a media lengua—. Ellos dijeron que los iban a matar.

—Por la casa hay un muchacho que le dicen el carnicero porque los mata a cuchillo —añade la otra.

Como ven que me estoy quedando dormido, se van para la sala a jugar con sus muñecas.

Astrid Carrasquilla lleva a todas partes un cuchillo, pero es muy diferente al del carnicero del que hablaban Sara y Sofía. El de mi amiga es tan pequeño que cabe en su bolsa de cosméticos. Cuando lo vi por primera vez, me pareció una de esas armas blancas que los presos fabrican en la cárcel. Pensé que lo tenía con ella como quien carga un amuleto, sólo para sentirse protegida. Pero me engañó: Astrid es diestra con el cuchillo y saca su miniatura de arma antes de que vayamos a comer un helado. Me pagaron el viernes. Ir por un cono doble con leche condensada hasta Vista Hermosa, un barrio cerca de Santa Inés, me parece un buen remate para este domingo de clásico de fútbol. El cuchillo resplandece bajo la luz de su cuarto. Se lo lleva a la cara y tengo que voltear para no ver lo que hace. Un viento frío me pasa por la espalda. Ella ha probado todos los aparatos que se han inventado para encresparse las pestañas y ninguno logra el efecto de su cuchillo sobre ellas. No tiene filo. Se mira al espejo dos veces y me dice con la voz más natural del mundo:

—Ahora sí. Vamos caminando y de paso te muestro El Desierto, un famoso botadero de cadáveres.

Atravieso con ella varias calles del barrio, cargadas de humo. Un incendio ha devorado parte de una montaña cercana. Cada esquina guarda recuerdos de muertos sin manos, fuego cruzado en las noches, Kawasakis que no paran de rugir, bombas en panaderías o licoreras. Un tour macabro pero necesario para entender el horror que vivió mi nueva familia cuando yo estaba ausente, en Bogotá.

Capítulo 2

Tengo hambre y quisiera comprar una bolsa de churros recubiertos de azúcar, pero no me alcanza la plata. Mañana deberían pagarme mi cuarta quincena y ahora sólo me queda lo del bus. Hago fila en el paradero del 069, la ruta que desde hace dos meses tomo cada día para ir a mi barrio. Son las siete de la noche y acabo de salir de la fábrica. Los churros valen 1.000 pesos. El bus, 1.100. Tendría que pedir prestado, pero la pregunta es a quién. No sé. En el trabajo todos estamos igual: en las últimas. Menos mal que Lucero Carrasquilla me espera en casa. El mes pasado le tuve que pagar cinco días después de lo convenido. Una niña embarazada se ha sumado a la fila y compra una bolsa de churros. Ya somos seis en el paradero: un viejo con unas cantinas de leche desocupadas, dos señoras de mediana edad que chismosean entre risas, un hombre sin la pierna derecha, la niña encinta y yo. Todos los días veo media docena de muchachitas con la barriga crecida en uniforme de colegio.

Los churros huelen muy bien. El hombre que los prepara lo hace con toda la curia del caso. «Curia.» Así dicen los paisas al trabajo hecho con el mayor de los cuidados. El lenguaje clerical, heredado de la asfixiante presencia de la Iglesia en sus vidas por tres siglos, se cuela por todos los rincones del habla de los antioqueños. Cuando doña Lucero Carrasquilla anuncia a cuatro voces que va a dedicar el día a limpiar la casa a fondo, suelta un sonoro:

—Ahora sí vamos a sacar al demonio.

En el paradero del 069 descubro que mi zapato derecho tiene una mancha de pegante y no tiene cara de salir con facilidad. Quisiera comprar un par de tenis que el otro día vi en el Hueco, ese mercado gigante en el centro de Medellín que queda a unas cuadras de aquí. En el Hueco todo huele a contrabando y es fácil caer en la trampa de toda vitrina: «Tú acá y yo allá». De ambos deseos primarios, dulces recién hechos y ropa nueva, se compone una parte de mi nuevo mundo. No tener dinero es como andar por la calle desnudo o haber perdido a la madre en la infancia. Es difícil luchar contra este sentimiento de orfandad. ¿Pero qué es tener dinero? ¿Y si se tiene dinero, qué se es? Dicen que la única manera de dejar de pensar en el dinero es tener tantísimo que ya no importa su valor. ¿Y cómo se hace? ¿Traficando droga?

No debería quejarme. Uno de mis compañeros en la fábrica gana lo mismo que yo y tiene un hijo. Sin duda, lo ayuda que su mujer también trabaje. Acaba de pasar de secretaria a vendedora con comisión y moto en una empresa que vende llantas para tractores. Él está feliz por ella, pero también sabe que a la hora de las peleas su salario mínimo es una pompa de jabón como escudo frente al de su señora. Así la llama: «Mi señora». Yo no tengo señora, pero preferiría tener señora antes que dinero. Mi compañero de la fábrica estuvo unos nueve años en el Éxito, también de bodeguero. Qué nombre para un almacén de cadena: el Éxito. Cuando lo despidieron, le pagaron un millón de pesos por año trabajado. Cada diciembre, entonces, recibía aguinaldo, bonificación y prima. Cuando le pasaron la carta de despido, lloró como un niño. «Un mes completo llorando», me dijo en un almuerzo. Si no lo hubieran corrido, se habría jubilado en unos años más.

Por suerte, en media hora estaré sentado en la mesa de mi casa con un abundante plato de comida recién preparada. Los churros eran un antojo idiota; los tenis, una vanidad. Cuando sean una necesidad, veré qué hacer. Además, me gustan mis zapatos viejos. Pero me atormenta una duda: ¿y si llego estrenando será que la mujer de la fábrica que me gusta me mirará por fin? Para amar se requiere plata, y a veces más que para otras cosas. La poderosa economía del amor. Podría pedir que me presten para comprar los tenis. Valen 70.000 pesos. Pedir, pedir, pedir, pedir, pedir. ¿Pero a quién? O tal vez podría sacar un par a crédito en Flamingo, pero serían otros tenis. No esos que quiero. Ese almacén es la salvación de unos y el grillete de una legión. Llegas, te abren una cuenta con apenas dar tu nombre y sales con lo que has deseado todo el mes. Luego vuelves al mes siguiente. O a los quince días. La gente hace fila para entrar a un lugar como Flamingo. No me gustan las filas. Cuando me paguen, preferiría jugar a la lotería. O entraría a uno de los nuevos casinos que abrieron en el centro. El azar podría ser un remedio contra la escasez.

Una solución que no dependa de la suerte sería acudir a un usurero. Una vecina del barrio suele pedir plata prestada a través de una modalidad atroz que se llama «el pagadiario»: llamas al celular de un muchacho de la cuadra que siempre tiene efectivo, él te presta sin papeles ni fiadores y a las dos horas tienes tu plata. El problema viene cuando no pagas. Entonces, el muchacho golpea dos, tres veces tu puerta el mismo día. El muchacho viene por ti a la semana. El muchacho deja de ser el muchacho y ya no tiene celular: tiene otra cosa en las manos y, en un segundo más, puedes ser carne de muchacho.

Busco en mi bolsillo derecho y confirmo que las monedas con que debo pagar el bus están allí. ¿Qué haría si las perdiera? ¿Sólo se puede vivir con dinero? Aquí viene el 069. Está repleto. Allí va el 069. Mientras espero el siguiente bus, recuerdo una frase: «Es mejor ser rico que pobre». Nunca entendí por qué se volvió tan famosa. Me pregunto cuánto sería un salario mínimo decente. ¿Ser pobre es ganar el salario mínimo? No, si creemos en los informes del Departamento Nacional de Planeación, no lo es. En una ciudad, se denomina «pobres» a los que reciben 245.000 pesos al mes; en el campo, a quienes viven con 165.000. El hombre de los churros desarma su puesto, pero no puedo evitar seguir pensando en el dinero. ¿Se trata de no desear nada? ¿Si en verdad hubiese nacido en un barrio popular de Medellín, qué ruta habría elegido? ¿La del dinero fácil? Nunca lo sabré. En todo caso no desearía estar muerto. Si uno está muerto, no desea nada.

Ya son las siete y media. No entiendo por qué se tarda tanto el otro 069. Tres señoras que llegan a la fila me proponen que nos vayamos en un taxi. Sería perfecto: hay un partido de la Copa América que empieza en un cuarto de hora. Si espero el bus me demoraría media hora hasta llegar a la casa. Les digo que sí. Caminamos hasta la otra esquina y me acuerdo que tengo 1.100 pesos en los bolsillos. Nada más. Cada uno tiene que poner 1.300 para el taxi. Le digo en voz baja a una de las señoras que me faltan 200 pesos. «Mijo, pero qué le pasa. Vamos, a ver», me reprende indignada. Contra la falta de plata, a veces queda la solidaridad. Los ricos no suelen ser solidarios. Es mejor ser pobre que rico. La gente no es rica ni pobre: es gente. «En Colombia, el 44 por ciento de la gente vive en la pobreza», decía el periódico de hoy. Paramos un taxi, pero antes de montarme rebusco en el bolsillo izquierdo y descubro un papel arrugado. Es un billete de 1.000 pesos. Los 1.000 del paquete de churros que no me compré.

Capítulo 3

1. Las cien personas que trabajan en la fábrica de ropa Tutto Colore apenas se han dado cuenta de mí. Podría haber sido un actor, pero soy tan invisible que más parezco un extra. Quisiera creer que todo se trata de una gran impostura, pero la verdad es que ya soy un bodeguero: llevo un mes siéndolo, unas diez horas al día. Durante estas cuatro semanas en la empresa he repetido un puñado de frases que apenas varían: «Sí, señor. No, señor. Ya mismo lo hago». He aprendido a moverme con la agilidad de un pez vela por el segundo piso, donde está mi puesto de trabajo.

Cada día almaceno bolsas con prendas de vestir en unos estantes de metal que parecen el costillar de un transbordador espacial. Llevo también un inventario de camisetas y sudaderas sobre una mesa tan larga como la del comedor de un colegio y recibo con humildad benedictina órdenes de mi jefe, un hombre neurótico que nos prohíbe oír música a mí y a mis compañeros de faena. En los otros pisos de la fábrica, los operarios fruncen menos el ceño. Se relajan oyendo rancheras, merengues, baladas. Nosotros trabajamos sin banda sonora. Si pudiéramos balbucear alguna canción, la que fuera, estoy seguro de dos cosas: 1. Que los hombres con quienes trabajo dejarían de obsesionarse en hablar sobre la manera de complacer a sus mujeres y 2. Que yo no desarmaría mentalmente mi vida una y otra vez como si se tratara de un cubo Rubik.

Mi rutina laboral comienza a las 6:45 de la mañana. A esa hora el portero de la empresa, un hombre calvo al que se le enredan las palabras en la boca, me abre la puerta y saluda con un desganado buenos días. Busco en la entrada una tarjeta amarilla con mi nombre y la deslizo por la ranura de un reloj de metal muy parecido a una pequeña caja fuerte. Odio el ruido que hace en la mañana, ese clack pesado como un grillete; adoro la música que sale de sus entrañas a las cinco de la tarde, mi hora de salida, como un chasquido de dedos que me devuelve al mundo. Cada vez que marcas tarjeta en una fábrica es como poner un precio a tu día. El mío vale 14.500 pesos.

Antes de que otro reloj señale las siete de la mañana, saco mi uniforme de un casillero marcado con el número 49 y me cambio en el último baño de la segunda planta, el único con un orinal. Los otros baños son para las operarias de la Sección de Terminación, mis compañeras de piso. Son mujeres que revisan posibles imperfecciones en la ropa que sale de las máquinas de coser ubicadas una planta más arriba, y también doblan y empacan las prendas. Entre ellas está la mujer más bonita de la fábrica, una niña que revisa con la concentración de un banderillero las costuras de blusas, pantalonetas y vestidos, envuelta en una bata de cuadritos. En cuanto a mí, el vestuario es simple: una camiseta de dotación azul, hecha de algodón y con un cuello grueso que me ahorcó durante la primera semana de trabajo. Lo termina de componer un jean con el tiro demasiado largo que compré en el centro por 15.000 pesos, y un par de zapatos viejos que me sientan como un guante. Éstos son los únicos con los que resisto las diez horas que dura mi jornada.

Un día, dos meses después de llegar a la fábrica, el pago del sueldo se retrasó y empecé a sentir que mis zapatos me apretaban. Había cumplido puntual y obediente la misma rutina: marcar tarjeta-uniformarme-contar-almacenar y mover cajas-volver a marcar tarjeta. Pero la quincena ya llevaba dos días de retraso y necesitaba comprarme una cuchilla de afeitar y una pastilla para la gripa. Tenía plata sólo para una de las dos. Pensé en buscar un trabajo extra. Uno de mis compañeros, por ejemplo, atiende un carro de perros calientes los fines de semana y otro es mensajero de una droguería. Trabajan siete días a la semana, cincuenta y dos semanas al año, y crecieron en unos barrios populares donde sus amigos cambiaban de moto cada dos meses. Hoy sus amigos están muertos. ¿Es acaso mejor estar vivo y marcar tarjeta en una fábrica?

El día en que los zapatos me estaban matando, le pregunté a la secretaria de la empresa por qué aún no nos consignaban la quincena.

—No sabemos cuándo se les pueda pagar —me dijo, con cara de pésame.

2. La fábrica Tutto Colore queda en una esquina de Guayabal, el parque industrial de Medellín, sobre una avenida de árboles ennegrecidos por el humo de los buses. La circundan y le hacen sombra unos vecinos poderosos: las chimeneas de Noel, la Compañía Colombiana de Tabaco, gaseosas Postobón y Estra. Hace dos años Tutto Colore saltó de ser una empresa que funcionaba en una casa vieja de dos plantas a convertirse en un edificio de ladrillo de cinco pisos. El salto parece haberla dejado sin aliento. Al igual que las primeras fábricas textiles que se crearon a principios del siglo xx en Medellín, ésta es propiedad de una sola familia: los cinco hijos del ex dueño, el fallecido Ernesto Correa, se reparten ahora las gerencias. El patriarca y fundador, que murió de cáncer, sobrevive ahora en unas fotos enmarcadas y recubiertas por una pátina. Los retratos, pegados a la entrada de cada piso, llevan su imagen como si se tratara de un santo patrono. Debajo de ellos se lee una sentencia lapidaria, una oración sacada de la sabiduría empresarial: «El trabajo es el único capital no sujeto a quiebras».

Un día después de la celebración del Día del Trabajo, la tarde del 2 de mayo, el gerente general de Tutto Colore, un hombre bajito que siempre lleva en la mano una pequeña bolsa de cuero —nadie sabe qué carga en ella—, pidió que nos reuniéramos para explicarnos por qué el sueldo no estaba llegando a tiempo. Por la fecha, más que una paradoja parecía una broma pesada. Cuando lo vimos aparecer por las escaleras, traía la cara de un adolescente al que su madre le ha acabado de confesar que es su hijo adoptivo.

—En casi tres décadas de existencia —dijo—, éste es el peor semestre en las finanzas de la empresa.

Una muchacha de la planta de confección que tiene tres niños se mordió la boca. Creí que iba a sangrar.

Como si se tratara de una tarea escolar, el hombre recitó las razones que explicaban el retraso del pago de la nómina. Eran unos 50 millones de pesos cada quincena: 1. El hueco que le dejó a la fábrica un millonario robo continuado hecho por una empleada de confianza. 2. El aliento del dragón chino sobre nuestra nuca con productos baratos que llegan vía Panamá. 3. El desplome del dólar, que en menos de seis meses bajó 500 pesos. En este punto dejé de oírlo y me concentré en un tic que se había apoderado de él. Era como un movimiento espasmódico, casi imperceptible, que lo obligaba a subir y bajar el hombro derecho cada cinco segundos. Mis compañeros miraban al suelo. El gerente continuó, entre nervioso y avergonzado, con sus malas noticias. Recitó una cuarta razón por la que no podía pagarnos la quincena: nuestros grandes deudores. Por ejemplo, una empresa mexicana a la que le facturamos una importante suma de dinero y que hasta ahora no nos ha pagado. El hombre guardó silencio, tal vez esperando la reacción de los operarios. Sólo uno de mis compañeros preguntó:

—Mañana no tengo para el bus. ¿Qué hago?

En la cadena alimenticia de la industria textil, Tutto Colore es apenas un atún mediano que puede ser tragado por cualquier ballena. Los obreros somos el fitoplancton. Unos días de retraso en el sueldo se traducen en cortes de luz por no haber pagado o en hacer llamadas a los familiares más pudientes buscando plata para el transporte. En mi caso, bajarle la guardia a mi casera con algún chiste barato y pedirle un compás de espera para pagar el arriendo. Aunque la mala racha no es un caso exclusivo de Tutto Colore: es sólo un síntoma de la agonía de la industria textil por la caída del dólar. Doce mil empleados de estas fábricas ya perdieron su trabajo en el primer semestre del 2007 y algunos trabajadores de la empresa han empezado a emigrar antes de que les llegue una carta de despido. Uno de mis compañeros me dijo en un pasillo que se iba al Chocó a administrar una ferretería. Su última tarde en Tutto Colore coincidió con el Día de la Madre. Mereció un pedazo de torta y helado de ron con pasas y algunas palmadas en la espalda por esa década y media de haberse partido el lomo en esta fábrica. Algo huele mal en la ciudad. Miles de paisas se abrieron paso a través de una geografía agreste y fundaron Medellín, la gran ciudad de las fábricas. Ahora sus descendientes retornan a la humedad de la selva.

3. Una mañana, antes de salir de la casa para la fábrica, puse una nueva rayita en el calendario de bolsillo que guardo en mi billetera. Lo miro después de bañarme con agua helada como un soldado mira la foto de su novia bajo el ruido de los aviones enemigos. Hoy taché el martes 3 de julio. Desde hace una semana, y para el bien de mi salud mental, tengo una nueva responsabilidad en la empresa: acompaño al chofer de Tutto Colore en sus recorridos por los talleres caseros, a los que la fábrica les encarga la terminación de prendas con alguna característica en especial. Por ejemplo, un broche doble. Mi tarea es reemplazar al antiguo ayudante del conductor —quien se fue a trabajar a una empresa de vigilancia en la que le pagan casi dos salarios mínimos por cuidar un parqueadero—. Dejar la bodega y salir a las calles de la ciudad ha logrado salvarme de mi trabajo de robot de los cuatro meses anteriores, en los que se me iba la vida contando mamelucos para niños.

Una tardé conté 1.253 prendas de vestir, y anoté el número en un papel para acordarme siempre de lo que un hombre puede hacer por dinero. Un compañero bodeguero que antes trabajó en Noel había pasado tres años y medio, de diez de la noche a seis de la mañana, viendo desfilar millones de galletas por una banda. Era eso o no alimentar a su hijo recién nacido. Otro, que se enganchó en una empresa de cosméticos, trabajó durante tres meses en jornadas de doce horas y en aquel trimestre sólo descansó un domingo al mes. «No me hubiera importado hacerme matar con tal de seguir con ese sueldo. Era una belleza», me dijo a la hora de la salida, frente a los casilleros de la fábrica.

En esos meses, él perdió seis kilos.

En estos meses, sólo he bajado un kilo y medio.

Ahora me he convertido en el segundo de don Jaime Isaza, un canoso fortachón que maneja una camioneta de la empresa por Medellín. Hace ya siete días que llenamos el tanque con un billete de 50.000 y vamos de taller en taller recogiendo docenas de talegos con la ropa terminada. La mayoría de estas fábricas en miniatura, armadas en el comedor o la sala de casas, están en barrios populares. Se reconocen desde la calle por las luces de neón empotradas en el techo y el ruido afanoso de una máquina para confeccionar ropa. La que más me agrada visitar es una que queda en el barrio Manrique, en una casa vieja que custodia un perro tuerto.

La dueña, una señora que por sus vestidos parece haber quedado anclada en otra época, siempre nos da jugo de mora cuando Isaza y yo terminamos de cargar la camioneta con talegos repletos de ropa. A simple vista, esos talegos significan más ventas, la certeza de que el bache económico del primer semestre quedó atrás, en eso confía el nuevo gerente, un hombre alto y amable, que recoge cada hebra que ve en el piso de la fábrica para echarla a la basura. Para él, los talegos son como cartas venidas desde lejos con buenas noticias. Por ahora, nosotros somos los carteros.

Hoy, martes 3 de julio, ha sido un día tan largo como los de Alaska en su verano. A las nueve de la mañana, Isaza y yo fuimos al aeropuerto de Rionegro a dejar una exportación en los muelles de carga. Los agentes de aduana le hicieron firmar un documento en el que declaraba no tener droga camuflada entre las cajas con ropa que viajaban a España. Antes de bajarlas de la camioneta, le tomaron una foto con las cajas detrás como prueba documental. Si las autoridades españolas encontraran cocaína entre sudaderas y vestidos, sabrían qué hacer.

A eso de las diez de la mañana, bajo una lluvia apocalíptica, salimos del aeropuerto hacia una cooperativa en La Ceja, un pueblo a media hora de Medellín: teníamos que entregar una máquina de coser. Mientras la descargaban, Isaza me pidió plata prestada para comprarle a su madre unas hortalizas frescas que venden en un mercado parte de la misma cooperativa. Le presté 3.000 pesos con los que había pensado tomarme un par de cervezas después del trabajo. A veces, por las tardes, cuando salgo de la fábrica, paso por alguna heladería del centro. Así se les llama a los bares antiguos de Medellín. Son como casas de té para los antioqueños solitarios. Las muchachitas que atienden las mesas son sus geishas de tierra caliente: se dejan invitar a una copa de aguardiente, les ponen sus canciones favoritas en las rocolas y oyen con paciencia las historias de estos hombres de manos tan grandes como las de Isaza.

De regreso a Medellín, con las ventanillas de la camioneta abiertas y el olor a pasto mojado, el conductor de Tutto Colore me muestra algo. Es el parador Tequendama, donde, cuando le sobra algo del sueldo, invita a su novia a comer trucha y a ver una cascada bajar por las montañas. Isaza me sugirió que hiciera lo mismo, pero mis votos de pobreza y castidad se han cumplido.

Él tiene más de cincuenta años, una novia y dos divorcios.

Yo sigo sin tener señora. La que tenía nunca entendió por qué me vine a Medellín.

A la una y media de la tarde, regresamos a la empresa para tomar el almuerzo. Como todos los días, tuve que calentar mi comida en el microondas del quinto piso y devorarla en quince minutos. Ése es el tiempo reglamentario para alimentarnos. Fueron dos presas de pollo sudadas, arroz, papas fritas y medio plátano maduro. Después de las dos, el jefe de la bodega, ese hombre sin sentido musical, nos encargó llevar unos botones, bandas elásticas y marquillas a un taller del barrio San Javier, en la comuna 13, en el norte de la ciudad. «Hace unos años no habríamos podido asomarnos por allá», me dijo Isaza mientras encendía el motor de la camioneta.

Hace años, recuerdo haber visto en el noticiero cómo un helicóptero negro levantaba los techos de zinc de algunas casas de San Javier, un barrio de calles laberínticas y empinadas como el mío. En aquella zona, la policía y el ejército se enfrentaron a quemarropa con milicianos y paramilitares. Al final, un hombre cayó muerto en el fuego cruzado mientras trataba de alcanzar una cabina telefónica para avisarle a su familia que estaba vivo. Han pasado cinco años desde aquella mañana que vi por televisión el día en que la guerra entraba a una ciudad de Colombia. Junto a Isaza, durante media hora recorrí las calles de San Javier y en ese tiempo conté seis jóvenes en sillas de ruedas.

Nuestra segunda asignación de la tarde fue ir a un barrio que está sobre un antiguo basurero. Debíamos recoger allí una docena de talegos de ropa. Era Moravia. O lo que quedaba de él. La noche anterior de mi mudanza a Medellín un incendio acabó con doscientas casas de este barrio. Mis recorridos con Isaza se estaban convirtiendo en la comprobación de las tragedias de la ciudad. Moravia es el sitio donde he visto a más perros vagar sin dueño. A las cuatro y media de la tarde regresamos a la fábrica con las gargantas tan secas como un manglar muerto y de inmediato descargamos los talegos.

Ya casi son las cinco, la hora de salida. Siento como si hubiese adquirido ciertas habilidades especiales. He aprendido a identificar las prendas que vienen en los talegos sin necesidad de abrirlos. El que llevo ahora a mis espaldas por una escalera que va al segundo piso tiene pantalonetas de dril y por eso pesa tanto. Me siento como uno de esos joyeros capaces de ponerle precio a un diamante con apenas sostenerlo sobre la palma de la mano, una virtud por la que me pagarían más de un salario mínimo. Pero la única verdad es que mi columna vertebral cruje al final de esa escalera. Es el último de los talegos que trajimos de Moravia. De nuevo olvidé subir a la sección de corte y pedir prestado un cinturón para prevenir una futura escoliosis. Es un artículo parecido al que usan los fisicoculturistas cuando entrenan. Si continuara haciendo este trabajo sin llevarlo puesto, en cinco años tendría mi columna como una letra ese.

Huelo muy mal después de diez horas de trabajo. En la sección de Terminación descargo el talego con la camiseta empapada de sudor. El lugar está vacío. Las mujeres que trabajan revisando las prendas se han ido a las tres de la tarde. Al recorrer sus cubículos vacíos me deprimo. No hay nada más desolador que sus herramientas de trabajo regadas y huérfanas. En uno de los cubículos, veo un cuaderno con ositos en la portada, el caucho para el pelo que alguna de ellas olvidó, un esfero mordido en la punta. En otro, veo una máquina para etiquetar ropa marcada con una calcomanía que dice «corazón valiente». No hay nadie alrededor. Camino hasta la silla donde se sienta la jefa de la sección, una señora que lleva trabajando años en la empresa. Vive en una casa al lado de un río, en Caldas, un pueblo a 45 minutos de Medellín, y tiene un afiche sobre el comedor en el que un hombre de espaldas se enfrenta a dos caminos: el Recto y el de la Perdición. En el primero, aparece la figura de un azadón, una mujer y unos niños sonrientes y una casa modesta con un jardín. En el segundo, hay una botella de aguardiente, un fajo de billetes y monedas, un arma y un ataúd. Conozco ese afiche porque he ido con Isaza a recoger talegos de ropa de los que la señora se ocupa los fines de semana para ganarse unos pesos de más. Unos pesos de más son unos pesos de más: por enganchar cada prenda y embolsarla se gana 150. Hace unos meses, ese afiche me habría parecido de un maniqueísmo insoportable.

Hoy también creo que sólo hay dos caminos. Doña Luz Castro, así se llama la mujer, escogió el recto a pesar de que su casa no tiene jardín. De otra manera no me explico la tranquilidad que desprende cada vez que me acerco para hacerle una pregunta de trabajo. Parado a su lado, me toca algo de su paz interior. Sé que esto suena demasiado metafísico, pero no tengo una mejor explicación y no me he molestado en buscarla. A veces las cosas son como son, así suene a Cantinflas. ¿No es suya la frase «hay momentos verdaderamente momentáneos»?

Quisiera que ella todavía estuviera aquí para que el cansancio después de un día tan pesado se desvanezca. En su lugar, se acerca mi jefe y me dice que tiene otro encargo: tres talegos para recoger en el barrio Castilla, al otro lado de la ciudad. Son las 4:50 de la tarde. El incansable Isaza me espera en la calle con el motor prendido.

4. Han transcurrido cinco meses y medio desde que aterricé en Medellín y empecé a trabajar en la empresa. Es viernes por la tarde y estoy sentado en el último baño del segundo piso de la fábrica. Si aguzo el oído, puedo oír su funcionamiento en pleno. Cierro los ojos y se me aparecen las cortadoras del quinto piso, las bordadoras y estampadoras del cuarto, las cincuenta máquinas de confección del tercero, a estas alturas, sonidos tan familiares como

las teclas de un computador. Mi jefe debe creer que sufro de diarrea crónica. Visito la taza a menudo, pero por otras razones. Aquí he tomado notas sobre qué diablos es vivir con el salario mínimo. Cada vez que escribo algo en esta libreta negra siento que la respuesta se aleja como un barco mercante rumbo a Oriente. Una vez también leí aquí, con los ojos aguados, una carta que me entregó una joven operaria junto a un paquete de galletas de chocolate y aquí mismo tomé aire durante los momentos más duros de mi estadía en la fábrica, de esta travesía por el desierto.

Desde que trabajo en la empresa, las metáforas bíblicas vienen a mí con más frecuencia de lo que quisiera. Algunas mañanas en las que el bus me dejaba quince minutos antes de lo usual en la esquina de la avenida Guayabal donde queda Tutto Colore, decidía caminar hasta una iglesia cercana. Eran raptos religiosos que nunca antes había tenido. Sentado sobre la última banca, le pedía a una estatua de yeso darme más fortaleza para alcanzar las cinco de la tarde y de paso hacía tiempo para no llegar tan temprano a marcar tarjeta. En dos ocasiones, me encontré aquí con doña Luz pidiendo el temple necesario para seguir por el camino recto. Después de una breve oración, iba por un buñuelo de cien pesos a una panadería. Me lo comía en forma de hostia antes de entrar a la fábrica y ponerme el uniforme en el mismo baño.

Ahora que he soltado la cisterna, me lavo las manos y me miro en un espejo. Mi pelo ha vuelto a crecer desde que me lo corté a ras antes de venir a Medellín. Esa tarde, cuando salí de la peluquería, se abrió un paréntesis en mi vida. Quedan pocas horas para cerrarlo: hoy es mi último día en la fábrica. La niña que me regaló la carta y las galletas me llama. Acaba de llegar la comida. Mis compañeros de la bodega compraron una torta y una Coca-Cola para despedir a un hombre que nunca les dijo quién era en realidad.

Capítulo 4

Frente a mí, una pareja se prepara para salir a la pista de baile. La mujer debe pesar más de cien kilos y es bonita como un globo aerostático que surca un cielo libre de nubes. Su cara es blanca y limpia y sus ojos guardan esa tristeza de sentirse observada a diario con estupor. Sobre una báscula, el hombre debe registrar la mitad de su peso. Para no verse tan desiguales a la hora de bailar, el hombre usa una chaqueta muy amplia que le llega a las rodillas. La ama y por eso no quiere que sufra con las miradas de los demás cuando el DJ les ponga un bolero de Toña La Negra, se paren de la mesa de enfrente y empiecen a moverse lentos en una esquina de Brisas de Costa Rica, este bar de salsa en el centro de Medellín al que he venido por lo menos una noche de cada quincena desde que llegué a esta ciudad. Hoy será la última vez que vea a Alirio, el DJ del bar, y el retrato del papa Juan Pablo II que tiene en la barra. Mañana regreso a Bogotá. Durante seis meses, Brisas de Costa Rica ha sido el búnker donde me he refugiado para estirar las piernas después de las largas jornadas en la fábrica. Me despido del lugar que hice mío, este bar donde una docena de hombres solitarios trata de sepultar una semana de trabajo a punta de movimientos frenéticos, tumbadoras y trompetas.

En las tardes, Brisas se llena de varones que piden una cerveza y bailan solos bajo las lucecitas de Navidad que adornan el sitio. Bailan salsa o mambo sin pareja. Casi siempre somos los mismos: el hombre en silla de ruedas que se sienta en una mesa cerca de la entrada; un gordo que habla sólo y trabaja para la Secretaría de Salud del municipio; un joven arquitecto que a veces va con su novia, una mujer mayor de pelo parado y botas de tacón puntilla, y Guillermo León. La primera vez que vi bailar a León entré en un trance hipnótico: me sorprendieron sus movimientos, una mezcla de break dance y sofisticados pasos de salsa. Esa noche él vestía de negro y tenía un reloj pesado como un tejo que ya no lo acompaña. Esa noche, también, compartimos una cerveza y me contó que había aprendido a bailar en Nueva York. Le enseñó un italiano para quien trabajaba en los años setenta. Desde aquel día hice de Brisas mi fortín y traté de memorizar los pasos de Guillermo León, su resbalar sobre las baldosas, la mano quebrada sobre el pecho, la risa que nunca le abandona. Desde entonces, cada mañana en la ducha, antes de salir para la fábrica, traté de imitarlo.

Me siento extraño mientras la pareja de enamorados baila un segundo bolero. «Mañana ya no debo volver a la fábrica», me digo como si mi cuerpo me pidiese regresar a ella. Me he sentado siempre en la mesa de Brisas que está a la izquierda de la entrada. Desde aquí puedo ver a la gente que pasa por Tejelo, ese callejón empedrado. Es un paseo peatonal oloroso a mango, a pescado y a morcilla, por el que he visto caminar a una indigente en calzones, a un borracho con una botella de alcohol antiséptico mezclada con Coca-Cola y a la Reina del parque Bolívar, un travesti cincuentón que en la noche se cambia cuatro veces de ropa. Acaba de entrar a Brisas con un canasto en el que vende cigarrillos, chicles y condones. El travesti se llama Danny y se jubiló de la empresa Fabricato. Hoy tiene una tiara, una peluca canosa y un vestido de raso color carmín. La pareja de enamorados le compra un paquete de Kool antes de sentarse y la única mesera de Brisas lo saluda de mala gana. Al verlo entrar, el DJ cambió de disco con rapidez e hizo sonar cinco segundos de una charanga que dice «mariquita, mariquita». Al fondo, donde está la barra, Alirio se ríe como un niño que le ha pegado a un perro con una cauchera. Danny pasa frente a mí ofreciendo sus artículos y no me saluda. El día en que me lo presentaron olvidé que era una dama: le estreché la mano con excesiva fuerza y su rencor quedó decretado. Aún estoy solo esta noche. Ya deberían haber llegado Astrid Carrasquilla y María Elena González, su mejor amiga, la que me consiguió la habitación en Santa Inés y me presentó el Brisas. Ambas me patrocinaron durante estos seis meses la mayoría de las cervezas que me he tomado en este lugar en el que el Alirio es el sacerdote máximo. El DJ cambia una vez más de disco y arranca *El pollino*. Puedo reconstruir a la perfección la mañana en que salía de la casa para la fábrica a tomar el colectivo en la esquina y sonó esta canción en el pequeño radio que me prestó la mejor amiga de Astrid para oír la emisora de salsa Latina Stereo. Había dormido poco, llovía y no tenía paraguas y el Tigrillo, ese guardián del barrio, ni siquiera estaba para organizar la fila, pero bastó un par de compases de este mambo contundente para que recobrara el brío y enfrentara otro día de trabajo. Al cliente de la silla de ruedas parece que le gusta tanto *El pollino* como a mí. Cierra los ojos para oírlo. En su cabeza debe estar dando vueltas enloquecido como lo hacía antes de que una bala perdida lo dejara cuadrapléjico. Es un cliente muy antiguo, me ha contado la mesera, una mujer con una de las sonrisas más bonitas que he visto a pesar de que le falta un diente. Un muchacho con alguna clase de retraso mental está enamorado de ella. Por lo menos una vez en la noche pasa por Brisas, le compra un cigarrillo y pide que se lo fume frente a él. El espectáculo de estos tres personajes me hace pensar en la vida como un puñado de soledades que se acompañan por un par de horas.

Se acaba el mambo y la música deja de sonar por tres segundos. Alirio nos maneja con el dedo meñique. En medio de la fiesta —ya no hay mesas disponibles— suena *Los desaparecidos*, una canción muy lenta de Rubén Blades. Desde que Brisas funciona en este local, parte de su público está compuesto de hombres con varios muertos sobre los hombros y esta canción les altera el pulso. Otra de las noches que pasé aquí uno de ellos me habló. Estaba en la mesa de al lado, me ofreció un trago de aguardiente y, como no tenía plata más que para dos cervezas, se lo recibí. Llevaba puesto el uniforme de una empresa de mensajería y estaba rapado. Era corpulento y el amigo con el que venía le decía «Negro». Bastó brindar con un tercer aguardiente para que se confesara. Al parecer, necesitaba hacerlo. El hombre había sido soldado profesional y combatió en Urabá por la época de las masacres en los pueblos bananeros, pero le dieron de baja después de tres años de servicio. Regresó a San Javier, su barrio en la comuna 13, y vagó por tres meses. Una madrugada, después de estar tomando con sus amigos de la cuadra, volvió a su casa y se encontró con un señor que lo estaba esperando en la puerta.

—Tenía una ruana y era cojo. Cojo —repitió la última palabra mirándome a los ojos.

Se refería a Diego Murillo, Don Berna. Un día, el sucesor de Pablo Escobar quedó con la pierna derecha destrozada después de recibir 17 tiros. El señor le dijo que quería que trabajara para él. El Negro aceptó y así fue como se convirtió en uno de los comandantes paramilitares de San Javier. Ahora está desmovilizado y conduce un camión.

—Soy un don nadie —me dijo cuando terminó la historia.

Por fortuna no me preguntó qué clase de don nadie era yo. Esa noche con el Negro también sonó la canción de Rubén Blades que acaba de poner el DJ, y fue el único momento en que el Negro paró de hablarme. La oía como si se la hubiesen escrito para él.

Anoche escuché varias explosiones, / Tiros de escopeta y de revólveres, / Carros acelerados, frenos, gritos, / Ecos de botas en las calles, / Toques de puerta, quejas, pordioses, platos rotos. / ¿Adónde van los desaparecidos? / Busca en el agua y en los matorrales. / ¿Y por qué es que se desaparecen? / Porque no todos somos iguales. / ¿Y cuándo vuelve el desaparecido? / Cada vez que los trae el pensamiento. / ¿Cómo se le habla al desaparecido? / Con la emoción apretando por dentro.

Cuando se acabó la canción me dijo:

—Maté mucha gente, tanta que por las noches me despierto llorando. Tomémonos el último aguardiente que ya me voy a guardar el camión de la empresa.

Me dio un abrazo de oso y salió por la puerta con su nuevo uniforme de conductor. En seis meses, fue la única vez en que me temblaron las piernas.

Cuando Astrid y María Elena llegan al Brisas, ya me encuentran borracho. Son las diez de la noche de esta última noche en la ciudad. Con la plata de la liquidación por haber trabajado en Tutto Colore, me compré una botella de aguardiente. Ahora va por la mitad. También compré un regalo para Guillermo y Lucero Carrasquilla, un equipo de sonido que luego pondrían en la sala de su casa, al lado de la mesita con las fotos familiares. Me tomo un aguardiente doble, brindo con mis amigas y saludo con la mano a otro habitual, un negro con una agenda debajo del brazo que no para de sonreír. Su boca parece una fuente de luz. Después de tantas noches en Brisas, reconozco las canciones que pone Alirio. Oigo sonar *Montaña rusa* y el milagro sucede: me paro a bailar solo en mitad de la pista. Es la primera vez que lo hago y mis amigos del bar aplauden. Para mi sorpresa, puedo imitar con soltura algunos de los pasos de Guillermo León. Todas estas mañanas practicando bajo la ducha de mi casa no se fueron por la cañería. Tal vez buscaba esto cuando decidí venir a Medellín para vivir con el salario mínimo, tal vez era sólo esto, dar vueltas y cantar con los ojos cerrados: la vida es una montaña rusa, sube y baja, es como las olas del mar, que van subiendo y bajando y la cosa es seguir flotando.

Texto publicado en *SoHo* en noviembre de 2007.

Viaje al fondo de la biblioteca de Pinochet
Cristóbal Peña*

La mañana del martes 17 de enero de 2006 una camioneta tipo van ingresó al fundo Los Boldos de Santo Domingo, en la costa central. Sus siete ocupantes —un chofer, un funcionario de la policía de Investigaciones y dos peritos bibliográficos acompañados por tres ayudantes— no tuvieron inconvenientes para ingresar a la propiedad de descanso de Augusto Pinochet Ugarte. Traían una orden del juez Carlos Cerda, instructor del caso por las millonarias cuentas del banco Riggs, para determinar el valor y origen de los volúmenes existentes en las bibliotecas que el general había ordenado construir en sus residencias.

Si bien ya se habían identificado en la guardia de entrada, al llegar a la bifurcación de avenida Don Augusto con paseo Doña Lucía, donde está la casa de los escoltas, la comitiva tuvo que repetir el procedimiento anterior. Mostraron sus identificaciones y la orden del juez. Entonces, como todo seguía en regla, continuaron la marcha por avenida Don Augusto y llegaron hasta una de las alas de la casa principal: un amplio espacio de entrada independiente y vista al mar donde el general tenía su biblioteca.

Al entrar, acompañados muy de cerca por cinco comandos vestidos con traje de campaña y armas de guerra a la vista, dos cosas llamaron la atención de los peritos. Una fue la gran cantidad de libros que había en ese amplio espacio, distribuidos en repisas, cajas de cartón y estantes corredizos o *full space*. Otra, el desorden reinante que presentaba ese despacho, además de una evidente falta de aseo, en el que miles de libros empolvados se hacían un lugar entre adornos, recuerdos, chocolates y objetos personales —como colonias, perfumes, desodorantes, toallas desechables, relojes, fotos, dagas, abrecartas y tarjetas de saludo, visita y Navidad, además de camisas, corbatas y calcetines nuevos,

---

* Ayudante de investigación: Aurora Radich.

algunos aún con su papel de regalo a medio abrir— que su propietario dejó alguna vez ahí y muy probablemente después olvidó, sin que nadie se atreviera a sacarlos o cambiarlos de lugar, siquiera a pasarles un plumero.

No hubo tiempo ni lugar para comentarios. Eran cerca de las diez de la mañana cuando los cinco peritos bibliográficos, encabezados por Berta Inés Concha Henríquez y Hernán Gonzalo Catalán Bertoni, dieron inicio a la primera de varias jornadas de trabajo que se extendieron a las residencias de Santiago y El Melocotón, una zona precordillera cercana a la capital, además de las bibliotecas de la Academia de Guerra del Ejército y de la Escuela Militar, a las que el general donó cuantiosas piezas poco antes de abandonar la comandancia en jefe del Ejército en 1998. Había mucho trabajo por delante.

De acuerdo con el resultado de ese informe pericial, que quedó adjuntado entre fojas 71894 y 71912 y que hasta ahora ha permanecido inédito, el equipo de expertos bibliográficos trabajó 194 horas en terreno y otras 200 dedicadas a pesquisas e investigaciones tendientes a determinar el valor monetario y patrimonial de los volúmenes y su mobiliario. El estudio persiguió cuantificar los montos que el general invirtió en este rubro, a partir de dineros que en su gran mayoría se suponen provenientes de fondos de gastos reservados asignados a la Presidencia de la República, a la Casa Militar y a la comandancia en jefe del Ejército.

El informe establece que los libros adquiridos por el general Pinochet son cerca de 55.000, cuyo valor global fue estimado en 2.560.000 dólares. A este monto se suman los valores del mobiliario, encuadernación y transporte de publicaciones editadas en el extranjero, todo lo cual fue tasado en 52.000, 75.000 y 153.000 dólares respectivamente. Sin embargo, el estudio trasciende las consideraciones económicas.

Tras dar cuenta de la existencia de piezas únicas, primeras ediciones, antigüedades y rarezas, algunas que ni siquiera se encuentran en la Biblioteca Nacional, el informe concluye que «las bibliotecas objeto del peritaje contienen obras y colecciones de altísimo valor patrimonial».

Entre las muchas piezas que atesoró Pinochet y que aún están en poder de su familia, aunque sujetas a embargo judicial, se cuenta una primera edición de la *Histórica relación del Reino de Chile*, fechada en 1646; dos ejemplares de *La Araucana* que datan de 1733 y 1776, respectivamente; un *Compendio de la historia geográfica, natural y civil del Reyno de Chile* y otro de *Historia civil del Reyno de Chile*, impresos en 1788 y 1795; un *Ensayo cronológico para La historia general de La Florida*, de 1722; una *Relación del último viaje al Estrecho de Magallanes de la Fragata S.M. Santa María de la Cabeza*, de 1788; y un libro de viajes a los mares del sur y a las costas de Chile y Perú, publicado en 1788.

Además, el general se hizo de una parte de la biblioteca privada del ex Presidente chileno José Manuel Balmaceda (1840-1891), incluida una edición a las honras fúnebres del mandatario, en cuyo interior se encuentra una tarjeta de la viuda de éste; una carta original del prócer independentista Bernardo O'Higgins (1778-1842) y una particular edición sobre el héroe popular Manuel Rodríguez (1785-1818) que lleva el timbre de la biblioteca del Instituto Nacional.

«En términos generales, es una biblioteca cara por los volúmenes, muebles y encuadernaciones. Cara por las piezas únicas, por sus colecciones relevantes y, en algunos casos, por su valor documental», dice Berta Concha, editora y librera, quien por primera vez se refiere al trabajo realizado por encargo del juez Cerda. «Encontramos por ejemplo una biografía de Francisco Franco que Manuel Fraga Iribarne dedicó a Pinochet. También un ejemplar dedicado al mismo por Manuel Contreras (ex jefe de la Dirección de Inteligencia Nacional, DINA). Esos elementos le dan un innegable valor agregado difícil de cuantificar».

Tenida sport

¿Sabía el general qué tenía exactamente y cuál era su valor monetario y patrimonial? ¿Contaba con asesoría profesional? ¿Consultaba o leía con cierta regularidad las piezas más preciadas de su biblioteca? El informe pericial no responde esas preguntas. Tampoco parecen saberlo con precisión los comerciantes de libros, colaboradores y familiares de Augusto Pinochet que prestaron testimonio para esta investigación.

Al menos en público no se caracterizaba por demostrar una gran cultura, todo lo contrario. El general proyectaba ser un hombre ramplón, básico, de conceptos elementales. En un libro de entrevistas dijo que en cama, antes de dormirse, leía «un cuarto de hora, por lo menos». Dijo también ser admirador de «los señores Ortega y Gasset», aunque no es claro si esa brutalidad la dijo en broma o en serio. No dijo mucho Pinochet. Sus propios adeptos reconocen que era profundamente desconfiado, acostumbrado a compartimentar información y guardarse opiniones y sentimientos.

Una cosa es segura. El hombre que llegó a ser dueño de una de las colecciones bibliográficas más valiosas del país, con una inversión total que se calcula en cuatro millones de dólares (si se le agrega el valor de la biblioteca napoleónica y una serie de bustos sobre el mismo personaje), tenía un aprecio particular por sus libros. Ese aprecio quedó de manifiesto la mañana del martes 17 de enero, a poco de iniciarse el primer peritaje en la casa de Los Boldos.

Acompañado por un médico, un asistente y dos o tres guardaespaldas debidamente armados, Pinochet apareció caminando por sus propios medios, ayudado por un bastón. Según recuerdan los peritos, porque esa imagen resulta inolvidable, vestía polera verde de manga corta marca Lacoste, shorts blancos tipo bermudas, zapatos sport claros y calcetines al tono y subidos casi hasta las rodillas. Tras saludar de beso en la mejilla a uno de los asistentes de los peritos jefes, una muchacha joven que permanecía en la entrada, se instaló tras su escritorio principal para observar en silencio a los intrusos que revolvían su más personal y preciado tesoro.

«Debió haber sido espantoso para él que fuéramos a hurgar en su reino. Pinochet era el rey de ese caos y nosotros habíamos llegado a invadírselo», dice Berta Concha, quien sostuvo un curioso diálogo con el dueño de casa tras los saludos de rigor. Al notar que ella portaba como colgante una lupa de marco artesanal, adorno y a la vez instrumento de trabajo, el general quiso saber detalles.

—Es una lupa mexicana —se explicó Berta.
—¿Mexicana?
—Mexicana. Yo viví en México desde 1973.
—Yo tengo muchas lupas —dijo el general y procedió a buscar las lupas que había dejado en algún lugar de su biblioteca.

Los peritos siguieron en lo suyo. El general buscó sus lupas sin éxito. Los guardaespaldas lo seguían y el médico abordó a los peritos para pedirles que no prestaran atención a los chocolates que el dueño de casa escondía en medio de los libros.

—El general es diabético —confidenció en voz baja.

Al rato Pinochet se olvidó de las lupas, echó un último vistazo a los intrusos y emprendió la retirada acompañado de su médico, su asistente y escoltas. En la despedida creyó necesario recordar que a los presidentes de un país les suelen regalar muchas cosas, de preferencia libros, y que él lo había sido durante diecisiete años.

Los peritos continuaron trabajando durante todo el día. Augusto José Ramón Pinochet Ugarte no volvería a aparecer esa jornada. Tampoco las siguientes, ni en su casa de Los Boldos ni en Santiago, menos en El Melocotón. De acuerdo con el libro testimonial *Caso Riggs. La persecución final a Pinochet,* firmado por su nieto Rodrigo García, «la impotencia de ver a pelafustanes entrar y salir de su escritorio, con sus libros entre sus manos, le hicieron caer en cama por algunos días».

Compulsivo y tacaño

Dos años y medio antes de ser objeto del primer peritaje bibliográfico, cuando las millonarias cuentas del banco Riggs aún permanecían secretas, Augusto Pinochet apareció sorpresivamente por una antigua galería comercial de calle San Diego, en el centro de Santiago. Sin previo aviso, acompañado de sus escoltas, llegó a visitar a su más fiel y entrañable librero.

En ese entonces Juan Saadé tenía tantos años como Pinochet, que iba para los noventa, y aún estaba al frente de la librería de viejos que había fundado en 1941 con el nombre de La Oportunidad. Decía conocer a su cliente predilecto desde que éste era subteniente y solía comprarle libros de historia y geografía de Chile con cheques a plazo. Una vez que quedó instalado en el gobierno, el general de Ejército comenzó a pagar con cheques al día a nombre de la Presidencia de la República.

La afición por los libros fue creciente y antecede al golpe que derrocó al ex presidente socialista Salvador Allende.

En su primera declaración jurada de bienes, realizada el 21 de septiembre de 1973, declaró poseer una biblioteca particular por un valor de 750.000 escudos, correspondientes a poco más de 6 millones de pesos de la actualidad (12.000 dólares). De esa época se conservan antiguos ejemplares que llevan el timbre del teniente o ayudante mayor Augusto Pinochet Ugarte. También esas primeras ediciones rústicas de *Síntesis geográfica de Chile, Argentina, Bolivia y Perú* (1953), *Geopolítica* (1968) y *Guerra del Pacífico. Campaña de Tarapacá* (1972), tres libros de su autoría que tuvieron una cierta repercusión en el mundo militar.

Desde joven fue aficionado a los libros, en particular a los de historia, geografía y guerras. De eso no parece haber dudas. Pero lo que resulta irrebatible, porque las cifras son demoledoras, es que a contar del golpe de Estado, su biblioteca personal experimentó un sorprendente y sostenido incremento, producto no sólo de regalos propios del cargo.

Luis Rivano es vecino de la librería de Juan Saadé y aún guarda cientos de fotocopias con portadas de libros usados que ofrecía con sostenida regularidad al general Pinochet. En su mayoría son textos de ciencias sociales, muchos de ellos de marxismo y política de las décadas de los sesenta y setenta que se salvaron de la hoguera en los días posteriores al golpe de Estado. Cuando el general se interesaba por algún título, cosa bastante frecuente, marcaba con un visto bueno la fotocopia de la portada para que Rivano se lo hiciera llegar a través de algún oficial encargado especialmente del tema.

De esta forma llegaron a sus manos títulos como *Si yo fuera presidente*, de Tancredo Pinochet; *El Movimiento contra la Tortura Sebastián Acevedo*, de Hernán Vidal; *El gran culpable*, de José Suárez Núñez; *El guerrillero*, de Chelén Rojas; *Teoría secreta de la democracia invisible*, de José Rodríguez Elizondo; y *El Mercurio y su lucha contra el marxismo*, de René Silva Espejo.

El procedimiento fue el mismo que aplicó con otros libreros de viejos de las Torres de Tajamar, en la comuna de Providencia. Uno de ellos, que pide guardar reserva de su nombre, recuerda que el general era un comprador compulsivo y de gustos muy definidos. Pedía todo lo que hubiese de Napoleón Bonaparte. Absolutamente todo. Era su gran obsesión. Casi tanto como Ortega y Gasset. También los libros de línea, como enciclopedias, diccionarios y atlas. Los libreros de las Torres de Tajamar sabían qué ofrecerle y esperar de él: aunque era un cliente leal, que compraba de manera sistemática, a veces desenfrenada si estaban de por medio sus preferidos, solía adjudicarse rebajas unilaterales.

«Era ratón para pagar», refrenda Octavio, hijo de Luis Rivano, que trabaja en Providencia y tuvo la osadía de devolver a La Moneda un cheque por 80.000 pesos (160 dólares) que el general había cancelado a cambio de un ejemplar de *La Independencia de Chile,* editado por Santos Tornero. «Yo sabía que el libro era bueno y que a él le servía, entonces por una cuestión de prestigio de librero insistí en que me pagara lo que valía.»

Unos días después Octavio Rivano recibió un sobre con el mismo cheque por 80.000 pesos y un adicional en dinero en efectivo. No se habló más del asunto.

Mi primera biblioteca

La última vez que el ex ministro Francisco Javier Cuadra se reunió con Pinochet fue hacia comienzos de 2006. Cuadra, que fue vocero del dictador, le contó que había conocido a la familia de Fernando Vega, un ex ministro de Fujimori que posee la colección más importante de textos antiguos sobre Chile. Pinochet le contó que hace no mucho había muerto Juan Saadé, su librero de toda la vida, y le pidió al ex ministro que le recomendara el suyo. Cuadra y Pinochet, a decir del primero, hablaban este tipo de cosas, incluso cuando ambos ocupaban oficinas en la sede de gobierno y las urgencias eran otras.

El ex vocero sostiene que en esa época, mediados de los ochenta, el general permanecía atento al proceso político soviético por medio de libros de actualidad sobre el tema que leía en francés. «Estaba al tanto de las últimas publicaciones sobre marxismo, si salía un libro nuevo, él tenía que tenerlo.» Dice Cuadra que para estas y otras materias, se abastecía a través de editoriales y librerías que solían enviarle catálogos con novedades. Dice también que compraba bastante en librerías especializadas del extranjero.

A este respecto, la investigación judicial por las cuentas del Riggs indagó en las compras de libros y otros objetos de uso personal que realizaron agregados militares chilenos por encargo personal de Pinochet y a costa de fondos públicos. En la resolución que el juez Cerda dictó en octubre de 2007, se lee: «Algunos de los pedidos eran ejecutados por los oficiales del Ejército de Chile que oficiaban como agregados en las misiones de Washington y Madrid o en las diversas agregadurías».

Como se va viendo, las fuentes de abastecimientos fueron múltiples.

Hubo muchos regalos, por cierto. Algunos de importancia patrimonial, como el *Compendio de historia civil* del Abate Molina que el almirante Merino, ex integrante de la Junta de Gobierno pinochetista, compró a Luis Rivano con motivo de un cumpleaños del general. Ese ejemplar de 1795 permanece en la casa de La Dehesa, en el barrio alto capitalino, sujeto a embargo judicial, y fue tasado en 1.500 dólares. En una categoría similar está el *Epistolario del ex ministro Diego Portales* (1793-1837) obsequiado por el ex ministro Cuadra.

Hubo ese tipo de gestos y también compras directas y de montos considerables que el general realizó a costa de dineros públicos.

Un gerente editorial de la época, que aún sigue ligado al negocio y pide reserva de su nombre, fue citado hasta los mismos salones de La Moneda, la casa de gobierno en Chile, para que expusiera colecciones y textos de línea, en especial sobre historia. Como era un proveedor nuevo, hubo que dejarle en claro que al general no le interesaba en lo más mínimo la ficción. Para qué decir la poesía. El único texto propiamente literario que conservó en la biblioteca de Los Boldos se titula *El rigor de la corneta* y es un clásico de la literatura militar chilena.

Cuando el librero llegó a la casa de gobierno, fue instruido para que dispusiera los textos en una sala contigua al despacho presidencial y se mantuviera en silencio en una esquina, dispuesto a responder las preguntas que pudiera formularle el general. Así lo hizo, pero cuando éste apareció, acompañado de un pequeño séquito, no le dirigió la palabra, siquiera una mirada. Revisó los textos —entre los que se contaban un libro de música con tapa de

madera, varias enciclopedias y una historia taurina y otra de cas-
tillos españoles— y se limitó a hojearlos y a dictarle a un asistente
sus preferencias.

La ceremonia duró unos pocos minutos. El librero se re-
tiró en silencio con sus cosas y al día siguiente, siguiendo instrucciones, regresó a La Moneda para dejar la factura y cobrar un
cheque girado a nombre de la Presidencia de la República.

Las compras no siempre fueron legales, con factura de por
medio. El mercado de los libros antiguos suele ser informal, sin un
debido control sobre el origen de lo que se transa. En muchos casos
no hay registros ni documentos que avalen una adquisición legítima.
El dueño de un libro es quien lo tiene en su poder. Esa lógica opera
en los grandes bibliófilos y operó en Pinochet, aunque este último
también apeló a la astucia y la maña para hacerse de obras que no
le pertenecían. No se explica de otro modo que el manuscrito original del *Diario militar,* del héroe independentista José Miguel Carrera (1785-1821), haya llegado a manos del dictador. El libro había
sido donado al Museo Militar por los descendientes de Carrera pero
permaneció por varios años en la biblioteca personal de Pinochet.
Un año antes de su muerte lo devolvió al Ejército.

Mediante este conjunto de prácticas, algunas legales, otras
no, Augusto Pinochet acumuló una cantidad impresionante y
variada de libros. Una biblioteca de Babel a la manera de Borges:
enorme, colosal, inabarcable. Pero el volumen y la variedad, a decir
de la perito Berta Concha, no hacen necesariamente una buena
biblioteca.

«Aunque tiene muy buenas cosas, es una biblioteca muy poco
organizada, sin un gran orden, con un afán por atesorar. Hay una
cantidad de obras de referencia, enciclopedias casi escolares, que de-
velan un escaso conocimiento y una escenografía del poder. Después
de leer al personaje a través de su biblioteca, mi conclusión es que este
señor miraba con mucha fascinación, temor y avidez el conocimiento ajeno a través de los libros. Quien mandó a quemar libros forma
la biblioteca más completa del país. Eso es interesante. De alguna
forma conoce la dinámica y el poder de los libros.»

De cualquier modo, el de Pinochet fue un proyecto en
grande, megalómano, al borde del delirio, que no se fijó límites
en gastos y procedimientos.

De acuerdo con el informe pericial, «no menos de un cinco por ciento (2.750 ejemplares) han sido especialmente encuadernados en piel», lo que supone una inversión de 41.250.000 pesos (82.500 dólares). Lo que no precisa ese informe es que el trabajo realizado a piezas de todo tipo, desde valiosas colecciones completas del historiador Benjamín Vicuña Mackenna a vulgares ediciones rústicas o simples revistas, fueron realizadas por Abraham Contreras, el más prestigioso encuadernador que ha tenido el país.

Como los grandes coleccionistas, el general también tuvo la ocurrencia de marcar varios de sus ejemplares con un *ex libris* o sello de propiedad que mandó a fabricar a la Casa de Moneda de Chile. El sello tiene el diseño de una mujer alada que levanta una llama de la libertad al tiempo que sostiene un escudo con las iniciales de Augusto Pinochet Ugarte.

El *ex libris* surgió casi a la par con el proyecto de ampliación de la biblioteca de El Melocotón, en la localidad precordillerana de El Cajón del Maipo. Las obras fueron realizadas a mediados de los ochenta y movilizaron recursos y personal de CEMA Chile, institución estatal de beneficencia que dirigía Lucía Hiriart, la esposa del general. La modesta casa de piedra, que originalmente estaba destinada a los escoltas, quedó convertida en un lujoso espacio de ochenta metros cuadrados al que muy pocos tuvieron acceso.

Rodrigo García Pinochet fue uno de esos pocos.

El nieto del general recuerda que la biblioteca de El Melocotón era «como un lugar sagrado, un verdadero santo santorum» al que se introducía un poco a escondidas de su abuelo cuando lo acompañaba los fines de semana. «Era muy receloso de sus libros, siempre los ordenaba personalmente y llevaba una férrea contabilidad de los mismos», testifica el nieto al teléfono desde Estados Unidos, donde actualmente cursa estudios de postgrado.

Tan cómodo y a sus anchas se sentía el general en su biblioteca de El Melocotón que, según su nieto, pensaba pasar ahí sus últimos días.

Los planes, sin embargo, cambiaron radicalmente a partir de esa tarde de domingo 7 de septiembre de 1986, cuando el general regresaba a Santiago en compañía de su nieto. Tras salvar milagrosamente de una emboscada de aniquilamiento, en un hecho que dejó cinco escoltas muertos, nueve heridos y un libro llamado *Operación Siglo XX* que llegó a la biblioteca del general, la casa de El Melocotón comenzó a ser objeto de un progresivo abandono.

La dispersión

En septiembre de 1989, ya resignado a dejar el gobierno y atrincherarse en la comandancia en jefe del Ejército, Augusto Pinochet Ugarte inauguró la biblioteca de la Academia de Guerra del Ejército que lleva su nombre y reúne cerca de 60.000 títulos, la mitad de los cuales fueron donados por él.

Ahí están varios de los textos de Ciencias Sociales que durante años le vendieron Juan Saadé y Luis Rivano. También enciclopedias y libros de línea y divulgación que el general adquirió de manera frenética. Hay piezas valiosísimas en términos patrimoniales, algunas como el *Ensayo cronológico para la historia general de La Florida* (1722), de Gabriel Cárdenas, tasada en más de tres mil dólares y que ni siquiera se encuentra en la Biblioteca Nacional. Hay cosas extrañas, como una horripilante versión de *Martín Fierro* forrada en cuero de vaca y dedicada por uno de los hijos del locutor radial Raúl Matas al «estimado Presidente». Hay cosas dignas de atención, como una reproducción del despacho que el general ocupó en La Moneda. Cosas históricas, como una firma que el ex director de la sangrienta DINA, Manuel Contreras, estampó en el libro de visitas ilustres. Y hay también una de las más completas colecciones de libros que analizan, para bien y para mal, el régimen militar.

El fondo bibliográfico aportado por Pinochet a la mayor biblioteca del Ejército se calcula en cerca de 29.729 títulos, poco más de la mitad de lo que aún se mantiene en poder de la familia entre las residencias de Los Boldos y La Dehesa. En El Melocotón no quedan más que 200 libros sin mayor valor.

Una importante colección relativa a Napoleón Bonaparte, además de once esculturas en miniatura del mismo personaje, permanecen en la bóveda del museo de la Escuela Militar, a la espera de que el juez Cerda levante su embargo o determine otra cosa. Los libros suman 887 volúmenes y fueron donados en septiembre de 1992 por el mismo Pinochet. Hay además 633 títulos de diferentes temáticas que fueron a parar a la Fundación Pinochet y 37 que se encuentran en la biblioteca central de la Universidad Bernardo O'Higgins, ligada a la oficialidad que participó de la dictadura militar.

En el penúltimo caso, que no ha sido objeto de la investigación del juez Cerda, varios de los libros que pertenecieron al general son relativamente recientes, en apariencia sencillos, sin mayor valor comercial. No hay grandes colecciones, rarezas ni antigüedades. Sin embargo, por razones diversas, tuvieron una significación especial para el hombre que los donó en 2000, al poco de retornar de su detención de dos años en Londres.

Entre esos 633 libros que permanecen en la Fundación Pinochet hay uno en que el lector Pinochet subrayó la siguiente definición: «Resultaba difícil adivinar su pensamiento íntimo, pues no descubría jamás sus planes a los ojos de los demás de manera abierta». Si bien está referida al almirante Friederich von Ingenohl, la definición retrata con formidable precisión al propio general Pinochet.

En la misma biblioteca hay también marcas de lector en *El libro negro del comunismo. Crímenes, terror y represión* (1997). Trazadas con plumón fosforescente y pulso tembloroso, esas marcas que probablemente Pinochet hizo durante su larga detención en Londres subrayan que las víctimas de los regímenes de la órbita soviética «ya se acercan a la cifra de cien millones de muertos».

Los muertos de la dictadura de Pinochet sumaron cerca de tres mil. Ningún libro de su biblioteca da cuenta de ese dato. Pero en noviembre de 1976, tres años después de iniciada la labor de exterminio, el contralmirante de la marina argentina Fernando Milia obsequiaba un libro de su autoría al dictador chileno con una especial dedicatoria al respecto: «Al señor general Augusto Pinochet, reconocido geopolítico ayer y pilar antimarxista hoy, con todo mi respeto intelectual».

Texto publicado por el Centro de Investigación Periodística, CIPER, el 6 de diciembre de 2007.

Escrito en el cuerpo
Josefina Licitra

Estoy parada, desnuda, frente al espejo del baño. Miro mis marcas.

La primera operación fue a mis cuatro años, en el Hospital de Niños. Yo había nacido con una malformación —«el problemita», le decían en mi familia— y tenía, entre otras cosas, una oreja sin terminar. El plan médico buscaba reconstruir el pabellón auditivo, quitar cartílago de una costilla, darle forma, envolverlo en piel —mi propia piel, quitada del lado interno de un brazo— y transformar semejante manualidad en una oreja que nos dejara a todos contentos.

Fueron días largos.

Habíamos esperado meses por el turno y, cuando al fin se nos dio, hubo paro de anestesistas. Mi mamá, en ese entonces, tenía veinticuatro años, un pasado militante, un marido exiliado y toda la soledad del mundo. No sé si fue inconsciencia o desesperación: decidió que nos quedáramos ahí, sobre la cama de hospital, hasta que la huelga terminara. Pasaron quince días; poco más de dos semanas imborrables, en las que supe que la vida no deja su huella sólo en el cuerpo.

La habitación del hospital, vista desde la infancia, era de un tamaño fabuloso. Estaba cruzada por dos hileras de camas de hierro y rodeada de ventanales inmensos por los que entraba una luz muy blanca y muy triste. A la noche, el aire se llenaba de llantos, toses y quejiditos, y el rumor de enfermeras sobrevolaba los colchones como si fuera una suave horda de pájaros nocturnos. Ya en la mañana, una mujer —¿gorda?, ¿buena?— pasaba con una bolsa y repartía juguetes y nos hacía creer que ahí adentro, en ese lugar inmundo, uno podía ser feliz. También había una maestra que nos esperaba en el centro de la sala. Allí iba yo con Isabel, mi amiga pelada.

—Isabel usa pañuelo porque es coqueta.

Me explicaba mi mamá. Yo no entendía qué tenían que ver los pañuelos con la coquetería. Sólo sabía que Isabel era linda y que estaba enferma.

No sé bien qué pasó después. Ni con ella, ni conmigo. Sólo recuerdo que, llegado el momento, me pusieron una mascarilla de gas apestosa y después desperté y la cabeza me pesaba horrores. Sentía también una presión insoportable sobre la costilla y un ardor pegajoso bajo el brazo. Estiré una mano. Toqué el pelo de mi mamá; me sentí tranquila.

Ahora tengo una cicatriz pálida sobre la costilla derecha. Tengo también un parche de piel ausente, una oreja que no muestro demasiado.

* * *

La primera operación no funcionó. Tampoco la segunda, que llegó un año después. Esta vez la internación fue rápida. No había paro, pero me tocó un cirujano que, intuyo, no sabía distinguir una oreja de una medialuna de grasa. De esos días conservo una buena dosis de bronca y una nueva marca: un rectángulo de piel ausente en el lado interno de un muslo. Siempre dijeron que esas marcas se iban. Mentira.

La tercera operación fue a los diecisiete años. «El problemita» también consistía en una asimetría en la cara, y alguien evaluó que la solución era fracturarme un par de huesos. No es muy lindo cuando te lo cuentan.

—Vamos a bajarte el maxilar derecho, lo emparejamos con el izquierdo, te metemos un hueso de la cresta ilíaca y te quedás cuarenta y cinco días con la boca inmovilizada y cerrada con alambres.

— ¿Y la comida?

—Con pajita.

Imaginate a Mike Tyson explicándole a su contrincante, detalladamente, cómo le va a romper la cara sobre el ring.

No. No es muy lindo que te lo cuenten.

Mi postoperatorio empezó el mismo día en el que Boca salió campeón de una Copa Sudamericana. En la tele mostraban gente festejando; mis amigos estaban festejando. Yo tenía náuseas.

En mi casa, mi abuela se mudó temporalmente con nosotros y, junto con mi mamá, se perfeccionó en el arte de transformar cualquier cosa en sopa. Al día quince, tiré un plato de sopa por el aire y le grité a mi mamá algo así como «metételo en el culo», aunque —claro— como yo no podía abrir la boca no sé si se habrá entendido.

Empecé a soñar con ravioles. Era una imagen recurrente: yo, comiendo ravioles.

De esos tiempos me quedó cierta repulsión por la sopa, una costura en la cadera y una breve marca bajo una teta, que ya ni me acuerdo para qué la hicieron.

Miro mis cicatrices desnudas. Nunca dejé de mostrarlas, aunque no me encantan.

* * *

Hay un tatuador de la galería Bond Street que tiene bajo la camisa dos cicatrices hechas a medida: una es una especie de garra en el pecho, la otra no la entiendo.

—¿La garra por qué? —pregunto. Me mira con asco y pena.

—Porque me gusta.

Resulta que la última moda son las escarificaciones (cicatrices) y el *branding* (marcas selladas a fuego). Por las dudas le digo a Juan que todo me parece bárbaro. Le muestro mi marca en la costilla.

—Guau. Es... bíblica.

Creo que gané su respeto. Nunca pensé que me sentiría tan cómoda en la Bond Street. Acá las cicatrices no tienen historia; empiezan y terminan en un salón de tatoo, con un tipo que —si es considerado— recomienda que no te metas en la piel el nombre de ningún ser querido. «Puede que dejes de quererlo» te aconseja: siempre es probable que tu marca deba enfrentarse al paso del tiempo.

De las marcas con historia, sólo algunas son tolerables. En los hombres, son las cicatrices con cierto anecdotario épico: algún balazo, la mordida de un tiburón blanco, el cuchillazo de una mujer furiosa (hasta John Bobbit hizo fortunas con su pija remendada). Pero aparte de eso, ya se encargó Chiche Gelblung de dejar en claro qué pensamos todos de las otras marcas.

—¿Y vos cómo hiciste para levantarte a esa mina? —le preguntó a Carlitos Tévez, el-de-las-cicatrices-en-el-cuello, cuando estaba a los besos en Brasil junto a Natalia Fassi. Tévez miró a cámara con un gesto duro y bovino, como si el aire lo hubiese congelado en un momento subnormal.

—¿Eh? —dijo. Se sorbió los mocos con un respirón seco. Pero... Lo que importa es lo de adentro, papá —contestó finalmente, ofuscado, haciendo gala del razonamiento más verdadero que arrojó el fútbol en los últimos tiempos.

En las mujeres, las únicas marcas permitidas son las que remiten a la maternidad, a una decrepitud bien llevada o a alguna que otra «pavadita» quirúrgica. Ya lo dejó en claro una publicidad de crema humectante: no importa qué cicatrices tengas, siempre y cuando te las untes con Dove. En la propaganda muestran una sutura de cesárea, una vieja reluciente, una pigmentación oscura atravesando una panza embarazada, una cicatriz menor en la rodilla. Pero Dove jamás mostraría, por ejemplo, a Gabriela Liffschitz: la fotógrafa que vivió sus últimos años con una teta menos, producto del cáncer que finalmente la mató.

Si Gabriela viviera podría zambullirse en una bañadera con Dove y, aun así, su imagen sería tan perturbadora como la muerte misma. Gabriela lo sabía. Por eso se encargó de triplicar la apuesta y entonces fotografió sus marcas —su cuerpo lampiño, su teta ausente—, las publicó en dos volúmenes de libros (*Recursos humanos* y *Efectos colaterales*) y nos recordó de un cachetazo que las cicatrices pueden producir erotismo y poesía. «Por suerte siempre están las palabras, me digo, cuyo cuerpo, como el mío, nunca puede ser realmente devastado —dice Liffschitz hacia el final de *Efectos colaterales*—. Mal interpretado sí, citado erróneamente, también, pero para la devastación no hay aquí un cuerpo que se ofrezca».

Gabriela murió, pero dejó sus fotos furiosas.

Las cicatrices intolerables son las que recuerdan que el cuerpo no siempre se disciplina. Que algún día, sin previo aviso, puede terminar hecho tiritas.

* * *

Hace poco más de un año, hacia el final de una nota, Juana Viale —la nieta de Mirtha— me dio una sorpresa. Habíamos estado hablando de la maternidad y en algún momento, por razones más o menos obvias, terminamos hablando de la degradación del cuerpo y la obsesión por las formas y las texturas perfectas. Fue entonces que se abrió el escote.

—Mirá —dijo, y me mostró una teta. Era una teta normal, cruzada por un ramillete de estrías anchas y pálidas, el recuerdo que le había dejado su hija Ámbar después de amamantar.

—Me encantan. Son marcas de que soy mujer —agregó y sonrió. Por algún motivo le creí.

Miro las marcas del cuerpo durante el embarazo. Las veo en las otras y también en mí, frente al espejo.

Estoy esperando a mi primer hijo. Tengo las tetas más grandes, los pezones oscuros y, desde hace un mes, una línea trigueña empezó a marcar su curso vertical entre el ombligo y el pubis. Falta menos de un mes para parir, y nada del parto me da miedo. Sólo las cicatrices.

—Sólo las cicatrices.

Le dije hace poco al obstetra. Él quiso tranquilizarme y respondió que nunca nada es demasiado grave.

Días más tarde, en un curso utilísimo, una embarazada preguntó si en el parto podía haber velas aromáticas, música y luces cálidas. Por afuera me reí y hasta creo que me burlé un poco. Por adentro, yo también armé mi propia lista de pedidos (la que nunca voy a hacer en público). Quisiera que ese día nadie use barbijos y que no haya azulejos, ni olor a lavandina, ni máscaras de gas, ni sábanas blancas, ni gritos enfermos, ni tajos al pedo, ni mujeres buenas que curan y duelen, ni noches con ruiditos, ni silencio, hospital.

Hice mi lista como si rezara y, mientras tanto, el obstetra se dedicó a hablar de episiotomías y cesáreas: dos marcas que, como todas las otras, terminan desapareciendo en la majestuosa geografía del cuerpo.

—Se pierden y se van —dijo el obstetra, para tranquilizarnos a todas.

—Se pierden y se van —repetimos todas, para tranquilizar al obstetra.

Pero lo demás queda.

Texto publicado originariamente en *Lamujerdemivida*,
núm. 24, en 2005.

¿Existió alguna vez Jorge Luis Borges?
Laura Kopouchian

1981. Diario italiano *Il Messaggero:* una gran foto de Borges, y debajo un titular: «El inexistente». El autor de la nota era nada menos que el escritor Leonardo Sciascia. La noticia, con fuente en el suplemento literario del semanario francés *L'Express,* era que Jorge Luis Borges había sido una invención de un grupo de escritores, entre quienes estaban Adolfo Bioy Casares, Leopoldo Marechal y Manuel Mújica Láinez. Para darle vida a esta suerte de obra colectiva habían recurrido a los oficios de un actor de segunda línea llamado Aquiles Scatamacchia («¡Qué nombre de comedia del arte!», exclama Sciascia).

Escribía Sciascia: «En cierto sentido —en un sentido propiamente borgeano— Borges se la buscó. Su instar al olvido, a la inexistencia, al deseo de ser olvidado, al no querer ser ya Borges, de alguna manera y con los aires que soplan en el periodismo, no podía sino generar la noticia de que Borges no existe». Según el escritor italiano esta noticia es «una invención que está en el orden de sus propias invenciones», una fabricación que podría haber tenido como autor a Borges mismo.

Un error de la ilustre publicación francesa contribuyó involuntariamente a la «inexistencia» del argentino, ya que lo rebautizaba «José Luis Borges».

Sciascia no fue el único escritor italiano que se ocupó del tema. Antonio Tabucchi opinó al respecto: «La información era tan borgeana que se volvía divertida, incluso pensé enseguida que detrás de ese rumor no podía estar otro que el propio Borges». Tabucchi recuerda que Borges irónicamente declaraba ser una invención de Roger Caillois, el escritor y traductor que lo descubrió y lo hizo popular en Francia. En una entrevista, Borges agregaba: «En Francia, en Sudamérica y en Buenos Aires también. Nadie me conocía antes».

Criaturas creadas

Borges mismo no fue ajeno a la invención de escritores apócrifos. De su fantasía surgieron Herbert Quain, Pierre Ménard, Honorio Bustos Domecq, Benito Suárez Lynch; creadores de ficción y personajes ficticios a la vez. El «Examen de la obra de Herbert Quain» es una reseña imaginaria de la imaginaria obra del irlandés; Ménard, un poeta francés de comienzos del siglo XX que intentaba escribir el Quijote; Domecq fue una creación conjunta de Borges y Bioy Casares —bautizado así a partir de los apellidos de sus respectivos bisabuelos— autor de relatos policiales humorísticos, así como el menos conocido Benito Suárez Lynch. En un paroxismo de lo ilusorio, cancelados ya totalmente los límites entre lo real y lo ficticio, Domecq llegó a tener su propia biógrafa, Adelma Badoglio, quien contaba que el escritor había nacido en Pujato, Santa Fe, y se había dedicado a la docencia.

José Saramago se unió también a este juego virtual. En *El año de la muerte de Ricardo Reis,* Ricardo regresa a Portugal tras la muerte del poeta Fernando Pessoa. En la biblioteca del trasatlántico en el que viajaba desde América encontró un libro de Herbert Quain, *The God of the Labyrinth.* Se sintió atraído por su título y quiso conocer de qué dios y de qué laberinto se trataba, pero descubrió «una simple novela policiaca, una vulgar historia de asesinato e investigación». Saramago declaró en una entrevista que, como en su novela él no había aclarado que ésta era una referencia a Borges, seguramente unos cuantos críticos literarios en Portugal estarían tratando de dilucidar quién era este nuevo autor y buscando desesperadamente las obras de Herbert Quain.

También el escritor alemán Gerhard Kopf proclama «No existe Borges» desde el título de su novela publicada en 1993. El narrador de la historia es un profesor en viaje a un congreso en Malasia para defender su hipótesis de que Don Quijote no había sido escrito por Cervantes sino por William Shakespeare. En el avión conoce a un pasajero argentino que le dice que Borges es una invención, «historias, nada más que historias». La novela describe una serie de encuentros oníricos con el escritor en un oscuro corredor de hotel.

«Alguien tiene que decir la Verdad»

Tal el lema de la revista *Cabildo*. ¿Qué tiene que ver la publicación nacionalista con Borges? Es que fue precisamente en sus páginas que se publicó por primera vez la noticia de la inexistencia del escritor, que reprodujo *L'Express* y luego fue retomada por Sciascia, que cita a «la revista argentina de extrema derecha *Cabildo*».

El actual director de la publicación, Antonio Caponnetto, no sólo recuerda la polémica surgida en 1981 sino que sigue indignado contra quienes no supieron comprender la «broma genial» urdida por el autor de la nota, Aníbal D'Angelo Rodríguez. «Con una mezcla de memez y villanía pocas veces vista, un grupo de incapacitados para el sentido del humor nos acusó de falsarios por sostener la inexistencia de Borges», declara el director. En rigor de *Verdad* —a tono con el lema de la publicación— parece obvia la intención jocosa de lo escrito por D'Angelo, aunque algo fuera de lugar en una revista cuya ideología no se caracteriza precisamente por su sentido del humor. Pero los franceses, y no sólo ellos, se lo tomaron en serio, la broma se transformó en noticia y tuvo eco internacional.

La nota de Cabildo se titula «Borges no existe» y relata que a mediados de la década del 20 Leopoldo Marechal escribió un artículo que no quiso firmar, y entonces se inventó un seudónimo: Jorge Luis Borges. Luego, como diversión, creó un pasado y una personalidad para este personaje. Más adelante se unieron a él Bioy, Mújica Láinez y otros, y «pasó lo mismo que con Frankenstein: el monstruo tomó vida propia y sobrepasó a sus creadores».

La intención eutrapélica (sic Caponnetto) aparece como evidente, por ejemplo, cuando el periodista presenta al actor que los escritores decidieron contratar para personificar a Borges: «Se encontró el candidato ideal. Se llamaba Aquiles R. Scatamacchia. Se lo vistió adecuadamente, se le dieron dos o tres lecciones sobre urbanismo elemental (el Scatamacchia pre-borgeano mondaba con techito) y se lo lanzó a la vida pública». El hecho de que el actor fuese casi ciego facilitaría la simulación, ya que permitiría explicar que «Borges» no reconociera a personas que tendría que haber conocido.

Las críticas recibidas desde Francia, donde se preguntaban por las intenciones ocultas de la «noticia» publicada por Cabildo, apagaron el espíritu jocoso de los periodistas argentinos, que decidieron responder a las acusaciones. Dice Caponnetto: «Como un periodista imbécil de *L'Express* insistía en hacer gala de su incapacidad para el goce de la auténtica ironía y del género ficto, e insistía en llamarnos mentirosos, le remitimos una carta abierta poniéndolo en su lugar». En ella la revista se queja de que la Francia de Mitterrand sólo se acuerde de Argentina para criticarla, y de que la dictadura argentina, seducida por el presidente francés, hubiese permitido una apertura a los partidos de izquierda.

La polémica continuó por varios números, y la revista prometía: «Lea en el próximo número además de la continuación del apasionante "caso Borges" una nueva encuesta: ¿Existe realmente el ministro Martínez de Hoz?». Caponnetto recuerda: «Pero el chascarrillo no prosperó, y para mal de todos, Martínez de Hoz siguió existiendo».

La única verdad es la irrealidad

Quizá sea un lugar común decir que a Borges le hubiera resultado divertida la noticia de que no había existido jamás. Él hizo repetidas referencias, tanto en entrevistas como en su obra, a la inexistencia de su identidad personal. En palabras de Tabucchi: «Ésta no es sólo una actitud existencial llena de ironía, sino el tema central de su obra narrativa».

En una conferencia brindada en los ochenta en el Hospital de Niños de Buenos Aires, una espectadora le hizo una pregunta acerca de Dios, y Borges respondió: «Señorita, en este momento yo no tengo la seguridad de mi propia existencia, imagínese si puedo hablar de la existencia de Dios». En otras oportunidades manifestó que no era realmente un escritor sino un impostor o un chapucero, y que temía el día en que todos se dieran cuenta de ello. También hizo declaraciones que admiten diversas interpretaciones, como «El mundo, desgraciadamente, es real; yo, desgraciadamente, soy Borges».

Tabucchi concluye su ensayo diciendo: «Yo creo que Borges quiere decir (...) que el escritor es, ante todo, un personaje que él mismo ha creado. Si queremos sumarnos a su paradoja y aceptar jugar su juego, podemos decir que Borges, personaje de alguien llamado como él, no existió jamás».

Texto publicado en *Lamujerdemivida*, núm. 41.

Carlos Gardel o la educación sentimental
María Moreno

Gardel me irrita. Si con esta frase se reconoce la intención de un comienzo terrorista, apuro la confesión: soy una conversa. Si pegada a la FM Tango, como suelo estar, bajo el volumen ante los programas de rigor que se hacen en su nombre, es porque lo amé *pero me le di vuelta*. A los catorce años, durante una crisis que entonces se llamaba con cierta poesía *surmenage*, dejé el colegio para pasármela en la cama, sucia y en silencio (las razones no vienen al caso). La única y angustiosa interrupción era el desfiladero terapéutico que una madre moderna consideró necesario, no tanto para curarme como para ponerme de nuevo en la gatera de los *normales*. ¿Por qué en esas noches culpables en que el insomnio no traía el fantasma de una rebelión *à la page* —no me volví *beat* entonces, no mentí mi edad a la puerta de la noche bohemia para darme al alcohol— me hice acompañar por la voz de Gardel? En lugar de hacerlo con trasnoches radiales en donde campeaban Neil Sedaka o Baby Bell, ¿por qué lo hice con *El bronce que sonríe* de Julio Jorge Nelson? Por las mañanas, tenía grabados en las mejillas los agujeritos de la funda de cuero de la Spika, por quedarme dormida antes de apagar. Poco a poco, en esos días desdichados, a riego de convertirme en *la viuda de una viuda,* creí hacerme experta en Gardel. Me convertí en un *Lo sé todo* monotemático y autómata, lata de datos irrelevantes como ¿qué dijo Azucena Maizani ante la tumba de Gardel? o ¿de qué nacionalidad era Mona Maris? Mi bibliografía era módica: viejos ejemplares del *El alma que canta*, recortes de los aniversarios publicados en *Antena* o *Radiolandia*, tradición oral de vecinos del Abasto. Un día anuncié que participaría del programa *Odol Pregunta*. En el rostro alarmado de mi madre leía el horror a la *caída de clase* con la participación en un programa de televisión, a un exhibicionismo que unía el desprestigio del tema —Claudio María Domínguez contestaría más tarde y más seriamente sobre mitología— con la perspectiva de que la *niña enferma* deviniera la *niña freak*. Se me persuadió. Pero ¿por qué Gardel? Quizás, puesto que yo no era nada precoz y los meneos de pelvis y de Elvis me daban más risa que «ideas», cuando el deseo se dibujaba más con temor que con decisión, encontré en esa figura, que parecía fuera del sexo, un talismán seguro antes de la pasión del *cuerpo a cuerpo* que, en el futuro, me encontraría dicharachera y dispuesta.

De lo sublime

Porque, nadie más *vestido* que Gardel, y no es cuestión de modas o de épocas. ¿Quién no vio a un patriarca en tiradores o los pelitos en el pecho de Francisco Petrone o Floren Delbene?

Entre la bordona y la sonrisa de teclado, el rostro de Gardel aspira a lo sublime, a la austeridad, al cielo: el pelo tirante, las narinas abiertas, las cejas alzadas, los ojos contra el techo de los párpados, sólo puede encontrar equivalente en Garbo o la Virgen María.

Bastardo, es decir, un poco al sesgo de la ley paterna, hijo soltero de madre soltera, al no tener hijos (el genio como un instante único de la sucesión, *nada por arriba*, *nada por abajo*) quedó en serie con Borges y Perón.

Así los hombres anónimos se consuelan unos a otros: el prodigio surge para reparar carencias profundas, el genio no sólo *no genera*, sería una *degeneración* y si un cuerpo *degenera* en una voz, un poder o una pluma brillante bien puede degenerar en mujer o en asexual.

Pero hay un Borges en malla, que parece capaz de ostentar su carne al borde de la bravata —me lo mostró Nicolás Helft, que se acordó que cuando le tomaron esa foto estaba escribiendo un artículo sobre Nietzsche—. Es que en ese reparto de arquetipos que suelen hacer las parejas de amigos, casi siempre con el dolor de los dos, el donjuanismo de Bioy debe haber arrinconado a Borges en contraparte erótico, tanto como los celos de doña Leonor o sus serie de calabazas sucesivas de novias robadas .Y, la carne de Perón, aunque descamisada, marcial, se intuía en su gusto por las cabareteras, las anécdotas gorilas en las que se hacía buscar caramelos en los bolsillos por las chicas de la UES, pero sobre todo a través de ese entrecasa del que fue testigo David Viñas cuando, en su condición de colimba, le tocó alcanzarle la urna a una Evita que ya estaba postrada: antes de retirarse la comitiva, Perón habría dicho «¿te apago la luz, Negrita?».

En cambio, llamar a Gardel "el bronce que sonríe" es olvidar que si un bronce fuera capaz de sonreír, su destino sería romperse o situarlo *más allá de los hombres*.

Todo esto sobre lo que insistí ya otras veces quizás no tenga importancia. No se piensa *lo adorable* o es inútil pensarlo. Recordar el lugar que ocupaba Gardel en el momento en que murió, medir su fama con la de Corcini o la de Magaldi, por ejemplo, pasarle el escáner de la historia o la sociología, antes del dorado a la hoja del mito, o al contrario, argumentarlo con el neutro del académico y el experto, parece hacer que las palabras sobren o falten, es decir, nunca se consigue la justa. Como si un mito fuera, entre otras cosas, un convite a lo unánime como condición para disentir —hasta la violencia— en todo lo demás.

De la voz para afuera

¿Era Gardel un *parvenu*, un colonizado? ¿Lo que va de *Tango Bar* a *El tango en Broadway* puede leerse como el caminito de una «canción ciudadana» que debe vaciarse de subjetividad palurda, sublimar la mirada del otro, para calzarse el frac y la galerita en el *gran party del Capital*?

¡Lo que Gardel no ha hecho para triunfar en Nueva York: usar el vestuario neo mariachi o neo bailaor, protagonizar los argumentos de un Migré psicótico, ser tajeado por montajes a lo Tato (por los brutos no por la censura).

Digresión: como el público gringo solía no saber tanto el español como su variante lunfarda, nadie le exigió a Carlos Gardel, como al tenor mexicano Carlos Mejía, que cambiara la letra de *Mi noche triste,* y entonces, en lugar de «y si vieras la catrera cómo se pone cabrera...», tenía que cantar «y si vieras la perrita cómo llora y cómo grita...».

Gardel sería el hombre de aldea que se prueba la ropa de la aristocracia europea y descubre que es su segunda piel. Parece que, al nacer, en lugar de tener que cortarle el cordón umbilical, hubo que cortarle el reloj de oro con cadena.

Tampoco tiene importancia. Para ser expropiado es preciso tener un cuerpo y Gardel, como me parece, está construido *contra la carne*.

¿De dónde sale esa voz?

La voz de Gardel sería como la de las parcas y la de las sirenas, provoca escalofríos que, cuando se está lejos del país, se asimilan al agujero de la Patria. *¿Es* la Patria? ¿Cómo? ¿Otra vez me estoy dando vuelta?

Una voz y nada más se llama un libro de Mladen Dolar en donde se pasea el *objeto voz* de la lingüística a la metafísica y de la ética a la política .En un párrafo no menor, Dolar, escribe sobre la voz acusmática, aquella cuya fuente no se ve. Escribe que su efecto oscila entre lo divino y lo siniestro como la voz de la madre de Norman Bates en *Psicosis,* la del mago de Hoz —resultó la de un viejito enclenque— la de Pitágoras que, según Diógenes Laercio, enseñaba a sus discípulos, oculto tras un telón. La voz sola es carismática, omnipotente. ¿Cuánto le deberá Gardel a la radio, el gramófono, el grabador? No en el sentido de mejorar sus inmejorables dones sino de hacerlo brillar en ausencia y esfinge. Pero Dolar termina por concluir que saber de dónde viene una voz, comprobar su dirección con sólo ver unos labios que se mueven hasta que pueda atársela a determinado cuerpo, en nada atenúa el misterio de cómo se hizo voz de uno solo y de ese modo, como si fuera una firma.

Toda voz sería acusmática. Por eso la de Gardel, como alguna vez sugirió Cortázar, hay que escucharla en un gramófono, salir de esa cosa que parece ella misma una boca abierta —cuerno o caracola— y que evoca la succión del precipicio o el fondo de la cueva, y no reanimándola a través de un CD o una imagen de cine, con la que se hace creer que se la ve-oye aparecer en la boca de vallada de blancura del Maestro.

¿Cómo se llamará la voz de la que sólo se ve la fuente? ¿No es acaso tan inquietante o más que la acusmática? Dolar no habla de esa voz, la del Comandante Marcos y *El Fantasma de la Opera*.

Un rumor corrió optimista en tiempos más inocentes: que Gardel había sobrevivido al accidente de avión y andaba de gira por Latinoamérica cantando con una máscara que ocultaba la deformación de su rostro. Algo de ese rumor quiso recuperar el diputado Elvio Vitali, cuando, poco antes de morir, y para hablar y reír al mismo tiempo de la muerte, bautizó a un lugar de tangos *El Gardel de Medellín*.

En *Una voz y nada más*, Dolar no se detuvo en el género más que para ubicar la voz del lado de la madre —«¿No es la voz de la madre la primera conexión problemática con el otro?» Entonces ¿sería Gardel no el que canta a La Vieja, sino *la Vieja misma* más allá de los géneros y las generaciones?—.Esa voz tan clara, tan cristalina, que ensancha las vocales, hace pausas bruscas en la mitad de una palabra, manda erres de suplente aunque se trate de cualquier otra consonante, llega a enrarecer el idioma hasta que el sentido deja de comprenderse para que nada nos distraiga de su efecto. Dolar coteja la asociación entre la voz sin sentido y la femineidad y entre el texto, la significación y la masculinidad. ¿De qué lado estaba la voz de Gardel?

Lo que es yo, cuando era joven y estaba un poco loca, lo que hacía era escuchar lo que Gardel decía. Y decía «aunque busques en tu verba pintores contraflores» o «cuando ve la carta amarillenta, / llena de pasajes de su vida, / siente que la pena se le aumenta / al ver tan destruida la esperanza que abrigó».

Con el sebo de la voz bruja yo entraba en el gusto por la metáfora puesto que, por añadidura, me marcaba un maestro al que la familiaridad de Cadícamo le quitaba el apellido (Darío): «Al raro conjuro de noche y reseda / temblaban las hojas / del parque también / y .tú me pedías / que te recitara / esa sonatina / que soñó Rubén». Y hasta hacía de cuenta que Gardel-Darío me recitaban a mí «¡la princesa está triste! ¿Qué tendrá la princesa?».

Siguiendo las líneas de Gardel con los oídos y agarrada al tango canción fui a parar a la poesía modernista y a la literatura abarcable.

Ya no soy muy sensible a la música sino como un fondo de palabras que fueron escritas en español antes de mi nacimiento. Pero mientras me voy volviendo sorda, en un sentido profundo, para hacer el encomio de Gardel —si su voz es intransferible, él transmitía algo más allá de su don— podría decir que *con Gardel aprendí a leer.*

Texto publicado el 1 de julio de 2010
en la revista *Ñ* del diario *Clarín*.

Compran «bolitas» al precio de «gallina muerta»
Roberto Navia Gabriel

Todo es real. Hay explotación laboral, trata de personas y reducción a servidumbre. Hay retención indebida de documentos, niños trabajando, promiscuidad sexual y tuberculosis. También hay jornadas de trabajo que duran más de veinte horas al día, salarios miserables a cambio de un cuartucho, un raquítico plato de comida y, sobre todo, hay muchas máquinas de coser.

Todo ello ocurre a diario y sin frenos en los cientos de talleres de costura clandestinos, camuflados en casas de familia, que operan de lunes a domingo en las ruidosas ciudades de São Paulo y Buenos Aires que aterran a los miles de bolivianos que, sentaditos en las máquinas de coser, están siendo sometidos a un sistema de esclavitud que no es un secreto y que ya no avergüenza a ninguna autoridad, a no ser que uno de los tantos desgraciados muera trágicamente.

Las víctimas son los bolivianos pobres y desempleados que sobreviven en los rincones olvidados del país. Pero también son bolivianos sus verdugos que ejecutan técnicas persuasivas para arrancarlos de sus lugares y llevarlos con engaños a esas tierras lejanas donde, en vez de llamarlos por sus nombres, les dicen «los bolitas», y donde los encierran para que costuren cientos de prendas de vestir, desde las siete de la mañana hasta las dos o tres de la madrugada del día siguiente.

Los consulados que Bolivia tiene en ambas ciudades revelan cifras aterradoras: de más de un millón de inmigrantes bolivianos, muchos viven bajo este régimen en Buenos Aires. Lo mismo sucede en São Paulo, donde hay cerca de 80.000 inmigrantes. Como es de suponer, esto lo saben las autoridades en Bolivia, pero también lo saben sus pares en Brasil y Argentina, la Iglesia católica y también la policía. Pero el viaje de tres semanas que hice a São Paulo y a Buenos Aires, no sólo sirvió para escuchar a esas fuentes oficiales, sino, y sobre todo, para meterme en el «estómago de la bestia», es decir, internarme en la vida de esos hombres y mujeres, aquellos morenitos de baja estatura, livianitos de peso y de cabeza gacha, para comprobar y escuchar sus historias y también las historias de los dueños de los talleres y descubrir cómo se origina y cómo crece y se fortalece ese tráfico de «carne humana», cuyo movimiento económico, por ser tan grande, nadie ha podido medir todavía.

La persona que me ayudó a ganar la confianza de los involucrados, de los buenos y de los malos de esa película de terror, fue Charly —su nombre es Marco Antonio Hinojosa (62)—, aquel hombre que con el paso de los años dejó de parecerse físicamente a la estrella hollywoodense de los ochenta, Charles Bronson, para ahora asemejarse al ex presidente brasileño Luis Inácio Lula da Silva.

«Quiero que cuenten todo a este periodista que vino de Bolivia», les decía con su voz imperativa y ronca a los bolivianos que habían sido rescatados de aquel mundo sin Dios, como ellos lo llaman. A Charly lo respetan porque él les ayuda a tramitar ante el Consulado sus documentos de radicatoria y en detectar y llevar al hospital a los compatriotas con síntomas de desnutrición y de tuberculosis. Es decir, a aquellos que tienen un pie en la tumba.

Una treintena de testimonios revela que fueron reclutados con engaños en Bolivia a través de anuncios que se emiten por radio, prometiéndoles vivienda, alimentación como a la gente, un paraíso envidiable y un jugoso sueldo de 300 dólares por trabajar ocho horas diarias. Pero nada de eso se cumple. Cuando llegan a la ciudad les quitan sus documentos y les dicen que no salgan a la calle porque la Policía Federal odia a los inmigrantes y que los llevarán a la cárcel. Les dan la triste noticia de que la paga no será por mes, sino por prendas, entre 0,10 y 0,30 centavos de dólar por cada costura; y les recalcan que no recibirán ningún sueldo hasta que no terminen de pagar el pasaje que les costearon desde Bolivia.

Al pasar por la casa número 404 de la rua (calle) Cajurú en el barrio Belén de São Paulo, me saluda temeroso un muchacho de 25 años con traza de costurero (tiene la misma pinta que los otros compatriotas que entrevisté días y horas antes). Parado detrás de las rejas de fierro de esa vivienda, dice que se llama Ríder Mamani Limachi y que es La Paz. Era la una de la tarde de un acalorado sábado de junio y el boliviano empezó a quejarse de que no podía salir de esa casa porque su patrón se había llevado la llave, que siempre que se ausenta hace lo mismo porque no quiere que sus empleados salgan y porque desconfía que le vacíen la casa donde funciona el taller de costura. «Sólo si me duele mi muela, le digo que tengo que ir a hacérmela sacar», comenta, resignado.

A Yenny Mendieta (23) la encontré refugiada en la Pastoral del Migrante de la rua do Glicério 225. Vomitó una historia que dice que necesita olvidar. Ella salió embarazada de La Paz hace un año y medio hacia São Paulo con el nombre de Zulma y su marido Limberg Nogales (24) como Teodoro. De los apellidos ya ni se acuerdan porque dicen que eran raros.

A finales de 2004 fueron tentados por un anuncio radiofónico que escucharon en la ciudad de El Alto, para viajar a Brasil como costureros. Se contactaron con un tal Eduardo, que les prometió una vida con mucho futuro. «Empezaron a suceder cosas raras desde un comienzo», recuerda Yenny Mendieta. La mujer se refiere a los carnés que le entregó Eduardo a ella y a su marido, los que en realidad pertenecían a otras personas. Los nombres eran ajenos y también las fotos. «Pero esa gente extraña se parecía a nosotros», afirma con una voz que a cada minuto baja de volumen. «Se notaba que los otros también tenían hambre», dice.

Recuerda que el primer día de trabajo fue tal como habían convenido en Bolivia, pero después les exigían que se queden hasta la una de la madrugada y luego hasta las dos. Después resultó que no les darían sueldo hasta que paguen los 180 dólares que habían gastado en los pasajes de cada uno, pero nunca terminaban de cubrir esa deuda.

En realidad, aclara, solamente salió una vez de esa casa cuya dirección nunca pudo memorizar, horas antes de que su bebé pataleara para salir de su vientre. La llevaron caminando y escoltada por dos hombres a un hospital que quedaba a seis cuadras del taller. Dio a luz un viernes, a su hijo lo llamó Ayrton (igual que al corredor de Fórmula 1 de apellido Senna); el sábado volvió a su centro de reclusión, descansó el domingo y el lunes ya estaba de nuevo sentada al lado de su máquina de costura.

«El tal Eduardo me reñía cuando me levantaba para dar de chupar a mi bebé, es por eso que lo crié con mamadera, porque el patrón dijo que prefería darme un vale de 20 reales para la leche. Él mismo iba a comprarla porque yo tenía prohibida la salida.»

Cuando terminaron de pagar la «deuda», el marido de Mendieta logró que le den permiso para salir un sábado en la tarde. Se encontró con otros bolivianos y visitó sus casas y en una de ellas escuchó a través de una radioemisora conducida por bolivianos que aconsejaban que no tengan miedo a la policía y que podían caminar por las calles de São Paulo. «Fue como despertar. Nos dimos cuenta que habíamos estado encerrados 10 meses», dice Mendieta y muestra una sonrisa que la tenía archivada desde que salió de Bolivia, escapando del desempleo, pero que, como sucede con miles de bolivianos, lamenta que se encontró con una vida de perros.

Ellos agachan el lomo y otros disfrutan los billetes

Los bolivianos son los que hacen el gasto físico y sus patrones y los patrones de éstos —que en muchos casos son ciudadanos coreanos— son los que se llevan las ganancias. Autoridades consulares y de Derechos Humanos revelan que en la cadena de explotación un costurero gana entre diez y treinta centavos de dólar por cada prenda, el dueño del taller recibe dos dólares o tres del propietario de la mercadería, que es el que le encarga que le confeccione miles de prendas y éste las vende a los mercados y *boutiques* en por lo menos veinte dólares. La cooperativa La Alameda y la Unión de Trabajadores Costureros de Buenos Aires, revelan que afamadas marcas de ropa de primer nivel se valen de este sistema de explotación para obtener fabulosas ganancias a costa de la servidumbre de los «bolitas» que son comprados a precio de gallina muerta.

Texto publicado en *El Deber* de Bolivia el 22 de julio de 2006.

Buenos Aires era una fiesta
Eugenia Zicavo

Fumaderos de opio a pasos del Riachuelo, venta de cocaína en bares y almacenes, farmacias del centro que entregan morfina sin receta. No se trata de un nuevo proyecto porteño para desplazar a Ámsterdam como capital químico-turística. Es la Buenos Aires del 1900, cuando todavía la ley no regulaba las conductas privadas respecto al consumo de psicotrópicos y donde conseguir opio, morfina o cocaína no parecía una empresa difícil.

En 1916, el diario *La Época* publicaba la crónica «Los fumadores de opio: el erotismo en plena La Boca. ¿Qué es un fumadero? Efectos del humo, sueños, pipas y narguiles» e informaba que: «Ha sido anoche descubierto un fumadero de opio, donde 56 personas, en su mayoría hijos de la celeste república, se entregaban al olvido de este mundo tratando de vivir en sueños en los dominios de Confucio».

En enero de 1923 el diario *Crítica* titulaba «La cocaína está de moda»: «En el café, en la rueda de amigos se ha generalizado lo que se llama "una vuelta de coca". Uno de los reunidos saca una cajita de cocaína y ésta va pasando de mano en mano hasta cerrar la rueda. Una mujer mundana que no se dope "carece del más seductor atractivo sensual que brinda el repugnante y alambicado refinamiento del siglo"». La droga en la metrópolis se alejaba del imaginario marginal para ser signo de dandismo y buena posición social.

Ese mismo año, el diputado nacional Leopoldo Bard describía la situación en su Proyecto de Ley para la represión del abuso de los alcaloides (uno de los primeros intentos de legislación en la materia): «Bajo la impávida máscara de un hombre que las veces está atrás del mostrador de alguna farmacia, o sirviendo el champagne en el cabaret o guiando el coche que lleva a Palermo a la pareja divertida, está el expendedor de la cocaína. "La señora quiere cocó?" "Niño, niño, carruaje y... también de aquello." (...)

Cierto es también que los viciosos no van a dar de una vez con su cuerpo contra la pared en un cuarto para locos. Empero, lo que está sucediendo en Buenos Aires no puede proseguir».

En su extenso diagnóstico sobre el tema (750 páginas con recopilación de artículos y descripción de distintas drogas y efectos) Bard no apunta a penalizar el consumo sino su venta indebida y a tal fin especifica la localización exacta de los vendedores de drogas en la ciudad: «En Buenos Aires ¿quién no sabe que en Pigall y farmacias de la calle Maipú e inmediaciones de Corrientes; en un cabaret de la calle Corrientes; en una farmacia vecina a la Plaza del Congreso; en el famoso café ex "La puñalada" sito en la calle Rivadavia y cientos de lugares más que permanecen sospechosamente abiertos durante toda la noche, se expende cocaína? Todos lo saben menos las autoridades encargadas de vigilar la moral y la salud pública». (Parece que los dealers de antaño eran bastante más visibles que los actuales, que incorporaron celulares y modalidad delivery.)

Narcotango

En ese entonces, las drogas formaban parte de la cultura de distintos ambientes. Por ejemplo, el entorno de los arrabales porteños incluía tanto el consumo de cocó (cocaína) como de opio y morfina, que se expresó en un sinnúmero de letras tangueras con directa alusión a estas sustancias, cuyo uso era aceptado y conocido. «Pobre taita, cuántas noches / bien dopado de morfina / atorraba en una esquina / ampaneao por un botón» (*El taita del arrabal*, Manuel Romero, 1922).

«Juncal doce-veinticuatro / telefoneá sin temor... / De tarde, té con masitas / de noche, tango y champán. / Los domingos té danzante, / los lunes, desolación. / Hay de todo en la casita / almohadones y divanes / como en botica, cocó» (*A media luz*, Carlos César Lenzi, 1926).

Según el tango, en los prostíbulos de la Recoleta había tantas drogas como en una farmacia (la popularizada «botica del tango»). Nada de comprimidos homeopáticos o preparados con centella asiática. Parece que en las farmacias de entonces, lo que venía de Asia era el opio y nuestros abuelos podían comprarlo con un «santo y seña» en el mostrador. El boticario era el camello certificado; el saber científico en pos de la experiencia sensual. ¿Desde cuándo la cocaína fue de «venta libre»? Parece que desde siempre, hasta que llegó la prohibición. El 7 de julio de 1923 el departamento Nacional de Higiene resolvía que «en 180 días quedará abolida la venta libre de opio, morfina y cocaína», acordando dicho plazo para que se continuasen vendiendo al público bajo la prescripción de «venta libre» las fórmulas medicinales que contuvieran dichas sustancias y que hasta entonces habían sido autorizadas.

La desaparición progresiva de la mención de las drogas en los tangos, sobre todo a partir de su «década dorada» en los cuarenta, coincide con la entrada en vigencia de nuevas legislaciones referidas a los narcóticos. Hasta entonces existía un vacío legal, ya que nuestro Código Penal no se pronunciaba respecto a la tenencia de estupefacientes y sólo preveía condenas de seis meses a dos años de cárcel para médicos o farmacéuticos que, autorizados para vender sustancias medicinales, lo hicieran de manera irresponsable.

Con el humo blanco de la nube negra

En agosto de 1922, el diario *La Capital* de Rosario publicaba: «La prensa de Santa Fe comienza a alarmarse llamando la atención de las autoridades a causa del desarrollo que adquiere en la capital la venta de alcaloides, denunciándose que hasta los almaceneros cooperan en la obra del envenenamiento de la juventud sirviendo de intermediarios para la venta de cocaína».

Recién en 1924 se sancionó la venta de alcaloides sin receta médica y en 1926 (un año después de la Convención Internacional en Ginebra sobre fiscalización de estupefacientes) se decidió penar a quienes, sin permiso para vender, tuvieran drogas sin una «razón legítima de su posesión o tenencia» (Ley 11.331). Esta legislación estuvo vigente más de cuarenta años y durante ese tiempo las penas continuaron siendo leves y el tema fue aceptado con bastante indiferencia.

En 1968, la ley 17.567 endureció las penas para los comerciantes de drogas pero a su vez introdujo un antecedente inédito para el derecho penal argentino: en pleno auge de la psicodelia mundial, el gobierno militar dejó fuera del alcance de la ley a quienes tuvieran pequeñas cantidades de droga para uso personal (que nunca fueron especificadas). Pero la tolerancia al consumo sólo duró un lustro y la sanción de una nueva ley diluyó la distinción entre consumidores y vendedores permitiendo la punición legal de ambos, lo que para muchos juristas contradice el artículo 19 de nuestra constitución (según el cual «las acciones privadas de los hombres que de ningún modo ofendan al orden y a la moral pública, ni perjudiquen a un tercero, están sólo reservadas a Dios, y exentas de autoridad de los magistrados»). En 1986, ya en el retorno de la democracia, la Corte dictó dos importantes fallos en los casos «Capalbo» y «Bazterrica» (condenado este último en primera instancia por tenencia de 3,6 gramos de marihuana y 0,06 de cocaína) que decretaron la inconstitucionalidad de la norma que reprime la tenencia de estupefacientes. Actualmente, la ley 23.737 vigente desde 1989 sanciona penalmente la tenencia de drogas con uno a seis años de prisión y con un mes a dos años en caso de tenencia para uso personal (que pueden reemplazarse por tratamientos «curativos» o asistencia a programas educacionales).

De acuerdo a un informe del Instituto de Estudios Comparados en Ciencias Penales y Sociales, el 56 por ciento de los casos que persigue el fuero federal de la Ciudad de Buenos Aires está vinculado con infracciones a la ley 23.737 de estupefacientes (durante el período 2002-2003, del total de casos en este ámbito, sólo el 1 por ciento fue elevado a juicio y en ningún caso se trató de condena en materia de organización o financiamiento de tráfico, ni de casos de almacenamiento de estupefacientes).

Mientras tanto, la droga que más muertes produce en el mundo es el tabaco, seguida por el alcohol, el abuso de drogas farmacéuticas legales y recién en cuarto lugar las drogas ilegales en su conjunto.

En la Buenos Aires del 1900, la circulación de drogas estaba tan difundida en ciertos círculos sociales que incluso los diputados liberales se animaban a hablar sobre los efectos estimulantes de algunas sustancias, lejos de la actual hipocresía reinante. Así, en su proyecto de ley de 1923, Leopoldo Bard dedicaba un capítulo al consumo de hachís, que hoy hasta serviría como «proclama» para campañas por la despenalización. Su descripción es elocuente: «A dosis moderadas la embriaguez es muy agradable y muy instructiva por el justo conocimiento de los procesos intelectuales y no tiene inconvenientes serios. (...) El oído se hace más sutil, la palabra fácil y la inteligencia lúcida. Sólo una sensación de sequedad en la boca mortifica ligeramente. (...) Los accesos de risa se hacen cada vez más frecuentes y prolongados, no se les puede retener, tanto se ríen sin embargo, pero esta risa no es penosa y provoca una alegría franca que sobreviene a la vista de los objetos más simples y usuales que os parecen nuevos y extravagantes».

Texto publicado en *Lamujerdemivida*, núm. 37, en 2007.

En busca de la mamá de Chávez
Liza López

Doña Elena está sentada en el asiento de atrás de la camioneta que siempre la traslada a donde quiera ir. Al principio, cuando su hijo tenía poco tiempo en la presidencia y su esposo se estrenaba como gobernador del estado llanero de Barinas, discutía con los choferes y guardaespaldas porque prefería sentarse como copiloto. Pasado el tiempo, con asesoría de protocolo, aprendió a comportarse como una reina, como la dama de la «familia real de Barinas», como han bautizado allí a los Chávez. Como toda una doña Elena Frías de Chávez.

Con ese temple, mira por la ventanilla de vidrios polarizados y se percata de que la camioneta frena al acercarse a un peaje. Se dirige a un evento fuera de Barinas como presidenta de la Fundación del Niño regional. El conductor baja su ventanilla. «Son 200 bolívares» (equivalentes a 2 bolívares fuertes, después de la reconversión del 2008). Desde adentro le explican al empleado que se trata de un auto oficial, que transportan a la primera dama de Barinas, a la madre del presidente Hugo Chávez. El empleado responde: «Perfecto, pero son 200 bolívares el peaje». Otro acompañante le repite, alzando la voz pero con tacto, que están eximidos del pago porque es un auto oficial.

Doña Elena, al ver que el empleado se niega, decide bajarse. Esta vez la voz que se alza es fuerte y categórica. «¿Acaso usted no sabe quién soy yo? Yo soy la madre de Hugo Rafael Chávez Frías y la esposa del gobernador de Barinas, el Maestro Hugo de los Reyes Chávez». Da la espalda y regresa a su asiento. La barrera sube para dejar el paso libre a la dama y a sus protectores.

La señora que protagonizó este episodio es la misma que los venezolanos han conocido por las fotos en las que aparece inaugurando obras y acompañando a su hijo, el Presidente, en actos oficiales. Quien relató la escena del peaje estuvo muy cerca de ella ese día, y por supuesto, prefiere escudarse en el anonimato. La gente cercana a doña Elena se protege de hablar en voz alta y la protege de quienes hablan a sus espaldas. Por eso cuesta tanto verificar si las anécdotas sobre su vehemencia son ciertas. Si es, como dicen, franca, expresiva, simpática, estricta, impulsiva.

Su cotidianidad permanece blindada para que ningún curioso acceda a verla —ni siquiera de lejos— en sus labores como primera dama de Barinas (su esposo, el padre del presidente Chávez, fue gobernador de esa región desde 1998 hasta 2008), como abuela de alguno de sus veinte y tantos nietos o bisnietos. Su residencia cuenta con una estricta vigilancia para que nadie se acerque a escuchar las historias que suele contar de su vida en Sabaneta, ese pequeño pueblo situado a cuarenta minutos de Barinas donde dio a luz a Hugo Rafael, o de cuando se mudaron a la sureña calle Carabobo de esa ciudad y su hijo era un adolescente que jugaba béisbol todos los días.

Al recorrer las calles polvorientas y desoladas de Sabaneta, al observar el frente de la casa donde Elena y su marido abrían paso para que gateara el niño Hugo Rafael, resulta comprensible que esa pareja soñara con un entorno más próspero. Resulta casi lógico que una maestra en un pueblo así, hace cincuenta años, entregara a alguno de sus hijos a un familiar para que los apoyara en su crianza, como hizo la joven madre Elena con sus dos hijos mayores, Adán y Hugo Rafael. Los entregó a su suegra Rosa Inés por no tener cómo mantener a seis hijos en la misma casa.

Los allegados a los Chávez-Frías dicen que tal gesto —común entre familias humildes en Venezuela— tuvo consecuencias negativas en la relación madre hijo. El que este vínculo sea hostil es comentario de sobremesa entre los espectadores que han visto a esta señora contadísimas veces en televisión. El misterio que envuelve a esta mujer de setenta y tres años hace que muchos venezolanos, incluyéndome, se hagan preguntas como éstas: ¿Por qué ella y su hijo, ya siendo presidente, dejaron de hablarse durante varios años? ¿Qué regalos le mandará él en su cumpleaños y en el Día de la madre? ¿Qué le regalará ella al mandatario cada 28 de julio? ¿Por qué esta mujer ha sido tan dura y arisca con las esposas y mujeres de su hijo Hugo Rafael?

Mientras estas preguntas rondan como polvo en el aire en las sabanas de Los Llanos venezolanos, algo se aferra bien a estas tierras: la decepción que siente la mayor parte de los barinenses porque doña Elena ya no baja la ventanilla para saludarlos como siempre hacía. Les disgusta verla tan ostentosa, con joyas y lentes de diseñadores famosos, siempre con guarda espaldas, pues extrañan a la señora humilde que se parecía más a ellos. Les enfurece cuando se enteran de las denuncias que la señalan a ella y a su familia de enriquecimiento ilícito, cuando son testigos de sus privilegios excesivos, de ver cómo ella y los integrantes de esta humilde familia pasaron a ser nuevos ricos en un sistema que su hijo proclama como socialista.

Tampoco entienden por qué el lugar donde nació el presidente se convirtió, desde 2006, en la región más pobre de Venezuela. Barinas es ahora el único estado del país donde más de la mitad de sus habitantes vive en pobreza, según los últimos reportes del Instituto Nacional de Estadística. Qué paradoja.

* * *

En el pasillo de la Oficina Regional de Información de Barinas hay un televisor con el volumen demasiado alto. La secretaria de la dirección de prensa se asoma para decirme que la jefa de información no está. Estoy en el tercer piso de un edificio que enfrenta la sede de la Gobernación. El pasillo es estrecho y me siento en una de las tres sillas que dan al televisor. Me ofrecen café para calmar el frío que despide el aire acondicionado.

En Barinas, capital del estado del mismo nombre, los espacios cerrados se mantienen a temperaturas heladas. La energía barata en Venezuela permite contrastar durante todo el día con un clima de invierno como el de este pasillo los sofocantes 35 grados centígrados que deshidratan afuera. «La doctora llamó (la jefa de prensa, además de comunicadora social, es abogada). Dice que vaya ahora mismo a la emisora donde está transmitiendo el ingeniero Argenis (Chávez)».

A la salida, noto un despliegue bárbaro de guardias y policías frente a la Gobernación. ¿Será que vendrá la primera dama o su esposo justo cuando me estoy yendo? Cierran el paso por esta calle y pasan velozmente dos camionetas negras rodeadas de una custodia intimidante. Una pancarta gigantesca con un retrato de don Hugo de los Reyes Chávez da la bienvenida al edificio donde se toman las decisiones de lo que sucede en esta región llanera.

En la vía hacia la emisora hay pancartas como esa, pero con el gobernador junto a su hijo el presidente, o con el presidente y su hermano Argenis, a quien apodan el «Colin Powell de Barinas» por ser Secretario de Estado de Barinas, un cargo creado por su padre exclusivamente para él en 2004. «Mucha gente está cansada de tanta pantalla —comenta el taxista—. A los Chávez no los quieren como antes y a doña Elena ya ni se le ve. Ahora anda en camionetotas, con muchas joyas y cirugías plásticas, con caravanas y guardaespaldas. ¿Y al pueblo quién lo protege de la delincuencia? Yo sigo queriendo al presidente, pero no a la familia. La riqueza que tienen ha sido un secreto a voces. Lo que pasa es que el dinero vuelve avara a la gente.»

Lamentos como el del taxista los repiten como en un coro el panadero, el vendedor de dulces de la plaza de Sabaneta, la estudiante de Ingeniería Industrial, el dueño de una finca o el constructor. «La gente está muy decepcionada. La familia Chávez ocupa cargos importantes y parece no importarles nuestros problemas. Y eso que ésta es la cuna de la revolución», comentan.

La emisora en la que conduce el programa Argenis Chávez los jueves al mediodía se llama Emoción. Funciona en un apartamento vacío, en el cuarto piso de un edificio situado en la muy transitada avenida 23 de Enero. La jefa de prensa aparece después de varios minutos, atareada, con dos celulares en mano. Es rubia, esbelta y siempre sonríe, incluso cuando dice que no se puede hacer esto o aquello. Resulta que también coordina las actividades del Partido Socialista Unido de Venezuela en Barinas, la tolda que creó el presidente para unificar al chavismo. Por eso siempre está tan ocupada. «Ya le avisé a Argenis. Saldrá cuando termine la transmisión».

Falta más de una hora para que culmine el programa. Varias personas llaman para decir al aire que les reparen una calle o para pedir cupo en un centro de salud. Argenis Chávez les responde que atenderán sus demandas. Él representa a la Gobernación en la mayor parte de las funciones públicas, pues su padre no está bien de salud y casi no acude al despacho. Se dice que él era el favorito de doña Elena para suceder al gobernador, pero el presidente decidió enviar al hermano mayor que lo inició en la militancia de izquierda, Adán Chávez, hasta hace poco ministro de Educación, como candidato a la Gobernación para las elecciones regionales de noviembre.

Terminó la transmisión y quedaron llamadas pendientes. «Voy de salida. No la voy a poder atender ahora. Hable con mi asistente para pedir una cita conmigo o con mi madre».

* * *

Cuando entro a las extensas instalaciones de la Fundación del Niño de Barinas, pienso en una foto de doña Elena tomada hace un par de años. Aparece sosteniendo a su perro, Caqui, y luce sonriente, maquillada, encopetada, con lentes de Dolce & Gabbana, zarcillos y collar de perlas, brazalete y reloj de brillantes. No aparenta tener más de 70 años. «Lo siento, doña Elena no está. No ha venido en toda la semana. Y dudo que venga hoy o mañana». Es jueves en la tarde y el ambiente es tranquilo en la institución que dirige la madre del presidente. El sol hierve sobre el asfalto del estacionamiento que da a la edificación de una sola planta. Una persona cercana a la familia me dijo que este terreno era de la doña y que ella se lo vendió a la Gobernación para que construyeran allí las oficinas de la fundación.

Me mandan a contactar a su jefa de prensa, Teresita, para que pida una cita. Con Teresita he hablado hasta el cansancio, le he enviado cantidad de faxes y correos electrónicos. Recuerdo clarísimo la última vez que conversamos por teléfono. Yo todavía estaba en Caracas. «Doña Elena no puede darle la audiencia. Ella dice que sólo la recibirá si el "Maestro" (su esposo, el gobernador) la autoriza. Debe enviar otra solicitud a la Gobernación.» Basta de solicitudes desde la capital, pensé ese día. Es mejor viajar hasta Barinas, la región suroccidental de los llanos venezolanos donde habitan poco más de 700.000 personas y donde nació la familia artífice de esta revolución. La apuesta es llegar a ella por medio de alguno de sus hijos.

Sé bien que en Venezuela el acceso a las fuentes oficiales para medios nacionales no afines al gobierno está prácticamente prohibido desde hace mucho tiempo. Si se trabaja en un medio internacional, quizás se consigan puertas entreabiertas. Al menos con esa apertura se manejaban las «audiencias» en Barinas hasta hace poco. Pienso en otra imagen de doña Elena publicada en Hugo Chávez sin uniforme, una biografía de Hugo Chávez escrita por los periodistas Cristina Marcano y Alberto Barrera Tyszka. Es una foto de 1992, la primera vez que ella visitó a su hijo en la cárcel luego de la intentona de golpe que lideró Chávez en febrero de ese año. Está vestida con bata de flores, sin maquillaje ni zarcillos ni pulseras, con el cabello recogido. Ese retrato también me recuerda una conversación que tuve con un vecino de la familia que estudió bachillerato con Argenis Chávez y que hoy es un ex diputado opositor.

Antonio Bastidas, presidente en Barinas del partido Un Nuevo Tiempo, conoció a los Chávez desde que se mudaron a mediados de los años sesenta a la urbanización Rodríguez Domínguez de Barinas. «Jugábamos en la plazoleta trompo, metras, pelotita de goma y chapitas. Apostábamos refrescos. Pero a Hugo lo que le apasionaba era jugar béisbol». Bastidas se la pasaba en casa de los Chávez jugando cartas. La recuerda como una vivienda modesta, de aquellas que adjudicó el Banco Obrero cuando don Hugo de los Reyes Chávez y su esposa trabajaban como docentes. «Ella nos traía café al patio. Es una mujer de carácter fuerte; daba la impresión de querer controlar a sus hijos. Por eso prefería que los amigos fuéramos a su casa de visita y no al revés.»

Esa casa todavía existe, cerrada e inhabitada. Está situada frente a una plaza y una cancha deportiva que reacondicionó la Gobernación, en la avenida Carabobo. La pintura sepia de la fachada y el esmalte beige de las rejas todavía no sufren el impacto del abandono. Las personas no voltean ya para ver si alguien se asoma. En una esquina de la plazoleta se estaciona todos los días un vendedor de sandías y una jovencita que vende minutos telefónicos. «Los Chávez tienen mucho tiempo sin venir por aquí», aseguran.

Diagonal a la casa vive Mercedes Navarro. Ella es famosa porque prepara el dulce de lechoza (papaya) que nombra el mandatario venezolano cada vez que encuentra la ocasión. Esa receta compite con la de la abuela Rosa Inés, madre del maestro Hugo de los Reyes, y con quien se criaron el presidente y su hermano

Adán, una referencia afectiva constante de Hugo Chávez cuando recuerda su infancia en Barinas. La anécdota de que él, cuando era niño, salía a vender esos dulces para ayudar a su humilde familia es un cuento repetido por el presidente decenas de veces.

Desde que la abuela falleció hace 25 años, el postre de Mercedes Navarro pasó a deleitar a los Chávez. «Siempre fueron buenos vecinos», recuerda la señora que viste un camisón similar al de doña Elena en la foto de 1992. «Ella daba clases en un instituto por aquí cerca. Era una familia unida, muy estudiosa. Venían a tomar café y a comer mis dulces. Se mudaron cuando ganaron la gobernación en 1999. El presidente, cada vez que puede, manda a pedir mi dulce de lechoza».

Es cierto, confirma Mercedes, el duro carácter de su antigua vecina. «Imagínese —dice— criar a seis muchachos no es sencillo. Yo también tuve seis hijos, tres hembras y tres varones. A veces hay que imponerse».

Doña Elena ha admitido que era muy estricta y que acostumbraba pegar a sus hijos cuando era necesario. Tenía 18 años y 10 meses de casada cuando tuvo al primer varón, Adán. Después llegaron seis más: Hugo, Narciso, Argenis, Aníbal, Enzo, que falleció a los seis meses, y Adelis, el menor, el único que hoy trabaja en el sector privado y no en un puesto político, en un alto cargo en el banco comercial andino Sofitasa.

Ese rigor también predominaba cuando alguno de los hijos mostraba interés por una mujer. Su testimonio en el libro de Marcano y Barrera Tyszka deja eso en claro: «En la casa nunca hubo mucha novia. Yo no les aceptaba a mis hijos novia. Si las tenían, las tenían fuera». Igual norma aplica doña Elena en su hijo, el presidente, con el argumento de que ninguna de sus mujeres lo ha merecido. Ni siquiera las compañeras más estables que se le han conocido: Nancy Colmenares, su primera esposa, con quien tuvo tres hijos; Herma Marksman, su amante durante nueve años; y Marisabel Rodríguez, su segunda esposa, madre de su hija menor Rosinés. «Dios lo bendice, pero él ha tenido muy mala suerte con las mujeres. No ha habido mujer ideal para él», subraya doña Elena en esa biografía.

Otro compañero del presidente en el liceo O'Leary de Barinas, el ex diputado opositor Rafael Simón Jiménez, recuerda cuando los hermanos mayores, Adán y Hugo, llegaron a Barinas a estudiar bachillerato. «Los cuartos de su casa no tenían puertas sino cortinas, como en muchas casas de pueblo. Doña Elena nos atendía bien, con simpatía. Ella siempre decía que Hugo sacó su carácter arrecho, férreo».

* * *

Sabaneta es un pueblo de pocas calles y de menos de 18.000 habitantes. Si no fuera porque la plaza Bolívar es su centro de reunión, sería difícil ver signos de vitalidad en este lugar. Fue aquí donde nació con ayuda de una comadrona Hugo Rafael Chávez Frías, el 28 de julio de 1954. Es aquí donde todavía se mantienen de pie las casas donde vivieron los Chávez: la de la abuela Rosa Inés y la de Elena Frías y Hugo de los Reyes Chávez.

El quinto hijo del matrimonio, Aníbal, es el alcalde de Sabaneta. La mayoría de los habitantes de este pueblo hablan sobre su desilusión porque pensaron que por ser la cuna de los Chávez, iban a ser los más beneficiados cuando éstos llegaron al poder. Hasta estas calles vine para conocer dónde vivió la Elena que se mudó de su pueblo natal San Hipólito, a tres kilómetros de Sabaneta, cuando se casó con Hugo de los Reyes. En ese entonces él tenía veinte años, ella diecisiete y ya sabía bien cómo tostar café, cortar racimos de plátano, agarrar maíz y frijoles en los conucos barinenses. Elena soñaba con ser maestra pero no pudo estudiar para docente porque debía atender a los niños. Su esposo, en cambio, sí dio clases por veinte años en la única escuela del pueblo, la Julián Pino. De allí el que sea conocido como «Maestro». Apenas Elena tuvo la oportunidad, comenzó a trabajar como docente en educación de adultos.Han pasado más de 50 años y no hay ni un símbolo, bandera, escudo, afiche, placa o pancarta que indique que en esta casa vivieron los Chávez su primera década de matrimonio. A lado y lado funcionan un taller de radiadores y una tienda de lubricantes. Al frente, hay un terreno baldío con una camioneta vieja desvalijada. «No, mija, esa gente no se asoma por acá —responde el mecánico desde uno de los talleres—. Se le está cayendo el techo. No le han hecho cariño a esa casa ni a Sabaneta. Se les olvidó que nacieron acá.»

La vivienda tiene un gran árbol de mamón en la entrada. La puerta del estacionamiento está oxidada, igual que las rejas del frente, y la pintura blancuzca de la fachada se ve carcomida por la desidia. Me dijeron que ahora allí habitaban unos cubanos. Mientras lanzo dos gritos con la esperanza de que rebote un quién es, aparece en la calle un joven moreno en bicicleta. Se detiene junto a mí. «¿Buscaba a alguien?», pregunta con acento isleño. Pues sí, la verdad es que sí. A alguien que me cuente sobre la madre de los Chávez. «Es cierto, aquí vivimos varios cubanos. Somos cinco. No, no pagamos alquiler. ¿En qué trabajo? En el centro de salud, en rehabilitación. ¿Qué si he visto a doña Elena? Discúlpeme, pero debo irme ya». El moreno desaparece después de que una chica le abre la puerta. Es viernes y el calor de las 11 de la mañana es recio. A esta hora, y no sé si a otras horas, casi nadie pasa por la calle 11 de Sabaneta. A dos cuadras está la casa de la abuela Rosa Inés. Fue transformada hace años en sede del partido chavista, PSUV. Allí hay un mural rojo sangre que invade las paredes con el rostro de Chávez pintado a mano. En esa esquina nadie quiere comentar acerca de la familia.

Dejo atrás la valla que da la bienvenida a Sabaneta con la frase en fondo rojo vivo escrita en mayúsculas «La Cuna de la Revolución». A ambos lados de la estrecha carretera varias fincas se pierden de vista en el verdor llanero. Entre las tantas denuncias que existen contra los Chávez, están las acusaciones de haber adquirido fincas enormes por medio de testaferros, como la que acabamos de pasar, La Malagueña. Muchos barinenses asumen, nadie ha podido probarlo, que esa famosa hacienda de 800 hectáreas pertenece realmente a Argenis Chávez. Pero doña Elena no vive allí. Su residencia oficial es la casona de gobernadores, mansión con aspecto de finca situada en una zona acomodada y tranquila de la ciudad de Barinas. Hay varios autos estacionados en el andén que da al portón principal. Si no ha ido a trabajar a la Fundación del Niño en toda la semana, pues quizás se encuentre aquí, en su casa.

En este momento, frente al portón, visualizo en mi mente dos fotografías más de doña Elena. Una que publicó un diario londinense en 2007, donde posa junto a un altar religioso que dispuso en su habitación, a pocos metros pasando este portón, según ella para rezar cuando teme por la vida de su hijo. En él, alternan una imagen de la virgen María, un holograma de Jesucristo y una imagen de José Gregorio Hernández, el médico milagroso que algunos venezolanos esperan sea beatificado. El otro retrato que me asalta, y aquí hago el ejercicio infantil de imaginar que tengo visión de rayos equis y puedo ver hasta el salón principal, es uno que apareció en una revista francesa hace dos años (en 2006). Está doña Elena en primer plano, exquisita y maquillada, parada junto a una fotografía enmarcada que ocupa la mitad de la pared. Es un cuadro familiar donde aparece con su esposo y sus seis hijos de saco y corbata.

Me acerco y pregunto por Cléver Chávez, el nieto que, dicen, es el predilecto de doña Elena. «Deje su cédula acá, anote sus datos», me frena el vigilante. Quizás pueda persuadir a Cléver de que convenza a su abuela para conversar conmigo. «Buenas tardes, encantado». Me invita a sentarnos en un sillón en el porche de la casona. Cléver es hijo de Narciso Chávez, mejor conocido como «Nacho», coordinador regional del Convenio Cuba Venezuela y fuerte activista político. Me recibe de camisa bien planchada y jeans impecables. El perfume vigoroso debe ser de marca, al igual que los mocasines. Me cuesta mirarlo a los ojos pues me distraigo con un retrato de Hugo Chávez en traje militar, en la pared que da al jardín.

Miro el retrato y el rostro de Cléver, y veo una similitud que impresiona. Ojos, frente, nariz, pómulos, idénticos. Hasta la misma verruga, como una marca familiar. Su léxico es nutrido, su hablar pausado y a sus treinta y tantos años, se encarga de los operativos sociales de la Gobernación.

Este encuentro será breve. No lo veo muy convencido con mi argumento para entrevistar a su abuela. Me explica que su tío, el presidente, llamó para prohibirle dar más entrevistas. El problema, justifica, es que la prensa los ha maltratado mucho, y últimamente los medios extranjeros no han hablado maravillas de los Chávez. «Antes los dejábamos pasar. Por aquí vinieron periodistas ingleses, franceses, de otras latitudes. Tomaron fotos, hablaron con mi abuela. Y después publicaron cosas que no son verdad».

Se levanta, me pide disculpas, me da la mano y sonríe. Es una orden presidencial, repite ante mi insistencia. Me retiro, por supuesto, pues lo que dice el presidente aquí en Barinas y en toda Venezuela es santa palabra. Si de algo sirvió esta búsqueda frustrada fue para entender que algo de ese temple debe ser heredado de doña Elena. Mientras me marcho recuerdo aquella anécdota del peaje que me relató uno de sus allegados y la frase con la que esta mujer resolvió imponerse: «¿Acaso usted no sabe quién soy yo?».

Epílogo

Desde que se escribió esta crónica en 2008, los comentarios en torno a la madre del presidente Chávez y su familia —en su mayoría negativos— se han expandido mucho más allá de su epicentro en Barinas. Las denuncias encabezadas por varios diputados opositores señalan que la riqueza ilícita de la «familia real» pasó de rondar los 200 millones de dólares en 2008 a superar los 535 millones de dólares en 2010. Los diputados aseguran que el enriquecimiento irregular está conformado por 265 millones de dólares en efectivo (si se suman las cuentas que mantienen los hermanos y Doña Elena en el exterior), 17 fincas con un valor entre los 400 y 700 mil dólares, una flota de 10 vehículos 4x4 marca Hummer, entre otros bienes. A las acusaciones de estos diputados se suman investigaciones de la DEA (Drug Enforcement Administration) que detectaron en 2008, según el diario mexicano La Razón, cinco cuentas bancarias en Estados Unidos por montos superiores a los 140 millones de dólares, pertenecientes a los hermanos y a la madre del mandatario venezolano. Según este organismo, Elena Frías de Chávez tenía en ese entonces en su cuenta 16 millones 600 mil dólares. Pero ninguna de estas acusaciones ha sido probada.

El hermano mayor del presidente, Adán Chávez, después de ser ministro de Educación regresó a la región donde habita su madre para seguir los pasos de su padre en el cargo de gobernador de Barinas y hoy lucha por mantener su popularidad en una región que en los últimos años ocupa el primer lugar entre los estados más podres del país.

Poco después de que el presidente Chávez confirmara públicamente que padecía de cáncer, doña Elena le envió sus bendiciones por televisión. A los días, el 28 de julio de 2011, la madre apareció en un programa en el canal del Estado para felicitarlo por su cumpleaños. Éstas fueron algunas de sus palabras: «A esta hora ya tenía en brazos a mi hijo, hace 57 años. A esta hora ya era una mujer muy feliz, muy joven, con dos hijos y una felicidad muy grande. Como toda madre, cuando tiene un hijo, espera todo lo mejor para él. Nunca pensé que sería un hombre que le diera tanta felicidad a su pueblo. Le doy gracias a Dios por haberme elegido a mí para ser la madre de Hugo Rafael. El día que mi hijo salió en la televisión (anunciando que tenía cáncer), creí que no soportaba. Vi a mi hijo demacrado, pálido, flaco y me preocupé demasiado. Pero tengo una fuerza divina, la del poder de Dios. Me he aferrado a nuestra madre la Virgen Santísima y a nuestro padre Jesucristo por la salud y la vida de mi hijo. Estoy segura de que sí vamos a dar la batalla. Le mando mil abrazos, mil bendiciones, y le digo que lo amo con todas las fuerzas de mi alma. Que si fuese necesario dar mi vida por la de él, la cambio por la de él, porque sé que mi hijo hace más falta en Venezuela que yo».

Texto publicado en *SoHo* en septiembre de 2008.

El último ciclista de la vuelta a Colombia
Luis Fernando Afanador

La vocación

En la familia de Gelvis Santamaría hubo siempre interés por el deporte. A sus padres les gustaba; él alguna vez practicó el básquetbol. Por eso, colgó en su cuarto un afiche de Michael Jordan en sus buenos tiempos de los Chicago Bulls. Pero, no podía faltar, tenía un tío que montaba en bicicleta y empezó a ponerle atención. «Me gustó la bicicleta y comencé a entrenar, a salir, le cogí cariño.» Y un día, llegó el gran impulso: una bicicleta Vitus, para él y su hermano, regalo de su papá. Empezó a salir cada ocho días, al Carmen de Apicalá, a La Mesa. Con los días el gusto fue creciendo. Entonces, «cada ocho días» fue muy poco. Se metió a la Liga de Ciclismo de Bogotá, montó más seguido. Cuando salió del colegio e ingresó a la Escuela Colombiana de Carreras Intermedias para estudiar Ingeniería de Plásticos, escogió la jornada nocturna para poder entrenar en las mañanas varias horas, como lo hacen los ciclistas profesionales. Y ahora, en su cuarto, al lado de su bicicleta Genios, la dulce compañía con la que duerme, hay también otros dos afiches: de Lance Armstrong, el gran campeón, y de Óscar Sevilla, alguna vez el mejor novato de la Vuelta a España.

Como un profesional

Vive y entrena como si fuera un profesional, pero no lo es. No todavía. No corre en un equipo de marca que le pague un sueldo fijo y le financie la costosa dotación que necesita un ciclista: al menos una bicicleta de diez millones de pesos; otra para entrenar de tres millones; el casco, las gafas, las zapatillas y el uniforme, que pueden llegar a sumar otro millón y medio de pesos. Sin contar los viáticos, los hoteles, los desplazamientos y la participación en las grandes carreras. Él es un corredor de liga: «La gente no sabe una cosa, los ciclistas de nombre como Santiago Botero, Israel Ochoa, viven de esto, tienen sueldo mensual, les dan sus bicicletas. Nosotros somos corredores de liga, no tenemos un sueldo, la liga a veces nos apoya y nos lleva en algunas carreras; en otras nos toca pagar nuestras inscripciones. En una carrera como la Vuelta al Valle, que dura cinco días, hay que pagar el transporte, la alimentación, el acompañamiento. Sin esto es difícil porque quién le pasa a uno agua, quién lo ayuda con un pinchazo. Ésa es la diferencia con un equipo de marca».

Quemar las naves

Cuando terminó su carrera de ingeniería de plásticos trabajó un tiempo en su profesión. Pero ya no podía entrenar como antes. Tuvo que elegir: lo que había estudiado o el ciclismo. A los 25 años, eligió el ciclismo. Desde el año pasado está dedicado de lleno a la bicicleta, entrenando cuatro o cinco horas diarias. Y lo puede hacer gracias al apoyo de su familia, que retribuye ayudándole a su papá en el taller de Volkswagen y a su mamá en el salón de belleza. Aunque necesita complementarlo con un poco de rebusque: vendiendo implementos o uniformes de ciclismo importados a gente conocida. Es que, definitivamente, se trata de un deporte muy costoso. Por estos días, le ha tocado entrenar con la bicicleta de competencia porque la de entrenamiento está varada por un repuesto que vale más de 600.000 pesos. La liga a veces da bonificaciones, pero son escasas e insuficientes para sus necesidades: «Aquí falta mucha oportunidad para salir adelante». Sin embargo, está decidido a convertirse en un verdadero profesional del ciclismo: no sólo vivir para el ciclismo sino vivir del ciclismo.

La meta

Correr en Europa, ésa es su meta. «A la gente que ha ido allá se le nota. Nos llevan años de ventaja, en materia de técnica, de medicina. A cada ciclista le hacen la bicicleta y los uniformes a su medida, las zapatillas con su molde.» Y ganan más. Acá, un buen ciclista élite de los grandes equipos de marca —Orbitel, Colombia es pasión, Lotería de Boyacá— gana entre dos y tres millones de pesos.

Correr en Europa, como su novia, la ciclista Laura Lozano, que pertenece al equipo italiano Chirio Forno D'Asolo y participó recientemente en el tour femenino. Ella, con quien habla a menudo y le da consejos y lo anima, le dice que a pesar de la soledad vale la pena. Laura era patinadora, pero un día descubrió el ciclismo y le gustó. Ganó la Vuelta al Valle, la Primera Clásica Nacional femenina, y se la llevaron.

Gelvis sabe que ganar aquí una prueba importante es el pasaporte para irse. Y sabe que está lejos de conseguirlo y que no hay mucho tiempo: tiene 26 años. Pero no se desespera. Piensa que la clave del triunfo se encuentra en la dedicación y en la preparación. Para él, el ciclismo es un deporte en el que a mayor madurez se anda mejor. Y no es ningún invento: José Castelblanco, Álvaro Sierra, Israel Ochoa y Libardo Niño, a su juicio los mejores ciclistas del país, pasan de los treinta. O de los cuarenta: a sus cuarenta años cumplidos, Hernán Buenahora fue este año subcampeón de la Vuelta a Colombia y campeón de la Vuelta al Táchira.

Preparación para la Vuelta

Dentro de sus planes era muy importante correr la Vuelta a Colombia que este año tenía varios incentivos: la participación de Santiago Botero —un ídolo que le podía devolver algo del fervor multitudinario que tuvo en el pasado— y un recorrido bastante exigente. Dos mil doscientos sesenta y un kilómetros, catorce etapas —una de ellas, Paipa-La Vega, de doscientos treinta y dos kilómetros—, los tradicionales puertos míticos de categoría especial y primera categoría: el páramo de Letras y los altos de la Línea y Minas. Una contrarreloj de treinta y cinco kilómetros y premios adicionales de diferentes localidades a quien pasara primero. «Hacía como diez años que no había una vuelta así», dice.

Quería ir y se preparó a conciencia. Corrió casi todas las carreras del calendario ciclístico nacional. Se entrenó en las montañas cercanas a Bogotá, porque el ascenso es su punto más débil. Hizo méritos y al final fue incluido en el equipo de diez ciclistas del Instituto de Recreación y Deporte de Bogotá —IDRD— dirigido por Oliverio Cárdenas. Desde luego, como gregario de los capos Fabio Duarte y Wálter Pedraza.

Además, un amigo muy querido, el ciclista Juan Barrero, había tenido un accidente en una Vuelta a Colombia —en la bajada de Manizales a Chinchina— y eso le traía malos recuerdos. Tenía que exorcizarlos.

La Vuelta

Después de un prólogo en Barranquilla que ganó Santiago Botero empezó la primera Vuelta a Colombia para Gelvis Santamaría. Y empezó mal. En la primera etapa, Barranquilla-Aracataca, tuvo un pinchazo. Se quedó del lote que iba a gran velocidad porque su capo Wálter Pedraza había atacado y —para los otros equipos— él era de esos a los que hay que cuidar. Sus compañeros iban adelante y nadie espera a un gregario. El mecánico tardó mucho tiempo en llegar y no pudo volver a conectar con el lote. En total perdió veintiocho minutos. No le importó. De inmediato pensó que todavía quedaban muchas etapas y faltaba la montaña para la cual se había preparado.

Y en la tercera etapa, Barrancabermeja-Piedecuesta, consiguió salir de la cola. Era una etapa plana que terminaba en ascenso. Aunque perdió diez minutos con el lote principal, ese día la carrera se había partido en cuatro lotes y consiguió llegar en el segundo. Al otro día llegó la montaña: Socorro-Paipa, doscientos trece kilómetros. La esperada montaña que no fue nada fácil: se sintió toda la dureza de la Vuelta. Ahí, Fernando Camargo, de Paipa, el ganador de la etapa, tomó el liderato y Santiago Botero quedó décimo en la general. Hubo otras etapas duras como Paipa-La Vega, donde la lluvia fue inclemente, y difíciles como Manizales-Mariquita, donde se pasa por el páramo de Letras. Para Gelvis Santamaría, el vía crucis fue la etapa de Melgar-Bogotá, la más corta: ese día no tenía ritmo, no cogía el paso, las piernas no le respondían. Se dijo a sí mismo: «Voy a llegar a Bogotá, no me voy a subir al carro, no me voy a retirar». Y no quedó de último, quedó de penúltimo: puesto ochenta entre ochenta y uno. ¿Cuándo volvió otra vez a ser colero en la general? No lo recuerda con exactitud. «De pronto un día hay varias expulsiones, retiros y el nombre de uno aparece al final del boletín.» No es algo tan dramático como parece. Y no se piensa en ser el último sino en otras cosas, más positivas: «Quedamos la mitad de los que empezamos». Justo en ese momento se recuerda que hace diez años, el campeón Santiago Botero quedó entre los últimos de la Vuelta a Colombia y que al año siguiente tuvo que retirarse. Un campeón es también el que no claudica y sabe esperar con paciencia.

La recuperación

¿Por qué se fundió Gelvis Santamaría en la etapa Melgar-Bogotá y sólo lo mantuvo en carrera la ilusión de su familia viéndolo terminar la Vuelta? ¿Por qué Lucho Herrera, luego de una tremenda etapa en el Tour de Francia, al otro día pierde dieciocho minutos y la posibilidad de ser campeón? La clave del ciclismo es la recuperación y por eso el polémico tema del doping tiene que ver con la recuperación. Alguna vez en Madrid, el ciclista Iván Parra le dijo al periodista colombiano Luis Eduardo Barbosa: «En una carrera por días no es el que amanezca mejor, sino el que amanezca menos cansado». Cada día, el cuerpo va a estar más cansado y es el que mejor se recupere el que va a estar mejor, ahí reside la diferencia.

Después de que termina la etapa, que se han ido el público y los medios, empieza otra vida: la monótona rutina de la recuperación. Llegar al hotel, bañarse, almorzar —ensalada, arroz, pollo, pasta, un jugo, un postre: nada de fríjoles y poca carne—; esperar pacientemente el turno para el masaje —en el equipo de Gelvis había dos masajistas para diez ciclistas—; reposar un largo rato y a las seis cenar algo parecido al almuerzo; ver televisión, jugar cartas un rato, llamar a la casa: llega la hora de acostarse para estar al otro día «menos cansado». Y así durante catorce días: la vida del ciclista se parece a la del monje.

La otra vuelta

El gregario debe tener claro que es un apéndice, sus consideraciones personales no tienen lugar. El que va a pelear la carrera es el capo y en el equipo de Gelvis el gran capo era Fabio Duarte. Y el principal objetivo de Duarte: pelear el título de mejor sub23 con el venezolano Jackson Rodríguez, del equipo Lotería del Táchira. Ése fue para el equipo IDRD el objetivo principal y ésa fue la verdadera vuelta que él tuvo que correr: en función de su capo. Tenía que cuidarlo, acompañarlo, esperarlo, llevarle comida o agua desde el carro. Hacer bien la tarea que hacen los gregarios. Y este objetivo estuvo en peligro. Jackson Rodríguez estuvo por encima de Fabio Duarte y después de la dura etapa Paipa-La Vega, éste se enfermó debido a la lluvia. Había que ganarle y el ataque estaba previsto para la etapa Calarcá-Agua de Dios. No fue necesario, porque al venezolano se le complicó una molestia que tenía en la rodilla y terminó retirándose antes del ataque previsto. «De todas maneras, Duarte le hubiera ganado. Ese día estaba volando y ganó la etapa.» El objetivo finalmente se cumplió y Fabio Duarte fue la figura de ese día, fue nombrado por todos. La gloria del ciclista es la gloria de un día. Y el gregario no tiene gloria: es la sombra de la gloria.

Los sueños intactos

Acompañamos a Gelvis Santamaría a una sesión de entrenamiento el lunes siguiente al que terminó la Vuelta. Es una sesión suave, para aflojar músculos. Empieza a las seis de la mañana. Sale de su apartamento, en el sector de Galerías y va hasta Patios, a siete kilómetros subiendo en la vía Bogotá-La Calera. Sube sin esfuerzo y aunque él no contabiliza el tiempo, contamos veinticuatro minutos desde la séptima. Para él, la Vuelta ya quedó atrás y está pensando en lo que viene: el Clásico RCN, que tendrá la misma etapa Manizales-Mariquita en la cual Botero definió su triunfo. Le gustaría tener la oportunidad de prepararse allí. Después del entrenamiento conversamos un rato largo y habla de la experiencia que ganó en la Vuelta. Se le ve animado, con ganas. La meta de correr en Europa sigue en pie. Yo pienso en su puesto ochenta y uno, a más de cuatro horas de Botero y a doce minutos del penúltimo. En que hasta ahora su mejor desempeño ha sido ganar una prueba nacional de scratch en el velódromo Luis Carlos Galán. Pienso en si vale la pena tanto sacrificio y si de verdad podrá alcanzar su meta. Pienso en eso, pero le pregunto otra cosa: ¿cuál es el encanto del ciclismo? «No sé explicarlo, es como las ansias de estar ahí, de aguantar, de pelear una carrera. A veces uno sí se pregunta: ¿Dios mío, qué hago acá? Pero al final a uno le gusta. Yo creo que todos los corredores sienten lo mismo porque el que gana también sufre.» Ahí está dicho todo. Me voy y lo dejo con sus sueños intactos.

Texto publicado en *SoHo* en septiembre de 2007.

Bob Dylan en el Auditorium Theater
Frank Báez

Los fans de Bob Dylan dicen que después de ver a Bob Dylan en concierto tu vida inmediatamente cambia. Dicen que te apareces en el siguiente concierto, en el que sigue y que sin darte cuenta estás siguiendo a Bob Dylan en caravana por todas las ciudades. Los fans de Bob Dylan van a los conciertos con libretas donde apuntan los cambios que éste hace de las letras de sus canciones, llevan estadísticas de los temas que toca y apuestan sobre cuáles va a tocar en los conciertos. Los fans de Bob Dylan van desde motoristas llenos de tatuajes a lolitas de *high school* y de doctores honoris causa a chicanos con anillos de calaveras en los dedos. Los fans de Bob Dylan se toman todo en serio y si hablas alto durante el concierto son capaces de estrangularte o arrojarte desde los palcos a la platea.

Vi a Bob Dylan dos veces en el Auditorium Theater de Chicago. Me acuerdo de la segunda vez en que haciendo fila para ingresar al teatro, se aproximó uno de los encargados de seguridad y recordó que estaba prohibido entrar cámaras, ya que en el concierto anterior alguien le había tomado una foto a Bob Dylan y éste dejó al instante de tocar y se marchó dejando a toda la multitud confundida. A mí eso me resultó ridículo, pero los fans de Bob Dylan advirtieron que si alguien tomaba fotos se lo iban a rifar.

Compré la taquilla para el primer concierto el día de mi cumpleaños. Quería hacerme un buen regalo de cumpleaños. Cuando me enteré que Bob Dylan tocaría en Chicago supe que ése sería un regalo perfecto para celebrar mis veintisiete. Procuré conseguir un buen asiento y terminé pagando por la taquilla un dineral que no me podía dar el lujo de gastar. Sin embargo, estaría sentado a ocho filas de Bob Dylan, lo que significaba que podría hacer contacto visual con él. Para no ir solo, intenté convencer a varias gringas a que me acompañaran, pero se negaron.

—Estás loco —replicaban—. Eso está desfasado. Mis abuelos se enamoraron con canciones de Bob Dylan.

El día del concierto llegué con dos horas de antelación al Auditorium Theater de la Congress. Suponía que habría una larga fila, pero cuando llegué no había nadie y la caseta donde vendían las taquillas estaba cerrada. Así que di una vuelta por el Loop y cuando volví ya había un grupo nutrido de fans de Bob Dylan alineados en una fila y un par de hippies desgreñadas que alzaban un cartel donde suplicaban que les regalaran entradas.

Al igual que todos saqué mi taquilla, la apreté con orgullo y esperé a que la fila fuera avanzando. Cuando entré al teatro diseñado por Adler y Sullivan, apenas había un puñado de fans. No obstante, poco a poco se fue llenando. Para cuando empezó a tocar Amos Lee —un cantautor joven que anteriormente le abrió los conciertos europeos a Norah Jones— había un público considerable. Le siguieron Merle Haggard y The Strangers. Cuando supe que Merle Haggard era un cantante country, casi me deprimo. Fue entonces que comencé a entender la reticencia de las gringas de la universidad que oían exclusivamente *hip hop* y bandas *indies*. A mi lado había una pareja de gays: un moreno y un rubio. Este último se puso a explicarme quién era Merle Haggard. Comentó que cuarenta años atrás era imposible que Bob Dylan y Merle Haggard tocaran en el mismo escenario.

—¿Por qué? —le pregunté.

—Ah, es que Bob Dylan le había dado la espalda a la música folk por el rock and roll. Es como si de la izquierda se hubiese pasado a la derecha.

A la quinta canción, Merle se puso a hacer un poco de *stand up comedy*. Hizo críticas al gobierno de Bush. Explicó que estaba escribiendo una canción con Bob Dylan acerca de la marihuana y Martha Stewart, los dos peligros, según dijo de manera irónica, más grandes de los Estados Unidos.

—*Dont pay atention to Bush... Pay atention to Bob Dylan* —dijo, y el público se puso a silbar y a aplaudir tan fuerte que los músicos aprovecharon para arrancar con los primeros acordes de *We dont smoke marijuana in Missouri*. En la banda había músicos octogenarios que yo rezaba para que no les diera un ataque cardíaco y suspendieran el concierto. Merle parecía estar ciego como

Stevie Wonder por la manera en que se tropezaba por el escenario y por las gafas de sol que usaba.

—¿Es ciego? —le pregunté al rubio.

—No, seguro está borracho —me respondió.

Luego de la última canción, Merle salió del escenario tomado del brazo de una de las coristas que aparentaba ser su mujer. Hicieron una nueva pausa. A los diez minutos, salió el presentador de un lado del telón, diciendo que lo próximo era Bob Dylan y el público se fue abajo, arrojando sombreros y golpeando con los zapatos y las botas el entarimado: gente de todas partes, de todas condiciones, de todas las edades, fans de verdad que han comprado todos los discos y que se saben las trescientas y tantas canciones de memoria.

—¿Es tu primera vez? —me preguntó el moreno.

—Sí.

—Yo he asistido como a cincuenta conciertos —dijo mirando hacia el escenario, al igual que todos los que estaban en el auditorio—. Pero recuerdo mi primer concierto que fue en Los Ángeles en 1974. Dylan tocaba con The Band.

De ahí emprendió a hablar de los conciertos: el perfomance maravilloso que hizo junto a The Band; lo divino que estuvo cuando tocó junto a Joan Báez, TBone Burnett y otros más; los altibajos cuando lo hizo con Grateful Dead; y lo mediocre que estaba cuando lo hizo junto a Tom Petty. Le comenté que había leído una reseña donde el crítico consideraba que lo mejor que Dylan podía hacer tras este tour era retirarse.

—*They don't dig Dylan* —dijo el moreno enfadado.

—*Fuck them* —soltó el rubio.

Y yo repetí *fuck them* justo cuando las luces se apagaron y el presentador volvió a salir de debajo del telón y los corazones de cada uno en la audiencia se detuvieron. Primero hizo una breve introducción del poeta oriundo de Duluth para terminar diciendo:

—*Ladies and Gentleman, Mister BOB DYLAN.*

La música de una canción que no reconocía empezó a sonar mientras el telón se alzaba mostrando a Bob Dylan, encorvado, tocando el teclado con un sombrero negro y un traje negro, y el resto de la banda, quienes también llevaban sus respectivos sombreros y atuendos negros.

—¿Qué canción es? —le grité al rubio.

—*Maggie's Farm* —respondió éste.

—Es un guiño a Merle Haggard —añadió el moreno.

Y yo imaginé a Merle Haggard bailando la canción con la corista rubia en el camerino con el mismo ímpetu con que lo hacía una pareja de cuarentonas dos filas más allá, un muchacho con sombrero y casi toda la platea. De repente se les unió a los músicos una hermosa violinista con un vestido ajustado y el pelo negro y los zapatos de tacón negro con lazos que le subían hasta las rodillas, que se fue desplazando por el escenario, hasta que Bob Dylan, casi al final del tema, dejó el teclado y tomó la harmónica, y todos los ojos se volvieron de la violinista a Bob Dylan que tocaba como un jorobado por el escenario, procurando que el sombrero no se le cayera, tambaleándose como lo ha hecho en los últimos cuarenta años. Al finalizar, Bob Dylan se acercó al micrófono, dio las gracias y los aplausos tronaron. Prosiguió *Señor (tales of Yankee Powers)*. Después tocó *Just Like a Woman*. En un principio, el público intentaba corear el famoso estribillo, pero Dylan y la banda alargaron un poco más el compás como para joderlos. Tocó *Desolation Row* donde refiere una pelea entre T S Eliot y Ezra Pound. Tocó *Mississippi* donde canta que uno siempre puede volver, pero no completamente. Tocó *Honest With Me* en donde llega a decir que su mujer tiene la cara de un teddy bear y que lo espera a que llegue con un bate en la mano. Tocó *Summer Days* donde explica que es posible revivir el pasado. Tocó *Twedle dee and Twedle dee dum,* que hace referencia a los personajes de *A través del espejo* de Lewis Carroll y que en el fondo es una diatriba contra Bush padre y Bush hijo. De pronto el escenario se oscureció y se iluminó con unas tenues luces azules que pasaron por el escenario como sombras chinescas. Sombras de amores pasados, pensé cuando sonaron los acordes de *Moonlight.* Siguió con *Cold Iron Bounds.* En la parte donde Bob Dylan canta *Well the winds in Chicago have torn me to shreds,* el público la vitoreó. Prosiguió con una canción de *Blonde on Blonde: Most likely you go your way and I go mine.* Entonces sonó el intro de *Like a Rolling Stone.* Todo el público se puso de pie como si se tratase de un himno. La pareja de gays a mi lado se pararon emocionados. Un viejito de aparentemente ochenta y tantos años se paró con un bastón. A medida que Bob Dylan cantaba con su voz ronca, pensaba en la vida que yo hacía en Chicago estudiando algo que no me interesaba, en las discusiones con mi ex novia sobre quién era mejor entre Dylan Thomas y Bob Dylan, en las gringas que he tratado de conquistar, en las que me han rechazado, en las que me llevé a la cama, en las cartas de Anne Sexton que saqué de la biblioteca, en el email que me envió un amigo donde al final decía que una amiga escritora se arrojó por el balcón de una de esas torres residenciales que han levantado en Santo Domingo, y entonces se me empezaron a salir las lágrimas cada vez que voceaba *how does it feel?*, porque era tan hermoso oír a todos cantarla a coro: al viejo de ochenta y tantos años, a la pareja de gays, a los jóvenes, a toda la platea, a los de los palcos, todos coreando junto a Bob Dylan, quien, a pesar de la emoción de todo el mundo, tenía una carota que daba a entender que le molestaba que lo acompañaran en el coro.

Ya se iban. Se alineó toda la banda detrás de Bob Dylan, quien permaneció impávido ante las luces, los aplausos y los silbidos. Salieron. A pesar de esto, el público permaneció ahí, aplaudiendo: no paraban de aplaudir, nadie se marchaba, aún no, por lo que se incrementaron los aplausos, de modo que lo alcanzaran en los camerinos hacia donde de seguro avanzaba Bob Dylan junto a los músicos. Aparentemente, los aplausos le llegaron, debido a que retornaron al escenario y tocaron dos piezas más: *Every grain of sand* y *All along the watchtower*. Esta última, en una versión más similar a la de Jimi Hendrix que a la original del disco *John Wesley Harding*. El público se puso de pie de nuevo. En esta ocasión, estaban sonrientes y satisfechos. Bob Dylan permaneció en el centro del escenario y de pronto sentí que fijó la mirada en mí que le aplaudía de pie como un loco desde la octava fila. La ilusión se rompió cuando se separaron y salieron del escenario rumbo a los camerinos. Luego de despedirme de la pareja de gays, salí al lobby y de ahí a la helada calle. Ya en la intemperie caminaba en busca de una estación de metro y no sé por qué, pero me dieron nuevamente ganas de llorar. Pero esta vez me aguanté como un hombrecito.

Texto publicado en *Revista Ping Pong* el 19 de febrero de 2006.

El colombiano más bajito
Andrés Sanín

> Yo también leo en el libro de la noche. Pero no puedo
> interpretarlo. Mi sabiduría consiste en ver lo que
> está escrito y también en comprender que eso
> no puede descifrarse.
>
> *El enano,* Pär Lagerkvist

Parado sobre una butaca de Jenos Pizza, Eduard Niño —68 centímetros de estatura, 21 años, 9 kilos, zapatos de charol talla 19, medias de muñequitos, vestido de paño blanco inmaculado y camisa negra satinada— se empina hasta alcanzar la cima de su pitillo. Sorbe un trago de Sprite, pero una historia que cuenta su hermano sobre uno más de los accidentes que ha tenido por su corta estatura, lo atora de risa. Elmer dice que un día Eduard casi se ahoga en un retiro espiritual en Chinauta. Se cayó a la piscina y al tocar el agua se desmayó. Alguien se lanzó a rescatarlo, le palmotearon la cara y volvió en sí. La culpable del susto era la misma piscina donde a los 15 años lo bautizaron. Esa tarde, cuando el agua limpió su alma del pecado original, hacía un sol lacerante y lo rodeaba un círculo de minusválidos, sordos y enfermos de cáncer que iban a una sesión de sanación y milagros. Noemí, su mamá, lo alzó y se lo entregó en brazos al pastor de la iglesia Fuente de Vida. El agua le daba a la cintura y ambos llevaban sendas batas blancas como las del bautizo de Cristo. El pastor untó con aceite de oliva la cabeza de Eduard, lo sumergió en la piscina y exclamó: Yo te bautizo, Eduard Niño Hernández, en el nombre del Padre, del Hijo y del Espíritu Santo. Amén. Según cuenta Noemí, esa tarde los enfermos fueron curados.

Cuando Eduard nació, pesaba la mitad de lo que pesa un bebé promedio, pero se veía como un niño robusto. Cansada de oír que su hijo se le iba a morir, Noemí abollonó con algodón su mameluco. Su primer bebé era distinto a cualquiera que hubieran visto los médicos del hospital Materno Infantil. Por eso, lo sometieron a un sinnúmero de estudios que descartaron el tipo más común de enanismo, la acondroplasia, pero que no lograron diagnosticar ningún mal en concreto como hipotiroidismo congénito o enanismo hipofisiario dado por una ausencia de hormonas de crecimiento. Flor María, su abuela, al ver que el niño no crecía y que el sudor parecía derretirlo, pensó que tenía el hielo de muerto, un mal que, según los llaneros, lleva a que las mujeres que han ido embarazadas a algún cementerio paran niños «enjutos, amarillentos y desahuciados». Sin perder más tiempo, se lo llevó al Socorro, sacrificó una vaca, le abrió el vientre y acostó a Eduard entre la calidez marchita de la madre sustituta para que «botara el mal» de una vez por todas. Noemí no creyó en el diagnóstico alternativo de la abuela ni en las predicciones de los médicos que le daban a Eduard 18 años de vida. Dice que su hijo es un milagro y que es la voluntad divina y no la de los hombres la que decidirá cuánto tiempo más vivirá. El pasado 10 de mayo Eduard volvió a pararse sobre la mesa de su casa en Bosa y sopló las 21 velas del ponqué que le preparó su mamá para celebrar un nuevo milagro. Ya hacía rato había superado la mayoría de edad que la ciencia le negaba.

* * *

Niño es un habitante extremo de un mundo consabido para personas que en un solo paso avanzan lo que él recorre en tres. Que por el afán no miran para abajo, pero que ante él deben inclinar su cabeza y frotarse los ojos ante la sensación de irrealidad que proyecta su figura. Hace un rato, cuando caminaba por entre las laberínticas estanterías del almacén SAO en busca de una camiseta de la selección Colombia que lo igualara al hincha promedio nacional, permanecía callado, huraño, como si habitara un punto oscuro, perdido en el horizonte de una tormenta.

La gente pasaba y pasaba, pensando a primera vista que Niño era un niño y no el hombre más pequeño de este país. Pero alguien, unos centímetros más alto que él y varios años menor, notó lo que los adultos no descubrían: que Eduard Niño era un hombre atorado en un cuerpo de niño. La mamá percibió el nerviosismo de su hijo: «Salúdalo». Los ojos de cada uno se reflejaron en los del otro y sus diferencias se hicieron evidentes: una piel llana contrastaba con las arrugas que cubren las manos, las mejillas y los párpados de Eduard y con ese bozo que sus hermanos le afeitan cada semana. Niño rompió el silencio con un balbuceo afónico: «Hola». Como respuesta sólo oyó el llanto de ese reflejo espantado de su niñez. El niño corrió y se cubrió tras las piernas de su madre. Eduard volvió a callar, pero el encuentro atrajo a una multitud de señoras que exclamaban en coro: «Tan lindo el niño. ¿Y habla?». Otros le apuntaban sin pudor con sus celulares para atesorar una prueba de lo inimaginable.

Los enanos son tréboles de cuatro hojas que algunos tocan para buscar esa suerte que les fue esquiva al crecer. Eduard tiene cinco hojas que nadie se atreve a tocar. Sólo sus conocidos y los que han querido abusar de su aparente invalidez, como ese taxista que aún recuerda con horror pues, una mañana en la que Niño esperaba la ruta del colegio, lo alzó para llevárselo. Eduard le clavó las uñas en la cara, el bus llegó y logró escapar de un destino incierto. Por peligros como ése sumados a las dificultades de subir andenes del tamaño de sus piernas, Eduard sale muy poco de su casa. Lo hace de la mano de los suyos pues, además de sus uñas y su carisma natural, son su única protección en multitudes como la que lo rodeaba en SAO.

Los ojos perdidos de Eduard no dejan adivinar lo que piensa en situaciones como ésa y cualquier pregunta al respecto es vana: es un hombre de pocas palabras, que habla como un niño, pero con la caja de dientes de un anciano. Esa prótesis incómoda que usa desde que le sacaron, uno por uno y en varias jornadas, los dientes que no le salieron por completo es la tímida muletilla de sus monosílabos. Si el cansancio que sienten sus ojos y sus dedos al leer o escribir no lo hubiera llevado a perder tantas materias, tal vez Eduard podría haber leído y secundado las reflexiones que hacía el protagonista del *Enano,* desde la ventana del calabozo de su rey: A veces inspiro temor. Pero lo que cada uno teme es a sí mismo. Creen que soy la causa de sus preocupaciones, mas lo que en realidad los asusta es el enano que llevan dentro, la caricatura humana de rostro simiesco que suele asomar la cabeza desde las profundidades de su alma.

* * *

Cuando se es enano, más vale ser el más enano de los enanos. Un domingo llegó al barrio Bosa una marca de arequipe a promocionarse con una presentación del hombre más bajito de Colombia. Las vecinas llegaron con la noticia a la casa de los Niño. Noemí, indignada, les preguntó por el tamaño del hombrecito aquel. Le señalaron su cintura y confirmadas sus sospechas, vistió a Eduard con un vestido negro sobre medidas, lo llevó a la tarima y desinfló las ínfulas de enano máximo del impostor. Los empresarios proclamaron a Eduard como el nuevo titular del récord colombiano, el mismo hombre que la Asociación de Pequeños Gigantes de Colombia tiene registrado como el más bajito del país. Cuando Eduard terminó de bailar, sus hermanos lo sacaron en hombros por entre una turba que exaltada gritaba su nombre.

El año pasado murió Nelson de la Rosa, el hombre más pequeño del mundo con sólo 54 centímetros de altura. El trono quedó vacío y ninguno de sus nueve hijos logró sucederlo. Habían heredado su dinero, pero no su enanismo. He Pingping, un chino de 19 años, se postuló de inmediato. La noticia llegó a oídos de los Niño y desde entonces han puesto sus ojos en el otro lado del mundo para averiguar si el chino es más bajito que Niño. Parece que no lo es: la cédula de Eduard dice que mide 68 cm y Pingping mide 73. Lo único cierto es que cuando Niño sale de su casa, el equilibrio del mundo se rompe, se oyen murmullos de asombro, risas nerviosas y una misma frase: «Es el más bajito que he visto en mi vida». Eduard sabe eso y actúa como tal. Sólo a él se le han arrodillado ídolos musicales del tamaño de Gilberto Santa Rosa, Jorge Celedón, Darío Gómez, Jhony Rivera y Diomedes Díaz para tomarse fotos con él. De todos habla bien, pero si le preguntan por Diomedes, frunce el ceño y gira la cabeza en desaprobación por la bajeza de sus actos.

Cuando llaman de Mango Biche, la discoteca de Bogotá donde los conoció a todos ellos en giras por Pereira, Eduard abandona sus juguetes y sus películas animadas favoritas, *El Jorobado de Notre Dame* y *Shreck*. Ambas lo han hecho llorar. Su mamá lo deja ir para que conozca otros mundos, se desprenda un poco de ella y sea una persona adulta y no esa mezcla de niño y anciano en la que la sobreprotección y sus dolencias parecen tenerlo sumido. Trabajos ordinarios nunca le han ofrecido a este hombre extraordinario, pero bailar en Mango Biche le encanta. Alguno sospecharía, no con poca envidia, que por estar entre las piernas de las despampanantes vaqueras con las que baila reggaetón. Yo le creo su amor al baile por el baile cuando veo cómo, frente a su plato de espaguetis y al ritmo del video *Smooth Criminal,* inclina la cabeza contra un hombro y el otro, dando pie a una suerte de metamorfosis. Eduard se anima. Deja de lado su plato favorito. Se pone sus gafas negras, se sube sobre la mesa, se escurre de puntas hacia atrás, se para de cabeza y sigue imitando los pasos de Michael Jackson con esa misma gracia con la que enloquece a las tres mil personas que lo ven saltar al escenario cuando lo presentan en Mango como: «Puntico, el bailarín más pequeño del mundo».

A Puntico le molesta que se le boten los borrachos a ofrecerle trago. Sólo tres veces lo ha aceptado: donde su abuelo, cuando un canelazo y una copita de vino le robaron el equilibrio; cuando se tomó en fondo blanco un pocillado de crema de whisky para olvidar a una niña del barrio de ojos azules y, en la iglesia, cuando su mamá le dio a probar la sangre de Cristo y una señora la regañó pensando que era apenas un «criaturito». Cuenta su hermano Elmer que un borracho le cogió la cola y le intentó dar un beso. Eduard dejó de lado los modales que le enseña Noemí y le dio un puño en la cara que le significó el respeto de sus compañeros y un incremento en las propinas. Casi supera los 600.000 pesos que le dieron unos harlistas en su primer show en Pereira, cuando sólo una mujer le pagó 100.000 pesos por estar 15 minutos con ella. Las conejitas Playboy que se presentan allá se desvisten frente a él y hay una que hasta le dice: «Venga, Puntico, le doy teta». Niño sólo se ríe, pero Elmer, su confidente y traductor de monosílabos, añaque que a Eduard le gustan las caricias y los besos que le dan ellas y que lo ha visto deprimido por no tener una novia, aunque aclara que nunca ha mostrado deseos más libidinosos.

* * *

Mírame, mírame... / Ojos brujos mátame... / Que quiero sentirte... / Ya llego tu gángster... / Me siento tan solo... / Quiero devorarte... / La noche'ta oscura... / Ojos brujos, hechízame... canta Eduard, cuando le preguntan por su canción favorita, una de

Daddy Yankee que le dedicó a una mujer de quien prefiere no hablar. Sólo cantar.

En ese cuerpo de niño se esconde un hombre solo que sueña con encontrar una esposa de pelo crespo, ojos verdes, parecida a Claudia Schiffer y que, espera, no sea muy bajita: las enanitas le dan risa. Con ella quisiera viajar por el mundo, tener tres hijos, una finca en tierra caliente y una camioneta Mercedes de 180 millones de pesos como la que les mostró a sus papás en un concesionario. Ante eso, a Noemí sólo le queda rezar por que llegue alguien que le cumpla sus sueños, tal vez, un editor de los Guinness Records, y aceptar que es un hombre pequeño con aspiraciones de gigante. Basta ver en uno de sus deditos un anillo de oro con cuatro esmeraldas que compró con el fruto de su trabajo, para notar que así lo llamen Puntico, él no está dispuesto a perderse en una línea infinita de mortales. Sabe que un punto es la unidad fundamental, algo que no se puede definir con ningún concepto conocido. Que sin él, no existirían la línea ni la forma, que es el límite mínimo de la extensión, pero que dentro de él podrían existir, en un átomo, infinidad de otros puntos que den cuenta del universo inconmensurable que reside en sus 68 centímetros.

Así como un punto es el fin del sentido lógico de una oración, Puntico está solo en el filo de los misterios del universo. Penetrar su mirada y saber hasta qué punto comprende las dimensiones de su fragilidad y de su «grandeza» es tan difícil como leer «en el libro de la noche», ver lo que está escrito en él y comprender que es indescifrable. Tal vez, fue eso lo que me maravilló cuando lo vi. Tal vez, fue eso lo que maravilló a James, un «duro», como lo llama Elmer ahora que habla de él, cuando lo vio. Conoció a Eduard en Pereira, lo paseó en su camioneta Hummer, le compró ropa y lo invitó a comer espaguetis en un restaurante en donde tuvieron a mal sentarlo en una silla para bebé que le sacó la piedra. James lo trató como si fuera su propio hijo, le presentó a su familia, le pagó el equivalente de un día de trabajo y quedó en invitarlo a su finca. Eduard sólo atinó a decir: «James, cuánto vale una camioneta de éstas. Quiero una así...».

* * *

Puntico empuja de un solo golpe su plato y dice sin rodeos: «No más». Cuatro bocados han saciado su apetito y se concentra en dos frasquitos que saca de su bolsillo y pone sobre la mesa. Podrían ser dos dosis de cianuro para defenderse, ínfimas, como él, pero letales. No lo son. Se trata, según dice, de un par de muestras de perfume fino, que hacen pensar en aquella manida frase de los perfumes finos y los empaques pequeños. Pero que cuando le pregunto que para qué carga eso, sólo da una respuesta simple que evidencia lo estúpido de la pregunta: «Para echarme».

La vanidad y la voluntad de Eduard están más allá de sus proporciones. Le dijeron que estaba barrigón, quiso meterse en un gimnasio, pero le negaron la entrada. Eso no lo detuvo. Recordó los ejercicios que le enseñó su profesor de gimnasia, aumentó las horas de jugar fútbol en el corredor de la casa con Miguel Ángel, su hermano menor de ocho años y sólo 80 centímetros. Volvió a montar en la bicicleta que mandó a hacer a su medida con su plata y empezó a hacer flexiones, abdominales y barras bajo el tocador de su mamá. Cuando termina, dice Elmer, se acerca al espejo, se mira de reojo y saca músculos imitando a los bailarines de Mango Biche que hacen fisiculturismo. En eso se le van las horas cuando se queda encerrado en su casa. Entre los juegos y las peleas con Miguel Ángel, en ir a la iglesia o en corretear a Lani, una perra que compró, pero que el azar la hizo crecer hasta convertirla en un pincher gigante, casi tan grande como el labrador que quería, pero que no pudo tener por el riesgo de que lo tumbara. Noemí le enseña a pintar figuritas religiosas, le lee pasajes de la Biblia como el de David y Goliat y el de Sansón y Dalila.

* * *

Antes de reanudar la búsqueda de su camiseta, Elmer acompaña a Eduard al baño. En su casa, debe ir acompañado o pararse sobre el murito de la ducha y apuntar bien. Acá, en el centro comercial Las Américas, acaba de descubrir que sí podría existir un mundo más apto para sus necesidades y para las de las cinco mil personas de talla baja que se estima hay en Colombia.

El hallazgo es un baño especial para niños, en donde un sanitario miniatura reivindica ese derecho sagrado a liberar, plácidamente y sin temores, las tensiones más mundanas. De allí sale solo, sin la ayuda de Elmer, con una sonrisa de satisfacción que únicamente se le borrará un tiempo después, cuando hayamos recorrido más de cinco almacenes de deportes, sin encontrar una camiseta de la selección Colombia que se ajuste a la grandeza de su hincha más bajito. Ese que, parado sobre el asiento del taxi, me coge del hombro para no accidentarse con cualquier frenada durante el trayecto de vuelta a su casa.

Cuando le preguntan si duerme con sus papás, Eduard lo niega. Él duerme solo, en una cama pequeña, a dos pasos de la de sus padres. Antes de irnos le hago saber una última inquietud: ¿Hay algo que odie? Sentado sobre su cobertor de ositos y entre sus muñecos de peluche, contesta: «Sí, pero es muy malo y me da pena decirlo». «Para odiar a la humanidad entera, le bastaría con odiar a todos aquellos más altos que él», dice el fotógrafo y nos vamos con otro misterio sin resolver.

* * *

Luego vi el cielo abierto y aparece un caballo blanco. El jinete es llamado el Fiel, el Veraz, y juzga y combate con justicia. (...) Y los ejércitos celestes lo acompañan sobre caballos blancos, vestidos de fino lino, blanco y limpio. De su boca sale una espada afilada para herir a las naciones; él las regirá con vara de hierro. (...) Lleva sobre el manto y sobre su muslo un nombre escrito: Rey de reyes y Señor de señores.

Antes de dormirse, Eduard leerá, como suele hacerlo, estas líneas del *Apocalipsis,* su libro favorito. Cerrará los ojos, le pedirá a Dios que lo ayude, que le dé salud, orará por la salvación y por que nunca se le cumpla esa pesadilla repetida en la que pierde a Noemí. Le dará gracias por la vida, por haberle dado su bicicleta, su perrita, su anillo y cada uno de esos 68 centímetros que ve como una bendición y no como un chiste malo de la fortuna. Recitará el salmo 4:8: *En paz me acostaré, y asimismo dormiré.* Y se irá, se irá en ese sueño profundo que caerá como un telón negro sobre su conciencia de enano. Y soñará que el mundo se hace chiquito, que

ahora él es el grande, que todo queda a sus pies como si despega-
ra en un avión y leyera por la ventanilla un mundo en miniatura
que desaparece a su paso. Vuela, se eleva, más y más, en un caballo alado. Un pegaso blanco que lo lleva a un paraíso en el que
reinan él, Noemí y su familia. Los Niño.

Texto publicado en *SoHo* de Colombia, edición 86, junio de 2007.

El intermediario
Hernán Casciari

Dos clases de miserables te tocan el timbre antes de las nueve: los vendedores y los cobradores. Se diferencian nomás en que los cobradores no sonríen cuando les abrís. El que me tocó el timbre ayer era un vendedor. Tenía esa sonrisa amable que pide a gritos una trompada. Yo, en piyama, no tuve reflejos ni para cerrarle la puerta en la nariz. Entonces él sacó una planilla, me miró, y se presentó de una manera que no estaba en mis planes:

—Disculpe que lo moleste, señor Casciari —dijo—, pero nos consta que usted todavía es ateo.

Textual. Ni una palabra más, ni una palabra menos. Que supiera mi apellido no fue lo que me dio miedo, porque está escrito en el buzón de afuera. Tampoco la acusación religiosa, que pudo haber sido casual. Lo que me aterró fue la frase «nos consta que», indicadora de que alguien anduvo revolviendo en tu pasado. Quien la pronuncia nunca es amigo, puesto que habla en representación de otros, y esos otros siempre son los malos. «Nos consta que» es una construcción que sólo utilizan los matones de la mafia, los abogados de tu ex mujer y las teleoperadoras de Telefónica. Desde que el mundo es mundo, nadie que use la primera persona del plural es buena gente.

—¿Me equivoco, señor Casciari? —insistió el vendedor al notarme disperso—. ¿Es usted todavía ateo?

—Son las nueve de la mañana —le dije—. A esta hora soy lo que resulte más rápido.

—Lo más rápido es la verdad.

—Entonces soy cristiano. Tomé la comunión a los ocho años, en la Catedral de Mercedes. Tengo testigos.

—Eso lo sabemos, eso lo sabemos —dijo, sonriente—... Pero también estamos al tanto de que usted, por alguna razón, no se tragó la hostia.

Mi corazón se encogió. Esto me ocurre siempre que el pánico me traslada a la infancia. A mis secretos de infancia. Y entonces la memoria me llevó, rauda, a una mañana imborrable de 1979.

Ahora estoy sentado en la séptima fila de la Iglesia Catedral de Mercedes, vestido de blanco inmaculado, junto a otras trescientas criaturas de mi edad, a punto de recibir mi Primera Comunión. La misa la oficia el padre D'Ángelo. Mis padres, mis abuelos, y una docena de parientes llegados desde la capital están a un costado del atrio, apuntándome con máquinas de sacar fotografías.

Tengo dos niños a mi lado. A la derecha el Chiri Basilis, y a la izquierda Pachu Wine. Los tres somos pichones católicos fervientes: durante un año entero hemos asistido a los cursos previos en el Colegio Misericordia.

Sábado tras sábado, por la mañana, nos han preparado para esta jornada milagrosa, en que recibiremos el cuerpo de Cristo.

El padre D'Ángelo está diciendo cosas que me llenan de alegría, de emoción y de responsabilidad. Habla de ser buenas personas, habla del amor, de la lealtad y del compromiso hacia Dios. Yo estoy hipnotizado por sus palabras. En un momento miro a mi derecha, para saber si al Chiri le pasa lo mismo. El Chiri está con la boca entreabierta, lleno de júbilo. Miro a la izquierda, para saber si a Pachu Wine le ocurre otro tanto, y entonces veo su oreja.

La oreja de Pachu Wine está llena de cerumen. La cera es una sustancia asquerosa, grasienta, que aparece a la vista sólo cuando el que la ostenta no se ha lavado las orejas. Pachu tiene kilo y medio de esa mugre pastosa, como si se la hubieran puesto a traición con una manga pastelera. Es tan grande el asco, tal la repugnancia, que toda la magia del cristianismo se escapa para siempre de mi corazón. Dos minutos después estoy haciendo fila por el pasillo principal de la Iglesia, dispuesto a recibir la comunión. Pero tengo arcadas. Cuando me llega el turno, el padre D'Ángelo me ofrece la hostia y yo la tomo con los labios entreabiertos, pero no la digiero por miedo a vomitar a Cristo.

Vomitar a Cristo, a los ocho años, es peor que pajearse. Entonces, con cuidado, la saco de mi boca y la guardo en el bolsillo. A la salida, entre las felicitaciones familiares, arrojo la hostia a un contenedor. Nunca jamás le he contado esto a nadie. Y ésta es, de

hecho, la primera vez que lo escribo. El hombre que había tocado a
mi puerta, sin embargo, conocía la historia.

—Usted no puede saber eso —susurré. Ya no lo tuteaba.

—No se asuste, señor Casciari —me dijo—, y permítame
pasar, será sólo un momento.

No se le puede negar el paso a alguien que sabe lo peor
nuestro, lo nunca dicho, lo escondido. Yo debo tener tres o cuatro
secretos inconfesables, no más, y el señor que ahora estaba sentán-
dose a mi mesa sabía, por lo menos, uno. ¿Qué quería de mí este
hombre? ¿Quién era?

—No importa quién soy —dijo entonces, leyéndome el
pensamiento—. Y no quiero nada suyo tampoco. Sólo deseo que
evalúe las ventajas de convertirse. Usted no puede vivir sin un Dios
—respiré hondo. Creo que hasta sonreí, aliviado.

—¿Sos un mormón? —exclamé—. Casi me hacés cagar
de un susto. Es que como estás solo y sos morochito.

—No soy mormón —interrumpió.

—Bueno, Testigo de Jehová, lo que sea. Sos de esos que
tocan el timbre temprano. Un rompebolas de los últimos días.

—Tampoco —dijo, sereno—. Pertenezco a Associated
Gods, una empresa intermediaria de la Fe.

—¿Perdón?

—Las religiones están perdiendo fieles, como usted sabe.
Se han quedado en el tiempo. Nuestra empresa lo que hace es
adquirir, a bajo coste, *stock options* de las más castigadas: cristianismo, budismo, islamismo, judaísmo, etcétera, y las revitaliza allí
donde son más débiles.

—¿La caridad?

—El márketing —me corrigió—. El gran problema de las
religiones es que los fieles las adoptan por tradición, por costumbre, por herencia, y no por voluntad. Nosotros brindamos la opción
de cambiar de compañía sin coste adicional y, en algunos casos,
con grandes ventajas.

—Yo estoy bien así —le dije.

—Eso no es verdad, señor Casciari. Sabemos que usted
no está conforme con el servicio que le brinda el cristianismo.

El desconocido tenía razón. Hace un par de semanas yo
estaba en el aeropuerto y se aparecieron unos Hare Krishnas. Me

dio un poco de rabia verlos tan felices: siempre están en lugares con aire acondicionado y los dejan vestirse de naranja.

—Y nadie les prohíbe ir descalzos —dijo el intermediario, otra vez leyéndome el pensamiento. Desde ese momento, más rendido que asustado, decidí seguir pensando en voz alta.

—Cuando veo a los mormones me pasa parecido —dije—: a ellos les dan una bici y un traje fresquito. A los judíos les dan un año nuevo de yapa, a mediados de septiembre. A los musulmanes los dejan que las mujeres vayan en el asiento de atrás. Los Testigos de Jehová se salvan de la conscripción. ¿Y nosotros qué? ¿A los cristianos, qué nos dan?

—Buenos consejos, quizás —dijo el hombre.

—No cojas por el culo, no uses forro, no abortes, no compres discos de Madonna —me estaba empezando a ofuscar—. Prefiero una bicicleta con cambios.

—Eso vengo a ofrecerle, señor Casciari: un cambio. La semana pasada convencí a un cliente cristiano de pasarse al islam. El pobre hombre tenía una novia oficial y dos amantes. Se moría de culpa; casi no dormía. Ahora se casó con las tres y está contentísimo. Lo único que tiene que hacer es, cada tanto, rezar mirando a La Meca.

El intruso empezaba a caerme bien. Por lo menos, tenía una conversación menos previsible que la de un fanático religioso.

—¿Y cuánto cuesta cambiarse a otra creencia? —pregunté.

—Si lo hace mediante Associated Gods, no le cuesta un centavo. A nuestros clientes más inquietos les regalamos un teléfono móvil o un microondas. Nosotros nos encargamos del papeleo, de la iniciación y de los detalles místicos. Y si no está seguro de qué nueva religión elegir, lo asesoramos sin coste adicional.

—Un teléfono no me vendría mal.

—En su caso no, porque usted es ateo. Está ese pequeño incidente del cerumen —me sonrojé al oírlo en boca de otro— Los regalos son cuando el cliente se pasa de una compañía a otra, y usted no pertenece a ninguna, técnicamente. Yo sabía que el problema con Pachu Wine, tarde o temprano, me iba a jugar en contra.

—Pero de todas maneras este mes hay una oferta especial —me dijo el vendedor—: si se convierte antes del 30 de noviembre a una religión menor, le ofrecemos una segunda creencia alternativa, totalmente gratis.

—No entiendo. ¿Qué vendría a ser una religión menor?

—Hay creencias superpobladas, como el budismo, el confucionismo. La cienciología, sin ir más lejos, últimamente es lo más pedido por las adolescentes, y ya no quedan cupos. Y después hay otras religiones más nuevas, más humildes. Estamos intentando captar clientes en estas opciones, a las que llamamos creencias de temporada baja.

—¿Cuáles serían, por ejemplo?

El vendedor abrió su portafolios y miró una planilla:

—El taoísmo, el vudú, el oromo, el panteísmo, el rastafarismo, por nombrarle sólo algunas. Si usted no es mucho de rezar, y no le importa que no haya templos en su barrio, le recomiendo alguna de éstas. Son muy cómodas.

—¿Se puede comer jamón?

—En algunas incluso se puede comer gente.

—Me interesa. ¿Y cuál vendría a ser la más cómoda?

—Si no le gusta esforzarse, le recomiendo el panteísmo: casi no hay que hacer nada. Solamente, cada mes o mes y medio, tendría que abrazar un árbol, por contrato —me entregó un folleto explicativo, a todo color.

—Me gusta, me gusta —dije, mirando las fotos—, pero tendría que conversarlo con mi mujer.

El intermediario no se daba por vencido:

—Si firma ahora le regalamos también el rastafarismo, una creencia centroamericana que lo obliga a fumar porro por lo menos dos veces al día.

—Me las quedo. A las dos —dije entonces, ansioso—. ¿Dónde hay que firmar?

El intermediario me hizo rellenar unos formularios y firmé con gusto tres o cuatro papeles sin mirarlos mucho, porque estaban todos escritos en inglés. Antes de irse, me dejó una especie de biblia panteísta (escrita por Averroes), un sahumerio, una pandereta y una bolsita de porro santo. Lo despedí con un abrazo y lo vi salir de casa y perderse en la esquina.

Como todavía era temprano me volví a meter en la cama. Guardé la bolsita y la pandereta en la mesa de luz, me puse boca arriba en la oscuridad de la habitación y sonreí. «Todo por cero pesos —pensé, satisfecho—, cero sacrificio, cero esfuerzo. Nada de sudor de tu frente, nada de parirás con dolor, ni esas ridiculeces del cristianismo, mi antigua y equivocada fe».

Cristina seguía durmiendo, a mi lado. Su reloj despertador, extrañamente, marcaba todavía las 8.59, pero eso no era posible. Habíamos estado hablando más de una hora con el intermediario. Tenían que ser casi las diez de la mañana. Entonces Cristina se dio vuelta y me abrazó.

—¿Otra vez te está doliendo la espalda? —dijo, entredormida.

Sin saber por qué, tuve un mal presentimiento. Como si algo no estuviera funcionando del todo bien.

—No, ¿por?

—Las manos. Te huelen a azufre —susurró, y se volvió a dormir.

Entonces sí, el reloj marcó las nueve en punto.

Fragmento de la novela *El pibe que arruinaba las fotos,* 2009.

La larga pena del Sátiro Alado
Heriberto Fiorillo

1

Darío Moreu se pregunta aún quién ordenó impedir su entrada como Sátiro Alado a la Gran Parada del Carnaval de Barranquilla.

A eso de las dos de la tarde, disfrazado, arrastrando un falo enorme a pesar de sus zancos y seguido por una veintena de actores que conformaban su Carnavalada, Moreu llegó a la puerta de acceso al desfile, donde se vio rodeado por un grupo de agentes de la policía que amenazaba subirlo con su comparsa a una tanqueta oficial.

—Un momento —dijo Moreu, desde la altura monumental de sus tacones de palo—. Ustedes no pueden tocarme. Ustedes no saben quién soy.

Lo que sabían los uniformados sobre él era, a juicio de los mismos, suficiente para sacarlo de circulación. El día anterior, durante el desfile de la Batalla de Flores y al cruzar frente al palco donde se encontraba como invitado especial el Presidente de la República, el Sátiro Alado había tomado entre sus manos su gigantesco falo de espuma y látex para hacer con él al mandatario un gesto mezcla de reclamo y de poder.

—Usted irrespetó ayer a la primera autoridad del país —le respondió el agente que parecía al mando del grupo—. Usted no puede desfilar.

—Déjeme hablar con los organizadores del desfile, exigió Moreu, pidiendo un celular. Que ellos me expliquen lo que ocurre.

La Gran Parada había comenzado, las llamadas se interrumpían, el ruido de los conjuntos musicales no dejaba oír a los interlocutores telefónicos y la gestión de Moreu no logró concretarse. Cuatro horas después, los actores de la Carnavalada seguían allí, bebiendo y tratando de negociar su entrada ante los inflexibles agentes. Las idas y venidas de uno de éstos a la tanqueta, reveló la presencia del comandante de la policía dentro de la misma, un hombre de baja estatura, oriundo del interior del país, que sí había logrado ponerse en contacto con uno de los organizadores del desfile.

—Usted será, señor comandante, el único responsable de impedir la entrada del grupo de Darío a la Gran Parada —le habría dicho el organizador—. Nosotros no tenemos impedimento alguno.

En el interior de la tanqueta, el comandante permaneció impasible. A eso de las seis de la tarde, actores y policías estaban exhaustos. La tarde caía, la transmisión por televisión pasaba sus últimos comerciales, el desfile llegaba a su fin. Darío Moreu hizo un último intento.

—¿Cuál es el problema con mi disfraz? —le insistió al agente que acababa de regresar trotando de la tanqueta—. ¿Por qué no puedo desfilar?

El agente miró de arriba abajo el miembro de 70 centímetros que colgaba de la cintura del Sátiro y que, por efecto de los zancos, quedaba a la altura de su rostro.

Moreu entendió.

—Si es el falo, me lo quito. Desfilo sin él, se los dejo en custodia, pero al final del desfile me lo devuelven.

A pesar de sus nervios, el agente detectó en el fondo del diálogo una luz de solución que lo llevó a recorrer el mismo trote hasta la tanqueta. Regresó con una sonrisa del tamaño del falo: el comandante había aceptado la propuesta del saltimbanqui.

Ayudado por sus compañeros, Moreu se separó del super-miembro que entregó correa incluida al agente mensajero, quien lo puso en manos de otro uniformado. Los actores de la Carnavalada entraron por fin al desfile. Moreu amarró un pañuelo a la boca del Sátiro, escribió CENSURA sobre un cartón que colocó entre sus piernas y echó a andar por la amplia avenida llena de curiosos, enterados ya por los rumores sobre su suerte.

Afuera, con el falo en su regazo y custodiado por dos compañeros motorizados, un agente de policía conduce su motocicleta hasta los alrededores del Estadio Tomás Arrieta, donde habrá de concluir el desfile y podrá darse cumplimiento al acuerdo. Pero el Sátiro no tendrá fuerzas para terminar la travesía. Lleno de alcohol y sin las vergüenzas de su personaje, se saldrá del desfile por una calle mocha, descenderá de sus zancos y tomará el camino a casa. Dos enviados suyos, miembros del grupo teatral, serán quienes reciban minutos después, en su nombre, el falo del Sátiro Alado en poder de los agentes que, como souvenir, conservarán la correa.

Temeroso de que la policía regrese por él una vez retorne la normalidad, Moreu se encierra varios días en casa y se entera por la radio de que ni su disfraz ni su propuesta artística han recibido reconocimiento alguno, cosa difícil de entender a la luz de cinco Congos de Oro, máxima presea de las festividades, que sus imaginativos disfraces han obtenido, de manera consecutiva, en los carnavales anteriores.

2

Darío Moreu no llegó por azar ni por capricho a su disfraz de Sátiro Alado. Hijo de un hombre tierno y una madre imaginativa, nació en el barrio Chiquinquirá de Barranquilla, cuando el carnaval era una fiesta viva que se cocinaba en las casas durante el año y salía cada enero a reclamar su verdadero epicentro en las calles.

Durante las fiestas, sus padres le enseñaban a bailar distintos ritmos y alimentaban su histrionismo natural, disfrazándolo de vaquero, de campesino o de viejito, pero el resto del año, la disciplina administrada por su madre lo mantenía a raya de cualquier pequeño acto de libertad, dentro o fuera del hogar.

«Rígida, moralista, mi madre nos educó en forma muy represiva. Recuerdo que se refería al sexo de mi hermana como al "cofrecito de plata" y al mío o al de mi hermano, como la "barrita de oro". De los tres a los ocho años nos sentó, limpios y vestidos de blanco, todas las tardes en la puerta de la casa, donde los niños del vecindario jugaban descalzos y sin camisa en el arenero. En esa quietud, mientras aquéllos realizaban sus ejercicios físicos, yo desarrollaba mi imaginación.»

Al principio monaguillo por curiosidad frente al ritual, el montaje teatral de los altares y el enigma de las estatuas, Moreu empezó a evadir después su tiempo en la iglesia, dedicándose a actividades más mundanas como el aseo, la cooperativa y la tienda del colegio, mientras en casa aprendía a portarse muy juicioso ante su madre para ir ganando con el tiempo la confianza que le permitiría conquistar la calle, desde entonces escenario de su verdadera libertad. Cumplía con las normas pero, lejos de ellas, aprendía a ser otro.

En su adolescencia, Moreu nunca llevó a su casa novias. Con las exigencias de su madre, ninguna habría dado la talla. Así que poco a poco, fue construyendo su propio espacio. El dibujo ensanchó su creatividad, ayudó a develar sus destrezas manuales y le mostró la posibilidad de crear, vivir y escapar a mundos más libertarios. Después descubriría el amor entre los laberintos de las casas de un amigo en Salgar y, en los libros, la obra maravillosa, llena de máquinas e inventos, de Leonardo Da Vinci.

El teatro fortaleció en el colegio su resistencia a la academia y terminó de ampliarle los espacios creativos que le había abierto el dibujo. La invitación de llevar a Bogotá una obra en la que trabajaba mientras estudiaba sociología en la universidad lo hizo abandonarlo todo por el teatro. Renunció a su carrera, habló con su padre y le pidió que, como apoyo, sólo le diera su pasaje aéreo a la capital. Allí estudió cinco años en la Escuela Nacional de Arte Dramático, donde inició un largo recorrido de veinte años por obras clásicas y modernas, identificándose con un teatro contestatario y de asalto, que monta a Barba, Grotowski, Brecht y Artaud en las calles de las ciudades adonde viaja con ese grupo llamado Las Rodillas son Duras o después con ese otro, La Papaya Partía, que funda con su mujer, Mabel Pizarro, y otros compañeros, durante los carnavales de 1983 en Barranquilla.

Esa primera comparsa que Moreu saca en las fiestas tiene ya una connotación diabólica. Se llama *Súcubos* y él mismo es uno de esos demonios femeninos que cohabitan con los hombres y buscan despertar con sus acciones la reflexión dormida del espectador. En el 86 visita a su ciudad con el disfraz de *Andrógino*, mitad hombre y mitad mujer, después trae con Mabel al *Amor más allá de la Muerte* y regresa por fin, en 1994, para quedarse en Barranquilla, con *Un Señor muy viejo con unas alas enormes*. Por ese entonces Moreu y su mujer conformarán su nuevo grupo Ay, Macondo, en abierto homenaje a García Márquez, un escritor que sabe profundizar el imaginario caribe y permite abordar nuestro absurdo, tan lleno de colores. Al año siguiente, Moreu y su gente ampliarán su disfraz individual y mostrarán *Un Señor muy viejo y su descendencia,* para llevarse por segunda vez consecutiva el Congo de Oro. Al año siguiente repetirán premio con *La Boda* y en el 98 será la apoteosis de *El Sátiro.*

«Desde mi regreso en el 94 —dice el artista— yo percibí un carnaval cada vez más reglamentado, prohibitivo y mojigato. En una ocasión habían sacado incluso un reglamento moral de lo que se podía o no hacer en carnavales. Yo había estado estudiando mucho a Bajtin, a Rabelais, conocía la esencia del carnaval frente a la oficialidad, quería provocar la reflexión sobre la función fundamental, liberadora, transgresora, de las fiestas. Bebí entonces de nuevo en la fuente común del teatro y el carnaval, repasé los mitos y me entusiasmé con Dionisos y el macho-cabrío, un ser mitad hombre, mitad bestia, de greñas revueltas, orejas puntiagudas y dos pequeños cuernos, que habitaba los bosques y perseguía lascivo a las ninfas».

El resultado es un semidios rojizo de dos metros con diez centímetros de altura, con un arnés y unas alas móviles de metro y medio en aluminio y un falo de setenta centímetros, fabricado como el resto del disfraz en tela, látex, espuma, fique teñido y plumas de pavo coloreadas. En un principio, el falo tenía un dispositivo oculto que permitía levantarlo a discreción, pero las primeras reacciones del público fueron tan controvertidas e inquietantes, que Darío optó por dejarlo en actitud reposada, apenas levantado por el roce de las piernas al moverse.

Nuestro pueblo es fálico y de una imaginación desmesurada, continúa Moreu. *El Sátiro Alado* es símbolo de vitalidad. Desde sus raíces más remotas, el carnaval está dedicado a Dionisos, el dios del goce, el éxtasis y la fertilidad. Icono de lo instintivo y lo irracional, del espíritu alcanzado a través de los sentidos, opuesto a Apolo, dios del análisis, de la lógica, la ley, el orden y la normatividad que reinan sobre nosotros el resto del año. Adorado por los griegos, el sensual Dionisos empezó a perder su lugar entre los romanos que lo embriagaron hasta la indignidad y terminó transformado en diablo por judíos y cristianos.

Diablo de la vida, aclara Moreu, pero visto desde lo erótico. No desde la moral sino para el goce del cuerpo. Por eso y siempre dentro del contexto del humor, el Sátiro busca en el público su mejor aliado, mientras su perfil de caricatura se burla del poder y de lo establecido con ese falo enorme y desproporcionado que, en su propia ridiculización, provoca risa en lugar de miedo.

El Sátiro Alado obtuvo en 1998 el Congo de Oro al mejor disfraz del Carnaval de Barranquilla. La profundidad de su concepto y la calidad estética de su objeto derrotaron las pequeñas objeciones morales que surgieron en el seno del jurado deliberador. Al año siguiente, Moreu y su grupo desplegaron su imaginación de nuevo a lo largo del carnaval, con su parodia caricaturesca de *Las Reinas*, tres mujeronas altísimas, de senos enormes y celulitis generosa, que simbolizaban la justicia, la guerra y la cocaína colombianas. También ese año el Congo de Oro fue para Moreu, quien decidió sacar el año pasado su Carnavalada, una retrospectiva de sus disfraces premiados, liderados por su Dionisos obsceno, de grandes alas y enorme falo.

3

Los desfiles del *Sátiro Alado* han sacudido los cimientos conceptuales del carnaval de Barranquilla y han puesto a pensar a buena parte de la comunidad. Desde pintores que lo señalan como vulgaridad o antropólogos que lo tildan de pornografía, hasta filósofos y sociólogos que lo ensalzan como octava maravilla y verdadero símbolo de las carnestolendas, son muchos los barranquilleros que coinciden en una cosa: el *Sátiro Alado* ha puesto su enorme dedo en la llaga abierta de una sociedad festiva que prefiere el silencio a meterse en camisa de once varas, pero que está necesitando al parecer con urgencia un replanteamiento de lo que entiende ella misma como carnaval.

En su casa-taller, donde coordina la preparación de unos tamales que le ayudarán a conseguir los millones de su próxima puesta en escena, Darío Moreu insiste en que nuestra fiesta popular debe ser un espacio de libertad, donde reinen el arte y la expresión popular.

La violencia, obviamente, no puede ser permitida, precisa el teatrero. Nada de lo que atente contra los derechos individuales y colectivos. Pero censurar al arte es algo que contradice incluso el espíritu de una verdadera democracia, lo que, dentro de la normatividad de Apolo, es lo más parecido al carnaval.

Si vamos a la historia, lo que propone todo carnaval es una suspensión de la realidad. Que lo que es norma durante el año deje de serlo en esos pocos días. Que, así sea por un instante, el ser humano pueda olvidarse de aquello que lo acosa en la cotidianidad: el alza en el transporte, la pesca milagrosa, los celos, la guerra, el IVA, los compromisos de la norma, todo eso que imposibilita su libertad de ser y de inventarse.

«Yo jamás me he arrepentido de lo que hice», comenta Moreu. «Entiendo que, en la vida común y corriente, lo que hice sería un irrespeto a la primera autoridad, pero estábamos en el espacio del carnaval, un ámbito único que permite este tipo de expresiones. Era él quien estaba en el espacio de Dionisos. Era el Presidente, allá arriba en el palco, quien estaba quizás en un lugar equivocado.»

El pacto de suspensión de la realidad que activa el carnaval devela sueños y sentimientos. Abre las compuertas de la inhibición popular. En los orígenes del carnaval, los mandatarios griegos sabían bien que, en ese espacio crítico de la fiesta, el pueblo revelaba buena parte de lo que sentía y pensaba sobre ellos mismos, su gobierno y otros representantes del Estado. Por eso, los mismos gobernantes preferían unirse al pueblo también, ocultarse o disfrazarse, para lograr vivir, como uno más, la maravillosa utopía de un universo sin poderes, sin otro propósito que el éxtasis, que los goces del baile, la alegría, el erotismo y el amor.

Me pregunto por qué nadie en Barranquilla pudo hacerse —o hacerle al Presidente— esta delicada observación. La pregunta forma, desde ya, parte del debate.

Texto publicado en la revista *Diners* en 2001.

Papá buhonero, portero chavista
Sergio Dahbar

No sé qué tipo de tratamiento habría diagnosticado el doctor Alois Alzheimer si hubiera conocido el estado mental de mi madre, pero mi padre un buen día se cansó de que Ethel lo despertara a las tres de la mañana para que le sirviera el desayuno o le repitiera por enésima vez una frase incomprensible sobre unos familiares de la provincia argentina que supuestamente habían regresado de la muerte para visitarla en Caracas, y decidió que tenía que buscar una ocupación que le permitiera distraerse.

Dejó de trabajar, porque su cuerpo había soportado los embates sistemáticos de dos angioplastias estilo *Terminator,* tres by pass, una lesión en la columna vertebral y un cáncer de próstata que le afectó el estado de los huesos, hasta que un día optó por la tranquilidad del hogar y la felicidad de los nietos. Pero lo cierto era que su casa también había dejado de ser un territorio apacible y necesitaba aire fresco.

Como ya había descartado su profesión de industrial que reciclaba chatarra para conseguir láminas de cobre a través de un sistema electrolítico milagroso y complicado, Julio César tuvo que comenzar de nuevo su vida laboral. Y no encontró mayor empacho en imaginarse otra existencia como buhonero. En verdad, su propia historia se hallaba sembrada para incorporar esa experiencia: había sido copropietario de una discoteca en su juventud, coleccionista de antigüedades, carpintero, y más tarde adquirió en una comuna hippie destrezas inimaginables para confeccionar chaquetas de cuerpo, cosidas a mano.

Una de las más bellas que llegó a fabricar, con trozos de cueros de diferente color, como las que usaban las actrices de Hollywood cuando actuaban en las reservas indias del lejano oeste, tuvo una utilidad legendaria para la familia: se la regaló a un funcionario de la Diex, frente a la plaza Miranda, para que le agilizaran el trámite de la cédula de identidad y lo exiliara del infierno de los indocumentados. Y lo consiguió. Yo nunca llegué a imaginarme al burócrata aquel, vestido como un comanche, en un día de fiesta en los alrededores de Guarenas.

Cabe destacar a estas alturas de la nota que el padre del editor adjunto de un periódico nacional no pudo imaginar mejor gracia para convertirse en buhonero que alquilar un kiosco de periódicos. Era una forma soterrada de entrar en el negocio callejero, con la anuencia intelectual de la lectura de matutinos y semanarios prestigiosos, revistas para adolescentes y tarjetas de teléfonos prepago. La trampa había sido concebida como un crimen perfecto.

Mi padre, desocupado y sin oficio, había conseguido un puesto de periódicos, que además agregaba un valor fundamental a su calidad de vida: la conversación con la comunidad que lo rodeaba y que atravesaba la grata avenida Los Jabillos de Las Delicias de Sábana Grande, en dirección norte sur, exactamente en el cruce con la calle Las Flores. Todo a escasos pasos de las oficinas del Instituto Nacional de Geriatría. Su habilidad con las manos y con los metales le permitió pintarlo y renovarlo como pocos en la zona, ampliarlo y acomodarlo, y sobre todo volverlo más seguro. No lo sabíamos, pero estaba fundando una ilusión.

Detrás de la fachada impecable que casi dejaba traslucir la idea de que mi padre había logrado montar una librería, se escondían sus más secretas apetencias buhoneriles. Un día, comenzó a vender empanadas caseras (con crema de jojoto, con pollo picante, con carne, con espinaca y queso) que mi padre cocinaba en las madrugadas. Jugo de naranja que había sido exprimido unas horas antes, y un guayoyo caliente que alegraba la mañana.

Como me explicaría más tarde, arañando una justificación, todo este desarrollo lateral de negocio había que entenderlo como una oportunidad frente a la desgracia de levantarse tan temprano todos los días, después de que mi madre lo persiguiera por la casa con sus historias de antepasados. Una oportunidad que él había decidido aprovechar, como si se tratara de un emprendedor de veinte años que quisiera comerse el mundo.

Parecerá mentira, pero la enorme inquietud y cierta desesperación que causaba en el ámbito familiar el estado de la memoria de Ethel comenzaron a desplazarse a la periferia por momentos, gracias a las noticias que provenían del puesto de venta de periódicos de mi padre. Un puesto con enormes ventajas para movilizar empanadas, jugos y cafecitos mañaneros.

Tanta atracción despertó este incipiente negocio de la tercera edad, que los nietos comenzaron a solicitar que después de clase fueran trasladados al puesto de venta de periódicos del abuelo para compartir con él sus hazañas cotidianas y colaborar con su gesta personal. Les fascinaba además advertir una y otra vez esa naturalidad que mostraba mi padre para conversar con desconocidos como si los conociera de toda la vida. Si uno se detenía un segundo, advertía la magia de una comunidad en acción, atada apenas con las ocurrencias verbales de prestidigitador de Julio César.

No era ésta la única ocupación casera que distraía mis labores como director de contenidos de un medio de comunicación que se encontraba en la picota de todas las suspicacias inimaginables. Otro terremoto había comenzado a conmover los cimientos de mi propia casa: el portero del edificio, un tipo que se había vuelto incontrolable por los continuos abusos, al que todos los vecinos (siete familias apenas) le temían porque era chavista y no lo ocultaba, era el principal sospechoso de haberse robado el gimnasio que se encontraba en la planta baja: cinco equipos multifunción que sólo era posible transportarlos con un camión pesado.

En un país carcomido por los resentimientos y los miedos, todas las paranoias se dispararon entre los vecinos. Mi mujer me dio la noticia del robo de los equipos del gimnasio y aprovechó para recordarme otros defectos del sujeto: alquilaba los puestos del frente del edificio a terceros, metía carros de noche en el sótano sin permiso de los propietarios, y hasta le falsificó la firma a un ex presidente del condominio para sacarle dinero a la administradora del edificio. Otro colega (que cubría los turnos de los fines de semana) lo acusó de meter mujeres en la caseta de vigilancia en las noches y ofreció pistas que lo incriminaban en la desaparición del gimnasio.

Lo curioso es que nadie quería poner la denuncia en la policía contra un chavista, menos aún presentar un expediente en el Ministerio de Trabajo, con suficientes causales de despido, porque la inamovilidad laboral lo protegía. Era un obrero y sus derechos estaban resguardados. Nadie podía imaginarse las desgracias que lloverían sobre el edificio —repetían— si se intentaba una acción contra semejante delincuente.

Mientras en mi domicilio particular se revelaba la presencia de un psicópata que aterrorizaba a los vecinos, en la casa de mis padres todo comenzó a transformarse del día a la noche. No sólo porque se aceleró el movimiento interno con ocupaciones nuevas, que se agregaban a las que ya había impuesto Hilda, la enfermera de mi madre. La cocina por ejemplo dejó de ser aquella que yo había disfrutado en mi época de estudiante. Cambiaron el horno, porque las empanadas exigían fuego seguro, y la cocina se nubló con cacerolas, ollas y sartenes que no existían en el pasado.

La industria alimenticia iba en ascenso y nadie quería detener ese empuje. El sismo era grande, y se gestaba en el piso doce de un edificio de La Florida, muy cerca de tres sitios emblemáticos de la capital que estaban a punto de dejar de ser lo que habían sido: la casa nacional del partido Acción Democrática, la funeraria Vallés y la agencia de festejos Mar, donde la política, la muerte y la celebración confluían bajo unos jabillos espectaculares.

Un buen día mi padre dio un paso al frente y agregó al rubro de los alimentos de paso otra de sus pasiones más antiguas: los objetos usados que coleccionaba en los depósitos de chatarra de unos italianos mafiosos (que conocía de su época de industrial metalúrgico) y que luego de una limpieza severa y de pulirlos con antojo de anticuario, renacían como si fueran piezas de coleccionista.

Cierta mañana advertí que los periódicos, los semanarios y las revistas habían pasado al territorio de la nostalgia. Exigían tiempo, orden, administración pulcra, y dejaban escaso rendimiento. Sirvieron para el arranque inicial, pero se volvieron rápido un estorbo sobre la espalda de un hombre mayor que gozaba alimentando, contando historias de objetos extraviados, y oyendo los cuentos de la gente que se detenía a tomar un café. Nada mal si se entiende que mi padre buscaba distraerse de todas las adversidades que lo acosaban.

Nunca entendí si la gente se acercaba al kiosco por la necesidad (tomar un café, comer una empanada y empujarla con un jugo), o por la fascinación que solía despertar mi padre a la hora de contar una historia divertida que tenía infinitas ramificaciones, mucho sentido del humor, y una capacidad envidiable para comprender la naturaleza de los sentimientos de los antihéroes que las protagonizaban.

Ese don le permitió por ejemplo recuperar a un paisano de Argentina, abogado de guerrilleros en los años setenta, que había sido amigo de un sobrino peronista que llegó a convertirse en diputado en la provincia de Catamarca. El abogado encontró fortuna en Venezuela y de vez en cuando lo visitaba. También le permitió conocer a una dama colombiana muy amable, que le propuso comprarle una propiedad —que mi padre no había podido vender en los Valles del Tuy— con trescientos mil dólares en efectivo, porque a ella le gustaban los tratos directos, sinceros y sin intermediarios.

Si acaso hubiera imaginado que todas las cosas extrañas que le pueden ocurrir a una persona me iban a pasar a mí, juntas, al mismo tiempo, me habría equivocado. Faltaban hechos y circunstancias. Así lo supe cuando mi mujer me llamó, aterrada. Una joven de la empresa que realiza el mantenimiento de los ascensores del edificio llamó porque no habían recibido el pago de los últimos tres meses. Sospechaban tanto del cobrador como de algún cómplice en el edificio. Ingenuamente, pregunté que quién le pagaba al cobrador. El portero, fue la respuesta más obvia.

La presidenta del condominio puso la denuncia en el banco, para localizar los cheques y tener finalmente una prueba contundente contra nuestro Némesis. La gente de Atención al cliente le advirtió que la investigación podía demorarse. Con lo cual no se podía tomar tampoco ninguna medida contra quien utilizaba el edificio como centro de estafas y de suministros. Sólo cabía la distancia estoica de quien espera mejores tiempos para actuar contra el agresor.

Así transcurrían mis jornadas, con innumerables episodios que perfectamente hubieran podido enhebrarse una tras otra en una comedia negra de equivocaciones. A veces me preguntaba en silencio si la existencia en Australia o en Brasil sería similar a la que yo me encontraba encadenado, como Prometeo. Nunca obtenía respuesta.

Lo que sí sabía era que mi padre había resuelto su problema más inmediato con la construcción de su *Shangri La* personal, suerte de plaza medieval con locos y avispados, y donde siempre podían aparecer saltimbanquis, maromeros y escupidores de fuego. Pero entendía también que ese oasis en su vida tenía los días contados. La amenaza de las invasiones de edificios desocupados, como tantos otros fantasmas nacionales, había pasado de la fabulación y la histeria escuálida, a las más ingrata y peligrosa de las realidades.

El 6 de diciembre del año 2003 sonó mi celular, que me tenía acostumbrado a las noticias desagradables y a las tormentas de la realidad, y supuse que se trataba de otra perturbación a punto de estallar en nuestras manos, cuando descubrí su voz al otro lado del aparato. Yo estaba en la reunión de pauta, en el vientre del periódico, con cincuenta noticias en la mano, a punto de decidir con qué jerarquizar el diario del día siguiente, cuando de repente Julio César me puso al tanto de un hecho que desconocíamos. Habían invadido el edificio que se encontraba enfrente del kiosco de mi padre: él presenció todos los acontecimientos como un camarógrafo en la línea de fuego. Aseguró que esa noche me tendría más noticias, porque —me aclaró con una certeza de metal— «tengo un infiltrado adentro».

«Cómo así» indagué yo, sin entender de qué me estaba hablando. «No se puede hablar por teléfono. Esta noche te cuento», me respondió y se borró de la conversación. Y esa noche me relató una historia que tenía el sello singular de su kiosco y mi edificio, como si ambas realidades se hubieran solapado. La invasión había sido largamente postergada, porque los propietarios en un intento vano por defenderse construyeron un muro interno en el edificio, suerte de muralla de contención para frenar a los desadaptados que intentaban meterse a la fuerza en todos los inmuebles desocupados de Caracas.

La construcción del muro duró tiempo, o bien porque no se conseguían los materiales, o bien porque los obreros bebían demasiada caña y se perdían días enteros. Y consumió la paciencia del puertorriqueño que supervisaba la obra. Cuando estuvo lista aquella pared, hasta los vecinos de otros edificios cercanos le confesaron a mi padre que se sentían más seguros y protegidos. Abrieron una botella y hasta brindaron, porque creían que habían exorcizado el peligro mayor. El propietario fue más allá: quiso asegurarse que no habría problemas y contrató un guachimán de una empresa de seguridad cercana a su familia, propiedad de un compañero de bachillerato. Más no se podía pedir.

«Ciego a las culpas, el destino puede ser despiadado con las mínimas distracciones», escribió Borges. Los invasores no tuvieron que derribar un ladrillo, porque el guachimán en un segundo, sin mayor esfuerzo, les abrió las puertas. Había sido seducido por una muchacha que lo invitó a pasar una noche en uno de los apartamentos solitarios del edificio. No pudo negarse a semejante banquete, que no llegó a consumarse, porque una vez que abrió la cerradura aparecieron tres sujetos con armas en la cintura y radios portátiles en las manos, que dejaron entrar a mujeres embarazadas y niños.

Los hombres armados subieron a la terraza, donde se ubicaron para repeler cualquier intento de desalojo. Algo curioso ocurrió en el interior del edificio. Casi ninguno de los nuevos inquilinos sabía lo que era un ascensor. Por eso empezaron a formar una fila india, esperando turno para subir y bajar, como si estuvieran montándose en una nave espacial a punto de despegar para la luna. Así estuvieron el resto del día, hasta que el agotamiento los empujó hacia los apartamentos.

Como en el relato *Casa Tomada,* de Julio Cortázar, la familia propietaria había resguardado los muebles de sus antepasados en diferentes departamentos vacíos. La cama de una abuela fue a parar al séptimo B, junto a otras reliquias personales de la anciana. Ni un solo objeto logró sobrevivir demasiado tiempo en pie. Salvo un árbol de Navidad, que una hermana del propietario guardaba el resto del año en uno de los departamentos del piso diez. Lo desempolvaron, lo abrieron y lo montaron en la planta baja, para que la entrada no luciera triste en diciembre.

Le pregunté a mi padre que cómo conocía semejantes detalles, si en los edificios invadidos casi nadie que sea ajeno a la toma puede ingresar. Me aclaró que los propietarios habían habilitado tres apartamentos para mejorarle la calidad de vida a unos empleados de la familia que no tenían dónde vivir. Entre ellos se encontraba el puertorriqueño que había supervisado la construcción del *Muro de Berlín* en la planta baja. Los invasores no los agredieron al principio, los dejaron sobrevivir dentro de sus espacios, pero luego la convivencia se volvió insostenible y abandonaron el edificio, junto con la conserje, que no pensaba trabajar para vagos y maleantes. Así se enteraron los vecinos de lo que ocurría en el cuerpo de esa propiedad.

Así se supo que todas las cañerías habían sido clausuradas con piedras y escombros, que hicieron fogatas con puertas y estanterías y clósets, y que cada inquilino debía pagar alquiler por vivir en los departamentos, como una contribución a la causa de la invasión de inmuebles de la capital, actividad rentable como pocas en los años de la revolución. De esa manera también los propietarios tuvieron noticia de una expedición de invasores que había descendido al sótano con los planos originales del edificio, para sellar los accesos y evitar que algún arriesgado equipo de desalojo intentara retomar la plaza perdida.

La calle perdió el encanto que tenía. Se volvió más insegura, violenta... Los peatones que pasaban con regularidad fueron abandonando la zona. Y el tráfico descendió, como si una suerte de maldición hubiera caído sobre esa esquina de la ciudad. Mi padre dio por concluida su temporada en la vida callejera, cerró el kiosco con candados enormes, y rápidamente puso en venta lo que más valor tenía, la ubicación de un negocio que había comenzado como una fachada intelectual y que derivó en la cueva de unos zagaletones que se hacían pasar por románticos que querían cambiar el mundo.

Texto publicado originariamente en *Letras Libres,* núm. 46, julio de 2005.

Relato de un secuestrado
Álvaro Sierra

I. Secuestro

Cuando vio al hombre barbado, de ruana, parado en un promontorio entre retazos de niebla, supo que era Romaña, supo que estaba en el Sumapaz y supo que su secuestro era para largo. Silbaron desde arriba ordenando detenerse a los dos guerrilleros que lo escoltaban, y tuvo miedo. Pero, no bien el negro alto que estaba al lado de Romaña bajó corriendo y empezó su primer interrogatorio formal, supo que, aunque estaba completamente a su merced, la información de sus captores era bastante primitiva, y que al menos en algo su suerte dependía de él mismo.

Para entonces, llevaba dos semanas secuestrado. Como vivía en un área urbana, la operación estuvo a cargo de una banda especializada, que lo entregó enseguida a las FARC. Toda la familia había tomado precauciones; los dos últimos meses habían detectado que los seguían, y hubo llamadas exigiendo dinero bajo amenaza de secuestrar a alguno. Lo escogieron bien: no era rico pero era el consentido y tenía mujer e hijos; en consecuencia, podían tanto presionarlo a él como usarlo para arrinconar a su madre viuda y sus hermanos —así, sin sentimentalismos, aprendió a considerar su situación en los ocho meses que estuvo a la fuerza en el monte.

Cayó tontamente. Le propusieron una tierra; desconfió, pero finalmente accedió a encontrarse con el vendedor. Llegó un poco antes y cuando el hombre apareció le dijo que a fin de cuentas no quería hacer el negocio. El otro, apesadumbrado, bien vestido, le preguntó hacia dónde iba y le pidió dejarlo cerca de su casa. Después, fue lo de siempre. A plena luz del día un taxi y un auto lo cerraron. Encañonado, se dejó meter en el asiento trasero de su campero y reconoció la carretera, asfaltada, primero, polvorienta, después, por donde lo llevaron hasta un grupo de ocho uniformados. «Tranquilo, patrón, que esto se cuenta con lo otro», le dijeron al quitarle el medio millón de pesos que había retirado de un cajero, antes de adentrarlo por una trocha hacia la cordillera, dejándole por fortuna ponerse las botas de trabajo que siempre llevaba en el carro.

Al día siguiente llegaron a un campamento, en el cañón de un río. «Para entonces, la primera fase, la del choque, cuando uno no atina ni a pensar, ya había pasado, y estaba en la segunda, la del desconcierto», me dijo, pasando revista como un médico a las etapas sicológicas de las primeras semanas de cautiverio, que la guerrilla conoce y aprovecha. «Por ellas pasé yo, pasan todos los secuestrados, y más de uno se quiebra. Y las FARC, que lo saben, lo explotan a la perfección. Después de vivirlo en carne propia y de verlo muchas veces en mis compañeros de cautiverio, me convencí que, más allá de lo que uno pueda sufrir, el secuestro es un sistema y la única forma de sobrellevarlo es entendiendo en qué está uno metido.»

Sólo entonces, un comandante se identificó con su nombre y el número del frente de las FARC, y le informó que se trataba de una retención económica. Le dieron una cobija, le cuadraron un cambuche donde dormir, separado de los guerrilleros. De noche, cada 15 minutos le alumbraban la cara. Ahí, solo y ante el dilema de fabricarse una rutina o enloquecer, hizo un rosario y una crucecita con hilo negro y unos palitos y empezó a rezar. «Todos los secuestrados lo hacemos.» A los ocho días, cuando le dijeron de pronto «levántese que nos vamos», sin explicar a dónde, ya había superado el desconcierto y empezaba a pensar: «Bueno, estoy secuestrado; ¿cómo voy a afrontarlos?».

* * *

Cuando vio a Romaña, estaba aterido de frío y embotado por una caminata hipnótica de jornadas de diez horas entre los pantanos y la lluvia a medida que subían al páramo. «Ésa es la tercera fase, la etapa crítica. Lo que uno piensa, sus deseos, su vida, se reducen a una sola cosa: descansar.» Los captores lo saben y lo usan sabiamente. En esa semana de marcha que demolió su escasa resistencia urbana, le pusieron al lado un guerrillero conversador y buenagente que le ofrecía refresco, le decía que lo llevaban a soltarlo y, en tono de amigos, le preguntaba, dejándolo descansar y brindándole un cigarrillo: ¿«Sí será verdad lo que dice el comandante que usté tiene cinco mil vacas lecheras en su finca?». Era tan campesino, tan falto de sutileza para sonsacarlo, que le decía que estaban en el Huila, cuando él sabía que no habían salido de Cundinamarca.

Lo que el acompañante de Romaña interrogó era una piltrafa humana, con los pies ampollados e irreconocible por el mugre, a la que tuvieron que cambiarle los pantalones vaqueros destrozados por una sudadera que le quedaba cortica. Nunca supo de dónde, pero sacó fuerzas para entender qué se jugaba. El hombre se le paró enfrente, libreta en mano. Sabían de dos fincas pero no de su extensión, hablaban de cinco mil reses, él se plantó en 600, sumó la casa —de un piso, no de dos, dijo—, un solo carro, añadió la cuenta bancaria y préstamos, y con los ojos severos del interrogador clavados en los suyos le dijo que si lograba juntar 150 millones sería mucho. «El tipo me pidió un teléfono; con una mirada amenazante me dijo que iban a verificar, y se fue sin más.»

Le dieron un día de descanso en un campamento grande, con varios cientos de guerrilleros, que supuso era la base central de Romaña. Después se enteraría que todos los secuestrados, los que subían del Llano por la montaña y los que traían de Bogotá, como él, por cuchillas tapadas de niebla, pasaban por allí antes de seguir viaje hacia abajo, al Cañón del Duda, adonde se lo llevaron al día siguiente. «Dentro de la zona de distensión», asegura.

En los dos días de bajada su parsimonioso y único guardián le daba a veces un kilómetro de ventaja: el territorio era de las FARC, la fuga una locura. Una tarde, le mostró desde un filo unas casitas. ¿Fincas? No, «comisiones». En cada casita campesina colgada de la loma, un grupo de seis u ocho secuestrados aguardaba, custodiado por una docena de guerrilleros, el resultado tortuoso de la negociación de sus rescates. Cada una era una «comisión». Ya cayendo la noche, el comandante León, «el primer guerrillero culto y bien hablado que veía en dos semanas», lo hizo entrar a la casa y mandó a avisar a los otros secuestrados que les había llegado un compañero nuevo.

II. Cautiverio

Cuando su familia recibió la primera llamada, él llevaba tres meses secuestrado y había entendido la regla básica del negocio, la sola posibilidad de una persona en la posición de un animal para seguir sintiéndose persona: el tamaño del rescate depende menos de la habilidad negociadora de los parientes que de lo que revele el secuestrado a unos captores que compensan lo primario de su servicio de inteligencia sometiéndolo a una presión inmisericorde. Para la familia, en cambio, como me dijo uno de los hermanos, «si el secuestro fue el primer choque, la primera llamada fue el segundo: pidieron un millón de dólares».

* * *

Curiosos, parcos, sus compañeros de «comisión» lo recibieron en el cambuche al cual lo despachó, después de presentarse y decirle que si no creaba problemas lo tratarían bien, el comandante Pablo. Del saco que cada uno mantenía, con propiedades heredadas de los que iban saliendo, le reunieron una muda de ropa limpia y una cobija. Hablaron poco, rezaron con la camándula hechiza que él traía. Dormían sobre unas tablas en horcones, uno junto a otro. Sólo cuando le tomaron confianza entendió por qué al comienzo lo pusieron en el medio: en los extremos pasaban la noche, clandestinos, los secuestrados más importantes: dos radios de pilas en los que oían a escondidas los mensajes que sus familiares ponían en la Voz del Secuestro.

Eran cinco. Orlando, un ferretero de Usme, llevaba, como Julio, dueño de una finca en la Sabana, tres meses; Cándido, un transportador, estaba hacía cuatro; los veteranos, con seis meses, eran Mario, un ingeniero, y Don Elías, un anciano avaro y soberbio. Pequeña sociedad que a lo largo de los meses, con secuestrados que llegaban y compañeros que salían liberados, iba sufriendo cambios y tensiones. «No es fácil convivir cuando todos vienen de ser patrones.»

Supo de «comisiones» donde secuestrados ricos discriminaban a otros, que consideraban ordinarios. En la suya había quien, esperanzado, cumplía el rol del preso servil con los guardianes, y quien, quebrado, lloraba. Un político que trajeron después se creía víctima de una equivocación pues su papá había conocido a Tirofijo en tiempos de la guerrilla liberal. Hubo hasta quien, opinando que el clientelismo funciona en el monte, intentó sobornar al comandante. El golpe más duro para todos fue la llegada de Carlos, un niño de 14 años, que estuvo seis meses; él tuvo que dedicársele las primeras dos semanas para que entendiera que no se iba a ir al otro día.

Ésa era otra de las fases sicológicas de las primeras semanas de secuestro, «la del positivismo, de creer que uno se va a ir rápido», me dijo. Sabía por amigos que un secuestro normal dura diez meses y que sólo la actividad podía salvarlos. Se los dijo. Pidieron permiso e hicieron un comedor. Después, se dieron cuenta que el comandante León era enfermo por el ajedrez. Dos de ellos jugaban, a cambio de que los dejara pasear hasta una lomita cercana. Allí, dos veces por día, hablaban con entera libertad. Después, improvisaron unas pesas y hacían gimnasia. Contrarrestar la inacción les daba moral; con el deporte empezaron a dormir mejor sobre las tablas.

La rutina la establecían las comidas. Siete y media de la mañana, a asearse en la quebrada; a las ocho, en la ollita y con la cuchara que dan los guerrilleros, un caldo, que se toma, se juaga la olla y se llena de café o chocolate, y la «cancharina», una arepa de trigo frita; de once y media a doce, el almuerzo, y de cinco y media a seis, la cena, ambos consistentes en arroz o fideos, lenteja o frisoles, y plátano, o papa, cuando había. Las patas, el pescuezo de una gallina que les dejaban a veces, eran un festín que se rifaban. A las tres de la tarde, la terapia de grupo de los secuestrados: el rezo colectivo. Para las necesidades, el «chonto», un hueco en la tierra; para orinar de noche, se pedía permiso.

«Pasados el choque inicial, el desconcierto, la ilusión de salir rápido, uno empieza a buscar respuesta a una pregunta obsesiva: ¿por qué me tocó a mí? Entonces llega la fase que muchos no superan: uno se acuerda de todo lo malo que ha hecho en la vida y lo carcomen los remordimientos», me dijo. Sus captores, perfectos conocedores de lo demoledor de esas primeras semanas de cautiverio, no los maltrataban físicamente pero explotaban con siquiátrica perversidad las debilidades de cada uno para completar su fragmentaria información financiera.

A Cándido, que pescaron con la moza y una cama king size en el techo del carro, le decían que iban a entregar el carro y la cama a su esposa, y al pobre lo devoraba la duda de si ésta lo sacaría o no. Doña Laura, que llegó después, bajo la sugestión de que sus hijos no querían pagar, delató un CDT de 50 millones que tenía, y su negociación, que estaba casi resuelta en 15 millones, se subió a 80 y tomó tres meses más. Mario, mal casado con una mujer rica, cayó con su novia; a los tres días los separaron, y a él, que sufrió todo el tiempo por eso, nunca le dijeron que a ella la habían soltado casi de inmediato. «Mañana como que traen un caballo para llevárselo», bastaba decirle a Don Elías para que el viejo, convencido de su pronta liberación, dejase de comer y dormir. A un anciano que llegó de otra «comisión» le daban una pala para cavar su tumba, y, ante el hueco listo, se echaban a reír. «Se ensañan con los viejos porque son los que, en últimas, dicen a la familia cuánto pagar.» A nuestro secuestrado, ranchado en las cifras que les había dado, se la montaron de paramilitar. Ahí sí tuvo miedo. Pero se mantuvo y terminaron dejándolo en paz.

«En esos primeros tres meses, no llaman; los están trabajando», me dijo uno de los hermanos. El choque brutal de los primeros días, el cansancio animal de las marchas, el estupor de verse en el monte, vencen a muchos; por impotencia, por rabia, por ilusión de salir rápido, hablan. Una vez exprimidos, los olvidan en alguna «comisión» y se dedican con calma a ablandar la familia. «Si el secuestrado supiera en qué medida depende de él mismo lo que se termina pagando...», suspiraba el hermano, describiendo esos días.

El golpe de gracia era la llegada del caballo. ¡Alguien iba a salir! Podía ser para bajarlo a La Julia, en la selva, adonde llevaban los peces gordos, y eso era sinónimo de un secuestro de 14 o 16 meses. Pero casi siempre era para subirlo al páramo. ¡La liberación! Y cada uno acariciaba en secreto la idea de que sería su turno. Eso creyó Don Elías cuando se lo llevaron. Les dejó todas sus pertenencias y se fue feliz. A los ocho días lo trajeron de vuelta, tieso de frío y moralmente destrozado. Lo habían subido sólo para llamar a la familia. El viejo se rebeló, no dijo que pagaran lo que el hermano de Romaña quería, y lo devolvieron sin contemplaciones sabiendo que el tiempo, en el monte, es de los secuestradores. La ceremonia de retornarle las cosas que les había dejado los tuvo a todos deprimidos una semana.

* * *

Cuando pidieron un millón de dólares en la primera llamada, la familia contestó estupefacta que ante semejante suma no podía ni ofrecer. El comandante León le preguntó a nuestro secuestrado el número de baños de su casa, evidente prueba de supervivencia. Dedujo que la negociación había empezado. Una mañana, dos meses después, lo despertaron temprano. «Monte, que va pa'l páramo», le dijeron, señalándole una yegua. Llevaba cinco meses de cautiverio.

III. Negociación

Sus hermanos, su mamá, su mujer, que creían derruido al consentido de la casa, no sabían que los cinco meses de cautiverio en el monte lo habían convertido casi en un veterano. Debería pasar otro mes antes que él lograra hacerles llegar el mensaje escrito que fue decisivo en la negociación. Y a él le faltaba afrontar una prueba terrible.

«Entrar en un secuestro es entrar en un submundo», me dijo el hermano. Hay avivatos, que los llamaron varias veces, diciendo que ellos lo tenían y era mentira. Hay intermediarios desinteresados, y a través de uno de ellos, lograron, por fin, transmitir una clave para que los llamaran citándola —sólo así podían estar seguros de hablar con los verdaderos captores—. Existe el Gaula, pero corren rumores de que, además de gente profesional, hay dineros que se pierden, negocios que se tuercen. Hay negociadores expertos, y uno resultó ser amigo. Y están la vasta y secreta cofradía de los secuestrados; el flujo de los que van saliendo libres, con la casualidad difundiendo de conocido en conocido un rumor, un dato que, a veces, llega hasta la familia en cuestión, y la laboriosa red de mensajes que traen, escondidos con ingenio de preso, los liberados.

Se negocia a ciegas, con los captores explotando a cuentagotas la incertidumbre de la familia sobre el verdadero estado del cautivo. «El que apura la negociación está perdido», sentencia el hermano. Desesperada pero bien asesorada, la familia se había resignado a esperar diez meses, un año. Del millón de dólares inicial, la guerrilla se había bajado a 600 millones de pesos. Ellos, sin cañar, insistían en que era una suma imposible. Orlando, uno de los secuestrados, había salido libre y trajo una razón providencial: nuestro secuestrado estaba bien, no había hablado de más y oía religiosamente la Voz del Secuestro. Desde entonces le pusieron mensajes sistemáticos.

* * *

La subida al páramo a caballo duró tres días y al llegar lo llevaron directo al hermano de Romaña. «Vea la carretera; cuadre y se va», le dijo, anunciándole que lo habían traído para hablar por teléfono. «Llore o enverráquese, pero convénzalos», espetó, desenfundando una pistola y pasándole el celular. Encañonado, se quejó, pero su madre, tranquila, al otro lado de la línea, le dijo en clave que la razón de Orlando había llegado. «Tenga calma, mijo», se despidió.

Le dio duro volver a bajar. Pero fue pasajero. En su grupo se había vuelto un líder. Daba ánimo a los demás, preparaba a los recién llegados contra las artimañas de los captores. Cándido, que había salido, le dejó uno de los dos radios, e invertía su tiempo en oír los mensajes y transmitirlos a todos.

De la docena de guerrilleros, tres tenían quince años y cuatro eran mujeres. León, el comandante, era estricto y decente. Rábano, el segundo, también enfermo por el ajedrez, negociaba partidas a cambio de dejarles oír noticias por radio. Luis, de extracción urbana, hacía el papel del interrogador malo; Willington hacía el del bueno, les conseguía jabón, papel higiénico, un cepillo dental, y varios del grupo cayeron, dándole preciosa información. Eduard llegó convaleciente de una herida y era un tramposo de miedo jugando parqués. «Yo me dejaba ganar y no me la montaba, pero con el orgulloso Don Elías, que le peleaba, se desquitaba poniéndole carne dañada en su plato.» Mónica les robaba relojes y anillos. Los niños les soltaban piecitas de información: «Van a liberar a fulano; van a traer uno nuevo».

Para los jefes, la «comisión» es un premio, un descanso. «El comandante encargaba café a las guerrilleras como a muchachas del servicio». Sólo respondía por las comunicaciones, cada tres horas, de seis a seis. A los rasos se les ponían misiones para mantenerlos ocupados. «Los mandaban a caminar dos días para ir a cargar una batería.» Creyó entender que la guerrilla ataca pueblos para mantener en alto la moral de la tropa, con victorias. Oyó con ellos la Voz de la Resistencia, la emisora de las FARC, tan parcial como los partes de las fuerzas oficiales colombianas. La disciplina guerrillera le pareció fundada en el temor, no en la convicción. Uno le contó que la deserción se castiga con el fusilamiento. A dos cocineras que dejaron dañar la carne de un cerdo, las ajusticiaron. Uno de los niños le dijo: «Usté sale; nosotros estamos aquí pa' toda la vida». Al guerrillero que cometía una falta lo ponían a cocinar un mes, le aumentaban las guardias, hasta lo amarraban a un palo. Las mujeres tenían que pedir permiso para cambiar de compañero.

* * *

Cuando ya tenían una rutina hecha y casi se habían vuelto una sola sociedad con sus captores, sobrevino el desastre. Por un error de Cándido en un mensaje radial que envió después de salir libre, se descubrió que tenían radio. Al comandante León lo reemplazó Iguarán, un demonio barbado. Creyeron calmarlo entregándole uno de los dos que tenían. Pero una noche ordenó levantar la «comisión» y se los llevaron ocho horas monte arriba. En el nuevo sitio, los amarraron, uno a uno, a árboles distantes entre sí unos diez pasos, y les hicieron cambuches individuales. Así, en esos calabozos de confinamiento solitario improvisados en un monte cerrado y gélido donde no entraba el sol, los tuvieron 43 días.

La crueldad llegó a sus límites, recuerda. «Una mañana de sol llegó un guerrillero con la pistola en la mano. Me desató. "Levántese; camine hasta allá", ordenó, señalando un cerro. "Siéntese aquí", dijo cuando llegamos. Yo me santigüé, convencido que me iba a matar. Pero se fue, y volvió al rato con otro secuestrado, y otro, hasta que los trajo a todos. Era para que tomáramos el sol.»

Con el alambre de una esponjilla, él instaló en su árbol una antena improvisada para el único radio que les quedaba. Como estaba prohibido hablar, transcribía a cada uno su mensaje en papelitos. El riesgo era lunático pero esa voz anónima —y una biblia que se leyó de cabo a rabo— fue lo único que le impidió enloquecer en esos 43 días que ni a él ni a los otros se les van a olvidar nunca. Ahí, con dos secuestrados que trajeron de allá, se enteró de La Julia, el lugar de la selva donde se llevan los rehenes importantes. «Salís a cagar y hay panteras», le dijo, gráfico, uno de ellos.

De allí salieron, liberados, varios secuestrados. Con uno logró enviar el primer mensaje escrito a su familia. Yo tuve en mis manos los siete papelitos menudos, escritos en una letra minúscula en tinta de bolígrafo corrida por la lluvia, que, con mañas de preso, hizo llegar a su familia en los ocho meses que estuvo secuestrado. Pedía a sus familiares llevar la negociación al límite, desconfiar, pues los guerrilleros estaban haciendo «la vuelta» con los rescates: recibían la plata acordada después de meses de negociación, y no entregaban al secuestrado sino que pedían más. Por radio, en clave, entendió que su familia había recibido ese primer mensaje. Y, pese a que la prueba terrible de vivir amarrado a un árbol como un perro lo estaba doblegando, se dispuso a esperar.

IV. Liberación

Cuando les dieron de pronto la orden de ponerse en marcha, era noche cerrada, habían pasado seis meses y medio desde que lo secuestraron y él no sabía ni lo cerca que estaba su liberación ni que se iba a salvar por un pelo de que, como a varios de sus compañeros, en lugar de soltarlo, lo dejaran preso para pedir más dinero. La forma como su familia craneó el pago del rescate lo decidió todo.

En el momento en que para él y su grupo terminaban los 43 días amarrados a los árboles, el monto de su rescate ya estaba acordado. Su madre, que ahora manejaba la negociación, había pedido un último plazo para reunir el dinero pues préstamos y propiedad vendida a la carrera no alcanzaron. Él, por el radio, tenía una idea vaga de que la negociación avanzaba, y eso era todo.

Caminaron casi toda la noche, hasta una casa vecina a su antigua «comisión». Los calabozos de dos por dos en que los metieron por separado les parecieron un hotel comparados con el fango y el frío de los días terribles que acababan de pasar. Su primera preocupación fue volver a instalar una antena para el radio. El cuartucho en que estaba tenía una claraboya. Pidió una tabla, aduciendo que era para hacerse una banca, la recostó a la pared y con los crujidos de la operación cubiertos por el ruido que hicieron sus compañeros, pegó su alambre de esponja de brillo al techo de zinc. «Me sentí como robando el Banco de la República, pero quedamos con una parabólica», me dijo.

En las dos semanas siguientes salieron cinco compañeros. Los que se iban ya no eran secuestrados nuevos; en esos meses se le habían vuelto amigos del alma. Cada día se sentía más impaciente, más solo. Hasta que una noche le dijeron: «Alístese para salir mañana; no lleve nada». Trató de luchar contra la idea de que lo iban a soltar, diciéndose que era otra subida al páramo a hablar por teléfono, pero esa noche oyó en la Voz del Secuestro la indistinguible voz de su madre: «Ya cuadramos». No pegó ojo.

Lo sacaron al amanecer, a pie, custodiado por un solo guerrillero desarmado. Casi se devuelve cuando le tocó cruzar, colgado de una polea, un cañón, jalando con las manos el lazo viejo tendido de lado a lado que la sostenía. Subieron todo el día y al anochecer llegaron a un campamento grande, donde lo hicieron esperar una hora antes de dirigirlo a la «comisión de entrada», adonde llegaban muchos secuestrados. De pronto, en un cambuche, vio a Mario, supuestamente liberado dos meses atrás. Por lo visto, le habían hecho la «vuelta», y ahí estaba, esperando el sobrepago de su rescate. Apenas si pudo hacerle una seña.

Al día siguiente llegó al mismo lugar adonde lo trajeran meses antes a hablar con su madre por celular. «Se va, maestro. Y dese por bien servido, pues es el único que sale sin *vuelta*», le dijo el hermano de Romaña. Le dieron el teléfono y volvió a hablar con su madre. Se la oía muy mal: la guerrilla le había dicho que él estaba muy enfermo. «Usted no se imagina lo terrible que son esas llamadas; si en ocho meses hablamos con ellos en total diez minutos, fue mucho; eran conversaciones relámpago de minuto y medio, con ellos diciendo que el celular era muy caro, para colgar enseguida y perderse un mes todo contacto», me dijo el hermano.

Se cuadró que saldría a los tres días. De noche dormía solo pero pasaba el día en el cambuche de los jefes, viendo televisión. Ahí terminó de entender la magnitud del negocio.

Todo el día entraban los negociadores de las FARC y llamaban una y otra vez por teléfono. Eran ocho o nueve y manejaban todos los negocios. Insultaban, explicaban, amenazaban; con cada llamada cambiaban de actitud. «Había familias que negociaban a los madrazos, gente que imploraba», recuerda nuestro secuestrado. Ahí tuvo en sus manos, en un rato de descuido de los guerrilleros, un cuaderno de colegio forrado en plástico azul, marcado «Empresa Ganadera Colombia». Cada página era la ficha técnica de un cliente, con su nombre y teléfono, el nombre del negociador encargado de su secuestro y una serie de cifras que iban disminuyendo, tachadas, hasta llegar a la última, encerrada en un círculo. «Ése era el monto final del rescate, y de ahí no se movían.» Cuando llegó a su página, le temblaron las manos. Entendió que en esa seca columna de cifras estaban sus ocho meses de cautiverio, los errores que quizá cometieron él y su familia, la resistencia, la lucidez denodada que había tratado de mantener frente a los carceleros.

El día acordado, se levantó temprano, se bañó en agua helada y esperó en vano. La cita era a las nueve de la mañana. A las seis de la tarde llegó la orden por radio: «Sáquenlo». Lo llevaron a una casa donde estaban los que habían negociado y una persona que conocía muy bien, que venía por él. Ahí se quitó el sombrero por la inteligencia de su familia.

No los dejaron irse esa noche y la persona que habían enviado le contó cómo se planeó el pago del rescate.

No enviar a nadie de la familia fue el primer acierto: quien vino a buscarlo llegó, como se había acordado, en la mañana. Lo demoraron por horas preguntándole si no era un pariente. De serlo, lo habrían dejado para pedir más plata. Enseguida, la guerrilla le propuso compartir el rescate y decir que se lo había quitado el ejército en el camino. Les dijo que no. Pero lo que acabó de desarmarlos fue la historia de los instrumentos. Como parte del pago, la guerrilla había pedido que enviaran una lista de instrumentos. La familia consideró una locura mandar a una zona de guerra un maletín lleno de dinero y además herramientas cuyo destino era evidente para cualquier retén de los paras o las fuerzas oficiales. El enviado no los trajo, pero cuando la guerrilla protestó, amenazando echar atrás el trato, les dijo que traía no sólo el dinero que costaban, sino una cotización formal. Eso los desarmó.

El hombre que bajó esa mañana en el carro hacia Bogotá era otro. No sólo porque estuviera libre después de ocho meses de cautiverio ni porque hubiese sido uno más entre los casi cuatro mil secuestrados del año 2000 en Colombia. Sufrió como todos. Pero salió entero al otro lado porque entendió que el secuestro es un negocio y aprendió a jugar con las reglas de sus captores.

* * *

Sentados en su casa, después de las dieciséis horas que le tomó reconstruir para mí la historia de su secuestro, me dijo con un leve temblor: «Lo único que me da miedo es que me secuestren de nuevo. No sé si podría resistirlo otra vez». Cuando este relato estaba escrito, sonó mi teléfono. Era su hermano. Las FARC habían vuelto a llamar.

Texto publicado, en cuatro entregas, en *El Tiempo*, entre el 29 de abril y el 2 de mayo de 2001.

El imperio de la Inca
Daniel Titinger y Marco Avilés

Color orina y sabor a chicle. Él no lo dijo, pero quizá lo
pensó. Muchos lo piensan. En abril de 1999, el recién llegado a
Lima presidente del directorio de The Coca-Cola Company, M.
Douglas Ivester, tuvo que probar en público —para el público— la
gaseosa que los peruanos preferían. Entrevista de rigor. La prensa
esperaba el trago definitivo. Él no lo dijo, pero quizá lo pensó: la
bebida gaseosa más bebida en todo el mundo había sido derrotada,
lejos de casa, por una desconocida. El brindis fue la claudicación:
Coca-Cola no podía competir con Inca Kola, así que sacó la billetera y la compró. Perder, comprar, todo depende del envase con que
se mire. Lo cierto es que la compañía que había hecho añicos a la
Pepsi en Estados Unidos, y que en menos de una semana desbara-
tó el imperio de esta bebida en Venezuela, que facturaba más de
diez mil millones de dólares al año, que pudo conquistar el enorme
mercado asiático, que auspiciaba en exclusiva los mundiales de fútbol y las olimpiadas, que distribuía botellas etiquetadas en más de
ochenta idiomas, que alguna vez hizo de Buenos Aires la ciudad
más cocacolera del mundo, que se había adueñado de Columbia
Pictures, que estuvo a punto de comprar American Express, que
fue publicitada por The Beatles y Marilyn Monroe, y que hacía
que el emperador de Etiopía, Haile Selassie, subiera a su avión
sólo para ir a comprarla a países vecinos, es decir, la Coke, nunca
logró convencer del todo el paladar de un país tercermundista llamado Perú. Primera plana del día siguiente: «Presidente de Coca-
Cola brinda con Inca Kola». Era Goliat arrodillándose ante David
luego de la pedrada en la frente.

El gigante maquilló bien la herida. M. Douglas Ivester
tomó Inca Kola con una enorme sonrisa: el sabor dulce de la derrota. ¿Dulce? «Demasiado. La gaseosa es horrible, no me gusta»,
respondió Gregory Luboz, francés en el Perú, a una de las preguntas que lanzamos por Internet. «*It's bubble gum. How do you like*

that thing?», escupió Ingrid, asqueada, desde Alemania. «Una *rara avis,* por su color y sabor indefinible», escribió el catalán Óscar del Álamo en su estudio *La fórmula mágica de Inca Kola* para el Institut Internacional de Governabilitat de Catalunya. Pero esa «uncommon cola» sobre la que previene la guía de viajes *South America,* editada en Estados Unidos, despunta con el cuarenta y dos por ciento las estadísticas de preferencias de gaseosas en el Perú. Mientras, Coca-Cola, *always,* más abajo, tiene un treinta y nueve por ciento. Pepsi (y su vergonzoso cinco por ciento) no existe. Años atrás, la cadena de comida rápida McDonald's demostró, divorciándose de su eterna compañera, que el Perú sólo tenía ojos para una bebida gaseosa. Surgió el matrimonio Big Mac-Inca Kola. Empezaban los años noventa y los chifas —restaurantes de comida chino-peruana, la de mayor oferta en Lima— tuvieron que cambiar sus contratos de exclusividad en vista de la avalancha amarilla. «Coca-Cola la ve negra», informaba *17,65 por ciento,* una revista de publicidad de Lima. *Enjoy Coke, but in Peru... Inca Kola is it!,* titulaba la Universidad de Harvard un estudio de su Escuela de Administración de Negocios. Cadenas internacionales de televisión como la CNN, Univisión y Eco difundían reportajes sobre el fenómeno amarillo. Había un obvio ganador.

En el cólico de la desesperación, la transnacional desmanteló dos veces su equipo de márketing en Lima, y un grupo de empresas coreanas encabezado por Hyundai anunciaba su interés por embotellar la «gaseosa color orina» (Maria Johnson, *e-mail* desde Canadá) en su país. 1997 fue el año en que Coca-Cola empezó a negociar la compra de su vencedor. Tenía que apurarse. La familia Lindley, dueña de Inca Kola, ya coqueteaba con Cervecerías Unidas S.A., la mayor cervecera de Chile, y con el grupo Polar de Venezuela. Así que el mandamás de Coke tuvo que pagar doscientos millones de dólares para adueñarse del cincuenta por ciento de Inca Kola y celebrar su propia derrota. Luego, el brindis. «Inca Kola es un tesoro peruano. Vemos que hay buenas posibilidades para ampliarla al mercado internacional», dijo Mr. Goliat elogiando a David. Pero han pasado varios años, Coca-Cola ya es dueña absoluta de Inca Kola, y el imperio de la Inca sólo se ha expandido unos metros al sur y otros al norte de su frontera original. Lo que M. Douglas Ivester no sabía —y usted está a punto de degustar— es que para exportar Inca Kola hay que exportar primero los sabores excesivos del Perú. Ésa es su fórmula secreta.

* * *

En el tercer piso del Wa Lok, el chifa más grande de Lima, un grupo de mozos le canta a un cliente el feliz cumpleaños en chino. Los parlantes susurran la balada de una olvidada cantante caribeña, resucitada en chino. La administradora, Liliana Com, descendiente de chinos, coge su teléfono celular y le pregunta a uno de sus empleados, en chino, cuál es la bebida que más se vende en este restaurante. Afiches de dragones. Manteles rojos. Aroma dulce de *kam lu wantan*. Nada hace suponer que afuera existe aún el distrito de Miraflores, la antigua clase alta de Lima desperezándose del almuerzo, el mismo cielo resfriado que sedujo a Herman Melville. Nada, salvo ese amarillo burbujeante que los mozos se apuran a servir en cada mesa. «Siete vasos de Inca Kola por cada tres de otras gaseosas», traduce Com al castellano la inmediata respuesta de su empleado. En los predios del chifa, la Coca-Cola es una forastera. Forasteros. Gonzalo Alfano, *e-mail* de Buenos Aires: «Yo la probé con su chifa, y ni así me gustó». Liliana Com señala entonces la mesa que ocupó uno de sus visitantes más famosos. «Allí estuvo Joaquín Sabina. Claro, él no quiso Inca Kola. Prefirió una cerveza.» Quién los entiende. «Yo los entiendo: los extranjeros no están acostumbrados a su sabor», dice la publicista de la agencia Properú que manejó la cuenta de la gaseosa durante veinte años. La construcción de la época dorada. Avisos de radio, televisión, periódicos, paneles: Inca Kola iba con un plato de comida, siempre. Inca Kola y un cebiche. Un lomo saltado, un arroz con pollo, un seco con frejoles, con Inca Kola, siempre. «Lo del chifa fue después, algo no previsto por nosotros, y tuvimos que incluirlo», recuerda con nostalgia la misma publicista, quien ha preferido evitar dar su nombre para hablar de ese pasado. No le conviene. Coca-Cola les quitó la cuenta en 1999. Hay una herida que no cierra. Los artífices del fenómeno fueron desplazados cuando la receta ya estaba bien definida: mesa-comida-Inca Kola. La amarilla era la invitada de honor. La otra, la negra, no tenía lugar en ese banquete.

En el clímax de la efervescencia mediática, incluso las lenguas más sabihondas sucumbían ante la idea de su sabor. «Inca Kola no sólo es buena con la comida peruana, sino que cae bien con todo», se relame el chef *Cucho* La Rosa, uno de los mentores de la cocina novoandina. Humberto Sato, artífice de la comida peruano-japonesa y dueño del Costanera 700 (un restaurante al que Fujimori solía llegar acompañado por otros presidentes), dice que no hay nada mejor que una bebida clara como Inca Kola para digerir los sabores extremos de su menú. Isabel Álvarez, socióloga de la gastronomía peruana, llevó el brebaje amarillo transparente a un festival gastronómico celebrado en Filipinas para someterlo al paladar extranjero. Ahora, sentada en su restaurante El Señorío de Sulco, recuerda que sólo a algunos orientales les gustó. En la última década del siglo XX, la frase publicitaria «Inca Kola con todo combina» sonaba más en la radio que cualquier *hit* de Ricky Martin. Los dueños de la marca, la familia Lindley, arriesgaron entonces cinco millones de dólares para aumentar la distribución y mejorar el márketing de su gaseosa. Pusieron un vaso de la Inca en manos de Carlos Santana y de Fito Páez. Nadie supo si les gustó. La única estrella que opinó en público fue Celia Cruz, la reina del guaguancó. «¡Azúcar!», gritó con suma honestidad. Pero la ambigüedad de su muletilla tampoco sabía a nada. Coca-Cola, desde el exilio del menú, reaccionó con el hígado. Quiso copiar la receta. Lanzó un comercial de comidas que no satisfizo a nadie. Y ése fue el fin. Cifras de consumo en 1995. La amarilla: 32,9 por ciento. La negra: 32 por ciento. Nunca más la superó.

Empiezan a despedirse los comensales del Wa Lok. «Imagínate que la gente que se va al Asia se lleva Inca Kola, aun si pesa mucho», dice Liliana Com sorbiendo té chino de su taza. En sus manos, dos páginas del libro *Los chifas en el Perú*, escrito por la periodista Mariella Balbi. «La Inca Kola reemplazó al té en el chifa peruano», lee Com. Hasta se diría que es buena para la digestión: «Dorada, dulce y con cierto sabor a hierbaluisa». ¿Hierbaluisa? Planta aromática originaria del Perú, de tallo corto y subterráneo. Puede medir hasta dos metros de altura. El neurólogo Fernando Cabieses, especialista en medicina tradicional, escribe en uno de sus libros que la hierbaluisa es digestiva, combate los gases intestinales (pedos) y es antiespasmódica. Bajativo perfecto para la comida peruana: picante, pesada, ácida, deliciosa. Pero no se emocione. La fórmula amarilla es tan secreta como la 7X de Coca-Cola. Se fantasea demasiado sobre el ingrediente oculto que le da el sabor dulzón. La hierbaluisa podría ser o no ser: he ahí el misterio. En todo caso, la empresa tampoco lo ha desmentido. «Podría ser cualquier cosa», llegó a decir Hugo Fuentes, quien fuera jefe de marca de Inca Kola hasta el 2004. El catalán Óscar del Álamo vino al Perú, tomó Inca Kola y sintió allí el sabor de la verbena. ¿Verbena? Planta aromática originaria de Europa mediterránea, de tallos erectos y cuadrados. Rara vez llega al medio metro de altura. A dosis prudentes baja la fiebre. Si se excede la dosis, provoca el vómito. Hicimos la prueba con Inca Kola. Demasiada coincidencia. Los libros advierten: «No confundir con la hierbaluisa». Hierbaluisa: «Resulta un excelente insecticida y fumigatorio contra moscas y mosquitos». Seguir investigando podría llevarnos por caminos insospechados. Allá vamos.

—¿Hierbaluisa? ¿Verbena? Yo me inclinaría por el plátano —dijo el único de los Lindley que se atrevió a tocar el tema con la condición del anonimato.

Y todos los caminos conducen a Coca-Cola. Preguntando por la Inca se llega a la Coca. Las relaciones públicas de la amarilla en el Perú las ve la negra. «Ni plátano ni nada. El ingrediente no te lo va a dar nadie», se ríe Hernán Lanzara, quien vela por la imagen de Coca-Cola en el imperio de la Inca. Si algo ha cuidado siempre la Coke es la fórmula secreta de sus más de ciento cincuenta bebidas gaseosas en todo el mundo. Coke, por supuesto, encabeza la lista del recelo. La 7X sólo ha corrido peligro una vez. 1985: Pepsi, líder en Estados Unidos. Roberto Goizueta, presidente de Coca-Cola, enloquece de pronto. Cambia el sabor de la gaseosa. La Nueva Coke genera una cruzada nacional de indignación. Un jubilado de Seattle entabla una demanda judicial para que se revele la clásica 7X y así otros puedan fabricarla. Goizueta, arrinconado, resucita la negra de siempre. «No tiene coca, sólo cola de nuez y un saborizante hecho de hoja de coca descocainizada», explica Lanzara. No revela nada nuevo. Su oficina flota en el piso once de un edificio de San Isidro, ese Manhattan limeño de rascacielos enanos. Y desde allí, el fiel escudero desinfla los rumores que siempre han circulado sobre su gaseosa. No tiene coca, repite.

Mezclada con aspirina no produce efectos alucinógenos, no derrite filetes, no oxida objetos metálicos, no produce piedras en el estómago, no desatasca desagües, no sirve de espermicida. «Son ataques que se repiten desde hace veinte años y no tienen sustento», dice Lanzara. El hombre termina su taza de café. Con cafeína.

Piso once del edificio de San Isidro. En una pared roja de la recepción el logotipo de Coca-Cola ha cedido espacio al de Inca Kola. La entrometida merece un reconocimiento: «Sí, pues, la Inca va bien con las comidas». Tampoco ahora Lanzara revela nada nuevo. Comida. Dos horas antes, el chifa Dragon Express soporta una marea de oficinistas en trance digestivo. Más afiches de dragones. Por allí hay dos reporteros de prensa. Llevan una libreta con preguntas para más tarde. ¿Por qué va bien con las comidas? ¿Por qué no se vende tanto en otros países? Uno de los periodistas elige un tallarín saltado. El otro, un pollo chijaukay. ¿Por qué la publicidad ha sido tan importante? ¿Por qué los peruanos la preferimos? Afuera, dos niños haraposos golpean un teléfono público para robarse unas monedas. ¿Acaso Coca-Cola la compró para arruinarla? Llegan los platos. Llegan las incakolas abiertas. Lo que en cualquier ciudad del mundo podría considerarse una imposición, en Lima se toma de buena gana. Inca Kola sí o sí. Sólo después nos damos cuenta de lo que acaba de ocurrir: el estómago siempre opina con sinceridad. ¿Por qué Inca Kola? Comemos y respondemos. A uno le encanta el sabor dulce, el gas apenas perceptible, ese amarillo helado que abre el apetito. El otro no sabe por qué la toma. Nunca se había puesto a pensar en ello. ¿Identidad nacional? ¿Lucha contra el imperialismo yanqui? ¿Gastritis? La toma y punto, sin explicaciones. Dos más, heladas. Los niños dejan el teléfono y entran en el chifa. «Invita tu gaseosa, *pe*», llegan a decir antes de que el mozo los eche a patadas. Ya no hay ganas de comer. La cuenta, por favor. Ahora sí, dos horas después. Frente al edificio de Lanzara acaba de inaugurarse el restaurante La Chapa de Coca-Cola, émulo de La Esquina Coca-Cola en Ciudad de México y en Buenos Aires. Un lugar ideado por la compañía gringa para combinar comidas sólo con la Coke. Afiche en la puerta de entrada: tallarines con huacatay, pan con jamón y cebolla, torta de chocolate, botella de Coca-Cola. Adentro, dos empleados del local comparten su refrigerio en una mesa. Se ven aburridos. Son los únicos comensales.

* * *

Susana Torres es una artista plástica, salvo cuando insiste en volver a ser la princesa Inca Kola. No habría historia decente sobre la sed amarilla sin citar a su fanática más artística. «Si van a escribir sobre Inca Kola no pueden dejar de hablar con Susana Torres», nos advirtió alguien. Ahora ella pregunta si la queremos como la princesa Inca Kola para la fotografía. Entonces tendría que posar arrodillada, con un vestido largo de figuras de piedra y con las trenzas tan falsas como largas que le darían esa apariencia vaga de medusa incaica. Tendría, además, que elevar una mirada de ñusta embriagada, de princesa cuzqueña, y levantar en la misma dirección una botella de Inca Kola, plena de ella. «Si quieren hacemos así la foto», grita Susana desde alguna parte de su casa. Antecedentes: página completa de la revista *Debate,* editada en Lima. Full color. Susana Torres aparece como la princesa Inca Kola en todo su esplendor: ese vestido largo de figuras de piedra, trenzas negras, la botella alzada como si fuera un vaso inca ceremonial. En su casa de Chaclacayo, a una hora de Lima, Susana guarda un ejemplar de esa revista junto con una colección de botellas históricas de Inca Kola, recortes periodísticos sobre Inca Kola, un álbum editado por Inca Kola, publicidad de Inca Kola, la copia de uno de sus cuadros pop con motivos Inca Kola y una Coca-Cola Diet en el refrigerador. «Yo era adicta a la Inca Kola hasta que Coca-Cola la compró», reniega la artista plástica. Sigue viendo Incas por todas partes. Llegó a pintar desde Gauguines acompañados por Inca Kola hasta ensayar una historia pop de esta gaseosa en el Tahuantinsuyo. Ahora, rumbo a una nueva exposición, amenaza con resucitar a la princesa Inca Kola disfrazándose de botella. De botella de Inca Kola sin helar. En resumen: Susana Torres está Coca-Cola. Una limeñísima forma de decir que alguien ha perdido la razón.

Ahora la artista plástica está al teléfono. ¿Aló? Su voz es pausada y áspera, sin secuelas de ansiedad. Pudo librarse sentimentalmente de la adicción amarilla hace algunos años, y jura que ya no le hace falta. Desde entonces no se ha vuelto a levantar a las cuatro de la mañana para servirse un trago más, ni se ha desesperado ante la ausencia de una botella en la cocina. Si algunos rastros le han quedado de esa adicción, son las formas y colores que aún desbordan en sus pinturas, y esa obstinación por recolectar todo lo que encuentra sobre Inca Kola o sobre cualquier cosa que se le parezca. Logotipo de la botica El Inca, etiquetas de pinturas Inca, de la librería El Inca, de Incafé. «Lo incaico es, en cierta forma, el paraíso terrenal, y la Inca Kola, su mayor exponente», sentencia Susana Torres. Tenemos que ir a Chaclacayo, donde ella vive. Sobre el piso de la sala, su colección desperdigada de botellas antiguas de Inca Kola forma una especie de laberinto para hormigas. Si a un bicho se le ocurriese atravesar los confines del jardín se estrellaría irremediablemente con incakolas. Sucede lo mismo en tamaño natural. En su casa, por donde uno camina, tropieza con incakolas. En la pared, en los muebles. Amarillo y azul sobre el parqué, en los armarios, hasta en el altar improvisado bajo la chimenea. «Era adicta a la Inca Kola hasta que Coca-Cola la compró.» De aquella Susana Torres Inca Kola sólo queda la obra. Las exposiciones que vendrán. La comprobación tardía, según ella, de que la amarilla sabe a chicle. Ahora sí, dice ella: sabe a chicle. Desde que la Coca-Cola la compró, sí.

Antes, su tranquilidad dependía de una dosis de un litro cada tarde y del siguiente pasaje de avión. Así fue. En su juventud, Susana Torres y su esposo se buscaban la vida en otros países. Y en esos países, buscaban Inca Kola. Y en la Inca Kola Susana buscaba su pasaje de vuelta al Perú. Argentina, Estados Unidos, países de Europa. «Era emocionante encontrar por ahí una lata de Inca Kola», recuerda ahora desde su cercana lejanía de Chaclacayo. Luego desempolva una botella de su colección. Transparente. 1952: Un soberano inca de perfil en alto relieve. Lo que un amigo suyo encontró en la basura ya habría hecho llorar de melancolía a cualquier incakólico. No a ella. Si la guarda es para utilizarla en algún momento bajo la excusa del *pop art,* que no necesita excusas. El mismo fin que tendrán otras botellas bastardas. Gaseosas que han querido parecerse a la original y que ella encuentra en cualquier parte. En un basurero, en un parque, en la puerta de su casa. Ccori Kola, Sabor de Oro, Triple Kola. Todas de color amarillo transparente y dulces, pero tristes remedos al fin de la amarilla mayor.

La artista anda ahora tras la búsqueda de la Inga Kola, invento de un peruano en España que, según los enfermos de nostalgia, no es la misma, pero sabe igual. Ya lo dijo un psicólogo en el exilio: Inca Kola, afuera, duplica su valor emocional. Repasemos. Giannina, peruana desde Vancouver, Canadá: «Acá la venden en tres tiendas. A veces no encuentro ni una lata y me desespero». Paola, desde Miami: «Se ha vuelto una necesidad tener que tomarla. Por suerte está en cualquier parte». En Japón, dos litros de Inca Kola cuestan cinco dólares (pero valen mucho más). Brigitte, desde Alemania: «La consigues por Internet a 4,90 euros. Una locura». Sí, ser adicto a la Inca, fuera de su imperio, es una locura. Recuérdese si no a Susana Torres: se volvió Coca-Cola por culpa de la Inca Kola.

* * *

Afuera de la planta embotelladora de la Inca, el antiguo distrito del Rímac sobrelleva su rutina castigado por el río inmundo que le da su nombre. Esqueletos de casonas desaliñadas, un puente virreinal a punto de caerse por los orines, una alameda de esculturas ausentes. Sólo los perros caminan tranquilos. Nadie les roba. Se abre la puerta de la fábrica. Olor a caramelo guardado bajo el techo. Bajo esa techumbre, alguien va a contarles la historia de Inca Kola. Visita de rutina. Julio, 2003. Ernesto Lindley fue militar, pero ahora es jefe de Relaciones Públicas de la empresa. Fusila de aburrimiento al auditorio. Da fechas y más fechas. Hay que tomar asiento. Ernesto Lindley se para frente a la veintena de estudiantes universitarios y su profesor. En escena, lo acompaña una enorme botella amarilla inflada de aire, un puntero láser en su mano derecha, la secretaria marcando el ritmo de las diapositivas. Discurso de rigor.

Manuscritos. 1910: la familia Lindley muda su vida de la Inglaterra industrial a un Perú en pañales. En un terreno de doscientos metros cuadrados fundan la Fábrica de Aguas Gasificadas Santa Rosa, de José R. Lindley e Hijos. El Rímac era entonces un barrio apacible de calles quietas. Buen lugar para vivir. De vez en cuando, el rumor del río se alteraba por el trote de las mulas cargadas de alimentos. Diapositiva siguiente: las primeras criaturas de Santa Rosa fueron Orange Squash, Lemon Squash, Kola Rosada.

Que en paz descansen. Todo se hacía manualmente. Una botella por minuto. Un alumno de la segunda fila bosteza. Lindley no pierde la concentración. En 1918 compran una máquina semiautomática. Quince botellas por minuto. Asume la conducción José R. Lindley hijo. Otro bostezo reprimido por la mirada del profesor. La empresa familiar se transforma en sociedad anónima. El profesor también bosteza. La prehistoria de la Inca Kola, contada por Lindley, suena tan fascinante como la de una fábrica de clavos.

Más fechas y más bostezos. Ernesto Lindley anda ya por la década de 1930. Sería ideal una Coca-Cola con cafeína para despertar al auditorio. Coca-Cola. La negra ya vendía más de treinta millones de galones al año y empezaba a rebalsar su imperio desde Estados Unidos. Honduras, Guatemala, México y Colombia sucumbían en el Tercer Mundo. El Perú aún no la tomaba, pero ya la veía en el cine: Johnny Weissmuller, Tarzán, el Hombre Mono, bebía Coca-Cola. Greta Garbo y Joan Crawford comparaban sus curvas con la botella. Pero en la fábula oficial que Lindley cuenta sobre la Inca Kola ese lobo no existe. El ex militar nunca menciona a la Coke. Diapositiva siguiente: Inca Kola se crea en 1934, pero se lanza un año después. 1935: primera estrategia. La familia aprovecha los bombos y platillos del cuarto centenario de Lima para presentar en sociedad su gaseosa amarilla. Botella verde transparente con un inca de perfil en la etiqueta. Sabor dulce, demasiado dulce. No fue amor a primera lengua: la ciudad estaba acostumbrada a la tradicional chicha de maíz morado.

Nada de esta historia cuenta Ernesto Lindley, empalagado de la historia oficial de la Inca. Segunda estrategia: «Inca Kola OK» fue el eslogan más primitivo. Mínimo, olvidado, gringo, sin personalidad. Insuficiente para resistir la oleada negra de 1939. Ese año, Coca-Cola llegó al Perú y se encontró con una empresa familiar que distribuía su exótica gaseosa amarilla en un camioncito Ford. Insignificante. La Coke llegó con la frase «La bebida que todos conocen». Con Greta Garbo y el Hombre Mono. El cine bebía Coca-Cola. Los peruanos llenaban los cines. La negra sepultaría a la amarilla hasta la llegada de la televisión.

—Inca Kola comienza a ser bastante popular cuando arranca la televisión —dijo Hernán Lanzara en su otro fortín, el de San Isidro.

Preguntando por Inca Kola se llega a Coca-Cola. Siempre. Pero hubo un tiempo en que la Inca tenía voz propia. Años dorados. Años de The Beatles. La gaseosa de los Lindley derramaba en la pantalla chica su estrategia final: «Inca Kola, la bebida de sabor nacional». Era la frase más celebrada en la púber tanda comercial de ese entonces. De allí en adelante la publicidad ha ensayado seducir con lo mismo, pero de modos diferentes. «Ésa ha sido la magia del producto», recuerda esa anónima publicista de la agencia Properú. Inca Kola, la bebida de sabor nacional. Inca Kola, la bebida del Perú. Mesa-comida-Inca Kola. La fuerza de lo nuestro. Inca Kola es nuestra. Lo nuestro me gusta más. Hasta el eslogan del nuevo siglo responde a la misma variación: «Inca Kola sólo hay una y el Perú sabe por qué». Salvo algunos disparos al aire, la publicidad nunca más cambió su receta.

La clave del éxito de la gaseosa fue haber explotado la televisión con un sabor más local que la Coca-Cola. Lo dice el sociólogo Guillermo Nugent, que (de Inca Kola) sabe bastante. Así, mientras la amarilla husmeaba en fondas y chiringuitos, Washington enviaba al Tercer Mundo al hermano del presidente, Ted Kennedy, para repartir cocacolas. Inca Kola tanteaba la mesa exhibiéndose junto a un plato de cebiche con música criolla de fondo. Coca-Cola, desde sus oficinas de Atlanta, salpicaba al mundo con el comercial de unos niños cantando «I'd like to buy the world a Coke». Inca Kola llamaba al almuerzo con el estribillo musical «La hora Inca Kola». Coca-Cola, aún puntera absoluta, decía en ochenta idiomas ser «parte de tu vida». Lomo saltado, música afroperuana: Inca Kola. Popcorn, rock and roll: Coca-Cola. Gladys Arista, la modelo limeña de moda, posaba con la bebida amarilla en almanaques y periódicos. «Está para comérsela», decían los sibaritas. Bill Cosby abrazaba a la negra en todos los países adonde llegaba su show de familia negra y feliz. Inca Kola era la bebida del Perú. Coca-Cola, caído el Muro de Berlín, irrumpía con sus camiones de reparto en Europa Oriental e irritaba a los franceses colocando una máquina expendedora en las patas de la Torre Eiffel. Coca-Cola era para el mundo. Inca Kola apelaba a su país y a la lealtad.

Última diapositiva del expositor y se prenden las luces. La secretaria de Lindley despierta al auditorio con la promesa de incakolas y panes con jamón. Al peruano le entra todo por la boca. «Ésa es la realidad: sólo podemos ser peruanos a través de un placer tan elemental como la comida», dice el psicólogo Julio Hevia desde su esquina. Y en esa esquina, Julio Hevia, vademécum andante de las fobias y vicios del limeño, asoma detrás de una botella de Coca-Cola. «La Coca es más intelectual. A la Inca déjala para las comidas», arremete sorbiendo el filtro de su quinto cigarrillo. El paisaje es la Universidad de Lima. Una cafetería. Se diría que Hevia es inofensivo hasta que tiene razón: «Nosotros vemos comida por todas partes». Nuestra jerga es casi un menú. Cuando vemos piernas, decimos «yucas». Cuando vemos tetas, pensamos en «melones». Cuando vemos traseros, imaginamos un «queque». Nos hacemos «paltas» cuando estamos en problemas. Metemos un «café» cuando alguien se equivoca. Tiramos «arroz» cuando queremos zafar de un compromiso. «Creo que la identidad peruana que posee Inca Kola es equivalente a la que tiene la comida.» Hevia ha disparado el tiro de gracia: la mesa ha estado siempre servida y la amarilla sólo se aprovechó de ella. Si la comida ha formado siempre nuestra identidad, a Inca Kola sólo se le ocurrió acompañarla. La publicidad dio en el plato. Hevia tiene que dictar clases. Bebe su último trago de Coca-Cola y chau, nos tira arroz.

* * *

Susana Torres ha bebido más de la cuenta. Ayer corrió vino en la reunión y se le nota rendida. La Inca Kola no le hubiera dejado esta resaca. A mediodía, el intenso sol de Chaclacayo invita a la siesta. Ella quiere dormir. Abre la puerta. «Quizá sea una tontería, pero creo que Coca-Cola compró Inca Kola para arruinarla», dice la artista despidiéndose. Arruinarla. Brindar con Inca Kola para arruinarla. ¿Salud? Ya Hernán Lanzara nos había asegurado que no era así y le creímos: «Es un gran producto. En cualquier momento podría crecer hacia fuera». Pero los mismos números que muestra lo desaprueban.

Cuando Goliat pagó por David, los veinticinco operadores de Coca-Cola en el mundo recibieron una muestra de Inca Kola para probar sus posibilidades de expansión. M. Douglas Ivester lo había prometido: el imperio de la Inca ya estaba listo para conquistar otros territorios. Botellas en guardia. Se dispara el sabor. El noventa y dos por ciento del planeta se resiste. *Puaj.* Color de orina y sabor a chicle. Sólo el norte de Chile y un pedazo de Ecuador sucumbieron a la seducción amarilla. Es decir, en un mapa de conquistas, el imperio de la Inca es algo así como el antiguo Tahuantinsuyo. No más. Los mismos límites que los incas jamás pudieron atravesar. Inca Kola tampoco. En el colmo de la sed más sentimental, algunas empresas exportadoras sólo envían un par de botellas a países lejanos. En agosto del 2005, Artesanías Maguiña mandó dos incakolas a Bélgica. Salud. La negra, sin embargo, ha convertido el mundo en su rayuela. Salta de un país a otro y se apodera de él. Desde México hasta Islandia, mil millones de vasos al día. El mundo bebe Coca-Cola y se embota del *american way of life.* Ahora sí, nos entregan el premio consuelo: la única gaseosa que en todo el planeta ha podido derrotar a la negra es peruana y amarilla.

* * *

Pregunta dramática: ¿Podría el Perú sobrevivir sin la Inca Kola? Le quedaría Machu Picchu, el cebiche, el pisco. Beberíamos más limonada, comeríamos más caramelos. Inca Kola va con todas las comidas, y seríamos menos tolerantes después de cada almuerzo. Y más flacos y quizá más tristes. Orinaríamos menos en las calles. Ojalá. Pero ya no habría Inca Kola para vanagloriarse afuera —o adentro, con los de afuera—, donde a sólo unos cuantos les gusta Inca Kola. En el extranjero tendríamos más tiempo para añorar menos. Una razón menos para querer regresar. No regresaríamos tanto si no existiera la Inca. Además, nos reconoceríamos menos. Sobreviviría el Perú, pero no seríamos igual de peruanos. ¿Cómo una bebida tan dulce puede llegar a ser parte del melodrama nacional? ¿Con qué acompañaríamos nuestra comida? Hemos hecho de Inca Kola una bandera gastronómica en un país donde la identidad entra por la boca. Cosa curiosa: nuestra bandera tiene los colores de Coca-Cola, la forastera. Forasteros: el ex parlamentario inglés Matthew Parris vino al Perú, tomó Inca Kola, conoció los Andes y escribió un libro sobre su viaje que ahora es un *best seller: Inca-Kola: Traveler's Tale of Perú.* Fue publicado en Inglaterra y ya va por su undécima edición. Paradoja: el libro lleva el nombre de la gaseosa amarilla, y Parris casi ni la menciona. No era necesario. Inca Kola fue para él —paladar acostumbrado al té y a la Coca-Cola helada— lo más folclórico de su aventura. Lo más exótico de nuestra cultura. Pero hay algo más detrás de esa botella: en el Perú, las familias, los amigos, siguen siendo tribus reunidas alrededor de una mesa. Y en la mesa, la comida. Y con la comida, la amarilla. Un ingrediente de nuestra forma de ser gregarios. Frase para la despedida: en el Perú, Inca Kola te reúne. Afuera, te regresa.

Texto publicado en *Etiqueta Negra*, núm. 7, julio de 2003.

Dame el tuyo, toma el mío
(Aventuras en un club de intercambio de parejas)
Gabriela Wiener

Esta noche me dispongo a ser infiel con permiso de mi marido. La puerta del 6&9 es tan discreta que nos hemos pasado de largo dos veces. Llevo encima un abrigo para camuflar mi look temerario y tres tragos de cerveza. J lleva una barba de cuatro días: lo veo tan guapo y tan mío que no puedo imaginar que en unos minutos se irá a la cama con alguien que no soy yo. Hay que tocar el intercomunicador. Deben estar viéndonos por una cámara. Nos abre un sujeto pigmeo y con cara de aburrido que dice que la entrada doble cuesta treinta y cinco euros. Vengan por aquí. Toman la posta dos mujeres atractivas, las relacionistas públicas (digamos lúbricas) del lugar. ¿Qué queremos beber? Estamos ante una barra larga y desierta. Somos los primeros, maldita sea. Son las once de la noche de un jueves en Barcelona. En el televisor sobre la barra se ve una película porno en la que un camionero la emprende contra una rubia quebradiza. ¿Es la primera vez? Sí. Vengan conmigo, nos repite una de las anfitrionas de hoy, con acento sevillano. Es menuda, lleva el cabello ondulado y unas botas hasta las rodillas parecidas a las mías. No es una anfitriona más: es la dueña del 6&9. Conoció a su novio por un aviso publicado en una revista swinger, se enamoraron y abrieron juntos este local para intercambio de parejas que ya tiene más de cinco años.

Esta noche es una promesa intergeneracional, multirracial y multiorgásmica. A diferencia de otro club como el Limousine, que se repleta de adinerados sesentones cuesta abajo, el 6&9 es popular por su buena disposición para recibir a jóvenes de clase media que todavía no veo por ninguna parte. En mi encuesta previa lo habían calificado además de «higiénico», un tema que yo había soslayado inicialmente por mi creencia de que el sexo es sucio sólo si se hace bien, pero que terminó siendo un punto a favor del 6&9 cuando decidimos venir. Seguimos a la anfitriona sevillana en un recorrido relámpago que tiene por finalidad describirnos el lugar y explicarnos las reglas del juego. Dejamos atrás el bar. Ésta es la sala del calentamiento, dice ella: aquí podéis bailar una pieza o echar un vistazo a la porno mientras bebéis algo. Bajamos las escaleras hacia un sótano que es la versión erótica de la caverna de Platón o, a lo mejor, la cueva donde se divierte una pandilla de antropófagos. A partir de aquí sólo se puede pasear como se vino al mundo. La llave para los casilleros se pide en la barra y luego aparece el impresionante escenario del escarceo: los treinta metros de cama en forma de ele que los fines de semana hacen crujir hasta cincuenta parejas a la vez, pero que a esta hora aún luce vacante. Justo enfrente, un dispensador de preservativos. A la derecha de los camerinos, el jacuzzi, y más allá las duchas para parejas y el cuarto oscuro, una especie de minidiscoteca nudista.

—Si no queréis nada con alguna persona basta con tocarle el hombro.

Ésta es la contraseña del 6&9. Cada club recomienda a los clientes una manera delicada de informar a los demás cuáles son tus límites.

—¿Y para qué es esta habitación? —pregunto.

—Es la habitación de las orgías. Aquí vale todo.

No me froto las manos, no trago saliva. Sólo miro de reojo a J con un signo de interrogación en la cabeza. Esto recién comienza.

Llevo aquí una hora y lo único que he intercambiado son cigarrillos. Se supone que deberíamos intentar ligar con otros swingers menos tímidos que nosotros, pero por ahora no atinamos más que a mirar. Me había pasado toda la tarde preparándome como una novia para su boda y seguir al pie de la letra las instrucciones del anuncio del 6&9: «Chicas, por favor, con ropa sexy». Me ceñí una súper minifalda negra con pliegues, cortesía de mi mejor amiga, una ex sadomasoquista. Me puse una blusa escotada del mismo color y unas botas altas que hacían ver apetecibles mis muslos flacos. Opté por la depilación total. Se la enseñé a J. Me dio la impresión de que al ver lo explícito de mis argumentos, él recién se tomó en serio adónde íbamos y para qué. La gente suele venir a un club swinger para no mentir. Había leído en la web de la North American Swing Clubs Association (NASCA) que el propósito swinger más elevado consiste en que, al relacionarte genitalmente con otras parejas bajo la atenta mirada de tu consorte, evitas sucumbir al sexo extramarital y al engaño. Según la misma asociación, más de la mitad de matrimonios comunes practica la infidelidad secreta. Nada, entonces, como los honestos swingers. Me intriga esta aventura conjunta, esta libertad sexual que surge del consenso, este adulterio vigilado.

Nunca habíamos pisado un club como éste, pero a J y a mí podrían considerarnos como una pareja liberal. Más por mí que por él. Me explico: mi primera vez fue a los dieciséis años (nada raro). A la misma edad, tuve mi primer trío (con un novio y una amiga) y mi primer trío con dos hombres completamente extraños (y con aquel antiguo novio de testigo). No es ningún récord, lo sé, pero es suficiente para que los liberales con membresía no me miren tan por encima del hombro. Con cinco años juntos, J y yo contamos entre nuestras experiencias liberales con un intercambio frustrado y varios tríos, aunque siempre con una tercera mujer. En cuanto a los celos, tema superado para los swingers, para mí siempre han tenido que ver con el amor o con la fascinación. Si él se enamora de otra o se fascina por alguien, me pongo celosa. Los celos para él pasan por el sexo: si otro hombre me toca, le rompe la cara.

Antes de venir, J mostraba una buena actitud y parecía tomar nuestra incursión swinger como una saludable aventura. Estaba dispuesto a dar el gran paso, o sea, dejarme llegar todo lo lejos que me propusiera, aunque prefería no decirlo con todas sus letras. Para mí, nuestro swinger-viaje era más un ajuste de cuentas (ver tríos sólo con mujeres en el párrafo anterior), pero a pesar de que confiaba en la buena fe de J, tenía miedo de un arrepentimiento de último minuto. Nunca puedes estar seguro de cuán liberal eres de verdad hasta que te encuentras al lado de parejas profesionales de la libertad y el exceso. Según el decálogo swinger, los arrepentimientos a medio camino se dan entre parejas inmaduras que no tienen la mente abierta ni los sentimientos claros. Lo que es un insulto para una dupla que se precie de moderna.

Estábamos tranquilos y esperanzados en poder cumplir esta máxima swinger: una actitud liberal se basa en la confianza mutua entre los miembros de la pareja. Un voto de confianza suficiente como para prestar a tu esposo a tus amigas de una noche. Porque un buen swinger es generoso con los compañeros liberales, pero sólo ama a la mano que le da de comer. Se zurra en el noveno mandamiento, pero vuelve a dormir a su casa. Lleva condones a las fiestas de fin de semana, pero permanece fiel todos los días de su vida hasta que la muerte los separe. Siempre he creído en mi capacidad de compartir y sobre todo en mi capacidad de usufructuar. Pero ahora, sentada en esta barra del 6&9, empiezo a preocuparme. Todavía no hemos sido más que tímidos voyeuristas. Veo al fondo del pasillo a un par de jóvenes con los que haríamos buena pareja. Había leído que la mejor estrategia para ligar en estos sitios es que las mujeres tomen la iniciativa. Al fin me decido. Cruzaré los metros que nos separan y me presentaré diciendo alguna genialidad como: «Qué tal, ¿por qué tan solitos?».

Por suerte llega nuestra anfitriona. Al notar nuestras caras de perdedores se ofrece a conseguirnos una pareja. Hacer el papel de celestina entre los swingers novatos está incluido en el servicio del 6&9. Miro hacia donde estaban mis primeros candidatos: se han ido. Muchas parejas, antes de ir al punto, prefieren empezar bebiendo unas copas mientras van descubriendo quién es quién. Es un signo más del refinamiento de estos leales y nobles heterosexuales, además de divertidos. Pero aceptar la ayuda de una celestina en minifalda no sólo sería grosero, sino también una prueba de que nuestra timidez nos ha derrotado. Ya es la medianoche. Unas treinta parejas se han acomodado en la sala de los ligues. Sólo los «martes y miércoles de tríos» se permite que ingresen hombres solos. Ahora todos están tomados de las manos en algún sofá, diciéndose secretos al oído. Las mujeres visten minifaldas y los hombres, camisas bien planchadas y están bien afeitados. Casi no hay grupos. A esta hora es evidente que algunos no sólo vienen a ligar, sino a enrostrar su mercadería a los demás y también a montar su propia película porno. Están las parejas retraídas y acobardadas, las escrupulosas que miran de arriba abajo a cada tipa y tipo que atraviesa la puerta, y las libidinosas que te desvisten con los ojos y te llevan mentalmente a la cama. Otras vienen simplemente a mirar, quizá porque no les queda más alternativa. Hoy, está claro, yo no sólo quiero mirar.

Hay quienes creen que los swingers están pasando de moda en Europa y en Estados Unidos porque a la gente le gusta más comprar que intercambiar. Prefieren gastarse el dinero de sus vacaciones haciendo turismo sexual, dejarse de cortejos y rodeos y pagar por una prostituta o un prostituto en lugar de ofrendar algo, digamos, tan tuyo. No recuerdo quién decía que el sexo es una de las cosas más bonitas, naturales y gratificantes que uno puede comprar. Los swingers podrían confundirse, así, con personas generosas y desinteresadas que no compran ni venden nada. A mí nunca me gustó intercambiar: siempre he tenido arrebatos de generosidad, egoísmos repentinos, ingratitudes y pequeños robos. Esta noche me siento preparada para que me paguen con la misma moneda. O con un poco menos. Porque la premura del intercambio no da tiempo para mostrar tus garantías, y esta pretendida equidad swinger puede acabar en injusticia. Miro a mi alrededor y sé que en este supermercado de cuerpos todos corremos siempre el peligro de llevarnos gato por liebre.

Pero, por lo que veo, el intercambio sólo consiste hasta ahora en altas dosis de caricias, exhibición y harto voyeurismo. Demasiado entusiasmo y nada de acción. En verdad pocas veces se llega hasta el final: digamos, a la cópula cruzada. Aun así, la transacción se pretende lo más justa posible. Si esta noche alguien se me acerca con intenciones de prestarme a su esposo, yo estaré obligada a prestarle el mío. Ni más ni menos. Pero la utopía comunista de Marx no es posible en el 6&9. El trueque siempre es engañoso: demasiado primitivo para nuestra mentalidad moderna. Nos sentimos ridículos y eso que aún estamos vestidos. La mayoría empieza a ser sospechosamente cariñosa con su pareja, salvo los de la mesa de al lado: un cuarteto de intelectuales fashion que parecen haber llegado juntos y, a juzgar por su conversación sobre el parlamento europeo, manejan bien la situación. Las otras parejas estacionadas en la sala de los ligues seguimos incomunicadas, mirándonos con el rabillo del ojo y preguntándonos si somos dignos de ellas o si ellas son dignas de nosotros. Empiezo a tenerle miedo a esta entidad abstracta llamada pareja swinger.

La tensión es tal que J y yo no tenemos ganas ni de besarnos. El esnobismo de ser swinger me está matando. Quiero refugiarme en el amor. Pero justo en medio de este trance existencial comienzan las olas migratorias hacia la zona nudista, el territorio del trueque. J y yo intercambiamos una última mirada cómplice antes de cometer el crimen. Bajamos a toda velocidad las escaleras que conducen hacia los casilleros del sótano. Vamos al encuentro de la terapia de choque. A juzgar por los vapores y los gritos, Lucifer debe vivir en las profundidades del jacuzzi del 6&9.

Primera vacilación de la noche: quitarse la ropa en medio de un iluminado pasillo, junto a dos «adultos mayores» mofletudos y en pelotas. Los abuelos, sin embargo, ni nos miran, y sus cuerpos, que ya han vivido el apogeo y la caída del imperio de los sentidos, desaparecen en la oscuridad. Optamos por copiar a los conservadores y nos envolvemos con unas toallas blancas. Todos nos miran. La gente tiene debilidad por las novedades. Paseamos por el lugar. En la súper cama de treinta metros, unas diez parejas se besan y acarician: algunas con sobrada calma y otras que parecen acercarse ruidosamente al clímax. Me decepciona no encontrar sexo en grupo por ninguna parte. Como recién llegados no podemos saber si los que ya están en la cama son el producto de varios intercambios discretos. Quizá ninguna de las parejas que se revuelcan en el lecho colectivo sea la original. Una breve ojeada alrededor nos avisa que la diversión parece estar en una cueva contigua, aislada por unas cortinas estampadas de penes azules. Ocho parejas en toallas bailan en la penumbra mientras la temperatura sube sin control. Se entregan al juego, aunque todavía no intercambian nada. Yo también me entrego.

Segunda vacilación de la noche: tener sexo delante de tanta gente. Me pregunto si estoy lista. Pero mi impaciencia estalla y se me despierta una especie de espíritu competitivo. Al ver que los demás se manosean, decido desmarcarme y regalarle a J unos minutos de sexo oral casero y devoto, escudada en la oscuridad, pero consciente del exhibicionismo de mi arrebato. Los demás se acercan a mirarnos y siguen nuestro ejemplo. Siempre quise ser una agitadora sexual y éste es sin duda mi cuarto de hora. J toma mi iniciativa con gusto. Las toallas se deslizan a nuestros pies.

Esta bienvenida a Swingerlandia ha estado bien para mí. Siento que he ganado algo de protagonismo y que el grupo se ha soltado gracias a mi buena acción. O al menos es mi fantasía. Comienzo a vivirla: creo que los compañeros han empezado a mirarme lujuriosamente. Creo que ha comenzado a tocarme un pulpo precioso. Creo que estoy en los brazos de un sujeto calvo. Su mujer se me planta al frente y empieza ese bailecito lésbico de videoclip que tanto les gusta a los chicos. La sigo, qué más da. Es guapa y muy delgada, suda y, para ser sinceros, tiene una cara de loca o de haberse metido éxtasis. Yo ni siquiera estoy borracha. Todos nos tocan y nos empujan suavemente a una contra la otra. La ola del deseo se propaga. ¿Pero quién es este que no me suelta las tetas? ¿Es otra vez el calvo o es otro? Imposible saberlo.

En un segundo busco a J y lo veo con la chica éxtasis, también manoseando a su antojo. Siento un ligero escozor, pero nada serio. Imagino que él debe estar igual o peor. Me alivia saber que también se divierte y no se preocupa por mí, o al menos que lo finge muy bien. Sigo yendo de mano en mano, descubro que me gusta sentirme así, que nadie sepa quién soy, abandonarme a los caprichos de algo que está más allá de mi conciencia. Empiezo un juego solitario que consiste en toquetear con insolencia a las parejas que no se han integrado, lo que me hace saber que estoy excitadísima. Me miran mal y casi me hacen despertar de mi fantasía. Quizá estoy violando una regla swinger sin darme cuenta. No distingo entre los cuerpos anónimos a J. Me angustio, me hago la idea de que lo he perdido, si no para siempre, al menos por un buen rato. Pero entonces una mano penetra entre las ridículas cortinas y me jala hacia afuera.

He hablado con más de media docena de parejas swingers esta noche y todas defienden su opción como un antídoto contra el virus de la infidelidad. Juran que es una novísima forma de sexualidad, capaz de salvar matrimonios agónicos o al menos de estirarlos. Muchos no son otra cosa que versiones recicladas de aquellos cornudos y cornudas voluntarios de la década del setenta (o sus hijos) que consagraron el amor libre y el sexo extramarital. Devotos de la consabida frase: «La fidelidad es el falso dios del matrimonio». Creyentes de que su iconoclasta vida de pareja se enriquecerá sacando una que otra vez los pies del plato. Swinger significa «algo que oscila» y alude a esa facilidad humana para viajar de cama en cama. Define al tipo de persona que renuncia a hacerse de la vista gorda, que reniega de la doble moral y se atreve a actualizar sus máximos delirios con otras personas, aunque dejando que el amor sea el único campo minado para los intrusos. Pero esta regla también se viola a cada instante y algunos confiesan haberse enganchado alguna vez con la pareja de otro e incluso haberse visto a escondidas con ella. Hay casos graves de incumplimiento de contrato que se convierten en matrimonios de cuatro.

Georges Bataille decía que es un error pensar que el matrimonio poco tiene que ver con el erotismo sólo porque es el territorio convencional de la sexualidad lícita. Lo prohibido excita más, eso se sabe, pero los cuerpos tienden a comprenderse mejor a la larga: si la unión es furtiva, el placer no puede organizarse y es esquivo. Imagino que los swingers no le darían crédito al francés Bataille cuando además escribió: «El gusto por el cambio es enfermizo y sólo conduce a la frustración renovada. El hábito tiene el poder de profundizar lo que la impaciencia no reconoce». Para la mentalidad swinger, un matrimonio es impensable sin fiestas, sin orgías, sin una visita eventual a un club de intercambio. Yo imaginaba que éste sería un templo de sofisticación y placer al estilo de Eyes Wide Shut, la última película de Kubrick. Pero lo que ocurre dentro de un club swinger no se parece tanto a esas escenas de glamour y lujuria que la gente suele imaginar desde afuera. Para empezar, está lleno de panzones sudorosos y mujeres con siliconas. Tampoco es esa utopía de la paridad que quieren vender los políticos swingers: un mundo repleto de gente con fantasías para compartir y cuyo fin es reducir los índices de divorcios. Lo que dicen las cifras es que los divorcios son más comunes entre parejas liberales. ¿Y? A los swingers esto no parece importarles.

La mano que me jalaba era la de J, por cierto. Tras la virulencia del cuarto oscuro, ahora lo sigo hasta la súper cama en forma de ele. Queremos un momento de paz e intimidad. Comenzamos a acariciarnos, pero yo estoy desconcentrada. J, en cambio, ya está encima de mí, muy dispuesto. Le pregunto qué tal. Más o menos: no le gustó que la chica del éxtasis lo tocara con modales de actriz porno. Me sorprende mi éxito, le digo un poco presumida, y le susurro palabras al oído.

—¿Tuviste celos? ¿Tuviste ganas de matar?

—¿Tú qué crees? Me daban vértigos.

—Pero, ¿rico?

—...

—¿Rico verme con otro?

—No, francamente espantoso. Mejor si puedo evitarlo el resto de mi vida.

Yo le diré lo de siempre: verlo con otra me excita tanto como me duele. Hacemos el amor. Sin querer nos estamos comportando como unos swingers: nos han estimulado extramaritalmente y procedemos a consumar el sexo conyugalmente. De vez en cuando volteo a la derecha y a la izquierda, atenta a nuestros compañeros de cama. A la derecha hay una pareja de chicos que no llegan a los veinticinco años. Ella es tan morena que no parece de aquí. Él le practica un sexo oral con evidentes muestras de torpeza. Ahora hacia la izquierda: una pareja mayor, ambos muy gordos, me hace pensar en el peso de la costumbre. Ella está encima y no pierde su ritmo eficaz hasta que se viene. No sé si sentir pena o alegría por la evolución: a la larga llega el conocimiento, el declive. Y ese gesto lúdico e intrascendente que anhela hacer renacer una excitación ¿perdida? con experiencias nuevas es nuestra caricatura. Pero J entra y sale con una especie de furia tardía, y entonces mis cavilaciones se extinguen en un orgasmo larguísimo.

Entramos en receso, nos damos una ducha fría y salimos hacia la calefacción. En la sala conocemos a una pareja muy simpática. Él es transportista y ella, enfermera. J me dice que la mujer le recuerda a su profesora de matemáticas. Tiene gafas y unas tetas enormes. Me parece una bonita fantasía hacerlo con tu profe de mate. Ya dije que no soy celosa, aunque su marido se parece al Hombre Galleta. Es casi enano, corpulento y tiene el rostro rugoso. Ambos son dulces. Los cuatro nos hemos sumergido en el jacuzzi y la estamos pasando bien.

Tercera vacilación de la noche: hacerlo con la primera pareja poco atractiva que te dirige la palabra. Estamos ante un caso muy común dentro de este mundillo: uno de los miembros de una pareja (J) se interesa por un integrante de la otra pareja (profesora de matemática con tetas), mientras el otro elemento (yo) sigue pensando en que mejor sería volver a encontrar al calvo y a la loca del éxtasis y acabar lo empezado. En estos casos es mejor abortar el plan, recomiendan los expertos: un club swinger podría convertirse en el Club de la Pelea.

Ni lo sueñes, le digo a J cuando al fin nos quedamos solos. La pareja se ha ido a bailar al cuarto oscuro, de seguro creyendo que iríamos tras ellos. No me gusta el Hombre Galleta, el marido de la profesora, qué puedo hacer, aunque me decepciona no ser tan democrática como pensaba. Huimos de manera cobarde hacia la habitación de las orgías, un buen lugar para esconderse. Siguiendo nuestro atrofiado instinto swinger, llegamos por fin a lo que parece ser un intercambio de parejas con todas las de la ley. Hay unos espejos frente a una cama más pequeña que la de afuera, y allí se desparraman varios cuerpos jadeantes. En este punto sería muy complicado tratar de saber de quién es qué. El eufemismo pareja ya no tiene ningún sentido. No hay forma de individualizar, son una gran entidad: podría tratarse de Lengualarga, esa diablesa hindú con vaginas en todas sus extremidades, que está haciendo el amor con el nieto del dios Indra, aquel ser que tiene igual cantidad de penes. Los gemidos nos dicen que hemos llegado tarde, pero igual intentamos participar. Dos parejas muy hermosas parecen divertirse de lo lindo muy cerca de nosotros.

Cuarta vacilación de la noche: quizá sea una orgía privada a la que no estamos invitados. Una mujer que podríamos llamar la Yegua —poseedora de una gran energía sexual según mi Kamasutra de bolsillo— está masturbando a un tipo mientras otro la penetra. Ambos se detienen, tienen fuerzas para levantarse de la cama y ponerla contra la pared. La acometida es vibrante, hay un componente bestial en todo esto. La Yegua grita. Nosotros somos mudos observadores de las maravillas de la naturaleza, pero sobre todo de las maravillas de la cultura. Esta escena se trae abajo otro mito del mundillo liberal swinger: el de la igualdad de oportunidades. Aquí, como en el mundo real, sólo tienen éxito los que son hermosos y sensuales, los que van al gimnasio y se operan. Los que no, tienen que resignarse al onanismo. La competencia puede ser descarnadamente desleal.

Mira quiénes vienen por allá, me dice J. Vemos que están entrando la profesora de matemáticas y su marido, el Hombre Galleta, y rápidamente ocupan su lugar al lado de nosotros. Ella empieza a hacerle un fellatio y, una vez que logra su objetivo, se inserta dentro de él bamboleando sus supertetas y lo cabalga suavemente. J estira sus manos hacia los pechos de su profesora, mientras yo le hago un nuevo sexo oral a él. El Hombre Galleta hace uso de su derecho y estira sus manos hacia mí. Me coge los senos. Yo le cojo los senos a su mujer. Todos le agarramos las tetas a la profe. Deliberadamente monto al hombre dándole mi espalda y me quedo cara a cara con la profesora, quien a su vez recibe los embates de J desde atrás. Para este momento, el Hombre Galleta, con dos mujeres encima, ya me está masturbando con sus dedos de conductor de autobuses hasta que me vengo. Soy la única que alcanza un orgasmo. Me siento agradecida por tantas muestras de cariño desinteresado. Luego J y yo nos alejamos de ellos sin despedirnos.

Han pasado ya varios días desde que perdí mi virginidad swinger. Rebobino la película y vuelvo a viajar por un instante a ese mundo de intercambios sexuales. Veo a los desposeídos del placer siendo objeto de las multinacionales y sus tentáculos, pretendidos alquimistas del sexo que convierten lo banal en oro, que ofrecen paraísos artificiales, falsas fuentes de la eterna juventud y otros paliativos contra la infelicidad. Veo matrimonios al borde de la debacle, mujeres frígidas, adultos mayores, fármaco-dependientes, cocainómanos en última fase, buenos católicos, despojados del Viagra, eyaculadores precoces, micropenes, dictadores, impotentes, presidentes del mundo libre, clase trabajadora en general, swingers con los días contados viviendo la extinción del deseo como un infernal viaje hacia la desesperación.

Ésta es una noche de viernes en una Barcelona asfixiada de calor y J duerme con el televisor encendido en un partido de fútbol mientras yo escribo sin parar, tal vez esperando la llamada de mi amiga, la ex sadomasoquista, sintiéndome de todo menos liberal. Me regalo el privilegio de ver el mundo de los swingers y sus manjares desde la distancia: no de una distancia orgullosa, pero sí a salvo, con la tranquilidad de quien se sabe joven y amada, aunque sea con fecha de caducidad. No sé si era Aldous Huxley quien decía que es un problema descubrir un placer realmente nuevo porque siempre se quiere más. Cuando uno se lo permite en exceso se convierte en lo contrario: cada placer aloja la misma dosis de dolor. Sé que fui liberal alguna vez, pero sólo hasta que regresé del planeta de los swingers. He traicionado el voto de confidencialidad de la mafia. La última regla para un swinger es no revelar nunca lo que ocurre entre liberales del sexo. Quizá nunca lo fui.

Texto publicado en *Etiqueta Negra,* núm. 14,
julio de 2004.

Swingers, el detrás de escena
Gabriela Wiener

Antecedentes

La crónica en primera persona sobre los lugares de intercambio de parejas era un viejo proyecto de Etiqueta Negra. Hasta que me fui, en Lima no existía un solo club liberal, por lo que contar la experiencia seguía siendo un tema pendiente para el periodismo local, sobre todo para ese periodismo llamado «de inmersión» o gonzo. Julio Villanueva me había comentado alguna vez, a raíz de un número de EN dedicado al sexo, su deseo todavía insatisfecho de encargar esa historia a alguien que estuviera fuera del Perú. Por mi parte, había publicado en el suplemento dominical donde trabajaba un informe sobre un supuesto «boom swinger» en Latinoamérica, era una de esas notas que por abarcar todo no abarcan nada y que incluía pinceladas de la filosofía swinger, opiniones, tips extraídos del google y unos pocos dudosos testimonios, todo lo cual estaba dicho en un tono entre jocoso y cínico. La conclusión era triste pero orgullosa: que en Lima no necesitábamos de locales especializados para vivir la vida porque cada quien se apañaba como podía: había vida swinger en Lima pero discurría en fiestas privadas y reuniones de amigos. Poco después, me fui a estudiar a Barcelona. Con una industria porno nada despreciable, un mega festival erótico, y espacios que eran verdaderos paraísos para gays, lesbianas, sadomasoquistas y toda fauna inimaginable, BCN emergía como ciudad liberal sin complejos. Julio y yo volvimos a discutir la posibilidad de escribir sobre los swingers, pieza importante del mosaico Gaudí.

Planeamiento

Empezamos con una lista de todo lo que no queríamos hacer:

1. No queríamos hacer un panegírico del estilo de vida swinger, por más que en primera instancia yo simpatizara con los intercambios. Queríamos darle la vuelta a la deslustrada «historia de sexo» escrita por un periodista de ideas liberales.

(Por coincidencia o no sé qué, en esos días se publicaron sendas crónicas sobre swingers en un par de revistas de la competencia. Ambas estaban escritas por hombres. La primera era la típica historia del periodista infiltrado, que se moja pero sólo hasta que ya tiene algo que contar, y luego escribe de vuelta de todo, afirmando con alegría sus convicciones burguesas. La segunda me gustaba un poco más, era la crónica del periodista alérgico, alguien que no se moja ni se mojará, pero cuyo desencanto radical hace divertida a la ignorancia y a la virulencia entrañable, como si escucharas a tu abuelo hablar de la clonación. Nosotros no queríamos hacer nada parecido.)

2. No queríamos caer en el pintoresquismo, tratándolos como simpáticos freaks que nos abren la puerta de su exótico mundo.

3. Tampoco queríamos contar la historia de una tribu urbana, la de los swingers, escrita en clave antropológica para darle voz a los sin voz.

4. No podía ser aburrida pero tampoco masturbatoria.

Finalmente hicimos una somera lista de lo que en principio, sí queríamos:

1. Un testimonio descarnado de mi visita a swingerlandia al lado de mi flamante esposo. Iríamos como lo que éramos: una pareja, no como periodistas fisgones. Ésta fue una iniciativa mía y conversada en pareja pero que obviamente tenía un costo emocional para mí.

2. Una guía rigurosa de todo lo que puede o no encontrarse en un club de parejas liberales: ideología, ambiente, personajes, chismes, anécdotas. La erudición Etiqueta.

3. Una crónica-ensayo que estuviera insertada de reflexiones y citas, que profundizara en la dinámica del intercambio, que hablara de esta edificante «alternativa a la infidelidad» que defienden los swingers, pero que no tuviera pelos en la lengua cuando se tratara de cuestionar, por ejemplo, su esnobismo, su artificialidad o su mercadeo. Una puesta en escena de las razones del sexo

colectivo como salida a la infelicidad, lo banal convertido en oro o los falsos paraísos prometidos a quienes viven el paso de los años y la extinción del placer como un viaje desesperado. Los swingers serían un pretexto para ensayar una hipótesis sobre la pareja contemporánea, sobre el amor, el sexo y el género humano en el siglo XXI, ya muy lejos de la revolución sexual de los setenta.

Mi plan de reporteo fue el siguiente: una semana de visitas a un club swinger donde entraría como cualquier cliente para intercambiar a mi pareja y conversar distendidamente con otros swingers. Una sola visita convencional de periodista a algún otro club, en la que aprovecharía para entrevistar a los dueños, además de tomar fotografías. Otras entrevistas planeadas fueron: una al encargado de una web de parejas liberales y un sexshop, y otra al director de una revista de contactos swingers. Finalmente, me serviría de los chats de parejas para conseguir alguna cita o fiesta privada, colgaría una fotografía nuestra, ofreciéndonos como suelen hacer las parejas swingers. Esto último era una muy buena idea pero tuve que abortarla pues los contactos comenzaron a funcionar muy tarde. El resto del plan se cumplió a las mil maravillas.

En ese lapso, visité webs, librerías eróticas, bibliotecas, archivos personales, para recopilar información sobre este mundo, que no era tarea fácil pues hay muy poco editado al respecto. Tuve a mano a Bataille o Sade, y sus visiones de la orgía y lo erótico. Tuve presente a los franceses, a Catherine Millet para mis confesiones y a Michael Houellebecq para mis predicciones apocalípticas y mala onda general. Indagué especialmente en la movida swinger internacional, sobre todo europea y en Latinoamérica, estudiando especialmente el caso argentino (donde los swingers están sindicalizados). La idea era montarlo de tal manera que la información fluyera a través de la narración.

En el lugar de los hechos

Visité por primera vez el club de parejas liberales 6&9 un día jueves de semana santa. No nos dimos cuenta del error hasta que entramos al lugar y quedó claro que no sólo éramos los primerizos sino también los primeros. ¿Eran tan católicos los catalanes? Ahí estábamos mi pareja y yo, solos y dispuestos, ante una película pornográfica y un vaso de vodka. Así empieza la crónica: con el autorretrato de nuestro nerviosismo mientras paseamos por las instalaciones desiertas del 6&9 en compañía de la anfitriona del lugar. Decidí que no podía contar dos veces el mismo recorrido, así que cuando lo describo, lo hago como lo vi poco después: la gran cama, las cincuenta parejas abrazadas sobre las sábanas, el jacuzzi ocupado.

Pero la crónica se inicia realmente en mi habitación, cuando estoy vistiéndome y maquillándome para salir. Mientras me preparaba —lo que incluyó una depilación total, lencería apropiada y una sexi minifalda— era consciente de que lo hacía para seducir y de que en ese momento ya empezaba mi noche swinger. Era curiosa la sensación de estar junto a mi pareja y sin embargo, arreglarme abiertamente para ligar con otro u otros hombres. De esas paradojas está llena esta primera parte.

Mientras íbamos entendiendo la mecánica del 6&9, llegaron las parejas que no creían en el jueves santo. La parte más complicada fue reemplazar el desconcierto y el sentimiento de profundo ridículo, por morbo y deseos de tener sexo. Esta transformación está presente en toda la crónica. Teníamos que estar desnudos e insinuarnos a gente desconocida, sin abusar del alcohol, pues aunque es difícil de creer, yo estaba persiguiendo un reportaje. Teníamos que compartir el jacuzzi, vestirnos delante de todos, tocar y dejarnos tocar por placer.

Fue muy importante cambiar de lugar, siguiendo el movimiento de las parejas; también lo fue conversar con la gente haciendo énfasis en que éramos primerizos (lo que era cierto), eso hizo que actuaran con nosotros un poco paternalistamente y que nos contaran sus secretos como dándonos consejos, sobre todo la pareja con la que al final consumaríamos una especie de intercambio. Debíamos ser como los swingers sin serlo realmente, apelar a ese lado «liberal» que en definitiva teníamos y que se estaba realizando de golpe, pero con delicadeza, sin herirnos el uno al otro, y siendo muy cuidadosos para no ser descubiertos.

Éticamente hablando, esta manera de hacer periodismo no tiene una sola justificación. Aquí va la mía: En ese momento y en el lugar de los hechos, sé que la única forma de ser fiel al espíritu y realidad de esta historia o de cualquier otra es dejarme llevar por el azar, fluir con las situaciones y las personas, de una manera que no podría si lo hiciera presentándome como periodista. Por eso era tan importante que al exhibir la vida y experiencia de los swingers, exhibiera también mi propia intimidad. Que se viera mi desnudez, mi ridículo, mis miedos y complejos, mis celos, pero también mi curiosidad, mis fantasías y mi morbo. Digamos que es el costo de ser testigo y parte, si iba a entrometerme tenía que hacerlo hasta el final, y cada cosa que dijera de los swingers también sería algo que podría decir de mí misma.

Alguien podría decir que esta crónica trata más de mí que de los swingers. Y no estaría tan equivocado.

El texto

En realidad, yo no quería escribir sólo un artículo desinhibido sobre sexo para calentar al lector, quería dar una verdadera tesis sobre los swingers. Quise esconderme detrás de un montón de citas cultas y sentencias pomposas que fueron rápidamente detectadas y podadas por mis editores. Creo que fue una muestra tardía de pudor pero pudor al fin. Sergio Vilela, quien se encargó de la edición última y de dialogar conmigo en esta fase, me acusó de querer «intelectualizar» la crónica. Ésa fue la primera crisis pero salimos airosos. Al reducir las citas el texto por fin se centró.

Como en otras experiencias con Etiqueta Negra, Vilela me envió una versión editada en la que señalaba las partes donde según él faltaba intensidad, calidad de detalles, adjetivos, etc. Yo iba aceptando sugerencias y rechazando otras y proponiendo algunas más. Lo que quedó fue la historia personal, el retrato de los swingers y las reflexiones que me generaban. Descartamos las entrevistas al director de la revista y al de la web. También hubo mucha discusión sobre el arranque y fuimos descartando escenas hasta que la acción naturalmente se centró en nosotros.

J, mi marido real, fue un contrapunto muy importante en el artículo, su ambigüedad ante el tema fue un recurso que exploté al máximo, y fue evolucionando —dentro y fuera del artículo— de la oposición a la implicación —casi sacrificada— por lo que los momentos más intensos de la crónica se deben justamente al juego de marchas y contramarchas que se da entre nosotros, alrededor de temas tan incómodos y conflictivos como los celos y la infidelidad, creo que con absoluta honestidad y naturalidad, de ahí que mucha gente que leyó el artículo lo sintiera tan cercano.

Cuando se publicó la historia, muchos colegas periodistas me preguntaron si no me lo había inventado todo. A fecha de hoy mi madre sigue pensando que escribí una ficción. Mejor no desengañarlos.

Texto publicado en la edición *online*
de *Etiqueta Negra* en 2004.

Librero de viejo andante
Toño Angulo Daneri

Si todo libro es un cuerpo que se ofrenda para ser poseído, Jorge Vega *Veguita* es un proxeneta ambulante que ofrece lujuria de papel para lectores irredentos. Quienes saben de sus andanzas, quienes lo han visto pregonar su letrada mercancía por las salas de redacción de la revista *Caretas* y los diarios *La República* y *El Comercio* de Lima —como estos ojos que se han de comer sus libros— intuyen que Vega es uno de esos vendedores sabios y obstinados que cualquier transnacional quisiera fichar en su planilla.

Porque *Veguita* no tiene clientes: tiene feligreses. Vega ha estudiado con paciencia de teólogo el santoral de cada uno de los miembros de su feligresía y sabe a qué dios invocar para conseguir ese estado de arrobamiento que provoca en el lector adicto el binomio libro-propiedad.

Su método consiste en invocar sin piedad a la ambición bibliófila del lector curioso y entregarle su promesa de sabiduría a crédito blando, sin cuota inicial y sin intereses. «El librero de viejo —proclama— vive de la ignorancia de algunos y del afán de saber de otros». Cierta vez espantó de su lado a un periodista joven e ingenuo lamentándose de que entre las siete novelas que él cargaba en ese momento bajo el brazo no había siquiera una que pudiera interesarle al muchacho: «Son libros demasiado básicos —le dijo—, ya los debes de tener todos en tu biblioteca», y se volteó sin decir más, como quien se presume derrotado al tratar de venderle hielo a los esquimales. Esa tarde, el muchacho le compró tres novelas de golpe y se sintió como un miserable imberbe por no tener ni haber leído las otras cuatro. Luego, antes de despedirse, Vega le advirtió a otro periodista, amigo de toda la vida, que ya podía dar por terminada su amistad: «Ahora sólo nos une una insalvable diferencia —gritó para que todos los que trabajaban en ese momento en la redacción oyeran lo que estaba a punto de decirle—: ¡págame lo que me debes, grandísimo hijo de puta!».

Y ambos, abrazados, salieron del periódico al encuentro de unos vinos, unas cervezas u otras humedades de la noche limeña.

Pero Vega no es solamente un vendedor de libros de viejo y reventador de sueldos de periodistas. Él, a quien alguien cierta vez apodó *El Sobaco Ilustrado* por la forma como transporta sus empastados bienes —sueltos y cogidos con un solo brazo, sostenidos debajo de la axila—, es también un lector impenitente y un amante inveterado del mar, la soledad, el tacutacu, los burdeles, el vino, la cerveza y la memoria. Nació en un callejón de La Victoria, aunque dice que empezó a vivir recién en España, de la mano de Goya, Velázquez y El Bosco en el Museo del Prado. También llegó a ser reportero de calle en los tiempos en que los periodistas bebían y conversaban más y envidiaban menos: «Tenía todo lo que se necesitaba para ser un periodista —dice—: no sabía nada». Su primer amor de adolescencia fue una *putidoncella* que lo expulsó de su cama cuando descubrió que Vega no era un ladrón prófugo y aventurero como él le había dicho, sino apenas un poeta de versos tristes y huidizos. Ahora, cuando acaba de cumplir la edad indeterminada de los profetas, Jorge Vega *Veguita* pasea sus recuerdos por la playa de La Herradura y cada mañana afila una frase perversa que comparte con sus amigos por la tarde: «La bigamia y la monogamia son exactamente lo mismo: en ambos casos hay siempre una mujer de más», dijo hoy y se fue sin prestar atención a las risas que dejaba a sus espaldas.

* * *

Muchos han sido testigos y sin embargo pocos saben cuál es el verdadero oficio de Jorge Vega. Su oficio es la palabra, pero no la de letras de molde que él vende con premeditación y alevosía de librero memorioso, sino la que va regalando por ahí con la generosidad de un Diógenes de Sinope extraviado en el otoño del siglo xx. Jorge Vega es un fraseólogo, un malabarista de las palabras. Un *palabrarista* que se divierte con el idioma como un niño en Navidad con su juguete nuevo. Interrogado sobre su impenetrable soledad, él dice que ha patentado un eslogan para el amor: «Agítese, úsese y bótese: el amor es desechable». Como todo ateo que se respete, ha fabricado su propio dios a su imagen y semejanza. «No puedo creer en el dios de los católicos —dice— porque cada vez que he buscado una virgen no la he encontrado. Y cómo estaremos los peruanos de necesitados de fe que cada vez que vemos a una virgen la sacamos en procesión». También ha inventado una frase para justificar su veterana rebeldía: «Mi vocación por el socialismo —explica— la descubrí muy temprano: casi todas mis notas en el colegio eran rojas». Sólo a su noble oficio de librero le dedica una frase tierna y entrañable: «El librero es el albañil que proporciona los ladrillos con los cuales otros construirán edificios hermosos».

—¿Escribes, Vega? —le pregunto a bocajarro, sólo que llevándome el jarro de cerveza a la boca. *Veguita* me ha traído a uno de sus refugios de media tarde: el restaurante Costa Brava de la Herradura, cuyas especialidades son el cebiche de lenguado, la jalea de huevera, el picante de conchas y la cerveza de 1,1 litros. Sobre la mesa, dos platos vacíos y dos botellas ídem.

—No —responde él con esa voz rasposa y elegante de tenor curado en pisco sour que jamás se atrevió a llevar a la radio—. Cada vez que he escrito y les he mostrado mis textos a algunos amigos, me han dicho que eso ya lo habían leído en Borges.

—O sea que en el fondo sí escribes. ¿O escribías?

—Quizá me anime a escribir mis memorias. Pero más que eso, sueño con publicar crónicas o retratos de ciertas personas fundamentales que he conocido y que me gustaría salvar de la infamia del olvido.

Los que tal vez no se salven del olvido son unos versos que, al cabo de cuarenta años de peregrinar por las palabras, Jorge Vega ha ido escribiendo y acumulando en un cajón de llave esquiva. Son versos circulares, igual que sus frases malignas: «No ser sino en el tiempo la nada que te sueña». Pero alguien se encargó de decirle que la poesía está hecha de poemas, no de versos, y Vega se ha refugiado por ahora en el silencio. Mientras tanto no deja de leer. Como Borges, imagina la eternidad como una biblioteca infinita cuyos límites se pierdan en la noche de lo invisible. *Veguita* lee hasta cuando está dormido: es la maldición de su admirable memoria.

Puede recitar párrafos íntegros del Quijote, poemas de Quevedo y una enorme cantidad de lapidarias suyas y ajenas acerca de casi todo, como ésta que tiene reservada para su epitafio: «Comerán los gusanos lo que dejaron las polillas». También usa la memoria para registrar —jamás anota— lo que le gusta leer a cada uno de sus clientes, los libros que ya tienen, los que les faltan y lo que están dispuestos a pagar por una rara edición que llevan buscando muchos años. Vega también es capaz de acostarse leyendo hasta que se queda dormido con el libro abierto sobre la frente, despertarse por la mañana y continuar con la lectura como si nada hubiera pasado durante esas siete u ocho horas de sueño. «El mejor lugar para leer —aclara sin embargo— es el baño: lo que no te sirve, ahí mismo lo echas».

* * *

Una vez, hace ya casi dos décadas, Jorge Vega recibió la llamada de una mujer que hacía poco había enviudado de un conocido jurista e intelectual limeño. La señora lo invitó a su casa: «Tengo algo que podría interesarle», le dijo. *Veguita,* famoso en esos tiempos por su prodigiosa voracidad con las mujeres, se vistió con su mejor tenida, aquella que aún hoy utiliza en las fiestas de gala a las que lo invitan sus amigos periodistas y escritores: saco de un color, pantalón de otro, polo con cuello, corbata y zapatos de suela de goma. Sin embargo, le bastó poner un pie en la sala para comprender el verdadero motivo por el que la viuda lo había llamado: era la heredera de una biblioteca de cerca de cinco mil tomos, cada cual más rebuscado y valioso, y estaba dispuesta a vendérsela ahí mismo, sin regateos. «Me los llevo todos», exclamó Vega, pero al instante se arrepintió de tan delatora manifestación de algarabía libresca. «Pero no todos juntos —se corrigió—. Hoy me llevo unos cuantos, la próxima semana otros y así, cada semana vendré hasta haber completado el lote». La respuesta de la señora lo dejó perplejo: «No, señor —le dijo, enérgica—. Ahora mismo se los lleva todos o nada. Se los regalo. Aún más, aquí tiene dinero para que en este momento llame al camión de la mudanza». Vega dudó, temiendo que otros herederos del finado bibliómano pudiesen demandarlo por semejante sacrilegio. Luego encontró la explicación: como en todo crimen pasional —y Vega sabía que deshacerse de una biblioteca como ésa era un crimen—, se trataba de una venganza. El marido, en vida, le había dedicado más tiempo, más dinero y más espacio a su colección de libros que a su mujer y a sus dos hijas.

Con el dinero que consiguió con la venta de esos libros —unos veinte mil dólares de ese tiempo, calcula *Veguita,* y no hay forma de verificarlo, entre otras razones porque Vega es conocido también como un irreprimible exagerado—, no dudó en regalarse aquello que venía posponiendo desde la infancia por falta de dinero, de un trabajo estable y de influencias, entre otras causas intrascendentes para él: su soñado viaje a Europa. Le alcanzó para vivir cinco meses de buenos vinos y mejores museos en las principales ciudades de España, Francia e Italia, su idolatrado Mediterráneo.

Una noche, ebrio y pendulante como un buque peruano navegando a la deriva lejos de las luces del puerto del Callao, conoció a un locuaz y derrochador comerciante en un concierto de música clásica. Dice Vega que al salir lo invitó a cenar y finalmente acabaron en una antigua bodega de vinos en las afueras de Barcelona que *Veguita* sólo conocía de oídas. Había nacido en ellos esa fácil y sincera camadería que suele aparecer entre dos desconocidos que se descubren mutuamente como grandes frecuentadores de cantinas.

—Por favor, queremos cinco botellas —le pidió Vega al dueño, demostrando que él mismo había caído en la trampa del clásico-nuevo-rico-estilo-peruano— del mejor vino que tenga.

El bodeguero le respondió que eso era imposible:

—El mejor vino que tengo es uno del que sólo hay trece botellas en todo el mundo. Cada una cuesta alrededor de cinco mil dólares, pero eso sólo vale para la primera botella. Una vez abierta, ya solamente quedarán doce botellas y el precio será mayor. Además —remató—, yo sólo tengo dos.

Después de oír esto, Vega y el comerciante cerraron la boca y optaron por pedir diez botellas más baratas. El que pagó fue el comerciante.

—Creo que en esos cinco meses en Europa —recuerda ahora *Veguita* envuelto en el humo de la nostalgia— todas las mujeres malas fueron mías. En el fondo, las buenas no me interesan: tienen un criterio de la moral que no colinda con la realidad.

* * *

Sí, Jorge Vega *Veguita* es un visitador frecuente de burdeles y otros recintos similares en cuanto a su escasez de ropa. Inició su carrera prostibularia cuando era muy joven debido a lo que él llama una desviación profesional, pues sin haber terminado la secundaria, a los dieciséis años entró a trabajar como periodista. Eran los tiempos en que, después de cerradas las ediciones del día siguiente, las salas de redacción de los principales periódicos limeños se trasladaban casi en su integridad a los laberintos lujuriosos del jirón Huatica, en el barrio de La Victoria. Aunque todavía era menor de edad, Vega dice que no quería perderse ese tipo de aprendizaje vital, que era el único que no encontraba en los libros que ya por entonces devoraba como polilla de iglesia. Cuando la policía aparecía por el lugar y armaba una de sus clásicas «batidas» de madrugada, *Veguita*, que en las fotos de la época luce como un mocoso flaco con cara de niño bien, mostraba como todo documento de identidad su carné de periodista y se disculpaba afirmando que estaba allí en cumplimiento estricto de su labor informativa.

En aquella época, dice, todavía se podía caminar de madrugada por esas calles jamás coronadas de Lima sin la menor noción de lo que podía ser un atraco. «Hasta los delincuentes te saludaban con un buenas noches —dice—, lo cual es la prueba de que en esta ciudad se han perdido para siempre las buenas costumbres». De esos tiempos, a Vega le ha quedado una teoría de los enamorados que, según él, no admite discusión: sostiene que uno no se enamora de una persona en concreto —con toda la complejidad de su carácter—, sino de ciertas cualidades idealizadas que interesadamente uno le atribuye a dicha persona justamente para enamorarse de ella. Así, cuando tarde o temprano se descubre que esa persona ideal no existe más allá de la imaginación, llega irremediablemente la fatiga del amor: «La fatiga, sí, que en el amor es la única certeza».

—Pero ahora, Vega, que ya no existe Huatica, ¿cómo haces?

—Ahora todo el Perú —dice— se ha convertido en un prostíbulo. La vez pasada estaba en un restaurante comiéndome un lomo montado y una preciosa dama se acercó a pedirme que le invitara un plato igual. Al final puedo asegurar que esa noche la señorita comió lomo.

Así es este Jorge Vega *Veguita*, vendedor de libros de viejo, conversador jocundo, lector memorioso y amante convicto del mar, la cerveza, el humor negro y las palabras. Así eres, Vega, así de distinto, así de pendenciero.

Alfonso Tealdo, ese maestro periodista que en vida fue su compañero de juego en el dardo y la esgrima de puyas, lapidarias y sentencias, ya lo dejó dicho: mientras unos andan por la vida embriagados de alcohol y sabiduría, otros atraviesan el mismo camino sin darse cuenta de que ambas cosas existen, tratando de defender su higienizado derecho a ser abstemios.

Texto publicado en el diario *La República* de Lima, en 1999.

Un día en la vida de Pepita la Pistolera
Cristian Alarcón

«Esta bien, papá, dormí, dormí», le dice Margarita Di Tullio a un hombre de 83 años que se pasea en calzoncillos y balbucea. Es Antonio Di Tullio, el hombre que la inició en la guerra, el que no tuvo un primogénito varón pero crió una hija con una fuerza descomunal, el que comenzó a entrenarla luchando con ella como un borrego, el que la obligó a competir con varones más grandes en peleas callejeras desde los dos años. El mismo que después, cuando no soportó la rebeldía de su hija de 16 años, le quebró la nariz. El mismo que la perdió de vista cuando ella decidió competir a lo grande, y ganar dinero y batalla contra hombres. El mismo anciano que hoy se duerme tranquilo, como un niño acariciado por las manos llenas de nicotina, de piel suave pero fuertes como herraduras, terminadas en uñas largas, rojas, sutiles garras de una leona reina de la selva clandestina. Las manos de Pepita la Pistolera.

«Me hacía buscar entre los turistas hasta que yo elegía a uno, siempre más grande, nunca más chico, le buscaba camorra y le daba», cuenta Margarita cuando la conversación que comenzó en el cabaret hace cinco horas ya le quitó parte de la voz y sus palabras salen con la ronquera de la noche, como un susurro de puerto y de fuego. «Papi, a ese pibe más grande le puedo ganar», ofrecía ella. Y Antonio miraba desde afuera cómo los vestiditos de percal se ensuciaban de tierra, cómo el encaje terminaba en las manos del contrincante, siempre vencido. Después en la casa continuaba el entrenamiento. Ella siempre quería más. Así aprendió a usar cuchillos, a matar un pollo, o carnear un cerdo. Entonces ya comenzaba a manejar las primeras armas de fuego.

—¿Cuál fue su primer delito?

—A los siete años. Le robaba a la gruta de Lourdes todo lo que los giles de los católicos le dejaban. Cuando mi vieja empezó a sospechar porque tenía demasiada suerte, caminaba con ella del brazo, tiraba el afano en la vereda y decía: «Huy, mami, mirá, ¿qué es eso? Así lo blanqueaba».

«No podés contar toda la vida con detalles porque sería apología del delito», advierte mientras baila y levanta los brazos como aspas, entibiando su cabaret a la caída del sol. «Te atiendo porque me dijeron que no me vas a traicionar», dice, y por eso habrá cinco historias que no traspasarán aquella noche larga. «Yo no toco unas esposas por honor», explica después, sentada en la barra. El fotógrafo José Luis Cabezas murió esposado. Sobre el horizonte del puerto, tras las fábricas de harina de pescado que tapan las narices de mal olor, caen las últimas gotas de sol, y un cielo rosado y pálido le da paso a la noche. Margarita brilla sinuosa, bebe champagne, se agita, se lleva la mano al pecho, como desbordada, y a cada ronca frase que pasa, desnuda su alma como, según jura, nunca hizo con su cuerpo ante un hombre que no ame.

En la calle 12 de Octubre ya se encendieron los carteles multicolores de los juegos electrónicos, los kioscos, los dos bares de la fórmica y los cabarets de Margarita. Las cuadras que llegan al mar son una rara mezcla de la Boca y Constitución. El sonido del Rumba, un lugar para marineros de pocas rupias, es cumbianchero y bajo. Una cuadra más allá, en el Neissis II, un lugar de copas más caras para navegantes y profesionales locales, se escucha el «no para, sigue, sigue, se la llevó el tiburón, el tiburón».

Margarita cruza la puerta en unos pantalones a cuadros chicos y de un verde fluorescente. Pisa sobre zapatillas negras plastificadas al charol, con dos centímetros de plataforma, y arriba lleva un buzo de mangas cortas. El pelo rubio que las presas de la cárcel de Dolores le mejoraron, así como le hicieron las uñas, y le lavaron la ropa porque allí adentro es una vieja y respetada conocida, se le despeina y se le vuelve a peinar con las manos y con el viento marino. Ella está tan libre y tan convencida de que su último marido, Pedro Villegas, también quedará libre, que le brotan aires de euforia por las curvas con las que les baila en broma a los clientes. «Nunca jamás vendí mi cuerpo por dinero. Tampoco lo haría por poder. Si Menem me ofrece un millón de dólares, no lo hago. Ni mi cuerpo ni mi orgullo tienen precio.»

En la zona del puerto la mayoría cree en ella. Margarita camina bamboleándose, entra en cada local abierto y saluda. De una y otra vereda, los vecinos le responden o la llaman para que se acerque: es definitivamente famosa en su tierra. Se mueve como una niña grande. Da pasos cortos. Y avanza a saltos leves. Como pidiendo algo caprichosamente. No pierde, sin embargo, la postura, una especie de orgullo portuario de bajos fondos, que ella justifica en la mezcla de «sangre aria y calculadora» de su madre, Irene Shoinsting, con la sangre caliente de su padre. El orgullo le nace con el resentimiento que jura no tener pero se le nota en el trasluz de los ojos, cuando admite que nació para ganar y que «nadie, jamás, excepto un enfermo terminal, merece lástima». Lo dice desde la seguridad de la mujer que buscó siempre el riesgo, y apostó a lo grande, para no someterse al destino «de un país pisoteado y lleno de esclavos». Habla en su reservado del Neissis —el apodo de su primer marido, a quien sus padres comparaban con el monstruo del lago Ness—, separado del resto del local por unas puertas bajas al estilo de las cantinas del Oeste. Nunca cruza las piernas. Las sube al sillón de enfrente, se mueve como una adolescente Stone. Salta y corre cuando suena el teléfono: espera un llamado de Pedro desde la cárcel de Dolores.

No es Pedro. Discutieron en la visita del domingo. Pedro le exige que grite a llantos que él es inocente. A ella le parece ridículo. «Todos los presos gritan su inocencia, no es serio», explica. «Yo le digo mi amor, yo sé que sos inocente porque estabas conmigo», dice y recuerda la madrugada del 25 de enero, cuando como todos los viernes, que eran sagrados, después de supervisar los boliches se quedaron en la cama y tomaron champagne. Sin embargo, cuando habla con los medios trata de complacerlo. Pedro es la batalla que nunca ganó, y por eso lo ama. Pedro ni siquiera le acepta el desafío de la competencia. Marga entra al penal de Dolores y mientras camina hacia él los internos le gritan, la silban, le proponen y ella se muestra como una diosa y reparte mohínes de vedette. Cuando llega a su hombre es el único que la recibe sin contemplación. «Mirá la panza que tenés», le dice. Eso la subyuga.

Ordena subir la música del Neissis. Baila unos minutos, y después en el reservado parpadea con esas pestañas amarillas, claras. Amaga con un strip, se sube el buzo hasta el cuello y deja que se le vea el body negro de encaje. Desafía con el cuerpo. Gustavo, su hijo de diecisiete años, le dice que recién son las nueve de la noche y ya está tomando champagne. Ante el fotógrafo, posa. Y le enseña a una de las chicas cómo descubrirse lo suficiente el escote.

Después de la guerra, Margarita prefiere la seguridad de sus cabarets. En el Neissis II, decorado por Pedro, que diseñó una barra en forma de barco y sillones reservados contra las paredes que tienen ojos de buey y lámparas marinas, las mujeres son alternadoras. Su función es atender cariñosamente al cliente y hacerlo consumir copas. «Si soy dueña de mi sexo, las chicas también. A mí me entra la plata de las copas. Y en ninguno de los boliches hay camas. Si ellas quieren, salen, van a donde se les antoje y lo hacen por plata, por calentura, por amor, que a mí no me importa», explica.

En la barra saludan los dueños de la revista del puerto y la esposa de uno, de tapado y brushing. En su casa prende el hogar de troncos artificiales, saca copas, manda a retirarse a los que están y encabeza el tour por los recovecos de las piezas, que terminan en un patio con parrilla al fondo y la habitación de la dueña arriba. De los tres baños, ninguno tiene luz. En la habitación de los chicos, que todavía viven con ella, el Churruinche de trece y Gustavo de dieci-siete, hay dos equipos de música, ropa sobre las camas y un teclado. En la parte alta del placard busca fotos, que caen como piedras. Las recoge y las tira sobre la mesa del comedor, donde sobrevive un arreglo de navidad cubierto de polvo. Sobre el hogar hay siete brujas de cerámica, porcelana y yeso. En muchas fotos está con su ex marido, Guillermo Schilling, «El negro», un ex montonero que murió dos años atrás al caerse de un quinto piso y que creía que Marga era una bruja del siglo XII y su destino sería el fuego.

Irreverente con cualquier religión, imagen o doctrina, de todos modos Margarita desde su celda compartida en la cárcel de Dolores le hablaba a las ánimas. Y el marido muerto le pedía por su libertad. «Yo le decía al negro, Hijo de Puta te moriste zarpado, hacé algo, dame la libertad.» A José Luis Cabezas también le pidió. «Le hablaba y le decía, hacé algo, que estos hijos de puta te mata-ron, no seas gil, hacé algo, yo no fui, vos sabés que yo no fui. No podes dejarme acá adentro, hacé que caigan los culpables.»

Los golpes que Margarita daba de niña se volvieron como un boomerang. Su padre quiso frenarla con la fuerza. Le quebró la nariz de una trompada. «Les entregué el título de secundario y me fui.» Fue entonces la única mujer que la primera banda de amigos chorros que tuvo aceptó después de constatar que la rubia tenía la fiereza de un dogo. «Ellos les pegaban a sus mujeres, pero yo era fuerte, a mí nadie me tocaba.» Cayó a los dieciocho años y pagó con cuatro en el penal de Dolores un robo automotor a mano armada. Salió a los veintidós y siguió, con más cuidado y mejor racha. Anduvo de frente a la aventura durante años, hasta que quiso tener un hijo. A los hombres siempre los había tratado con desapego. Pero cerca del golpe del '76 conoció a Schilling, «un doberman, mezcla de madre aria y padre indio». Él era montonero. La organización se desmembraba. Él quería una vida más tranquila. «Hicimos un juramento, yo no delinquía más y él no militaba más. Él, por calentón, por enamorado, lo dejó. Yo colgué las cartucheras y cuando podía, mientras él viajaba por alta mar, le daba otro poquito.» A Margarita la militancia montonera no le cerraba como práctica libertadora. «Él quería un país mejor, pero yo quería la mía. Él odiaba la yuta y las botas. Cantaba: "No somos putos, no somos faloperos, nosotros somos los bravos montoneros". A mí no me importaba que alguien fuera puto o falopero. No tengo esos prejuicios. Si hubiese sido lesbiana andaría con mi novia por la calle, pero acá todo se oculta. Acá la mayoría agacha la cabeza. Yo no fui rufiana por eso, no quise nunca ser asalariada, sometida. A mi manera, pero siempre fui libre.»

Con Schilling estaba la noche en que, hace once años, tres hombres entraron a su casa. «Les ofrecí la plata que había, no entendieron y dijeron que iban a violarme a mí y a los chicos.» A ella le dieron en la pierna derecha donde ahora, subiéndose el pantalón, muestra la marca que le dejó la herida sobre la piel blanquísima. Mientras Schilling forcejeaba con uno, ella vació el cargador sobre los tres. No vio sangre, no se shockeó. Estuvo quince días presa y salió por exceso en legítima defensa. «Aquello no me dio ni más ni menos valor. Yo pensé que nunca iba a matar a nadie. Odio a la persona que mata. Somos humanos. Si vos discutís conmigo te voy a dar una defensa, jamás te voy a matar a traición.» Desde aquellos homicidios fue «Pepita la Pistolera». Arruga la nariz al escucharlo. El nombre no le hace gracia desde que se enteró que viene de una especie de sheriff.

—Bueno, pero los nombres se resignifican.

—Nada que ver. El otro día leí que le pusieron «Pepita la Pistolera» a una mina que asaltó un taxi con un 32. En este país no sabemos usar las palabras.

Son las seis de la madrugada y Margarita camina por la costanera. La noche lleva horas y se extiende, imparable. Ella intenta parar un auto para llegar al kiosco por cigarrillos. En la playa de una estación de servicio cerrada dos perros callejeros se persiguen y se huelen. El viento silba como un hombre. El frío le llega hasta más allá de los tatuajes, bajo la piel. Junta las piernas. Después cruza la calle, de ida y de vuelta. Intenta que el playero le preste una moto abandonada. Él le dice que no funciona. Ella no le cree. Se trepa, patea el pedal. No anda. Da vueltas en círculos. Como los dos perros. Los mira y algo comenta. Le dan gracia. Ella dice que tiene la boca seca y rompe una caja de agua mineral de entre la pila apoyada en la pared. Toma dos sorbos y convida. Por fin llega un taxi. En un kiosco compra cigarrillos. Toma uno. Pide fuego. Con el fuego la cara se le ilumina y guiña un ojo. Larga el humo con paciencia; por entre los labios con resto de pintura se ríe ronco, al estilo de las brujas del siglo XII. «Mi viejo fue del puerto, mi marido fue del puerto. Yo también. Siempre el puerto, tierra de frontera», dice. Y suspira.

Está adentro de su territorio.

Texto publicado inicialmente en el diario *Página/12* y en la antología *La Argentina Crónica. Historias reales de un país al límite*, Planeta, 2009.

Buscando a Pavese
Alejandro Zambra

1

Puedo ir al pueblo natal de Cesare Pavese, le dije a la editora, un poco al azar, pensando vagamente en el Piamonte y sin calcular siquiera alguna efeméride que hiciera el viaje razonable. Luego comprobé que la efeméride no podía ser más redonda: Pavese nació hace cien años, ni más ni menos, en Santo Stefano Belbo, un pueblo de cuatro mil habitantes de la provincia de Cuneo, al que se llega desde Génova, Turín o Milán. Yo elegí viajar desde Milán, pensando en que tendría tiempo para ir a Turín, la verdadera ciudad de Pavese, la ciudad donde vivió la mayor parte de su vida y donde, en 1950, decidió morir. Finalmente no fui a Turín y casi no llegué a Santo Stefano, pues estuve a punto de perder cada una de las numerosas conexiones, que seguí nervioso en un mapa demasiado grande que compré de la región. El temor a perder los trenes lidiaba con el pavor a darles codazos a los otros viajeros al abrir el famoso mapa.

2

Nada más llegar conozco a Anka y Alina, dos hermanas rumanas que atienden el restorán cerca de la estación. Alina vive acá desde hace tres años, con su novio lugareño. No habla inglés, por lo que me entiendo con Anka, que viene a Santo Stefano cada verano a ver a su hermana y a trabajar. Anka no conoce otras ciudades de Italia. Le pregunto si se aburre y me dice que sí, porque acá casi nadie habla inglés y menos rumano (y muchos cultivan, todavía, el piamontés). En el pueblo hay un chileno, me dice, deberías conocerlo. Le respondo que no ando buscando chilenos, que vine a ver la casa natal de Cesare Pavese. Pero al chileno puede gustarle conocerte, me dice. Le respondo, por cortesía, que yo también quiero conocerlo.

Pensaba, de puro diletante, quedarme en el Albergo dell'Ángelo, donde se hospeda el protagonista de *La luna y las fogatas,* pero Anka me aclara que el sitio ya no funciona como hotel, por lo que me recomienda Il Borgo Vecchio, un razonable *bed & breakfast* en la calle Marconi, muy cerca del centro. Me llevan en auto, voy en el asiento de atrás, acompañando a tres osos de peluche. Pregunto a Anka si Alina y su novio tienen hijos. Anka me responde que no, pero que el novio de Alina es como un niño. Traduce luego el diálogo para su hermana y no paran de reír durante todo el camino.

3

Alguien nacido en el país de Neruda no debería hacer este viaje. Crecimos en el culto al poeta feliz, crecimos con la idea de que un poeta es alguien que suelta sus metáforas a la menor provocación, que acumula casas y mujeres y dedica la vida a decorarlas (a las casas y a las mujeres). Crecimos pensando que los poetas coleccionan —además de casas y mujeres— mascarones de proa y botellas de Chivas de cinco litros. Para nosotros el turismo literario es cosa de gringos, de japoneses que pagan para maravillarse con historias asombrosas.

Por fortuna, nada de eso hay en Santo Stefano Belbo, un pueblo que vive de las viñas y goza de una estabilidad muy parecida al aburrimiento. En Santo Stefano los niños aprenden, desde pequeños, que en este pueblo nació un gran escritor que nunca fue feliz. Los niños de este pueblo aprenden desde temprano la palabra *suicidio.* Los niños saben de antemano que, en este pueblo, como decía Pavese, trabajar cansa.

El *bed & breakfast* es cómodo. La habitación vale cuarenta euros, ni comparado con Milán. Abajo vive la familia: Monica, Gabriel y los hijos de ambos, una niña de nueve años y un niño de cuatro que no saludan pero sonríen como aguantando el saludo. Gabriel tiene una vinoteca que funciona frente al hostal. Sabe inglés, no así Monica, que sin embargo habla y habla con la absoluta confianza de que acabaremos entendiéndonos. La palabra clave es *Pavese*. La única palabra que ella dice y yo entiendo es *Pavese*.

Recién ahora contemplo, en plenitud, el paisaje. Un verde apacible queda en los ojos y todo parece caber en una sola mirada larga: el valle, la colina, la iglesia, las ruinas de una torre medieval. Busco el escenario de *La luna y las fogatas*. Encuadro la imagen para situar el río Belbo y el camino a Canelli, que en la novela es el punto de fuga, la esquina donde empieza el mundo.

Luego me dejo llevar por Monica al Centro de Estudios Cesare Pavese, donde veo la exposición conmemorativa del centenario, que consiste fundamentalmente en una exhibición de primeras ediciones. Una serie de discretos círculos en el piso marcan el trayecto que va desde el Centro de Estudios a la casa natal de Pavese. Es miércoles, la casa abre sólo los fines de semana, pero es posible visitarla mañana si contactamos al encargado. Alcanzo mientras tanto a ver la tumba de Pavese, situada en un lugar de honor, a la entrada del cementerio.

Así como repasar el diario de Pavese ha sido decepcionante —releí en el avión *El oficio de vivir* y no entendí por qué antes me gustaba tanto—, visitar la aldea que sirve de escenario a *La luna y las fogatas* constituye una emoción compleja. Pavese interrogó ese paisaje con preguntas verdaderas, movido por el vértigo de quien busca recuerdos en los recuerdos. Reconozco de a poco el terreno que piso mientras pienso en versos de *Los mares del sur* y en el poema «Agonía», que no es el mejor de Pavese pero sí el que más me gusta: «Están lejos las mañanas cuando tenía veinte años. / Ahora, veintiuno: ahora saldré a la calle, / recuerdo cada piedra y las estrías del cielo». Recupero, mientras camino, al Pavese que prefiero, precisamente el de *La luna y las fogatas:* «Nos hace falta un país, aunque sólo sea por el placer de abandonarlo», digo, de memoria. «Un país quiere decir no estar solos, saber que en la gente, en las plantas, en la tierra hay algo tuyo, que aun cuando no estés te sigue esperando.»

Antes de dormir, comparo paisajes como quien busca diferencias entre láminas idénticas. Por un momento pienso que me desvelaré imaginando ese mundo, midiendo esos recuerdos ajenos, pero la verdad es que muy pronto me vence el sueño.

4

Tomo fotos, muchas fotos: soy, por dos días, el japonés del pueblo donde nació Cesare Pavese. Hay una que me gusta especialmente, donde figura su retrato en la vitrina de una tienda de zapatos para niños. Hay alusiones, dibujos, grafitis de Pavese por todas partes: Santo Stefano Belbo le rinde culto al poeta y hay belleza en ese esfuerzo. Pero el centenario de Pavese no invita a estridencias. No era tan buen personaje como Neruda. Menos mal.

Para Pavese, Santo Stefano es el lugar de origen y de ensoñación, un escenario para la infancia. «El arte moderno es una vuelta a la infancia», dice en su diario: «Su motivo perenne es el descubrimiento de las cosas, descubrimiento que después puede acontecer, en su forma más pura, sólo en el recuerdo de la infancia». Su pensamiento es cercano al de Charles Baudelaire: el artista es un convaleciente, que vuelve de la muerte para observar todo como por primera vez. Pavese va más lejos: «En el arte sólo se expresa bien lo que fue asimilado ingenuamente. No les queda a los artistas más que volverse hacia la época en que no eran artistas e inspirarse en ella, y esta época es la infancia». Pavese idealizó su pueblo natal, pero convirtiéndolo en un territorio ambiguo. El personaje que regresa, en *La luna y las fogatas,* después de vivir en Estados Unidos y hacer fortuna, vuelve a un lugar amado y aborrecido.

Seguro que los extranjeros vienen a Santo Stefano solamente para ver, como yo, la casa natal de Pavese, que resulta ser un sitio más bien desangelado: en esta cama nació el poeta, me dice el guía, y no queda mucho más que imaginarse al pequeño Cesare llorando como condenado. También hay una galería atiborrada de bocetos nada buenos, puestos unos junto a otros por orden de llegada. El guía me dice que se trata de las obras ganadoras de un concurso anual destinado a recordar al escritor. Pienso que esas murallas atestadas de primeros lugares y menciones honrosas lucieron, en su momento, una acogedora desnudez. Pero es mejor, quizás, el desorden del homenaje.

Según Italo Calvino, la zona de las Langhes del Piamonte era famosa no sólo por sus vinos y sus trufas, sino también por la desesperación de las familias que allí habitaban. Calvino pensaba, claro, en el brutal desenlace de *La luna y las fogatas,* que no voy a contar aquí. Busco, absurdamente, indicios de desesperación en ese mundo de gente que vuelve a paso lento del trabajo.

Más tarde recibo el recado de Anka: a las ocho, en el bar Fiorina, conocerás al chileno, ha escrito en un papel de estilo Hello Kitty. De pronto caigo en la cuenta de que es, justamente, 18 de septiembre. Imagino que él agradecerá celebrarlo con un compatriota. Compro un disco y grabo toda la música chilena que tengo en el computador. Pero Luis, el chileno, es en realidad un peruano de Arequipa. Le regalo el disco de todos modos. Luis tiene treinta y cinco años, desde hace seis vive en Italia y hace cuatro vino a dar a Santo Stefano. Trabaja en una fábrica de bombas de agua. No he leído a Pavese, me dice de repente, a pito de nada: para miserias basta con las propias, agrega, y tiene toda la razón.

Converso con algunos amigos de Luis. Fabio, de veintiséis años, es el más cordial. Hablamos lento y logramos entendernos. No le gusta leer, dice, pero como todo santostefanino que se precie conoce bien la obra de Pavese. Me gusta porque habla de este pueblo, dice, pero en el fondo no me gusta, rectifica, como pensando en voz alta, como decidiéndolo: no, no me gusta Pavese. A mí tampoco me gusta el chileno Neruda, le respondo. Yo me sé varios poemas de Pavese de memoria, dice Fabio, riendo. Yo también me sé algunos de Neruda, le digo, y seguimos riendo y ya tengo un amigo con quien beber las siguientes botellas de nebbiolo.

5

En el poema «La habitación del suicida», Wisława Szymborska recrea la perplejidad de los amigos ante el suicidio de alguien que solamente deja, a manera de explicación, un sobre vacío apoyado en un vaso. Cesare Pavese, en cambio, escribió durante quince años una larguísima carta de despedida que hasta aquí hemos leído en calidad de obra maestra. En las cuatrocientas páginas de *El oficio de vivir,* Pavese cultiva la idea del suicidio como si se tratara de una meta o de un requisito o de un sacramento, al punto que, finalmente, se hace difícil moderar la caricatura: no es el enigmático amigo de Wisława Szymborska o el suicida que en un poema de Borges dice «lego la nada a nadie». Por el contrario, Pavese es consciente de su legado: sabe que deja una obra importante, cumplida, sabe que ha escrito alta poesía, sabe que sus novelas soportarán con decoro el paso del tiempo. No tenía motivos para quitarse la vida, pero se encargó de inventarlos, de darles realidad. *El oficio de vivir* es un registro de teorías y de planes, de diatribas y de digresiones, pero sin duda en la lectura prevalece el recuento de pensamientos fúnebres, casi siempre extremos y a veces más bien peregrinos, propios de un joven envejecido que de a poco va convirtiéndose en un viejo adolescente. Tal vez hay que ser como ese joven o como ese viejo para valorar, en plenitud, el diario de Pavese. Tal vez hay que querer suicidarse para leer *El oficio de vivir*. Pero no es necesario querer suicidarse para disfrutar libros perfectos como *La luna y las fogatas, La playa, Trabajar cansa* o *Vendrá la muerte y tendrá tus ojos*.

La mayor virtud de *El oficio de vivir* es que da pistas sobre la obra de Pavese: si quitamos las referencias a su vida amorosa quedaría un libro delgado y excelente. Ahora me parece que al diario le sobran muchas páginas: sus impresiones sobre las mujeres, por ejemplo, no se compadecen con la comprensión verdadera o al menos verosímil de lo femenino que uno cree leer en *La luna y las fogatas, Entre mujeres solas* o en algunos de sus poemas. Por momentos Pavese es apenas ingenioso y más bien vulgar: «Ninguna mujer contrae matrimonio por conveniencia: todas tienen la sagacidad, antes de casarse con un millonario, de enamorarse de él». Su misoginia es, con frecuencia, rudimentaria: «En la vida, les sucede a todos que se encuentran con una puerca. A poquísimos, que conozcan a una mujer amante y decente. De cada cien, noventa y nueve son puercas».

Más divertido y negrísimo es el humor de un pasaje en que comenta eso de que un clavo saca a otro clavo: para las mujeres el asunto es muy simple, dice, pues les basta con cambiarse de clavo, pero los hombres están condenados a tener un solo clavo. No sé si hay humor, en cambio, en estas frases: «Las putas trabajan a sueldo. ¿Pero qué mujer se entrega sin haberlo calculado?». El siguiente chiste, en todo caso, me parece muy bueno: «Las mujeres son un pueblo enemigo, como el pueblo alemán».

Es cierto que cometo una injusticia al presentar a Pavese como un precursor de la *stand up comedy,* pero denigrarlo es seguir el juego que él mismo propuso. Otro libro breve o no tan breve que podría extraerse de *El oficio de vivir* es el de la ya mencionada autoflagelación literaria. Al comienzo duda, razonablemente, de su escritura: se queja de su idioma, de su mundo, de su lugar en la sociedad, se retracta de sus poemas, quiere escribirlos de nuevo o no haberlos escrito. Desea experimentar el placer de negarse, de partir, siempre, desde cero: «He simplificado el mundo en una trivial galería de gestos de fuerza y de placer. En esas páginas está el espectáculo de la vida, no la vida. Hay que empezarlo todo de nuevo». La observación no es casual, porque contiene una ética: el artista es siempre un eterno amateur, sus triunfos amenazan el progreso de la obra. Pero se queja tanto que escucharlo a veces se vuelve insoportable. Poco después de los lamentos iniciales, Pavese ha construido una obra inmensa que le da satisfacciones reales, que le permite ser alguien muy parecido a quien siempre quiso ser. Pero ahora se queja lo mismo y un poco más: «Estás consagrado por los grandes maestros de ceremonias. Te dicen: tienes cuarenta años y ya lo has logrado, eres el mejor de tu generación, pasarás a la historia, eres extraño y auténtico... ¿Soñabas otra cosa a los veinte años?». La respuesta es, en cierto modo, conmovedora: «No quería sólo esto. Quería continuar, ir más allá, comerme a otra generación, volverme perenne como una colina».

6

Pavese era un buen amigo, dice Natalia Ginzburg, pues la amistad se le daba sin complicaciones, naturalmente: «Tenía un modo avaro y cauto de estrechar la mano al saludar: daba pocos dedos y los retiraba enseguida; tenía un modo arisco y parsimonioso de sacar el tabaco de la bolsa y llenar la pipa; y tenía un modo brusco y repentino de regalarnos dinero, si sabía que nos hacía falta, un modo tan brusco y repentino que nos dejaba boquiabiertos». En un fragmento de *Léxico familiar* y en un breve y bellísimo ensayo de ese libro breve y bellísimo que se llama *Las pequeñas virtudes,* Natalia Ginzburg evoca los años en que ella y su primer marido trabajaron con Pavese en Einaudi, tiempos difíciles a los que el poeta se integra penosamente: «Algunas veces estaba muy triste, pero durante mucho tiempo nosotros pensamos que se curaría de esa tristeza cuando se decidiera a hacerse adulto, porque la suya nos parecía una tristeza como de muchacho, la melancolía voluptuosa y despistada del muchacho que todavía no tiene los pies sobre la tierra y se mueve en el mundo árido y solitario de los sueños».

Las opiniones de Natalia Ginzburg son contundentes y precisas: «Pavese cometía errores más graves que los nuestros, porque los nuestros se debían a la impulsividad, a la imprudencia, a la estupidez y al candor, en cambio los suyos nacían de la prudencia, de la sagacidad, del cálculo y de la inteligencia». Y luego señala que la virtud principal de Pavese como amigo era la ironía, pero que a la hora de escribir y a la hora de amar enfermaba, súbitamente, de seriedad. La observación es decisiva y, a decir verdad, ha sobrevolado con persistencia mi relectura de Pavese: «A veces, cuando ahora pienso en él, su ironía es lo que más recuerdo y lloro, porque ya no existe: de ella no queda ningún rastro en sus libros, y sólo es posible hallarla en el relámpago de aquella maligna sonrisa suya». Decir de un amigo que en sus libros no hay ironía es decir bastante. En las páginas de *El oficio de vivir,* en efecto, por largos pasajes el humor se limita a inyecciones de sarcasmo o a meros manotazos de inocencia.

«Mi creciente antipatía por Natalia Ginzburg», anota Pavese en 1946, «se debe al hecho de que toma por *granted,* con una espontaneidad también *granted,* demasiadas cosas de la naturaleza y de la vida. Tiene siempre el corazón en la mano —el parto, el monstruo, las viejecitas—. Desde que Benedetto Rognetta ha descubierto que es sincera y primitiva, ya no hay manera de vivir». La amistad admite estos matices, y a su manera tajante y delicada la escritora responde: «Nos dábamos perfecta cuenta de las absurdas y tortuosas complicaciones de pensamiento en que aprisionaba su alma sencilla, y habríamos querido enseñarle algunas cosas, enseñarle a vivir de un modo más elemental y respirable; pero nunca hubo manera de enseñarle nada, porque cuando intentábamos exponerle nuestras razones, levantaba una mano y decía que él ya lo sabía todo».

Debo decir que me quedo con la sincera y primitiva y no con el sabelotodo. Porque sin duda Pavese era un sabelotodo. Por eso mismo su soliloquio se vuelve enojoso. Lo que mejor sabía era, en todo caso, que sufría inmensamente: «Es quizás ésta mi verdadera cualidad (no el ingenio, no la bondad, no nada): estar encenagado por un sentimiento que no me deja célula del cuerpo sana». Acaso estaba secretamente de acuerdo con su amiga Natalia. Pienso en este fragmento del diario, que tal vez da la clave del sufrimiento de Pavese: «Quien no sabe vivir con caridad y abrazar el dolor de los demás es castigado sintiendo con violencia intolerable el propio. El dolor sólo puede ser acogido elevándolo a suerte común y compadeciendo a los otros que sufren».

7

Algo va mal en este artículo. Mi intención era recordar, en su pueblo natal, a un escritor que admiro, y ya se ve que la admiración ha amainado. Lo comento con una amiga, por teléfono, a quien no le gusta y nunca le ha gustado Pavese. Tal vez la primera vez que leíste *El oficio de vivir,* me dice, querías suicidarte. Todos los estudiantes de literatura quieren suicidarse, dice, y yo me río pero enseguida respondo, con pavesiana seriedad, que no, que nunca quise suicidarme. Tal vez entonces, a los veinte años, me impresionaba la forma de expresar el malestar, la descripción precisa de un dolor que parecía enorme y que sin embargo no rivalizaba con la posibilidad de plasmarlo. Es curioso, pienso ahora: Pavese lucha con el lenguaje, construye un italiano propio o nuevo, valida las palabras de la tribu y los problemas de su tiempo. No adhiere a fórmulas, desconfía de las proclamas, de los falsos atavismos. Es, en un punto, el escritor perfecto. Pero en otro sentido es un pobre hombre que anhela exhibir su pequeña herida. Me pregunto si era necesario saber tanto sobre Pavese. Me pregunto si verdaderamente a alguien le importa saber sobre su impotencia, sus eyaculaciones precoces, sus masturbaciones. No lo creo. Pavese solía releer su diario para echar tierra sobre alguna observación apresurada o, más frecuentemente, para enfatizar una intensidad que ya era alta. Las numerosas referencias internas y el uso de la segunda persona constituyen la retórica de *El oficio de vivir*. La segunda persona reprende, humilla, pero a veces también infunde ánimo: «Ten valor, Pavese, ten valor». El efecto, en todo caso, nunca me parece esencial: cualquiera de esos fragmentos funcionaría mejor en primera persona. Más que una complejidad del yo, la segunda persona comunica la dificultad del desdoblamiento y suena siempre tremendista: «También has conseguido el don de la fecundidad. Eres dueño de ti mismo, de tu destino. Eres célebre como quien no trata de serlo. Pero todo esto se acabará». Hay pedazos, sin embargo, notables: «Recuerdas mejor las voces que las caras de las personas. Porque la voz tiene algo de tangencial, de no recogido. Dada la cara, no piensas en la voz. Dada la voz —que no es nada— tiendes a hacer de ella una persona y buscas una cara».

8

Releo algunas páginas y rápidamente vuelvo a quererlo: me gusta, de nuevo, Pavese.

9

«Se admiran solamente aquellos paisajes que ya hemos admirado», dice en su diario. Me pregunto si Santo Stefano Belbo ha cambiado mucho en estas décadas. Seguramente. Pero me gusta pensar que Pavese observaría una sutil permanencia.

Mientras espero el tren que me llevará de vuelta a Milán, releo pasajes marcados de *La luna y las fogatas*. El pueblo ha dejado atrás la violencia que narra Pavese, el sinsentido de una vida atada a la tierra. Imagino las hogueras en la colina, recuerdo a Nuto y al niño rengo de la novela; intento calibrar la distancia de que se vale Pavese para construir ese libro leve y oscuro.

¿Me ha gustado Santo Stefano Belbo? Pienso que sí, que me ha gustado, o que me ha gustado saber que a Pavese le gustaba. Para él la atracción llevaba implícita, siempre, una zona de rechazo, y es eso lo que me sucede también a mí: que he odiado el diario de Pavese —que he odiado el diario que amaba— y he amado sus demás libros. No llego a una conclusión o sí llego, pero se parece demasiado al comienzo: en *La luna y las fogatas,* por lo pronto, está todo lo que Pavese tenía que decir. El resto, su vida, es una extensa nota al margen, nada más que la larga carta de un demorado suicida.

Sigo en la estación, llegué demasiado temprano. Decido ya no ver el paisaje, concentrarme en el libro. Leo, a propósito: «Fue Nuto quien me dijo que con el tren se va a todas partes, y que cuando terminan las vías comienzan los puertos, que los barcos tienen itinerarios, todo el mundo es una red de rutas y de puertos, un itinerario de gente que viaja, que hace y que deshace, y en todas partes hay gente capaz y gente necia». El mundo está lleno de gente que viaja, que hace y que deshace, repito en voz alta, a manera de chiste extraño, poco antes de subir al tren.

Texto publicado en *Letras Libres,* núm. 120, diciembre de 2008.

El pueblo de gemelos
Juan Pablo Meneses

Hace dos ciudades que desaparecí del mapa. Estoy en un perdido pueblo campesino del sur de Brasil famoso por sus gemelos. Viajo y me alojo en hoteles donde no me piden el nombre, ni ningún tipo de identificación. Tampoco reviso mi correo electrónico, ni entro a internet. La última pista oficial, si alguien decidiera salir a buscarme, es el Aeropuerto Internacional de Porto Alegre. No hay registros del bus de toda la noche hasta la ciudad de Santa Rosa ni del taxi que me trajo hasta Cândido Godói. A 65 años del fin de la Segunda Guerra Mundial, esta zona, donde se ocultaron algunos prófugos nazis, sigue siendo un buen escondite.

Josef Mengele, el médico a cargo del campo de concentración y exterminio de Auschwitz, fue uno de los que pasaron por aquí. Conocido como «el Ángel de la Muerte», se encargaba de diseñar nuevas formas de muertes colectivas. Pero su interés científico no se limitaba a eliminar una raza. También se enfocaba en fomentar el crecimiento de otra: la aria. Ahí nace su obsesión con los gemelos. Si se podían controlar los nacimientos múltiples, crecería de forma más rápida la «raza perfecta».

—Bienvenido a la tierra de gemelos —me dice el chofer del bus, que viste los colores del Internacional de Porto Alegre, cuando por fin llegamos a destino.

Después del fin de la guerra, el rastro de Mengele desapareció. Los informes posteriores dicen que estuvo escondido en Argentina por varios años. Luego habría trasladado su residencia a Paraguay. Los primeros testimonios sobre su presencia en la zona de Cândido Godói datan de 1963. Según dice Jorge Camarasa, autor del libro *Mengele, el ángel de la muerte,* hay testigos de que se movía entre los pueblos brasileños de Santo Cristo, Cerro Largo, Linha San Antonio, San Pedro de Butiá y Cândido Godói.

Hoy en día, en el puesto de salud pública, en la oficina de correos, en la entrada al edificio policial y en el departamento de cultura, se lee: «Tierra de gemelos».

Hace unos 20 años, una noticia curiosa alertó a los estudiosos del nazismo. En un pequeño pueblo de Brasil, en el Estado de Río Grande do Sul, estaban naciendo gemelos a un porcentaje más alto que en cualquier otra parte del mundo: 1 de cada 5 embarazos era de gemelos, versus 1 de 80 del ratio normal. Tan alta era la población de hermanos idénticos, que el pueblo había decidido organizar una fiesta con todos ellos. Hubo un detalle genético que sirvió para juntar las piezas: el pueblo, como la mayoría de los caseríos vecinos, estaba habitado en más de un 80 por ciento por descendientes de alemanes. ¿Simple coincidencia? ¿Tuvo algo que ver Mengele? ¿Márketing turístico?

Cândido Godói, el pueblo que lleva el nombre de un secretario de Obras Públicas de Río Grande que dividió la zona en 28 colonias rurales de 24 hectáreas cada una, por fin aparecía en el mapa.

* * *

Es una mañana asoleada. Cuando uno camina por el centro de un pueblo de gemelos, todo el tiempo se está buscando gente igual. Si además, todos los habitantes son campesinos alemanes que se visten parecido, la confusión puede ser aún mayor.

Los gemelos son generalmente del mismo sexo y poseen un ADN idéntico. Alrededor de un cuarto de ellos son idénticos entre sí. Algunos son tan iguales, que sólo se pueden distinguir por las huellas digitales, dientes o letra: aunque poseen personalidades individuales y caracteres diferentes.

Después de un día entero en Cândido Godói, la mayoría de los habitantes me parecen gemelos. Como si uno estar fuera del mapa también fuera estar en un pueblo fantasma donde nadie habla y toda la gente es igual. Entro a la tienda de Santa Rosa, en el centro del municipio. La chica que me atiende sonríe amable, mientras dobla unas camisetas. Tiene la piel blanca, los ojos claros y el pelo negro. Está vestida de azul. Me dice que nació aquí, y de pronto se agacha para guardar una caja. Desaparece tras el mesón. Sin embargo, como si se tratara de un acto de magia, de pronto la veo parada en otra esquina del local. Ahora está tras la máquina registradora. No puede haberse movido tan rápido. Debe ser otra.

Me acerco a la mujer tras la caja, para verla de cerca. Está vestida con el mismo peinado, los mismos colores, la misma piel blanca y ojos claros. Le pregunto si son hermanas gemelas:

—No. Claro que no —me dice, mientras sonríe.

—¿Nos encuentras parecidas? —dice la otra.

Cuando se juntan, se ven iguales, pero distintas. Miden lo mismo, hablan al mismo tiempo, pero ni siquiera son hermanas. Sin embargo, a las dos les gusta que las confunda con gemelas. A diferencia de Madagascar, donde los gemelos son símbolo de mala suerte y muchos son abandonados, en este pueblo brasileño de 7.000 habitantes, son considerados buena suerte y no hay mayor fortuna que tener un clon.

Aquí, donde el eslogan de la ciudad habla de los gemelos, tener un hermano idéntico te sube de categoría: como ser sicario en Ciudad Juárez, músico en Liverpool o llevar las tetas operadas en Medellín. De alguna forma, si tienes un doble, eres más parte de la ciudad que el resto. Protagonista del lugar, en vez de actor de reparto.

La llegada de periodistas de todo el mundo ha ayudado a promover el nombre del pueblo a escala mundial. La explosión de los nacimientos de gemelos ha permitido que este perdido pueblo, uno de los 496 municipios del Estado Grande do Sul, que vive de la agricultura y la venta de la soja, destaque entre el resto: los gemelos como trampolín de fama.

La terminal de buses de Cândido Godói es pequeña. Tiene una boletería llena de mapas y advertencias, y siembre hay alguien limpiando los baños. Hay pocos asientos para esperar, y constantemente están ocupados por viejos que se sientan a ver cómo baja o sube la gente a los buses que llegan cada tres horas. Al lado hay una fuente de soda, donde los campesinos con cara de alemanes toman cerveza mientras en la televisión desfilan unas chicas en bikini desde Río de Janeiro.

La vendedora de boletos de la terminal se llama Luisa, aunque por su apariencia, debería tener un nombre alemán. Es robusta, tiene más de 50 años y sus manos, más que para contar billetes, parecen estar hechas para el boxeo. Le pregunto si tiene una hermana gemela. Antes de responder, deja de mirarme. Enfoca hacia el suelo. Baja la voz, y con un tono entre desinteresado y melancólico, me dice que no.

—Soy hija única.

Debe haber pocos hijos únicos más tristes que los nacidos en un pueblo de gemelos.

Repentinamente, recuerda algo que le vuelve la sonrisa:

—Ah, pero tengo una prima que tuvo gemelas.

Hay varios famosos padres de gemelos: Julio Iglesias, Al Pacino, Julia Roberts, Jennifer López. Aquí, sin embargo, ser padre de dos hijos iguales te convierte a ti en famoso. El departamento de la ciudad estudia dar beneficios a los procreadores de hermanos idénticos, aunque ninguna medida sirva para fomentarle un tipo de nacimientos que aún no tiene explicaciones. No hay razones concretas para que dos hijos nazcan iguales, aunque investigar aquello fue una de las obsesiones —y misiones— que tuvo el alemán Josef Mengele.

* * *

En la oficina de cultura hay seis escritorios, seis empleadas administrativas y ninguna tiene hermanos gemelos. La oficina de cultura tiene el piso de madera, los teléfonos celulares sobre la mesa y se toma mucho mate. Mates grandes, el doble de los argentinos y uruguayos. En Río Grande do Sul, el estado de donde nacieron las famosas brasileñas alemanas Xuxa («la Reina de los bajitos», de apellido Meneguel) y la modelo Gisele Bündchen (que tiene una hermana gemela), todo el mundo toma mate. En una esquina hay una imagen que recuerda a Rómulo y Remo, los famosos gemelos romanos. Un cartel pegado en la pared nos recuerda que estamos en «Tierra de gemelos».

Las mujeres de la oficina de cultura se atropellan para hablar. Me reconocen que la historia de los gemelos les ha traído algo de fama. Enseguida, para demostrar que ese algo es mucho más que poca cosa, saca un libro lleno de recortes de la prensa mundial con fotos de gemelos. Corresponden a la última fiesta de gemelos, que se hace en el caserío de San Pedro la segunda quincena de abril, cada dos años.

A cinco minutos está una casa de madera donde funciona el Museo de Rescate Histórico y la Casa de los Gemelos. En la puerta hay una alemana brasileña de brazos gruesos y de nombre Helga. Por la carretera pasa un bus que en su parte trasera lleva una foto gigante de dos niños idénticos, bajo la leyenda: Cândido Godói, tierra de Gemelos.

Helga me muestra el museo, que más parece una bodega de antigüedades mal conservadas. Entre los trastos viejos, un mapa con fotos de gemelos antiguos y un álbum de fotos familiares con niños iguales.

—¿Tienes gemela? —le pregunto.

Se pone seria, guarda silencio y me dice:

—No.

Y luego, como todos, me dice que vaya al caserío de San Pedro. Una comunidad agrícola vecina, cuyo nombre oficial es Linha São Pedro, y que tiene 40 parejas de gemelos en 4 km².

La presencia nazi en la zona está comprobada. En los archivos del museo hay viejas fotos de la escuela de Cândido Godói, durante la guerra, con niños cargando la esvástica. En los años posteriores al fin de la guerra, algunos vecinos recuerdan la llegada de un médico alemán que venía con su maletín y vacunaba a las mujeres en edad de procrear. ¿Mengele?

Una de las primeras en sospechar y relacionar sus experimentos genéticos con los embarazos de gemelos fue la vieja doctora del pueblo Anencia Flores da Silva. Jorge Camarasa, el autor del libro sobre la vida oculta de Mengele en Sudamérica, dice: «Creo que Cândido Godói puede haber sido el laboratorio de Mengele, donde finalmente logró cumplir su sueño de crear una raza aria superior de cabello rubio y ojos azules».

Camarasa asegura que hay testimonios de que asistió a las mujeres, siguió sus embarazos, las trató con los nuevos tipos de fármacos y preparados, que hablaba de la inseminación artificial de seres humanos, y que continuó trabajando con los animales, proclamando que él era capaz de lograr que las vacas puedan producir gemelos.

La teoría no se ha podido comprobar. La mayoría de los estudios genéticos la descartan. Pero, entonces, ¿por qué tantos gemelos?

Para llegar a São Pedro hay que tomar otro taxi, por calles de tierra que se abren y cierran, mientras uno se adentra en un Brasil profundo muy distinto a las playas y la cerveza y las garotas de Río de Janeiro, y totalmente inverso a los rascacielos y megaproyectos de la gigantesca São Paulo.

Entrar en São Pedro es sentir que estás aún más fuera del mundo. Que, mientras el auto avanza lanzando polvo por los caminos de tierra y cultivos de soja y de maíz, desapareciste del mapa hace muchas más que dos ciudades.

Las fotos y videos de la fiesta de gemelos en Cândido Godói son espectaculares. Media docena de parejas de idénticos, posando para la foto, sabiendo que al día siguiente será reproducida en medio mundo. Cuando dos hermanos se visten igual, aunque hayan nacido en años diferentes, parecen gemelos. Para la fiesta, los gemelos se peinan y se visten y caminan de la misma forma. Tratando de estar lo más parecido posible a ellos mismos. Lo menos individual que se pueda.

Pero llegar al pueblo de la gran fiesta mundial de los gemelos, cuando ya no es la fiesta, muestra la verdadera cara del lugar. São Pedro tiene la más alta densidad de gemelos del mundo, pero casi no tiene densidad. Hay un par de casas salpicadas, una escuela, una iglesia y un par de monumentos.

Fernanda Mollmann es rubia, descendiente de alemanes y dirige la escuela de São Pedro.

—¿Tienes gemela? —le pregunto.

Me dice que no, que lamentablemente no, que le habría encantado poder tener una hermana gemela.

Recorremos juntos São Pedro como si se tratara de la escenografía de un capítulo tétrico de los Archivos X. Uno en el que el espíritu de cientos de gemelos se mantiene vivo en un caserío donde no vive nadie. Lo único que corre es el polvo, lo único que se oye es el viento. Todos estamos muy abrigados, con ropas gruesas y bufandas, una señal más de que estamos en otro Brasil.

Fernanda, con entusiasmo, me muestra los lugares donde cada dos años se celebra la fiesta de los gemelos. Otra vez muestra la misma foto del evento que ya he visto en el centro cultural de Cândido Godói y en el Museo de la Memoria y los gemelos. Todos los dobles juntos, pero en el pasado. En la escuela hay apenas una docena de alumnos, y apenas un par de niños gemelos que no se parecen aunque son idénticos. Fernanda dice que, como todos los gemelos, son muy hermanables. Aunque la conexión de los gemelos tampoco se ha podido comprobar. Hay gemelos históricos por su dependencia entre sí, como Chang y Eng Bunker, originarios de Tailandia (ex reino de Siam), y que dieron origen al término de siameses. Unidos por el esternón, compartían sus hígados y alcanzaron la prosperidad económica en Estados Unidos. Chang cayó en el alcoholismo y en 1874 sufrió un derrame cerebral que no afectó a Eng. Después sufrió un aneurisma y murió. Ese mismo día murió Eng, pese a no verse afectado por el mal de su hermano.

A un costado de la escuela hay una gran figura que representa la fertilidad: una mujer rubia cargando un hijo en cada brazo, los dos recién nacidos iguales. Fernanda echa a correr el agua, desde una llave lateral, diciendo que se trata de un agua de la fertilidad. Dice que ahí está el secreto de tantos gemelos en Cândido Godói, y no en los experimentos de Mengele.

Luego me muestra un santuario, donde hay un altar con la imagen de dos santos idénticos. Son los únicos Santos Gemelos: San Cosme y San Damián, que fueron médicos y a quien se les pide por éxito de operaciones de transplantes.

De ahí pasamos al salón de ventas. Donde me muestra unas botellas de agua del lugar. Se vende como agua de la fertilidad para tener gemelos, y me dice que tienen pedidos de varias ciudades. Además, tiene camisetas con fotos de gemelos, y souvenirs de idénticos como recuerdos del paso por el pueblo. Está entusiasmada con el interés mundial con el caserío abandonado que habita. Los especiales de la National Geographic y la televisión alemana sobre el pueblo han despertado el interés de más visitantes.

En vista del boom por venir a conocer el pueblo, que ya se ofrece como tierra de gemelos, Fernanda despliega los planos del que parece ser su proyecto estrella: el restaurante Colonial. Un comedero gigante, donde quiere lucir todos los recuerdos y hacer un menú que evoque a los gemelos. Además, ahí se comenzarán a hacer las fiestas de gemelos y el plan, a corto plazo, es hacerlas todos los años y no cada dos.

—Hay muchas cosas por hacer —dice la directora de la escuela, con el entusiasmo que despierta una oportunidad. Finalmente, eso es lo que han sido los gemelos para este perdido pueblo del interior de Brasil.

Ya sea por los hermanos idénticos, por el agua mágica o por los improbables experimentos de Mengele, es posible que Cândido Godói termine siendo un lugar claro en el mapa. Un sitio donde uno no pierda su rastro. Donde uno es menos importante que dos. Donde nadie más se podrá esconder.

Texto publicado en *SoHo* en septiembre de 2009.

Los alumnos de El Templo de las Estrellas
José Navia

*

En una calle oscura del barrio Santa Lucía, tras una puerta angosta por la que se escapa la luz blanquecina del neón, funciona la única escuela para luchadores profesionales de Bogotá.

Es una bodega rectangular, con pesas, aparatos de gimnasia y paredes forradas con afiches de hombres enmascarados, musculosos y algo panzones. En el fondo está el ring en el que diez aprendices de luchador se azotan contra la lona.

El sitio huele a sudor concentrado y añejo. Durante tres días a la semana, lunes, miércoles y viernes, entre siete y nueve de la noche, hombres aparentemente rabiosos pisotean a sus rivales en el piso, los levantan del pelo, los hacen volar y los estrellan contra el entarimado en medio del estruendo de la madera y de un ¡Agggggggg! de apariencia terminal.

Aquí no hay ayayays. Sólo bufidos sordos, jadeos, palmadas contra el piso, cientos de ¡Aggggggg! y uno que otro ¡jueputa...! entre los dientes apretados.

Este lugar del sur de Bogotá parece hecho sólo para hombres rudos de nombres intimidantes. El Rayo, El Jaguar o Destroyer. Pero esta noche, un poco antes de las ocho, aparece en la puerta una mujer menuda, de cabello castaño, ensortijado, vestida de botas verdes tipo militar, jeans y suéter de lana. Debe tener unos 42 años.

Es Gloria Duque, dueña del gimnasio y luchadora profesional desde hace 15 años. Ahora está en receso. El Misil, un gigantón feroz, de unos 28 años, que combate con pantalón camuflado, la ve venir y se deshace de un aprendiz estrellándolo contra el piso. El luchador salta del ring y va al encuentro de la mujer.

«Quiubo mami», saluda El Misil. Y le estampa un beso en la mejilla. Todos los luchadores profesionales de Bogotá le dicen Mamá a esta mujer.

Cuando era adolescente, Gloria Duque se hizo amiga de algunos luchadores profesionales. Los acompañaba a las peleas y a actividades sociales. Un día, a Gloria le presentaron al hermano de El Sicodélico, un luchador excéntrico. Ella se enamoró del muchacho, pero ignoraba que su nuevo novio también peleaba, oculto bajo la máscara de El Ídolo.

«Una vez yo estaba en primera fila cuando subió El Ídolo al ring. Se quedó mirándome fijo por un rato. Yo lo descubrí por los ojos y por la boca, pero me quedé callada hasta que él me lo confesó una noche, durante el matrimonio del Tapatío», dice Gloria Duque.

El noviazgo con El Ídolo duró tres años, pero Gloria siguió metida en ese mundo. Aprendió a pelear y se enmascaró, pero también prefiere guardar su identidad.

La escuela de Gloria Duque lleva el ostentoso nombre de El Templo de las Estrellas. Aquí los aprendices pagan veinte mil pesos mensuales. Algunos viajan más de una hora en bus, entre trancones de hora pico, para asistir a los entrenamientos. Vienen de Engativá, 7 de Agosto, Fontibón, San Francisco y San Jorge, entre otros barrios.

La ilusión de todos ellos es subir enmascarados al ring. Como Jorge Ramírez, alumno y administrador del gimnasio, quien cuenta que debutó este año en el coliseo del barrio Policarpa Salavarrieta, en las primeras calles del sur de Bogotá.

En ese lugar se realizan encuentros de lucha libre desde hace unos cinco meses. Las peleas estuvieron suspendidas en Bogotá durante más de cuatro años, desde el cierre del coliseo de la 22 sur, que se convirtió en taller de mecánica y ahora es un templo cristiano.

Gloria Duque calcula que en el escenario del Policarpa se reúnen, en promedio, unas 800 personas durante las veladas de los sábados.

Algunos aprendices de El Templo de las Estrellas, como René Cortés, Erney Matiz y Mauricio Rojas, también intentan llegar a los carteles del Policarpa.

«Yo ya tengo mi máscara, pero todavía no quiero subir», dice Cortés, quien estudia computación, y es hijo de un gigantesco luchador de los años ochenta conocido como La Montaña Cortés.

Matiz, un mecánico de autos del barrio La Estrada, también espera subir enmascarado «si Dios me lo permite». Su amor por la lucha viene desde la época en que su mamá lo llevaba al teatro Faenza, en el centro de Bogotá, a ver películas de El Santo y Huracán Ramírez, como premio por sus buenas calificaciones.

Rojas, también mecánico, comenzó a entrenar en un potrero de Puente Aranda, guiado por el estilista Fishman, un veterano luchador bogotano a quien sus compañeros llaman el abuelo y le hacen bromas con su edad debido a que es, quizá, el único sobreviviente de los gladiadores de los años setenta.

Rojas, su aprendiz, prefiere este estilo depurado. Los técnicos son los más aplaudidos, porque representan el bien. Los rudos, que usan nombres como El Monstruo del Pantano o Los Enterradores, simbolizan el mal en el mundo de la lucha profesional.

Ninguno de estos muchachos dice estar en la lucha por dinero. Sin embargo, no descartan que un día puedan firmar buenos contratos en Venezuela, Ecuador o México.

«Esto es algo que se lleva en la sangre», dice Ramírez, quien se niega a revelar la identidad que ha adoptado como luchador. «La máscara es algo sagrado y el que la pierde en un combate tiene que retirarse o resignarse a pelear destapado, pero con menos prestigio», agrega.

Ramírez dice que la lucha profesional no es sólo pantomima, como muchos afirman. Para probarlo, enseña, en la mitad de la frente, la huella de una manopla metálica. Una persona que no esté entrenada para recibir estos golpes o para caer, no soportaría ni cinco minutos, dice.

Quizá por el rigor de los entrenamientos, este gimnasio tiene un alto índice de deserción. Ahora hay diez alumnos que llevan entre diez meses y dos años de entrenamiento regular. En promedio, un aprendiz necesita dos o tres años para pelear a nivel profesional.

El entrenamiento de esta noche está a punto de terminar. El instructor de El Templo de las Estrellas les ordena que suban a combatir por parejas.

El estilista Rojas y el rudo Cortés se trepan al cuadrilátero. Se miran como fieras. «Es suyo... ¡es suyo!» grita uno de los maestros. Rojas aplica un lanzamiento de artes marciales y hace volar de espaldas a su compañero. Lo patea cuando intenta levantarse y lo inmoviliza contra el suelo con una llave al brazo. El rudo implora... el estilista no afloja.

Y eso que Rojas representa a los buenos dentro del ring...

Texto publicado en *El Tiempo* de Colombia
el 27 de septiembre de 1998.

Los hijos de los enmascarados
José Navia

Sagitario es un luchador enmascarado, rudo y mañoso. De aquellos que les echan limón en los ojos a sus enemigos para molerlos luego a patadas mientras los aficionados les gritan... ¡sucio... cochino...! ¡Por qué no le pegas a tu madre...!

Pero cuando se quita la máscara, Sagitario se convierte en un apacible y dócil padre de familia. Compra algodón de azúcar en los parques y lleva a sus dos hijas a ver películas como *Pollitos en fuga* o *Garfield*. Y de noche, suaviza su voz para anunciar baladas y boleros en una emisora de Bogotá.

Sobre el ring, este hombre se considera un digno heredero de las artimañas de su padre, Rasputín, un luchador sucio de la época dorada de la lucha libre, en los años setenta. Lo apodaban «rompehuesos», porque le partió la clavícula a un rival durante un combate.

Sagitario, junto con El Cuervo, Dick Misterio y El Verdugo hacen parte de la nueva generación de luchadores bogotanos. Son quince, y se alistan para una temporada de ese deporte en el Coliseo El Campín.

Las veladas se realizarán todos los jueves a las 7 de la noche y tendrán un gran despliegue de tecnología. Pantalla gigante, luces y sonido «al estilo de los espectáculos que los aficionados están acostumbrados a ver por los canales de cable», explica Ismael Ayala, uno de los promotores de la temporada de lucha libre.

Al igual que Sagitario, algunos de estos enmascarados son descendientes de gladiadores de otras épocas. A algunos de ellos, los bogotanos los vieron perder sus máscaras y cabelleras, luchar enjaulados y encadenados, o sin límite de tiempo, en el coliseo El Salitre o en la arena de la avenida Primero de Mayo.

Algunos de los que ahora esconden su rostro detrás de un trapo están familiarizados con la lucha libre casi desde que dejaron el tetero.

Dick Misterio, un joven luchador de los llamados «estilistas», debido a sus acrobacias y limpieza en la pelea, es nieto del tenebroso Enterrador II, quien lo recogía de niño en la casa de sus padres, en Soacha y, junto con sus tías, lo llevaba religiosamente a las veladas de los sábados.

«Al principio no sabía que mi abuelo era luchador, hasta que un día, arreglando la maleta, le vi la máscara y le pregunté: ¿De quién es eso? ¿Es tuyo, cierto, abuelito?», recuerda Dick Misterio. Entonces tenía 6 años. Luego supo que dos de sus tíos eran los temibles Ray Centella y Black Terror.

Dick Misterio está casado con una aficionada que se enamoró a primera vista del personaje enmascarado. Durante seis meses, la aficionada gritaba su nombre desde las graderías, lo animaba a destrozar a sus rivales y lo abordaba después de cada pelea. Hasta que el luchador cedió a la tentación. Un domingo, Dick Misterio le puso una cita para ir al cine y le llegó sin máscara.

Ahora, ella lo acompaña los sábados a trabajar en El Madrugón, un mercado de San Victorino, donde Dick Misterio vende blusas de lycra, «de esas que se pegan al cuerpo».

El Cuervo, otro rudo de la nueva camada, también tiene sangre de luchador. Es sobrino de El Siniestro, a quien, desde niño, veía usar sus trucos sucios contra el rival de turno.

Cuando no tiene su disfraz, El Cuervo es coordinador de ambulancias en una empresa de salud de Bogotá. Su trabajo consiste en conseguir camas de hospital, exámenes y especialistas a más de cien personas que, en promedio, llaman durante la noche. «Es agotador, todos los casos son urgentes», dice.

A El Cuervo le gusta ser rudo. «Uno tiene más facilidad para sacar ese estrés que guarda por el trabajo. El luchador técnico tiene que hacer todo bien, todo muy bonito. El rudo, no. Uno saca la tabla y les pega a los rivales, lanza la mesa, los asientos, patea, grita, insulta... eso desestresa más», dice.

Entre los nuevos luchadores bogotanos hay estudiantes de las universidades Nacional, Distrital y La Salle, un vendedor de publicidad y un cajero de banco.

La mayoría de ellos proviene de barrios como Las cruces, donde vive Nightman; San Cristóbal sur, donde tienen su hogar

Orión, Tony Guerrero y Dick Misterio. O Suba, Tunal, Kennedy, Restrepo o Villa del Prado.

Los más conocidos de este grupo son los Gemelos Halcón, un par de estilistas, alumnos del legendario Rayo de Plata, y especialistas en saltos acrobáticos.

Todos ellos son amigos hasta que se ponen la máscara. Entonces, se reviven feroces rivalidades como la que mantienen el Gemelo Halcón I y Sagitario. Este último quiere desquitarse del rapaz por haberle quitado la cabellera en un combate del Festival de Verano del 2005.

Otro que ha jurado venganza es Nightman. Este estilista de traje azul y plata tiene la pelea cazada con el rudo Comando.

Por esos antecedentes, los promotores aseguran que sus muchachos están dispuestos a jugarse, incluso, su máximo tesoro, la máscara, en encarnizados combates.

Quizá entonces, cuando Sagitario, Dick Misterio o El Cuervo pierdan alguna pelea, se conozca la identidad del hombre que vende blusas de lycra en San Victorino, del coordinador de ambulancias o del locutor que anuncia música romántica en las noches bogotanas.

Texto publicado en *El Tiempo* de Colombia el 27 de agosto de 2006.

Un alcalde que no es normal
Diego Enrique Osorno

I

Mauricio Fernández Garza recibió un estruendoso aplauso que se prolongó poco más de tres minutos. Acababa de anunciar la muerte de un mafioso antes de que la policía encontrara su cadáver en la ciudad de México y dijo que pasaría por encima de la ley para combatir al crimen en el municipio de San Pedro Garza García. Estaban presentes dos ex gobernadores, un general del Ejército, varios empresarios y los representantes oficiales de los tres poderes del Estado mexicano.

Luego de la ovación, Mauricio improvisó una conferencia de prensa en los camerinos, para después dejarse querer en el lobby de un foro donde lo mismo se dan conciertos de cámara que shows picarescos del comediante Polo-Polo. Cuando al fin apareció en el vestíbulo principal, algunos de los más de 300 invitados a la ceremonia, aún emocionados, probaban canapés y bebían vino blanco. «Ésos son huevos», le dijo al oído un líder de empresarios locales mientras lo abrazaba y le arrugaba la solapa del traje negro. «Eres un valiente, Mauricio», siguió Gilberto Marcos, ex conductor de televisión y presidente de la Federación de Colonos de San Pedro, uno de los principales grupos civiles de la localidad asentada al norte de México.

«Estuviste maravilloso», exclamó mientras abría los brazos el priísta Jorge Treviño, ex mandatario de Nuevo León. «Cómo nos hacías falta», «Tú si los tienes donde deben estar», «Te la van a pelar», continuó el coro de voces excitadas que oía el alcalde mientras se abría paso con su jefe de escoltas detrás, vigilante de cualquier situación inesperada: un ex policía Swatt llamado Carlos Reyes, bajo de estatura, de cuerpo atlético y ojos amenazantes.

«Ya te renunciaron 15 policías, después de que escucharon tu discurso», bromeó un cónsul. «No vas a cambiar nunca», le dijo con cariño una anciana que traía el pelo relamido, un vestido azul chillante y lustrosos brazaletes en las muñecas. Ella le pidió que posaran juntos para una foto.

Diez minutos después Mauricio salió del auditorio, dejando atrás un público aún emocionado con su nuevo alcalde.

—El anuncio de la muerte de Héctor El Negro Saldaña fue algo muy fuerte —le dije mientras se subía a su camioneta, que iba escoltada por otras cuatro llenas de hombres armados.

—Pues sí, porque nadie sabía.

—¿Es un mensaje para los otros criminales?

—Sí, cómo no, sin duda, porque si partes de la base de que era bastante obvio que él me quería matar, y bueno, pues resultó muerto el día en que yo me siento en la alcaldía. Es un buen mensaje.

—Fue como advertirle a los tres poderes del Estado y a la sociedad de que ibas a hacer muchas cosas…

—Bueno, de hecho, si tú quieres fue una presentación un poco violenta, porque dije públicamente: «Me voy a tomar atribuciones que no me corresponden». Yo siento que como está el país no lo vamos a arreglar, y de aquí pa' que las cosas cambien, pues yo no me voy a poner a esperar.

II

Cuando uno viaja en el mismo vehículo que los hombres que se encargan de cuidar la vida de Mauricio Fernández, el cuerpo se pone alerta. Voy en una *suburban* que está a la vanguardia del convoy del alcalde. Acabamos de salir del auditorio donde rindió protesta. El llavero del conductor tiene la imagen de un micro-cristo que a veces, con el vaivén, choca con la AR-15 que tiene a un lado, cargada y lista para ser usada en cualquier instante.

La caravana avanza. Rebasa de manera espectacular, con rechinido y todo, a un Camaro amarillo. Después, el convoy se pasa un semáforo en rojo para llevar al Palacio Municipal al alcalde recién asumido. En la camioneta en la que viajo, los escoltas llevan una maleta con cambios de ropa, latas de comida, cepillos de dientes y varias metralletas. La rutina de estos hombres será tan incierta a partir de hoy, como la de su jefe Mauricio.

Cuando llegamos al Palacio Municipal, soy el último en bajarme de la camioneta, protegida con blindaje nivel V, capaz de resistir hasta mil disparos de rifles militares a corta distancia. Tanto acero hace que abrir una simple puerta sea un acontecimiento en cámara lenta.

Mientras se desarrolla la sesión protocolaria de cabildo, algunos miembros del equipo del alcalde me confiesan en voz baja que tienen miedo. Dicen que quisieran tener la certeza de que no es demasiado peligroso lo que está haciendo su jefe, de que lo que dijo hace unos minutos en la toma de protesta no va a terminar provocando que un día entre al palacio un comando armado echando bala, o bien, que algún sicario lance una bomba contra el viejo edificio.

Al terminar el acto oficial entre bostezos generalizados, Mauricio va a comer a la Barra Antigua, un restaurante con los mejores tacos de ternera de la ciudad, donde ya lo esperan tres de sus hijos, quienes han venido del extranjero sólo para verlo en este día especial. Me invita a acompañarlos y una vez sentados en la mesa, uno de ellos le platica de sus mejoras para disparar el rifle. Otra hija es la que escapó de ser secuestrada hace un par de años y en este momento habla cariñosamente con su padre, mientras lo abraza una y otra vez. Luego aparece un asesor israelí que ayuda a Mauricio en temas de seguridad. El hombre apenas habla durante la comida. Sólo escucha, mira y come silenciosamente una orden de suculentos tacos de ternera.

Al cabo de una hora, y sin probar postre, Mauricio anuncia que iremos a la casa de Márgara, su madre, la cual, se dice en la ciudad, lo adora. Mauricio es el segundo de los hijos de la mujer que con más de 80 años de edad es una de las grandes personalidades locales. Los otros hermanos de Mauricio son Alberto, el primogénito, ex presidente de la Confederación Patronal mexicana (Coparmex); Balbina, quien hace poca vida pública; Alejandra, que pertenece a una corriente distinta a la de Mauricio dentro del Partido Acción Nacional (PAN), y Álvaro, el más joven, quien lo sustituyó hace un par de años como representante de la familia ante el consejo directivo del poderoso Grupo Alfa.

—¿Eres el consentido de tu mamá?—pregunto mientras vamos a las camionetas.

—Mi madre no es de consentimientos —contesta de tajo.

A los pocos minutos llegamos a la mansión de Márgara Garza Sada. Mauricio entra y los escoltas y yo esperamos afuera cerca de 20 minutos. Al salir, el alcalde recién asumido se ha quitado ya el saco negro y la corbata a rayas para andar sólo con una camiseta blanca y el pantalón negro del traje. Nos dice que iremos al Club Deportivo de Cazadores a que su hijo dispare un rato. Tras llegar al lugar, los otros tiradores ponen cara de inquietud ante el imponente convoy, pero una vez que miran a Mauricio bajar de una de las camionetas, todo vuelve a la calma. Uno de los hombres que está en el sitio, vestido con pantalón Wrangler, camisa colorida y botas vaqueras de piel de avestruz, le grita: «¡Ese mi alcalde, es usted un chingón!». Mauricio responde con una sonrisa y sigue caminando hasta una palapa, donde se pone orejeras para que no le lastime el sonido de los disparos. Ahí, su hijo saca de su estuche un rifle del tamaño de una boa y se alista para enseñarle a su padre la mejoría que ha tenido con el arma, durante sus prácticas en el extranjero. Pero un empleado del club llega a avisar que la máquina que lanza los blancos móviles se ha estropeado hace apenas un instante y que será imposible que el alcalde y su hijo la utilicen para disparar. «Chingado, hombre», se lamenta Mauricio y anuncia la retirada a su equipo de seguridad, el cual ya había montado un discreto perímetro de vigilancia alrededor de la palapa.

Atardece y Mauricio me invita a su mansión para que platiquemos con calma. Recorremos la colonia El Rosario, donde las casas tienen el tamaño de una manzana y se estima que en cada cochera hay un promedio de seis automóviles. Subimos por una calle sinuosa las laderas del cerro Chipinque, donde también hay viviendas pero en realidad ya hay más ardillas que seres humanos. En la parte más alta queda La Milarca, la residencia del nuevo alcalde, quien tiene una fortuna valuada en 800 millones de dólares, según algunas revistas de negocios. Su hogar es una especie de castillo que se construyó hace 20 años a partir de unos hermosos techos mudéjares de los siglos XIII y XVI que habían pertenecido al estadounidense William Randolph Hearst, recordado contra su voluntad como el «Ciudadano Kane» de la película de Orson Welles. Jorge Loyzaga, arquitecto preferido de familias ricas de la ciudad, como los Junco de la Vega, dueños de los diarios Reforma y El Norte, se encargó del proyecto. Dentro de la mansión, llamada La Milarca en honor a un personaje de la literatura medieval, las colecciones de arte popular mexicano se entremezclan con el cráneo de un tricerátops en la sala; una escultura de Rufino Tamayo, en el jardín, con cabezas humanas reducidas por jíbaros; una pintura de Julio Galán con aerolitos que cayeron en Argentina, y una colección de mapas antiguos con la piel de un oso cazado por el propio Mauricio. El arquitecto japonés Tadao Ando, quien visitó este sitio hace unos años, le escribió semanas después a Mauricio una carta en la que le dijo que La Milarca es «una obra de arte».

—¿Cómo te ves a ti mismo? Muchos te ven como el rico excéntrico —le digo, mientras nos sentamos a conversar.

—Yo me veo como yo soy. Cada vez he aprendido más a verme como a mí mismo, ya sin confrontarme.

—¿Por qué te gusta transgredir?

—No es que me guste eso.

—Hoy lo hiciste con tu discurso y lo has hecho otras veces.

—Mira, yo por un rato batallé mucho para entenderme a mí mismo. No sé cómo decírtelo. Sentía que iba muy cruzado a las cosas, no en la corriente. Pero luego también me empecé a dar cuenta de que tenía capacidad de cambiar cosas y que en realidad los que iban en la corriente eran una masa que nunca cambiaría nada.

La plática tiene lugar en la cocina de La Milarca. Entre los dos hay una botella de tequila reposado que conforme pasa el tiempo y las palabras, se va quedando vacía. No hay nadie más en casa, salvo Frida, una mapacha que hace un año llegó y se hizo la mascota preferida de Mauricio. De vez en cuando, uno de los escoltas personales del alcalde, cargando su AR-15 como guitarra, se asoma por la ventana con discreción.

Mauricio habla con orgullo de sus hijos y de su paso por la vida. En algún momento le pregunto sobre sus experiencias como cazador en África, donde dice que una vez perdonó de morir a un león, ya que le pareció demasiado inocente. En cambio, cuenta a detalle cómo mató a un leopardo, a un hipopótamo, a una cebra y a un elefante. Me aconseja que si algún día trato de matar uno, además de valentía y buen tino, procure cargar con suerte.

«Fue maravillosa la primera vez que yo maté uno», dijo. Eran los sesenta y el Parque Nacional Tsavo, de Kenia, una de las congregaciones de elefantes más grandes que hay en el planeta, autorizó la cacería de estos tiernos mamíferos gigantes, a causa de una sobrepoblación que ponía en riesgo a las demás especies. Mauricio viajó para allá en cuanto supo. Acompañado por un asistente africano que le cargaba las municiones y el resto del equipo, anduvo de safari varios días hasta que dio con un paquidermo. Tras esconderse entre la vegetación durante varios minutos, Mauricio apuntó con su rifle .458 a los codillos del enorme animal y jaló el gatillo. El mamífero trastabilló herido, pero otros elefantes de la manada corrieron en estampida, cerca de donde él se escondía, y tiraba ya el segundo y tercero y cuarto disparos.

«Si matas a un elefante, puedes hacer muchas cosas en la vida. Yo, no tienes idea de cuántos elefantes he tenido que matar para poder ser yo mismo», filosofó.

III

Mauricio Fernández Garza estaba por cumplir 60 años el 13 de abril de 2010. Es hijo de Alberto Fernández Ruiloba, quien falleció en 2005. Su padre fue un industrial que consolidó una empresa de pigmentos y óxidos. También fue miembro fundador del PAN de Nuevo León, pero carecía de un apellido con el mismo abolengo que el de la rama materna de Mauricio.

El abuelo del alcalde fue Roberto Garza Sada. Junto con su hermano Eugenio, era el capitán de la industria de Nuevo León. El abuelo Roberto también fue uno de los primeros ricos que abandonó la vieja colonia Obispado, ubicada en un cerro del corazón de Monterrey donde vivieron las familias más prósperas desde el siglo XIX, para luego trasladarse a San Pedro Garza García, un sitio al pie de la imponente Sierra Madre Occidental. Ahí, los millonarios locales compraron enormes extensiones de tierra y construyeron su utópica ciudad durante los últimos 40 años.

En los sesenta, Mauricio acompañaba a su abuelo Roberto a excursiones al cerro boscoso de Chipinque, lo mismo que viajaba con él a la ciudad de México para visitar la tienda de antigüedades La Granja, donde a los 12 años compró unas licoreras alemanas rojas del siglo XIX con animales grabados. Éstas fueron las primeras manifestaciones de una afición de coleccionista que mantiene hasta la fecha y que lo ha llevado a fundar tres museos donde exhibe algunos de sus objetos.

Su madre, Márgara Garza Sada, también ha tenido una relación intensa con el mundo del arte. Fue mecenas del Museo Franz Mayer y del Rufino Tamayo, e inculcó a su hijo el gusto por el mundo cultural.

De su padre, en cambio, aprendió el gusto por la política. Cada vez que se llevaban a cabo elecciones en Nuevo León, durante la era del régimen del Partido Revolucionario Institucional (PRI), Alberto Fernández Ruiloba era el único panista que podía vigilar aquellos comicios ficticios gracias a una acreditación expedida por la Secretaría de Gobernación. En una ocasión, cuando Mauricio tenía 13 años y acompañaba a su padre a supervisar la instalación de una casilla en San Pedro Garza García, ambos notaron que aunque apenas pasaban de las ocho de la mañana, dos urnas ya estaban llenas de votos. Mientras su papá discutía con los funcionarios electorales sobre el improbable suceso, Mauricio tomaba fotos a la paquetería electoral, evidentemente manipulada. La discusión en la casilla acabó a golpes y Mauricio salió volando de un aventón que le dieron los porros priístas, luego de destruir su cámara fotográfica. «Yo me inicié en la política así, volando y entre aventones. Y así sigo», se jacta Mauricio.

Otra de las aficiones inculcadas por su padre fue la de disparar armas de fuego. Durante las cacerías de animales organizadas por su familia en los linderos del cerro de Chipinque, aprendió a tirar con una increíble precisión. Quienes lo conocieron en los años sesenta recuerdan que Rodrigo Bremer, su mejor amigo de la infancia, sostenía con su cabeza botellas de vidrio o ampolletas medicinales que volaban con los balazos que salían del revólver calibre .38, favorito de Mauricio a los 10 años de edad.

Mauricio cuenta que en los días de adolescencia, sin que sus padres lo supieran, llevó más lejos su gusto por las armas y comenzó a revender pistolas entre los agentes de San Pedro Garza García. «Yo creo que a los 12 años, yo era el abastecedor de armas de la policía de aquí», dice. Cuando los policías terminaban sus rondas en lo que antes era un tranquilo poblado donde sólo había dos cantinas y un prostíbulo, pasaban por él para irse a cazar liebres a parajes silvestres que hoy son predios en los que el metro cuadrado cuesta hasta 800 dólares.

Durante aquellos años, Mauricio se recuerda a sí mismo como «un guerrillero que salía a escondidas por la ventana de la casa, con escopeta y pistolas» para sentarse en el cofre delantero de un Jeep de la familia, a esperar a que llegaran sus amigos policías. Adolescente precoz, casi estaba preparado para ir a una guerra: sabía usar ballestas, cuchillos, hachas, rifles y las ametralladoras de la época.

Ya desde entonces, Mauricio causaba controversia. «Había amigos míos a los que sus mamás no dejaban salir conmigo, porque decían que yo estaba loco», recuerda entre risas.

IV

Tras estudiar Ingeniería Industrial en la Universidad de Purdue, en Indiana, Estados Unidos, Mauricio Fernández Garza volvió a México y se casó con Norma Zambrano, integrante de otra de las familias adineradas de la ciudad. Para muchos en San Pedro Garza García eran la pareja ideal. A principios de los años setenta ambos se fueron a vivir a la ciudad de México. En la capital del país, a Mauricio le gustaba ir a La Lagunilla a buscar objetos curiosos y visitaba regularmente Morelia, Michoacán, donde conoció a un artista llamado Juan Torres, quien tenía una especie de casa-museo en Capula, la cual lo inspiró en parte para construir La Milarca, años después.

Durante esa época, Mauricio se fogueó en el mundo empresarial para asumir en los años ochenta la dirección general del proyecto Casolar del Grupo Alfa, el cual se encargó del desarrollo de varias zonas del país, como Las Hadas, en Manzanillo, Colima.

Aunque algunos empresarios afirman que Casolar fue un fracaso, Mauricio asegura que en su momento «fue calificado como uno de los mejores proyectos inmobiliarios del mundo, aunque ahorita otra vez no vale nada». Lo cierto es que en 1994, Mauricio tuvo posibilidades de ser el presidente del Grupo Alfa, el consorcio del que proviene la mayor parte de la fortuna familiar, junto con Cemex, compañía en la cual también tienen acciones. Ese año, su primo Dionisio Garza Medina y él, eran los candidatos que se manejaban para asumir la presidencia y la dirección general del grupo, pero según Mauricio, él decidió declinar.

—¿Por qué renunciaste a esa posibilidad?

—Porque yo pensé que Alfa necesitaba una sola cabeza, que lo mejor que se conjuntara la dirección en una sola presidencia. Entonces, yo hice una propuesta, y bueno, toda la familia me la compró.

Por entonces, Mauricio ya había ingresado a la política como alcalde de San Pedro. Sus tres años de gobierno aún son recordados por amigos y enemigos, como los mejores en la historia de la ciudad. Abrió calles y las convirtió en amplias calzadas arboladas que son un orgullo local. Llevó servicios públicos a las desordenadas colonias de posesionarios y redujo los indicadores de pobreza, pero sobre todo, consolidó las condiciones para que San Pedro Garza García se convirtiera no sólo en el lugar de residencia de los ricos del norte del país, sino también en la sede de una veintena de corporativos financieros.

En lugar de la presidencia del poderoso Grupo Alfa, tres años después, Mauricio buscó la candidatura del PAN al gobierno de Nuevo León, pero la perdió frente a Fernando Canales Clariond, el primer mandatario neoleonés panista en la historia. Como no fue el candidato de su partido a la gubernatura, ese mismo año se postuló para senador y ocupó una curul entre 1997 y 2003. Allí presidió la Comisión de Cultura y se hizo famoso por sus corbatas de Mickey Mouse. También protagonizó una pelea pública con Felipe Calderón, entonces líder nacional del PAN, quien había emprendido una campaña para buscar, por supuesta ineficiencia, la destitución del gobernador del Banco de México, Guillermo Ortiz, a la fecha, amigo de Mauricio Fernández. A finales de los años noventa, firmó y pagó para su publicación un desplegado de apoyo a Ortiz, además de que encaró a Calderón, diciéndole: «Estoy dispuesto hasta renunciar al partido si no se me permite discrepar».

En general, no parecen ser buenos los recuerdos que tiene Mauricio de su experiencia legislativa y de las decisiones cupulares que, dice, ahí se dieron. «En el senado sí veías unas cargadas, para mí, muy cuesta arriba. Son grupos colegiados que de veras, para cómo se toman las decisiones, mejor que dejen a dos o tres senadores nada más, y a dos o tres diputados de cada partido, y ya. Así nos ahorraremos bastantes millones que bastante falta le hacen a la patria».

En 2003, volvió a buscar la gubernatura de Nuevo León. Esta vez sí consiguió ser el candidato de su partido, pero perdió en la contienda frente a su amigo, el priísta Natividad González Parás. Días antes de que iniciaran esos comicios, un grupo de emisarios del cártel de Sinaloa se presentaron con él, en su oficina de Los Soles, para ofrecerle velices llenos de dinero para su campaña a cambio de que si ganaba la gubernatura, ignorara el tráfico de drogas en el estado. Años después, en una entrevista que me concedió para Milenio Diario de Monterrey, me relataría este suceso y provocaría con ello uno de sus habituales escándalos en los medios de comunicación locales.

Tras la derrota en la contienda electoral de 2003, Mauricio se fue de pesca a Alaska y al volver anunció que se retiraría de la política para dedicarse a sus museos, patronatos culturales, así como a administrar sus empresas, una de ellas de puros, que le granjeó buenas relaciones en Cuba, incluso con Fidel Castro. Se convirtió también en uno de los activos promotores del Fórum de las Culturas que se celebró en 2007 en la ciudad, para el cual convenció a su amigo el pintor oaxaqueño Francisco Toledo, de que hiciera una escultura urbana de La lagartera, una de sus piezas más famosas.

Durante ese tiempo, además de separarse de su esposa Norma, dos hechos familiares causaron un gran impacto en su vida. El primero ocurrió el 15 de septiembre de 2006, cuando se desplomó en Toluca la avioneta en la cual viajaba Martell, su hijo de 18 años junto con otros cuatro jóvenes. El segundo fue el intento de secuestro de su hija Milarca en 2008, quien logró escapar de manera sorprendente gracias a las lecciones antisecuestro que había recibido años atrás. Este último suceso, según me dijo, fue definitivo para que volviera a la política.

V

Héctor «El Negro» Saldaña era considerado el testaferro del crimen organizado en San Pedro Garza García. Quienes lo vieron entrar a restaurantes y discotecas, lo describen como un hombre con cuerpo de jugador de futbol americano, que parecía medir casi dos metros y se desplazaba en un Lamborghini murciélago amarillo, que ni siquiera para los parámetros de una ciudad rica como San Pedro, pasaba desapercibido. El aviso «Nos reservamos el derecho de admisión» solía cumplirse a carta cabal, hasta la aparición de Saldaña y su banda, la cual además de armar escándalos, cobraba cuotas periódicas para «garantizar» la seguridad de los exclusivos lugares.

La carrera delictiva de Saldaña había sido meteórica en los últimos dos años. Tras comenzar en la década de los noventa como ladrón de automóviles con la protección de la policía judicial estatal, donde fue «madrina», se había consolidado como uno de los tantos jefes a nivel medio del crimen organizado en el área metropolitana de Monterrey. El 9 de enero de 2007 fue capturado por la desaparecida Agencia Federal de Investigación, acusado de distribuir cocaína en los bares del centro de Monterrey, pero una polémica decisión de un juez lo dejó en libertad al poco tiempo. Como en 1997 y 2004, cuando sobrevivió a sendos atentados en su contra, la suerte había estado de su lado.

Sin embargo, la buena racha se le acabó el 29 de octubre de 2009. Ese día murió según la autopsia practicada por el Servicio Médico Forense, aunque fue dos días después cuando su cadáver, el de su hermano Alan y el de otras dos personas, aparecieron en una camioneta Equinox estacionada en la calle Sóstenes Rocha, de la delegación Miguel Hidalgo del Distrito Federal. Sobre los cuerpos, encontrados tiesos como el cuero por un comandante de la policía judicial capitalina, habían sido colocadas dos cartulinas. Una decía: «JOB 38:15» y la otra: «Por secuestradores, atte el jefe de jefes». Según reportes de la Secretaría de Seguridad Pública Federal, El Jefe de Jefes es el alias de Arturo Beltrán Leyva, el capo para el que supuestamente trabajaba Héctor «El Negro» Saldaña, antes de ser ejecutado.

Arturo Beltrán Leyva y sus hermanos son oriundos de Sinaloa, y en 2007 se separaron de la organización dirigida por Joaquín El Chapo Guzmán para montar su propio cártel. Según reportes de inteligencia federal, la familia Beltrán Leyva ha conseguido un pacto de convivencia con Los Zetas, a fin de operar en San Pedro Garza García y dejarle al brazo armado del cártel del Golfo, el control del resto de las ciudades del noreste del país, lo cual incluye Nuevo León, Tamaulipas y Coahuila.

A Mauricio también se le ha señalado públicamente por una supuesta relación con Arturo Beltrán Leyva. Un ex jefe de policía local me dijo que si esto fuera cierto, el nuevo alcalde estaría jugando con fuego. Según él, los narcos, después de hacer pactos, son tan silenciosos como buitres. Esperan su momento. Son siluetas con voz, un gobierno en la sombra. Todo indica, en las historias de mafia, que una vez dentro, es imposible retirarse a tiempo.

Mauricio rechaza que él sea un mafioso. Afirma que Tatiana Clouthier, su antigua aliada política y amiga personal, buscó a diversos magnates de la ciudad, los del mítico nombre de «El Grupo de los 10», para acusarlo de narco. «Ella [Tatiana] pensó que yo estaba coludido y fue con los empresarios de aquí a decírselos. Le dijo a gente de la IP [iniciativa privada] que yo era el brazo político de los Beltrán Leyva, y ellos le dijeron que si alguien no está coludido con el narco soy yo, que me dejara trabajar, porque yo era el único que nos podía sacar de donde estamos en San Pedro».

VI

No es la primera vez que se especula que empresarios de San Pedro Garza García tienen escuadrones de la muerte a su servicio. El 17 de septiembre de 1973 fue asesinado Eugenio Garza Sada, tío abuelo de Mauricio Fernández y uno de los empresarios más importantes del país. Un grupo de jóvenes guerrilleros de la Liga Comunista 23 de Septiembre trataban de secuestrarlo, pero Garza Sada, su escolta y su chofer iban armados y respondieron la agresión. Al final de la balacera habían muerto un guerrillero, los dos empleados y el empresario, presidente de la Cervecería Cuauhtémoc.

El asesinato conmocionó a la ciudad. Los industriales locales insultaron al presidente Luis Echeverría cuando se hizo presente en los funerales del magnate. Aunque Echeverría emprendió como ningún otro presidente moderno una cacería contra la guerrilla de los años setenta, en su discurso pseudorrevolucionario solía insinuar diversas críticas contra los burgueses de Nuevo León, quienes a su vez, lo cuestionaban por el manejo populista de la economía nacional.

La muerte de Garza Sada endureció el sentimiento antigobiernista que circulaba en el empresariado local y pronto empezaron a aparecer cadáveres de jóvenes guerrilleros que no necesariamente eran asesinados por la Dirección Federal de Seguridad (DFS).

Para tratar de documentar la existencia de estos grupos, conseguí hace unos años que Manuel Saldaña, un hombre clave de entonces, me diera una entrevista. Tras muchos intentos nos vimos en el Nuevo Brasil, entre canciones de Joaquín Sabina y el sonido de las rotativas del periódico El Norte, que se encuentra a un lado de la céntrica cafetería. Saldaña había sido en esos años agente infiltrado de la DFS en la Liga Comunista 23 de Septiembre, aunque al final terminó ayudando a los guerrilleros. De acuerdo con él, sus reportes confidenciales eran entregados por igual a la DFS, la Policía Judicial del Estado y a un Departamento de Inteligencia creado por los empresarios locales, el cual operaba en las instalaciones de la Cervecería Cuauhtémoc. Quienes se encargaban de estas tareas, según Saldaña, eran Fernando Garza Guzmán por la policía judicial, Ricardo Mundell por la DFS y Adrián Santos, por parte de los empresarios neoleoneses. «Los empresarios tenían su cuerpo de inteligencia y tenían una red igual a la de la DFS», dijo Saldaña.

Tras la muerte de Garza Sada, llegó a la ciudad Salvador del Toro Rosales, a quien se le conoció como el Fiscal de Hierro por la feroz persecución de guerrilleros. Antes de morir, este hombre me concedió una entrevista en la cual estuvo presente Héctor Benavides, uno de los periodistas más respetados de Nuevo León. En esa ocasión, Del Toro Rosales me confirmó la creación de los escuadrones de la muerte. La génesis de éstos, según él, fue la siguiente: «Dos o tres años antes del secuestro del señor don Eugenio Garza Sada, se tenía conocimiento de la existencia de diversos grupos subversivos que operaban en distintas partes del país; se sabía también que esos grupos cometían "expropiaciones", como ellos le llamaban a los asaltos bancarios y secuestros de personas, con la finalidad de tener recursos con los cuales financiar su movimiento y la compra de armas. Entonces, toda aquella gente adinerada, como es el caso de don Eugenio [Garza Sada], eran candidatos a ser secuestrados sin necesidad de que el gobierno les avisara de esa situación. Muchos acaudalados hombres de empresa tomaron sus precauciones y fue cuando empezaron a nacer esos grupos de guardias personales».

La investigadora Ángeles Magdaleno me compartió un gran hallazgo que hizo en el Archivo General de la Nación. Se trata de un documento oficial desclasificado que contiene la declaración hecha por el cubano Juan Carlos Corbea ante la dirección de Seguridad Pública de Veracruz, en febrero de 1963, la cual se acompaña de una nota para el secretario de Gobernación, Gustavo Díaz Ordaz, donde se le informa que un grupo de empresarios de Monterrey está financiando un pequeño ejército que tiene como fin volver a Cuba y derrocar al naciente gobierno de Fidel Castro.

La declaración, escrita en papel membretado, dice: «Respecto a sus actividades en el país y de los campos de entrenamiento para cubanos anticastristas… que en el estado de Tabasco se encuentra ubicado el campo de entrenamiento en el lugar denominado MAL PASO al que se llega entrando por Cárdenas, a donde se encontraban como 400 cubanos a quienes cada mes les llevaba medicinas, zapatos y ropa que donaban en Monterrey algunas personas por conducto del Lic. Ricardo Margaín SUSAYA [sic], de la Asociación de Padres de Familia y la proporcionaban quinientos mil pesos cada mes, de lo que tomaba para gastos… Margaín, edificio del Banco Industrial, ubicado en calle de Juárez en Monterrey, N.L.».

Margaín Zozaya es el padre de Fernando Margaín Ber-langa, el alcalde que le entregó el gobierno de San Pedro Garza García a Mauricio Fernández Garza el pasado 31 de octubre.

VII

Conocí a Mauricio Fernández Garza 10 años antes de que se convirtiera en un *enfant terrible* de la vida pública nacional. Cuando yo trabajaba en una estación llamada Radio Alegría, a la par que estudiaba periodismo en la Universidad Autónoma de Nuevo León, Mauricio ya era un heterodoxo de la política.

Junto con Tatiana Clouthier, me parece que es el político de Nuevo León más interesante que he conocido en persona, aunque a la vez, el más enigmático. Su brutal franqueza, inusual en un mundo donde el lugar común se prodiga y los reporteros lo repetimos como ecos amaestrados, así como su genio desparpajado para emprender proyectos en apariencia imposibles, lo convierten en alguien poderosamente atractivo, complejo y riesgoso a la mirada periodística. Quizá por eso pienso en Mauricio como crisol de Monterrey. Relatarlo a él, me parece, es relatar lo que es en parte mi tierra natal y sus peculiares contradicciones.

A finales de agosto de 2009, previendo que su gestión en la alcaldía seguramente daría mucho de qué hablar, le llamé por teléfono para plantearle la posibilidad de escribir un texto sobre él.

—Quiero hacer un perfil tuyo para la revista Gatopardo —planteé.

—Pero no tengo mucho dinero ahorita —respondió con desgano.

—Con que no nos cobres está bien —le dije riendo.

—¿Cuándo quieres que nos veamos? —preguntó seco.

Cuando tuvimos la primera entrevista en su despacho privado del edificio Los Soles, un laberinto de oficinas inmobiliarias, fiscales y de abogados donde se concentra buena parte del poder privado, me dijo que mandaría a su familia fuera del país, ya que su proyecto de «blindaje», además de implicar el brincarse trancas legales, era algo riesgoso.

Durante los últimos seis años, las extorsiones de la mafia a negocios y a profesionistas, ya comunes en muchos lugares del país, empezaban a acechar también a San Pedro Garza García. Para nadie es un secreto que en los otros siete municipios que conforman el área metropolitana de Monterrey, grupos de hombres armados y protegidos por Los Zetas o la organización de los hermanos Beltrán Leyva, cobran cuotas periódicas a empresas, comercios informales y profesionistas.

Ante tal panorama, Mauricio, quien considera que la criminalización de las drogas ha provocado el aumento de otros delitos, me decía que tenía que enviar un mensaje fuerte a los pequeños grupos criminales para que no aprovecharan el poder de los grandes cárteles del narco y realizaran por su cuenta extorsiones, secuestros, y robos. «Siento que San Pedro es el que más o menos la libra en el área metropolitana, pero lo demás sí está muy complicado».

Mauricio me aseguraba estar consciente de que un lugar como San Pedro Garza García tiene condiciones únicas gracias a su inmejorable ingreso per cápita, pero que estas condiciones «había que resaltarlas», aunque tal cosa provocara que «al ser el municipio más seguro de México, El Chapo Guzmán, o cualquiera de ellos, va a querer venirse a vivir aquí. No se van a ir al más inseguro».

«Ante eso: ¿yo como alcalde a qué le debo de tirar?», se preguntaba. «Pues a tener el municipio más seguro, ésa es mi chamba. Si eso provoca que venga esta gente, pues ahí están las instancias federales correspondientes para buscarlos».

Para su cruzada contra las extorsiones y el secuestro, Mauricio me dijo también que contaba con el apoyo de los empresarios más importantes de San Pedro Garza García, así como con el respaldo de un hombre clave en la inteligencia del país: Jorge Tello Peón, ex director del Centro de Investigación y Seguridad Nacional (CISEN), quien vivió varios años en esta ciudad, donde trabajaba como encargado de seguridad del Grupo Cemex, antes de convertirse en asesor del presidente Felipe Calderón en asuntos de seguridad nacional.

Mientras charlábamos en su oficina, Mauricio interrumpió la conversación un par de veces. La primera para atender a un artesano de San Luis Potosí que lo visitaba para pedirle apoyo económico con el fin de montar una feria de arte popular; la segunda, cuando llegó un alto directivo de TV Azteca con quien se reunió 10 minutos en otra oficina del despacho.

—¿Y si te desaforan? —le pregunté cuando volvió.

—¿Quién me va a desaforar?

—Pues la gente que se inconforme con lo que hagas.

—¿Y quién sabe que estoy haciendo? Yo te voy a decir que voy a hacer cosas, pero no te voy a decir al detalle. Y además ¿quién me va a acusar si estoy haciendo qué? No creo que el propio crimen organizado diga: «Hey, mira el alcalde tiene un sistema de inteligencia y me anda espiando».

—Entonces, ¿para qué andar amagando que habrá comandos rudos y limpiezas?

—Cuando hablas de estos temas de blindajes, tú confrontas los problemas. Estos temas son tan complejos que yo los confronto con la gente. Yo así soy. Yo debo decirle a la ciudadanía: «Miren, así está el huato, y así está el rollo, y ésta es la tarea. Y si queremos arreglar esto, tenemos que hacer un blindaje que requiere esto», y esto es lo que yo haré, y vamos a limpiar esta ciudad. A lo mejor no te digo al detalle cómo, pero de que la vamos a limpiar, la vamos a limpiar, de eso no hay duda.

VIII

El anuncio que hizo Mauricio en su toma de protesta de la muerte del Negro Saldaña se metió a la discusión nacional durante los días siguientes. Carlos Marín escribió en Milenio que con «suicida temeridad», el alcalde se había colocado bajo dos miras: «La letal de las organizaciones criminales que andan cazando a servidores públicos… y la ministerial de orden penal». Raymundo Riva Palacio, en Eje Central, lo definió como «El llanero solitario» y aseguró que Mauricio «respaldado en lazos sanguíneos, poder económico y político, se siente lo suficientemente protegido». En una columna publicada en el diario Reforma bajo el título «¿Escuadrones de la muerte?», Miguel Ángel Granados Chapa advirtió que «mediante escuadrones de la muerte parecería que la sociedad se hace justicia a sí misma, al margen del Estado. Es clara la barbarie que eso implica, porque los asesinos organizados hoy matan a presuntos delincuentes pero mañana pueden actuar contra usted».

En medio del escándalo desatado, me entrevisté con un antiguo amigo de Mauricio que supo que yo estaba haciendo un perfil sobre él. Quería contarme que Mauricio ya no era el mismo de antes, aquel que había cautivado a la metrópolis por su franqueza para hacer política y por los aires liberales con los que se movía. Según él, Mauricio aunque no lo reconociera, estaba derrumbado íntimamente a causa de sus tragedias familiares y estaba llevando a un errante fin su paso triunfal por la vida pública de Nuevo León. Hace un año, durante una cena, me aseguró que le dijo: «Mauricio, cuando ya no nos queda inspiración, es mejor dejar de inspirar». Pero el alcalde ni siquiera se dio por enterado.

Tatiana Clouthier, vecina de San Pedro Garza García e hija del Maquío, uno de los iconos del panismo, me recibió un domingo en la mañana en su casa, donde se curaba de una tos. Mientras charlábamos, organizaba también el día de descanso de sus hijos más pequeños. Madre de familia de grandes ojos azules que corre maratones y enarbola causas ciudadanas, me dijo que hasta hace un par de años había sido una «mauricista de hueso colorado».

El desencanto que le provocó Mauricio a Tatiana, se hizo evidente a mediados de 2009, cuando, con el Partido Nueva Alianza, Tatiana compitió con él por la alcaldía de San Pedro Garza García y llegó a denunciarlo ante las autoridades por unas grabaciones reveladas por la revista electrónica Reporte Índigo, en las cuales Mauricio hablaba sobre la presencia del cártel de los Beltrán Leyva en la ciudad.

De acuerdo con Tatiana, meses antes de los comicios, fue a avisarle a Mauricio que buscaría la alcaldía. En su oficina de Los Soles, éste le respondió que él también lo haría, porque ya no tenía nada que hacer en la vida, porque se había querido regresar a su casa, «y se dio cuenta de que no tenía familia», le dijo, según Tatiana.

Cuando le pregunté sobre la supuesta visita que hizo a los empresarios para advertirles que Mauricio estaba ligado con los narcos, Tatiana me contestó que tal cosa era falsa. Que realmente no tenía acceso a la mayoría de los principales empresarios conocidos como «El Grupo de los 10» y que sus denuncias contra Mauricio siempre fueron públicas. Ese día que hablamos, Tatiana estaba preocupada por la euforia que había provocado el discurso de Mauricio. «Mucha gente es cortoplacista. Celebra lo que dijo Mauricio pero no vemos lo que está pasando ahorita. El procurador debería actuar, porque si el Estado permite la violación a los derechos, entonces la ley se cumple al antojo del gobernante. Y al rato, si hay un litigio con el gobernante, ponle Mauricio o ponle el que sea, él va a resolver las cosas como quiera.»

Para Tatiana, más que la inseguridad, lo que ha aumentado en San Pedro Garza García durante los últimos meses, ha sido la psicosis, gracias a mensajes electrónicos y llamadas telefónicas de extorsionadores. «Hace poco hablaron a la casa de un vecino y contestó su hijo y le dijeron que tenían secuestrados a sus hijos. El niño les respondió: "Yo no tengo hijos, soy niño", cuenta. Sin embargo, también reconoce estar enterada de algunos secuestros recientes, como el de un yerno de Gustavo Valdés Madero, uno de los santones del panismo local.

Felipe Calderón debería impedir que sigan sucediendo cosas extrañas en San Pedro Garza García, considera esta mujer que renunció al PAN en 2005. Sin embargo, ve complicado que tal cosa ocurra, ya que cuando el actual presidente renunció a la Secretaría de Energía en 2004, Alejandra Fernández Garza, hermana de Mauricio y consejera panista local, se encargó de pasar la charola entre los empresarios locales para seguirle dando un sueldo a Calderón, quien tras su renuncia se había quedado sin ingresos y tenía pendiente el pago de la mensualidad de su casa.

Durante las casi dos horas en las que charlamos, Tatiana estuvo recordando su participación en diversas campañas políticas, siempre al lado de Mauricio, a quien veía como uno de los políticos más visionarios. «Pero Mauricio ya no es el mismo de antes. Desde la segunda campaña por la gubernatura, Mauricio empieza a tener una descomposición y ahora nada más mira quiénes son sus amigos», insistió para luego decirme los nombres de esos amigos: los ex gobernadores del PRI, Natividad González Parás y Jorge Treviño, así como el de Rogelio Cerda, un antiguo secretario de gobierno hoy diputado federal, que fue señalado públicamente por supuestas ligas con el narco. «Mauricio está mal en muchos sentidos. Hace unos días vino un periodista y me dijo que le pidió la entrevista y Mauricio le dijo: "No te la puedo dar porque ando ahogado". Yo había sido mauricista y la verdad es que me duele... Creo que ahora Mauricio quiere ser inmolado y quiere la estatua de Juanito, eso me queda cada vez más claro.».

La campaña que lanzó al llegar a la alcaldía para realizar justicia por las buenas o por las malas en contra de secuestradores y extorsionadores, puede acabar en tragedia, considera Tatiana, quien me asegura que hace unos meses, un grupo de vecinos contrataron a un matón para que acabara con un asiduo ladrón de su barrio. «Todo esto que está pasando es a causa de que con el gobierno de Natividad González Parás quedó la sensación de que la justicia no se impartía en los tribunales, sino en algunos influyentes despachos de abogados.»

IX

El sábado 7 de noviembre, exactamente una semana después de su toma de protesta, volví a La Milarca. El alcalde estaba contento, satisfecho con lo que había provocado. No parecían importarle demasiado las críticas de los analistas nacionales y resaltaba el apoyo recibido en blogs, Facebook, Twitter y cartas que le han llegado en los días recientes. Parecía un chico divertido que entre pose y pose, frente al fotógrafo de Gatopardo, llamaba en su jardín a Frida, su inseparable mapacha, que había desaparecido repentinamente. Ya luego, en la sala de la casa, justo cuando posaba junto a unas catrinas tamaño natural, uno de sus escoltas apareció detrás de Frida, la cual había atorado su cola en una puerta y ahora entraba de manera triunfal a la residencia.

—Dicen que estás loco —le comenté de repente.

—Pues normal, normal, no soy —respondió con una ligera sonrisa.

Mauricio me explicó que todo lo que había sucedido en la semana, estaba calculado. «Mira, ya lancé el granadazo para dar una sacudida a esto y para que nos pongamos a repensar el tema de la seguridad.»

Sin embargo, dos días después de que nos vimos, durante una gira del presidente Felipe Calderón por la ciudad, vi de lejos cómo cambiaba el semblante de Mauricio, cuando el mandatario, sin nombrarlo, lanzaba un claro mensaje contra él, diciendo que nadie podía estar por encima de la ley. Mauricio estaba sentado a un lado del general Cuauhtémoc Antúnez, comandante de la Séptima Zona Militar, quien antes de que hablara el presidente Calderón se acercaría a decirle: «Qué bueno que hizo lo que hizo, porque despertó conciencias», pero después, durante una reunión privada con alcaldes, disparó un dardo contra Mauricio al asegurar que los soldados no eran matones, sino una instancia indicada con capacidad jurídica para enfrentar los problemas de delincuencia, «algo que no se resuelve con un grupo que actúa fuera de la ley».

Al siguiente día, supe que Mauricio había sido citado a declarar ante la PGR por la muerte de Héctor El Negro Saldaña, mientras yo revisaba unas fotografías de distintas ocasiones de su vida en su despacho ubicado en el edificio de Los Soles. En algún momento de la mañana, la secretaria privada del alcalde hizo una mueca de asombro tras atender una llamada telefónica. Una señora había llamado para preguntar a qué número de cuenta bancaria podía realizar un depósito para apoyar la creación del comando rudo que Mauricio andaba promoviendo para blindar a San Pedro Garza García de los secuestros y las extorsiones de la mafia.

Texto publicado en *Gatopardo,* núm. 107, diciembre de 2009.

La bofetada del Señor Richter
Carlos López-Aguirre

En casa los únicos desastres fueron un par de huevos quebrados, una barba mal afeitada y dos niños sin vestir. La falta de un indicio evidente de destrucción nos mantuvo en calma. A excepción de la falta de energía eléctrica, no teníamos nada qué lamentar. Incluso mi hermano y yo nos reíamos recordando al cómico locutor de radio que había dicho apenas un par de minutos antes con sorna «¡está temblando, está temblando!». Se llamaba Sergio Rod y en aquel momento ya había muerto. Era el 19 de septiembre de 1985.

Frente a la casa, un par de albañiles revisaban una barda que se les había caído. Los vi al asomarme por la ventana para observar a mis padres dentro del coche mientras escuchaban la radio. Cuando volvieron sus caras habían cambiado. Según las noticias el centro de la ciudad era un caos, varios edificios estaban destruidos, entre ellos el emblemático Hotel Regis y la sede de Televisa en Avenida Chapultepec. La estación de radio que solía sintonizar mi padre todas las mañanas, por supuesto, había desaparecido.

La incertidumbre se convirtió en temor cuando mi madre me llevó al colegio y nos dijeron que no habría clases hasta nuevo aviso. Durante aquella mañana sin luz nos dedicamos a mirar por la ventana. No sabíamos en aquel momento que muchas de las escenas que veíamos en la calle se repetirían una y otra vez en los días siguientes: gente con el radio pegado al oído, largas filas en los teléfonos públicos, gente acarreando agua, caras de espanto.

Después de comer, volvió la luz, pero en la televisión no se transmitía absolutamente nada, así que las imágenes las sustituimos con la imaginación alimentada por el relato radiofónico. Mi mente infantil me hizo pensar en un cráter en medio de la gran ciudad, mientras los bomberos se empeñaban en bajar para rescatar a los supervivientes. Pero cuando aquella noche inició la transmisión televisiva, me di cuenta de que no sabía nada sobre lo que era la destrucción y la muerte.

A la mañana siguiente, aunque las imágenes que salían de la televisión eran dramáticas, también demostraban que la Ciudad de México podía estar hecha de otra madera en momentos difíciles. Miles de voluntarios ayudaban en las tareas de rescate. No había cabeza visible, pero sí un orden en medio del caos. Por su parte, el mediocre gobierno de la época guardaba un escandaloso silencio.

La voluntad inquebrantable por rescatar al mayor número de supervivientes no se vio diezmada a pesar de la falta de ayuda oficial, la rapiña y, sobre todo, las réplicas constantes del terremoto. La peor se presentó sin avisar el 20 de septiembre por la noche. No lo fue tanto por la intensidad del sismo como por el pánico que causó entre la población. Fue el único momento en que lloré de miedo y le pedí a mis padres que me sacaran de aquella ciudad maldita que se movía como un papel al viento y que me llevaran al pueblo de mi madre. Pero no lo hicieron y se los agradezco.

De esta manera pude ser testigo de cómo salía vida de entre las ruinas: hombres, mujeres e incluso recién nacidos que aguantaron varios días entre las rocas hasta ser rescatados. Vi a uno de los mejores tenores del mundo picar piedra en busca de sus familiares y prometer una ayuda que hasta el día de hoy perdura y se agradece. Vi a mi madre llorar durante el entierro de los hombres que habían amenizado nuestras mañanas a través de la radio.

También me enteré de la dramática muerte de decenas de perros de rescate, traídos desde Alemania, después de haber cumplido su misión. Escuché hablar de abusos, como el de varias personas que hicieron fila más de una vez para obtener alguna de las chamarras que el ejército israelí había llevado a los damnificados. Me enteré también de la historia (o mito) del avión de guerra norteamericano que sobrevoló la ciudad de México apenas una hora después del sismo y aterrizó en el aeropuerto sin ningún material de ayuda y sin ninguna explicación sobre la tarea que le habían encomendado. Pero sobre todas las cosas, observé con el paso del tiempo cómo una ciudad podía levantarse de sus ruinas sin la necesidad de sus líderes.

Años más tarde me encontré con un artículo sobre las consecuencias del terremoto. Decía que aquel día había sido realmente una sacudida, como una bofetada, para que el pueblo de México despertara del letargo en que se había mantenido desde la masacre de estudiantes en Tlatelolco en 1968. Porque ese padre llamado gobierno, que en aquella ocasión había golpeado con tanta fuerza a sus hijos, ahora se desvelaba como el más inútil ante una situación adversa y fuera de su control. Y aunque un cambio real no se ha dado hasta el momento, es cierto que México después del 19 de septiembre de 1985 no volvió a ser el mismo.

Texto publicado en el blog Expresiones Crónicas
el 7 de septiembre de 2009.

El último Hitler uruguayo
Leonardo Haberkorn

Hitler vive en Uruguay. Sí. En esta república oriental de Sudamérica viven Hitler Aguirre y Hitler da Silva. Viven Hitler Pereira y Hitler Edén Gayoso. Vive hasta un Hitler de los Santos. Y aunque en la guía telefónica del país sólo aparecen seis ciudadanos llamados así, es difícil saber cuántos otros no tienen teléfono o cuántos prefieren figurar con otros nombres para evitar que los califiquen o que se burlen de ellos. Llamarse como se apellidó el mayor genocida del siglo xx, o sea Hitler, ¿no es acaso una razón para vivir avergonzado?

«Nadie sabe que me llamo así», confiesa en el teléfono Luis Ytler Diotti, que guarda su segundo nombre como un secreto familiar, tal como le aconsejó su padre cuando todavía era un niño. Todos lo conocen como Luis y punto.

Con Hitler Pereira pasa algo parecido: quienes lo conocen lo llaman Waldemar, que es su segundo nombre. Su hijo, que atiende el teléfono, se niega a comunicarme con su padre: no hay nada que comentar.

Juan Hitler Porley rechaza tomarse una fotografía: «Yo de esto no quiero hacer propaganda», dice, desconfiado.

A Hitler De los Santos lo entrevisté en 1996 y entonces ya había empezado los trámites para cambiarse el nombre. Tal parece que lo logró, porque ahora es imposible ubicarlo en la guía telefónica.

Pero hay quienes llevan el nombre Hitler sin pudor y hasta con orgullo. Hitler Aguirre, por ejemplo, nunca quiso cambiarse el nombre. Llamarse así le parece de lo más normal, pues no encuentra en su nombre motivos para avergonzarse. Hablar con él es algo inquietante: este comerciante, dueño de un almacén de Tacuarembó, una pequeña ciudad en el norte del país, dice ser un hombre de izquierda, que incluso fue perseguido por sus ideas, pero al mismo tiempo insiste en que Hitler es un nombre como cualquier otro. Tan normal le parece, que a su hijo primogénito también le puso Hitler.

Todos los Hitlers uruguayos (al menos los de la guía de teléfonos) son ancianos. Todos nacieron poco antes o durante la Segunda Guerra Mundial, cuando el dictador alemán Adolf Hitler dividía al mundo entre sus simpatizantes, sus detractores y sus víctimas. Todos los Hitlers uruguayos pertenecen a esa época, menos uno. Hitler Aguirre junior, el hijo mayor de Hitler Aguirre, tiene 38 años y es la única excepción. ¿Vivirá a gusto con su nombre?

Tradición

Es conocido que en Uruguay los nombres raros son una tradición centenaria. Hoy el jefe de la guardia del Parlamento es el comisario Waldisney Dutra. Y un político de apellido Pittaluga se llama Lucas Delirio. Casos parecidos ocurren en otros países. En Venezuela hay un debate para prohibir nombres como Batman, Superman y Usnavy. En España, el pueblo de Huerta del Rey se jacta de ser La Meca de los nombres raros porque 300 de sus 900 habitantes han sido bautizados con nombres tales como Floripes y Sinclética. Pero en cuanto a la extrañeza del nomenclátor ciudadano Uruguay va a la cabeza.

El principal historiador de la vida privada en este país, José Pedro Barrán, dice que los nombres extravagantes comenzaron a multiplicarse a principios del siglo XX, cuando el presidente anticlerical José Batlle y Ordóñez impulsó un temprano laicismo y la gente descubrió que no estaba obligada a bautizar a sus hijos usando los nombres de los santos y mártires cristianos.

Por esa época, el médico Roberto Bouton recorría el país ejerciendo su profesión y conocía a paisanos de nombres tan alejados del santoral como Subterránea Gadea, Tránsito Caballero, Felino Valiente, Clandestina Da Cunha, Dulce Nombre Rosales y Lazo de Amor Pintos. También trató a un señor llamado Maternidad Latorre y a otro bautizado Ciérrense las Velaciones. Entonces la ley permitía que los padres eligieran para sus hijos el nombre que se les antojara, no importa lo espantoso que éste fuera. El Registro Civil certifica la existencia de Pepa Colorada Casas,

Roy Rogers Pereira, Caerte Freire y Selamira Godoy, entre muchos otros. Mientras que en la Corte Electoral figuran como ciudadanos uruguayos Feo Lindo Méndez, No Me Olvides Rodríguez, Democrática Palmera Silvera, Filete Suárez, Teléfono Gómez y Oxígeno Maidana. Ponerle el nombre a un hijo, por aquellos años, parecía una demencial competencia de ingenio. Una lapidación anticipada. ¿Qué otra cosa pude decirse de los padres que decidieron llamar Tomás a un niño de apellido Leche?

Pero la razón también ha tenido sus héroes. Hay funcionarios que bien podrían ser condecorados por haberse negado a registrar nombres denigrantes. A mediados del siglo xx, el juez Óscar Teófilo Vidal, que ejercía su oficio en el remoto pueblo de Cebollatí, en el este del país, cerca de la frontera con Brasil, anotó en un cuaderno todos los nombres que logró evitar durante su carrera. La lista, que fue publicada en 2004 en un diario local, incluía a Coito García, Prematuro Fernández, Completo Silva, Asteroide Muñiz, Lanza Perfume Rodríguez, Socorro Inmediato Gómez y *Sherlok Holmes García*.

Por supuesto, una cosa es querer llamar Sherlock Holmes a tu hijo y otra muy distinta es condenarlo a llamarse Hitler.

Noticias de la guerra

Los historiadores de Uruguay creen que hay claves racionales para explicar la abundancia de Hitlers en este país. La mayor parte de la población desciende de inmigrantes; en general de españoles e italianos, pero también de alemanes, franceses, suizos, británicos, eslavos, judíos, sirios, libaneses y armenios. Estas colonias prestaban mucha atención a lo que ocurría en sus tierras de origen. «Uruguay siempre vivió con pasión lo que pasaba fuera de sus fronteras, porque somos un país de inmigrantes. La nacionalidad uruguaya está fundada en un ideal cosmopolita y abierto», dice el historiador José Pedro Barrán, con cierta molestia, como remarcando lo obvio.

A principios del siglo xx Uruguay era un país orgulloso de estar abierto al mundo, dice José Rilla, otro historiador. Las escuelas públicas llevaban nombres como «Inglaterra» y «Francia».

Los feriados reflejaban fechas extranjeras, como el 4 de julio, el día de la Independencia de Estados Unidos. No existía resquemor hacia lo extranjero y la prensa dedicaba sus primeras planas a las noticias internacionales. En los años 30, por ejemplo, la invasión de Italia a Etiopía fue seguida con pasión en el Uruguay. Este interés comenzó a notarse en los nombres que los inmigrantes italianos y otros uruguayos les ponían a sus hijos. Más de medio siglo después, en la guía telefónica aún sobreviven once ciudadanos que se llaman Addis Abebba, como la capital etíope, y dos Haile Selassie, como el príncipe que se enfrentó a las tropas de Benito Mussolini.

A Addis Abeba Morales, que nació en 1936, le encanta su nombre. Pero sus conocidos prefieren llamarla Pocha. «Mi nombre fue idea de mi madrina —dice con orgullo—. Ella estaba con mi madre en las tiendas London Paris, en el centro de Montevideo, y había un aviso luminoso que pasaba las principales novedades de la guerra. Mi madre estaba embarazada y, mientras leían las noticias, se decidieron: "Si es nena, le ponemos Addis Abeba y si es varón, Haile Selassie"».

En el extremo opuesto de ese campo de batalla imaginario, otros padres bautizaban a sus hijos con el apellido del dictador italiano. Hoy Manuel Mussolini García es un bancario jubilado de setenta años, que a veces se entretiene desentrañando los misterios de su nombre. «Mussolini era un héroe. Después, en 1942, cuando se alió con el bandido de Hitler, se transformó en un hombre indigno, pero yo ya tenía su nombre», dice resignado. Luego cuenta que su hija se ha casado con un muchacho de apellido Moscovitz. «Mire lo que son las paradojas de la vida: yo, Mussolini, ahora tengo un nieto judío».

Un nombre famoso

Al igual que la guerra de Etiopía, la turbulenta política de Europa de los años 30 y 40 producía noticias que en Uruguay se seguían con la misma fruición con que hoy se siguen las telenovelas. Y a continuación, por un mecanismo de imitación en cadena, nacía una ola de Hitlers en este país apacible de Sudamérica.

«Yo nací en 1934 y entonces mi madre ya había tenido once hijos. Se le habían acabado los nombres. No sabía cómo ponerme y justo leyó Hitler en el diario y le gustó ese nombre», dijo Hitler Edén Gayoso la tarde en que conversé con él a través del teléfono. «Ella no conocía de política, vivía en la mitad del campo, ¿qué iba a saber quién era Hitler?»

Algo parecido le ocurrió a Luis Ytler Diotti, que también nació en 1934, y es hijo de un inmigrante italiano. Su padre quiso ponerle el nombre de Hitler, pero el niño fue inscripto Ytler por motivos que ahora éste desconoce. «Yo nací cuando Hitler fue nombrado jefe del gobierno de Alemania. Ese nombre llamó la atención de mi padre. En ese momento le pareció que ponerle Hitler a su hijo era algo bueno. Pero después él mismo se dio cuenta de que no había sido una gran idea.»

Juan Hitler Porley, que de joven fue futbolista, nació en 1943, cuando el tétrico perfil del führer ya estaba más claro para el mundo. Sin embargo, él asegura que su padre no era nazi. «Nunca le pregunté por qué me puso este segundo nombre —dice a través del teléfono—. Yo pienso que creyó que Hitler era un nombre famoso cualquiera, como ponerle Palito a un niño, por Palito Ortega».

Las historias de Hitler Edén Gayoso, Luis Ytler Diotti y Juan Hitler Porley tienen algo en común: los tres cuentan que sus padres eligieron sus nombres por novelería o ignorancia. Los tres parecen sentir cierta incomodidad cuando se les toca el tema.

Los casos de Hitler Aguirre y Hitler Da Silva son distintos. Sus padres sí creyeron en Hitler y en su ideología.

Ambos son protagonistas del documental *Dos Hitleres,* de la cineasta uruguaya Ana Tipa.

Tipa, que vivía en Alemania, observó allí lo chocante que es para los pueblos involucrados en la Segunda Guerra Mundial el nombre de Hitler. Pensar que una persona se llame Hitler, como ocurre en Uruguay, les parece un horror imposible. Entonces hizo la película.

Hitler Da Silva nació en Artigas, una ciudad de una única avenida en la frontera norte con Brasil. Su padre era un oficial de la policía que desbordaba de admiración por el líder nazi. «Le gustaban sus ideas, su forma de ser, las cosas que hacía», cuenta en una noche de lluvia, vestido con jeans, en el modesto departamento de su hija, en Montevideo. «Mi padre escuchaba las noticias, guardaba recortes y todo lo que podía conseguir sobre Hitler. Si alguien lo criticaba, él lo defendía a los gritos. Cuando yo nací, en 1939, me puso Hitler como había prometido, a pesar de la oposición de mi madre.» Luego —dice— quiso ponerle Mussolini a su segundo hijo, pero su esposa, que era analfabeta, se negó con firmeza. Ella prefería los nombres corrientes.

No muy lejos de allí, en el departamento de Tacuarembó, y durante la misma época, los hermanos Aguirre discutían sobre política internacional, tal como era habitual en aquellos años. ¿Quién era «mejor» —se preguntaban—, Hitler o Mussolini?

«Los viejos brutos se ponían a discutir quién mataba a más gente, ¡qué barbaridad! Al final mi tío le puso Mussolini a su hijo y mi padre me puso Hitler a mí», cuenta Hitler Aguirre, que ahora es un comerciante en la ciudad de Tacuarembó. Él es el inquietante Hitler de izquierda que nunca se quiso cambiar el nombre.

—Si su padre le puso a usted Hitler por bruto, ¿por qué usted también le puso Hitler a su hijo?

—Por tradición. ¡Qué bruto!

El rechazo

Ahora se sabe que las ideas y actos de Hitler causaron la muerte de decenas de millones de personas. Cuando los crímenes cometidos por el ejército nazi empezaban a conocerse en todo el mundo, llamarse como él pasó a ser un estigma. El padre de Luis Ytler Diotti, por ejemplo, se arrepintió pronto del nombre que había elegido para su hijo. «Le pesaban las barbaridades que había hecho ese hombre. Mi nombre había tomado un concepto que no tenía nada que ver con lo que él había pensado cuando me llamó así. Se asesoró sobre los trámites que había que seguir para cambiarme el nombre, pero vio que no era sencillo. Yo era un niño grande cuando me dijo: "Nunca más uses este nombre, ni firmes con él". Desde ese día, no lo menciono nunca.»

A Hitler Da Silva sus compañeros de escuela lo molestaban todo el tiempo. Lo perseguían y se mofaban de él: ¡Alemán! ¡Asesino! Eso le decían.

Un día Hitlercito volvió muy enojado a casa y, con rabia, increpó a su padre por el nombre que le había puesto. El padre lo miró, le acarició la cabeza y le dijo que algún día se sentiría muy orgulloso de llamarse así.

Pero ese día nunca llegó. Hitler Da Silva fue policía como su padre y hasta llegó a enfrentarse a balazos con los guerrilleros tupamaros en los años setenta. En su ciudad natal de Artigas todavía muchos lo saludan: Heil, Hitler. Pero él, un hombre alto, de abundante pelo blanco y rasgos que podrían pasar por «arios», no se siente orgulloso de eso. «Ese hombre tenía ideas descabelladas: el despreciar a la gente por su piel o su raza, lo que le hizo a los judíos, el Holocausto. Eso no está en mi criterio», dice sin consuelo.

A Da Silva el nombre de Hitler no le trajo suerte. La dureza con que lo ha tratado la vida se le nota en la mirada. No hizo carrera en la Policía y hoy, ya jubilado, vive con casi nada. Ni siquiera tiene teléfono en su casa. Dice que más de una vez ha sentido el rechazo que provoca el nombre Hitler y que por eso jamás pensó en llamar así a sus hijos. Una vez visitó Buenos Aires: cada vez que mostraba su documento de identidad para ingresar a un hotel le decían que no quedaban más habitaciones.

Hitler Aguirre, en cambio, insiste en que nunca tuvo ningún problema con su nombre, nunca sintió ningún tipo de rechazo. El juez que lo inscribió no se opuso. Tampoco el sacerdote que lo bautizó. El único que intentó convencerlo de que se cambiara el nombre fue el director del hospital de Tacuarembó, que fue su profesor en el liceo. Entonces Aguirre tenía unos trece años, y averiguó que el trámite para modificar su nombre era muy costoso. Su familia era muy pobre. «Por esa razón nunca me quise cambiar el nombre», dice, reafirmando su decisión de entonces. «El doctor Barragués me contaba las cosas que había hecho Hitler, pero la verdad que a mí no me importaba. Y cuando nació mi primer hijo le puse Hitler, como marca la tradición. Yo opino que eso no es nada de malo.»

Durante tres largas conversaciones telefónicas, le pregunté a Hitler Aguirre por los horrores del nazismo de todas las maneras posibles. Pero el nombre de Hitler no le provoca nada.

«Francamente no me importa lo que haya hecho Hitler. Yo me dedico a mi vida. Lo que pasó, bueno. Yo no tuve nada que ver. Cada persona hace su propia historia y no importa el nombre que tenga.»

¿Ha visto alguna de las películas que narran el horror del Holocausto? Hitler Aguirre dice que jamás va al cine y que nunca mira la televisión. No tiene video, ni DVD. No usa computadora. Nunca sale de la pequeña Tacuarembó. Sólo un par de veces en su vida ha ido a Montevideo, para ver al médico. «Yo me encerré a trabajar de bolichero a los 17 años, día y noche, sábado y domingo de corrido», cuenta.

Trabajando así, logró tener uno de los bares más grandes de su ciudad. Hitler Aguirre había empezado a votar por el Frente Amplio, un partido de izquierda, como protesta contra el voto obligatorio en Uruguay. Cuando en 1973 una dictadura militar tomó el poder, él quedó en la mira como todas las personas de izquierda. Estuvo cincuenta días preso acusado de usura. También le enviaron una inspección impositiva tras otra, hasta que le pusieron una multa tan grande que se vio obligado a cerrar el bar, venderlo e irse a vivir al campo. La jefa de ese equipo de contadores que lo inspeccionó era judía. Cuando Hitler Aguirre va recordando aquellos días, lo invade la furia y el odio que sintió en aquel momento. «Yo digo, si Hitler hubiera matado siete millones de judíos —dice—, esa contadora no hubiera existido. Y no me hubiera jodido».

Simplemente H

Hitler Aguirre no consultó a su esposa para elegir el nombre que habría de llevar su primogénito: Hitler. Como su abuelo y su padre habían hecho en su momento, Aguirre decidió solo. El que manda es el dueño de casa, explica. A otro de sus hijos lo quiso llamar Líber Seregni, en honor del primer líder del Frente Amplio, un militar que estuvo preso más de una década durante la dictadura militar. Ahora recuerda que una enfermera lo convenció de que mejor lo llamara sólo Líber.

A Hitler Aguirre junior todos lo llaman Negro. Al igual que su padre, el Negro Hitler nunca le reprochó a su progenitor el nombre que éste le puso, ni se siente incómodo llamándose así, ni ha tenido ningún inconveniente por ese motivo. Una oculista que él frecuenta en Montevideo le dice que lo va a llamar simplemente H. Él piensa que sólo se trata de una broma de esa doctora. «Nunca tuve un problema con el nombre —dice—. A la gente le llama la atención la novedad. Pero a mí no me afecta en nada. En aquel tiempo Hitler debía ser famoso».

A Hitler Aguirre junior nunca le gustó estudiar. Terminó la escuela, cursó un año de clases en un instituto politécnico y luego abandonó las clases para irse a trabajar al campo. Hoy cría vacas y ovejas.

A diferencia de su padre, Hitler Aguirre junior sí vio algunas películas sobre el líder nazi. «¡Unas matanzas bárbaras!», dice. ¿Lo conmueve enterarse de los crímenes de su homónimo más famoso? «Sí me conmueve lo que hizo —reconoce sin cambiar el tono de voz— pero el nombre no, el nombre no me perjudica para nada. Quizás en Montevideo la gente lo vea distinto, pero acá en Tacuarembó el mío es un nombre como cualquier otro».

¿No es paradójico que a una persona llamada Hitler le digan Negro? Él se ríe. Dice que en su tierra nadie anda calibrando ese tipo de sutilezas.

El caso de los Hitlers uruguayos (y de los Haile Selassie y los Mussolini) debe ser entendido en su contexto histórico, explica el historiador Rilla. «En aquellos años había una confianza en la política, en los grandes líderes, en el progreso —explica en el instituto universitario donde da clases—. Hoy los líderes políticos han perdido esa dimensión profética. Nadie le pone a su hijo Tony Blair. Los políticos hoy no recaudan adhesiones mayores». Si lo que afirma Rilla es cierto, en poco tiempo los Hitlers se extinguirán en Uruguay y no serán sucedidos por otros niños llamados George Bush, Vladimir Putin, Hugo Chávez u Osama Bin Laden. El país ha cambiado: ya no es tan cosmopolita como antes, ya no recibe inmigrantes, los diarios venden diez veces menos que hace medio siglo y la política internacional dejó de encender las ilusiones colectivas. Ya casi nadie cree en un líder que vendrá a salvar el mundo. Hoy los padres se inspiran en los personajes de la televisión a la hora de bautizar a sus hijos. En el Registro Civil los funcionarios recuerdan que en los años noventa hubo una ola de niños llamados Maicol, en honor al protagonista de la serie de televisión estadounidense El auto fantástico. Luego hubo miles de niñas llamadas Abigail, como la heroína de una telenovela venezolana.

En el medio del campo, Hitler Aguirre junior, el Negro, también tiene televisor. Y a pesar de las películas que ha visto sobre los nazis y sus matanzas, su sueño era tener un hijo varón para llamarlo Hitler, como se llama él y como se llamó su padre. «No lo decidí porque fuera fanático, ni nada. Es la tradición y hay que seguirla», explica. Pero como los tiempos sí han cambiado en algunas cosas, él lo consultó con su esposa. Ella aceptó y sólo pidió que el niño tuviera un segundo nombre. Lo iban a llamar Hitler Ariel y habría sido el único Hitler del mundo con nombre judío. Pero no fue. Dos veces su esposa quedó embarazada, y las dos veces alumbró una niña: Carmen Yanette, que hoy tiene 16 años, y María del Carmen, de 12. El Negro se ríe al contar estos hechos. Quería un varón pero ya se resignó, le salieron dos niñas, a las cuales adora. Ahora ya no quiere tener más hijos. «La fábrica está cerrada», dice.

Con él la dinastía parece haber llegado a su fin.

Tres años después de que esta crónica se publicara, en agosto de 2010, Hitler Aguirre padre, que por entonces tenía setenta años, mató de un balazo a la mujer con quien convivía, María De Lourdes Rodríguez, de treinta y ocho años, y luego se mató con el mismo revólver.

Texto publicado originariamente en *Etiqueta Negra,* núm. 55, diciembre de 2007.

Polvos Azules, la videoteca de Babel
Jaime Bedoya

Lima, paraíso de mujeres, purgatorio de solteros, infierno de casados. La tradicional frase limeña caía a pelo en el Jirón Santa allá por el año 1570. En esa calle, a una cuadra de la Plaza de Armas y con vista al río Rímac, quedaba la curtiembre de don Gaspar de los Reyes. Este buen hombre había descubierto una secreta forma de teñir la piel de cabra en azul. Por dicho portento tecnológico, tal como consta en sesión del Cabildo de Lima de 1573, se le confirió la exclusividad del teñido añil por tres años. Es en esos tres años es que se activa la malicia apócrifa. Dícese que su mujer, de buen andar y mejor grupa, tenía por costumbre discurrir entre los cueros en horas que la elegancia tildaría de inapropiada. Los empleados de don Gaspar, expertos en amansar el más tenso cuero, difícilmente habrían podido resistirse a demostrar su profesionalismo ante un requerimiento de la esposa del jefe. Lo que explica que a ella se le viera abandonar la curtiembre con notorias huellas azules cubriéndole las más privadas regiones anatómicas. Gaspar de los Reyes ganó mucho dinero en esos tres años. Su mujer, experiencia. Y el jirón Santa un nuevo nombre: Polvos Azules.

El pérfido nombre persistió a lo largo de siglos, hasta llegadas las postrimerías del xx, los ochenta. Entonces, lo que había sido calenturienta curtiembre, malecón fluvial e irrepetible arquitectura colonial, habíase transformado en plana y concreta Playa de Estacionamiento Polvos Azules. El Rímac seguía ahí, aunque más sucio y más seco. En cambio, el caudal humano signado por el desempleo masivo había crecido hasta la inundación. Las calles del centro de Lima sufrían cada día una oleada cíclica de apropiación ilícita. Temprano en las mañanas, marcando con una tiza un cuadrado primarioso, gente que se ganaba la vida en la calle establecía imaginariamente lo que vendría a fungir, para todo efecto, de puesto de trabajo real. Eran los llamados vendedores ambulantes que, paradójicamente, trabajaban inmóviles. Vendían desde cortaúñas chinos a perros bastardos con las orejas untadas de Terokal para ocultar su falta de linaje. En 1981 el alcalde Orrego dictó el Decreto de Alcaldía 110. En él, dentro del plan de recuperación del Centro de Lima, se derivaba a todo vendedor ambulante a pasar de las calles a la Playa de Estacionamiento Polvos Azules. La Municipalidad de Lima censó entonces a 3.200 vendedores ambulantes. Entre ellos estaba José Álamo Camones, de 16 años, vendiendo medias panty, cassettes y calzado para damas y caballeros de buen gusto y menesteroso presupuesto.

Aquel centro comercial de descarte y sin raigambre fue un éxito. Una clientela popular encontraba ahí a su alcance lo que en otras tiendas era sólo un lejano vitrinazo. De las tres bes, contaba con las últimas: bonito y barato. A veces sólo con la última... Además, Polvos se empezó a convertir en un lugar donde por obra de una organizada casualidad, la víctima de un robo podía encontrar, aún tibio, el producto hurtado apenas horas antes. Como en cualquier civilizado país del tercer mundo, el agraviado volvía a comprar su propiedad casi con agradecimiento. Pero la dicha, si no es breve, es sospechosa. En 1983 la UNESCO declaró a Lima Patrimonio Histórico de la Humanidad. La buena noticia era mala para José Álamo y 3.199 ambulantes más. Ni un solo vendedor podía seguir en el centro histórico, ni siquiera en un estacionamiento. Cotejando copiosa caja fuerte bajo el colchón, la primera reacción de los pudientes comerciantes ajenos al pago de impuestos fue «compremos Polvos». «No está en venta», respondió la Municipalidad. «Techemos el río Rímac», fue otra propuesta. «Ni hablar», dijo el Municipio, con la guardia de asalto por delante. Desesperadamente, los ambulantes se organizaron en búsqueda de un lugar donde mudarse, motivados además por un sospechoso incendio en el Campo Ferial. En 1997, tras 16 años de ocupación ilegal, casi 1.500 vendedores ambulantes que quedaban se mudaron a lo que consideraban la mejor opción. Una antigua fábrica textil que ahora era un abandonado edificio de Sider Perú, a la vera de la Vía Expresa, a pocas cuadras del hotel Sheraton y del Museo de Arte de Lima. Pagaron entre todos 5 millones de dólares por 16.000 m^2 propios. La compra luego saldría torcida y hasta la fecha arrastran litigios penales y civiles por malas jugadas de los vendedores. Pero fue un triunfo dejar el centro de Lima con un festivo pasacalle, llevándose consigo sus mercancías y el ganado nombre. Polvos Azules se mudaba al distrito de La Victoria, el distrito con más swing de Lima.

Polvos Azules, antes que azul, es una inmensa e inconclusa mole coronada por estridente publicidad de marcas extranjeras donde a veces aparecen Britney Spears u otra estrella pop entrada en carnes. Últimamente se ha sumado a ese bosque de paneles el auspicioso anuncio de un banco importante que ha puesto oficina en la aorta misma del capitalismo popular. Los colores del logo bancario, coincidencia, son el celeste y el azul. Carretillas de sabrosas y temerarias viandas al paso, que usualmente alimentan a vendedores y compradores por igual, flanquean nutritivamente su perímetro. Una bullanga mezcla de reggaetón, chicha, Nintendo y parlamento de película en inglés excita al visitante apenas pone un pie adentro. El hipotálamo, o píloro, da igual, activa un febril deseo de compra. Y empieza el festín. Zapatos de marca o estampa. Zapatillas fronterizas. Bluyines en orgía índigo. Camisetas trilingües. Relojes aún calientes. Juguetes abiertos pero sin jugar. Videojuegos con 20 adns. Electrónica de punta para quien no haga preguntas. Mp3. Mp atrás. Exquisita lírica. Rock heroico. Baladas pírricas. Metal paranoico. Celulares de oreja ajena. Summum pornográfico. Y giga-catálogo cinematográfico. Giga: el más completo, abusivo, detallista y exquisito catálogo de DVDs de la costa del Pacífico, desde Stallone a Wong Kar Wai, desde *Twin Peaks* a todas las temporadas, completas, de *Perdidos en el Espacio*, esplendor de un personaje seminal de la dramaturgia de anticipación, el profesor Zachary Smith. Un DVD de *Perdidos en el Espacio* o su homologación, *La Isla de Gilligan*, por ejemplo, está a tres soles. Menos de un dólar. Uno de Wenders o Fellini puede llegar a cinco o seis. Todos con menú, entrevistas y extras. Y si está mal, lo cambian. La piratería seguramente es mala, pero el desempleo debe ser peor. No pretendo defenderla, algo que sí hace el cineasta peruano Javier Corcuera, quien en uno de los puestos de cine arte ha dejado la siguiente dedicatoria sobre el DVD pirata de su documenta *La espalda del mundo*: «A Polvos Azules, por democratizar la cultura». Ni un videoclip he hecho, pero sí he comprado productos piratas en Nueva York, Madrid, París, Seúl, Buenos

Aires y Río. Doy fe que en ninguno de esos lugares he encontrado el standard de calidad ilegal del DVD pirata peruano que, derramando lisura del puente a la alameda, nace y florece en Polvos Azules. Tengo por los menos 800 de esas gemas en mi hogar. Llévenme preso, culpable soy yo.

José Álamo Comones, ahora con 43 años, pasó de vender pantys en la calle de niño a convertirse en el actual Secretario de Imagen Institucional de Polvos Azules. Despacha en su oficina al interior de la laberíntica galería mientras en otra oficina vecina se discute si la nueva pinta que debe hacerse a la salida del estacionamiento debiera ser «Gracias por su visita» o «Gracias por su preferencia». Se queja de la ferocidad policial a la hora de hacer sus esporádicas intervenciones para incautar falsificaciones y piratería. «Que se lleven lo que se tengan que llevar, pero que no destrocen el lugar o masacren a la gente que trabaja, dice. Cada vendedor es responsable por lo que vende, apunta, yo no puedo recomendarle a la gente que compre o no piratería. Existe en todo el mundo, es un problema socioeconómico.» «¿Pero usted tiene DVDs piratas en su casa?», pregunto. «Por supuesto. Me encanta el cine», responde. Si no fuera por los litigios en curso, advierte Camones, Polvos ya tendría cinco pisos. El rumor de 2.074 tiendas disputándose la preferencia de los diez mil clientes promedio que llegan en un día de semana, en visitas de entre una y dos horas, establecen la banda sonora.

Lejanos los días de ambulante, los ahora empresarios encargaron a una empresa consultora de márketing la mejor disposición de rubros al interior del local. Pusieron escaleras mecánicas para movilizar compradores entre pisos, pero esas escaleras —casi siempre inmóviles— sólo se prenden en días especiales, tipo Navidad. Desde el año 2002, cajeros automáticos se atrevieron a instalarse al interior del centro, y a partir de este año el banco Interbanc ha puesto una oficina con un contrato de exclusividad por cinco años. A las ciencias administrativas se le ha sumado el acervo telúrico. Polvos Azules se encuentra bajo el patronato espiritual de Santa Rosa de Lima. Mientras que la seguridad física reposa, además de en robustos guachimanes, en Cholo Bravo, Kiara y Luisa, la guardia canina del lugar. Camones, junto con el historiador Ernesto García Torres, están preparando un libro sobre la historia de Polvos Azules. García, más que cinemero, se declara un «loco-libro». Y pro-democratizador de la cultura, eufemismo militante de los pro piratas. Verbigracia: quería leer *El Código Da Vinci*. En la librería estaba a 50 soles. En la calle, a 8. «¿Qué hacía? ¿Me quedaba sin leer?»

Texto publicado en la publicación digital *Terra Magazine* el 26 de mayo de 2008.

El poeta y la boxeadora
Alejandro Toledo

Cuenta la boxeadora:

—Yo, don Jaime, descubrí sus poemas hace apenas tres años. Mi papá era encargado en una pulquería y llegaba gente que le decía, por ejemplo: «Deme tantos litros y le dejo este cinturón». Y así le iban dejando cosas. En uno de esos intercambios se quedó con un tomo en pasta dura roja que contenía poemas, aún lo conservo, y en él venía el poema «Los amorosos». Era una antología de poesía mexicana preparada por Carlos Monsiváis. Tanto me conmovieron esos versos que cuando encontraba el poema en algún libro, doblaba la esquina de las hojas. Luego busqué la obra reunida, el *Nuevo recuento de poemas,* que me gusta muchísimo.

Escucha el poeta y confiesa a su vez:

—Pues más o menos fue cuando te conocí, Laura. Entonces ya te hacían entrevistas en la televisión y en los periódicos. Fue cuando ibas a pelear por el campeonato. Lo recuerdo muy bien.

Así, poeta y boxeadora, Jaime Sabines y Laura Serrano, celebraron un único encuentro. Fuera del cuadrilátero y los libros, *round por round,* verso a verso (como diría Antonio Machado), la charla ocurre.

* * *

Recuerda la boxeadora que el jueves 24 de septiembre de 1997 llegó a la sala Nezahualcóyotl, de la Universidad Nacional, pues quería escuchar al poeta Jaime Sabines. Encontró las puertas de cristal cerradas, y cientos de muchachos afuera sin esperanzas de poder entrar. Se quedó entonces pegada al cristal, resignada a seguir los versos del autor de *Horal, Tarumba y Diario semanario* desde las bocinas que habían instalado en las afueras de la sala. Mas la puerta se abrió de pronto y alguien dijo:

—Siete personas más.

Y logró pasar.

El poeta también tiene imágenes de esa jornada.

—Me conmovió ver un video de lo que ocurrió afuera de la sala Nezahualcóyotl porque era una multitud de estudiantes, como si asistieran a un partido de fútbol.

Antes de la lectura, se le acercó a Sabines el coordinador de Difusión Cultural de la Universidad Nacional y le pidió:

—Don Jaime, por favor, diga usted algunas palabras a los muchachos que están afuera, tenemos miedo de que vayan a romper las puertas.

Sabines dijo:

—Les agradezco mucho a todos su presencia, y especialmente a los que están afuera, a los que no alcanzaron a entrar.

Completa Laura Serrano:

—Sí, dijo que no importaba que no lo vieran, que sólo lo escucharan, pues en realidad no valía la pena verlo.

—Y eso tranquilizó a todos.

—Y después pidió usted que prendieran las luces.

—Una vez en Guadalajara me ocurrió que las luces estaban apagadas —relata Sabines—. Leía un poema y la sala se quedaba en silencio; leía otro y lo mismo... Así leí como cinco poemas, hasta que no aguanté. «Voy a hacer un breve paréntesis», les dije. «En primer lugar pido que me enciendan la luz, pues quiero hablar con gente, no con sombras. En segundo lugar creo que no están escuchando una ópera sino poemas, y quiero que la comunicación se establezca entre ustedes y yo. Si no les gusta el poema tírenme un tomatazo, pero si les gusta, apláudanme.» Se rompió el hielo, pero antes estuve como media hora molesto porque no me gustaba ese silencio. El poema debe provocar una reacción, lo debemos sentir inmediatamente.

* * *

De la lectura de poemas se pasa a la historia en los cuadriláteros. Sabines, el poeta, se interesa, comenta, exclama, interroga...

Laura Serrano relata:

—Mi presentación a los medios de comunicación fue cuando iba a pelear contra Christy Martin en Las Vegas. En esa función participaron Julio César Chávez y Ricardo *Finito* López. La gente decía que iba a ser una pelea muy dura para mí, prácticamente iba como carne de cañón: no tenía peleas profesionales y ella llevaba treinta con tres nocauts y tres campeonatos mundiales.

—¡Hijo!

—Era el diablo arriba del *ring*. Yo tenía confianza en mi preparación, en mi trabajo...

—¿En tu pegue?

—Fíjese que no tengo mucho pegue, tengo más técnica... Y esa niña pega como hombre, durísimo.

—¿Y sí te alcanzó a dar?

—Me conectó un golpe en la mandíbula...

—Te pescó.

—... que hasta las piernas se me doblaron. Fue rápido: la abracé, llegó el réferi y nos separó, y para ese instante ya me había recuperado. Pega durísimo.

—¿Y le ganaste la pelea?

—Se la gané, maestro, pero dieron empate. ¡Cómo la estrella iba a perder con la debutante y, para colmo, mexicana! En los periódicos me presentaban como *La mexicanita*...

—Un racismo cabrón...

—Aun así le gané, aunque dieron empate. Fue bueno porque a partir de eso me clasificaron para pelear por un título mundial. No tuve que pelear con todas las demás porque me enfrenté a la mejor.

—Después de eso fuiste por el campeonato, ¿verdad?

—Sí, en 1995, también en Las Vegas.

—Y allí sí ganaste.

—Ajá. Fue contra una irlandesa muy alta, delgada, fuerte y de mucha experiencia: ella tenía catorce combates, y el mío era el segundo. Estuvo muy difícil esa pelea.

* * *

El poeta entrevista a la peleadora.

—Cuéntame, ¿qué te dio por el boxeo?

—Fíjese que no me gustaba...

—Tú ibas a la escuela primaria...

—Sí.

—Y allí no tenías ni idea de lo que era el boxeo...

—Desde los siete años iba a nadar, me encantaba. Lo seguí haciendo durante la secundaria, la preparatoria y los primeros semestres de la carrera de Derecho. Pero me ocurrió en la natación que competía y no ganaba, y mi deseo era ganar. Dejé la natación por el fútbol *soccer,* y lo practiqué tres años. Era muy duro, más que el boxeo: me fracturaron la nariz dos veces, siempre llegaba cojeando...

—Caídas, golpes, patadas...

—De todo.

Continúa la boxeadora el cuento de su descubrimiento de los guantes.

—Pasó esa época del fútbol y un día me dijeron unos amigos: «Vamos a conocer el gimnasio del estadio Olímpico». Acepté. Íbamos al gimnasio de pesas, que está entrando a la derecha, pero me distraje con el de boxeo que está a la izquierda. Me sorprendí al descubrir a una muchacha güerita, delgada, bonita, que estaba entrenando. Seguí su entrenamiento. Hablé con ella y me explicó por qué le interesaba. «¿Y yo puedo hacerlo?» «Claro, habla con Toño.» «Pero sólo quiero entrenar, nada de peleas.» Y así comencé: no subía al *ring,* pero me entrenaba como si lo fuera a hacer. Y ya ve lo que dicen: que no se ama lo que no se conoce. Y empecé a conocer el boxeo, los nombres de los golpes, cómo pararse, y me gustó.

—Te vas a subir al *ring* —ordenó un día el entrenador a Laura Serrano.

—No, no me subo. Tengo la nariz fracturada.

—Te vas a subir y no te van a pegar.

Y la subieron con un muchacho para que intercambiara golpes. «Nos protegimos durante el primer *round.* No recuerdo en el segundo qué golpe le di y él me lo respondió. Me enojé entonces, pero no hice nada.»

—Laura, aunque sea tira un golpe —gritó el entrenador.

Pensó la boxeadora: «¡Cómo que aunque sea un golpe! ¿Cree que no puedo?». Tiró el golpe y el muchacho se lo regresó. En el tercer *round* le dio fuerte y ya no paró. El entrenador se reía. Los que estaban en el gimnasio se acercaron al cuadrilátero y vieron cómo casi tiraba al compañero.

Laura Serrano se dijo: «Esto me gusta».

El cuento de la boxeadora es escuchado con atención por Jaime Sabines, el poeta.

* * *

—¿Y a usted le gusta el boxeo, maestro? —pregunta Laura Serrano.

—Sí, mucho. Desde chamaco me gustaba ir a ver las peleas —dice Sabines.

—¿Lo practicó?

—Nunca. Jugué basquetbol, y me gustaba la natación. Nadador sí fui de chamaco, y muy bueno, pues vivía yo cerca de un río. Me iban a reprobar en la escuela primaria porque en lugar de irme a las clases me iba derechito al río Sabinal, que así se llama el río de Tuxtla. La natación era un vicio para mí.

—Tengo una amiga que es admirable como deportista —comenta Laura Serrano—. Ella ha cruzado cinco veces el Canal de la Mancha, y una lo hizo de ida y vuelta.

—¡Híjole!

—Y el año pasado rompió el récord de las veinticuatro horas. Mi amiga se llama Nora Toledano.

—Sí, recuerdo haberla visto en televisión, ¡chingona vieja!

—Admirable, maestro. Por cierto me dijo que lo saludara de su parte. Ella también lo ha leído y lo admira.

—Sí, la conozco, la estimo, la vi por televisión esa vez que nadó veinticuatro horas... A mí me encantaba la natación. Y crucé no el Canal de la Mancha pero sí el río Grijalba, que ya son palabras mayores. En la alberca del parque Madero nadaba tres, cuatro, cinco mil metros, sin cansancio. Lo que es la vida, ahora nado cuarenta metros y ya estoy sacando el bofe.

—¿Qué boxeadores le gustan, maestro?

—Todos los grandes que ha tenido México. En esa época eran Casanova, *Kid Azteca*... Y, claro, oíamos por la radio las peleas de Henry Armstrong, las defensas de Joe Louis... Esto fue cuando yo era chiquito. Siempre me gustó mucho el boxeo... verlo, claro.

—¿Y le gusta verlo en vivo?

—Sí, de chamaco iba a la arena.

* * *

Sigue la boxeadora, a la que han llamado *La poeta del ring*.

—No me gusta decir que escribo poesía, más bien pongo en el papel lo que siento... Y le escribí algo, maestro.

Mientras Laura Serrano descubre sus cuartillas, Sabines pasea un cigarro de plástico y explica:

—Cumplí mis bodas de oro con el cigarro: empecé a fumar en 1945 y lo dejé en 1995.

—Yo no aguanto el cigarro —dice Laura—. Me da náuseas oler el cigarro.

—Y yo no podía vivir sin él. Fue muy difícil dejarlo, fue un tormento. Ahora conservo este de plástico, por el vicio de la mano.

Y la boxeadora lee:
Sabines, sangre, ausencia,
palabra muda, rosa muerta,
destino lento, amargo.
Tu poema está a mi lado
y yo te lo agradezco...

La lectura ocupa ocho, diez minutos. El poeta toma luego las cuartillas y sigue el texto línea por línea.

—¿Y le gustó? —pregunta, nerviosa, la boxeadora.

Sabines responde con un interrogatorio.

—¿Normalmente cómo escribes? ¿Con asonancias, consonancias y todo eso?

—En realidad no sé.

—Entonces escribes de manera natural. Para ser poeta necesitas estudiar. En la poesía hay dos cosas: el don natural, con el que se nace; y el oficio, que se aprende. Es como aprender a hacer zapatos.

El poeta aconseja a la boxeadora cómo dar golpes contundentes con los versos.

—Se ve que tienes oído, pero no has leído nada, no tienes cultura poética. ¿A qué poetas has leído?

—A Pablo Neruda, Mario Benedetti, Amado Nervo, Rubén Darío, Elias Nandino...

—Pero es muy escaso. Está bien Darío, pero hay cuarenta poetas posmodernistas más que no conoces: Luis G. Urbina, Manuel

José Othón, Manuel Acuña... ¿Has leído a Huidobro? Tu cultura es escasa. Te dedicaste a estudiar leyes pero... Para llegar a ser buen poeta se necesita trabajo, oficio, disciplina. Así como aprendiste a boxear, así hay que aprender a escribir.

Y el resto en la conversación es sólo literatura.

Texto publicado originariamente en el periódico
El Universal en 1998.

Arias a secas, republicano español
Juan Forn

Cuando los veían llegar juntos a las corridas de toros en Arlés, muchos tomaban a uno por guardaespaldas del otro, aunque ninguno de los dos superase el metro sesenta de estatura. «No es lo mismo un hombre grande que un gran hombre. Nosotros somos la prueba», le decía Picasso a su peluquero. Se habían conocido al final de la Segunda Guerra, en el legendario Hôpital Varsovie de Toulouse, punto de encuentro de todos los republicanos españoles desparramados por el sur de Francia. Fue la mismísima Pasionaria quien los presentó («Y éste es Arias a secas, republicano español») pero Picasso había olvidado el encuentro un año después, el día en que entró por primera vez en la única peluquería de Vallauris.

Harto del frío de París, se había mudado días antes a una casa en las afueras de aquel pueblo. Su llegada al Salon Arias fue pura casualidad: necesitaba una afeitada y su veleidosa mujer de entonces, Françoise Gilot, se había negado a proporcionársela. Malhumorado e incómodo, Picasso no se esperaba que ese peluquero de pueblo no sólo le hablara en español y fuera como él un rabioso antifranquista, sino que además ofreciera llevarlo a las corridas de toros que se hacían en Arlés.

Aunque los franceses purgaban con diurético a los toros para debilitarlos antes de las corridas y además les desafilaban los cuernos, aquellas tardes en Arlés eran para los exiliados españoles como volver por unas horas a la patria (una tarde en que un torero francés no lograba hace reaccionar a un toro, Picasso le gritó desde las gradas: «¡Háblale en español, que no te entiende!»). El cartel Hoy toros, con la presencia de Picasso se convertiría en un clásico durante las dos décadas siguientes. El vínculo entre el pintor y su peluquero, también: Arias afeitó dos veces por semana y le cortó el pelo una vez al mes a Picasso durante los veintiséis años siguientes.

Al principio, era Picasso quien iba al Salon Arias, pero como los vallaurinos siempre le cedían el turno y se quedaban mirándolo mudos y boquiabiertos, Arias sugirió ir él hasta La Galloise, la casa de Picasso. Al poco tiempo les regaló un sillón a Picasso y a la Gilot, porque según él no había ninguna silla de altura decente en La Galloise. Picasso, a su vez, le regaló un Renault Dauphine abandonado (su hijo Paulo lo había dejado allí, en una de sus tempestuosas visitas), para que Arias no tuviera que hacer caminando los tres kilómetros desde Vallauris hasta La Galloise.

Las raras veces que Picasso se perdía las corridas de Arlés, Arias le traía de trofeo varios pares de cojones de toro, y los freían y los comían juntos. Arias, según la leyenda, tenía cojones de acero: con un tiro en el pulmón siguió peleando para los republicanos hasta el final, y cuando empezó la Segunda Guerra se enroló en las filas francesas, y cuando Petain se rindió quiso enrolarse en la Legión Extranjera, pero no lo aceptaron por aquella herida en el pulmón. Arias le hacía frente al mismísimo Dominguín. Un día el torero madrileño le dijo: «Los castizos somos mejores contadores de historias que vosotros los paletos». Arias le contestó: «Pues vosotros bebéis el agua con la que yo me he lavado los cojones» (en Buitrago nace el río Lozoya, que llega hasta Madrid).

Con Arias era imposible quedarse con la última palabra. El párroco de Vallauris se cortaba el pelo en el Salon Arias y un día le dijo que no lo veía nunca por la iglesia. «Es que odio escuchar a alguien que no me deja contradecirlo», contestó Arias, que se jactaba de ser más ateo que Picasso. Jorge Semprún escribió: «Durante los años '50 y '60 quien quería ver a Picasso tenía que visitar primero el Salon Arias». Cuando Semprún, Carrillo y otros comunistas españoles entraban clandestinos en España, Arias les hacía un peluca para que nadie los reconociera.

Arias decía que había aprendido a usar la tijera con su padre, que era sastre. En los sesenta y los setenta había tilingos que viajaban desde París para decir que se cortaban el pelo con el barbero de Picasso. La venganza de Arias era cortarles como él quería: no aceptaba indicaciones de nadie cuando tenía las tijeras en la mano. Y cuando no las tenía, tampoco. Un día Picasso le insistía e insistía para que le cortara más rápido. Por qué, quiso saber Arias. «Porque siempre hay que ser más rápido que la belleza. Quien es más lento repite lo que ya existe, o lento atrasa. Quien es más rápido, obliga a la belleza a alcanzarlo tarde o temprano», le contestó Picasso (a Arias le encantó el consejo, pero nunca lo puso en práctica). Después de cortarle el pelo a alguien, Arias se lo quedaba mirando con ceño fruncido. Picasso le preguntó un día por qué. «Porque sólo después de cortar veo los errores.» Picasso lo abrazó y le dijo que eso era ser un artista de verdad.

Arias nunca aceptó cobrar, durante los veintiséis años que afeitó y cortó el pelo a Picasso. Picasso le daba cada tanto un dibujo, una litografía o una pieza de cerámica. A diferencia de todos los que recibieron de regalo obra de Picasso, Arias nunca intentó obtener dinero de ellas, en todos esos años. Y después de la muerte de Picasso, y la de Franco dos años después, cuando España fue de nuevo libre y él pudo volver a su tierra natal, Arias donó todas aquellas piezas al ayuntamiento de Buitrago, el pueblo que no había podido pisar durante cuarenta años y que no volvió a pisar después de aquella donación. Genio y figura hasta la sepultura, como todo republicano español.

Texto publicado en *Página/12* el 10 de octubre de 2008.

Un pueblo en el camino a la frontera
Óscar Martínez D'Aubuisson

El primer encuentro con Eliazar fue una tarde fría de invierno en el pueblo de Altar, en el desierto de Sonora, antes de llegar al estado de Arizona. Mientras caminaba por una polvorienta calle de ese pueblo, un sitio partido en dos por la carretera, con una alfombra de polvo de unos cinco centímetros de espesor y casas de ladrillo a medio terminar, escuché el siseo de aquel hombre de cuarenta y cinco años.

—Shhh, shhh —me llamó—. Venga, siéntese, descanse un rato, tómese un trago. A ver, ¿a qué parte de Estados Unidos va? ¿Ya tiene quien lo pase?

—No —contesté.

Eliazar me confundía con uno de los cientos de inmigrantes centroamericanos que llegan a Altar cada día para tratar de cruzar la frontera.

Mire, no busque más, yo lo voy a pasar por poco dinero, 8.000 pesos (unos 750 dólares), ya no busque más, aquí se puede quedar a dormir en mi casa y mañana lo mando a la frontera —dijo sentado en un traspatio polvoriento, lleno de pedazos de plástico que alguna vez fueron el juguete de un niño y que entonces parecían vestigios desenterrados.

Eliazar se ve más viejo de lo que en realidad es. Su rostro reseco está cubierto por un polvo que parece haberse instalado para siempre en la cara de los que viven en Altar. Su pelo cano corona los casi 1.90 metros que mide, y sus manos parecen de corteza de árbol muerto: resecas, venosas, largas, viejas. Nació en Sinaloa, como la mayoría de los que han venido desde el sur a ocuparse del tráfico ilegal de personas y sustancias. Hace diez años que dejó el rancho donde nació y vivió, y se vino siguiendo a su mujer hasta Altar. Es juntador, cachador, juntapollos, y esa tarde estaba haciendo su trabajo: detener a los migrantes que se cruzan frente a él para ofrecerles los servicios de un coyote para el pase fronterizo.

Los migrantes son fáciles de reconocer.

Todos van con miedo, con su mochila abrazada como un bebé, con sus ojos bien abiertos; deambulan sin rumbo por las calles de este pueblo. Eliazar debe convencerlos de que se vayan con el pollero que él recomiende, que le confíen su vida durante las casi siete noches de caminata por el desierto, hasta llegar a Tucson o Phoenix.

—¿Y qué pasa cuando su pollero me lleve a Estados Unidos? —le pregunté.

—Ah, entonces lo encierra en una casa de seguridad, y de ahí no lo deja salir hasta que sus familiares lleguen a pagar el dinero por usted —advirtió.

—¿Y si mis familiares nunca pagan?

—Yo le recomiendo que no mienta, que de veras paguen por usted, si no, le puede ir bastante mal.

Nos tomamos la tercera cerveza mientras él insistía:

—Como le digo, échele con mi pollero, es seguro, yo soy de fiar.

Su pollero le paga 200 dólares por persona reclutada.

Abrimos la cuarta cerveza y decidí confesarle lo que me habían advertido que era mejor mantener callado.

—Soy periodista.

Eliazar levantó su gorra, se rascó la frente, terminó su cerveza de un trago, y preguntó:

—¿Quiere la otra?

Hablamos durante varias horas y al final acabó por convertirse en la llave que me abrió las puertas del pueblo.

* * *

Al día siguiente volví a casa del juntador. Eliazar comía arroz blando en un plato sucio. A su lado, dentro de la casucha que rebosaba de trastos viejos, estaba un joven guatemalteco de no más de veinte años, aterido del miedo. Comía arroz también, pero por el temblor de su mano los granos caían al suelo en el viaje de la cuchara a la boca.

—Acabo de encontrar a este muchacho buscando a la gente del albergue, y le dije que se viniera —dijo Eliazar.

Frente a la casa de Eliazar hay sólo dos casas más. El albergue que la iglesia ha habilitado para los migrantes, que por la poca propaganda que de él se hace suele tener sus treinta y cinco camas vacías, y una casa enorme, con antena parabólica y tres camionetas que pueden verse estacionadas en la cochera a través de los barrotes del portón.

—Ah, en esa casa vive un señor narco, pero es muy buena gente —explicó el juntador. Eliazar intentaba convencer al muchacho guatemalteco de que se fuera con su pollero. Pero el joven no respondía.

Seguía tirando el arroz sin quitar la vista del plato. No tenía plata, le habían robado todo al atravesar México colgado de los trenes que cruzan el país, una manera muy frecuente (y sumamente peligrosa) de viajar de los migrantes centroamericanos. Eliazar le ofrecía su celular para que llamara a sus familiares en Phoenix y les dijera que el pollero le cobraba 800 dólares.

—Si ellos saben de esto le dirán que es un buen precio, ya verá —le dijo, y luego se volteó conmigo.

—Dígale usted que mi pollero trabaja bien —me pidió.

Negué con la cabeza y salí a fumar a la calle de tierra.

Los juntadores saben que la mayoría de los migrantes centroamericanos llegan a esta frontera en la peor de las condiciones.

La Facultad Latinoamericana de Ciencias Sociales hizo un estudio entre mediados de 2005 y abril de este año. Entrevistaron a 2.700 indocumentados cuando paraban en el albergue de la ciudad norteña de Saltillo.

Esos migrantes, mexicanos y centroamericanos, denunciaron en la encuesta 4.062 violaciones. El cuarenta y dos por ciento dijo haber sufrido robo de dinero, el resto habían sido golpeados, violados o insultados por miembros de cada una de las corporaciones policiacas mexicanas que se toparon en el camino.

Un carro negro se estacionó frente a la casa, y Eliazar salió a hablar con el hombre que lo manejaba.

—¿Qué hago? —me preguntó el joven.

Le dije que en el albergue le darían orientación, comida y cama gratis. Salió rápidamente y pasó al lado de Eliazar agradeciendo la comida.

—¡Pinche chamaco! No se quiso venir conmigo. Es que usted que es salvadoreño debería ayudarme a convencer a los centroamericanos —dijo al entrar.

Volví a negar con la cabeza. Salimos y caminamos hasta la pollería del pueblo.

El sol se ocultaba.

Al llegar, Eliazar se puso un delantal.

—Yo trabajo de gratis aquí vendiendo pollos asados, porque como no le pago a los policías, no me dejan convencer a la gente en la plaza —explicó.

Para mirar cómo trabajaban los otros juntadores de la plaza, caminé hasta allá, donde los autobuses seguían llegando y escupiendo a decenas de hombres abrazados a una mochila, sucios, que se apuraban a perderse entre la gente.

Me senté en la plaza y pronto se me acercó alguien.

—¿Para dónde va? —me preguntó un hombre recio de unos cuarenta años.

—Para ningún lado —contesté.

—¿Eres de Guatemala, verdad? Mira, no te hagas, vente conmigo, yo te cobro 800 dólares por pasarte, en cinco horas nada más te paso a Tucson, y te doy comida y donde dormir hasta que nos vayamos.

—Gracias, pero no —contesté.

—¿Cómo que no? —respondió mientras cerraba y abría la navaja de resorte que sacó de su bolsillo.

—Mira, cabrón, aquí te va a levantar la policía, porque no eres mexicano. Yo le pago a la policía para trabajar aquí. Si no te vienes conmigo te mando a los policías.

Empecé a alejarme mientras el hombre me llenaba de groserías.

Días más tarde, mientras me tomaba una cerveza con Eliazar en la cantina que está frente a la plaza, él señaló al hombre que me amenazó.

—A ése le dicen *el Pájaro* —explicó Eliazar—. Es de los juntadores que paga a la policía y lo dejan trabajar ahí. Otro que está con él es el Metralleta, también paga y son bien cabrones los dos.

* * *

Paulino Medina también es parte de uno de los grandes gremios de estos pueblos: fue pollero durante cinco años. Pasaba migrantes por los cerros cercanos a Tijuana y los dejaba en San Diego o en Los Ángeles. Estuvo preso en Estados Unidos por tráfico de personas cuando lo pillaron en uno de aquellos cerros pelones con sus pollos. Su hermano también es pollero. Además, Paulino conoce vida y obra de la mayoría de los ocho mil habitantes del pueblo. Es taxista desde hace veinte años, cuando llegó a vivir a Altar.

Lo conocí poco después de que *el Pájaro* me llenara de insultos, cuando al salir de la plaza llegué hasta el punto de taxis.

Me acerqué a un destartalado Hyundai del 87 que tenía al volante a un señor de unos cincuenta años, de pelo cano y bigote ralo, con unos lentes remendados con cinta adhesiva. Me llevó hasta el hotelito en el que me hospedaba. Hablamos un poco sobre las mafias en el pueblo y le pedí que nos tomáramos un café al día siguiente.

—Vamos ahorita, si quiere, y tomamos un café en mi casa —contestó.

Después de poner dos cafés aguados sobre la mesa, Paulino dijo:

—Antes esto era un pueblo del desierto. No venían migrantes. Vivíamos de los transportes de carga que pasaban, de los camioneros o la gente que viajaba por negocios y que se quedaban aquí a dormir, pero desde hace unos años se han instalado en el pueblo una gran cantidad de polleros mañosos, narcos y corruptos. La mayoría vino buscando hacer negocios con los pollos.

El Altar de ahora empezó a construirse desde mediados de los noventa, cuando Tijuana y sus alrededores, el punto de cruce tradicional de los documentados, fue amurallado.

En octubre de 1994 el gobierno estadounidense puso en marcha la Operación Guardián entre San Diego y Tijuana, un plan que incluyó la construcción de una barda divisoria, duplicación de elementos de la patrulla fronteriza, reflectores y helicópteros. Los migrantes empezaron a intentar cruzar por otros puntos y la ruta por Altar se convirtió, sobre todo desde 2003, en la más frecuentada.

Un estudio sobre la zona del Colegio de la Frontera Norte (Colef), uno de los centros de estudio sobre migración más importantes del país, muestra cómo la patrulla fronteriza en la zona colindante con El Sásabe arrestaba menos de cien mil indocumentados en 1992. En 2005 esa cifra se había quintuplicado. En 1992 el pueblo tenía poco más de mil habitantes. En 2005 se censaron a más de ocho mil residentes, sin contar a la población flotante que llega todos los días.

—Esto antes era un pueblito normal, con sus viejas en la iglesia y su gente saludándose al cruzarse en la plaza —dijo Paulino, y luego se extendió hablando del crimen organizado.

—Es terrible el problema que tenemos con los narcos —reveló—. Están cobrando a las Van (camionetas de pasajeros) que llevan a los migrantes a El Sásabe cien pesos (diez dólares) por cada pollo, sólo por dejarlos pasar.

Me despedí de Paulino cuando ya la noche estaba entrada. Y él se despidió también:

—Acuérdese, si usted ve a alguien aquí con cara de mañoso, es mañoso; si ve a un señor con su gran carro y cree que es narco, es narco; y si ve a alguien y cree que es buena persona, es mafioso.

* * *

El siguiente día era el último de ese viaje. En la mañana pasé por la casa de Eliazar. Me recibió con la noticia que tenía paralizado al pueblo. La noche anterior los narcos de un rancho habían secuestrado a 300 migrantes incluidos los conductores de las camionetas. Los mafiosos habían enviado a sus burreros y no querían que les calentaran la zona.

Los burreros son el ejército de carga del narco. Hombres que se ponen en la espalda veinte kilos de marihuana y son guiados en el desierto por un pollero y un hombre de confianza del narco. Caminan dos noches y llegan a la reserva de los indios tohono, territorio autónomo estadounidense.

Ahí descargan la mercancía en camionetas de aquellos indios que trabajan para los productores de droga. Éstos se encargan de distribuir la marihuana en todo el país. Sólo entre octubre de 2006 y julio de este año, la patrulla fronteriza asignada al sector vecino a El Sásabe ha decomisado 766.997 libras de marihuana intentando entrar a Estados Unidos. Las 1.200 libras de esa hierba están valoradas en un millón de dólares en el mercado gringo.

Eliazar no sabía mucho más. Para él, aquello no tenía mayor relevancia. Me apresuré a buscar a Paulino. Él lleva gente a El Sásabe y tal vez sabía algo más.

Lo encontré recostado en su taxi tomando un café.

—Sí —dijo—. Ayer secuestraron porque están calentando la zona. Algunos de los secuestrados han vuelto con el mensaje de los narcos. Si quiere, lo llevo a ver a uno de ellos.

Calentar la zona significa atraer la atención de la patrulla fronteriza por el cruce indiscriminado de migrantes. Los narcos temen que esa zona termine tan vigilada como Tijuana. Con muro, reflectores, helicópteros.

Poco después, el taxi de Paulino se estacionó en un taller mecánico. Dos hombres tenían las manos enterradas en el motor grasiento de una camioneta. Uno de ellos, el del ojo morado, había regresado del cautiverio con el mensaje para sus colegas choferes de que hasta nueva señal no se podía viajar a El Sásabe.

—Quiubo —se dirigió Paulino al recién liberado—. ¿Cómo estás? Pensé que ya no te iba a volver a ver. Mira, él es periodista, pero es amigo, y le conté que tú estabas en el grupo que los narcos secuestraron, y quiere que le cuentes cómo fue y cómo están los pollos que se han quedado allá.

El hombre de unos veinticinco años se frotó la cara. Lanzó a Paulino una mirada incómoda y se dirigió sólo a él:

—Hombre, Paulino, usted sabe cómo funcionan las cosas aquí. Si yo cuento algo y ellos se enteran, mañana me dan piso, no duro vivo ni este día. Y se enterarían.

Aquí todo mundo está comprado.

El otro hombre respaldó a su amigo haciéndonos una pregunta que, tras no encontrarle respuesta, hizo que nos marcháramos:

—¿Qué ganamos con esto? —dijo—. Si aquí nuestra vida no vale nada, a cada rato matan a conductores de las Van, los entierran en los caminos y nadie se entera nunca.

Paulino refunfuñaba mientras nos dirigíamos a casa de Eliazar.

—¡Por eso estamos como estamos! El narco sigue matando gente y nadie quiere decir nada.

Eliazar seguía sin saber mayor cosa.

Esa noche su pollero no había llevado migrantes, y por tanto lo ocurrido no importaba mucho a ese juntador.

—Si quiere vaya a ver al albergue, tal vez ahí sepan algo —recomendó.

El quinto de los migrantes en entrar a refugiarse ahí era salvadoreño.

—Mi nombre prefiero que no lo sepás, porque lo que me ha pasado es muy penoso —pidió.

La tarde del día anterior había llegado a un trato con su pollero: 1.800 dólares por llevar a su hermana hasta Los Ángeles.

—Mis familiares allá sólo tenían ese dinero reunido, y yo quise mandar a mi hermana para no dejarla sola en este pueblo de mañosos. Yo iba a esperar una semana más para que reunieran el dinero para llevarme a mí —explicó.

Su hermana partió esa noche, y la camioneta en la que iba con su pollero fue una de las quince secuestradas por hombres con pasamontañas.

—Yo ya hablé con los polleros que han regresado, y con algunos dueños de las Van que han ido a ver si quedó algo en los carros que quemaron. Me confirmaron que mi hermana estaba ahí —dijo el hombre con la mirada clavada en el suelo y la mandíbula temblando a punto del llanto.

—Yo no puedo ir a poner denuncia, no puedo hacer nada, porque me matarían, si aquí todo es pura mafia. Yo sólo quiero irme de vuelta a mi casa, pero no tengo para el pasaje —dijo el salvadoreño, decidido a dejar a su hermana y a ver qué se podía hacer desde El Salvador.

A veces, el miedo puede más que la sangre. Él aseguraba que un carro con vidrios polarizados lo había perseguido durante tres horas debido a las averiguaciones que anduvo haciendo ese día.

Llamé a Paulino y llegó por mí en pocos minutos. En el camino marqué el número de teléfono de un señor al que llamaré A y a quien Eliazar me había recomendado hablar para saber más de lo que estaba pasando. El señor A dejó salir una apabullante ola de preguntas:

—¿Quién es usted? ¿Quién le dio mi teléfono? ¿Por qué quiere hablar conmigo de eso? ¿Quién le ha dicho que yo sé algo?

Más que tranquilizarse con mis respuestas, él quería saber quién era *yo,* y por eso aceptó recibirme en un cuarto de uno de los hoteles del pueblo a las nueve de la noche.

—Venga solo —pidió.

A las nueve en punto el señor A estaba en la habitación indicada temblando de pies a cabeza. Le entregué todos mis documentos para que los viera, le mostré un par de materiales que había publicado, le dije que un taxista del que no recordaba el nombre me recomendó hablar con él porque era un altareño de nacimiento. No dejó de temblar.

Dijo no muchas veces hasta que accedió a contestar algo más que un monosílabo:

—Todos sabemos que eso pasa, los secuestran, violan a las mujeres que van migrando, y les dan unas grandes golpizas a los migrantes, a los polleros y a los conductores de las Van, ¿pero qué vamos a hacer? Aquí sólo tenemos ocho policías, y los narcos tienen hasta a cincuenta hombres bien armados y a muchas autoridades compradas.

Antes de irme, me hizo prometerle varias veces que no trabajaba para el narco.

—Por cierto, si ha andado preguntando por esto mejor váyase mañana, aquí todos se conocen y es fácil saber quién no es de aquí —se despidió.

* * *

El día siguiente me fui de Altar, y durante un mes y medio hablé cada semana por teléfono con Paulino y Eliazar, quienes solían explicarme que la zona seguía caliente, y los narcos alborotados.

El señor A pidió que mejor habláramos cuando yo regresara. Durante ese mes y medio, pasó precisamente lo que los narcotraficantes temían. El operativo Jump Star, el que George Bush aprobó en 2006, empezó a ponerse en marcha en el lado fronterizo estadounidense, justo frente a El Sásabe. Los 1.400 millones de dólares aprobados ese año se materializaron. Empezó la construcción de 420 kilómetros de muro (van once hasta el momento), empezaron a llegar los 600 agentes extras asignados a esa zona, y el Departamento de Seguridad Interna pagó a la compañía Boeing, fabricante de aviones y equipos para naves espaciales, para que instalara las primeras nueve torres de Proyecto 28.

Torres coronadas por cámaras infrarrojas capaces de detectar movimiento a diecisiete kilómetros a la redonda, distinguir si es humano y si va armado.

Cuando entrada la primavera regresé a Altar, me reuní con el párroco Prisciliano Peraza. Había sido la única persona que habló con los narcotraficantes para interceder por los secuestrados.

Me recibió en su despacho, en un ala de la iglesia, al lado del parque. La conversación inició con una anécdota del padre:

—Nada más la semana pasada, el narco detuvo a un periodista gringo camino a El Sásabe —relató—. Andaba con una cámara de video y de foto. De repente, me llaman los del narco y me dicen que tienen a un periodista que dice que me conoce. Les dije que sí, que yo lo iría a traer a El Sásabe. Llegué, le habían quitado todo y lo habían madreado. Lo que quiero decirte es que el narco sí me respeta un poco, porque saben que puedo llamar a alguna autoridad nacional y hacer notable este caos del pueblo, y eso no le conviene a nadie.

El padre es el único testigo que cuenta lo que vio aquel martes 13 de febrero.

Según el párroco, él se comunicó con los narcotraficantes, y por teléfono consiguió negociar rehenes: le darían a pequeños grupos, para que los fuera llevando a Altar poco a poco. No le dijeron más.

—Los tenían ahí sentados en un rancho cercano a El Sásabe, pero sólo quisieron darme a 120, a los más golpeados, a los que tenían los tobillos quebrados o la cabeza abierta por los batazos que les pegan. Al resto de los 300 no sé qué les pasó, no sé si los soltaron.

La mayoría de los liberados regresó a casa de su pollero. Volvieron a perderse en el pueblo, y con ellos su testimonio.

Ese secuestro, el más grande del que los habitantes de Altar han escuchado, no fue denunciado ni apareció publicado en ningún medio de comunicación nacional.

Ciento ochenta emigrantes quedaron en aquel rancho aquel día, 120 pudo salvar el cura. Nadie supo más de esas personas.

Quizá, sin que nadie se enterara, hubo una masacre a pocos metros de territorio estadounidense, y aquel rancho es ahora un cementerio.

Todo se hizo difuso después. Al poco tiempo, siempre a las nueve y en el mismo cuarto, volví a ver al señor A. Como la vez anterior, temblaba, susurraba, volteaba a ver las ventanas. Sin embargo, esa vez habló bastante.

Contó dos anécdotas ocurridas este año en la alcaldía que explican por qué asuntos como el secuestro quedan en el olvido. Omitió nombres.

Un funcionario dio una conferencia de prensa donde dijo, literalmente, que por Altar pasaba mucho migrante y mucha droga.

—A los cinco minutos —relató el señor A— un narco llamó a quien había dicho eso, y le puso la grabación de sus palabras. Algún periodista le había llevado esa grabación.

La otra reprimenda estuvo relacionada con el secuestro. Un funcionario de Altar llamó a la Procuraduría de Sonora, el estado al que pertenece el pueblo, días después de lo ocurrido. Dijo que había 300 migrantes secuestrados. ¿Y qué pasó?

—Otra vez un narco llamó a ese funcionario y le dijo que le acababan de llamar de la Procuraduría para contarle de su llamada, y que era la última vez que lo iban a perdonar.

Esto demuestra la penetración de los narcotraficantes en la justicia estatal.

Paulino Medina me explicó por teléfono hace unos días que hacía poco los narcos habían vuelto a secuestrar. Esta vez a un grupo de unas treinta personas.

—El grupo era de veintiséis migrantes, dos conductores de Van y los dos polleros. El narco ofreció a los polleros cargar a cada migrante con veinte kilos de marihuana. Ellos deberían llevar la marihuana a la reserva de Tohono, acompañados por un empleado de confianza del señor. Ésa era la condición para que los dejaran ir. Los polleros aceptaron, y no hemos vuelto a saber de ellos —dijo el taxista.

Según Prisciliano Peraza, en realidad todo el mundo sabe cómo está estructurado el crimen organizado en el pueblo.

—Aquí todos sabemos cómo se llama cada uno de los seis narcos que operan, pero nadie los denuncia. Todos sabemos también que ni al narco ni al gobierno le conviene que esto se sepa, porque se desencadenaría una guerra si el gobierno, bajo la presión social que esto generaría, tuviera que actuar —dijo Peraza en aquella reunión en la parroquia.

En la conversación en el hotel, el señor A también me contó que los seis señores de la droga de la zona le pagan a Joaquín *el Chapo* Guzmán, jefe del cártel de Sinaloa, uno de los dos más poderosos de México.

Le pagan para regentear un pedazo de frontera y para que los proteja de posibles intervenciones del gobierno federal.

* * *

Los habitantes de Altar están preocupados por lo que pueda pasar con el pueblo mismo. La mañana que llegué a Altar, Paulino pasó a recogerme y nos fuimos a su casa.

—Quiero contarle cómo van las cosas —dijo. De nuevo sacó dos cafés aguados y empezó a poner en palabras la podredumbre de aquel sitio.

—Esto de la migración se va a acabar pronto en Altar, porque maltratan mucho al pollo y el narco está pesado. Cuando eso pase, todos se van a quedar chillando aquí en un pueblo fantasma —auguró.

Sacó de entre sus papeles una credencial.

—Mire, me han dado este cargo a prueba por tres meses, pero está duro.

El alcalde de Altar lo había nombrado comisionado de transporte municipal, y su principal objetivo era solucionar el problema de las camionetas quemadas y abandonadas al lado de la carretera, luego de que los narcotraficantes bajan a las personas, les pegan, y luego incendian el vehículo.

—Y eso es un gran problema para todos —explicó Paulino—, porque ellos no se recuperan ni en un año si les queman una Van, los pollos se asustan y la Municipalidad deja de recibir el impuesto de esa Van.

El entonces secretario de transporte proponía establecer un acuerdo con los narcotraficantes para coordinar el tráfico de personas y drogas.

—Lo que quiero es establecer un vínculo con los señores (narcos), para que ellos avisen cuándo van a despachar burreros, y que ese día las Van no lleven pollos.

Esa misma tarde pude comprobar cómo los esfuerzos del narco por controlar la zona estaban surtiendo efecto. Fui a la plaza a tratar de abordar una de las camionetas que van hacia El Sásabe.

—Yo lo llevo —dijo el conductor— pero le cobro los cien pesos del pasaje y otros quinientos para la mafia; si no, olvídese de que lo llevo, me queman el carro si no pago por usted.

En el sitio de taxis no estaba Paulino.

Sin embargo, Artemio, uno de los que le trabaja el taxi a Paulino, negociaba con tres hombres jóvenes de Sinaloa. Les ofrecí compartir el taxi y aceptaron. Nos apretamos en la carcacha y partimos.

Entramos a El Sásabe por la calle de tierra que recibe a los viajeros con un cartel agujereado por unos cincuenta balazos, donde el narco ha escrito: «Esto también puede pasar». Es decir que, aparte de ser deportados, asaltados, violadas las mujeres, morir picados por serpientes o de sed en el desierto, también les puede pasar que la mafia los acribille si así lo determina. Las señales en la calle seguían: al menos ocho camionetas quemadas yacían a la orilla.

Los jóvenes aseguraban que iban a recoger a ocho pollos en La Ladrillera. Poco antes de llegar a El Sásabe se encuentra esta ex fábrica artesanal de ladrillos, una zona de asaltantes y narcos, donde las Van descargan a muchos para que aborden las *pick up* que los llevan hasta los puntos de cruce, sitios del desierto identificados por alguna señal particular: el riito, el carro quemado, el poste verde. En esas *pick up* coinciden, sin saber a ciencia cierta quién es quién, burreros, pollos, polleros y asaltantes del desierto.

Llegamos a La Ladrillera donde no había ni un alma a la vista. Los tres hombres, sin embargo, insistieron en quedarse allí. Artemio me dejó en El Sásabe. El pueblo estaba vacío. Una señora que vendía comida me dijo:

—Es que el narco anda alborotado, porque están trabajando, entonces menos gente está viniendo, y los que vienen no están parando, se desvían por La Ladrillera. Mejor váyase —sugirió. Y me fui.

Mientras caminaba, una Van hizo parada al verme. El conductor, un hombre bigotón de unos cincuenta años, me ofreció regresarme a Altar por cincuenta pesos. A su lado, en la Van, iban un pollero al que la migra acababa de quitarle a treinta migrantes y una altareña, vendedora de cocaína al menudeo. Ella y el joven hablaban de cómo cada vez era más difícil evadir los controles estadounidenses.

El conductor no dijo casi nada hasta que le pregunté si era cierto lo del peaje de los 500 pesos por migrante:

—Sí, nos están arruinando. Ellos nos mandan a uno de los suyos a cobrar allá a Altar y te dan un código. Algunos choferes se van a la brava, y a ésos son a los que les queman la Van. Porque si en el camino te para la mafia y te pide tu código, se lo tienes que dar, y además ellos saben con tu código por cuántos pollos pagaste; si llevas más, te chingan.

Es cierto, había menos viajeros, pero eso es relativo en estas tierras. En la hora y media que tardamos en volver a Altar, pasaron treinta y cuatro camionetas y tres autobuses escolares llenos de pollos. En mi viaje anterior, en el mismo trayecto, conté cuarenta y cinco camionetas y tres autobuses. Vale recalcar que treinta y cuatro camionetas y tres buses equivalen a *800* emigrantes.

Eso, poniéndole un precio de *500* por cabeza, se convierte en *cuatrocientos mil* pesos (unos treinta y cinco mil dólares) para el narco. En sólo una hora y media, y sin traficar nada.

* * *

Al día siguiente me reuní con Eliazar en la cantina Cherián, frente a la plaza. El juntador estaba refunfuñando.

—Esto anda lleno de pollos y nosotros no agarramos nada de nada —le decía a *René* otro juntador—. Tenemos que hacer algo, empezar a pagarle a la policía o nos vamos a quedar en la ruina.

Afuera, *el Metralleta* y *el Pájaro* trabajaban a sus anchas en la plaza. Eliazar y René se hartaron de esperar y me invitaron a acompañarlos a comprar una bolsa de cocaína, seis cervezas e irse al cerrito, un lugar en el desierto donde estacionarían el carro de Eliazar para pasar el rato.

—Llegamos al autoservicio —dijo René cuando paramos frente a una fila de carros, en una de las principales calles de tierra de Altar, flanqueados por viviendas a medio construir. Hicimos fila atrás de esos carros. Llegó nuestro turno. Nos paramos al lado de la ventana del conductor del Toyota blanco que tenía colgando de la puerta dos botellas de plástico cortadas a la mitad. Las dos estaban rellenas de bolsitas de cocaína.

—A mí deme cien de original de la sierra, es que la machaca (mezclada) me da congestión —pidió Eliazar.

—Ve, más fácil que comprar tortillas —dijo entre risas René.

Ya en el monte, en medio de los cactus de dos metros del desierto, hablamos de cualquier cosa. Sobre su trabajo, Eliazar sólo hizo un comentario sincero:

—Es cierto que le echamos mentiras al pollo, porque si no, no se vienen con uno. Acuérdese de que tengo cinco plebes que alimentar —apoyó la bolsita contra el tablero del carro, le pegó con su celular, utilizó la punta de su llave como cuchara y aspiró.

—Eso es cierto —complementó René—. Además, acuérdese de que hay que llevarle pollos al patrón, porque él también gasta mucho. A él le toca pagarle a la mafia cien dólares por pollo, porque los pasamos por una de las rancherías de marihuana.

Me llevaron de regreso a mi hotel y se fueron quejándose aún por cómo la situación del pueblo los estaba dejando sin materia prima con la que trabajar.

Al día siguiente, me despedí de Paulino, que también se quejaba. La calle a El Sásabe era una cuerda floja, y para no arriesgar su taxi prefería trabajar sólo en Altar.

—Ve cómo esto se está acabando, y eso porque no hemos sabido controlar la cosa, hacer que el migrante no se asuste —se despidió.

* * *

A mediados de septiembre hice una llamada a Eliazar y Paulino. El taxista, indiferente, me contó que le habían retirado su cargo de secretario de transporte, porque nadie quiso hacerle caso a su plan de coordinar tiempos con los señores de la droga.

Aseguró que muchos de los comerciantes y polleros de Altar se habían ido a Palomas, un pueblito al oeste de la frontera, colindante con el estado de Nuevo México en Estados Unidos. Ése es el estado que según la patrulla fronteriza tiene menos vigilancia.

—En cuestión de meses volveremos a ser lo que antes éramos, un pueblo fantasma del desierto, sin migrantes, sin trabajo —pronosticó.

El juntador no contestó indiferente, sino alarmado.

—No sé qué pasa, en toda esta semana sólo he logrado convencer a un pollo.

A diferencia de Paulino, él no piensa quedarse si la situación sigue así. Su hogar está donde haya migrantes deseosos de pasar al otro lado.

—Estoy pensando en irme para Palomas. Dicen que allá hay buen trabajo —dijo.

Texto publicado por la revista *Gatopardo* en 2005.

Segunda parte

Los cronistas escriben sobre la crónica

La crónica, ornitorrinco de la prosa
Juan Villoro

La vida está hecha de malentendidos: los solteros y los casados se envidian por razones tristemente imaginarias. Lo mismo ocurre con escritores y periodistas. El fabulador «puro» suele envidiar las energías que el reportero absorbe de la realidad, la forma en que es reconocido por meseros y azafatas, incluso su chaleco de corresponsal de guerra (lleno de bolsas para rollos fotográficos y papeles de emergencia). Por su parte, el curtido periodista suele admirar el lento calvario de los narradores, entre otras cosas porque nunca se sometería a él. Además, está el asunto del prestigio. Dueño del presente, el «líder de opinión» sabe que la posteridad, siempre dramática, preferirá al misántropo que perdió la salud y los nervios al servicio de sus voces interiores.

Aunque el whisky sabe igual en las redacciones que en la casa, quien reparte su escritura entre la verdad y la fantasía suele vivir la experiencia como un conflicto. «Una felicidad es toda la felicidad: dos felicidades no son ninguna felicidad», dice el protagonista de *Historia del soldado,* la trama de Ramuz que musicalizó Stravinski. El lema se refiere a la imposibilidad de ser leal a dos reinos, pero se aplica a otras tentadoras dualidades, comenzando por las rubias y las morenas y concluyendo por los oficios de reportero y fabulador.

La mayoría de las veces, el escritor de crónicas es un cuentista o un novelista en apuros económicos, alguien que preferiría estar haciendo otra cosa pero necesita un cheque a fin de mes. Son pocos los escritores que, desde un principio, deciden jugar todas sus cartas a la crónica.

En casos impares (Josep Pla, Álvaro Cunqueiro, Ramón Gómez de la Serna, Salvador Novo, Alfonso Reyes, Roberto Arlt), publicar en periódicos y revistas ha significado una escritura continua, la episódica creación de un libro desbordado, imposible de concluir. Para la mayoría, suele ser una opción de Lejano Oeste, la confusa aventura de la fiebre del oro.

Tal vez llegará el día en que los periódicos compren la prosa «en línea», a medida que se produce. Sin embargo, desde ahora es posible detectar la casi instantánea relación entre la escritura y el dinero, economías de signos y valores. Nada más emblemático que el hecho de que el poeta Octavio Paz trabajara en el Banco de México quemando billetes viejos, Franz Kafka perfeccionara su paranoia en una compañía aseguradora y William S. Burroughs escogiera el delirio narrativo en respuesta al invento del que derivaba la fortuna de su familia, la máquina sumadora.

La crónica es la encrucijada de dos economías, la ficción y el reportaje. No es casual que un autor con un pie en la invención y otro en los datos insista en la obligación del novelista contemporáneo de aclarar cuánto cuestan las cosas en su tiempo. Sí, la idea es de Tom Wolfe, el dueño de los costosos trajes blancos.

Estímulo y límite, el periodismo puede ser visto desde la literatura como el boxeo de sombra que permitió a Hemingway subir al ring, pero también como tumba de la ficción (cuando el protagonista de *Conversación en La Catedral* entra a un periódico, siente que compromete su vocación de escritor en ciernes y ve la máquina de escribir como un pequeño ataúd en el escritorio).

Comoquiera que sea, el siglo XX volvió específico el oficio del cronista que no es un narrador arrepentido. Aunque ocasionalmente hayan practicado otros géneros, Egon Erwin Kisch, Bruce Chatwin, Álvaro Cunqueiro, Ryszard Kapuscinski, Josep Pla y Carlos Monsiváis son heraldos que, como los grandes del jazz, improvisan la eternidad.

Algo ha cambiado con tantos trajines. El prejuicio que veía al escritor como artista y al periodista como artesano resulta obsoleto. Una crónica lograda es literatura bajo presión.

Un género híbrido

Si Alfonso Reyes juzgó que el ensayo era el centauro de los géneros, la crónica reclama un símbolo más complejo: el ornitorrinco de la prosa. De la novela extrae la condición subjetiva, la capacidad de narrar desde el mundo de los personajes y crear una ilusión de vida para situar al lector en el centro de los hechos; del reportaje, los datos inmodificables; del cuento, el sentido dramático en espacio corto y la sugerencia de que la realidad ocurre para contar un relato deliberado, con un final que lo justifica; de la entrevista, los diálogos; y del teatro moderno, la forma de montarlos; del teatro grecolatino, la polifonía de testigos, los parlamentos entendidos como debate: la «voz de proscenio», como la llama Wolfe, versión narrativa de la opinión pública cuyo antecedente fue el coro griego; del ensayo, la posibilidad de argumentar y conectar saberes dispersos; de la autobiografía, el tono memorioso y la reelaboración en primera persona. El catálogo de influencias puede extenderse y precisarse hasta competir con el infinito. Usado en exceso, cualquiera de esos recursos resulta letal. La crónica es un animal cuyo equilibrio biológico depende de no ser como los siete animales distintos que podría ser.

De acuerdo con el dios al que se debe, la crónica trata de sucesos en el tiempo. Al absorber recursos de la narrativa, la crónica no pretende «liberarse» de los hechos sino hacerlos verosímiles a través de un simulacro, recuperarlos como si volvieran a suceder con detallada intensidad.

Por lo demás, la intervención de la subjetividad comienza con la función misma del testigo. Todo testimonio está trabajado por los nervios, los anhelos, las prenociones que acompañan al cronista adondequiera que lleve su cabeza. La novela *Rashomón*, de Akutagawa, puso en juego las muchas versiones que puede producir un solo suceso. Incluso las cámaras de televisión son proclives a la discrepancia: un futbolista está en fuera de lugar en una toma y en posición correcta en otra. En forma aún más asombrosa, a veces las cámaras no muestran nada: desde 1966 el gol fantasma de la final en Wembley no ha acabado de entrar en la portería.

El intento de darles voz a los demás —estímulo cardinal de la crónica— es un ejercicio de aproximaciones. Imposible suplantar sin pérdida a quien vivió la experiencia. En *Lo que queda de Auschwitz*, Giorgio Agamben indaga un caso límite del testimonio: ¿quién puede hablar del holocausto? En sentido estricto, los que mejor conocieron el horror fueron los muertos o los musulmanes, como se les decía en los campos de concentración a los sobrevivientes que enmudecían, dejaban de gesticular, perdían el brillo de la mirada, se limitaban a vegetar en una condición prehumana. Sólo los sujetos física o moralmente aniquilados llegaron al fondo del espanto. Ellos tocaron el suelo del que no hay retorno; se convirtieron en cartuchos quemados, únicos «testigos integrales».

La crónica es la restitución de esa palabra perdida. Debe hablar precisamente porque no puede hablar del todo. ¿En qué medida comprende lo que comprueba? La voz del cronista es una voz delegada, producto de una «desubjetivación»: alguien perdió el habla o alguien la presta para que él diga en forma vicaria. Si reconoce esta limitación, su trabajo no sólo es posible sino necesario.

El cronista trabaja con préstamos; por más que se sumerja en el entorno, practica un artificio: transmite una verdad ajena. La ética de la indagación se basa en reconocer la dificultad de ejercerla: «Quien asume la carga de testimoniar por ellos sabe que tiene que dar testimonio de la imposibilidad de testimoniar», escribe Agamben.

La empatía con los informantes es un cuchillo de doble filo. ¿Se está por encima o por debajo de ellos? En muchos casos, el sobreviviente o el testigo padecen o incluso detestan hallarse al otro lado de la desgracia: «Ésta es precisamente la aporía ética de Auschwitz», comenta Agamben: «el lugar en que no es decente seguir siendo decentes, en el que los que creyeron conservar la dignidad y la autoestima sienten vergüenza respecto a quienes las habían perdido de inmediato».

¿Qué espacio puede tener la palabra llegada desde fuera para narrar el horror que sólo se conoce desde dentro? De acuerdo con Agamben, el testimonio que asume estas contradicciones depende de la noción de «resto». La crónica se arriesga a ocupar una frontera, un interregno: «Los testigos no son ni los muertos ni los supervivientes, ni los hundidos ni los salvados, sino lo que queda entre ellos».

Objetividad

La vida depara misterios insondables: el aguacate ya rebanado que entra con todo y hueso al refrigerador dura más. Algo parecido ocurre con la ética del cronista. Cuando pretende ofrecer los hechos con incontrovertible pureza, es decir, sin el hueso incomible que suele acompañarlos (las sospechas, las vacilaciones, los informes contradictorios), es menos convincente que cuando explicita las limitaciones de su punto de vista narrativo.

Una pregunta esencial del lector de crónicas: ¿con qué grado de aproximación y conocimiento se escribe el texto? El almuerzo desnudo, de William S. Burroughs, depende de la intoxicación y la alteración de los sentidos en la misma medida en que *Entre los vándalos,* de Bill Buford, depende de percibir con distanciada sobriedad la intoxicación ajena.

El tipo de acceso que se tiene a los hechos determina la lectura que debe hacerse de ellos. Definir la distancia que se guarda respecto al objetivo autoriza a contar como insider, outsider, curioso de ocasión. A este pacto entre el cronista y su lector podemos llamarlo «objetividad».

Vida interior y verosimilitud

Siguiendo usos de la ficción, la crónica también narra lo que no ocurrió, las oportunidades perdidas que afectan a los protagonistas, las conjeturas, los sueños, las ilusiones que permiten definirlos.

Hace unos meses leí la historia de un explorador inglés que logró caminar sobre los hielos árticos hasta llegar al Polo Norte. ¿Qué lleva a alguien a asumir tamaños riesgos y fatigas? La crónica evidente de los hechos, en clave National Geographic, permite conocer los detalles externos de la epopeya: ¿qué comía el explorador, cuáles eran sus desafíos físicos, qué rutas alternas tenía en mente, cómo fue su trato con los vientos? Sin embargo, la crónica que aspira a perdurar como literatura depende de otros resortes: ¿qué se le perdió a ese hombre para buscar a pie el Ártico?, ¿qué extravío de infancia lo hizo seguir la brújula al modo del Capitán Hatteras, que incluso en el manicomio avanzaba al norte? Tal vez se trate de una pregunta inútil. La rica vida exterior de un hombre de acción rara vez pasa por las cavernas emocionales que le atribuimos los sedentarios: los exploradores suelen ser inexplorables. Con todo, el cronista no puede dejar de ensayar ese vínculo de sentido, buscar el talismán que una la precariedad íntima con la manera épica de compensarla.

La realidad, que ocurre sin pedir permiso, no tiene por qué parecer auténtica. Uno de los mayores retos del cronista consiste en narrar lo real como un relato cerrado (lo que ocurre está «completo») sin que eso parezca artificial. ¿Cómo otorgar coherencia a los copiosos absurdos de la vida? Con frecuencia, las crónicas pierden fuerza al exhibir las desmesuras de la realidad. Como las cantantes de ópera que mueren de tuberculosis a pesar de su sobrepeso (y lo hacen cantando), ciertas verdades piden ser desdramatizadas para ser creídas.

A propósito del uso de la emoción en la poesía, Paz recordaba que la madera seca arde mejor. Ante la inflamable materia de los hechos, conviene que el cronista use un solo fósforo.

La primera crónica que escribí fue un recuento del incendio del edificio Aristos, en avenida Insurgentes. Esto ocurrió a principios de los años setenta del siglo pasado; yo tenía unos 13 o 14 años y tomaba clases de guitarra en el edificio. Por entonces, me había lanzado a un proyecto editorial en la secundaria, en compañía de los hermanos Alfonso y Francisco Gallardo: *La Tropa Loca,* periódico impreso en mimeógrafo sobre la inagotable vida íntima de nuestro salón. Ahí yo escribía la «sección de chismes». Mi especialidad de *gossip writer* se vio interrumpida con las llamas que devoraron varios pisos del Aristos. Me encandiló ver las lenguas amarillas que salían de las ventanas, pero sobre todo el eficiente caos con que reaccionó la multitud.

Cronistas de la más diversa índole han descubierto su vocación ante el fuego: Ángel Fernández, máximo narrador del fútbol mexicano, recibió su rito de paso en el incendio del Parque Asturias, y Elias Canetti el suyo durante la quema del Palacio de Justicia de Viena.

Sí, el cronista debe ser ahorrativo con los efectos que arden; entre otras cosas, porque a la realidad siempre le sobran los fósforos.

Texto publicado en *La Nación* de Argentina el 22 de enero de 2006.

El que enciende la luz*
¿Qué significa escribir una crónica hoy?
Julio Villanueva Chang

1

Una noche, bajo las luces del reflector de un festival, el historiador Philipp Blom, intentando hablar mal de su profesión, le dijo al público de un teatro: «El pasado se vuelve cada día más impredecible». Blom citaba de memoria la frase de un autor cuyo nombre no podía recordar y acusaba dos problemas cruciales de estos tiempos: una mayor dificultad para entender qué ha sucedido y una facilidad para olvidarse muy pronto de todo. Hoy el exceso de información disponible en las pantallas de nuestros teléfonos es tan excitante e inasible que uno se entera cada vez más, pero recuerda cada vez menos. Es lo que sucede cuando vamos a un restaurante cuya carta de platos es tan excesiva que elegir es una dificultad que acaba por aturdirnos. La historietista Marjane Satrapi lo dice así: «Es como si cuanta más información se tiene, menos se supiera. Es lógico. Yo, por ejemplo, si veo demasiados cuadros en un museo, me olvido de todos enseguida. Demasiada información bloquea el cerebro. Poca nos hace ignorantes». La sobreabundancia de información, un espejismo de conocimiento, nos hace creer que hoy hay más periodistas explicándonos qué está sucediendo. Nuestra inmersión en Internet y las nuevas tecnologías nos han ido cambiando el modo de enterarnos de los acontecimientos, pero sobre todo han ido alterando nuestro modo de prestar atención. Hoy es sorprendente conocer a alguien que no tenga un teléfono móvil y que, además, se resista a revisarlo: un quince por ciento de sus usuarios interrumpen sus relaciones sexuales para contestar una llamada telefónica. Es más normal mirar una pantalla luminosa que mirar a los ojos de otra persona. Escuchar tres

---

* Una primera versión de este ensayo fue publicada en 2005. Ésta es una versión inédita de 2010.

minutos continuos a alguien es un acto contranatura. «El fracaso en prestar completa atención a la operación de su vehículo puede acabar en muerte, heridas serias o daño de propiedad —advierten los fabricantes de GPS a los automovilistas—. Usted asume la total responsabilidad y el riesgo por usar este aparato». El acto de leer y escribir sin interrupciones se ha vuelto un reto de soledad y concentración. Se venden nuevas tecnologías para que un cronista viva la ilusión de ser más ubicuo y veloz: nuevos teléfonos con acceso a Internet, video y GPS; nuevos micrófonos y cámaras en miniatura. Cada vez hay menos diferencias entre un periodista y un espía. Para el público, cada vez hay menos diferencias entre un experto reconocido, un blogger con seudónimo y alguien con cuenta de Twitter. Del paradigma vertical de la prensa que antes nos hablaba como una autoridad, saltamos al de la horizontalidad de los ciudadanos de las redes sociales donde todos nos hablan a la vez. Parecen malas noticias para la prensa oficial: la novedad sigue siendo la ilusión que producen las nuevas tecnologías y la intromisión en la intimidad, pero no una nueva visión del mundo.

Ya se sabe que el problema no es la sobreoferta de información, sino su uniformidad y una creciente incertidumbre sobre qué es verdad y qué es mentira. En tiempos del Twitter, YouTube y Facebook, en la era del Wikileaks, en que el acceso a tanta información aturde y corre el riesgo de convertirse en una moderna forma de la ignorancia, vale recordar lo que en la primera mitad del siglo pasado nos anticipaba Walter Benjamin: «Cada mañana se nos informa sobre las novedades de toda la Tierra. Y sin embargo somos notablemente pobres en historias extraordinarias [...]. Ya casi nada de lo que acaece conviene a la narración sino que todo es propio de una información. Saturados de "información", los hombres han ido perdiendo la capacidad para comprender». Y Benjamin añadía, como lanzando una moneda al aire: «Nos hemos hecho pobres. Hemos ido entregando una porción tras otra de la herencia de la humanidad, con frecuencia teniendo que dejarla en la casa de empeño por cien veces menos de su valor para que nos adelanten la pequeña moneda de lo "actual"». Una de las mayores pobrezas de la más frecuente prensa diaria —sumada a su prosa de boletín, a su retórica de eufemismos y a su necesidad de ventas y escándalo— continúa pareciendo un asunto metafísico: el tiempo. Lo *actual* es la moneda corriente, pero *tener tiempo* para entender qué está sucediendo sigue siendo la gran fortuna. La consigna de escribir una crónica es no traicionar la historia por la quincena. «Se llama acontecimiento a lo que no se comprende», decía Michel de Certeau. Un cronista trabaja con información que se sabe y que se ignora, pero en ambos casos que *no* se entiende. ¿Qué entendemos luego de leer un periódico o un twitter por Internet? ¿Cómo se construye el olvido de un acontecimiento?

Cada día es más difícil saber lo que sabemos. En la primera mitad del siglo XX, desde el más lúdico surrealismo, Vicente Huidobro escribía: «Los cuatro puntos cardinales son tres: el sur y el norte». A la antigua sospecha de que «nada es lo que parece» hoy todos estamos expuestos a un estado de desorientación extrema y a surfear en un presente constante. «El presente es siempre invisible», nos recuerda el fantasma de McLuhan desde el pasado siglo. Procrastinar, esa manía por posponer los deberes en el tiempo, rige hoy los hábitos del cronista independiente promedio: no negarse a hacer la mayoría de trabajos que le ofrecen, no poder concentrarse bien en ninguno de ellos, no cumplir los plazos de entrega. Si algo de este perfil existía ya en los cronistas, en los últimos años procrastinar ha alcanzado cotas de paroxismo. El trabajo habitual de un reportero de periódicos impresos o electrónicos suele ser un *tour* sin tiempo para la reflexión ni atención al azar: páginas programadas, entrevistados programados, escenarios programados, respuestas programadas, tiempo programado, lenguaje programado. Se suele ver a un entrevistado en los lugares de siempre: la oficina, un restaurante, la sala de su casa. Eso, cuando hay suerte y voluntad de verlo, porque el teléfono es lo omnipresente. Casi no hay noticias, sólo comunicados. *Descubrir* se ha vuelto *escandalizar*. *Reportear* se ha convertido sobre todo en *entrevistar*. Pero la entrevista como género suele ser un acto teatral, y en la mayoría de ocasiones no llega a ser una situación de conocimiento, mucho menos una experiencia: tan sólo un resumen de declaraciones más o menos oficiales, y, en el mejor de los casos, la grandilocuencia del verbo *confesar*. Algunos periodistas en la cresta de la ola se empeñan en parecerse cada vez más a fiscales y curas. Si siempre fue una virtud consagrada publicar una noticia *a tiempo,* el mayor problema es que *el tiempo justo* para publicarla no lo dicta la incontestable autoridad de un reportaje, sino la desesperación de ganar a alguien con una cuenta de Twitter. Sólo queda tiempo para *actuar* en apresuradas entrevistas de un solo acto, pero no queda tiempo para entender y narrar el drama completo.

Italo Calvino contaba que en su juventud había elegido como lema la antigua máxima latina *Festina lente:* apresúrate despacio. A diferencia del drama del reportero de un solo acto, un cronista —esa suerte de reportero en escenas y resúmenes— parece disfrutar del lujo del tiempo, pero tampoco puede escapar de él. *Festina lente.* Un cronista vive de publicar historias verificables, y el tiempo a su disposición —el que le conceden los editores de diarios y revistas, pero sobre todo él mismo— es la escasez: con suerte tres días, con cierto privilegio una semana, con una insólita confianza tres meses. En los últimos dos casos, un cronista tiene más oportunidades de buscar una cosa y encontrar otra inesperada y a veces fundamental para entender un acontecimiento. Hay una palabra en inglés para nombrarlo: *serendipity.* El conde de Serindipit, legendario príncipe de Ceylán, hallaba siempre lo que *no* buscaba. Contra lo que suponen los reporteros de noticias urgentes, un cronista necesita, para poder explicar fenómenos de estos tiempos, más de obrero que de príncipe y bastante menos de escritor que de detective. La búsqueda del azar cuesta no sólo tiempo, sino trabajo y dinero. Cuesta que editores y cronistas aprendan a esperar que suceda algo digno de contarse. Cuesta tener la fortuna de *estar allí.* Y cuesta organizar la impaciencia: a veces la condición imprescindible para publicar una gran historia es aprender a esperar.

2

Los secretos están sobrestimados: todo-el-mundo-tiene-más-de-un-secreto. A la gente, en su condición ciudadana, le interesa un informe de corrupción. Pero a la gente, en su condición de aburrida, le encanta que le cuenten nuevas historias. Hay ciertas sociedades y épocas en que lo real es más aburrido que la ficción, y donde escribir crónicas acaba siendo un asunto funerario. Pero en general es al revés: suceden en el mundo tantos hechos extraordinarios que en estos tiempos es un desafío escribir una novela que renuncie a los acontecimientos de la realidad. Cada día buscamos esa abundancia de lo extraordinario por habernos aburrido de nuestras rutinas, de leer tan malas novelas y de *ver* tan malas noticias. Cada día buscamos nuevas historias, y no siempre en las redes sociales, sino en los hechos domésticos de los que podemos ser testigos, y en la voz de la gente detrás de estos hechos. En general, la gente no busca historias porque quiere leer; la gente busca experiencias. La vida, en el acto de recordar, no es más que una colección de experiencias. Se escriben historias en parte para intentar dar sentido y lógica a una experiencia. Más que dar noticias, una buena crónica transmite una experiencia. Quienes más nos leen son gente común y corriente. Desde niños hemos conjugado más el verbo *contar* que *informar:* cuéntame, te cuento, qué me cuentas, no se lo cuentes a nadie. Desde niños hemos conjugado más el verbo *descubrir* que *denunciar:* lo descubrí, nos descubrieron, te descubrí, nunca me vas a descubrir. Para descubrir, se empieza con una curiosidad vagabunda e inteligente. Y empezar a preguntar, porque no es tan retórico insistir que las mayores certezas siempre estarán en las preguntas.

Ryszard Kapuscinski recordaba que los dueños y editores de los periódicos valoran hoy día su información por el interés que ésta pueda despertar y no por la verdad que se hayan propuesto encontrar. No hay sólo una tecnología de la escritura; también hay una precariedad de la lectura: «Soñamos con un lector que no existe», dice Alma Guillermoprieto. Así la historia final no es la que sucede en la boca de los testigos ni la que un reportero le cuenta como novedad a su editor al llegar de la calle. No es la que el cronista acaba de escribir días después de reportarla. Tampoco es la que su editor entregará al diseñador y a la imprenta o a su página web, o la que él mismo cuelgue en su blog. No: la historia será sobre todo la que recuerde un lector. Esa aventura individual, la del entendimiento y la memoria de un lector X, es un misterio que el cronista es incapaz de controlar del todo. El acto de leer no se trata sólo de descifrar el sentido total de una cadena de palabras sino el acto físico de leerlas en una determinada puesta en escena. Es una aventura tan exterior como interior en la que para mantener la curiosidad y la atención son decisivos no sólo un hábito y tiempo de lectura sino el diseño espantoso o seductor de la página expuesta ante él, el ambiente conventual o ferial donde la lee y su propio estado de ánimo. Algo parecido sucede con quien escribe: «Todas las personas que se sientan a escribir no se enfrentan con una página en blanco sino con su propia mente abarrotada de detalles», recordaba Janet Malcolm. El cronista quiere imaginar a un lector fantasma que reacciona ante cada línea de su historia. Pero el público no es un fantasma: es un enigma. El lector es muy infiel.

Hace años que la mayoría de adolescentes no abren un periódico porque no esperan hallar en ellos una sola página que les concierna. Salvo la metamorfosis del público en un nuevo tipo de consumidor de noticias, no hay mayores novedades que el anunciado funeral de las salas de redacción, y el fin del imperio de los diarios impresos en combate con la nueva atención de los cibernautas. El desprecio actual por los *tradicionales* periódicos de papel es irreversible. En su lugar, los diarios electrónicos, esclavos del vértigo de la primicia, nos han acostumbrado a enterarnos de casi todo en cápsulas por minutos y gratis. Los diarios de papel imitan cada vez más los electrónicos, sólo que al día siguiente. Despiden a sus periodistas en el mundo y apuestan por corresponsales en Google y Twitter. Eliminan sus departamentos de investigación y los suplementos de arte y ciencia. Visitar en estos días una sala de redacción es como asistir a un velorio organizado en las instalaciones de un banco. La explicación sobre la agonía del periodismo de papel suele ser financiera (las redes sociales han creado un mercado de nuevas audiencias y revolucionado el comportamiento del consumidor) y se desprecia cualquier discusión sobre la artesanía del periodismo (la imaginación para fundar un nuevo diario). El todo gratis y a tu alcance por Internet más la adicción a la tecnología telefónica han creado a un consumidor desconcentrado, impaciente, eléctrico. Ayer se decía que el periodismo se divide en dos: el bueno y el malo. Hoy la pregunta no es si sobrevivirán los diarios de papel versus los electrónicos. La pregunta es si estamos asistiendo a la muerte del periodismo.

La crónica podría ser su género más libertino y democrático, pero también el más discriminante y conservador. Aún hay editores que en América Latina insisten en tratar a un cronista como el payaso-artista del periódico, alguien con licencia total para publicar disparates, melodramas y chistes. En algunos círculos, la crónica se ha ganado la reputación de *la loca de la casa,* pero también la de *la idiota de la casa.* En sus mejores casos, una cronista busca no sólo a personajes públicos —autoridades, celebridades, expertos—: busca sobre todo a personas extraordinarias en su anonimato, esos extras de cine mudo a quienes nadie les ha pedido la palabra. «La magia de una buena crónica consiste en conseguir que un lector se interese en una cuestión que, en principio, no le interesa en lo más mínimo», recuerda Martín Caparrós. Y añade: «El periodismo de actualidad mira el poder. El que no es rico o famoso o rico y famoso o tetona o futbolista tiene, para salir en los papeles, la única opción de la catástrofe: distintas formas de la muerte. Sin desastre, la mayoría de la población no puede ser noticia. La información —tal como existe— consiste en decirles a muchísima gente qué le pasa a muy poca: la que tiene el poder. La crónica se rebela contra eso. Es una manera de decir que el mundo también puede ser otro. La crónica es política». Es evidente que la prensa tradicional o institucional se ocupa de retratar sobre todo el mundo oficial. En general, en América Latina, cuando un editor decide hacerlo con la gente de a pie, suele tratarla desde una mirada de funcionario de ONG, de pintor exotista, de empresario circense: lo miserable, lo pintoresco, lo real maravilloso. Pero el cronista no es un astronauta en la sala de redacción terrenal: es un ser común y corriente que escribe con más o menos vanidad sobre gente famosa y anónima, y que también depende del tiempo y la ayuda de otra gente sin la que su eventual historia estaría incompleta. No lo obsesiona la historia secreta. Un cronista tiene el privilegio de contar no sólo lo que sucede, sino sobre todo lo que *parece* que no sucede.

Hoy un cronista no tiene sólo el reto de contar historias que la gente recuerde sino de contarla como nunca antes alguien lo había hecho. Es una extravagancia hallar a un editor que no trate a los posibles lectores como clientes, pacientes con déficit de atención o analfabetos. Se escriben crónicas no sólo para los lectores sino también *contra* ellos: a veces, al leerlas, acaban admitiendo valores que no comparten. Noticia no es sólo todo lo impune que alguien desea ocultar: también es lo socialmente significativo —una tendencia, un fenómeno, una subcultura— que se ignora entre las persianas de lo familiar y lo obvio. La mayoría de medios de prensa han cerrado estas persianas y dejado gran parte de estas historias en la penumbra. «El verdadero "engaño" de un periódico —alerta Fernando Savater— no es lo que en ellos aparece sino lo que nunca sale, o sale y desaparece inmediatamente empujado por la superstición de que cada día debe ocurrir algo nuevo (Borges dixit)». Por ello, una parte de las historias más memorables son aquellas en la que un cronista ha sabido contagiar esa fascinación que sintió por lo descubierto, incluso cuando vuelve extraordinario lo más banal. Es lo que Carlo Ginzburg llama «la euforia de la ignorancia». Una buena crónica es contagiosa. La última tecnología sigue siendo la curiosidad.

3

¿Qué es entonces una crónica? «Literatura al ras del suelo», escribía Antonio Cándido. «Reconstrucción literaria de sucesos o figuras, género donde el empeño formal domina sobre las urgencias informativas», ensayaba Carlos Monsiváis. Ambos tenían razón: en América Latina, en décadas pasadas, la escritura era el acento. Y lo es en el sentido de intentar ser una escritura contra el tiempo y las fechas de caducidad, o como dice Juan Villoro: escribir crónicas es un modo de «improvisar la eternidad». Pero en estos tiempos de tentaciones comerciales, de los fraudes desde Janet Cooke hasta Jayson Blair y una legión de periodistas mentirosos que se salvaron de la publicidad de sus casos, el acento se ha posado como una mosca en la *reportería*. Algunos editores, sobre todo de libros, ven a la crónica de este siglo más periodística que narcisista, y aspiran que ella descubra falsedades o detone polémicas en la opinión pública. En tiempos de mayor inseguridad y confusión, una crónica ya no es tanto un modo literario y entretenido de «enterarse» de los hechos sino que sobre todo es una forma de «conocer» el mundo. Cuando se propone ir más allá de la narración y adquiere un vuelo ensayístico, una crónica es también una forma de conocimiento. No un conocimiento científico sino uno en el que los hechos conviven con la duda y la incertidumbre. Se necesitaba una definición menos esteticista del género: en el siglo XXI, un cronista ya no es sólo un buen escritor de la información. Su desafío es ser un reportero y traductor de los acontecimientos —«lo que no se comprende»—. Un cronista narra una *historia de verdad* sin traicionar el rigor de verificar los hechos, pero con el fin de *descubrir* a través de esa historia síntomas sociales de su época. Ya no es tan admisible que, en nombre de la urgencia y la objetividad, la mayoría de los reporteros dediquen su tiempo a historias cuyo máximo sentido de verdad se constriña al trabajo notarial de reportar hechos incontestables, tipo verdadero o falso. «En general, ya no se puede decir del periodista que es ese tipo que escribe a toda velocidad sobre un tema que generalmente ignora», recordaba Manuel Vicent. Su reto es narrar los hechos de tal forma que lleven a un lector a entender qué encierra un fenómeno y sus apariencias, pero tomándose la molestia de no aburrir con ello. Desde una guerra por petróleo hasta el amor gay de unos adolescentes por Internet. Se trata de convertir el dato en conocimiento, y, en lo posible, un acontecimiento en una experiencia.

Un día el cronista Martín Caparrós asiste a una protesta en las calles de Lima, y ve aparecer a mineros con cascos y esposas con bebés en la marcha. Luego escribiría: «Algunas mujeres llevan cascos, pero ningún minero un bebé». El cronista eligió un detalle para insinuar un patrón de comportamiento de esta comunidad. Más allá de la generalización, Caparrós convirtió un dato en una observación que tiene el valor de conocimiento. Un cronista está siempre ante esa posibilidad: donde escucha una voz, evidencia un carácter; donde siente un olor, anuncia un gusto; donde ve una cifra, expone un modo de pensar. Va de los detalles al conjunto y viceversa. Un cronista es un recaudador de pequeñas singularidades. Lo que a un reportero notarial le parecería una banalidad, para un cronista podría ser un indicio de una verdad mayor. Luego de un trabajo de información y reflexión, el cronista dotará ese indicio de sentido o simplemente lo desechará. «Cualquier insecto es una explicación», versó Walt Whitman. Y un cronista no tiene la obligación del oráculo: a veces sólo le basta decir mejor que nadie lo que todo el mundo piensa. «El descubrimiento consiste en ver lo que todos han visto, pero pensar lo que nadie ha pensado», dijo el bioquímico Albert Szent-Gyorgy.

Suele reprocharse a un cronista el derecho a decir banalidades. Mircea Eliade recordaba su asombro por la naturalidad con que algunos pensadores, luego de haber ensayado una paradoja difícil, afirmaban cosas tan simples y perogrullescas o un detalle erudito que otro escritor se avergonzaría de citar por ser tan común. Pero el asombro de Eliade no provenía del desprecio: «Sin embargo estos tópicos o trivialidades no molestan en la obra de un Unamuno o un Kierkegaard. Sientes que incluso estas "verdades eternas" han sido interiorizadas y vividas antes de ser citadas (...). Es evidente que el derecho a decir trivialidades y tópicos se conquista con mucha dificultad», decía. «Una de las cosas más difíciles que hay es describir la calle donde vivimos», recuerda Juan Villoro. El todo está con frecuencia en la nada: a veces, un cronista sale a la calle con la actitud del cazador que busca hallar a su presa a partir de señales vagas e inmundas como rastros de estiércol y huellas de pisadas en el barro. Otras veces, un cronista opera como el médico que diagnostica una enfermedad a partir de la observación de síntomas superficiales y dispersos. No parece casual que Giovanni Morelli, Conan Doyle y Freud hayan estudiado medicina antes de dedicarse a atribuir la autoría de cuadros antiguos, a crear a un famoso detective y al psicoanálisis, respectivamente, como lo señala Carlo Ginzburg en su ensayo *Indicios*. Los tres intentaban solucionar casos a partir de la inferencia y la intuición sobre cosas irrelevantes. Al otro extremo del trabajo de un cronista están el fetichismo del documento y de los hechos. La verdad judicial. Pero ni el instinto es un sustituto de los documentos ni los documentos son la verdad. Los cronistas, como los médicos, también se equivocan. Pueden herir reputaciones y matar a gente con buena salud. «He encontrado una manera de escribir con respeto, que radica en decir la verdad sin ofender», dijo Gay Talese en una conferencia. ¿Con qué frecuencia eso es posible?

4

Cada vez un cronista puede ser menos testigo de los acontecimientos. No estuvo en el lugar de los hechos, pero debe reconstruir el pasado: intenta buscar testigos y escarbar en sus recuerdos. Los entrevista. El cronista trabaja con recuerdos ajenos, cuando otros le cuentan los hechos; y con recuerdos propios si tuvo la suerte de ser testigo. En ambos casos, gran parte de su trabajo consiste en ordenar y dar sentido a una memoria. ¿De qué te acuerdas cuando alguien te pregunta sobre una película que viste anoche? ¿De qué se acuerda la gente cuando la entrevistas? ¿Cómo traduce sus recuerdos en palabras, gestos, tartamudeos o silencios? «Cada vez más podemos acordarnos por menos tiempo de las cosas», decía Hans Magnus Enzesberger. La entrevista se ha consagrado no sólo como una técnica para obtener información, sino como un género que facilita la producción y el consumo de noticias como comida rápida. La entrevista, más que un modo de entender y conocer algo o a alguien, se ha convertido en una frecuente forma de la más banal autobiografía. ¿Cómo confiar en el relato de un entrevistado si, al margen de su propia voluntad, un testigo suele olvidar, distorsionar y mentir? «Todos tenemos un novelista en la cabeza», advertía Timothy Garton Ash. Recordar, más que reconstruir los acontecimientos, es construir *una memoria* de los acontecimientos.

Gordon Thomas recordaba que los periodistas y los espías se parecen en que tratan desesperadamente de confiar en alguien. Es cierto: la mayoría de las veces, entrevistar a alguien y confiar en la veracidad de sus respuestas no es más que un acto de buena fe con el entrevistado. Otras veces, el periodista sabe que alguien le miente pero, obediente con la libertad de expresión y el derecho a réplica, igual publica sus mentiras. Citar entre comillas ha terminado por convertirse en un fácil recurso para lavarse las manos: *no tuve tiempo de verificar si sucedió, pero así lo dijo en la entrevista.* En verdad es sobre todo la gente la que se esfuerza cada vez más por confiar en un periodista: abrirle sus puertas es también un acto de buena fe, del cual, a veces con razón, se arrepiente. Sin embargo, hay quienes sonríen, con la piel endurecida, leyendo a Janet Malcolm en su lapidario principio de *El periodista y el asesino:* «Todo periodista que no sea tan estúpido o engreído como para no ver la realidad sabe que lo que hace es moralmente indefendible. El periodista es una especie de hombre de confianza, que explota la vanidad, la ignorancia o la soledad de las personas, que se gana la confianza de éstas para luego traicionarlas sin remordimiento alguno. Lo mismo que la crédula viuda que un día se despierta para comprender que el joven encantador se ha marchado con todos sus ahorros, el que accedió a ser entrevistado aprende su dura lección cuando aparece el artículo o el libro. Los más pomposos hablan de libertad de expresión y dicen que "el público tiene derecho a saber"; los menos talentosos hablan sobre arte y los más decentes murmuran algo sobre ganarse la vida». La cita, según quien la lea, puede oscilar entre el cinismo y la honestidad brutal. Pero, al menos, casi nadie puede dejar de admitir que alguna vez fue ese joven encantador.

El incorruptible reportero de ayer puede convertirse mañana en un sospechoso común. Numerosas publicaciones de Estados Unidos, y casi ninguna de Hispanoamérica, además de la figura del editor como un colaborador secreto, tienen la figura de los verificadores de datos *[fact checkers]*. En su mayoría, los verificadores profesionales no sufren de esa dispersión de técnicas y generalidades que enseñan las escuelas de periodismo, sino que usan una visión a escala y una rigurosidad en la precisión que aprendieron en escuelas de historia y filosofía. Más que fiscales de los autores de un texto, los verificadores de datos son guardaespaldas de los lectores y de la reputación del autor y de la publicación. Algunos reporteros y escritores —por urgencia, pereza o autosuficiencia— suelen citar de memoria o de fuentes indirectas, dar por hecho declaraciones de un testigo, confundir datos históricos, tergiversar conceptos. «Los verificadores de datos no existen para que no nos hagan demandas, sino para respetar la ignorancia de la gente», recuerda Alma Guillermoprieto. «En periodismo, la labor de comprobación equivale al amor», escribió Norman Mailer. Y no de un retórico amor al prójimo, sino del más egocéntrico amor propio.

5

Algunos periodistas insisten en creer que Dios escribe, pero olvidan que, si éste existe, ordenó escribir la Biblia desde el punto de vista de sus apóstoles. Un primer problema consiste en confundir la objetividad con la omnisciencia, con la ilusión de saberlo todo. La objetividad, escribe Arcadi Espada, «es la posibilidad de dar cuenta de los hechos al margen de las creencias». Es decir, pueden haber hechos y datos objetivos, y cierto tono de objetividad cuando un cronista intenta desaparecer de lo que narra bajo la *apariencia* de un observador imparcial, o creando la *ilusión* de haber sido una mosca en la pared. Pero, cuando escribe una crónica, dar cuenta de hechos objetivos no lo vuelve en absoluto infalible. Un cronista cuenta cualquier historia también desde la subjetividad, o desde un consenso de subjetividades. Un segundo problema —quizá más grave que el anterior— es confundir la subjetividad con la ficción. En suma, más que su objetividad, un cronista pone a prueba su honestidad en cada historia. En la prensa notarial, se sataniza el uso de la voz personal del narrador, y a ella se le suele oponer una voz institucional: «Se trata de fabricar la ilusión de que alguien o algo ajeno al yo del sujeto, y en consecuencia, a sus intereses y opiniones, narra los hechos —dice Arcadi Espada—. Es desde este punto de vista que se proscribe, en la estilística periodística, el uso de la primera persona del singular (excepto cuando esta persona ha alcanzado un estatus divino y entonces ya puede equipararse al Dios objetivo, mayestático y sin alma, que es el narrador habitual del periodismo)». Y añade: «Así es como cada *yo* queda en su casa y Dios en la de todos». Aunque haya reportajes en los que nos invade esa engañosa sensación de saberlo todo, un cronista no puede escapar de sí mismo ni ver el mundo desde un panóptico: la omnisciencia es un amor imposible. Basta con esperar que el cronista haya intentado ser justo, responsable y encantador en su texto. No hay más ciencia que ello.

Alguien recordaba que una de las paradojas del gusto de las masas es su amor por lo individual. «La noticia ha dejado de ser objetiva para volverse individual. O mejor dicho: las noticias mejor contadas son aquellas que revelan, a través de la experiencia de una sola persona, todo lo que hace falta saber», dice Tomás Eloy Martínez. Y advierte: «Eso no siempre se puede hacer, por supuesto». La advertencia recae sobre el tiempo del que suele disponer un reportero, pero ésta también supone la fortuna y el olfato para hallar a una persona que sea un paradigma en representación de todo el mundo. Tal vez la infrecuencia de este hallazgo, no como posibilidad sino como estadística realmente existente en diarios y revistas, nos dicte una nueva advertencia: «Eso *casi nunca* se puede hacer, por supuesto». Pero es cierto que a veces sucede. No es un acontecimiento milagroso: esa gente está allí y sólo hay que trabajar para encontrarla.

El cronista será siempre un extranjero en todas partes. Suele andar solo, y su suerte depende en parte de su carisma y su empatía con la gente. A veces es un intruso bienvenido; otras, quiere ser el hombre invisible. Aprender a convivir es clave, y una parte esencial de este oficio. Por ahora el reto de un cronista consiste en estar más tiempo con la gente dentro de su propia comunidad, casi al modo de un etnógrafo, y así tener la suerte de ser testigo de cómo cambia la gente ante sus ojos. Pero el cronista no puede escapar de su personalidad. «Es una persona completa, íntima, franca, irónica, sarcástica —recuerda Mark Kramer—, una que puede mostrar desconcierto, juzgar e, incluso, reírse de sí misma». Y añade: «Son cualidades que los académicos y los reporteros de noticias evitan por considerarlas poco profesionales y nada objetivas». Por el contrario, Fogwill caricaturiza bien al gremio en una de sus novelas: «Los periodistas exageran y actúan como sabiendo que si no exagerasen perderían su empleo. En general se exagera exageradamente: también en esto las proporciones justas y la armonía resultante son ideales inalcanzables. Para compensar tantos extremos, ha aparecido una promoción de periodistas que exageran mesura, y escriben como si estuviesen convencidos de su incertidumbre». El público debe saber que va a leer una historia que no es omnisciente, pero que intenta ser honesta y responsable tanto en su autoridad como en su ignorancia. El problema es cuando este ejercicio natural de la subjetividad se confunde con la idea de que «no hay hechos, sólo interpretaciones», y acaba siendo un fundamento para banalizar la credibilidad de la crónica como género periodístico, o para dar licencia de irresponsabilidad a un cronista que pretende hacer literatura en el lugar equivocado.

Leszek Kolakowski advertía el peligro de esa teoría del postmodernismo: «La idea de que no haya hechos supone que las interpretaciones no dependen de los hechos, sino al contrario: que los hechos son producto de las interpretaciones». Y añadía: «La doctrina de "no hay hechos, sólo interpretaciones" anula la idea de la responsabilidad humana y los juicios morales; en efecto, considera de igual validez cualquier mito, leyenda o cuento, en relación con el conocimiento, como cualquier hecho que hayamos verificado como tal, de conformidad con nuestras normas de investigación histórica». Según este filósofo, desde el punto de vista de la teoría postmoderna, la historia de Hércules en lucha contra la hidra no es menos verdadera que la historia de la derrota de Napoleón en Waterloo. «No hay reglas válidas para establecer la verdad; en consecuencia, no existe la verdad», explicaba Kolakowski acerca de esta teoría. Frente a ella, en una posible ética para un cronista de estos tiempos, sería más sincero encarnar lo que siglos antes decía Lessing: «No es la verdad, en cuya posesión puede estar cualquier hombre [...] sino el verdadero esfuerzo por alcanzarla lo que hace valioso al hombre». Cada crónica que se publica es en sí misma una reflexión acerca de los límites del oficio, del problema de la verdad, o de estar en lugar de la verdad.

Pero un cronista suele tener un pacto ético y tácito con el lector: le cuenta una historia sobre otros, y la construye desde un punto de vista en tercera persona, o —si es necesario y domina la técnica— desde un punto de vista múltiple, incluyendo en mayor o menor medida el suyo. Si el cronista se toma libertades, recordaba Mark Kramer, el lector espera que se lo adviertan. Un cronista se acuerda también lo que no es tan obvio: que una persona no es la misma de noche que de día, que no es la misma sola que acompañada, que no es la misma en su ciudad que cuando está de viaje, que tiene épocas de euforia y de mal humor, y, más allá de los hechos, intenta averiguar si fue un accidente o es un patrón de conducta. En suma, un reportero trata a la gente sólo por minutos u horas, y suele cuidarse de la tentación de emitir sentencias fácilmente ingeniosas. «El periodismo se ocupa de los hombres en un momento muy corto de sus vidas», recuerda Stephen Frears. Un cronista usa la entrevista como técnica para obtener información, y privilegia la observación social de los fenómenos y de la gente. Toma apuntes, se interroga, asocia, duda, se emociona, clasifica, se explica, vuelve a dudar. Pero más allá de su oficio de reportero-ensayista-escritor, un cronista será siempre un lector y no sólo de sí mismo. Necesita leer más novelas y ensayos y poesía. No sólo la guía telefónica.

6

La confusión es un estado natural, y esto tampoco es novedad para ese espíritu de taxonomía y frontera que da vida tanto a géneros como mapas: «La cartografía *casi nunca* [no *no siempre*] es lo que los cartógrafos dicen», admite J. B. Harley. Años antes, en 1980, el antropólogo Clifford Geertz ensayaba respuestas sobre este fenómeno de los «géneros confusos»: tratados teóricos presentados como documentales turísticos (Levi Strauss en *Tristes Trópicos*), parábolas disfrazadas de etnografías (Castaneda en *Las enseñanzas de Don Juan*). «Lo único que falta es la teoría cuántica en verso o una biografía expresada en álgebra», ironizaba Geertz, quien advertía que siempre había sido así desde los tiempos en que Lucrecio presentaba sus teorías en rima. La crónica es un género camaleónico y excéntrico. De allí que Juan Villoro la definiera como «el ornitorrinco de la prosa».

Escribir es siempre un verbo transitivo, un acto de migración verbal en su intento de encontrarse con otros ojos, en esa cita a ciegas con un lector X. «La obsesión por los géneros es un poco catastral, de registro notarial —dice Manuel Rivas—. En la práctica, denota un interés anacrónico por el patrimonio, por el reparto y la demarcación de espacios. La de los géneros es una convención que atañe a la literatura como «espacio de estar». Pero lo que identifica a la literatura es su existencia como "espacio de andar"». Donde Rivas dice «literatura», yo diría en su lugar «escritura». Rivas, cuando escribe, se siente un emigrante: «La escritura, cuando está viva, avanza como nómada —dice— (...). El desplazamiento que supone la escritura es una migración». Pero, en contra de esta movilidad natural que supone el acto de escribir, la academia ha creado sus feudos de inmovilidad. Uno de ellos, aún consagrados por ciertos profesores y manuales, es reglar el divorcio del reportaje de la crónica. Suponen que el reportaje es objetivo y periodístico —en el orden de la producción—, y que la crónica es subjetiva y literaria —en el desorden de la creación.

En este mapa cultural de fronteras dudosas, aún subsiste una prejuiciosa bolsa de valores: el lugar común es decir que el periodista tiene un complejo de inferioridad frente al estatus artístico del escritor; otro lugar común es decir que el escritor es un parásito que se alimenta del periodismo. El matrimonio de ambos sería una historia incestuosa y no menos promiscua, pero también sería una historia de celos y de envidia. Aunque también, de la frecuente cópula entre el periodismo y la ficción, hubo un aprendizaje mutuo del que parió una extraña criatura: la novela-reportaje (*A sangre fría,* de Capote), un hijo de esos que no se sabe bien si tiene más del padre o de la madre. No obstante, hay quienes todavía entienden el modo de acercar el periodismo a la literatura como una operación tan patética como inútil: la de llevar a un feo a la sala de cirugía o al salón de belleza.

Pero hay quienes creen que el periodismo no sólo es feo: creen que también es gordo, inculto y muere pronto. Creen que una historia real sólo es digna cuando se parece a la ficción. Creen que una crónica sólo puede maravillar cuando «se lee como una novela», frase más que frecuente cuando alguien quiere publicitar la excelencia de un libro sin ficción. La crónica, igual que los chistes, sería así un pariente pobre del cuento. Pero hay también quienes, como Susana Rotker, creen que «la crónica es un producto híbrido, un producto marginado y marginal, que no suele ser tomado en serio ni por la institución literaria ni por la periodística, en ambos casos por la misma razón: el hecho de no estar definitivamente dentro de ninguna de ellas». A pesar de la obra de reporteros emblemáticos como Gay Talese y Ryszard Kapuscinski, el periodismo narrativo sigue pareciendo en Hispanoamérica un eslogan y un malentendido: «periodismo» es el adjetivo, y «literario» es el sustantivo. El triunfo de la estética sobre la ética, de la verosimilitud sobre la veracidad: hay quienes no han hecho su trabajo y disimulan su pobreza con una astuta selección de detalles ajenos, o hacen del plagio más banal un sustituto del reportaje. Lo que importa no es la verdad sino que *parezca* verdad. Y para ello les basta un lenguaje carismático.

Hasta hace un tiempo, un falso dilema azotaba las salas de prensa de esta parte del mundo: o eres escritor o eres reportero. Hay una legión de escritores que —por pereza o por timidez o por no ensuciarse las manos— se abstienen de ser reporteros, o fracasan en el intento. Pero hay más de una legión de reporteros que pretenden ser escritores con un vocabulario de trescientas palabras. Y más aún: un ejército de editores creen que el deber de un reportero es nunca entrometerse ni tomar partido, y se jactan de conservar en el reportero esa condición de ventrílocuo. Dice una cita apócrifa atribuida a Les Luthiers: «Lo importante no es saber, sino tener el teléfono del que sabe», y ésta parece ser la definición perfecta de un reportero promedio. «No tener una idea y poder expresarla. Eso hace al periodista», sentenciaba Karl Krauss. No se trata entonces de ser un ventrílocuo con bonita caligrafía. En tiempos en que las noticias aparecen en la pantalla de tu teléfono móvil, hacer un periodismo narrativo que explique un acontecimiento y escribirlo bien ya no es tanto una libertad estética: es una necesidad ética. Un lector de periódicos —impresos o electrónicos— percibe el mundo sobre todo a través de sus palabras: quien ahora no se preocupe por «escribir bien» no sólo perderá lectores sino sobre todo gente que entienda qué está sucediendo y que en consecuencia se conmueva, indigne o divierta. Ambas legiones, la de escritores y la de reporteros, parecen no distinguir el abismo invisible entre una «historia bien escrita» y una «buena historia». La primera puede serlo por haber sido escrita con carácter, gracia y sensualidad —a veces el estilo se opone a la verdad; otras, el estilo es la única verdad—. La segunda, en cambio, tiene el mérito de descubrir un mundo ignorado y ni siquiera tiene que estar tan bien escrita para ser extraordinaria.

En este último caso, sobre todo, la virtud de un cronista es usar su «poder literario de selección», como lo llama Timothy Garton Ash: ese ojo clínico que un reportero usa para seleccionar unos cuantos momentos que transmitan toda una vida, en lugar de todo aquello que, por falta de tiempo o de espacio, tendrá que omitir en su crónica de ella. El vigor y la autoridad de una historia periodística está en cómo administrar esa tensión natural entre lo que se sabe y lo que se ignora, entre lo que se cuenta y lo que se omite, y en cómo en última instancia un cronista selecciona y da lógica y sentido a esta información individual para poder construir con ella una imagen colectiva de su época. El periodismo —por su naturaleza simplificadora y urgente— está condenado a desdramatizar la realidad: apostar por publicar una crónica (en lugar de una nota informativa o una entrevista) es sólo un modo de intentar desdramatizarla menos. Supone siempre una ética en el oficio de decidir qué contar y qué callar. Un cronista ejerce con libertad ese «poder literario de selección», de un modo similar al de un fotógrafo que elige un determinado «encuadre»: como le es imposible relatar la historia en su totalidad, encuadra sólo unos fragmentos que expresen lo que más conviene al propósito de su historia. El relato no es la realidad, pero busca expresarla eligiendo los fragmentos que considera más significativos para transmitir el hecho. El relato no es la realidad, pero la ética y sus lectores tácitos le exigen no traicionarla. Al optar por un determinado encuadre, por algunos fragmentos del acontecimiento que ha decidido narrar, el cronista deja otros afuera. El acto de descubrir supone inevitablemente el de encubrir. El peligro está en que lo que un cronista decide excluir de su historia contradiga o desautorice lo que ha elegido mostrar en ella. Entonces no sólo *no* es la realidad sino que es un fraude.

7

En el principio fue la crónica, y no *The New Journalism*. La crónica y sus autores han existido bastante antes y después de él, y más allá de la tradición anglosajona. En su libro *La invención de la crónica,* Susana Rotker demuestra cómo la crónica modernista de América Latina, en el salto del siglo XIX al XX, fue un laboratorio de ensayo y el antecedente directo del Nuevo Periodismo, sobre todo en el caso de José Martí. Medio siglo más tarde, *The New Journalism* fue un movimiento más publicitario dentro de este género, y Tom Wolfe su vendedor estrella. En el libro *The Gang That Wouldn't Write Straight: Wolfe, Thompson, Didion and The New Journalism Revolution,* Marc Weingarten evidencia que éste fue un movimiento tanto de editores como de escritores. En ciertas publicaciones de Estados Unidos, la figura del editor ha sido una escuela y una influencia decisiva en el trabajo final de los cronistas, una complicidad que en la tradición hispanoamericana casi no existe entre editores de periódicos y libros. También es cierto que aún circula en Hispanoamérica una caricatura de la poética de Wolfe, que la reduce a un experimento de escritura —escenas, diálogos, perspectiva, estatus— en el que el autor parece, como los protagonistas de su historia, el ombligo del universo, y subsiste aún cierta lectura hagiográfica de Truman Capote en *A sangre fría*.

Pero, antes y después de ellos, existe una abundante narrativa documental dispuesta a ser examinada, y la deuda de una tarea pedagógica que reconstruya su artesanía. No hay una conciencia de autor en los Nuevos Cronistas de Indias, es decir, no les es fácil explicar cómo hacen lo que hacen: mientras el viejo Gay Talese cuenta cómo hace unas décadas solía leer con binoculares cada oración de su texto que él colocaba con alfileres en una pared de su sótano, desde hace décadas los cronistas de América Latina siguen discutiendo si usar o no usar grabadora para las entrevistas o si en sus textos deben usar la primera persona en singular. No suele haber reflexión sobre el reporteo como arte poética y casi nunca se sabe qué hay detrás de lo publicado. Se suele halagar y hasta premiar, a veces con cierta irresponsabilidad, reportajes que no se sabe cómo se consiguieron. En su excelente libro *The New New Journalism*, Robert S. Boynton escribe: «Contrario a los Nuevos Periodistas, la nueva generación experimenta más con el *modo* en que consigue una historia». Es el problema del acceso. Por ejemplo: las autoridades rechazan la solicitud del cronista Ted Conover para escribir un libro sobre el penal de Sing Sing, y éste decide entonces postular al puesto de guardián de prisiones. Tras varias pruebas y un duro entrenamiento en la escuela de carceleros, Conover es admitido y trabaja casi un año como guardia del penal. Aunque es un reportero encubierto, Ted Conover evita en lo posible disfrazarse: se impone no escribir su historia hasta renunciar al puesto, y vive diez meses como carcelero. Así descubre cómo funciona el poder y la autoridad en esa legendaria prisión. Los desafíos de los nuevos cronistas son los mismos de siempre, pero con un acento en buscar nuevas formas de sumergirse en la vida de una comunidad. «Sus innovaciones más significativas —concluye Boynton— han sido experimentos con la reportería más que con el lenguaje que usan en sus historias». Pero cada innovación produce sus adversarios, y tal vez los escépticos contra el *New New Journalism* sospechen que esos experimentos con el reportaje son, a fin de cuentas, experimentos con la verdad.

A pesar de esta tradición, en Hispanoamérica los gerentes y editores de diarios y revistas insisten en arrestar al género bajo sospecha. Es un debate que empieza declamatoriamente en la ética y acaba siempre en las finanzas, una desconfianza no tanto de los lectores o el público sino más propia del negocio de la prensa y sus gerentes. Se gasta tiempo en convencerlos de que vale la pena conceder a los cronistas un mayor espacio en los periódicos. Pero el máximo argumento no va más allá de que, así como un libro de reportajes no vende en Hispanoamérica tanto como una novela, tampoco una crónica venderá más periódicos y revistas. No es un debate profesional; es pura vocación comercial. En una cartografía futurista del género, la crónica nunca será un fenómeno a gran escala en el mapamundi de la prensa: por su naturaleza exigente, siempre será una ciudad menor dentro del continente del periodismo, un género aristocrático con ilusiones de un público pop, la mayoría de veces una aldea y una atracción turística para ese público que muy de vez en cuando desea apartarse del *zapping* y de la retórica del ventrilocuismo y la notaría. Apostar por la crónica es para un empresario un problema de mercado: exige una mayor inversión de tiempo y, por tanto, de dinero en horas-hombre. Pero para un editor es un lío de escasez de gente en quien confiar: una crónica exige un acceso íntimo a fuentes de información, instinto narrativo, pero sobre todo *mirada*. Exige también a más editores capaces de dialogar con un reportero que busca cómo traducir sus exploraciones y descubrimientos en una arquitectura de ideas y palabras. Publicar una crónica demanda más preguntas y tiempo de trabajo en reporteo y escritura y reflexión, pero a la vez otro tipo de editor, de rigurosidad en la verificación y —cómo no— de goce. Enfermos de solemnidad y de un declamatorio sentido del deber, a veces los periodistas olvidamos que éste es un oficio divertido.

Una crónica, si es extraordinaria, tiene la posibilidad de hacer que lo efímero no dure hasta mañana sino hasta pasado mañana. «Las modernas reglas de comercialización e higiene han desterrado la costumbre de envolver pescado con periódicos viejos —dice Luis Jochamowitz—. Con ello se ha perdido una magnífica frase acerca de la pronta mortalidad de la noticia». A fines del XIX, Nietzsche anunciaba: «Un siglo más de periódicos y las palabras apestarán», y nada más tedioso que confirmar una profecía que se cumple todos los días. Puede ser tan cómodo como incómodo ser un francotirador, pero éstos también aburren: no se trata de nadar *en contra* de la preponderancia de notas informativas ni las entrevistas preguntas-respuesta, que pueden hacerse muy bien y ser muy útiles. Se trata de aprender a convivir *en los márgenes* de la corriente de prensa ventrílocua y notarial, pero ensayando otras ventanas para la crónica. No hay suficientes buenos cronistas, pero también hacen falta más editores que de vez en cuando apuesten por arriesgar con nuevos temas y modos de conocer mundos inaccesibles e ignorados. La mina de acontecimientos —«lo que no se comprende»— tampoco se agota en estereotipadas historias de corrupción, guerra, narcotráfico y miseria. Cualquier tema fuera de esta órbita *no* es necesariamente banal, frívolo o inofensivo. Hay millones de personas que quieren entender otros fenómenos de la vida cotidiana, que, al fin y al cabo, es la vida que más les concierne. Un ejemplo: el cronista José Alejandro Castaño cuenta la historia de dos hipopótamos rosados que coleccionaba Pablo Escobar y que, tras el asesinato del narcotraficante, quedaron abandonados en su zoológico privado y acabaron fugando. Para transmitir la vida normal de un narcotraficante, su historia titulada *Adónde van dos hipopótamos tristes* resulta más necesaria y elocuente que una correcta historia de testigos y expedientes judiciales que casi nadie leerá.

¿No es una paradoja que el futuro de la crónica sea siempre volver al pasado? Más que un juego de palabras, es una certeza: antes, desde el siglo XIX hasta la primera mitad del siglo XX, había más espacio para publicar crónicas en papel. El periodismo era un trabajo menos profesional y más artesanal. Hoy abunda el espacio en Internet y predomina un modo fragmentado e interrumpido de leer, pero aún no existe un nuevo lenguaje. A pesar de que la interactividad con la gente ha creado un autor que a veces se disuelve en lo colectivo, la idea de que en Internet el autor de un texto se va a enriquecer con una legión de comentaristas sigue dependiendo de la singularidad del autor y del criterio selectivo de un editor en publicar los comentarios, a menudo insultantes o más cercanos al fraude intelectual. Internet ha cambiado el modo del uso del tiempo y de la simultaneidad de actividades de la gente, pero aún no el modo artesanal de producir una buena crónica. Volver a la artesanía es reivindicar el diálogo del autor y su editor en el tiempo. Hay cada vez más escuelas de periodismo y una plaga de alumnos, pero esta profesionalización conlleva, bajo su luz artificial, una sombra: uniformar a sus estudiantes como tecnócratas de la información y castrar la pasión por el oficio. «La academia hace mejores a los mediocres; pero, a su vez, mediocres a los mejores», recordaba Jorge Valdano respecto al fútbol (y más allá de él). Igual sucede con los cronistas: la industria editorial publica más libros de crónicas que antes porque hoy se produce más publicidad y se seduce a más compradores y esta situación estimula la producción en serie de más libros impacientes y a pedido. Las crónicas extraordinarias siempre serán escasas. Si sobreviven no será por la iniciativa de la industria editorial sino sobre todo por la apuesta personal de un autor y sus amigos. Todo ello no es lamentable, sino lo más normal para un género tan singular y exigente como la crónica de esta época.

Las crónicas tienen por supuesto la responsabilidad de no aburrir al público. Pero el mayor valor de una crónica no es conseguir que éste se evada de los problemas del mundo. No hay crónica periodística sin un problema que le dé vida. A principios del siglo pasado, el prestigio de un cronista provenía de una mirada intuitiva sobre las costumbres y del encanto de una escritura entre ingeniosa y poética. En 1922, el mismo año en que Joyce publicaba *El Ulises* y Vallejo *Trilce*, el cronista Luis Tejada sentenciaba su credo personal en *El Espectador*: «El mejor cronista es el que sabe encontrar siempre algo de maravilloso en lo cotidiano; el que puede hacer trascendente lo efímero; el que, en fin, logra poner mayor cantidad de eternidad en cada minuto que pasa. El mejor periodista no es el más sabio sino el más intuitivo; no es el que escribe mejor sino el que mejor sabe hacer escribir; no es el más honrado, ni el más sincero, sino el que es capaz de hacer decir al mayor número de gentes: ¡eso era lo que yo pensaba!». A principios del siglo XXI, en tiempos de sospecha y de cinismo, Tejada sigue teniendo la intuición respecto a los cronistas que más necesitamos. Pero tal vez hoy la singularidad de un cronista les debe más al rigor y al entendimiento que a la habilidad de un narrador de ficción. Más que entretener, hoy el desafío de un cronista es desengañar. En papel o por Internet, más que un experimento de selección de hechos y narración verificable, hoy el reto de un cronista es la inmersión y el conocimiento de una comunidad de gente, y, en consecuencia, una frecuente cita con el escepticismo, la incertidumbre y la perplejidad: «O ya no entiendo lo que está pasando o ya no pasa lo que estaba entendiendo», dijo Carlos Monsiváis. Un cronista tiene el reto de narrar «lo glocal» y de traducir el caos a través de una historia. Las posibilidades de la crónica demandan así un rigor tan elástico como irónico con su propia fragilidad: no hay que confundir el rigor de un cronista con un puritanismo contra la subjetividad. Además de su instinto narrativo y de su licencia de aguafiestas, un cronista puede tener tanto de antropólogo cultural como de un reportero con mentalidad histórica. Y hay una pregunta que sólo se puede responder cada vez que se publica una nueva crónica: más que deslumbrar por el modo de contar una historia, ¿hasta dónde puede un cronista iluminar el mundo que retrata? «La luz pública lo oscurece todo», recordaba Heidegger. Un epígrafe ficticio que el escritor Juan Bonilla publica en su primer libro de cuentos dice que Somerset Maugham, después que cada noche les contara historias a sus nietas, iba hasta la puerta de su cuarto y volteaba a mirarlas una vez más rendidas al sueño: «Sentía allí que un narrador, en el fondo, no es más que eso: el que apaga la luz». Un cronista, por el contrario, tendría que ser el que la enciende.

Texto publicado, en una primera versión, en *Letras Libres*, diciembre de 2005. Ésta es una versión inédita de 2010.

Por la crónica
Martín Caparrós

Entre los temas que Daniel Samper nos propuso, había uno que me llamó la atención más que los otros. Hablaba de «los escritores reconvertidos en periodistas y lo que en España se ha llamado la literaturalización del periodismo». No me interesó sólo, como ustedes podrían creer, porque me obligaría a jugarme la vida a todo o nada diciendo un par de veces literaturalización, y soy amante de los riesgos (lingüísticos). No sólo: también me sorprendí preguntándome si yo sería uno de ésos.

Y creo que sí: trato de ser, entre otras cosas, un cronista, uno que literaturiza el periodismo. O que cree, incluso, que cierto periodismo es una rama de la literatura. Ésta es una mesa sobre periodismo cultural, y yo he hecho mucho periodismo cultural. He dirigido un par de suplementos y revistas de libros, he participado en muchos otros, sigo participando. Pero sospecho que el periodismo cultural que más me interesa es el que crea una cultura, no el que habla sobre la que ya existe. Eso, creo, es la crónica.

Una primera definición: la crónica es eso que nuestros periódicos hacen cada vez menos.

Suelo preguntarme por qué los editores de diarios y periódicos latinoamericanos se empeñan en despreciar a sus lectores. O, mejor, en tratar de deshacerlos: en su desesperación por pelearle espacio a la radio y a la televisión, los editores latinoamericanos suelen pensar medios gráficos para una rara especie que ellos se inventaron: el lector que no lee. Es un problema: un lector se define por leer, y un lector que no lee es un ente confuso. Sin embargo, nuestros bravos editores no tremulan ante la aparente contradicción: siguen adelante con sus páginas llenas de fotos, recuadros, infografías, dibujitos. Los carcome el miedo a la palabra escrita, a la lengua, y creen que es mejor pelear contra la tele con las armas de la tele, en lugar de usar las únicas armas que un texto no comparte: la escritura. Por eso, en general, les va como les va; por eso, en general, a nosotros también.

Pero algunos estamos por la crónica.

Me gusta la palabra crónica. Me gusta, para empezar, que en la palabra crónica aceche cronos, el tiempo. Siempre que alguien escribe, escribe sobre el tiempo, pero la crónica (muy en particular) es un intento siempre fracasado de atrapar el tiempo en que uno vive. Su fracaso es una garantía: permite intentarlo una y otra vez, y fracasar e intentarlo de nuevo, y otra vez.

La crónica tuvo su momento, y ese momento fue hace mucho. América se hizo por sus crónicas: América se llenó de nombres y de conceptos y de ideas a partir de esas crónicas (de Indias), de los relatos que sus primeros viajeros más o menos letrados hicieron sobre ella. Aquellas crónicas eran un intento heroico de adaptación de lo que no se sabía a lo que sí: un cronista de Indias (un conquistador) ve una fruta que no había visto nunca y dice que es como las manzanas de Castilla, sólo que es ovalada y su piel es peluda y su carne violeta. Nada, por supuesto, que se parezca a una manzana, pero ningún relato de lo desconocido funciona si no parte de lo que ya conoce.

Así escribieron América los primeros: narraciones que partían de lo que esperaban encontrar y chocaban con lo que se encontraban. Lo mismo que nos sucede cada vez que vamos a un lugar, a una historia, a tratar de contarlos. Ese choque, esa extrañeza, sigue siendo la base de una crónica.

La crónica es un género bien sudaca y es (quizás por eso) un anacronismo. La crónica era el modo de contar de una época en que no había otras. Durante muchos siglos el mundo se miró (si se miraba) en las palabras. A finales del siglo xix, cuando la foto se hizo más portátil, empezaron a aparecer esas revistas ilustradas donde las crónicas ocupaban cada vez menos espacio y las fotos más: la tentación de mostrar los lugares que antes escribían.

Después vino el cine, apareció la tele. Y muchos supusieron que la escritura era el modo más pobre de contar el mundo: el que ofrece menos sensación de inmediatez, de verosimilitud. La palabra no muestra: construye, evoca, reflexiona, sugiere. Ésa es su ventaja.

La crónica es el género de no ficción donde la escritura pesa más. La crónica aprovecha la potencia del texto, la capacidad de hacer aquello que ninguna infografía, ningún cable podrían: armar un clima, crear un personaje, pensar una cuestión. ¿Hacer literatura? ¿Literaturizar?

La crónica es una mezcla, en proporciones tornadizas, de mirada y escritura. Mirar es central para el cronista, mirar en el sentido fuerte. Mirar y ver se han confundido, ya pocos saben cuál es cuál. Pero entre ver y mirar hay una diferencia radical.

Ver, en su primera acepción de esta Academia, es «percibir por los ojos los objetos mediante la acción de la luz»; mirar es «dirigir la vista a un objeto». Mirar es la búsqueda, la actitud consciente y voluntaria de tratar de aprehender lo que hay alrededor (y de aprender). Para el cronista, mirar con toda la fuerza posible es decisivo. Es decisivo adoptar la actitud del cazador.

Hubo tiempos en que los hombres sabían que sólo si mantenían una atención extrema iban a estar preparados en el momento en que saltara la liebre, y que sólo si la cazaban comerían esa tarde. Por suerte ya no es necesario ese estado de alerta permanente, pero el cronista sabe que todo lo que se le cruza puede ser materia de su historia y, por lo tanto, tiene que estar atento todo el tiempo, cazador cavernario. Es un placer retomar, de vez en cuando, ciertos atavismos: ponerse primitivo.

Digo: mirar donde parece que no pasara nada, aprender a mirar de nuevo lo que ya conocemos. Buscar, buscar, buscar. Uno de los mayores atractivos de componer una crónica es esa obligación de la mirada extrema.

Para contar las historias que nos enseñaron a no considerar noticia.

Existe la superstición de que no hay nada que ver en aquello que uno ve todo el tiempo. Periodistas y lectores la comparten: la «información» busca lo extraordinario; la crónica, muchas veces, el interés de la cotidianidad. Digo: la maravilla en la banalidad.

El cronista mira, piensa, conecta para encontrar (en lo común) lo que merece ser contado. Y trata de descubrir a su vez en ese hecho lo común: lo que puede sintetizar el mundo. La pequeña historia que puede contar tantas. La gota que es el prisma de otras tantas.

La magia de una buena crónica consiste en conseguir que un lector se interese en una cuestión que, en principio, no le interesa en lo más mínimo.

Porque la crónica, en principio, también sirve para descentrar el foco periodístico. El periodismo de actualidad mira al poder. El que no es rico o famoso o rico y famoso o tetona o futbolista tiene, para salir en los papeles, la única opción de la catástrofe: distintas formas de la muerte. Sin desastre, la mayoría de la población no puede (no debe) ser noticia.

La información (tal como existe) consiste en decirle a muchísima gente qué le pasa a muy poca: la que tiene poder. Decirle, entonces, a muchísima gente que lo que debe importarle es lo que les pasa a ésos. La información postula (impone) una idea del mundo: un modelo de mundo en el que importan esos pocos. Una política del mundo.

La crónica se rebela contra eso cuando intenta mostrar, en sus historias, las vidas de todos, de cualquiera: lo que les pasa a los que también podrían ser sus lectores. La crónica es una forma de pararse frente a la información y su política del mundo: una manera de decir que el mundo también puede ser otro. La crónica es política.

La información no soporta la duda. La información afirma. En eso el discurso informativo se hermana con el discurso de los políticos: los dos aseguran todo el tiempo, tienen que asegurar para existir. La crónica (el cronista) se permite la duda.

La crónica, además, es el periodismo que sí dice yo. Que dice existo, estoy, yo no te engaño.

El lenguaje periodístico habitual está anclado en la simulación de esa famosa «objetividad» que algunos, ahora, para ser menos brutos, empiezan a llamar neutralidad. La prosa informativa (despojada, distante, impersonal) es un intento de eliminar cualquier presencia de la prosa, de crear la ilusión de una mirada sin intermediación: una forma de simular que aquí no hay nadie que te cuenta, que «ésta es la realidad».

El truco ha sido equiparar objetividad con honestidad y subjetividad con manejo, con trampa. Pero la subjetividad es ineludible, siempre está.

Es casi obvio: todo texto (aunque no lo muestre) está en primera persona. Todo texto, digo, está escrito por alguien, es necesariamente una versión subjetiva de un objeto narrado: un enredo, una conversación, un drama. No por elección; por fatalidad: es imposible que un sujeto dé cuenta de una situación sin que su subjetividad juegue en ese relato, sin que elija qué importa o no contar, sin que decida con qué medios contarlo.

Pero eso no se dice: la prosa informativa se pretende neutral y despersonalizada, para que los lectores sigan creyendo que lo que tienen enfrente es «la pura realidad», sin intermediaciones. Llevamos siglos creyendo que existen relatos automáticos producidos por esa máquina fantástica que se llama prensa; convencidos de que la que nos cuenta las historias es esa máquina-periódico, una entidad colectiva y verdadera.

Los diarios impusieron esa escritura «transparente» para que no se viera la escritura: para que no se viera su subjetividad y sus subjetividades en esa escritura: para disimular que detrás de la máquina hay decisiones y personas. La máquina necesita convencer a sus lectores de que lo que cuenta es la verdad y no una de las infinitas miradas posibles. Reponer una escritura entre lo relatado y el lector es (en ese contexto) casi una obligación moral: la forma de decir aquí hay, señoras y señores, señoras y señores: sujetos que te cuentan, una mirada y una mente y una mano.

Nos convencieron de que la primera persona es un modo de aminorar lo que se escribe, de quitarle autoridad. Y es lo contrario: frente al truco de la prosa informativa (que pretende que no hay nadie contando, que lo que cuenta es «la verdad»), la primera persona se hace cargo, dice: esto es lo que yo vi, yo supe, yo pensé; y hay muchas otras posibilidades, por supuesto.

Digo: si hay una justificación teórica (y hasta moral) para el hecho de usar todos los recursos que la narrativa ofrece, sería ésa: que con esos recursos se pone en evidencia que no hay máquina, que siempre hay un sujeto que mira y que cuenta. Que hace literatura. Que literaturiza.

Por supuesto, está la diferencia extrema entre escribir en primera persona y escribir sobre la primera persona.

La primera persona de una crónica no tiene siquiera que ser gramatical: es, sobre todo, la situación de una mirada. Mirar, en cualquier caso, es decir yo y es todo lo contrario de esos pastiches que empiezan «cuando yo»: cuando el cronista empieza a hablar más de sí que del mundo, deja de ser cronista.

Hay otra diferencia fuerte entre la prosa informativa y la prosa crónica: una sintetiza lo que (se supone) sucedió; la otra lo pone en escena. Lo sitúa, lo ambienta, lo piensa, lo narra con detalles: contra la delgadez de la prosa fotocopia, el espesor de un buen relato. No decirle al lector esto es así; mostrarlo. Permitirle al lector que reaccione, no explicarle cómo debería reaccionar. El informador puede decir «la escena era conmovedora», el cronista trata de construir esa escena y conmover.

Yo lo llamo crónica; algunos lo llaman nuevo periodismo. Es la forma más reciente de llamarlo, pero se anquilosó. El nuevo periodismo ya está viejo.

Aquello que llamamos nuevo periodismo se conformó hace medio siglo, cuando algunos señores (y muy pocas señoras todavía) decidieron usar recursos de otros géneros literarios para contar la no ficción. Con ese procedimiento armaron una forma de decir, de escribir, que cristalizó en un género.

Ahora casi todos los cronistas escriben como esos tipos de hace cincuenta años. Dejamos de usar el mecanismo, aquella búsqueda, para conformarnos con sus resultados de entonces. Pero lo bueno era el procedimiento, y es lo que vale la pena recobrar: buscar qué más formas podemos saquear aquí, copiar allí, falsificar allá, para seguir buscando nuevas formas de contar la vida. Ése es, creo, el próximo paso para tratar de armar, desde el mejor periodismo, una cultura, es decir, una manera de mirar el mundo.

Texto presentado como ponencia en el Congreso Internacional de la Lengua Española de Cartagena 2007 y publicado en http://congresosdelalengua.es/cartagena/ponencias/seccion_1/13/ caparros_martin.htm

Contra los cronistas
Martín Caparrós

Dicen que son cronistas. Ponen cara de busto de mármol, la barbilla elevada, el ceño levemente fruncido, la mirada perdida en lontananza y dicen sí, porque yo, en la crónica aquella. O incluso dicen no, porque yo, en la crónica esta. O a veces dicen quién sabe porque yo. Son plaga módica, langostal de maceta, marabunta bonsái. Vaya a saber cómo fue, qué nos pasó, pero ahora parece que el mundo está lleno de unos señores y señoras que se llaman cronistas.

—Debe ser que les conviene, Caparrós, o que queda bonito.

—¿Usté dice? ¿A quién van a engañar con eso?

No a la industria, por supuesto: la mayoría de los medios latinoamericanos sigue tan refractaria como siempre a publicar nada que junte más de mil palabras. Pero ahora hay dos o tres revistas que sí ofrecen cosas de ésas, y parece que están en su momento fashion: hay quienes las citan, algunos incluso las leen, los que pueden van y las escriben. Y se arman encuentros, seminarios, talleres, cosas nostras; ser cronista se ha vuelto un modo de reconocerse: ah sí, tu quoque, fili mi.

Tanto así que, hace poco, Babelia, el suplemento de cultura —qué bueno, un suplemento de cultura— de *El País* español dedicó una tapa con cholitas a los cronistas latinoamericanos: «El periodismo conquista la literatura latinoamericana», decía el título, en un lapsus gracioso, donde españoles seguían asociando América y conquista. Cuando las páginas más *mainstream* de la cultura hispana sancionan con tanto bombo una «tendencia», la desconfianza es una obligación moral.

—No joda, mi estimado, qué le importa. Lo que vale es que la crónica está en el centro de la escena.

—De eso le estaba hablando, precisamente de eso.

Yo siempre pensé que ser cronista era una forma de pararse en el margen. Durante muchos años me dije cronista porque nadie sabía bien qué era —y los que sabían lo desdeñaban con encono. Ahora parece que resulta un pedestal, y me preocupa. Porque no reivindicaba ese lugar marginal por capricho o esnobismo: era una decisión y una política. Hace tres meses participé en Bogotá de un gran encuentro —Nuevos Cronistas de Indias— organizado por la FNPI, que hace tanto por el buen periodismo sudaca. Allí me encontré con amigos y buenos narradores —y algunos de estos bustos neomarmóreos—. Nos la pasamos bomba. Pero lo que me sorprendió fue que, a lo largo de tres días de debates sobre «la crónica», en ningún momento hablamos de política. Y yo solía creer que si algo tenía de interesante la crónica era su posición política.

Yo creo que vale la pena escribir crónicas para cambiar el foco y la manera de lo que se considera «información» —y eso se me hace tan político—. Frente a la ideología de los medios, que suponen que hay que ocuparse siempre de lo que les pasa a los ricos famosos poderosos y de los otros sólo cuando los pisa un tren o cuando los ametralla un poli loco o cuando son cuatro millones, la crónica que a mí me interesa trata de pensar el mundo de otra forma —y eso se me hace tan político—. Frente a la ideología de los medios, que tratan de imponer ese lenguaje neutro y sin sujeto que los disfraza de purísimos portadores de «la realidad», relato irrefutable, la crónica que a mí me interesa dice yo no para hablar de mí sino para decir aquí hay un sujeto que mira y que cuenta, créanle si quieren pero nunca se crean que eso que dice es «la realidad»: es una de las muchas miradas posibles —y eso se me hace tan político—. Frente a la aceptación general de tantas verdades generales, la crónica que a mí me interesa es desconfiada, dudosa, un intento de poner en crisis las certezas —y eso se me hace tan político—. Frente al anquilosamiento de un lenguaje, que hace que miles escriban igual que tantos miles, la crónica que a mí me interesa se equivoca buscando formas nuevas de decir, distintas de decir, críticas de decir —y eso se me hace tan político—. Frente a la integración del periodismo, la crónica que a mí me interesa buscaba su lugar de diferencia, de resistencia —y eso se me hace tan político.

Por eso me interesa la crónica. No para adornar historias anodinas, no para lucir cierta destreza discursiva o sorprender con pavaditas o desenterrar curiosidades calentonas o dibujar cara de busto. Por eso, ahora, hay días en que pienso que estoy contra la crónica o, por lo menos, muchas de estas crónicas. Por eso, ahora, hay días en que pienso que voy a tener que buscarme otra manera o, por lo menos, otro nombre.

Texto publicado en *Etiqueta Negra,* núm. 63, octubre de 2008.

Sobre algunas mentiras del periodismo
Leila Guerriero

Voy a empezar diciendo la única verdad que van a escuchar de mi boca esta mañana: yo soy periodista, pero no sé nada de periodismo. Y cuando digo nada, es nada: no tengo idea de la semiótica de géneros contemporáneos, de los problemas metodológicos para el análisis de la comunicación o de la etnografía de las audiencias. Además, me encanta poder decirlo acá, me aburre hasta las muelas Hunter S. Thompson. Y tengo pecados peores: consumo más literatura que periodismo, más cine de ficción que documentales, y más historietas que libros de investigación.

Pero, por alguna confusión inexplicable, los amigos de *El Malpensante* me han pedido que reflexione, en el festejo de su décimo aniversario, acerca de algunas mentiras, paradojas y ambigüedades del periodismo escrito. No sólo eso: me han pedido, además, que no me limite a emitir quejidos sobre el estado de las cosas, sino que intente encontrar algún por qué. Y aquí empiezan todos mis problemas, porque si hay algo que el ejercicio de la profesión me ha enseñado es que un periodista debe cuidarse muy bien de buscar una respuesta única y tranquilizadora a la pregunta del por qué.

No soy comunicóloga, ensayista, socióloga, filósofa, pensadora, historiadora, opinadora, ni teoricista ambulante y, sobre todo, llegué hasta acá sin haber estudiado periodismo. De hecho, no pisé jamás un instituto, escuela, taller, curso, seminario o postgrado que tenga que ver con el tema.

Aclarado el punto, decidí aceptar la invitación porque los autodidactas tendemos a pensar que los demás siempre tienen razón (porque estudiaron) y, más allá de que todos ustedes harían bien en sospechar de la solidez intelectual de las personas supuestamente probas que nos sentamos aquí a emitir opinión, elegí hablar de un puñado de las muchas mentiras que ofrece el periodismo latinoamericano.

Primero, de la que encierran estos párrafos: la superstición de que sólo se puede ser periodista estudiando la carrera en una universidad. Después, de la paradoja del supuesto auge de la crónica latinoamericana unida a la idea, aceptada como cierta, de que los lectores ya no leen. Y por último, más que una mentira, un estado de cosas: ¿por qué quienes escribimos crónicas elegimos, de todo el espectro posible, casi exclusivamente las que tienen como protagonistas a niños desnutridos con moscas en los ojos, y despreciamos aquellas con final feliz o las que involucran a mundos de clases más altas?

Ejerzo el periodismo desde 1992, año en que conseguí mi primer empleo como redactora en la revista *Página/30,* una publicación mensual del periódico argentino *Página/12.* Yo era una joven egresada de una facultad de no diremos qué, escritora compulsiva de ficción, cuando pasé por ese periódico donde no conocía a nadie y dejé, en recepción, un cuento corto para ver si podían publicarlo en un suplemento en el que solían aparecer relatos de lectores tan ignotos como yo. Cuatro días después mi cuento aparecía publicado, pero no en ese suplemento de ignotos sino en la contratapa del periódico, un sitio donde firmaban Juan Gelman, Osvaldo Soriano, Rodrigo Fresán, Juan Forn y el mismo director del diario, Jorge Lanata: el hombre que había leído mi cuento, le había gustado y había decidido publicarlo ahí.

Yo no sabía quién era él, y él no sabía quién era yo.

Pero hizo lo que los editores suelen hacer: leyó, le gustó, publicó.

Seis meses después me ofreció un puesto de redactora en la revista *Página/30.* Y así fue como empecé a ser periodista.

El mismo día de mi desembarco, el editor de la revista me encargó una nota: una investigación de diez páginas sobre el caos del tránsito en la ciudad de Buenos Aires.

Yo jamás había escrito un artículo pero había leído toneladas de periodismo y de literatura, y había estado haciendo un saqueo cabal de todo eso, preparándome para cuando llegara la ocasión. Me había educado devorando hasta los huesos suplementos culturales, cabalgando de entusiasmo entre páginas que me hablaban de rock, de mitología, de historia, de escritores suicidas, de poetas angustiadas, de la vida como nadador de Lord Byron, de los amish, de los swingers. Yo, lo confieso, le debo mi educación en periodismo al periodismo bien hecho que hicieron los demás: canibalizándolos, me inventé mi voz y mi manera. Aprendí de muchos —de Juan Sasturain, de Homero Alsina Thevenet, de Rodrigo Fresán— y, sobre todo, de las crónicas de Martín Caparrós: leyéndolo, sin conocerlo, descubrí que se puede contar una historia real con el ritmo y la prosa de una buena novela. De modo que, si bien yo no era periodista, creía saber cómo contar esa historia del caos de tránsito en la ciudad de Buenos Aires.

El editor de *Página/30* me dio dos órdenes: la primera, que quería la nota del tránsito en dos semanas; la segunda, que leyera *Crash,* un libro de J. G. Ballard que, me dijo, me iba a ayudar a lograr el tono. Yo compré un grabador, hice un listado de personas a entrevistar, pasé tres días en el archivo del diario investigando carpetas referidas a autopistas, ruidos molestos, accidentes de tránsito y urbanismo. Y, por supuesto, no leí *Crash.* Ya lo había leído a los 13 años. *Crash* es un libro que cuenta una historia de autitos chocadores, de gente que disfruta de chocarlos a propósito y de lamerse después las mutuas cicatrices. Yo me pregunté en qué podía ayudarme ese libro a escribir una nota sobre el caos del tránsito en Buenos Aires, y me respondí que en nada. Entonces hice lo que mejor me sale: no le hice caso. Dos semanas después entregué la nota, el hombre la leyó y dijo: «Muy bien, te felicito: se ve que leer a Ballard te ayudó, lograste el tono».

Desde aquel primer trabajo y hasta ahora pasé por una buena cantidad de diarios y revistas, menores y mayores, y sigo portando una virginidad con la que ya he decidido quedarme: la de no haber asistido, jamás y como alumna, a ningún sitio donde se enseñe periodismo. Soy, como las mejores vírgenes, tozuda. Y a lo mejor, como las mejores vírgenes, soy también un poco fatalista, y siento que ya estoy vieja para emprender otro camino. Y a lo mejor también, como las mejores vírgenes, soy un poco cobarde y pienso que quizás duele, y entonces mejor no. Y acá me tienen. Una autodidacta absoluta, una suerte de dinosaurio: quizás la última periodista salvaje.

Para ser absolutamente sincera, en algún momento sentí que podía faltarme un poco de educación sistemática, y lo intenté: me inscribí en un par de cursos, unos cinco años atrás, pero no me aceptaron. Supongo que, precisamente, por esa falta de mérito en materia de postgrados, tesis, seminarios, másters, etcétera. Mi destino es morir virgen de estas cosas: morir sin escuchar a nadie dar lecciones.

Pero creo que voy camino a ser leyenda, porque la superstición extendida es que nadie puede ser periodista sin haber hecho una musculosa carrera en la universidad, salpimentada con una pasantía en un diario importante, un buen taller y cinco seminarios. De hecho, cuando algunos estudiantes de periodismo me preguntan dónde estudié y respondo «en ninguna parte», el rostro se les desfigura en una mezcla de horror y desilusión. Como si estuvieran, de pronto, frente al Pingüino de Batman, un bicho que los fascina pero les despierta repugnancia. Supongo que haber creado ese mito —que sólo se puede ser periodista si se sigue el circuito universidad, postgrado, máster, curso, seminario, etcétera— es muy conveniente para universidades e institutos, y no digo que no sea, incluso, necesario para intercambios de todo tipo: de conocimiento, de información, de flujos y de tarjetas personales. Pero me atrevo a sospechar que no es la única forma de hacerlo, sobre todo si tenemos en cuenta que la carrera de periodismo es una cosa nueva, y que quienes enseñan en la universidad y dan talleres y seminarios no aprendieron lo que saben, a su vez, en talleres ni seminarios sino en periódicos y revistas, saqueando, como yo, a otros que lo hacían mejor que ellos.

En todo caso, una cosa sí sé, y es que la universidad no salva a ningún periodista del peor de los pecados: cometer textos aburridos, monótonos, sin climas ni matices, limitarse a ser un periodista preciso y serio, alguien que encuentra respuestas perfectas a todos los porqués, y que jamás se permite la gloriosa lujuria de la duda.

Y si no sé cómo se aprende lo que se aprende, sí sé, en cambio, que enseña más cosas acerca de cómo escribir cualquier novela de John Irving o la historieta *Maus,* de Art Spiegelman, que cinco talleres de escritura periodística donde se analice concienzudamente la obra de Gay Talese.

Dicho esto, pasemos a nuestra segunda mentira o paradoja: el auge de la crónica del que se habla tanto en estos días.

Empecé a escribir estas páginas el sábado 30 de septiembre de 2006, a las tres y veinte de la tarde. Salvo cinco breves interrupciones para hacer té y comer galletitas, podríamos decir que estuve ahí sentada hasta las doce de la noche. Un total de nueve horas que son, de todos modos, seis menos de las que suelo dedicar a una nota cuando estoy en plena faena de escritura: escribir un artículo me lleva de veinte días a un mes y medio, con jornadas de doce, quince o dieciséis horas. Eso, sin contar la etapa de investigación previa. Conozco a otros cronistas que trabajan como yo. Que después de meses de reporteo, bajan las persianas, desconectan el teléfono y se entumecen sobre el teclado de una computadora para salir tres días después a comprar pan, sabiendo que el asunto recién comienza.

La crónica es un género que necesita tiempo para producirse, tiempo para escribirse, y mucho espacio para publicarse: ninguna crónica que lleva meses de trabajo puede publicarse en media página.

Es raro, entonces, que se hable, como se habla, del auge de la crónica latinoamericana.

Principalmente porque pocos medios gráficos, salvo las honrosas excepciones que todos conocemos, están dispuestos a pagarle a un periodista para que ocupe dos o tres meses de su vida investigando y escribiendo sobre un tema. Siguiendo porque los editores suelen funcionar con un combustible que se llama urgencia y con el que la crónica suele no llevarse bien. Y finalmente, y quizás sobre todo, porque pocos medios están dispuestos a dedicarle espacio a un texto largo ya que, se supone —lo dicen los editores, lo vocean los anunciantes, lo repiten todos—, los lectores ya no leen.

Y sin embargo, sin medios donde publicarla, sin medios dispuestos a pagarla y sin editores dispuestos a darles a los periodistas el tiempo necesario para escribirla, se habla hoy de un auge arrasador de la crónica latinoamericana.

Después del misterio de la Santísima Trinidad, éste debe ser el segundo más difícil de resolver.

Años atrás, en medios argentinos yo publicaba crónicas de 50.000 caracteres, el equivalente a doce o catorce páginas de una revista. Hoy, como mucho, se aceptan 10.000, distribuidos en seis páginas con muchas fotos porque, ya lo he dicho, los editores han decretado que los lectores ya no leen.

Tiendo a pensar que para decir eso se basan en las encuestas que les acercan los muchachos del márketing. Los muchachos del marketing son unas personas que se dedican, entre otras cosas, a hacer encuestas con grupos supuestamente representativos de lectores. Los he visto: juntan en una piecita a señores y señoras con los cuales ninguno de ustedes ni yo se iría a tomar un café y les preguntan si leen, si no leen y qué les gustaría leer. A lo que los señores y señoras reponden sí, no, Paulo Coelho, y después de un rato y de mucha elaboración los muchachos del márketing dictaminan que los lectores ya no leen y que lo que hacen ahora los lectores, en cambio, es mirar televisión. Enterados de este fenómeno, los editores encontraron un recurso genial para lograr que la gente siga leyendo: llegar a los kioscos disfrazados de televisor. Así, decidieron empezar a publicar textos muy cortos adornados con recuadros, infografías, mapas, instrucciones de uso, cuadros comparativos, biografías express, columnas de especialistas, dibujos y muchas fotos (algunas en blanco y negro para que se note que todavía tienen alguna intención seria). La idea de fondo es lograr, por la vía del disimulo, que el lector no se entere de que lo que tiene entre manos es una inmunda, asquerosa, deleznable revista, y no la pantalla de un televisor.

Y es raro, porque si hay algo que uno debe hacer para dedicarse a un oficio como éste —editar diarios y revistas— es creer en él. Yo encuentro ciertas diferencias entre la vocación necesaria para gerenciar una fábrica de condones y la que se necesita para editar una revista o un periódico. El hecho de que tantos editores hayan decidido que los lectores no leen, pero insistan en hacer periódicos y revistas —objetos que sólo están hechos para ser leídos— es, al menos, desconcertante. ¿Para qué insistir en la fabricación de algo que está destinado al fracaso? ¿Por qué no venden sus diarios y sus revistas y se compran canales de televisión?

Las malas noticias empiezan a la hora de revisar las ventas. Si para diarios y revistas era muy normal vender 300.000 ejemplares o un par de millones hace unas décadas, aun publicando notas largas con mucho texto sin recuadritos ni tantas fotos, hoy se puede considerar que cualquier cosa es un suceso editorial si vende apenas 25.000.

Si bien es cierto que el lenguaje de las imágenes y la irrupción de internet pueden haber quitado lectores a los diarios, y que nada garantiza que publicar textos largos aumente las ventas, no parece que aplicar el método televisivo les esté ayudando mucho.

Por otra parte, tiendo a pensar que los lectores severos nunca fuimos multitud. Que así como yo era, en 1984, probablemente la única egresada del Colegio Nacional Normal Superior de Junín, la ciudad donde nací, que había leído varios cientos de libros y consumía compulsivamente suplementos literarios e historietas, revistas y periódicos, hoy debe suceder lo mismo: los lectores severos nunca fuimos multitud, pero siempre estuvimos ahí.

La diferencia es que ahora los editores han perdido la fe y son pocos los que conservan vivo el ánimo, no sólo de no subestimar a sus lectores, sino de mostrarles un mundo sorprendente y desconocido bajo la forma de una gran nota, bien escrita y desplegada. Y la diferencia podría estribar también en que ahora, además, los editores son, antes que editores, administradores. Personas más ocupadas en ir a almuerzos con anunciantes y en saltar de reunión en reunión, que seres entregados a concebir, allí donde no hay nada, una idea: un periódico, una revista. (Por no hablar, claro, de la extraña costumbre que hace que, cuando un periodista escribe muy bien, se lo emponzoñe con la tentación de pagarle siete veces más y hacerlo editor, lo cual lleva a que en los puestos de editores de toda Latinoamérica haya una enorme cantidad de estupendos periodistas frustrados que nunca vuelven a escribir una letra, y que quizás no son buenos en su puesto por el hecho obvio de que no tienen por qué ser, además de buenos periodistas, buenos editores, si tenemos en cuenta que las cualidades que se necesitan para una y otra cosa son tan distintas como las que se necesitan para saber cortar el pelo y teñir en una peluquería.)

Dicho esto, y reconociéndome incapaz de llegar aquí a alguna conclusión, creo yo que en estos tiempos el despertar de una vocación periodística debe ser infinitamente difícil. Pienso en mí teniendo ahora 15, 16 o 20 años, leyendo la mayoría de estos diarios, de estas revistas: ¿hubiera querido ser esto que soy, hubiera aspirado a contar historias si toda posibilidad de publicación se agotara en notas de tres páginas, estrelladas de recuadritos de colores con el aspecto de manga japonés?

Mi bendita ignorancia me dice, una vez más, que no lo sé, y mi estúpido optimismo me dice que esta tendencia a la subestimación de los lectores terminará cayendo por su propio peso, que alguna vez algunos editores recordarán que lo que publican no es un catálogo de avisos sino unos artículos que aspiran a contar el mundo en que vivimos, y que entonces volverán a sentar su trasero en una silla doce, quince, dieciséis horas por día, tal como hasta ahora seguimos haciéndolo los pocos privilegiados que podemos publicar crónicas aquí y allá, en el puñado de revistas que son las que, quizás, justifican el mito del auge de la crónica, gracias a que, todavía y por suerte, un puñado de buenos editores confía en la potencia de un texto bien escrito.

* * *

Pasando a la última de las ambigüedades, paradojas o mentiras que nos ocupan, hay un chiste más o menos viejo que pregunta cuál es la diferencia entre una hermosa mujer rubia desnuda y una hermosa mujer negra desnuda: la respuesta es que la rubia sale en Playboy y la negra sale en National Geographic.

Más allá del chiste, que es un resumen bastante exacto de un estado de cosas, nadie puede dudar que la crónica latinoamericana tiene oficio y músculo entrenado para contar lo freak, lo marginal, lo pobre, lo violento, lo asesino, lo suicida (yo misma podría poner una banderita arriba de cada uno de esos temas: a todos los he pasado por la pluma y a algunos, incluso, varias veces), pero en cambio tiene cierto déficit a la hora de contar historias que no rimen con catástrofe y tragedia. Puede ser que las buenas historias con final feliz no abunden y que contar historias de violencia dispare la adrenalina que todo periodista lleva dentro. Puede ser que sumergirnos en mundos marginados nos produzca más curiosidad que una realidad de acceso más fácil. Que hablar de los niños desnutridos sea, incluso, una prioridad razonable.

Pero también es cierto que hay una confusión que los mismos periodistas alimentamos y que ha contribuido a sobrevaluar el rol del periodismo de investigación o de denuncia, al punto de transformarlo en el único periodismo serio posible. Esa confusión reza que el periodismo equivale a alguna forma de la justicia cuando, en realidad, los periodistas no somos la justicia, ni la secretaría de bienestar social, ni la asociación de ayuda a la mujer golpeada, ni la Cruz Roja, ni la línea de asistencia al suicida. Contamos historias y si, como consecuencia, alguna vez ganan los buenos, salud y aleluya, pero no lo hacemos para eso, o sólo para eso.

Por otra parte, es probable que tanto a periodistas como a editores nos dé un poco de vergüenza y culpa poner el foco en historias amables, precisamente porque nos sentimos más en deuda con los desnutridos, los marginados, etcétera, y porque, en el fondo, estamos convencidos de que, después de todo, aquéllos son temas menores, aptos más bien para periodistas ñoños que escriben artículos repletos de moralejas o insoportables historias de superación humana.

Y, finalmente, a diferencia de las historias de niños muertos, asesinos seriales, mujeres violadas y padres enamorados de sus hijos, los temas amables casi no consiguen premios. Muchos concursos de periodismo escrito son el equivalente a los grandes premios fotográficos en los que la foto ganadora siempre es tomada en África o en el país bombardeado de turno, e involucra a un chico desnutrido, moscas, un perro flaco, la tierra resquebrajada y alguna señora aullando de dolor. Si en sus países de origen nadie da un peso por los niños con moscas en los ojos y las señoras que aúllan de dolor, es impresionante lo alto que cotizan en la bolsa de los premios.

Es probable, entonces, que la crónica latinoamericana no esté contando la realidad completa, sino siempre el mismo lado B: el costado que es tragedia. La negra desnuda de National Geographic.

Y si no hay ahí una mentira hay, probablemente, una omisión.

* * *

Para terminar, quisiera reseñar una mentira menor en la que no creí nunca: la que reza que para llegar a ciertos lugares en el periodismo y en todo lo demás, hay que tener contactos: ser el hijo del dueño del diario.

Ahí donde todos dicen eso yo digo que el trabajo cabal, hecho a conciencia, con esfuerzo y muchas horas de vuelo frente a la computadora, termina, antes o después, en manos del editor que estaba buscando.

Era el año 2004, y yo estaba en un lugar lejano. España o Croacia. En todo caso, lejos. Un día de tantos llamé a mi casa, y atendió el hombre con el que vivo hace once años. Le dije las cuestiones que son siempre ciertas —que lo extraño, que no sé qué fui a buscar al otro lado del mundo, lado del mundo en el que, por otra parte, me encuentro a menudo, como ahora— y él me dio tres noticias fabulosas: la primera, que le pasaba lo mismo; la segunda: que estaban destrozando el piso de mi casa para cambiar un caño roto (la buena noticia, en este caso, era que yo no estaba ahí para ver eso); y la tercera, que el editor de una revista colombiana quería mi autorización para publicar un texto que yo había escrito en una revista de Buenos Aires llamada *lamujerdemivida*. La revista colombiana se llamaba *El Malpensante*. Yo la conocía, pero la miraba de lejos, con cierto respeto reverente. Sabía que publicaban buenas firmas, sabía de la excelencia de los textos y sabía que era, sin dudas, uno de los lugares en los que yo quería escribir cuando fuera grande. Alguna vez, incluso, mandé un mail presentándome y proponiendo alguna nota, pero a decir verdad jamás me respondieron.

Hasta aquel día en que, estando yo tan lejos, aquel editor leyó mi artículo en una revista argentina, le gustó y quiso publicarlo en la suya.

Yo no lo conocía y él nunca había escuchado hablar de mí.

Pero hizo lo que hace un editor: leyó, le gustó, publicó.

De modo que, habiendo tenido esta suerte no una sino dos veces, no puedo hacer menos que creer que, si bien es probable que ser el hijo del director del diario ayude mucho, el trabajo, antes o después, se defiende solo.

Por eso, a los buenos periodistas que aún no hemos leído, a los que están empezando, a los que no tienen tíos o amigos en el mundo editorial ni dinero para pagarse una carrera, a los que no encuentran sitio donde publicar sus crónicas, vendría bien recordarles eso: que siempre habrá un buen editor acechando en las sombras.

Que siempre, si saben esperar, encontrarán su propio *Malpensante*. O *El Malpensante*, antes o después, los encontrará a ustedes.

Texto leído durante una conferencia en el Festival El Malpensante del año 2006, publicado ese mismo año por la revista colombiana *El Malpensante*.

Notas desabotonadas. La crónica latinoamericana
Boris Muñoz

Ya que últimamente me han invitado a hablar de cualquier cosa, menos de lo que de verdad sé un poquito, aprovecho para darle las gracias a ReLectura y, en particular, a Rodrigo Blanco, por la genial idea de fraguar, junto a Sinar Alvarado, este encuentro en el que por fin me tocará conversar sobre algo que es mi pasión. Una pasión a la que de paso le he entregado horas de estudio y de escritura.

Quiero comenzar esta breve intervención recordando algo que me pasó hace apenas dos días. Estaba en un restaurante con dos amigos. Uno de ellos es mi compañero de gandulerías, el poeta Ezequiel Borges, y conversábamos precisamente acerca de este evento. Ezequiel me habló de la crónica de un peruano que había venido a Caracas y se la había paseado en un taxi. De modo que era una crónica urbana desde el punto de vista de quien recorre la ciudad en un carro y basada en los testimonios de los taxistas. Luego de relatarme lo fantástica que era, me imprecó: «Tienes que incluir más crónica en *Exceso*». Me quedé mirándolo sin decir nada. Él se volvió hacia mí y, con ese tono de profeta con el que quiere hacerle honor a su nombre, añadió: «La crónica es el presente, es el pasado, es el futuro y es el ser del ser de la literatura latinoamericana. Sin la crónica seríamos murciélagos sin radar, y un murciélago sin radar está jodido».

Ya que, según veo, la crónica está otra vez de moda, empezaré desglosando la declaración de Ezequiel para desde allí construir un posible argumento sobre esta forma definitoria de nuestra literatura. Empezaré por lo más rimbombante, eso del ser del ser de la literatura latinoamericana, luego me referiré a los murciélagos y al final recobraré el principio: «Tienes que incluir más crónica en *Exceso*».

La arqueología del presente

Es evidente que no le falta razón a quien afirma que la crónica es el ser del ser de nuestra literatura. Repasemos algunos ejemplos.

Si nos remontamos al paleolítico de la crónica, es decir, a las Crónicas de Indias, hallamos un corpus notable de la escritura urbana en nombres como Bernal Díaz del Castillo, Guamán Poma de Ayala y el Inca Garcilaso de la Vega —también conocido como el primer mestizo biológico y espiritual de América y Príncipe de los escritores del Nuevo Mundo—, cuyos *Comentarios reales* fueron proscritos por sediciosos y peligrosos. O nuestro José de Oviedo y Baños, quien también hace gala de una escritura ambivalente que exalta la conquista española y a la vez denuncia su enorme salvajismo.

Además, la crónica contribuyó muchísimo al primer gran parto de la inteligencia literaria americana con el Modernismo. El poeta, héroe y grafómano cubano José Martí es probablemente el primer escritor que se plantea el problema de nuestra modernidad urbana y lo hace a partir de crónicas neoyorquinas que son gemas de la prosa, pero también densas reflexiones sobre el problema de la sociedad capitalista. La progenie de Martí fue amplia y brillante, empezando por Rubén Darío, Gutiérrez Nájera y el guatemalteco Enrique Gómez Carrillo, uno de nuestros más grandes y subestimados *flâneurs*.

Del Modernismo a nuestros días, cuando aparece la telenovela y se convierte en otra fuente de ingresos, la crónica ha sido uno de los métodos más favorecidos por el escritor latinoamericano para no morir como artista del hambre —aunque a duras penas—. Si queremos poner a prueba la tesis, pensemos solamente en algunos nombres al vuelo como César Vallejo, Roberto Arlt, Gabriel García Márquez, Mario Vargas Llosa, Tomás Eloy Martínez y, más tarde, Carlos Monsiváis, Elena Poniatowska y Juan Villoro. Inclusive, Tomás Eloy Martínez sitúa el nacimiento del nuevo periodismo latinoamericano con la llegada a Maiquetía de Gabriel García Márquez los primeros días de enero de 1958, poco antes de que Marcos Pérez Jiménez perdiera una maleta llena de dólares mientras abordaba a toda prisa el avión *Vaca Sagrada*.

Sin embargo, hay una diferencia entre los primeros mencionados y los segundos. Para García Márquez, Vargas Llosa o Martínez, la crónica fue, por mucho tiempo, una vía de mantenimiento y, en el mejor de los casos, una forma de calistenia prosística —con sus exigencias ideológicas, políticas y estéticas, por supuesto—. Pero Monsiváis, Poniatowska y Villoro han hecho de la crónica el medio de expresión que mejor los emblematiza como autores.

Ahora bien, hay otra diferencia que tiene que ver con el lugar del escritor en la sociedad. Por mucho tiempo el periodismo se vio como una distracción ominosa para el escritor, un oficio menor y bastardo que lo doblegaba y lo hacía servil a la realidad. Basta recordar que en el cenit del boom latinoamericano, Vargas Llosa pronunció aquí en Caracas su célebre discurso de aceptación del premio Rómulo Gallegos, «La literatura es fuego», en el que clamaba a voz en cuello: «La literatura es una forma de insurrección permanente y ella no admite las camisas de fuerza». Y más adelante agregaba: «Nuestra vocación ha hecho de nosotros, los escritores, los profesionales del descontento, los perturbadores conscientes o inconscientes de la sociedad, los rebeldes con causa, los insurrectos irredentos del mundo, los insoportables abogados del Diablo».

Compartida por otros grandes escritores, esa visión hizo que durante mucho tiempo la crónica fuera desdeñada a recopilaciones azarosas que no revestían un particular orgullo para sus autores. Pero si uno piensa en la capacidad subversiva, la carga de denuncia, descontento y perturbación que dejan libros como *Operación masacre* de Walsh, *La pasión según Trelew* de Martínez, *La noche de Tlatelolco* de Poniatowska o el mismo *Relato de un náufrago* de García Márquez, no queda otra que concluir que también la crónica es fuego.

Me atrevo aquí a arriesgar una opinión a contracorriente: la crónica ha pervivido en los escritores no sólo para mitigar su hambre, sino también porque es la forma que mejor los vuelve contemporáneos de su público. Tal como la definía Susana Rotker, la crónica debe tanto al proceso de profesionalización del escritor ocurrido a fines del siglo XIX como a su curiosidad. En ese sentido, no hay mayor diferencia entre Martí y Caparrós o Skónik y Meneses. Para todos ellos se trata de una forma de escritura que les permite indagar en la realidad y hacer lo que Rotker llamó la arqueología del presente. En esa medida, la crónica es, efectivamente, el ser del ser de la literatura latinoamericana.

Ahora vamos con los murciélagos

Villoro dice que la crónica es el ornitorrinco de la prosa y separa sus funciones en siete características. No las voy a detallar, pero diré que si la crónica es como un ornitorrinco el cronista se parece más a un murciélago. En realidad, los cronistas son los X-Men de la prosa.

¿Por qué? Porque a pesar de ser mamíferos como la mayoría de los animales terrestres —no quiero implicar aquí que la mayoría de los periodistas sean unos animales terrestres—, vuela. Volar, en este sentido figurado, significa usar el lenguaje para conferirle a la escritura cierta altivez verbal y un uso de la imaginación que la hacen «literaria». Eso, y no otra cosa, es lo que se le pide al cronista, aun cuando hoy se vea sometido a unos niveles de exigencia y rigor periodísticos mucho mayores que en el pasado.

Los peligros de la moda

Y cuando me dicen «tienes que incluir más crónica en *Exceso*», pienso enfáticamente en los peligros de la moda. Hoy todo es crónica: *Idea crónica* se llama un libro argentino que reúne crónica con poesía. Desde luego, una y otra no son antagónicas; pueden convivir, de hecho lo hacen, en el espacio literario. Sin embargo, hoy casi cualquier cosa es crónica, un recurso en torno a cualquier cosa sobre la cual los aspirantes a plumíferos deciden derramar su tinta sin el menor escrúpulo ni rigor. Como editor, cuando me proponen una crónica tuerzo los ojos. ¿Qué es una crónica? Por lo general, se piensa que es el tipo de escritura más apto para la nadería y el egotrip. Creo que la crónica necesita conjugar la mirada subjetiva con una experiencia transubjetiva y, en ese sentido, una experiencia colectiva. Su importancia debe trascender lo meramente subjetivo y conectarse, por algún lado que a veces resulta ser un ángulo imprevisto, con un interés colectivo. Sólo así puede revelar ese lado oculto o poco visto de las cosas y transmitirlo al público. Cuando digo esto me viene a la mente una breve crónica que leí recientemente. Se trata de «La cárcel del amor» del colombiano José Alejandro Castaño del libro *Zoológico Colombia*. A partir de una serie de visitas a una cárcel que alberga prisioneros de ambos sexos, Castaño le da una dimensión universal al drama de la relación entre privación de libertad y amor o necesidad afectiva. Es evidente que este tipo de intensidad no se da todos los días, pero también queda claro que el cronista supo darle a la situación y los personajes su justa dimensión, y entender que tejiendo las historias de los prisioneros podía alcanzar una resonancia que una sola historia difícilmente habría alcanzado. En ese caso, a mi juicio, hay claramente una crónica. Por eso, cuando se me proponen textos a los que se pretende llamar crónicas soy celoso y hurgo justamente en ese ángulo de la dimensión. Si, por mínima que sea la historia, la situación o el personaje al que se quiere llevar al papel, lo contado contiene ese elemento de experiencia que le da un carácter transubjetivo, pues le doy la bienvenida. Sin embargo, para lograr una buena crónica hace falta no sólo talento y buena pluma, sino también una gran dosis de capacidad de observación de la realidad y de cierta disciplina de la mirada. Diría que hace falta una buena dosis de un tipo de entusiasmo especial, porque se trata de un entusiasmo disciplinado y crítico —a veces hasta escéptico— ante lo que se ve. Pero esa suma de elementos sólo aparece de vez en cuando...

Texto leído en el evento de ReLectura, Periodismo y Literatura, el 29 de noviembre de 2008.

Del periodismo narrativo
Alberto Salcedo Ramos

Los escritores de ficción no son más importantes, *per se,* que
los de no ficción, sólo porque imaginan sus argumentos en lugar de
apegarse literalmente a los hechos y personajes de la vida real. Ray-
mond Carver, extraordinario poeta y narrador, decía que lo que
define a un escritor grande es «esa forma especial de contemplar las
cosas y el saber dar una expresión artística a sus contemplaciones».
En un cuentista de la talla de Rulfo se aprecian esos dones, pero lo
mismo se puede decir de ciertos escritores notables de no ficción,
como Joseph Mitchell y Gay Talese.

Hay todavía muchos escritores de ficción convencidos de
que quienes escriben no ficción son indignos del calificativo de escritores. Está claro que para ellos literatura es literatura y periodismo
es periodismo. Sé de muchos que cuando oyen hablar de periodismo literario sacan la pistola de Goebbels para castigar al hereje. Para
ellos, eso es como revolver peras con cebolla larga, o sea, como juntar
dos elementos incompatibles, lo exquisito con lo grotesco, o lo me-
morable con lo fugaz.

Es más frecuente hablar de los aportes de la literatura al
periodismo que de los aportes del periodismo a la literatura. Cuando se trata del primer caso, que es lo predominante, se mencionan
las técnicas narrativas, el empleo del punto de vista, la construcción
de imágenes, el uso de las escenas y la creación de las atmósferas.
Todos esos recursos, ciertamente, proceden de la literatura y contri-
buyen a embellecer el periodismo en lo formal y a dotarlo de un
poder mayor de penetración. Pero veo que se habla muchísimo menos de los aportes del periodismo a la literatura, lo cual se me antoja injusto. Muchos grandes escritores se han referido a su deuda con
el periodismo. Pienso, por ejemplo, en Gabriel García Márquez, en
Albert Camus, en Truman Capote y, por supuesto, en Ernest Hemingway, aunque este último dijo una vez que el periodismo es
bueno para un escritor siempre y cuando lo abandone a tiempo. Yo

creo que el periodismo adiestra al escritor en el descubrimiento de los temas esenciales para el hombre. Me parece que en esta profesión uno tiene acceso a un laboratorio excepcional en el que siempre se está en contacto con lo más revelador de la condición humana. Uno aquí ve desde reyes hasta mendigos, truhanes, bárbaros, seres maravillosos, de todo, y eso es útil para construir universos literarios creíbles y ambiciosos. En los últimos años se han incrementado las novelas basadas en hechos y personajes de la realidad. Me atrevería a decir que el periodismo le sirve al escritor para humanizar su escritura y bajarse de la torre en la que a veces se encuentra instalado.

Los periodistas narrativos creemos que para escribir sobre un pueblo remoto no es necesario esperar a que ese pueblo sea asaltado por algún grupo violento o embestido por una catástrofe natural. El académico Norman Sims dice — y yo lo cito, a riesgo de sonar pretencioso— que los periodistas narrativos no andan mendigando las sobras del poder para ejercer su oficio. Y como si fuera poco, el periodismo narrativo que hoy leemos como información dentro de unos años será leído como memoria.

Texto publicado en el periódico *El Heraldo* el 5 de abril de 2011.

La roca de Flaubert
Alberto Salcedo Ramos

La historia me la contó Julián Lineros, reportero gráfico que ha cubierto muchos sucesos del conflicto armado en Colombia. A un pueblo del Putumayo llamado Piñuña Negra, reconocido fortín del grupo guerrillero las FARC, llegaron en cierta ocasión varios convoyes de soldados regulares con el propósito de erradicar a los insurgentes. Los soldados, según Lineros, se apostaron en varios puntos estratégicos para protegerse del fuego contrario. Los guerrilleros estaban escondidos y lo único de ellos que se percibía en el pueblo era el tableteo de sus ametralladoras. Los soldados demoraron cerca de dos horas disparando impetuosamente contra aquel enemigo invisible. Poco a poco empezaron a notar que las balas de la guerrilla se iban silenciando, hasta que se callaron del todo. «O los matamos», concluyó el comandante, «o los hicimos huir».

Después de tomar las precauciones del caso salieron de sus barricadas para otear el panorama. Lo que descubrieron entonces los dejó pasmados: los guerrilleros habían estado en el pueblo ese mismo día, pero se marcharon, al parecer, cuando sintieron llegar a los soldados regulares. Eso sí: antes de irse colocaron en varios radiolas del pueblo discos compactos que contenían disparos pregrabados.

El Ejército, como es apenas obvio, mantuvo en secreto aquella heroica batalla suya contra un escuadrón de CD's, lo que confirma la sentencia de Manuel Alcántara, el poeta andaluz: «Lo curioso no es cómo se escribe la historia, sino cómo se borra». Una función importante de la crónica es impedir, justamente, que la borren o que pretendan escribirla siempre en pergaminos atildados en los que no hay espacio ni para la derrota ni para el ridículo.

Lo que me gusta de esta historia no es su rareza circense, sino la promesa que me regala: la realidad está llena de sucesos que merecen ser contados y, por tanto, voy a pasarla bien mientras siga siendo cronista. Porque como bien lo dice Leila Guerriero, mi admirada amiga y colega argentina, la realidad, vista por los ojos de los buenos cronistas, «es tan fantástica como la ficción».

Mi Nirvana no empieza donde hay una noticia sino una historia que me conmueve o me asombra. Una historia que, por ejemplo, me permite narrar lo particular para interpretar lo universal. O que me sirve para mostrar los conflictos del ser humano. Sigo al pie de la letra un viejo consejo de Hemingway: «Escribe sobre lo que conoces». Eso quiere decir, sobre lo que me habita, sobre lo que me pertenece. Aunque el tema carezca de atractivo mediático, si creo en él lo asumo hasta sus últimas consecuencias.

Me sentí especialmente orgulloso de mi oficio el día que leí esta declaración del escritor rumano Mircea Eliade: «En los campos de concentración rusos los prisioneros que tenían la suerte de contar con un narrador de historias en su barracón han sobrevivido en mayor número. Escuchar historias les ayudó a atravesar el infierno».

Los contadores de historia también buscamos, a nuestro modo, atravesar el infierno. Flaubert lo dijo hermosamente en una de sus cartas: un escritor se aferra a su obra como a una roca, para no desaparecer bajo las olas del mundo que lo rodea.

Texto publicado en el periódico *El Heraldo* el 9 de marzo de 2010.

Sobre los autores

Luis Fernando Afanador (Ibagué, Colombia, 1958) es abogado con maestría en literatura. Fue catedrático en las universidades Javeriana y de los Andes. Codirigió el programa Librovía de la Alcaldía Mayor de Bogotá y fue editor de *Semana Libros*. Ha publicado *Julio Ramón Ribeyro, un clásico marginal* (ensayo, 1990); *Extraño fue vivir (poesía, 2003); Toulouse-Lautrec, la obsesión por la belleza* (biografía, 2004); *La tierra es nuestro reino* (antología de su poesía, 2008); *Amor en la tarde* (2009, poemas a películas); *Me llamo Simón Bolívar* (biografía, 2010); y *Luis Ospina, un hombre de cine* (biografía, 2011). Poemas suyos han aparecido en diversas antologías. Actualmente es crítico de libros de la revista *Semana*.

«El último ciclista de la vuelta a Colombia» fue publicado en *SoHo* en septiembre de 2007.

Cristian Alarcón (La Unión, Chile, 1970) ha vivido en Argentina desde 1975. Es autor de *Cuando me muera quiero que me toquen cumbia*, por el que le fue otorgado el premio Samuel Chavkin a la integridad en periodismo, y de *Si me querés, quereme transa*, un libro sobre los narcotraficantes peruanos en Buenos Aires. Director de *Anfibia*, revista digital de crónicas y reportajes narrativos editada por la Universidad Nacional de San Martín (UNSAM). Columnista de la revista *Debate*. Es maestro de la Fundación Nuevo Periodismo Iberoamericano, dirigida por Gabriel García Márquez.

«Un día en la vida de Pepita la Pistolera» ha sido extraído de http://cronicas-periodisticas.wordpress.com/2009/10/24/un-dia-en-la-vida-de-pepita-la-pistolera (octubre de 2009) y fue publicado inicialmente en el diario *Página 12* y en la antología *La Argentina Crónica. Historias reales de un país al límite*, Planeta, 2009.

Alejandro Almazán (Ciudad de México, 1971) ha colaborado en *Macrópolis, Reforma* y *El Universal*. Ha sido fundador de *CNI Canal 40, Milenio Semanal, Milenio Diario, Larevista* y *Emeequis*. Actualmente trabaja en *Gatopardo*. Ha ganado tres veces el Premio Nacional de Periodismo en la categoría de crónica por «Lino Portillo, asesino a sueldo», «Cinco días secuestrada, cinco días de infierno» y «Un buchón no se retira, sólo hace una pausa». Es autor de *Placa 36, Gumaro de Dios, el caníbal*, la novela *Entre perros*, y coautor, junto con Óscar Camacho, de *La victoria que no fue* y *Palestina, historias que Dios no hubiese escrito*.

«Los Acapulco Kids» apareció en *Emeequis*, núm. 148, 1 de diciembre de 2008.

Toño Angulo Daneri (Lima, 1970) es periodista, editor y autor de los libros *Llámalo amor si quieres* (Aguilar, 2004) y *Nada que declarar* (Recreo, 2006). En su país trabajó para diarios como *El Mundo, La República* y *El Comercio,* y fue editor general de la revista *Etiqueta Negra.* En 2005 se trasladó a España, donde vive desde entonces. Actualmente es el redactor jefe de la revista de creación literaria *Eñe* y trabaja como escritor, editor y periodista *freelance* para distintos diarios y revistas de Europa y América.

«Librero de viejo andante» apareció en el diario *La República* de Lima, en 1999.

Marco Avilés (Lima, 1978) es editor y periodista. Ha publicado el libro de crónicas *Día de visita.* Ha sido editor y director de la revista de crónicas *Etiqueta Negra* y colabora en revistas de América Latina y Europa. Es fundador del periódico trimestral *Cometa* y dirige la editorial del mismo nombre (cometacomunicacion.com).

«El imperio de la Inca», escrito mano a mano con Daniel Titinger, apareció en *Etiqueta Negra,* núm. 7, julio de 2003.

Frank Báez (Santo Domingo, 1978) es poeta y escritor. En 2004 publicó el poemario *Jarrón y otros poemas,* en 2007 el libro de cuentos *Págales tú a los psicoanalistas,* con el que obtuvo el Premio Internacional de Cuento Joven de la Feria Internacional del Libro, y en 2009 el poemario *Postales,* Premio Nacional de Poesía de República Dominicana ese mismo año. Junto a la escritora Giselle Rodríguez Cid edita la revista virtual de poesía *Ping Pong,* la cual publica de manera regular poemas de jóvenes escritores latinoamericanos, entrevistas, ensayos y traducciones. En 2011 publicó el libro de crónica *En Rosario no se baila cumbia.*

«Bob Dylan en el Auditorium Theater» apareció en *Revista Ping Pong* el 19 de febrero de 2006.

Jaime Bedoya (Lima, 1964) es periodista. Ha recibido el Premio Especial Concurso Nacional de Prensa (Lima, 1987), el Primer Premio del International Bartenders Association Press Prize (Lisboa, 1991) y el primer premio del Concurso de Crónicas Instituto de Cooperación Iberoamericana (Lima, 1993), entre otros. Es autor de cuatro libros de crónicas: *Ay qué rico* (Mosca Azul, 1991), *Kilómetro cero* (Mosca Azul, 1995), *Mal menor* (Norma, 2004) y *Trigo Atómico* (Estruendomudo, 2010). Actualmente es editor general de la revista peruana *Caretas* y publica el blog Trigo Atómico (http://trigoatomico.blog.terra.com.pe/).

«Polvos azules, el mercado de Lima donde todo es posible» apareció en la publicación digital *Terra Magazine* el 26 de mayo de 2008.

Sabina Berman (Ciudad de México, 1955) es dramaturga, narradora, ensayista y directora de teatro y cine. Cabe destacar asimismo su faceta de crítica cultural, que ha desarrollado en numerosos medios de comunicación. Ha sido galardonada con el Premio Nacional de Dramaturgia en México, el Juan Ruiz de Alarcón y el Nacional de Periodismo. Su novela *La mujer que buceó en el corazón del mundo* ha sido traducida a 11 idiomas y publicada en 33 países.

«Armar la historia de Gloria» apareció en *Gatopardo,* núm. 103, julio-agosto de 2009.

MARTÍN CAPARRÓS (Buenos Aires, 1957) inició su trabajo periodístico en el diario *Noticias* en 1973. Entre 1976 y 1983 se exilió en París, donde se licenció en historia, y en Madrid. A su vuelta a la Argentina publicó su primera novela, *No velas a tus muertos* (1984). Después saldrían, entre otras, *Ansay o los infortunios de la gloria* (1986), *La noche anterior* (1990), *La historia* (1999), *Un día en la vida de dios* (2002), *Valfierno* (Premio Planeta Latinoamérica 2004), *A quien corresponda* (2008). La más reciente es *Los Living* (Premio Herralde de Novela 2011). Trabajó —y trabaja— en diversos medios de prensa, radio y televisión, y dirigió publicaciones como *El Porteño, Babel* o *Cuisine&Vins.* Sus crónicas, que empezó a publicar en *Página/30* en 1991, recibieron entonces el Premio Rey de España y fueron reunidas al año siguiente en un libro inicial: *Larga distancia.* Lo siguieron más libros de no ficción; entre ellos, *Dios mío* (1994), *La voluntad* (1997), *La guerra moderna* (1999), *Amor y anarquía* (2003), *El interior* (2006), *Una luna* (2009), *Contra el cambio* (2010).

«Muxes de Juchitán» apareció en *Surcos en América Latina,* núm. 11, año I, abril de 2006.

«El imperio de los sentidos» fue publicado en el semanario *Veintiuno* en 1999.

«Contra los cronistas» apareció en *Etiqueta Negra,* núm. 63, octubre de 2008.

«Por la crónica» fue presentado como ponencia en el Congreso Internacional de la Lengua Española de Cartagena 2007 y publicado en http://congresosdelalengua.es/cartagena/ponencias/seccion_1/13/caparros_martin.htm

HERNÁN CASCIARI (Buenos Aires, 1971) escribe en directo frente a miles de lectores. Su primera obra online, *Más respeto que soy tu madre* fue leída por más de cien mil internautas en todo el mundo y galardonada con el premio al mejor weblog del mundo por la cadena alemana Deutsche Welle; su versión teatral, protagonizada por Antonio Gasalla, se convirtió en la comedia más taquillera del teatro argentino. Escribió los libros de relatos *España decí alpiste, El nuevo paraíso de los tontos* y *Charlas con mi hemisferio derecho.* Y la novela *El pibe que arruinaba las fotos,* de donde se extrae el fragmento «El intermediario». Casciari fue columnista de los periódicos *La Nación* de Argentina y *El País* de España, hasta que a finales de 2010 renunció a sus trabajos y editoriales para fundar el Proyecto Orsai.

José Alejandro Castaño Hoyos (Medellín, Colombia, 1972) ha escrito crónicas para *El Colombiano, El País, El Tiempo, Gatopardo, Letras Libres, Alma Magazin, Lateral* y *Etiqueta Negra*. También es colaborador habitual de la revista *SoHo*. Ha recibido, entre otros galardones, el Premio Rey de España, el Simón Bolívar de Periodismo y el premio latinoamericano de literatura Casa de las Américas, con el libro *La isla de Morgan*. Es autor del libro *¿Cuánto cuesta matar a un hombre?*, publicado por Norma en 2005. La Fundación Nuevo Periodismo Iberoamericano, que preside Gabriel García Márquez, lo eligió como uno de los Nuevos Cronistas de Indias.

«La cárcel del amor» fue incluida en el libro *Zoológico Colombia. Crónicas sorprendentes de nuestro país,* publicado por Norma en 2008.

Laura Castellanos (Ciudad de México, 1965) es una periodista independiente que escribe sobre mujeres, indígenas, migración, guerrilla y movimientos radicales, así como de temas transgresores de la cultura popular. Es autora de *México Armado 1943-1981*, traducido al francés. También de *Corte de Caja, entrevista con el Subcomandante Marcos* traducido al alemán y al italiano. Ha escrito en la revista *Gatopardo*. Su libro más reciente es *2012: Las profecías del fin del mundo*. Ha trabajado en los diarios *La Jornada* y *Reforma*. Actualmente realiza reportajes especiales para *El Universal*.

«Código rojo» se publicó la revista *Gatopardo,* edición 113, julio-agosto de 2010.

Sergio Dahbar (Córdoba, Argentina, 1957) ha vivido gran parte de su vida en Venezuela y es escritor, periodista y editor. Estudió Comunicación Social en la Universidad Central de Venezuela y obtuvo un doctorado en Artes en la Universidad de Maryland (Estados Unidos). Durante veinte años trabajó en el periódico venezolano *El Nacional,* hasta alcanzar el cargo de director adjunto (2000/2006). En 1989 obtuvo el premio Hogueras de Periodismo con el libro *Sangre, dioses, mudanzas*. En 2004 publicó un segundo libro de crónicas, *Gente que necesita terapia*. En la actualidad trabaja en un tercer conjunto de crónicas, *Abecedario del mal,* que cierra un ciclo de trabajos periodísticos breves que retratan hechos insólitos de la realidad cotidiana.

«Papá buhonero, portero chavista» fue publicado originariamente en *Letras Libres,* núm. 46, julio de 2005.

Heriberto Fiorillo (Barranquilla, Colombia, 1952) es escritor y periodista. Sus crónicas lo han convertido en uno de los periodistas literarios de mayor reconocimiento en América Latina. Es autor de, entre otros, *Arde Raúl, La Cueva, Nada es mentira, Cantar mi pena* y *La mejor vida que tuve*. Ha escrito y dirigido varias películas y numerosos trabajos audiovisuales que le han valido diversos premios de televisión y reconocimientos periodísticos.

Consejero nacional de Cultura, es asimismo director de la Fundación La Cueva, en Barranquilla, donde organiza el Carnaval Internacional de las Artes. «La larga pena del Sátiro Alado» fue publicado en la revista *Diners* en 2001.

JUAN FORN (Buenos Aires, 1959) fue asesor literario de Emecé entre 1984 y 1990, y director editorial de Planeta en Argentina hasta 1996. Ese año creó el suplemento cultural *Radar,* del diario *Página/12,* y lo dirigió hasta 2002. Desde entonces vive en Villa Gesell, un pueblo junto al mar desde donde escribe sus contratapas de los viernes para *Página/12.* Es autor de las novelas *Corazones* (1987), *Frivolidad* (1995), *María Domecq* (2007), los libros de cuentos *Nadar de noche* (1991), *Puras mentiras* (2001) y los de crónicas *La tierra elegida* (2005), *Ningún hombre es una isla* (2010) y *El hombre que fue Viernes* (2011) que recoge sus mejores contratapas publicadas en *Página/12.* «Arias a secas, republicano español» fue publicado en *Página/12* el 10 de octubre de 2008.

LEILA GUERRIERO (Junín, Argentina, 1967) se inició en el periodismo en 1991, en la revista *Página/30,* del periódico *Página/12.* Es asidua colaboradora de distintos medios como *La Nación,* de Argentina, *El País,* de España, *El Mercurio,* de Chile, y *Gatopardo,* de México, revista de la que también es editora. Es autora de los libros *Los suicidas del fin del mundo* (2005, Tusquets), y *Frutos extraños* (2009, Aguilar). En 2010 recibió el Premio Fundación Nuevo Periodismo Iberoamericano por su artículo «El rastro en los huesos», una crónica sobre el trabajo del Equipo Argentino de Antropología Forense publicada en *El País Semanal* y *Gatopardo.* «Un artista del mundo inmóvil» fue publicado en 2009 por la revista española *Vanity Fair.* «El mago de una mano sola» fue publicado en 2009 por la revista colombiana *SoHo.* «Sobre algunas mentiras del periodismo» fue leído durante una conferencia en el Festival El Malpensante del año 2006, y publicado ese mismo año por la revista colombiana *El Malpensante.*

LEONARDO HABERKORN (Montevideo, 1963) trabajó en los semanarios *Aquí* y *Búsqueda.* Fue editor de la revista *Punto y Aparte,* secretario de redacción de la revista *Tres.* Fundó y dirigió entre 2000 y 2006 el suplemento *Qué Pasa* del diario *El País.* Es autor de los libros *Historias tupamaras; Crónicas de sangre, sudor y lágrimas; Pablo Bengoechea: la clase del profesor; 9 historias uruguayas,* el libro infantil *Preguntas y respuestas sobre animales del Uruguay, Milicos y Tupas* (Premio Bartolomé Hidalgo) y *El dulce de leche, una historia uruguaya.* Colaboró en la realización de *Historia de Peñarol* de Luciano Álvarez. Es colaborador de numerosas revistas y diarios internacionales, y es coordinador académico de periodismo de la Universidad Ort de Montevideo.

«El último Hitler uruguayo» fue publicado originariamente en *Etiqueta Negra,* núm. 55, diciembre de 2007. En 2009 apareció en la compilación del autor *Crónicas de sangre, sudor y lágrimas* (Fin de Siglo, Montevideo).

JUAN JOSÉ HOYOS (Medellín, Colombia, 1953) es periodista, escritor y profesor de Periodismo en la Universidad de Antioquia. Ha publicado las novelas *Tuyo es mi corazón* y *El cielo que perdimos,* así como los libros de reportajes *Sentir que es un soplo la vida* y *El oro y la sangre,* con el cual obtuvo en 1994 el Premio Nacional de Periodismo Germán Arciniegas. También, una historia del periodismo narrativo en Colombia titulada *La pasión de contar* y *El libro de la vida.*
«Un fin de semana con Pablo Escobar» apareció en *El Malpensante,* núm. 44, 1 de febrero-15 de marzo de 2003.

MARIO JURSICH (Colombia, 1964), periodista, escritor y poeta, ha sido profesor de Periodismo de las universidades colombianas de los Andes y Javeriana. Editor, escritor y traductor, ha publicado el poemario *Glimpses,* el ensayo sobre el culto mariano *La Virgen María. Fe y aventura en Colombia* y una recopilación de crónicas de arte de Casimiro Eiger. Es fundador y director de la revista *El Malpensante.*
«En qué semejante rasca» fue publicado en *El Malpensante,* núm. 93, enero de 2009.

LAURA KOPOUCHIAN TADDEI (Montevideo, 1962) es antropóloga, periodista y profesora de Historia. Ha publicado notas en diversos medios de Argentina y Uruguay, como *Hecho en Buenos Aires,* los diarios *Perfil* y *Clarín, Voces del Frente,* numerosos medios digitales y la revista cultural *Lamujerdemivida.*
«¿Existió alguna vez Jorge Luis Borges?» fue publicado en *Lamujerdemivida,* núm. 41.

PEDRO LEMEBEL (Santiago de Chile, 1955), escritor, cronista y artista plástico, es autor de los libros de crónicas *Los incontables, La esquina de mi corazón, Loco Afán, Crónicas de Sidario* y *De perlas y cicatrices.* En 2001 publicó su primera novela, *Tengo miedo torero.* En plena dictadura militar fundó, junto a Francisco Casas, el Colectivo de Arte «Yeguas del Apocalipsis», que desarrolló un extenso trabajo plástico en fotografía, video, performance e instalación y trató el tema de la homosexualidad desde la perspectiva de la marginalidad. Ha publicado crónicas en diferentes revistas y periódicos, ha conducido programas de radio, dirigido talleres de crónicas y dado conferencias en diversas universidades.
«Las joyas del golpe» forma parte de *De perlas y cicatrices,* LOM, 1998.
«Lucho Gatica (Maquillaje para la cuerda floja de la voz)» se publicó en la revista *Página Abierta* en 1991.

Josefina Licitra (La Plata, Argentina, 1975) es autora de los libros de no ficción *Los Otros* (Random House Mondadori) y *Los Imprudentes* (Tusquets), y sus textos figuran en varias antologías, entre ellas *Crónicas de otro planeta. Las mejores historias de Gatopardo* (Random House Mondadori) y *Crónicas Filosas de Rolling Stone* (edición del Grupo Editorial La Nación). En el año 2004 ganó el premio a mejor texto otorgado por la Fundación para un Nuevo Periodismo Iberoamericano, presidida por Gabriel García Márquez. Actualmente escribe —entre otros medios— para los diarios *El Mercurio* (Chile) y *La Nación* (Argentina).

«Escrito en el cuerpo» fue publicado originariamente en *Lamujerdemivida*, núm. 24, en 2005.

Liza López (Caracas, 1971) tiene una dilatada experiencia como reportera y redactora en medios impresos como los venezolanos *El Universal* y *El Nacional*. Es corresponsal de la revista colombiana *Semana* desde 2004 y del diario *La Nación* de Argentina desde 2010, y profesora de Periodismo en la Universidad Central de Venezuela. Es cofundadora de la revista *Marcapasos,* de la cual es directora y editora. Trabajó como coordinadora de Investigación en el diario *El Nacional* hasta 2010, y ahora es coordinadora editorial de las revistas *Producto* y *Cata,* ambas editadas en Venezuela.

«En busca de la mamá de Chávez» apareció en *SoHo* en septiembre de 2008.

Carlos López-Aguirre (México, 1977) vive en España desde el año 2003. Estudió Ciencias de la Comunicación en la Universidad Intercontinental de la ciudad de México y los posgrados de Experto Informador sobre América Latina en la Universidad Complutense de Madrid y de Mediación Cultural para al Fomento de la Lectura en la Universitat de Barcelona. Ha trabajado para el periódico *Reforma* de la Ciudad de México y para diversos medios en Madrid y Barcelona, como el portal de noticias Starmedia o la publicación digital *La Comunidad Inconfesable*. Actualmente es profesor del curso virtual de Narrativa de No Ficción del Laboratorio de Escritura. Escribe el blog Expresiones Crónicas (http://expresionescronicas.wordpress.com).

«La bofetada del Señor Richter» fue publicado en el blog Expresiones Crónicas el 7 de septiembre de 2009.

Carlos Martínez D'Aubuisson (El Salvador, 1979) es uno de los cronistas y reporteros jóvenes más destacados de América Latina. Ha recibido prestigiosos premios periodísticos. Martínez D'Aubuisson integra la llamada «Sala Negra», del periódico digital *El Faro,* que reúne al mejor equipo de periodistas especializados en la violencia en Centroamérica. En 2006 fue finalista del premio de la Fundación Nuevo Periodismo Iberoamericano y en 2008 ganó el Premio Nacional de Periodismo Cultural «Fernando Benítez», que se entrega en el marco de la Feria Internacional del Libro de

Guadalajara. En 2011, Martínez D'Aubuisson ha sido galardonado con el Premio Ortega y Gasset del diario *El País*.

«La tormentosa fuga del juez Atilio» apareció en *El Faro* de El Salvador en 2005.

ÓSCAR MARTÍNEZ D'AUBUISSON (El Salvador, 1983) se inició en el oficio de periodista con 17 años y desde entonces ha trabajado para diarios salvadoreños, colombianos, mexicanos y estadounidenses, así como para *El País, CIPER, Gatopardo, Día Siete* y *Proceso*. Fue corresponsal en México del periódico digital salvadoreño *El Faro*, para el que realizó la cobertura del paso de los indocumentados centroamericanos que dio lugar al libro *Los migrantes que no importan*, que le valió el tercer lugar del Premio Latinoamericano de Periodismo de Investigación (IPYS 2010). En 2008 fue galardonado con el Premio Nacional de Periodismo Cultural Fernando Benítez, y en 2009 con el Premio de Derechos Humanos de la Universidad Centroamericana José Simeón Cañas de El Salvador. Actualmente coordina el proyecto Sala Negra de *El Faro*.

«Un pueblo en el camino a la frontera» fue publicado por la revista *Gatopardo* en 2005.

FABRIZIO MEJÍA MADRID (Ciudad de México, 1968) es autor de las novelas, *Viaje alrededor de mi padre* (2004), *Hombre al agua* (Joaquín Mortiz, 2004) que recibió el Premio Antonin Artaud, *El rencor* (Planeta, 2006), *Tequila, DF* (Random House-Mondadori, 2009) y *Disparos en la oscuridad* (2011). Actualmente es colaborador de las revistas *Proceso, Letras Libres* y *Gatopardo*. Está antologado, entre otras, en *The Mexico City Reader* (University of Wisconsin Press, 2004) y *A ustedes les consta*, la antología de crónica mexicana de Carlos Monsiváis. Ha publicado los libros de crónicas *Pequeños actos de desobediencia civil* (1996), *Entre las sábanas* (1995), *Salida de Emergencia* (2007) y *La edad del polvo: Historia Natural de la Ciudad de México desde mi ventana* (2009).

«¿Está el señor Monsiváis?» fue publicado en *Gatopardo*, núm. 113, julio-agosto de 2010.

JUAN PABLO MENESES (Santiago de Chile, 1969) es escritor y periodista. En 2000, tras ser premiado en el concurso Crónicas Latinoamericanas de la revista *Gatopardo*, Meneses abandona Chile con la idea de hacer «periodismo portátil», término que acuña para describir aquello a lo que se dedica desde aquel año: «escribir historias por el mundo». Es autor de los libros *Equipaje de mano, Sexo y poder, el extraño destape chileno, La vida de una vaca, Crónicas Argentinas* y *Hotel España*. Sus crónicas se han publicado en más de 20 países. Ha sido blogger y columnista en medios como *SoHo* (Colombia), *Clarín* (Argentina), *Etiqueta Negra* (Perú), *El Mercurio* (Chile), ElBoomeran(g) (España) y *Glamour* (México).

«El pueblo de gemelos» fue publicado en *SoHo* en septiembre de 2009.

María Moreno (Argentina), periodista, narradora y crítica cultural, fue secretaria de redacción del diario *Tiempo Argentino* y creadora del suplemento *La Mujer*. En 1984 fundó la revista *Alfonsina*, primera publicación feminista del periodo democrático. Ha escrito la novela *El affair Skeffington* y libros de no ficción como *Vida de vivos* y *Banco a la sombra*. En 1999 recibió el Premio Nexo (ONG dedicada a la temática gay) por su labor antidiscriminatoria, y en 2007 el premio TEA «Al maestro con cariño». En 2002 obtuvo la beca Guggenheim y en 2010 un premio a su trayectoria de la Agenda de las Mujeres. Es directora de la colección *Nuestra América* de la editorial Eterna Cadencia. Es editora fundadora de *El Teje*, el primer periódico travesti latinoamericano, y coordinadora de un taller de crónica periodística en el Módulo 2 del Complejo Penitenciario n.º1 de Ezeiza. Escribe en el suplemento *Radar* de *Página/12*.
«Crónica raabiosa» se publicó el 28 de enero de 2010 en el suplemento *verano12* del diario *Página 12*.
«Carlos Gardel o la educación sentimental» se publicó el 1 de julio de 2010 en la revista *Ñ* del diario *Clarín*.

Boris Muñoz (Caracas, 1969), becario del Carr Center for Human Rights Policies de la Universidad de Harvard, en 2010 fue investigador asociado del Rockfeller Center for Latin America de la misma universidad. En 2009 ganó la beca de la Nieman de periodismo de Harvard, y también ha sido galardonado con el 1er. Accésit del I Premio Internacional de Periodismo Fernando Lázaro Carreter y la beca del Humanities Center de Dartmouth College. Ha sido director de *Exceso* y jefe de redacción de *Nueva Sociedad*. Sus colaboraciones aparecen en *Gatopardo* y *El Malpensante*, y en los portales elpuercoespin.com y prodavinci.com. Es coautor de *La ley de la calle. Testimonios de jóvenes protagonistas de la violencia en Caracas* (Fundarte, 1995) y *Despachos del imperio* (Mondadori, 2007). También es coeditor de *Más allá de la ciudad letrada. Crónicas y espacios urbanos* (University of Pittsburgh Press, 2003) y ha participado en numerosos libros colectivos.
«Notas desabotonadas. La crónica latinoamericana» fue leído en el evento de ReLectura, Periodismo y Literatura, el 29 de noviembre de 2008.

José Navia (Colombia, 1959) posee una dilatada carrera periodística, desarrollada en su mayor parte en el seno del diario *El Tiempo* de Colombia. Ha publicado, entre otros libros, *El lado oscuro de las ciudades* e *Historias nuevas para la ropa vieja*. Ha obtenido varios reconocimientos por su labor periodística, entre ellos cuatro premios nacionales de periodismo, el Premio Excelencia Periodística de la Sociedad Interamericana de Prensa (SIP) en 2007 y el Premio Rey de España en Periodismo Digital-2007. Desde 2011 es profesor de planta del Programa de Periodismo de la Universidad del Rosario, en Bogotá.

«Los alumnos de El Templo de las Estrellas» apareció en *El Tiempo* de Colombia el 27 de septiembre de 1998.

«Los hijos de los enmascarados» se publicó en *El Tiempo* de Colombia el 27 de agosto de 2006.

Roberto Navia Gabriel (Bolivia, 1975) es coautor de *Un tal Evo,* biografía no autorizada del presidente Evo Morales que escribió con Darwin Pinto. Ha recibido, entre otros galardones, el Premio Nacional de Periodismo 2005 por su reportaje «La Maldición de ser Sudaca». En 2007, recibió el prestigioso Premio Internacional de Periodismo Ortega y Gasset, que otorga el diario *El País,* por su trabajo «Esclavos Made in Bolivia», publicado en el diario *El Deber* de Santa Cruz.

«Compran "bolitas" a precio de "gallina muerta"» apareció en *El Deber* de Bolivia el 22 de julio de 2006.

Diego Osorno (Monterrey, México, 1980) ha cubierto diversos conflictos en regiones como Colombia, Honduras, Líbano, Siria, Bolivia, Venezuela, País Vasco, Haití y Perú. Sus crónicas y reportajes han aparecido en *Letras Libres, Nexos, Replicante, Rebelión, Travesías, El Perro, Gatopardo* y *Narconews,* y su blog Historias de Nadie es uno de los más leídos en México. En noviembre de 2010, la revista *Chilango* lo incluyó como uno de los siete escritores más prometedores de México.

«Un alcalde que no es normal» fue publicado en *Gatopardo,* núm. 107, diciembre de 2009.

Cristóbal Peña (Santiago de Chile, 1969) colabora en medios como *La Tercera, Paula* y *CIPER.* Ha sido galardonado con diversos premios, entre los que destacan el de la Fundación Nuevo Periodismo Iberoamericano y el que otorga la Comisión de Desarrollo de la Unión Europea al mejor reportaje publicado en el mundo durante 2004, por una crónica acerca de Víctor Jara, aparecida en la revista *Rolling Stone.* Por este mismo reportaje fue galardonado en Chile con el Premio Periodismo de Excelencia, que entrega la Universidad Alberto Hurtado. También es autor de los libros *La vida en llamas* (2002) y *Los fusileros* (2007).

«Viaje al fondo de la biblioteca de Pinochet» fue publicado originalmente por el Centro de Investigación Periodística, CIPER, el 6 de diciembre de 2007.

Daniel Riera (Buenos Aires, 1970) es uno de los editores de la revista *Barcelona,* y ha colaborado con revistas como *SoHo, Gatopardo* y *Txt,* entre otras. Fue redactor especial en *Rolling Stone.* Es autor de los libros *Vas a extrañarlo, porque es justo; Sexo telefónico; El carácter Sea Monkey; Familia y propiedad/La vergüenza nacional; Buenos Aires Bizarro; Evangelios y apócrifos; Nuestro Vietnam* y *Ventrílocuos-Gente grande que juega con muñecos* (en prensa). Es coautor de *Queríamos tanto a Olmedo*; *Virus. Una generación*; *Puto el que lee. Diccionario argentino de insultos, injurias e improperios*; y *Barcelona 200 años. El libro negro del bicentenario*. Sus trabajos han sido publicados en diferentes antologías de crónica. Es, también, ventrílocuo: formó el dúo Paco y Oliverio con su muñeco Oliverio.

«Persiguiendo a los Rolling Stones» fue publicado en *SoHo* en abril de 2006.

JUAN MANUEL ROBLES (Lima) es escritor y periodista. Ha publicado *Lima Freak. Vidas insólitas en una ciudad perturbada* (Planeta, 2007) y *Zaraí Toledo. La hija patria* (Sarita Cartonera, 2009). Historias suyas han aparecido en las antologías *Crónicas de otro planeta* (Debate, 2009), *Las mejores crónicas de Gatopardo* (Debate, 2006), *Historia de una mujer bomba y otras crónicas de América Latina* (UAI-Uqbar, 2009), *Lo mejor del periodismo en América Latina II* (FNPI, 2009), en los libros *Huancaína freak y otros cuentos para comer* y *Pequeños dictadores* (Mesa Redonda, 2009) y en revistas de América Latina y Europa. Fue finalista y nominado del Premio Cemex - FNPI 2008 y ganó el primer y el segundo premio del Concurso de Cuento Gastronómico Matalamanga - 2007. Ha sido becado por la Fundación Nuevo Periodismo Iberoamericano —que dirige Gabriel García Márquez— para asistir a los talleres de Ryszard Kapuscinski (2002) y Tomás Eloy Martínez (2004). Creó y dirigió la revista *Helio* (2005). Ha sido asesor editorial y editor central de la revista *Cosas Perú* (2010-2011) y colaborador de las revistas *Etiqueta Negra* y *SoHo*. En 2009, recibió una beca para seguir el MFA de Escritura Creativa en NYU.

«Cromwell, el cajero generoso» apareció en *Gatopardo*, núm. 77, febrero de 2007.

ALBERTO SALCEDO RAMOS (Barranquilla, Colombia, 1963) es periodista. Considerado uno de los mejores cronistas latinoamericanos, forma parte del grupo Nuevos Cronistas de Indias. Ha obtenido numerosos reconocimientos, entre ellos el Premio Internacional de Periodismo Rey de España, el Premio a la Excelencia de la Sociedad Interamericana de Prensa y el Premio Nacional de Periodismo Simón Bolívar. En la actualidad se desempeña como cronista de las revistas *SoHo* y *El Malpensante* y como corresponsal de la revista *Ecos de España*.

«Retrato de un perdedor» apareció en la revista *SoHo* en febrero de 2007, edición 82.

«El pueblo que sobrevivió a una masacre amenizada con gaitas» fue publicada en la revista *SoHo* en julio de 2009, edición 111.

«Del periodismo narrativo» fue publicado en el periódico *El Heraldo* el 5 de abril de 2011.

«La roca de Flaubert» fue publicado en el periódico *El Heraldo* el 9 de marzo de 2010.

ANDRÉS SANÍN (Bogotá, 1979) abandonó a los veintitrés años un trabajo estable de abogado y una oficina del Estado con vista a Bogotá. Renunció para ser redactor de *SoHo* y luego jefe de redacción. Ha colaborado con otras revistas como *Arcadia, Plan B* y *Credencial*. Es coautor de *Bogotá Bizarra* y coeditor de *Cultural Agents and Creative Arts*, una publicación de la Universidad de Harvard, donde es candidato a doctorado en literatura. «El colombiano más bajito» fue publicado en *SoHo* de Colombia, edición 86, junio de 2007.

ALVARO SIERRA (Cali, Colombia, 1958), ha sido periodista y fotógrafo por cerca de 30 años. Como reportero y cronista independiente, viajó por Colombia y algunos países de América Latina y vivió en Nicaragua al final de la guerra con la «contra», en 1989-1990. Fue corresponsal en Moscú del *Grupo Diarios América*, una asociación de los principales diarios latinoamericanos, durante la disolución de la Unión Soviética, entre 1990 y 1997, y en Beijing, de 1998 a 2000. De vuelta en Colombia, hizo crónicas y reportajes para varios medios entre 2000 y 2002, y fue luego Editor Adjunto y Editor de Opinión en *El Tiempo*, en Bogotá, hasta 2008. Entre 2008 y 2011 coordinó la maestría de Estudios de Medios, Paz y Conflicto, en la Universidad para la Paz, en Costa Rica. En la actualidad es Editor Jefe de la revista *Semana*, en Bogotá. Su especialidad son los conflictos armados y las drogas ilícitas. «Relato de un secuestrado» se publicó, en cuatro entregas, en *El Tiempo*, entre el 29 de abril y el 2 de mayo de 2001.

ANDRÉS FELIPE SOLANO (Bogotá, 1977) es escritor. Fue editor de crónicas de la revista *SoHo*. Sus artículos han aparecido en diversas publicaciones, como *Gatopardo, El País, La Tercera, Words Without Borders* y *The New York Times Magazine*. En 2007 publicó la novela *Sálvame, Joe Louis (*Alfaguara, 2007). En 2010 fue escogido por la revista *Granta* como uno de los 22 mejores narradores jóvenes en español. Actualmente trabaja en su segunda novela, *Los hermanos Cuervo*. «Seis meses con el salario mínimo» fue publicado en *SoHo* en noviembre de 2007.

DANIEL TITINGER (Lima, 1977) es periodista. Es director del diario deportivo *Depor*. Ha sido director de la revista de crónicas y reportajes *Etiqueta Negra* y ha escrito el libro de crónicas *Dios es peruano. Historias reales para creer en un país*. Además, ha participado de las antologías *Selección peruana, Dios es chileno, Locos, malos y virtuosos, Mundiales inolvidables [para gritar, para cantar, para llorar]* y *Los Malditos*. Colabora en varias revistas en español.

«El imperio de la Inca», escrito mano a mano con Marco Avilés, apareció en *Etiqueta Negra*, núm. 7, julio de 2003.

ALEJANDRO TOLEDO (México, 1963) es autor de los volúmenes de cuentos *Atardecer con lluvia* (1996) y *Corpus: ficciones sobre ficciones* (2007); la novela corta *Mejor matar al caballo* (2010); los libros de prosa ensayística *Cuaderno de viaje* (1999), *Lectario de narrativa mexicana* (2000), *El fantasma en el espejo* (2004) y *James Joyce y sus alrededores* (2005, publicado en España en 2011 como *Estación Joyce*); y los títulos periodísticos *De puño y letra: historias de boxeadores* (2005), *La batalla de Gutiérrez Vivó* (2007), *Todo es posible en la paz: de la noche de Tlatelolco a la fiesta olímpica* (2008) y *A sol y asombro* (2010).
«El poeta y la boxeadora» se publicó en el periódico *El Universal* en 1998.

ROBERTO VALENCIA (Euskadi, 1976) vive desde 2001 en El Salvador y se considera un centroamericano. Licenciado en Periodismo por la Universidad del País Vasco, su formación la ha complementado con maestros de la crónica como Leila Guerriero y Alma Guillermoprieto. Sus historias —que tienen en el submundo de las maras una de sus principales materias primas— han sido publicadas en *Gatopardo, El Faro, CIPER*, elmundo.es, *Frontera D...* Es autor del libro de perfiles *Hablan de Monseñor Romero* (FMR, San Salvador, 2011) y coautor del libro de crónicas *Jonathan no tiene tatuajes*, (CCPVJ, San Salvador, 2010).
«Vivir en La Campanera» apareció en *El Faro* de El Salvador el 21 de junio de 2010.

JULIO VILLANUEVA CHANG (Lima, 1967) dirige *Etiqueta Negra*, una de las más importantes revistas de periodismo literario en español. Ha publicado *Elogios Criminales*, una antología de sus perfiles, además de *Mariposas y murciélagos*, una selección de sus primeras crónicas. Sus textos han aparecido en diarios como *El País, La Vanguardia* y *Folha de S.Paulo*, y en revistas como *McSweeney's, The Believer* y *National Geographic*. Ha sido editor invitado en *Letras Libres* e *Internazionale*.
«El que enciende la luz» fue publicado, en una primera versión, en *Letras Libres*, diciembre de 2005. Ésta es una versión inédita de 2010.

JUAN VILLORO (Ciudad de México, 1956) es una referencia entre la intelectualidad de su país. Autor de múltiples facetas, ha destacado en la novela, el relato y el ensayo. Ha sido profesor en distinguidas universidades mexicanas, españolas y estadounidenses. Colabora en diversos medios periodísticos, donde, además de literatura, escribe sobre música y deporte. En 2004 obtuvo el Premio Herralde con su novela *El testigo* y, en 2006, el premio Manuel Vázquez Montalbán de periodismo.
«El sabor de la muerte» fue publicado por *La Nación* de Argentina el 6 de marzo de 2010.

«El aprendizaje del vértigo» apareció en *La Nación* de Argentina el 21 de junio de 2008.

«La crónica, ornitorrinco de la prosa» fue publicado en *La Nación* de Argentina el 22 de enero de 2006.

Gabriela Wiener (Lima, 1975), escritora y periodista afincada en Barcelona desde el año 2003, vive en Madrid desde noviembre de 2011. Forma parte del grupo de nuevos cronistas latinoamericanos. Colabora con una larga serie de medios, como *Etiqueta Negra, El País, Orsai* o *Esquire*. Actualmente es redactora jefe de la revista *Marie Claire* (España) y columnista del diario peruano *La República*. Es autora de dos libros *Sexografías* (Melusina) y *Nueve lunas* (Mondadori), y de la plaqueta de poesía *Cosas que deja la gente cuando se va*.

«Dame el tuyo, toma el mío» fue publicado en *Etiqueta Negra*, núm. 14, 2004.

«Swingers» fue publicado en la edición *online* de *Etiqueta Negra* en 2004.

Alejandro Zambra (Santiago de Chile, 1975) ha publicado los libros de poesía *Bahía inútil* y *Mudanza*, la colección de ensayos *No leer* y las novelas *Bonsái* (Premio de la Crítica como la mejor novela chilena de 2006 y llevada al cine por Cristián Jiménez), *La vida privada de los árboles* y *Formas de volver a casa*. Ha colaborado en publicaciones como *El Mercurio, La Tercera, The Clinic, Etiqueta Negra, Letras Libres,* los suplementos culturales *Ñ* de *Clarín* y *Babelia* de *El País*. Fue seleccionado entre los mejores narradores jóvenes en español por la revista *Granta*. Es profesor de literatura de la Universidad Diego Portales.

«Buscando a Pavese» apareció en *Letras Libres*, núm. 120, diciembre de 2008.

Eugenia Zicavo (Buenos Aires, 1978) es socióloga y periodista. Ejerce la docencia y la investigación en la Facultad de Ciencias Sociales de la Universidad de Buenos Aires. Es consejera editorial de la revista *Lamujerdemivida* y columnista en el programa televisivo *Esta noche libros*. Sus artículos han aparecido en diversos medios argentinos *(Perfil, Ñ-Clarín, Tiempo Argentino)* y extranjeros (*La República*, Uruguay; *Pie de Página*, Colombia; *Viajes National Geographic,* España) así como en revistas especializadas de difusión local e internacional.

«Buenos Aires era una fiesta» fue publicado en *Lamujerdemivida*, núm. 37, 2007.

Alfaguara es un sello editorial del Grupo Santillana

www.alfaguara.com

Argentina
www.alfaguara.com/ar
Av. Leandro N. Alem, 720
C 1001 AAP Buenos Aires
Tel. (54 11) 41 19 50 00
Fax (54 11) 41 19 50 21

Bolivia
www.alfaguara.com/bo
Calacoto, calle 13 n° 8078
La Paz
Tel. (591 2) 279 22 78
Fax (591 2) 277 10 56

Chile
www.alfaguara.com/cl
Dr. Aníbal Ariztía, 1444
Providencia
Santiago de Chile
Tel. (56 2) 384 30 00
Fax (56 2) 384 30 60

Colombia
www.alfaguara.com/co
Carrera 11A, n° 98-50, oficina 501
Bogotá
Tel. (571) 705 77 77

Costa Rica
www.alfaguara.com/cas
La Uruca
Del Edificio de Aviación Civil 200 metros
  Oeste
San José de Costa Rica
Tel. (506) 22 20 42 42 y 25 20 05 05
Fax (506) 22 20 13 20

Ecuador
www.alfaguara.com/ec
Avda. Eloy Alfaro, N 33-347 y Avda. 6 de
  Diciembre
Quito
Tel. (593 2) 244 66 56
Fax (593 2) 244 87 91

El Salvador
www.alfaguara.com/can
Siemens, 51
Zona Industrial Santa Elena
Antiguo Cuscatlán - La Libertad
Tel. (503) 2 505 89 y 2 289 89 20
Fax (503) 2 278 60 66

España
www.alfaguara.com/es
Torrelaguna, 60
28043 Madrid
Tel. (34 91) 744 90 60
Fax (34 91) 744 92 24

Estados Unidos
www.alfaguara.com/us
2023 N.W. 84th Avenue
Miami, FL 33122
Tel. (1 305) 591 95 22 y 591 22 32
Fax (1 305) 591 91 45

Guatemala
www.alfaguara.com/can
26 avenida 2-20
Zona n° 14
Guatemala CA
Tel. (502) 24 29 43 00
Fax (502) 24 29 43 03

Honduras
www.alfaguara.com/can
Colonia Tepeyac Contigua a Banco Cuscatlán
Frente Iglesia Adventista del Séptimo Día,
  Casa 1626
Boulevard Juan Pablo Segundo
Tegucigalpa, M. D. C.
Tel. (504) 239 98 84

México
www.alfaguara.com/mx
Avda. Rio Mixcoac, 274
Colonia Acacias, C.P. 03240
Benito Juárez, México D.F.
Tel. (52 5) 554 20 75 30
Fax (52 5) 556 01 10 67

Panamá
www.alfaguara.com/cas
Vía Transísmica, Urb. Industrial Orillac,
Calle segunda, local 9
Ciudad de Panamá
Tel. (507) 261 29 95

Paraguay
www.alfaguara.com/py
Avda. Venezuela, 276,
entre Mariscal López y España
Asunción
Tel./fax (595 21) 213 294 y 214 983

Perú
www.alfaguara.com/pe
Avda. Primavera 2160
Santiago de Surco
Lima 33
Tel. (51 1) 313 40 00
Fax (51 1) 313 40 01

Puerto Rico
www.alfaguara.com/mx
Avda. Roosevelt, 1506
Guaynabo 00968
Tel. (1 787) 781 98 00
Fax (1 787) 783 12 62

República Dominicana
www.alfaguara.com/do
Juan Sánchez Ramírez, 9
Gazcue
Santo Domingo R.D.
Tel. (1809) 682 13 82
Fax (1809) 689 10 22

Uruguay
www.alfaguara.com/uy
Juan Manuel Blanes 1132
11200 Montevideo
Tel. (598 2) 410 73 42
Fax (598 2) 410 86 83

Venezuela
www.alfaguara.com/ve
Avda. Rómulo Gallegos
Edificio Zulia, 1°
Boleita Norte
Caracas
Tel. (58 212) 235 30 33
Fax (58 212) 239 10 51

Este libro
se terminó de imprimir
en los Talleres Gráficos
de Anzos, S. L.
Fuenlabrada, Madrid (España),
en el mes de enero de 2012